中西古代史学比较的实践与探索丛书

丛书主编／王成军

中西文化结构与中西传记史学观念之异同
——司马迁与普鲁塔克传记史学观念之比较

王成军／著

科学出版社
北京

图书在版编目(CIP)数据

中西文化结构与中西传记史学观念之异同：司马迁与普鲁塔克传记史学观念之比较/王成军著. —北京：科学出版社，2016.6

（中西古代史学比较的实践与探索丛书）

ISBN 978-7-03-047015-7

Ⅰ.①中… Ⅱ.①王… Ⅲ.①司马迁（约前145或前135～?）—传记—史学观—研究②普鲁塔克，C.（46～125）—传记—史学观—研究 Ⅳ.①K204.2②K835.450.2

中国版本图书馆CIP数据核字（2015）第318473号

责任编辑：陈 亮 任晓刚 / 责任校对：李 影
责任印制：张 伟 / 封面设计：黄华斌 陈 敬
编辑部电话：010-64026975
E-mail：chenliang@mail.sciencep.com

科学出版社 出版
北京东黄城根北街16号
邮政编码：100717
http://www.sciencep.com

北京盛通商印快线网络科技有限公司 印刷
科学出版社发行 各地新华书店经销

*

2016年6月第 一 版 开本：720×1000 1/16
2022年1月第三次印刷 印张：27
字数：440 000

定价：96.00元
（如有印装质量问题，我社负责调换）

丛书总序

中西史学比较研究魅力无穷。这样作不仅可以为认识中国历史提供蓝本和参照,在阐释某些疑难现象时获得灵感和启发,更重要的是,只有把中国放在世界大背景下观察,才能定准坐标,判明是非,剥离假象,找到方向。因此,中西史学比较不单是个方法问题,更是一个学理问题。

陕西师范大学为西北学术重镇。新中国成立后,朱本源先生曾长期执教于此。他不仅著有专书,对史学比较在理论上作过系统分析和归纳,而且非常善于用比较的眼光审视中国古代,在西周社会性质等热点问题上发表过重要文章,其见解之独到,早为世所公认,这又在实践层面为我们树立了进行比较研究的典范。如今,朱先生虽已仙逝,但他的影响却十分深远。近些年来,一批青年才俊先后从北京大学、清华大学、北京师范大学、中国人民大学、南开大学、南京大学等老大哥院校获得博士学位后到西安任职,既壮大了我们的队伍,也带来了重理论、重融通的学术风尚,陕西师范大学由朱先生开创的史学比较老传统后继有人。

也许正是基于这样的考量,一向对西部地区关爱有加、大力扶持的北京师范大学资深教授刘家和先生建议我们成立中西史学比较研究中心,得到了学校的批准,并拟定就聘刘先生作主任,但他坚辞不就,只答应以名誉主任的身份作坚强后盾,而把我和他的弟子王成军教授推到前台。刘先生的设想是以中心为平台,团聚队伍,凝炼方向,形成特色,扩大影响。作为具体措施,则有招收研究生、在中西比较的总体框架下相对集中确定科研选题、编辑出版丛书等。他的主张得到了大家一致赞同。2012年中心正式挂牌时,刘先生不顾年高体弱,亲临西安,向全院师生阐扬中西比较的意义,又分头与相关年轻教师谈话,用耳提面命的方式循循善诱。2013年招收的中西史学比较方向的博士生也在王成军教授的带领下赶赴北京,向刘先生当面问安和请益。

时光流逝，如白驹过隙，2012年至今，转眼三年有余，朱、刘诸先生播撒的种子初见收获，我们将已杀青的书稿编在一起，算作丛书的第一辑。从内容上看，既涉及具体历史事件，也涉及中西早期社会规范、发展道路、史学观念、哲学思想的异与同。我们深知，刚刚摸着门径的作者还远不能得心应手，加之从专业背景看，中心成员又以教中国古代史的老师居多，对于世界历史还有一个重新再学习的过程，所以，这第一批成果并不光鲜甜美，甚至有些青涩，与其说是比较研究，不如说是仅仅有了一点比较意识。但驽马十驾，不舍千里，只要坚持、坚持、再坚持，刘先生为中心设定的目标就一定能实现，并会有更多的人加入到我们的队伍中。

　　我们诚挚欢迎史学界对丛书提出批评，并对为丛书出版付出大量心血的院领导和科学出版社的编辑同志深表谢忱。

赵世超

2015年11月10日

目 录

丛书总序 ··· i

绪 言 ··· 1

 一、论题的缘由和意义 ··· 1
 二、学术史 ··· 8
 三、主要内容 ··· 10
 四、方法论 ·· 13
 五、着力点和不足之处 ··· 22
 六、结 语 ··· 24

第一章 中西原始文化的结构及其特征 ························· 25

 一、中西早期的文化结构及其特征 ···························· 26
 二、中西早期文化的特征及其对史学影响之比较 ·········· 54
 小 结 ··· 78

第二章 中西早期文化结构不同的历史原因 ··················· 81

 一、中华文明的内涵及其历史成因 ···························· 82
 二、古希腊文明建构的内容及其原因 ························ 114
 三、中西不同文化结构成因的深层次比较 ·················· 129
 小 结 ·· 139

第三章　早期文化的理性化进程与中西传记史学的关联……145

　　一、中国的传说传统与传记史学的产生……145
　　二、古希腊的自然神话与传记史学观念的产生……167
　　三、双方异同之比较……192
　　小　结……204

第四章　中西史学进一步发展的硕果——传记史学观念的产生……211

　　一、中国传记史学的产生……211
　　二、古希腊与罗马传记史学的产生……233
　　三、中西传记史学产生之比较……257
　　小　结……269

第五章　中西古代史传的结构及其特点……274

　　一、中国早期传记的结构和特征……274
　　二、古希腊罗马传记的叙述特征和结构……296
　　三、中西传记本质特征的共性与不同性之比较……312
　　小　结……329

第六章　司马迁与普鲁塔克传记史学价值观的异同——求真与求善的冲突与统一……333

　　一、司马迁传记价值观的内容及其特征……334
　　二、真与善的两难抉择——普鲁塔克传记价值观的内容及特征……356
　　三、价值观之比较——求真与求善的冲突与统一……377
　　小　结……389

第七章　司马迁与普鲁塔克的历史地位及其影响……392

　　一、司马迁与普鲁塔克传记史学的历史逻辑和突出特征……392

二、司马迁与普鲁塔历史成就的原因及其深远的影响 …………… 397
三、结语——文化人类学理论与中西早期文化研究的旨趣 ………… 403

参考文献 …………………………………………………………… 410
后　记 ……………………………………………………………… 417

绪 言

一、论题的缘由和意义

本书稿是我原先承担的国家项目《司马迁与普鲁塔克传记史学观念之比较研究》前半部分内容,也是在我原先出版的《中西古典史学的对话》基础上对一些问题进一步深化的产物,由于篇幅所限,本书只能出版我近年来对这一问题的研究成果,也是我国家项目结项稿中的一部分心得,而其他部分内容,有待于它日,在继续修订的基础上再择机出版了。

(一) 选题的缘由

就本论题而言,对中西传记史学所赖以产生的文化结构,尤其是对传记史学的异与同的考察则是对比研究的重点。显然,本论题从内容上言包括两个重点,一个是文化结构,另一个则是两大传记史学家司马迁与普鲁塔克传记史学观念的同与异。对文化结构的理解成为本论题的基本出发点。

1. 文化与文化结构

这一问题包括以下三个小问题:

其一,什么是文化?"文化是什么"这一问题实际上是一个聚讼不已的难题,早在20世纪的50年代,人们对于"文化"这一概念的理解,已经有数百种之多。事实上这也构成了我们进行中西早期文化比较的第一个必须解决的问题。英国学者,人称"人类学之父"的爱德华·泰勒(Edward Burnett Tylor)在其《原始文化》(1871年版)名著中,开宗明义地指出了文化是一个极其复杂而广泛的复合体："文化，或文明，就其广泛的民族学意义来说，是包括全部的知识、信仰、艺术、道德、法律、风俗以及作为社会成员的人所掌握和接受的任何其他的才能和习惯的复合体。"① 泰勒的这种文化定义直到今天仍有其经典性。显然，泰勒的文化概念其实包含了人类社会的各个方面，既包括了广义的文化，又包括了狭义的文化。从广义方面言，人类从长期经验中所创造的共同生活方式，包括物质的与精神的内容；从狭义方面言，文化是指学术思想等精神层面的活动及其成就。由此可见，文化从总体上可以理解为广义和狭义两个层面，这两种类型的文化分别代表了人类文化的普遍性和人类文化的进步性两个方面，从而使文化在显示了其所具有包容性的同时，又显示出其所具有的突出的成就性另一面，既从文化的复杂的内涵抽象出来，又便于对人类的文化进行全面而深入的比较探讨。以此为据的话，具体于本论题而言，中西也分别是这两种类型的代表，在进行中西早期文化比较时，本专题在广义文化研究的基础上，突出狭义的文化比较内容，其目的在于凸显中西两大文化结构的各自特征和发展的趋向。

其二，什么是文化结构？文化结构是从近代以来在对文化的长期研究中所形成的重要的学术成果。它强调的是文化要素之间所建立的相互关联的一种紧密关系，这种关系具有相互依赖而产生的稳定性，也有由于这种相互关系的变化而产生的必然的变化关系。就是从文化的结构这一整体的角度来理解具体的文化现象，而不只是从某一具体的文化现象来对其自身加以感知。因此，现代文化发展的一个重要成果，就是充分地认识到文化是一个相互联系而又相互矛盾的有机的统一体。

以此为据的话，我们可以借助分析的方法对纷繁复杂的文化现象进行一些归纳，从中概括出一些具有普遍性意义的结构，便于我们在此基础上开始进一步的探讨。如果从文化地域来讲的话，对文化的概念可以理解为多个结构类型，其中中西为世界文化中的两大结构，比如，中西的文化结构就表现为两大文化类型，并呈现出明显的不同的文化结构，并由此而决定了中西文化的品格和内容。

其三，文化结构的重要作用是什么？从文化结构的角度来研究，其目的是

---

① （英）爱德华·泰勒：《原始文化》，连树声译，桂林：广西师范大学出版社，2005年，第1页。

为了彰显文化结构对文化的特点和品质所具有的重大的作用。"文化是大写的人格。"这是著名文化人类学家本尼迪克特在其名著《文化模式》中提出的重要观点,强调了文化对于塑造国民性格的重要作用。其实,文化结构也正是如此,它不仅对于生活在文化结构中的人的性格和思想及行为方式具有重要的塑形作用,而且对于其结构中的文化要素也发挥着重要的塑形作用。以此来看的话,存在于文化结构中的某一文化的特征自然与其整体的文化结构有着重要的联系,如果从文化的类型和结构来分析某一文化的核心、特征及用途的话,无疑是一个极好的研究途径。刘家和先生曾深刻指出:"世界文明古国的文化最初大抵都从无所不包的宗教神话里逐渐分化而来,而史学又是在文化发展中逐渐分化出来的。当然,由于具体的历史条件的不同,各文明古国的发展情况又各有特点。"① 其实,对于本研究课题而言,即从中西文化结构的角度来探讨中西传记史学的发展及其趋向也是如此。

2. 中西早期两大传记史学家——司马迁与普鲁塔克传记史学的同与异

众所周知,司马迁是我国古代最为杰出的历史学家,在中国,我们常常把司马迁的杰作《史记》称为纪传体史学。从现存资料来判断,司马迁不仅是中国传记史学的创始人,也是我国传记文学的创始人,因为在他以前,我们还不能找到任何一篇可以真正称得上"传记"(biography)的作品。但仅是如此,还不足以深刻认识司马迁及其《史记》所应有的历史地位。

著名历史学家刘家和先生指出:"在世界史学的园地里,中国古典史学无疑是一朵自有异彩的奇葩。要阐明中国史学对于世界史学已经作出的贡献,我们不能置我国古典史学于不顾。同时,作为一种传统,我国古典史学对于后世以至当代史学不可能没有多方面的、人们意识或不曾意识到的影响。因此,要发展我们当前的史学和史学理论,以求对世界作出更多的贡献,我们也不能不对中国古典史学从理论上进行深入反省。这种反省既可以结合纵向的前后历史阶段的比较来做,也可以结合横向的与外国古代史学的比较来进行。"② 刘先生的这一观点深刻指出了中西史学比较的重要性及其必要性,对于我们更好地从事

---

① 刘家和:《史学在中国传统学术中的地位》,《学丛》(新加坡国立大学中文系学报),第71本,第3分册,2009年9月;刘家和:《史学、经学与思想》,北京:北京师范大学出版社,2005年,第71页。

② 刘家和:《对于中国古典史学形成过程的思考》,《古代中国与世界》,武汉:武汉出版社,1995年,第180页。

中西史学比较具有重要的指导意义。因此，只有突破《史记》研究所固有的时空局限，将《史记》所取得的历史成就同西方当时最发达的希腊罗马史学相比较，才能真正感受到《史记》所包藏的史学价值，才能对东西方古典史学的内在特质有更深刻的了解。

这样，为了使这种比较具有意义，我们选择了能够充分表现传记史学特点的集希腊文化和罗马文化于一身的罗马帝国时期杰出的传记历史学家——普鲁塔克。

普鲁塔克（Plutarch）是生活于罗马帝国繁荣时代的罗马文坛的巨擘。他生于希腊中部的军事要塞维奥蒂亚的喀罗尼亚，从小家境富裕，曾到雅典学习修辞、数学、哲学；并在德尔斐的阿波罗神庙担任祭司。他曾广游地中海地区，并到罗马讲学，结识不少罗马权贵。他一生的大部分时间在喀罗尼亚度过，曾被哈德良帝任命为资深长官。

普鲁塔克终生勤奋，学识渊博，思想内容丰富复杂，是罗马帝国时期著名的传记史学家，著有一部包括50篇传记的传记集传世。普鲁塔克的这个集子，原文为希腊文，名为《比较列传》，常称为《希腊罗马名人传》（The Parallel Lives of Grecians and Romans），以下按人们的习惯，将其简称为《名人传》，对罗马及西方后来的传记史学发生了深远的影响。《名人传》一般采取一个希腊名人和一个罗马名人对举的方式，以叙述传主的不同表现，最后再用《合论》的方式详细比较两者在各个方面的不同点。现存的《名人传》共有50个传记人物，时间跨度上下约千年，地跨希腊与罗马。在书中，普鲁塔克以古希腊罗马的重要历史人物为中心，认真细致地汇集、描述了有关希腊罗马名人许多已失散的各个方面、各个时期的翔实文献资料和难得的传说轶闻。由此出发，《名人传》既是希腊罗马名人本身丰富多彩的精神风貌的写照，又相当真实地反映了上下千年的希腊罗马历史的发展变化轨迹，而且从普鲁塔克的传记叙述中，也可以感受到罗马帝国时期人们的传记观念和当时社会历史的特色，因而《名人传》具有重要的史学价值，是一部有价值的传记史学著作，对后世的西方史学，特别是传记史学产生了深远的影响，是古希腊罗马传记史学发展到一个新高度的里程碑。

当然，我们还要看到，《名人传》不是严格意义上的历史专著，它带有非常明显的文学色彩，因而在历史的长河中，不断地受到专业历史学家的诘难。但在我们看来，就对传记历史意识的认识来说，普鲁塔克的传记史学思想已经相当成熟，成为古代西方难以逾越的样本。

所以，作为中西古典时代的二位传记史学大家，他们的史学成就人所公认，因而对他们两人传记史学的比较就显得极其有意义：从历史时代而言，司马迁较之于普鲁塔克早将近200年，司马迁是雄踞于东方的当时世界四大帝国（汉帝国、古印度的贵霜帝国、安息帝国和罗马帝国）之一的西汉帝国的著名传记史学家，普鲁塔克则是挺立于西方的同样是当时世界四大帝国之一的罗马帝国的传记史学家，所以从两者的传记史学比较中可以看到双方丰富而深刻的传记史学观念和中西社会历史内容；再从两人的思想内容来看，司马迁不仅仅是著名的传记史学家，而且是中国历史上重要的思想家。《史记》是涵盖长达近3000年历史的具有百科全书性质的通史巨著，同样，《名人传》也不是普鲁塔克的全部文化成就，在《名人传》的背后还有其坚实的道德思想基础的载体——《道德集》，因此，对两人的传记史学观念的比较不仅可以反映出中西两大史学、传记史学流派的相同和相异的史学特色，还可以从中反映出中西两大文化流派的思想文化特质。

需要再次强调的是，本课题的研究特点在于将两人的传记史学思想置于中西早期的文化结构基础上进行比较研究。也就是说，从中西早期文化结构的形成、内容和特点这一角度来探讨中西传记史学产生的原因、内容、特征及趋向，而以司马迁和普鲁塔克的传记史学为典型事例，来探讨文化结构与中西传记史学观念之间，与两大史学家传记史学观念之间的内在的有机关联，以大见小，并从小中再见大，以展现中西早期传记史学的源远流长且丰富多彩的传记史学内容。这一研究不但会使人们对中西早期文化结构的内容和作用有一个整体的理解，更重要的是将会使人们对司马迁与普鲁塔克传记史学观念的理解更为深刻而全面。

（二）研究的意义

在研究这一问题时所碰到的第一个，也是最重要的理论问题就是如何在司马迁与普鲁塔克的传记史学观念比较中将处于东西两大帝国的两大传记史学家联系起来，如何将古今间距2000多年的传记史学观念研究有机结合起来，显然这些问题都不易解决。因而，本项研究的首要的重大意义就在于解决了对于存在着巨大时空间距的中西传记史学观念进行比较的可能性问题，并由此突显了进行此类中西史学比较研究的学术意义及理论意义。

德国著名历史学家德罗伊森（J. G. Droysen）曾这样讲过："凡是历史事实都属于一特定时空，它身处于它的时代而与其他事件、现象相牵连；受它们或近或远的牵制，或受它们的提携、阻抑，而共同塑造它们的时代。这些相互影响的关联必须加以掌握；这些关联的广度与深度都必须加以认识，这是条件的解释。"① 显然，对这种客观的似乎并不联系的历史条件进行探索，以发现两者之间的内在的和外在的联系，正是对已经过去的历史进行比较研究的基本内容。这也就是我们对中西古典史学的杰出代表人物司马迁与普鲁塔克传记史学进行比较的历史条件和所要进行比较的历史性内容。归结为一句话，如何使司马迁和普鲁塔克两人进行传记史学比较的客观性内容转化为可能性，并由可能性进一步转变为现实性，这是本课题所要解决的根本问题和比较研究的意义之所在。

当代著名的历史学家刘家和先生在论述古典文明史与现代文明史的内在关系时曾精辟指出："如果以狭隘的实用眼光来看，世界古代文明史的内容从时、空两方面说都很遥远；如果以面向世界、面向未来的眼光来看，它又在眼前。"② 刘家和先生的这一观点深刻指出了中西史学比较所具有的现实意义，对于我们更好地从事中西史学比较领域之中的司马迁与普鲁塔克的传记史学观念比较提供了比较的可能性，而且对于我们具体进行研究也有重要的指导意义。

这一重要意义主要表现在：

（1）本研究对于深入揭示中西传记史学观念的产生与发展意义重大。本研究的一个基本出发点就是因为中西古典史学是世界史学史上两个同时发生的最为发达和典型的史学形态，而传记史学则是其各自史学花园中绽放的璀璨的花朵之一。司马迁和普鲁塔克各自以其代表作《史记》和《希腊罗马名人传》分别成为中西"古典时代"的著名历史学家，并因其传记史学的杰出成就而铭刻于中西史学史的长廊中，并名垂后世，成为中西传记史学史中最杰出的史学家。虽中西古典时代音讯未通，文化发展轨道各异，但中西古典时代各呈异彩的发

---

① 刘家和：《对于中国古典史学形成过程的思考》，《古代中国与世界》，武汉：武汉出版社，1995年，第255页。

② 刘家和、廖学盛主编：《世界古代文明史研究导论》，北京：北京师范大学出版社，2009年，第20页。

达的文明成果,特别是中西古典文明都具有的与现代意识紧密相关联的文化特征却将两者在对立中又统一了起来。因此,对两者的比较研究无疑有助于我们探讨二者的传记史学观念的产生和发展进程中的同与异,而从中西早期文化结构的角度来进一步探讨二者的特点及发展趋向对于深入探讨中西传记史学的观念具有重要的意义。

(2) 本研究将对于中国传统史学在当代的发展产生积极意义。不可讳言,本课题的研究具有明显的目的意识,因为本人申报这一课题的初衷和对这一课题研究的途径,即试图将中国古典时代的传记史学在同古希腊的发达的史学特别是传记史学进行比较时,汲取古希腊传记史学的营养以丰富和发展我国的史学,特别是本课题所关注的传记史学的内容和形式,从而使得中国古老的传记史学在新的时代,在和西方传记史学的交融中,得到新启发,获得新发展。

从正如黑格尔所说的:"我们对于过去事物之所以发生兴趣,并不只是因为它们有一度存在过。历史的事物只有在属于我们自己的民族时,或是只有在我们可以把现在看作过去事件的结果,而所表现的人物或事迹在这些过去事件的连锁中,形成主要的一环时,只有在这种情况之下,历史的事物才是属于我们的。单是同属一个地区和一个民族这种简单的关系还不够使它们属于我们的,我们自己的民族的过去事物必须和我们现代的情况、生活和存在密切相关,它们才算是属于我们的。"① 说的就是一切的历史性都不可避免地具有现代性,而其更深的学理则在于它彰显了古今一体的史学观念。借用西方著名的历史理论家、意大利人克罗齐在其《历史的理论与实际》一书中提出了一个著名的格言"一切真正的历史都是现代史"。

(3) 本研究将在现代史学观念和理论的指导下,不断丰富充实中西史学比较研究的成果,为探索中西传记史学发展的趋向提供重要的理论借鉴。在著名历史学家朱本源先生看来,史学思维是不同时代的人们对其所处的社会生产方式的一种积极的能动的反映。一般而言,有什么样的生产方式,就必然产生与之相适应的历史思想。比如,在传统农业社会中,人们凭据的是经过长期生产所积累的经验与教训,与之相应的是,人们的思维方式就是面向过去,按祖宗成法办事,这就形成了众所周知的"借鉴史学",或叫做"垂训史学"。对此,西

---

① (德)黑格尔:《美学》第1卷,朱光潜译,北京:商务印书馆,1979年,第346页。

方历史思想发展也相类似。现今我们已经进入了全球化和信息化的新时代,能够体现这一崭新时代的历史思维方式应该是什么呢?对此朱本源先生精辟指出:"科学技术的发展一日千里,生产和生活上的事瞬息万变,从现实出发制定的政策在实行上往往落后于发展变化了的现实,所以思维方式必须面向未来"[①]。

不言而喻,中西古代关山相阻,万里之遥,中西史学的产生各行其道,并行不悖,中西传记史学的轨迹也由来有自,其成就也各呈异彩,而司马迁与普鲁塔克两大史学家相互未曾耳闻,不曾相知,两人的史学成果更是天马行空,各逞英豪。因此,对课题的研究不仅需要以中西的历史知识为基础,同时也需要有现代史学理论和方法的指导。尽管在此之前,中西史学界曾分别对司马迁与普鲁塔克二人进行过不同主题和视角的研究,但不可否认的是,每个时代的历史研究都不可避免地带有那个时代的烙印,因此历史研究绝不是一次就能完成的。本研究的重要意义就在于试图从现代的史学观念和理论的视角,对中西传记史学进行新的、富有深度的研究,揭示出与这一主题相关的更为丰富的内涵,从而使我们对中西传记史学观念有一个更加全面而深刻的理解与把握,并进而为探索中西传记史学发展的趋向提供重要的理论借鉴。这正是本文宗旨之所在,当然也是本课题研究的重要历史意义和现实意义之所在。

二、学术史

这一部著作是在前期研究司马迁与普鲁塔克传记史学观念成果基础上,对这一课题的一些问题从中西文化结构上进一步探讨、比较研究的成果,因此,关于这一问题的学术研究状态和历史本人在《中西古典史学的对话》的绪言中都已论述了,在此只是强调一下从中西文化结构的角度来探讨司马迁与普鲁塔克传记史学观念的异同的历史合理性和重要性。

其一,从整体的文化结构上对二位传记史学家进行研究是学术史发展的客观需要。从中西史学史来看,对司马迁和普鲁塔克的研究可谓源远流长,但从其研究的基本方法来看,早期研究者都侧重于对两位名家和两部名著几乎所有的具体内容进行详细而深入的考订和批判,但其弱点则是没有能够在具体而深刻的分析基础之上,对其整体的思想观念进行更为宏观且有深度的把握。但前

[①] 朱本源:《历史学的理论与方法》修订版,北京:人民出版社,2012年,第200页。

人的研究成果为我们进一步研究两者的思想观念打下了坚实的基础。自从近现代以来，人们正是在前辈学者长期深入研究的基础上，更进一步探索、挖掘其中所包含的丰富而重要的思想观念，侧重于从宏观上把握两者的史学思想观念，努力将历史与理论、理论与方法更好地结合起来，可以讲，这一思路是现代学者研究司马迁和普鲁塔克思想观念的基本趋向。不过，在此需要说明的是，这一方法并不是现代学者的全新创造，而是在继承前人，特别是在继承司马迁创作《史记》时所运用的基本方法的基础上发展而来的行之有效的重要方法。因而在此所要强调的是，现代学界所倡导的这一整体思维方法，对于我们深入研究司马迁与普鲁塔克传记史学观念异同这一论题无疑具有重要的指导作用。

其二，从文化结构上对二者进行比较研究是深化这一专题的必由之路。司马迁与普鲁塔克的传记观念具有跨学科的突出特点，既涵盖历史，也关乎文学、哲学，等等。他们的这些成果表现在多个学术研究领域之中，究其原因在于中西古典时代，学科尚无严格分类，因此二者的著作不仅具有上述的一些性质，而且还都具有百科全书的性质，包罗万象，自成一体，其本身就是一个复杂的统一体。《名人传》是普鲁塔克最有名的作品，历来被称为西方古典文库中的瑰宝，并被公认为是一部融历史、文学和人生哲学于一炉的鸿篇巨制。当然，我们还要看到，《名人传》不是严格意义上的历史专著，它带有非常明显的文学色彩，因而在历史的长河中，不断地受到专业历史学家的诘难。《史记》研究史同样表明，人们之所以对《史记》的有些问题长期争论不休，莫衷一是，究其重要原因之一就是人们在探讨其中的问题时，所选取的角度和方法论不尽一致，对于我们现代《史记》研究者而言，所应坚持的正确理解方式就是取法于司马迁，将理论与历史实际相结合，将历史局部和历史整体相统一。唯有如此，才能在《史记》的研究中，始终对此特殊而具体的研究对象保持浓厚的研究兴趣，并不断推出新的研究成果。如果所采取的方式仅仅是从一隅出发的话，必然会有盲人摸象之误，因此，从整体的文化结构上进行研究，不失为一个较好的研究方式。

其三，学界对中西学术观念的比较都不同程度地必然地与中西的文化或中西的历史有着较为紧密的关系，本研究符合这种学术趋向。

随着中西文化交流的不断深入，中西文化的异同成为学界长期探讨的重要话题，而对中西的带有某些比较性质的研究也有百年左右的时间了，出现了许多研究成果，特别是改革开放后，对中西文化研究的热潮也屡次出现，究其原因，人们已发现了中西人文的差别方面，而文化的差别既是文化重要的表现，也是造成其他诸种差别的原因之所在；这一系列的研究成果，自然成为本人进行二者传记史学观念比较的学术前提和研究基础，也是本研究采取研究方法的基本依据。因此，从文化结构的角度来探讨两者传记史学观念则是在对两者长期研究成果基础上进一步发展的客观要求和必然的研究成果，这不仅充分体现了现代学术研究的整体性特点，也是现代学界所采用的宏观且辩证的学术研究特点，这一切都标志着对中西两位传记史学家的研究走向深入，并显示出明显的时代特征和历史发展的趋向。近代以来，西方学界开始反思其形而上学的文化传统，逐步走上了有机的辩证的学术研究大道，而中国学者在传统的朴素的辩证思维的基础上，则有意识地汲取西方有机和理性的辩证思维的因素，中西思维开始通融起来，因而从辩证的文化结构的角度，从历史的进程来对司马迁和普鲁塔克的传记史学观念进行探讨，正是荟萃中西，贯通古今的学术研究之路。

因此，对司马迁的《史记》和普鲁塔克《名人传》的研究不仅要从具体问题入手，同时也应像司马迁那样，从"义法"的高度，宏观地把握《史记》的基本品格和内在精神，并将这一内在精神和其所创造的史学体裁紧密地结合起来，将历史局部和历史整体相统一。对于文化研究而言，还必须将文化结构同历史进程结合起来，唯有如此，才能在对司马迁与普鲁塔克的传记史学观念的研究中，始终把握正确的研究方向，从中汲取宝贵的精神财富，去粗取精，取精用弘，促进现代史学的健康发展。

三、主要内容

本课题以历史唯物观为出发点，运用中西比较和跨学科的方法，以中西同中有异的客观历史发展进程为根本依据，通过对中西早期不同文化结构和史学观念结构的探讨，试图对中西传记史学观念的同与异深入研究；并把这种文化结构的形成及其特点同中西早期历史发展的客观过程和生产方式相联系，从中西历史进程、文化发展史与传记史学理论三个维度对中西早期传记史学观念的产生、形成、结构、特点及其人文精神等问题进行比较；在同与异的反复比较中，彰显二者历史发展的共性及不同性，中西对比，史论结合，以探讨中西传记史学异同的真谛。同时，本课题将中西传记史学观念的比较研究具体地同中西两大传记史学家——司马迁和普鲁塔克的传记史学观念紧密地结合起来，即将两位中西传记史学大家作为中西早期传记史学观念的代表和典型作以深层次的比较研究，以体现传记史学在求真基础之上对人物心灵"善"的呼唤和追求，以彰显道德价值在传记人物发展进程中，在中西历史发展中重要的独特作用；并将传记史学的真、善观念统一于传记人物所存在的历史进程中，以揭示其本身的历史真实性。在此基础上，本课题还具体地研究了司马迁与普鲁塔克传记史学观念中若干重要问题的同与异，最后对两人在传记史学发展进程中的崇高历史地位和深远的历史影响进行了评述。

本文所考察的重要问题有八个方面：

第一部分（绪论），旨在揭示本研究的意义、方法、学术史和学术目的。首先从论证中西都具有的文化发达且对后世产生重大历史影响的"古典时代"为研究课题的切入点，以此来阐明以普鲁塔克的《名人传》与司马迁《史记》为代表的中西传记史学成就的可比性及这一比较所包含的重要学术意义。之后，对本课题的学术史进行了梳理，努力使课题研究站在学术的前沿上。为保证这一学术研究目的实现，本研究以历史唯物主义为历史研究指南，以现代史学的"问题史学"为重要的史学理论，使研究的重心置于真实的历史运动和古今相通的学术思想观念的基础上。在具体研究上，用跨学科的方法，从文化结构的理论为出发点，主要运用中西史学比较的理论为指导，特别注意异中求同和同中求异的辩证的比较思维。

第二部分（第一章），中西早期的文化结构及原始文化的人类学研究理论，旨在用文化人类学的方法来探讨中西早期原始宗教的特征，将其宗教特征还原为人们所能理解并且事实上也正是人类早期的丰富多彩的文化结构和不同的文化结构类型。在此基础上，以文化结构的有机性和文化各个组成部分的独特性两个维度来阐述其与中西史学，特别是与中西传记史学产生、发展的内在关系，以及对中西传记史学发展趋向的重要影响。

第三部分（第二章），中西文化结构差异的深层次的历史原因。将中西早期不同的文化结构观念置于自新石器时代以来的漫长的中西历史发展进程中，注意将地理环境同人们的活动结合起来，从中西早期人类在不同的地域环境中为适应各自所处的自然环境所形成的具体的生活和生产方式，来进一步解释中西早期文化结构所反映和包含的丰富而真实的历史文化内容，将中西不同的文化观念的产生、中西传记史学观念的产生深深地置之于产生这些思想文化观念的客观历史进程之中，并在这一过程中进一步彰显各自文化的个性特征，从而将中西传记史学的观念的异同建立在中西的人们生产活动的进程中，建立在中西人们的独特的思想文化的创造活动中。

第四部分（第三章），早期文化的理性化进程与中西传记史学的内在关联。中西历史的产生、传记的产生都经历了对原始宗教"理性化"而形成史诗的这一重要过程。对于中国而言，对原始文化理性化的突出成果为传说，并经过传说而进入了带有较多真实人物内容的历史领域，为其后中国传记史学的出现提供了良好的历史文化土壤，这就为以后中国史学发展的道路——沿着将事与人统一起来的传记体史学的发展方向埋下了伏笔；而对于希腊罗马而言，其对原始文化的理性成果突出表现在神话故事之中，其中缺乏真实人物的一些重要要素，因此，其历史学产生后，长期受神话思维影响，侧重于探讨自然的因果联系，而排斥人的一些内容，最终，希腊罗马对人的历史的探讨终于走上了两条道路，一条是叙事史学，另一条则是传记史学，两者分庭抗礼，并行不悖。

第五部分（第四章），中西历史观念深化的硕果——传记史学观念的产生。在中西文化结构和传记史学观念产生途径既有相同又有相异的基础上，进一步探讨中西传记史学的基本结构、形式、具体特点及其反映的精神。这一章的主要任务是阐述中西传记史学观念的基本点，相同的和不相同的表现，并从传记史学观念的发展史的角度，从中西文化发展史的大背景中对造成中西传记史学观念异同的原因进行了较为深入的探讨。

第六部分（第五章），中西古代史传的结构及其特点。中西传记史学产生后，出现了一些明显的不同点：中国传记史学是在叙事史学的基础上，通过人与事的密切关联来揭示人的品格和心灵世界，明显表现出在求真的前提下进一步求善的特点，使传记史学与叙事史学融通起来；而希腊罗马则在传记史学产生后，叙事史学和传记史学处于对立状态，传记无法和叙事史学交融起来，从而和叙事史学渐行渐远，走上了相对独立的揭示心灵以探讨人本质的道路。

第七部分（第六章），司马迁与普鲁塔克传记史学价值观的异同——求真与求善的冲突与统一。司马迁和普鲁塔克都突出了道德崇高这一基本原则，即重视人的道德性和人的精神风貌，赞扬的是真善美。但不同的是，司马迁道德价值观的根本特征是在道德价值和因果关系的对立中,在求真和求善的对立中,将两者有差别地统一起来,并最终统一于人物所处的历史进程中。由此,司马迁更注重的是人的勇,人的义,人的情,更具有知其不可为而为之的不屈不挠的顽强拼搏精神;相比而言,普鲁塔克传记的特点突出地表现为价值判断和因果判断长期对立而无法统一。普鲁塔克比较偏重人的天性,不变的人性特征,近乎中庸之道的品行,在《名人传》中,普鲁塔克努力挖掘历史人物的个性,于细微处见精神,使人的历史性从属于道德判断。

第八部分(第七章),司马迁与普鲁塔克的历史地位及其影响。司马迁和普鲁塔克作为东西古典时代著名的传记史学家,长期受到人们的关注,他们的代表作《史记》和《名人传》包藏着极其丰富而发达的超越时空的传记史学观念和哲学观念,对中西方的文化思想、历史观念、传记史学都产生了深远的影响。本章末还对本研究课题的旨趣进行了申论。

总之,本文是在历史唯物主义和其他现代史学理论、传记史学理论以及跨学科理论的指导下,将以司马迁与普鲁塔克为代表的早期中西传记史学观念置于中西不同而又相通的历史进程之中,从文化发展的动态和相对稳定的状态中,用文化结构的形成和解析的方法对传记史学的诸多问题进行了探讨。如传记史学产生的原因,传记史学的叙述结构和特点,传记史学的人文精神,等等。在此基础上,进一步对叙事史学与传记史学、对历史与理论,对主与客、人与事、历史与文学、真与善之间的中西不同传记史学观念进行了求同存异的史学比较。同时,在注意挖掘两者传记史学观念所具有的丰富而深刻的内涵基础上,还借助"问题史学"的理论和方法,着意探索两者传记史学观念对现代传记史学思想、现代史学发展的重要影响,努力将古今联为一体,中西合为一璧,以揭示古今、中西两者史学观念、特别是传记史学观念间所存在的客观而真实的历史关联和思想关联。

四、方法论

历史的理论是人们对历史发展深刻的认识成果,现代史学发展的重要特征之一就表现在史学理论和观念对历史学研究的作用越来越突出上。我国著名史学家王国维先生在20世纪初(1925)曾精辟指出,大量新材料的出现对于推动历史研究新领域的产生和历史研究的新进展具有非常重要的意义,他甚至认为,

"古来新学问起,大都由于新发现"①。这是王国维先生对史学发展规律的重要而深刻的总结,对现代史学研究仍具有重要的指导意义。同时,我们也应看到现代史学发展的另一重要特点,即史学观念的更新对于史学研究所产生的越来越重要的作用,这种作用更多表现地在我们需要用新的思维和具有时代性的理论和方法对已有的原材料进行再研究,再反思,从中不断产出史学新成果。在这一学术发展背景下,史学理论的作用如此重要,以至于"年鉴派"第二代大师布罗代尔(Fernand Braudel)就曾以"没有理论,就没有历史"(no theory, no history)作为他治史的座右铭。事实上,司马迁与普鲁塔克传记史学观念的比较研究并不是以古代新材料的大量出现为依据,它更多的是观念转型所催生的学术结果,而这一学术成果的产生必将有力地推动对两位传记史学家史学观念的研究,并对现代中西传记史学的深入发展发挥重要作用。借用英国历史学家柯林武德(George Collingwood)的话来讲:"一切历史都是思想史。"其意在充分体现历史思维和理论对史学研究所具有的重要指导作用。因此,切实重视对历史学理论的研究和运用是将司马迁与普鲁塔克传记史学观念不断引向深入的重要条件。

(一) 问题史学

"问题史学"是20世纪西方史学发展的一个重要的理论成果,这一学术流派产生的历史背景在于对盛行于19世纪实证主义史学的反思,而年鉴学派是这一理论成果的集大成者。简言之,实证主义史学的基本方法论,用西方的近代史学之父、德国著名历史学家兰克(Leopold von Ranke)的话来说为"据事直书",就是"让历史开口说话"的传统观念,其所包含的史学思想就是强调研究者和所研究的历史之间并不存在依存关系,史学研究的目的只是探求史学研究的客观性和实证性,并且自信历史学家通过这种实证研究就可以达到对历史的客观性和历史真理的完全揭示。但年鉴派一经产生,就明确表达了它与实证主义史学观念相对立的史学观念:强调历史研究应以解决人们的现实问题为出发点;强调将历史的研究同现实人们的实际需求结合起来,为解决现实问题提供历史的借鉴,以突出史学研究的社会效用,坚决反对将史料研究作为历史学研究的

---

① 王国维:《最近二三十年中中国新发现之学问》,《王国维遗书》第五册《静庵文集续编》,上海:上海古籍书店,1983年,第65页。

一切的学术倾向。到了"年鉴学派"第三代代表人勒高夫（Jacques Le Goff）时，他则明确提出"问题历史"（history-as-problem，即"作为问题的历史学"）的口号，用来代替实证主义的"事件的历史"（即以事件为基础的历史学），并使之成为"年鉴学派"的突出特征。对于"问题历史"的要义需要加以说明的是，传统的历史学并不是不研究问题，只不过正如著名历史学家朱本源先生所指出的："它是从史料中发现问题，并通过史料解决问题，所以它的口号是'没有史料就没有史学'。但年鉴派所说的'问题'是现实的问题，即从现实问题出发研究历史，当然也不能不通过史料，否则就不能成其为历史；但是还必须超出史料，否则历史不能成为科学。"①

因此，"问题史学"还是倡导学者们努力从社会的、大众的角度来选择历史性的重要问题。当然，这种历史性主要体现在其所表现的当代性上，这既是"问题史学"研究的出发点，也是历史学深入发展的重要标准。那么，什么是具有时代性的历史问题呢？马克思早在19世纪40年代对时代问题的论述，对于我们深入思考并正确选择历史问题具有重要的启示作用。马克思指出："一个时代所提出的问题，和任何在内容上是正当的因而也是合理的问题，有着共同的命运：主要的困难不是答案，而是问题。因此，真正的批判要分析的不是答案，而是问题。正如一道代数方程式只要题目出得非常精确周密就能解出来一样，每一个问题只要它是一个实际的问题，也就能得到答案。世界史本身，除了通过提出新问题来解答和处理老问题之外，没有别的方法。因此，每个历史时期的谜是容易找到的。这些谜反映了时代所提出的问题……问题就是公开的、无畏的、左右一切个人的时代声音。问题就是时代的口号，是它表现自己精神状态的最实际的呼声。"② 显然，从马克思的思路出发，历史研究所要发现的问题，首先应该是现实中的真问题，而不是无病呻吟的假问题；其次是大众所关注的问题，而不仅仅是个人的雅好或其他；再次它是关于社会的发展和进步的重要问题，对它的探讨有助于社会的发展和进步。而中西古典时代的传记史学比较恰恰就体现了这一时代主题，即中西"古典时代"的人们是在怎样具体而真实的历史环境中，出于什么样的思想和理念，采用了什么措施和办法，从而推动了各自历史的发展并迈进了各自历史上的辉煌时代。历史学者通过研究这一进

---

① 朱本源：《历史学理论与方法》修订本，北京：人民出版社，2012年，第62页。
② 《马克思恩格斯全集》第40卷，北京：人民出版社，1982年，289页。

程中中西各自的经验及教训,从而为我们国家正在进行的现代化建设提供历史的借鉴。因此,从主观方面而言,通过中西比较,为我国现代化发展提供历史的参照,以促进我国现代历史学的顺利发展,并进而为我国现代化发展做出自己的贡献,这应该是我们进行中西历史比较最强大的动力和需求,这是我们历史学发展的时代主题。因为,归根结蒂,"中国世界史研究的真正动力,在于对当代中国、当代世界复杂的现实问题的思考。"①

(二) 史学比较的理论与方法

如上所述,问题史学为本论题的探究活动——对司马迁与普鲁塔克传记史学观念异同的历史考察提供了出发点,而比较史学又为本课题的研究提供了具体研究方法论。

1. 以传记史学思维为依据进行中西传记史学观念的异同比较

当然,东西方史学各具特点,各有其参照标准和价值标准,很难在全世界各民族中去寻找同一的历史思维模式以判断孰优孰劣。诚如恩格斯所言:"每一时代的理论思维,从而我们时代的理论思维,都是一种历史的产物,在不同的时代具有非常不同的形式。因此,关于思维的科学,和其他任何科学一样,是一种历史的科学。"② 史学发展史表明,历史学理论和历史科学是同时产生的,史学理论标志着历史学家和其民族的历史认识所达到的深度和广度。我们在承认历史思维所具有的独特的历史性的同时,还应看到,从史学比较的角度而言,不同民族和地区的人民在其历史发展中还具有共性的可比较的理论思维形态。具体于本论题而言,也就是说,还是能够明显地寻找出中西传记史学思维在其历史发展过程中所具有的历史共同点。这一共性理论形态的突出特性就在于它是通过抽象概括的手段,舍弃了中西民族历史学发展的各自的历史特殊性,从而能够充分显示其民族历史意识的高度。正如马克思所指出的:"这种历史哲学理论的最大长处就是它是超历史的。"③ 所以,首先我们要做的就是,以求真求实的科学态度,在中西史学发展的特殊历史进程中探索其所具有的普遍性和共性,以了解中西史学,特别是传记史学观念的共性。

---

① 于沛:《史学思潮和社会思潮》,北京:北京师范大学出版社,2007年,第141页。
② 《马克思恩格斯选集》第3卷,北京:人民出版社,1972年,第465页。
③ 《马克思恩格斯选集》第3卷,北京:人民出版社,1972年,第342页。

2. 辩证的比较观

在此要强调的是，探寻中西史学及传记史学观念的共性只是我们史学比较研究的一方面，而绝非全部，还要继续努力探索的是，在这一共性的比较成果的基础上进一步深入，在同中再求异，以期对东西方不同的历史思维特点达到清晰的具体理解和更为深刻的认识，而要达此目的，其重要的途径之一就是要努力探讨形成东西文化不同特质的历史背景和源远流长的文化源头，以彰显各自历史的特殊性。这一方法也就是马克思在强调了历史的共性探讨的同时，还着意所强调的："如果把这些演变中的每一个都分别加以研究，然后再把它们加以比较，我们就会很容易地找到理解这种现象的钥匙；但是使用一般历史哲学理论这一把万能钥匙，那是永远达不到这种目的的。"[①] 这样看来，要达到最终理解古典时代中西传记史学异同目标的唯一途径，就在于对史学比较的个性与共性进行探讨，将其辩证地统一于中西历史发展的真实而动态的进程中。因此，在史学比较中，能否掌握史学比较内在的普遍与具体的辩证关系对于史学比较的成败十分重要。对于本文的司马迁与普鲁塔克的传记史学比较观念而言，更是如此。

3. 中西传记史学比较是一个长期不断的过程

中西传记的史学比较本身是一个有机的内容丰富的理论体系，绝非只是了解其异同的一个简单的工具。具体而言，它不仅要探询中西两者传记史学的相同点，以论证其可比性，同时还要进一步探询两者的不同点，以说明其比较的内容，以体现比较的深度。从比较的理论而言，探询两者的不同点较之于论证两者的相同点，则更有难度。但中西史学的比较远远不是找出双方的异同点就万事大吉了，这只不过是比较研究的开始，更重要和更难的工作则是要对已经发现的双方不同点和相同点进行科学而合理的解释。但问题是这种解释谈何容易，它需要的是运用多种方法、多条途径、大量材料进行实证研究和理论研究，以证明自己观点的正确性。只有说明清楚了双方异同的原因，才可以说是较为深入地了解了双方异同的表现，才可以说将比较的问题基本解决了。但这种解决的意义，只是说对这一问题的探讨暂时告一段落了，而随着新材料的出现，新的理论和方法的诞生，我们还需要对该课题进行重新审视，从中获得新的体

---

① 《马克思恩格斯选集》第3卷，北京：人民出版社，1972年，第342页。

会。换言之，司马迁与普鲁塔克的传记史学观念的比较将是一个长期不断的研究过程，不会一蹴而就，就其成果而言，也不会是终极真理，它将会随着研究的不断深入而逐渐完善。

（三）列维·斯特劳斯的结构主义人类学理论与方法

本文探讨的是中西传记史学观念的起源问题，为了追根溯源，将研究的视野拓展至中西的原始宗教和早期文化领域，文化人类学关于人类文化的整体性、普遍性和结构性的理论与本研究之间具有重要的内在关联，对于指导本研究具有重要意义。

我们可以通过对法国著名的文化人类学家列维·布留尔和列维·斯特劳斯学术观点的分析，来全面而深刻地了解西方学界关于这一学术发展的内容、特征及其发展趋势。当然，对于两人原始宗教文化观念和方法分析的旨趣，不仅仅在于探讨两者学术观点的异同，更重要的是，便于我们在准确了解他们在人类学理论上的成就的基础上，继续运用文化人类学的理论和方法来进一步探讨中西原始宗教和原始文化结构的异同。

对于西方学界而言，长期存在的一个重要问题就是，如何处理原始阶段人所创造的朴素而幼稚的文化与文明发达阶段的高度理性文明两者之间的关系问题。过去大多学者认为神话（与传说）是非理性的表达方式，创作神话的民族是处在没有"理性"（reason）或"智能"（intelligence）、没有文字的"史前时代"或"野蛮"时代，而真正意义的历史只能从有文字的记载开始，由此开始了文明，因此，二者之间存在着一个难以逾越的鸿沟。德国现代哲学家卡西尔曾经指出："当人最初认识到时间的问题时，当他不再被封闭在直接欲望和需要的狭窄圈子内而开始追问事物的起源时，他所能发现的还仅仅是一种神话式的起源而非历史的起源。"① 因此，神话和历史两者处于一个问题的两极，难以调和。法国著名的文化人类学家列维·布留尔（Levy-Bruhl）的观点就明显地表现了这一特征。

在列维·布留尔看来，原始人所具有的独特的思维方式与现代人的思维方式截然不同，"原始人是在一个许多方面都与我们的世界不相符合的世界中生活

---

① （德）恩斯特·卡西尔：《人论》，甘阳译，上海：上海译文出版社，2004年，第238—239页。

着、思考着、感觉着、运动着和行动着。因此,生活的经验向我们提出的那许多问题在他们那里是不存在的,因为这些问题的回答已经早就作出了,或者更正确地说,因为他们的表象系统使他们对这些问题不感兴趣。"① 显然,列维·布留尔的研究成果突出了原始文化的独特个性及其与现代文化的不同点,而且将产生这种集体表象的原因与其产生与存在的特定的社会历史背景相关联。但列维·布留尔的研究成果也引起了人们的许多思考,这些思考主要集中在这些问题上:原始文化难道与现代文化真的是格格不入的两种类型的文化吗?如果真是两种格格不入的文化类型,那么,原始的文化如何可能进一步发展到现代文化阶段?两者之间显然存在着某种内在联系,由此而来的另一问题就是,它们两者间的真正联系是什么?显然,这些都是学术界需要进一步探讨的问题。

因而,同样来自于法国的人类学家列维·斯特劳斯就是以这种思考作为研究原始文化的出发点。在1962年出版的《今日图腾制度》(中译本名《图腾制度》)和《野性的思维》等重要著作中,列维·斯特劳斯用结构分析方法研究图腾崇拜体系的各种关系,揭示图腾制度的内在结构系统,由此被称为结构主义人类学的研究。在列维·斯特劳斯看来,图腾制度作为一种古老的文化体系,它体现了人、自然和文化的关系。但他倾向于否定图腾制度是宗教制度的看法,认为以往人类学家把图腾制度看作一种宗教制度是一种错觉。他用大量的材料,依据他多年精深的人类学研究告诉我们,我们之所以能够对原始的文化进行认识,最基本的原因在于两者在存在着不同性的同时,还存在着明显的共同性。

其一,通过图腾制度说明人类心理有一个基本的共同性,即倾向于将要认识的对象加以分类,而且人类先天就有能力去整理和分类经验世界。他认为图腾制度是一般分类问题的特例,是阐明相关对立的思维模式的特例。他认为"所谓图腾制度只是依据由动物和植物名称所构成的特殊命名系统的一种特殊表达,它所具有的唯一的特征,就是通过其他方式所阐明的相关和对立"。"逻辑原则永远应当能够使诸项目之间发生对立"。他认为,"野性的思维能够理解的性质与科学家关心的性质不同。他们是分别从对立的两端来研究物理世界的:一端是高度具体的,另一端是高度抽象的。"但是不管怎样讲,"至少在理论上,二者之间的相互关系不出现突然的变化,这两条途径肯定会相遇。"② 当然,列维

---

① (法)列维·布留尔:《原始思维》,丁由译,北京:商务印书馆,1981年,第374页。
② (法)斯特劳斯:《野性的思维》,李幼蒸译,北京:商务印书馆,1987年,第308页。

·斯特劳斯在此也承认"原始的思维"和"文明的理性"之间的差别,"神话是静态的,我们发现同样的要素一而再,再而三地组合,但它们是处在一个封闭的系统之中,一个与历史截然不同的系统。历史当然是一个开放的系统。"①

由此可见,列维·斯特劳斯从文明社会本身的发展以及19世纪以来的西方历史发展观出发,认为原始宗教,如图腾制度,"它的实质也不是外在的,如果说它包含着真理的成分,那么这种成分非外在于我们,而是内在于我们。"从而将"图腾制度的实在""还原成了作为某些思维模式之特例之实在"。②

其二,他认为这种对立的二元也是可以统一的,并对两者统一的机制进行了探讨。由此,列维·斯特劳斯提出"转换系统"的概念,他认为通过逻辑作用,转换系统的置换,可以相互派生。对列维·斯特劳斯的结构主义有深刻理解的E.利奇(Edmund Leach)说,将动物层次的范畴转而运用到人类社会的分类,是列维·斯特劳斯探讨古典人类学关于图腾制度题材的结构主义的关键论点。③ 这个论点的依据是隐喻、转喻和转换。图腾制度是从给动物种类分类变成社会分类的手段,图腾制度应被定义成动物物种与人类氏族之间的联系。他举澳大利亚土著部落为例来说明他的转换系统。以澳大利亚中部的阿兰达人为中心,与南面的阿拉巴纳人和北面的瓦拉门加人三者的自然和文化事项作比较,发现它们形成一个结构系统。"一种很简单的转换就能使一个系统过渡到另一个系统,图腾制度要求在自然生物的社会与社会群体的社会之间有一种逻辑等价关系。"④ 如果从上述三个群体的社会实际情况看,他们各有特点,由于历史、地理、经济、社会条件使然,虽因文化接触而相互影响,但社会现象的不同表现形式,主要还是取决于各群体的内部,他们为何和如何发生转换?如果从这点出发思考的话,列维·斯特劳斯研究的不是社会实体,而是这个系统的形式。他指出,"古典人种学家的错误在于他们试图使这一形式具体化,并使其结合于确定的内容,虽然实际上它对于研究者来说只是一种吸收任何一种内容的方法。图腾制度或这一类东西绝不是由其固有特征来规定的某种自主机制,它相当于从某一形式系统中任意抽离出来的一些程式,其功用在于保证社会现实内不同

---

① 转引自朱本源:《历史学理论与方法》,北京:人民出版社,2006年,第156页。
② (法)斯特劳斯:《图腾制度》,渠东译,上海:上海人民出版社,2005年,第143—144页。
③ (英)埃德蒙·利奇:《列维·斯特劳斯》,王庆仁译,北京:生活·读书·新知三联书店,1985年,第44页。
④ (法)列维·斯特劳斯:《野性的思维》,李幼蒸译,北京:商务印书馆,1987年,第119页。

层次间的观念的可转换性。"① 因此,"应当注意形式而不是注意内容,矛盾的内容远不如矛盾本身的存在这一事实重要"。② 可见他所说的转换系统或称结构的转换,其实质是观念的转换。为什么选择某一种自然物种,学者们有各种解释,如原始时代人类与自然界息息相关、动植物是原始人类生活的依赖、为人们所熟知,等等。列维·斯特劳斯强调说,"自然物种之所以得到了选择,并不是因为它们'好吃',而是因为它们'对思考有好处'。"③ 显然,这样一来,在列维·斯特劳斯那里,"图腾制度的实在被还原成了作为某些思维模式之特例的实在"。④

其三,列维·斯特劳斯还以原始印第安人对图腾和等级制度的理解为例指出了图腾神话所具有的社会历史性质。他说:"图腾神话描述的某些事件是真实的,即使图腾神话对事件的描绘是象征性的和被歪曲的。然而问题并不在于此,因为一切历史事件在很大程度上都是历史学家进行切分的产物。即便神话的历史是虚假的……同样表现了某一历史事件的特征,这些特征一方面取决于事件的偶然性……而另一方面取决于它引起强烈而变化多端的感情能力。"⑤ 列维·斯特劳斯还以北阿兰达部落对祖先的发源地和家园的山河大地的那种依恋之情为例来说明原始人的这种感情,由此认为整个家乡是该部落古老而永存的"家庭谱系之树"。那么列维·斯特劳斯所谓的"家庭谱系之树"的文化内涵是什么呢?对此,朱本源先生是这样理解的:"如当代许多人类学家认为,图腾神话创造出来的共同祖先的传说,起了团结部落、抵御外来侵略者的作用。所以,对家园之爱或对家园的思念是反复出现于图腾祖先神话中的重要主题。图腾神话(起源的神话)也就是一个部落(相当于后来的一个民族)起源与永生的历史。"⑥ 显然,列维·斯特劳斯所指出的原始人对故乡的思念这一感情具有真切感人的文化内容,而这种内容只能从历史和文化中加以寻找。

正如列维·斯特劳斯在《图腾制度》一书的最后一段中所说的,"人们所谓

---

① (法)列维·斯特劳斯:《野性的思维》,李幼蒸译,北京:商务印书馆,1987年,第88页。
② (法)列维·斯特劳斯:《野性的思维》,李幼蒸译,北京:商务印书馆,1987年,第110页。
③ (法)列维·斯特劳斯:《图腾制度》,渠东译,上海:上海人民出版社,2002年,第115页。
④ (法)列维·斯特劳斯:《图腾制度》,渠东译,上海:上海人民出版社,2002年,第135页。
⑤ (法)列维·斯特劳斯:《野性的思维》,李幼蒸译,北京:商务印书馆,1987年,第276—277页。
⑥ 朱本源:《历史学理论与方法》,北京:人民出版社,2007年,第156页。

的图腾制度,与知性有关,而与知性相应的需求,以及知性努力满足这些需求的方式,正是心智的首要条件。在这个意义上,对它来说,任何事物都不会过时,也不会显得很遥远。图腾制度的意象是被投射出来的,而不是被接收到的;它的实质也不是外在的。如果说幻象包含有真理的成分,那么这种成分并非外在于我们,而是内在于我们。"[1] 作者在此强调图腾制度属于心智范围,要回答的问题属于心智方面,他的意象来自内心,而不是从外界接收到,其本质不是外在的。如果说图腾制度的幻觉包含着一些真实,这种真实并不在我们之外而是在我们的头脑之中。

也许是因为这些原因,格尔茨在《睿智的野蛮人:评列维·斯特劳斯的著作》一文中认为列维·斯特劳斯关于图腾制度转换系统的"十分简单的转换"的表述是令人迷惑的。[2] 美国文化唯物主义人类学家马文·哈里斯(Marvin Harris)虽然没有专门讨论列维·斯特劳斯的图腾制度研究,但也简明指出结构主义所存在的主要问题,即"列维·斯特劳斯声言结构主义对于可验证的理论不感兴趣,而且无视因果关系、起源和历史过程。"[3]

列维·斯特劳斯的结构主义人类学研究方法的确存在着上述的缺乏对文化发展变化的历时性探讨的局限,但在另一方面,还需要强调的是,结构主义人类学理论只是西方现代文化人类学发展的一个重要窗口,我们在运用列维·斯特劳斯结构主义理论时,既要正确认识其理论及整个西方现代文化人类学理论体系的不足,并在运用该理论的过程中注意和努力克服其中所存在的这些问题,同时还要尽可能地发挥这一理论的长处,从文化的整体性、文化的宏观结构与文化要素之间的辩证关系的视角进行本专题的深入研究。

五、着力点和不足之处

经过多年对本课题的艰苦研究,心得甚多。这表现在两方面,一方面是对本课题许多内容的认识得到深化,由原先的一些感受逐步升华到了理性认识的层次;而另一方面,则是在研究过程中,愈来愈清楚地认识到自身的研究能力和研究成果的一些不足。

---

[1] (法)列维·斯特劳斯:《图腾制度》,渠东译,上海:上海人民出版社,2002年,第135页。
[2] (美)马文·哈里斯:《文化唯物主义》,张海洋等译,北京:华夏出版社,1989年,第191页。
[3] (法)列维·斯特劳斯:《野性的思维》,李幼蒸译,北京:商务印书馆,1987年,第135页。

（一）研究着力点

其一，将司马迁和普鲁塔克二者的传记史学的观念置于中西文化结构的大背景下进行论述，着力将史学与文化的大趋向结合起来。将传记史学产生的源头深入到更为悠远的人类早期文化的长时段中加以考察，同时又在文化与史学二者的相互影响的关系中探讨传记史学的产生和流变的历史原因和文化原因。

其二，运用中西史学比较的研究方法，将两人的传记史学观念进行比较，从而彰显了各自的特点。将中西两位具有重要影响的传记史学家进行整体的文化和史学的比较，以揭示两者各自的文化特征和传记史学特征，使人们对一中一西两位传记史家的史学观念和传记史学观念的各自特征和内涵有了更为深入的理解。

其三，从史学理论的角度，对两人的传记史学所具有理论思维的内容和历史逻辑进行了较为深入和详细的分析。这主要表现在首先探讨了历史学产生的原因，并在此前提下，进一步探讨了传记史学产生的历史必要性和必然性，并将传记史学的特征和叙事史学加以具体对照，以体现传记史学产生、发展的历史逻辑性和理论思维的特征。

（二）不足之处

司马迁与普鲁塔克传记史学观念的异同是中西史学比较的一个具有示范意义的重要问题，难度极大。因此在具体研究的过程中也深感有以下三点不足。

其一，对许多重要的问题在挖掘的广度上、深度上还需要进一步加强，而且更需要特别注意的是，怎样才能对文化和历史，对长时段和中时段，对中和西，对叙事史学和传记史学等重要问题进行有机的深入探讨，以真正体现本研究课题的跨学科特征。

其二，无论是在中西历史进程的历史理论，还是在中西传记史学的理论方面，都需要再进一步加强知识基础。唯如此，才会在充分发挥理论对具体研究指导作用的同时，对中西传记史学异同的深层次原因挖掘得更深，更精准，以体现现代的学术研究水准。

其三，在中西不同的文化结构下，如何正确而又全面地分析、归纳普鲁塔克与司马迁传记史学观念的异同问题，对此还需要进一步下工夫。因为对这一问题的研究，不仅需要的是一种历史的认识论，而且还需要历史的元理论，即需要研究者的世界观和个人的修养等等内容作支撑。因此，德智双修，这对本人而言是一个需要长期不断的学术探究和人格提升的过程。

六、结　语

总之，本文以历史唯物主义为指导，辅之以"问题史学"、史学比较和文化人类学的理论和方法，试图从中西早期的文化结构出发，以《史记》和《希腊罗马名人传》为主要历史依据，以揭示中西传记史学产生和发展的原因，过程及其发展的历史趋向，在厘清两者传记史学观念种种异同的基础上，对两者传记史学观念的种种异同进行历史的、综合的分析，使文化结构的理论与比较史学的理论在真实而具体的历史进程中真正结合起来，以收史学比较的真正效用；同时，在探讨司马迁和普鲁塔克传记史学观念异同的基础上管中窥豹，进而探讨中西传记史学发展中的相同性和不同性，通过中西古典传记史学的对话、交流，以探索中西古代传记史学发展的内在规定性、表现特征和影响，以探讨现代中西传记史学发展的趋向，最终达到融通的效果，为推动我国的中西传记史学的研究，特别是中西传记史学的比较研究深入而健康的发展尽绵薄之力。

第一章　中西原始文化的结构及其特征

德国近代著名历史学家德罗伊森认为："历史研究的起点是历史问题的提出。"① 中西传记史学观念的异同所面临的第一个重要的问题，就是中西各自传记史学观念所产生的历史原因是什么。

毫无疑问，中西各自传记史学观念产生的历史原因无论是在历史理论上还是历史实践上都是极其复杂而难以解决的重大问题。经过长期的学术探讨，学界普遍意识到，如果试图对中西早期的历史观念进行有深度的比较研究的话，就必须将其置于一个更为广阔而深远的历史因果链中加以探讨，这样才有可能获得进一步的成果。这是因为，包括中西早期传记观念在内的中西早期的历史观念必然产生于中西各自复杂而多样的历史文化环境，是一个源远流长而内容涵盖丰富的重大问题。沿着这一思想理路，在探讨中西传记史学思想的起源问题时，应该有着更为广阔的视域，将该问题置于中西历史发展的长河中研究，以真正做到追本溯源。也就是说，是将本章所要着重讨论的中西传记史学观念产生的历史文化背景，置于中国先秦时代孔子的史学思想和西方希罗多德史学思想之前更为久远的历史文化观念系统中，以探讨早期的史学观念产生的原因，进而了解中西传记史学观念与历史观念产生的内在关联。同时，以文化人类学的理论和方法为依据，从原始文化发展的基本脉络的角度，再进一步将中西传记历史思维的触角伸入到孕育中西史学的更为古老而深厚的文化底蕴之中——进入到包括新石器时代在内的上古宗教文化观念之中，将中西历史观念的产生

---

① （德）德罗伊森著：《历史知识理论》，胡昌智译，北京：北京大学出版社，2006年，第17页。

与其各自的古老而原始的文化相联系，以探讨中西传记史学所产生的悠远而厚重的文化底蕴。这样一来，对中西传记史学的起源问题的探讨势必同中西早期的宗教文化信仰紧密地联系起来。

当然，将中西早期历史学的产生及其特征与发展与中西早期的不同文化宗教的具体形式紧密联系起来，无疑是将中西史学、传记史学起源的研究向前推进了一大步，也为深刻地探索司马迁和普鲁塔克的传记史学观念提供了重要而必需的文化背景。但是，到底应该如何理解中西各自史学传记观念同其各自早期宗教观念之间的内在关联，以及宗教信仰是如何影响史学的起源及其发展等重要问题，则还是一个有待深入探讨的重大问题，同时也是学术界公认的难题，究其原因，从历史发生学的视角来看，在史学观念起源的时间问题上学界缺乏历史学最重要的证据——文字材料。因此，突破历史观念的束缚，选择新的研究视角和方法论并为其确立一个恰当的研究出发点就有着特殊而重要的意义。

可喜的是，随着现代学术研究的不断发展，多种新兴学科不断涌现，特别是文化人类学研究的方法和成果为我们解决这一问题提供了新的研究思路。对于文化人类学的理论和方法，由于在绪论中都已阐明，恕不赘述。在此需要强调的是，本章研究途径是以历史学的方法为据，辅之以文化人类学的理论和方法，努力使历史学与文化人类学在历史学的基础上统一起来。基于此，本章首先对中西早期文化发展的结构、机制、途径和内容等要素进行探讨；其次，在获得原始文化结构和特点的基础上，进一步探讨原始文化与继之而起的较为发达的文化形态——哲学和历史之间的内在关联，并且探讨它们对中西史学和中西传记史学发展的深刻而重要的影响；最后，通过中西原始文化发展的异同来说明中西史学的不同特征。

一、中西早期的文化结构及其特征

如上所述，西方的文化人类学发展的重要目的之一就是通过对其传统的宗教观念不断反思的过程，从而不断地将神圣的宗教观念还原为真实的人类早期的社会与文化。而在这一文化的历史发展进程中，中西形成了既有共性又有个性的文化结构，这一文化结构对中西文化的进一步发展，特别是对中西史学和传记史学的产生与发展特征有着直接的关联。

(一) 中西早期原始文化的共性

西方早期的古典人类学对原始的文化进行了深入的研究，做出了许多重要的学术贡献，但也产生了一些需要人们进一步思考的问题。列维·斯特劳斯则在前人的学术基础上，创造性地用结构主义分析的方法研究原始思维和图腾制度。他的这一方法论突破了长期以来学界将图腾制度作为社会制度本身或图腾制度的宗教特性的局限，而是进一步对其进行了深层次的理论探索，提出了要把图腾制度看作人类思维的方法、思考的工具这一重要的研究问题。

列维·斯特劳斯的上述人类学成果论证了原始民族（如印第安人）所具有的最基本的二元对照的这一思维架构，而且从这一思维架构的特点和作用来说，列维·斯特劳斯甚至认为它同现代的哲学家一样，是用我们完全可以理解的理智的方式进行思维，在某种程度上可以说，它们的思维方式表现得还相当精密，因而与现代科学家的思维一样。同时，列维·斯特劳斯还注意到原始宗教与真实社会历史内容之间的较为紧密的联系，并认为神话与历史履行着同样的职能：利用氏族、胞族、部落的共同遗产，构造一个共同体的起源。尽管宗教神话所采取的表现形式和文明社会的表现形式有所不同，但它是一种人类早期的文化形式。这样看来，列维·斯特劳斯是继承了自泰勒以来重视原始人的思维探讨的这一传统，并以此作为观察问题的出发点，在此基础上，他注意填平克服原始思维和现代思维的鸿沟，以探讨原始思维与现代人类思维观念的一致性，并且将这种观念的相同性的内容及其原因诉诸人的自身的心智，而不是外在的世界。

列维·斯特劳斯的结构主义人类学理论有其突出的优点，即将原始文化和现代文化统一起来了。由于他将它们都统一于人的心智和大脑之中，这样一来，列维·斯特劳斯的理论自然也暴露出两个重要的理论缺陷：其一，列维·斯特劳斯在处理原始文化与现代文化之间的关系上，并没有给我们一个完满的答案。他致力于探讨原始人的思维与现代思维的区别与统一，但他的兴趣点乃在于探索原始人心智和现代心智的相同点，但这种相同与两者不同之间的关系是什么，对此，列维·斯特劳斯并没有给我们一个信服的答案，也正是由于两者之间缺乏一个明晰的关节点，从而使人们对这一问题仍心存疑虑。其二，他将原始文化与现代文化的发展与比较仅仅局限于所谓人的心智范围，其结果不但难于说清楚心智进化的具体内容和特征，而且也无法说明心智发展的原因及其过程。因此，列维·斯特劳斯的结构主义理论也遭到学界的许多强烈批评。

列维·斯特劳斯的结构主义理论之所以会出现上述重要弱点，究其根本原因，就在于他淡化了人类思维发展中不可回避的客观历史性和实践性——人类的本质属性这一重要问题。换言之，由于列维·斯特劳斯的结构主义把人类的历史活动和实践活动搁置一旁，导致了他的研究只是脱离社会实体和经验现象的纯理论研究，对研究对象作形式分析，抽象推理；他所强调的是思维的形式而不是思维的内容，这样一来，原始思维和现代思维之间的有机联系就不存在了，只能趋向于同一了，因而不能全面反映事物的本质。

当然，这一重要问题也在学界引起广泛的争论，正如学者所言，"尽管如此，欧洲和美洲数以百计的训练有素的学者们仍然认为它是一种最值得穷毕生精力去研究的人类学策略。"① 因此，列维·斯特劳斯所创立的结构主义理论及其研究成果，在推动学者们深入研究宗教神话的方面具有重要的积极意义，而对本课题的研究而言，也不例外，它成为本课题研究的重要出发点。

从神话研究来看，神话瑰丽多彩，内容无所不包，但分类、归纳仍是把握其特质的重要方法。从详密的角度来看，有的西方学者斯彭斯（L. Spence）在《神话学绪论》中将神话分为 21 类②，有创造神话、人类起源神话、洪水神话、太阳神话等等神话种类。其优点是内容全面丰富，但缺点却是面面俱到，难以把握其普遍性。而中国著名学者朱狄先生则在斯彭斯 21 类的基础上加以归纳，将其概括为创世神话、太阳神话和英雄神话这三种最基本的主题，独具创意。但如果除去诸种神话之间的密切关系，将其置于简单而明了的原初认识基础上的话，最典型的神话类型实际上就是创世神话和英雄神话两大类。从逻辑归纳而言，太阳神话应当归入前者，因为，"从本质上说，所有的太阳神话和星辰神话都是创世神话的一种继续，太阳神话实际上涉及一个明显的宇宙论问题：光从哪里来？这对于那种试图对宇宙起源作出解释的宇宙论的创世神话来说，它是最本原和最重大的问题。接下去的问题也就是意识的起源问题。而'人究竟从哪里来'的问题一旦被提出，人类也就到达了对自我意识的反思，即英雄神

---

① 朱狄：《原始文化研究》，北京：生活·读书·新知三联书店，1988 年，第 717—718 页。
② 朱狄：《原始文化研究》，北京：生活·读书·新知三联书店，1988 年，第 717—718 页。

话的门槛了。"① 正像卡西尔所说的："在对宇宙的最早的神话学解释中，我们总是可以发现一个原始的人类学与一个原始的宇宙学比肩而立：世界的起源问题与人的起源问题难分难解地交织在一起。"② 因此，在纷杂难辨的早期神话中，最基本的神话应是创世和与尘世紧密相关的人世英雄两大类型。

再从泰勒对原始文化研究的重要成果——"万物有灵观"来看这一问题的话，其结论也是相同的。在泰勒看来，原始宗教产生的基础是精灵观念，具体而言，从自然精灵发展为自然神，而从鬼魂观念则演化为祖先神，其结果，自然崇拜和祖先崇拜随之产生。与此相对照的是，神话类型同样可以简化为创世神话和英雄神话两大类，这一概括也正与原始宗教中的两种最主要的神灵崇拜形式相对应：创世神话主要是从自然崇拜发展起来的，而英雄神话则主要是从祖先崇拜发展起来的。所以，著名学者邹华先生指出："自然崇拜和祖先崇拜的相对独立的发展，这是在其观念形态上分别形成创世神话和英雄神话的基础，因此可以说，如果没有这一基础，这两类神话也就无缘产生，至少是没有较完整、较典型的文化形态。"③

所以，从对神话的分析中我们可以得出自然崇拜和祖先崇拜是原始宗教的两种主要形式的结论。而且需要特别指出的是，原始宗教的产生不管是从其内容来讲，还是从其形式来看都是一个复杂的统一体，在看到其所包含的蒙昧、野蛮的历史内容的同时，也要看到其本身还包含着一些历史性的认识成果。因此，自然神和祖先神这两种神灵的形成，绝不只是原始居民愚昧无知的产物，而是更多地体现了人类在这一历史阶段对自然和自身的理解和智力的进步。德国近代的宗教社会学大师韦伯（Max Weber）认为："由宗教的或巫术的因素所引发的行动之最基本的形式，是以此世为取向的。……进一步来说，宗教或巫术动机下的行为，相对而言，是理性的，从其最原始的表现看来特别是如此。"④ 所以，韦伯认为，原始文化的宗教化本质就是理性化的过程，由此出发，可以说原始宗教更多地体现着原始意识理性化的趋势，而自然崇拜和祖先崇拜可以说体现了原始意识中理性发展的两种比较高级的状态。当然，这一切归根结蒂

---

① 朱狄：《原始文化研究》，北京：生活·读书·新知三联书店，1988年，第750—751页。
② （德）恩斯特·卡西尔：《人论》，甘阳译，上海：上海译文出版社，2004年，第6页。
③ 邹华：《中国美学原点解析》，北京：中华书局，2004年，第13页。
④ （德）马克斯·韦伯：《宗教社会学》，康乐、简惠美译，桂林：广西师范大学出版社，2005年，第2页。

还是人类自身对世界的感知和认识。近代法国著名的实证主义哲学家、社会学的创始人孔德（Auguste Comte）通过对人类社会文化的系统研究，指出人类的精神发展必须经过三个阶段，或者运用三种思考的方法，即神学，形而上学和实证的方法，其中每一种都有其实践的价值和相应的社会制度。"在神学阶段，即童年时代，人用神人同形同性论的观点来看待事物，把事物看作超自然物的表现，用崇拜物教经过多神教到一神教。"① 换言之，在人类文明初期，人类只能对自己的生命和行为方式作出直观的考察，因此当人们开始试图理解和解释自然现象时，就当然地把自然现象和人自身相比拟，从而赋予了自然以人的本性。孔德的这一学术观念指出了这种古老的、朴素的认识自然的方法的重要特征，人与自然成为文化结构的两个基本元素，并由此而构成各自的文化品格，其意义不仅表现在深刻地揭示了人与自然所建构的紧密的内在关系这一方面，而且也揭示了古代世界的各种文化中具有广泛的普遍性。

由上可知，中西文化在人类早期文明伊始都同样具有自然崇拜和祖先崇拜两种原始宗教或原始思维体系，但是后来在各自的发展历程中却体现了明显不同的结构和趋向，为什么会这样呢？中西文化各自经历了怎样的裂变历程呢？要回答这些问题我们就必须深入探讨中西各原始思维的具体内容及其特点。

（二）中国早期文化结构的内容和特点

如上所述，祖先崇拜和自然崇拜这两种思维和认识方式既体现了各自的独立性和主体性，二者之间的相互关系的差异又成为中西文化结构异同的核心问题。对于中国早期的文化结构而言，其特征表现在二者具有相互对立关系一面的同时，又表现了相互包容、相互汲取的、具有更多的包容性的另一面。由此，中国文化结构的突出特征在于将对自然和对自身的认识统一于人的历史文化过程中，具有广泛而厚重的人文历史内容。

1. "近取诸身，远取诸物"的思维方式

所谓中国早期文化结构指的是基于中国的文化传统而显示出来的与众不同，特别是与西方的希腊和罗马不同的文化特质。当然，这一早期文化结构的形成是源自于中国文化本身。其实，这一具有中华文化特色的思维方式早在《易经》

---

① （美）梯利：《西方哲学史》，葛力译，北京：商务印书馆，1995年，第553页。

时期就已经奠定了。

众所周知,《易传》一方面是中国早期文化的结晶,另一方面则又集中展示了中国早期思维方式的成果,是中国文化的丰硕果实和突出例证。《易传》是战国时期阐发《易经》的论文集,相传是西周时期创作的卜筮之书,它只是对一些偶然的占卜结果所作的具体记录,其所反映的是古人对无法把握的外在世界的一种具有明显的宗教意义上的理解。因此,《易经》中记述占卜结果的卦、爻辞,并非理性思维的结果,也不能对现实的人生发挥指导性的作用。但到了《易传》中,学者们借用《易经》的架构,推陈出新,对其进行了符合时代文化特征的诠释和理解,其成果自然赋予了古老的《易经》卦、爻辞以崭新的文化哲学意义,表达了新时代人们对宇宙、对人生的理性思考,因此,《易传》集中体现了先民思考人生,观察世界和把握整体世界的最为发达的具有哲学意义的成果。《周易·系辞下传》中曾提到:"昔者包牺氏之王天下也,仰则观象于天,俯则观法于地,旁观鸟兽之文与地之宜,近取诸身,远取诸物,始画八卦,以通神明之德,以类万物之情。"② 该记载的意思是说,伏羲氏又称包牺氏,是传说中人类文明的始祖,被尊为"三皇"之首。根据传说和史籍记载,伏羲氏观察自然界各种事物的运动变化,总结其规律,创画了八卦。"八卦"是指"坤"、"艮"、"坎"、"震"、"巽"、"离"、"兑"以及"乾"八种卦的符号,代表天地间的"天"、"地"、"雷"、"风"、"水"、"火"、"山"、"泽"等种种事物。这可以概括为"观物取象"和"取象比类"的研究方法。其核心的观念则是"近取诸身,远取诸物",即从人自身的身体以及周围环境发生的异常变化来取象,用以进行人事的判断和结果预测。用现代学术术语来表达,这实际上就是古人通过抽象及归纳分类的方法由感性向理性上升的逻辑认识过程。而这种认识的途径是通过对人自身和人所生活的自然环境来认识人与世界,并在此基础上进一步探讨人与自然间的关系。毫无疑问,中国早期这一思维的方式及其进步性具有普遍的意义。正如学者所讲的:"当人类的思维发展到企图解释整个世界的形成问题时,世界的形成同样以人自身的活动来解释。既然人由父母所生,那么世界的产生也就需要父母。希腊神谱在说明世界的形成时,这些关于宇宙的表象

---

① 尽管学界对《易传》成书的时间和其代表人物纷讼不断,一般认为,《易传》其学说本于孔子,而成于孔子后学之手。

② 阮元校刻:《周易正义》,北京:中华书局,1980年十三经注疏本,第86页。

是以神话的形式呈现在我们眼前的。这些神话叙述着神灵界的人物的家谱或某种事迹,利用人类世代生殖及行动借来的意象以表达事物的自然关系。"①

2. 主神意识的出现——"帝"

当然,自然崇拜和祖先崇拜的发展,归根结蒂是人的原始意识发展的一种反映,它不仅表现为人们抽象思维能力的提高这一心智的进步方面,而且它与人们对世界对自身的意识紧密相连,还具有实际的历史和文化意义的另一方面。随着这种较为发达的自我意识的进一步发展,其结果,从逻辑上必然要导致独一无二的"主神"意识的形成。所谓"主神"或"上帝"崇拜的内涵为两个方面:一方面这个上帝统一了多元的自然神,如电神、太阳神,它创造了世间的万事万物,具有了宇宙自然的种种特性;另一方面这个上帝又统一了多元的祖先神,高高在上,凌驾于先前数量众多、功能各异的祖先神灵之上。从此神的世界,既具有了世俗社会的特点,更具有人类的情感,它深入人们现实的社会生活中间,成为人间具体事务的最终裁决者。

"帝"这个词在中国的早期文化中有着特殊的历史涵义。如果从出土的甲骨卜辞看,大约在殷商武丁时期,中国人就开始有了对"帝"的信仰;但中国人所信仰的上帝之"帝"的含义是什么,弄清这个问题对于了解中国早期宗教文化的内容和中国早期的文化结构显然具有积极意义。

首先,从字形上看,许多历史学家和文字学家从不同角度都对此提出了自己观点,张舜徽认为,"帝"字受义于太阳;章太炎认为,"帝"字是从飞鸟的形状中引申出来的;吴大澂、王国维认为,"帝"字即"花蒂"之蒂;刘复认为,"帝"字源于古巴伦的"米"字,其义为"天帝"或"人王";金景芳先生认为,"帝"是部落联盟的首领人物;但刘家和先生在花蒂之义的基础之上,对王国维先生的观点进行深化,进一步论证,认为就字形来说,古帝字更像根。②

其次,从字的内涵来看,刘家和先生在《关于中国古代文明特点分析》一文中指出,花蒂之说有道理,但仍待改进,认为帝的原始字义为"根"。同时,"帝"(即蒂)和"柢"(即氐)相通,《老子》五十九章"深根固柢",《经典释文》"柢亦作蒂"。《韩非子·解老》:"树木有曼根,有直根。(直)根者,书之

---

① 张尚仁:《欧洲认识史概要》,北京:人民出版社,1983 年,第 41 页。
② 刘家和:《关于中国古代文明特点的分析》,《古代中国与世界》,武汉:武汉出版社,1995 年,第 362 页。

所谓柢也。"① 直根为柢,曼根为根。帝的形状像直根,古人认为神是人的根源,所以又把神称为帝。② 显然,"帝"是将人自身和自然两者相结合,取象类比的产物。

著名学者陈炎先生认为上述各家对"帝"的理解主要包含三个层次的意思:(1)"帝"与某种特殊的自然对象有关。(2)"帝"与生殖血缘有关。(3)"帝"与祖宗和先王有关。显然,陈炎先生在《古希腊、古中国、古印度:人类早期文明的三种路径》一文中,是努力从原始宗教发展的趋向,具体而言是从图腾崇拜向祖先崇拜转变的趋向上对此作了探讨,并将这一趋向与独特的中国文明发展的路径结合起来加以考察,很有新意。

其三,从"帝"的文化意蕴上看,以上关于"帝"含义的种种观点,并不是一个简单地孰是孰非的问题,而是各有千秋、各呈异彩的学术争鸣现象,由于历史的久远和材料的缺乏,我们对此问题的探讨很难有大的进展,因为上述各说都是依据有限的材料所进行的有力论证的硕果。如果我们换一个角度,从历史发展角度,特别是从"帝"这一词所产生的悠远而原始的社会历史状态,把它置于动态的人文历史发展的进程来看的话,就可以推知,"帝"一词有着丰富的内涵,体现了古人对其所生存的自然环境,再到家庭家族关系,进而扩展到对广阔的社会政治关系的一种不断加深的较为全面的认识。再从宗教形态来看,"帝"的不同含义既表现为多种不同的宗教形态的某些特征,从宏观而言,也明显呈现出从对自然的崇拜向对祖先的崇拜的发展并进而将两者相统一的历史趋向。

总体而言,上述的这几种看法都正确揭示了我国的古人,在其早期的不同历史阶段,对其自身所实践的社会关系的一种深入而丰富的认识,从而使"帝"这一词逐渐具有多样而又相对明确的历史含义。具体于中国古史而言,在列邦林立的早期国家时代,通常每一邦都崇拜自己的祖先,由于祖先都来自于神,就是"帝",因此,祭"帝"的时候祖先作陪。"王者禘其祖所自出,以其祖配之"③,说的就是这个意思。但其后,随着历史的发展,在自立的各邦君主之中,

---

① 高华平、王齐洲、张三夕译注:《韩非子》,北京:中华书局,2010年,第201页。
② 刘家和:《关于中国古代文明特点的分析》,《古代中国与世界》,武汉:武汉出版社,1995年,第511页。
③ 阮元校刻:《礼记正义》,北京:中华书局,1980年十三经注疏本,第962页。

又出现了一个最高的领袖——王的时候，就产生了一些重要的变化，比如，原先各邦君主祭祀帝或上帝的一些权利，即以自己的祖先作陪的权利此时就专门属于高高在上的王了。例如，周人就认为，"殷之未丧师，克配上帝。"① 此言即说，周人也曾承认殷王是当时诸多邦国的最高领袖。

因此，在主神从自然神和祖先神升华出来的过程中，它既表现为人类思想范畴内的理性化过程，又表现为一个规范原始人性中本能欲望以规范社会秩序的社会历史实践过程，从而使主神崇拜也具有许多真实的社会内容。所以，上帝意识就是古代人理性认知过程中的最高成果。

3. 从原始宗教到早期的人文历史领域——中国早期文化结构的形成

不过，随着"上帝"主神意识的继续发展，其文化内核客观要求突破宗教的束缚而进入人文的殿堂，正因为如此，我们才称原始宗教是人类文化发展的原点。古代思想、哲学中的诸种文化范畴，如"理念"、"天"、"道"和"德"等，就是对"上帝"理性化的成果。当然，这一成果也标志着一个具有相对稳定性的古代文化结构的形成，也标志着人类的文化发展到了一个新阶段。这样，对古代文化结构的探讨，就要从神秘的宗教领域转入哲学和史学的领域，而从这时开始，中西文化开始沿着不同的道路发展，呈现出各自独有的特色。

对于中国远古历史而言，被称为"人文始祖"的黄帝无疑是中国文化从宗教领域转向历史领域的一个标志性的文化事件，虽然，"百家言黄帝，其言不雅驯"②，但从过去对黄帝的种种传说和现代对其所存在时代的考古研究中，已能较为清楚地看出当时的社会生产和文化发展的许多内容与成就，这些生产和文化成果不仅为人们进一步思考世界起源提供了物质和思想的前提，而且也大大影响了其后的中国人文发展的进程。这在《尚书》和《国语》所记叙的颛顼"绝地天通"（即阻断天地间的交通）的传说中，就已明显地透露出中国早期历史进程中偏重人事而疏远鬼神的人文信息。基于此，本章对这一传说的内容和意义稍加详论。

《尚书·吕刑》："乃命重黎，绝地天通，罔有降格。"③ 《孔传尚书》记载："重即羲，黎即和。尧命羲和世掌天地四时之官，使人神不扰，各得其序，是谓

---

① 阮元校刻：《毛诗正义》，北京：中华书局，1980年十三经注疏本，第550页。
② 《史记》卷一《五帝本纪》，北京：中华书局，1959年标点本，第46页。
③ 阮元校刻：《尚书正义》，北京：中华书局，1980年十三经注疏本，第248页。

绝地天通。言天神无有降地，地只不至于天，明不相干。"① 意谓使天和地，人和神各安其居，各得其所，人于其间建立固定的纲纪秩序，人类社会实行了新的制度。这样看来，这一举措实在是一个具有重大意义的文化行动。因此，上面的这样一个回答似乎只是回答了这个问题的表面，究竟为什么要实行"绝地天通"这个问题还没有真正解决。在《国语·楚语下》中，楚昭王同样问于大臣观射父这个问题："《周书》所谓重、黎实使天地不通者，何也？若无然，民将能登天乎？"② 意即《尚书》所说的绝地天通，是不是说此前人们是可以上天的？而观射父的回答非同凡响，其中包涵了很多重要的文化信息，不仅使我们对这个宗教问题的了解更为深入，而且还涉及中华早期的社会发展史的许多重要内容。

  非此之谓也。古者民神不杂。民之精爽不携贰者，而又能齐肃衷正，其智能上下比义，其圣能光远宣朗，其明能光照之，其聪能听彻之，如是则明神降之，在男曰觋，在女曰巫。是使制神之处位次主，而为之牲器时服，而后使先圣之后之有光烈，而能知山川之号、高祖之主、宗庙之事、昭穆之世、齐敬之勤、礼节之宜、威仪之则、容貌之崇、忠信之质、禋洁之服，而敬恭明神者，以为之祝。使名姓之后，能知四时之生、牺牲之物、玉帛之类、采服之仪、彝器之量、次主之度、屏摄之位、坛场之所、上下之神、氏姓之出，而心率旧典者为之宗。于是乎有天地神民类物之官，是谓五官，各司其序，不相乱也。民是以能有忠信，神是以能有明德，民神异业，敬而不渎，故神降之嘉生，民以物享，祸灾不至，求用不匮。及少皞之衰也，九黎乱德，民神杂糅，不可方物。夫人作享，家为巫史，无有要质。民匮于祀，而不知其福。烝享无度，民神同位。民渎齐盟，无有严威。神狎民则，不蠲其为。嘉生不降，无物以享。祸灾荐臻，莫尽其气。颛顼受之，乃命南正重司天以属神，命火正黎司地以属民，使复旧常，无相侵渎，是谓绝地天通。③

  观射父在此用了一大段话语对"绝地天通"的来龙去脉进行了阐释：人类最先是天人相通但却有序的美好时代，后来则是蚩尤的旧部九黎各氏族为首，

---

① 阮元校刻：《尚书正义》，北京：中华书局，1980年十三经注疏本，第248页。
② 陈桐生译注：《国语》，北京：中华书局，2013年，第620—621页。
③ 陈桐生译注：《国语》，北京：中华书局，2013年，第621—623页。

破坏了历代以来形成的"五官"德政，转而进入了天人混同、人人都是巫的黑暗时代；到了颛顼时期，进行了重要改革：命南正重专注于神事，火正黎专注于民事。重新使天人相分，民事和神事再度得以分开，使前代之典章制度得以重新恢复。

观射父真可谓春秋时期博学多才的人物，更难得的他还是一个具有理性思维的君子，他在此用"绝地天通"的话题对中国早期思想和宗教发展史进行了一番总结和诠释，对原始的宗教现象进行了力所能及的理性化的理解，即"绝地天通"的要害在于：天人混杂"祸灾荐臻"的旧时代进入到了一个天地相分，人神不扰的新时期。其实质是一种有序化、制度化的文化秩序的重建。观射父的这一解释使人耳目为之一新。对此，如刘家和先生指出的"观射父在古代能做出这样的解释确实是很杰出的"①，但这种绝地天通的正确含义则是："不是一切人都可以用巫术和神打交道了，这种权利为某些人所攫取，这样就算是地和天、人和神的交通断了。当然，这不能是完全的断绝，因为还有人负责人和神的交往。"② 换言之，所谓"绝地天通"的实质就是社会的统治者将宗教权利从一般社会成员手中逐渐攫取过来，而加以垄断成为自身特权，最终又成为控制民众工具的过程。这一过程的历史表现为，先是有代言者，这就是殷之所事，后则是配享上帝，这就是周之作为。一方面上帝逐渐和普通民众脱离，渐与统治者结合起来；另一方面渐抽象，渐高大，从脱离人最终又从另一个角度回到管理人的宗教人化状态。因而"绝地天通"具有重要的历史意义。因为"文明一般都是在这种情况下诞生的。统治者一方面代表人和神打交道，另一方面又作为神的代表来统治人民。中国古代的君主以及许多其他古国的君主都说自己得到'天命'或者'神的命令'，这不是偶然的现象，是具有一般性的。"③ 表面上来看，宗教与人脱离了，但从其发展本质而言，与人间越来越近了，越来越理性化了。这就是宗教发展进程中的辩证法。

所以，春秋时期郯子说："自颛顼以来，不能纪远，乃纪于近，为民师而命

---

① 刘家和：《关于中国古代文明特点的分析》，《古代中国与世界》，武汉：武汉出版社，1995年，第361页。

② 刘家和：《关于中国古代文明特点的分析》，《古代中国与世界》，武汉：武汉出版社，1995年，第361页。

③ 刘家和：《关于中国古代文明特点的分析》，《古代中国与世界》，武汉：武汉出版社，1995年，第361页。

以民事，则不能故也。"① 中国主流的意识形态便注重人事（"近"）而疏远鬼神（"远"）。到夏代，"夏道遵命，事鬼神而远之，近人而忠焉。"② 而到了殷代，"上帝"和"天"的概念是否已经等同，学者还有不同的意见。从甲骨文的资料来看，现在还没有二者合一的证据，但是，如果依据古老的《尚书》和《诗经》的资料来看的话，似乎殷代天和上帝已经等同起来，但可以明确的是，到了西周，"天"和"上帝"已经合二为一了，从宗教祭祀中所表现的祖灵宾天到以德配天的重要转变大概就反映了这一重要的历史发展和转变的过程。著名史学家刘家和先生指出："在西周时期，上帝和天等同起来，这是从青铜器铭文和传统文献都能得到证实的。"③ 这一过程所产生的重要结果是什么呢？这是我们在此需要进一步探讨的重要问题。

4. 中国早期文化结构的特征及内容

其一，建立了天人合一的宇宙观，并以此观念来调节社会的规范。从理论上讲，作为各邦的大宗，周王只能作为有血缘关系的各同姓的大宗，而不能成为异姓诸侯的大宗，这样一来，周王就难以有效地对各地臣服居民进行有效的统治。但令人感到惊讶的是，周人并不局限于祖先崇拜本身，而是将祖先崇拜的观念进一步发展，把天和人的关系理解为某种意义上的血缘关系，从而为周朝代替殷朝提供了一种容易理解和实行的理论依据。即所谓"皇天上帝，改厥元子。"④ 也就是说，各邦君主其实都是皇天上帝的儿子，但周王却是上天的"元子"，或者是"宗子"，这样一来，周人统治者把人间的宗法系统和皇天上帝联系起来，凡是在天下面生活的人，不分同姓异姓，都得承认周王是"天下"的大宗，周王朝也就自然被诸侯承认"宗周"，或宗主了。

其二，将祖先崇拜和自然崇拜结合起来，使祖神和天神融合起来，从宗教观念来看，形成了天人合一的观念。不言而喻，周王把自己说成是皇天上帝的"元子"具有极其明显的意义，即刘家和先生所指出的："周代人对天和人的关系

---

① 杨伯峻：《春秋左传注·昭公十七年》，北京：中华书局，1981年，第1388页。
② 阮元校刻：《礼记正义·表记》，北京：中华书局，1980年十三经注疏本，第1641页。
③ 刘家和：《关于中国古代文明特点的分析》，《古代中国与世界》，武汉：武汉出版社，1995年，第362页。
④ 阮元校刻：《尚书正义·召诰》，北京：中华书局，1980年十三经注疏本，第211页。

的认识有一个重大的变化,就是把天和人的关系理解为某种意义上的血缘关系。"① 当然,这一转变也具有明显的政治目的,就是将宗法统治观念和政治统治结合起来,从而使得祖先崇拜占据主导地位。这一转变的意义用卡西尔的话来说就是:"伦理的意义取代和接替了巫术的意义。人的全部生活成了为正义而进行的不间断的斗争。……从现在起,人的日常实践生活中没有一个个别步骤在宗教和道德的意义上被看成是无关紧要或中立的。"②

其三,周朝的这一观念也具有极其突出的社会文化的发展内涵,这集中表现在自然崇拜向祖先崇拜的位移并融入的这一重要特征上。在此要强调的是,殷商的宗教关系由于缺乏足够的史料我们暂且不说,但对于周的宗教关系我们还是可以说得比较清楚的。周朝的祖先崇拜与自然崇拜的关系的重要转变路径不是通过对立、否定方式完成的,换言之,祖先崇拜占据统治地位不是以祖先崇拜除掉自然崇拜的方式实现的,而更多的则是以包容和吸纳的形式完成的。这一重要的文化变化和发展的结果及途径对中国文化的发展趋向而言,使中国的原始文化从原始宗教走向了伦理学和历史学;而与中国文化结构的发展相对照的是,西方的文化结构在对原始宗教进行改造的过程中,却走向了哲学。从而形成了中西不同特色的文化品格。这一点我们将在下文详述。

显然,祖先崇拜包容、吸纳自然崇拜,从而占据统治地位的结果是,在两者的关系中,人的特征、人的意志和人的作用得到了较为突出的彰显。如史学家晁福林先生所指出的:"综观西周史学发展情况,可以说已经比殷代有了长足的进展。如果说殷代尚有十分浓厚的神意史观的话,那么西周时期的史学则正逐渐从神意的笼罩下走出,更多地注目于人的历史活动,记载人的事迹和历史事件的经过及结果。"③ 因此,在这一时期,宗教走下神坛而向历史过渡便成为重要的文化发展成果和突出特征。而这一成果和特征在对"黄帝四面"、"黄帝三百年"等神话的剥离中得到明显的体现。

黄帝是中国古史传说中的重要人物,尽管中国早期的诸多史料都说其功勋赫赫,被称为中华民族的人文始祖,由他而开启了中华五千年的文明历史,实

---

① 刘家和:《关于中国古代文明特点的分析》,《古代中国与世界》,武汉:武汉出版社,1995年,第362页。
② (德)恩斯特·卡西尔:《人论》,甘阳译,上海:上海译文出版社,2004年,第140页。
③ 晁福林:《夏商西周的社会变迁》,北京:北京师范大学出版社,1996年,第435页。

际上黄帝很可能是走向文明前的部落联盟首领,因此,关于黄帝本人也有很多的神话和传说。例如,西周后期及春秋战国时期的众多古籍,《国语》、《左传》、《尸子》、《大戴礼记》、《逸周书》等。在这些古籍中,很多都记述了上古时期五帝之首的黄帝,但黄帝的真实情形却淹没在神话和传说的海洋中,人们对黄帝的真实情形难以有个清晰的了解。

战国时尸佼著的《尸子》一书中,就把黄帝描写成为有四面的神人。《吕氏春秋》:"故皇帝立(位)四面。"① 当时的人们理解黄帝是上古之神,"有四张面孔,凝视四方,是主宰万物的神人。"随着人类的进步,人们的思维意识需要从虚幻走向更多的现实。对"黄帝四面"这一观念,自然有了更贴切的说法。最早对"黄帝四面"做出现实主义解释的是春秋时期的孔子。孔子认为所谓"黄帝四面"的真正意义是黄帝派亲信治理四方。孔子在与其弟子子贡对这一问题的问答中,明确提出了他的这一观点:

子贡问:"《尸子》中云:'古黄帝四面',信乎?"孔子曰:"黄帝取合己者四人,始治四方,不计而耦(偶),不约而成,此之为四面"。

显然,在孔子看来,所谓"黄帝四面"并非四张面孔,而是管理四个"方位",即四个方面的人物,这四人都和黄帝的方略不谋而合,不约而同,成为黄帝可倚重的四个核心人物,佐助黄帝治理国家,使国泰民安。这一段对话,言简意赅,主旨突出,既有新意,但又合情合理。其结果是,黄帝从遥不可及的神坛之上走向了凡世之中,终于又回到了创造这一传说的人间。在这里,大思想家孔子的重要成果之一就是努力将黄帝的神话传说变成了现实人们真实活动的历史。

需要提及的是,到了汉武帝时代,司马迁《史记·五帝本纪》中撰写黄帝时,就是以孔子对"黄帝四面"的人文解释为依据,并沿着孔子开辟的这一人文道路继续探索,进而将"黄帝四面"更加现实化具体化了,变成了他举荐选拔的有名有姓的四个人,帮助他治理国家。司马迁在《五帝本纪》中这样写道:"(黄帝)举风后、力牧、常先、大鸿以治民。"② 对于此四人的解释,历代典籍多有歧说,附会色彩很浓。其实,按现实意义的理解,这四个人都是具有象征

---

① 关于黄帝的"黄帝四面"文献出处有三:《太平御览卷七九·尸子》和1997年长沙马王堆汉墓出土战国帛书《十六经·立命篇》。以及《吕氏春秋》:"故皇帝立(位)四面。"

② 《史记》卷一《五帝本纪》,北京:中华书局,1959年标点本,第6页。

意义的代表，因而有学者将其解释如下："风后"是指像大风一样能吹天下尘垢的贤人——去恶扬善；"力牧"是指尽力于管理民间事物的贤人——治国之精英集团；"常先"乃指敢为天下先的贤人——有开拓精神的人才；"大鸿"是指具有宏大志向的贤人——不墨守成规的贤人。黄帝就是靠网罗了大批贤人、能人与他同心合力治理国家。"置左右大监，监于万国，万国和，天下一统。"① 中国早期的社会正是以这种重要的运行方式向前发展。

至于"黄帝三百年"之说，在战国时成书的《逸周书》及《大戴礼记》等古籍都曾提到，意即黄帝生存于世间三百年。显然，"黄帝三百年"这一观点大大超出了当时人们的经验认知水平，自然就引起了一些人的思考和怀疑：黄帝到底是人还是神，如果是人的话，如何理解"黄帝三百年"？孔子的学生宰我就对此问题苦思不得其解，于是就请教孔子。显然，孔子开始并不乐意回答，但在宰我的坚持下，就做出了他的著名解说："生而民得其利百年，死而民畏其神百年，亡而民用其教百年，谓黄帝三百年也。"② 当然，对于孔子的这一解释，不管是从古代还是从现代来看，都不能说是科学而切中鸿的，但这一解释和孔子对"黄帝四面"的解释一样，都是从人文主义的角度，努力去掉神话和传说的神圣外衣，将其还原为具有现实社会生活的历史性思想的重要成果。因而，这是孔子在其所处的时代所能给予的最好的人文解释。之所以是最好的解释，因为他是基于现实人们的生活经验和理解力而提出的，也容易被人们所接受。自然，这一解释闪耀着理性的人文主义光彩，也体现了中国早期文化结构越来越倚重人文的特征。

如上所述，在中国早期文化系统中，祖先崇拜居于重要地位，而祖先崇拜宗教文化所倡导的是包容和吸纳这一文化流传方式。所谓包容和吸纳的意蕴是什么呢，说的是在自然崇拜和祖先崇拜这种宗教和思维形式中，祖先崇拜在与自然崇拜对立的过程中，其思维取向是在展示两者不同性的同时，较多地寻求与自然崇拜的统一性，尽可能将自然崇拜置于或纳于祖先崇拜的理论体系之内；

---

① 《史记》卷一《五帝本纪》，北京：中华书局，1959年标点本，第6页。
② 《大戴礼记》中是这样记叙师徒俩人对话的：宰我问孔子曰："昔者予闻诸荣伊令，黄帝三百年。请问黄帝者人邪？抑非人邪？何至于三百年乎？"孔子说："予！禹、汤、文、武、成王、周公，可胜观也！夫黄帝尚矣，女何以为？"宰我曰："上世之传，隐微之说，卒业之辨，阇昏忽之意，非君子之道也，则予之问也固矣。"孔子对曰："生而民得其利百年，死而民畏其神百年，亡而民用其教百年，谓黄帝三百年也。"（清）王聘珍撰：《大戴礼记解诂》，王文锦点校，北京：中华书局，1983年，第117—119页。

反之，自然崇拜的思维方式，首先是以对立为支点的，因而在两者的关系中，排斥性、对立性是其突出特点，结果造成这两种思维方式很难统一兼容起来。那么为什么祖先崇拜具有这种吸纳、统一自然崇拜的能力，而反过来自然崇拜却无力融合、接纳祖先崇拜呢？这是一个需要进一步深入探讨的问题，也是研究中西早期文化结构的难点和关键之所在。当然，对这一问题最为深刻的探讨应注重于两者所依赖的生产方式，这在下章中将会论及，兹不赘述。下面我们将借助卡西尔的文化观念来论述以古希腊为源头的西方早期的思维方式和文化特点。

（三）希腊罗马早期的文化特点

1. 自然崇拜在希腊居于主导地位，祖先崇拜日渐衰落

德国现代著名哲学家卡西尔在其名著《人论》中就探讨了人类最早的思维形式和宗教形态。在其中，他以古代希腊的文化转型为例，说明了人类在认识自然和认识自身过程中所表现出来的内容，以及两种思维方式的不同特点、转换过程和原因。卡西尔对这一问题的探讨对于我们理解中西两种思维形态的差异及其特质具有重要的启示。

在卡西尔看来，人类最早的认识类型有两大类，一种是认识自然，再一种就是认识人自己。在古希腊的哲学发展中，最早出现、同时也最突出的成就表现为自然哲学，即对自然探究的成果。对此，卡西尔是这样说的："希腊哲学在其最初各阶段上看上去关心物理宇宙。宇宙学明显地支配着哲学研究的所有其他分支。然而，希腊精神特有的深度和广度正是在于，几乎每一个思想家都是同时代表着一种新的普遍的思想类型。在米利都学派的物理哲学之后，毕达哥拉斯派发现了数学哲学，埃利亚派思想家最早表达了一个逻辑哲学的理想。"[①]不过，以赫拉克利特为分界线，古希腊的学术研究开始向对人的研究领域转移，因为赫拉克利特确信："不先研究人的秘密而想洞察自然的秘密那是根本不可能的。如果我们想把握实在并理解它的意义，我们就必须把自我反省的要求付诸实现"[②]。因此，在卡西尔看来，可以用一句话来来概括赫拉克利特的全部的哲

---

① （德）恩斯特·卡西尔著：《人论》，甘阳译，上海：上海译文出版社，2004年，第6页。
② （德）恩斯特·卡西尔著：《人论》，甘阳译，上海：上海译文出版社，2004年，第6页。

学观念:"'我已经寻找过我自己。'"① 也就是说,较之于前人,赫拉克利特开创性地将其认识的支点置于人自身这一基础之上,由此开始了古希腊时期学术发展的新方向。当然,这一思想发展的趋向直到苏格拉底时期才臻于成熟,一般而言,学界区分苏格拉底与前苏格拉底的最重要的思想标志恰恰就是于人的问题上。"苏格拉底从不攻击或批判他的前人们的各种理论,他也不打算引入一个新的哲学学说。然而在他那里,以往的一切问题都用一种新的眼光看待了,因为这些问题都指向一个新的理智中心。……在苏格拉底那里,不再有一个独立的自然理论或一个独立的逻辑理论,甚至没有像后来的伦理学体系那样的前后一贯和系统的伦理学说。唯一的问题只是:人是什么?""他所知道以及他的全部探究所指向的唯一的世界,就是人的世界。"②

显然,从古希腊文化发展轨迹来看,尽管当时人们对自然有着浓厚的兴趣并由此取得了非常突出的成就,但在这一过程中他们发现,对自然探讨的最后结果还是要回到人自身中来。因而,在对自然的认识和对人的认识的两大趋向中,向人的回归而不是向自然的回归应该是人文研究的趋向。但有意思的是,对古希腊而言,这个回归的过程却是漫长而艰难的,究其原因就在于原先希腊人所崇尚的建立在自然崇拜基础上的认知方式,与建立在祖先崇拜之上的人文观念——历史性和伦理性相较的话,其与人世间相距较远,且向人文的回归缺乏内在的强大动力。因此,在西方长期存在研究自然与研究人的两大学术流派,而在文化和历史学中也是如此。但中国则不是这样,是因为祖先崇拜所具有的人伦的历史性的思维方式,因而对人们的外在认知方式——自然崇拜具有强大的吸纳力,并对这种吸纳表现出积极性和主动性。

对于古希腊人而言,其早期活动主要集中在希腊半岛上,而后向意大利沿岸和西班牙沿岸不断移民。尽管如此,他们生活的地理环境仍是狭长而驳杂的地中海沿岸,面对的是变幻不定的海洋,人们生活的重要来源和活动的主要场所仍是难以预测的地中海。因此,在海洋这一大自然面前,古老的希腊人的情感是复杂而矛盾的:他们往往对海洋的莫测变化茫然不知所措,敬畏之情油然而生,同时又不能离开海洋,因此又表现为探索其中的奥妙而做出的种种努力上。这些社会历史现实都集中体现在古希腊的神话系统中,即以大量的自然事

---

① (德)恩斯特·卡西尔著:《人论》,甘阳译,上海:上海译文出版社,2004年,第6页。
② (德)恩斯特·卡西尔著:《人论》,甘阳译,上海:上海译文出版社,2004年,第6—7页。

第一章 中西原始文化的结构及其特征

物作为崇拜对象,呈现出极其发达的自然崇拜现象。法国近代著名史学家古朗士(Fustel de Coulanges)对古希腊和罗马的社会文化进行了长期的研究,其富有成果的研究集中在《古代城市》一书。在书中,古朗士指出:"这两种宗教(按:以死去的祖先为崇拜对象的宗教和希腊的奥林匹斯神系、罗马的卡彼托神系),第一种是在人的心中发现了神,第二种则取自自然界。如同人从自身所感知的情感、良知使之初次认识到有关神的观念一样,人被广袤的大自然所环绕、压迫,这也成为表达宗教情感的另一条途径。"① 古人通过对自身生活的观察,将这一理解转移到自然界中,进而为自然神创造家谱,编写英雄故事。古希腊神话中的神人同形同性,便是以人为中心,人们既畏惧自然,又将自然拟人化,以更好地解释自然现象。因此,自然崇拜在希腊的社会生活中扮演了一个非常重要的角色,自然发挥着重要的作用。"人以自身来判断外在的事物,他感觉自己是一个自由人,于是也就以为泥土、树木、云彩、河水、太阳等也如他一样的自由,人还赋予它们思想、意志和行动的自由,将它们想像为强有力者,而人则是依附于其王国的臣民,向它们祈祷、膜拜,并将它们神化。"②

显然,随着古希腊城邦社会的不断发展,它在社会文化方面也出现了一个重要现象,即自然崇拜的思想观念在城邦社会政治生活中发挥着越来越重要的作用,而与此相对应的是,长期存在并同样曾经具有重大影响的古希腊的祖先崇拜观念却随着希腊社会政治和经济生活方式的巨大变化,在社会的公共生活领域呈现出逐渐衰落的趋向。事实上,祖先崇拜这时主要存在并施加影响的范围主要局限于家族或个体家庭这一较小的生活范围之中,在其中仍发挥着团结家族或家庭的重要精神纽带作用。对此,古朗士是这样说的:"可以肯定的是,有关死者的宗教在远古时代就已确立,其信条虽逐渐衰微,但其仪式行为却始终保持不变;而另一种对于自然界的崇拜则有着较大的变化,随时代自由地向前发展,并不断修正其神话与教义,继续增强其对人类的控制。"③ 这一观点的重要例证表现在,尽管从公元前5世纪开始,古希腊的一些哲学家开始怀疑古

---

① (法)菲斯泰尔·德·古朗士:《古代城市》,吴晓群译,上海:上海人民出版社,2006年,第149页。
② (法)菲斯泰尔·德·古朗士:《古代城市》,吴晓群译,上海:上海人民出版社,2006年,第150页。
③ (法)菲斯泰尔·德·古朗士:《古代城市》,吴晓群译,上海:上海人民出版社,2006年,第150页。

人的神灵观,但每个家庭中圣火不熄,仍然有祭奠仪式,祖先崇拜仍然是他们宗教观念中的一个重要组成部分,如在决定希腊生死存亡的希波战争中仍是激励全体希腊勇士英勇奋战、保存城邦制度的一个非常重要的精神支柱。尽管如此,祖先崇拜在日常的希腊社会生活中,已经逐步失去了城邦初期时的鲜活性和重要性,已经不能再持续影响希腊社会政治的重要宗教信仰了,而更多地则成为希腊社会文化的一个重要的传统习俗,而被人们所遵守。

对于后起的罗马文明来说,它的原始宗教发展历程与希腊有很多相似之处。比如,同希腊人一样,罗马人也信仰祖先的神灵,对死者充满敬畏之情。罗马人坚信,以神圣、纯洁、永不熄灭的坛火、鲜花、水果、香料、美酒等取悦神的物品献祭,就可以祈祷今人健康、幸福。在他们看来,通过人们日常不断的祭祀,祖先可以在暗中保佑帮助他们的家人禳灾得福。因此,当他们遇到危难时就要对祖先神献上贡献,恳切祷告,而取得胜利时则也同样奉上贡献,真诚感谢赞美祖先神。同希腊相类似的是这样的宗教主要局限于家庭的范围之内,每个家族都只崇拜自己的祖先,外人不允许参与祭祀,自然,家族的祖先神也不会保佑外家族的人,家庭与家庭之间客观存在着一条难以跨越的界限。但不同之处就在于同希腊的自然崇拜占优势的状态相比较,罗马的祖先崇拜长期存在,长期在其宗教体系中占据主导地位,并发挥着重要的宗教文化和社会作用。尽管罗马在其长期的发展进程中,一直受到希腊文化的重要影响,以至于许多人往往将罗马和希腊视为一体,而忘记了两者之间所存在的许多明显的文化差异,但显然,罗马文化有着其自身独有的内容和特点。如古朗士所指出的,"在希腊,这种对神的敬仰很早就衰微了,因为希腊式的想象将人们的注意力更多地转向了壮丽的神庙、丰富的神话以及漂亮的雕塑。但在罗马,这种对神的敬仰则从未消退过。罗马人总是坚信,城市的命运是与代表诸神的圣火相联系的。"[①] 需要再次强调的是,尽管祖先崇拜在希腊和罗马的作用和地位有明显的差别,但相同之处乃在于,他们都将祖先崇拜主要局限在私人、家族的领域之中。

2. 英雄崇拜在希腊的出现

综上所述,从西方历史发展过程来看,其虽然同中国早期文化一样也具有

[①] (法)菲斯泰尔·德·古朗士:《古代城市》,吴晓群译,上海:上海人民出版社,2006年,第176页。

第一章 中西原始文化的结构及其特征

自然崇拜和祖先崇拜这两种原始宗教形态，而且它们也都成为西方史学产生和发展共有的文化基础，但在其后的文化发展过程中，在共同具有自然崇拜和祖先崇拜这一共性的基础上，中西方文化的发展道路却有着明显的不同。这种不同的关键就在于古希腊在经历了自然崇拜和祖先崇拜各自相对较充分的发展后，在自然崇拜和祖先崇拜对立并行的过程中，出现了一个具有中介性的统一的崇拜形态——英雄崇拜①。

这种英雄崇拜的基因在于祖先崇拜，因为它毕竟是对于人的一种崇拜，但这种英雄崇拜在其发展的过程中，由于在自然崇拜的文化氛围中获得了丰厚的营养，却获得了越来越多的独立性，并进入了神话想象的广阔天地，从而与世俗的尘世人生拉开了距离，而与祖先崇拜逐渐分离，乃至于出现了祖先崇拜逐渐被英雄崇拜所遮盖的趋向，而英雄神灵在失去了祖先崇拜这一人的社会化基础之后，最终与人相分离。由此，英雄崇拜处于自然崇拜与祖先崇拜二者之间，它既具有祖先崇拜的一些特点，也兼有自然崇拜的一些重要内容。英雄崇拜的出现使古希腊的文化增添了新的重要因素，换言之，英雄崇拜它虽出自于祖先崇拜，但却与祖先崇拜有着明显的不同，遂成为古希腊早期宗教文化的一个突出特征，对古希腊文化结构的形成产生了重大的影响，它标志着自然崇拜对古希腊社会的影响不断加深。

显然，古希腊早期宗教崇拜的产生、发展和变化大大地影响了希腊文化发展的进程，而对其文化品格的塑形和历史学的发展方向也产生了重要影响。事实上，希腊的史学也正是在两者相互影响下产生的，长期存在着两种史学流派：其一是建立在自然崇拜基础上的自然主义史学；其二是建立在祖先崇拜基础上的伦理主义史学。其中占主导地位的则是自然主义的历史学，而传记史学则是在这两种史学的相互交融中逐渐孕育、产生，而后在罗马史学中才发扬光大了。

那么为什么在古希腊会发生英雄崇拜遮盖祖先崇拜这一文化现象呢？当然，希腊这一文化现象变化的最重要的原因，深深地根植于其社会经济发展过程中，

---

① "英雄"这个词在希腊文中写作 heros，复数 heroes，词源不清。但综合各种希腊典籍的用法，它指的是那些有名望值得诗人吟诵的人，也指那些已经死去，但仍能从坟墓或地狱中对活人发生影响，因而需要敬畏和祭拜的亡灵。英雄不是神，因为它们生前是人，但英雄又是神，因为它们死后能像神一样活动。所以英雄是（hermitheoi, demigods）"半神"或（daimones, demons）"精灵"。这就是希腊人为英雄在神灵序列中确定的位置。参看王晓朝：《希腊宗教概论》，上海：上海人民出版社，1997年，第172—173页。

是希腊社会结构所发生的诸多重要的变革而导致的必然的文化结果。

就希腊而言,在它独特的地理和社会生产方式,特别是工商业和海外贸易为其重要产业的基础上,从公元前6世纪起,古希腊的社会发生了前所未有的剧烈变化。在绝大多数城邦中,随着财富积累的突增,氏族、家族成员内部阶级分化迅猛发展,这一切都对古希腊传统的血缘关系造成了强烈冲击,在此仅以最典型的雅典为例。在雅典,随着城邦内部贫富分化的不断加剧,阶级矛盾十分尖锐,在国内大规模的冲突一触即发的历史背景下,为了从根本上维护奴隶主阶级的利益,在逐渐强大的工商业奴隶主势力的支持下,公元前594年,雅典民主派的代表人物人梭伦(Solon)在民众的支持下,开始了影响深远的民主政治改革,成为雅典民主制度的奠基人,历史上称这次改革为"梭伦改革"。梭伦改革的内容非常丰富,其核心内容主要有:第一,他颁布了意义深远的废除债务奴隶制的法律——"解负令"。废除所有债务,禁止借贷人以其人身做抵押,因债卖身的农民,一律释放,因欠债而被卖到外邦做奴隶的农民,则由城邦赎回。第二,按财产的拥有量将公民分为4个等级,其政治权力按照财产来决定。第三,在贵族会议之外设立四百人会议管理国家,前三个等级公民均可入选。显然,梭伦改革的主题就是要削弱、事实上也削弱了建立在氏族基础上的贵族政治制度,并由此拉开了逐步铲除氏族制度的社会改革的序幕。正是基于此原因,人们正确地认为梭伦改革奠定了雅典奴隶制民主政治的基础。亚里士多德承认:"因为人民有了投票的权利,就成了政府的主宰。"① 恩格斯也认为:"在梭伦所进行的革命中,应当是损害债权人的财产以保护债务人的财产。"② 随后,雅典民主制度的建设出现了反复,即在梭伦下台后,在国内政局混乱,民主派和贵族派争斗不休的背景下,具有个人野心的庇西特拉图(Peisistratus)却用武力建立起以个人独裁为突出特征的僭主政治。

僭主政治从表面上看与梭伦开创的民主政治的改革相矛盾,因其所实行的是个人独裁方式,但由于在庇西特拉图的统治时期,他为了巩固个人独裁统治,也采取了一系列有利于工商业者和小农的政策和措施,不得已在很大程度上继续执行梭伦立法,从而将打击的矛头主要对准了根深蒂固的传统贵族阶层。

庇西特拉图改革的核心内容有:第一,将土地税定为收获的1/10或1/20,

---

① (古希腊)亚里士多德:《雅典政制》,日知、力野译,北京:商务印书馆,1959年,第12页。
② 《马克思恩格斯选集》第4卷,北京:人民出版社,1995年。

对农民实行优惠的低息贷款政策。第二，设立巡回法庭，使法庭深入到雅典的偏僻乡村，现场判案，及时处理农民诉讼，有力地削弱贵族对地方司法的专断和干扰。第三，扩展雅典工商业，建造大批商船和战舰。在小亚细亚西北部建立殖民地，以控制黑海的商路和贸易，等等。在庇西特拉图的僭主统治期间，雅典的工商业者和农民获益不少，政治和经济地位得到了明显提高，文化更为发达，雅典城邦变得更为强盛。同时，雅典的氏族贵族的权力在梭伦改革后再一次遭受打击，势力进一步地削弱。亚里士多德评价说："在他统治时期，也不与大众为难，总是致力于和平，保持安靖；所以，人们常常说，珀西特剌图斯（即庇西特拉图——作者注）的统治是克洛诺斯的黄金时代"①。因此，庇西特拉图在当政期间对贵族势力进行打击的主观目的是巩固自己的独裁统治，但从雅典民主的客观进程来看，他是以独裁的形式为雅典的民主政治的确立扫除了诸多障碍。

其后，公元前508年，著名的民主改革家克利斯提尼（Cleisthenes）利用当时有利的反贵族政治力量的形势，极力联合平民通过公民大会推行了一系列具有深远影响的重大改革措施。

第一，克利斯提尼改革的最突出之点在于他用重新划分部落的方式巧妙地一改传统的以四个血缘部落为主的生活方式，代之而起的是十个以地域为基础的部落，并以此为基础进行一切政治和宗教的活动。为了彻底消灭雅典贵族在城邦政治上的重要影响，克利斯提尼将雅典分为城区、沿海和内地三大地区，各大地区再分为十部分，称为"三一区"。然后通过抽签，从每个大区中各抽一个"三一区"，组合成一个新兴的以地域关系为纽带的地区部落。"三一区"下分若干自治村社——德莫斯，构成雅典公民政治、社会和宗教活动的基层单位。也就是说，他用新设立的十个地区部落，取代原来的四个氏族部落。只要是年满18岁的雅典男性青年，均可在其父母所隶属的德莫斯内通过一定的入籍仪式获得公民权（一些外邦人也在德莫斯内取得雅典公民权）。由此，地域原则代替了血缘原则，无论从公民的人数或公民的政治积极性来看较之于前，都大为提高；而另一方面，氏族贵族在各方面的影响则严重削弱。第二，新的改革措施规定每个地区部落每年各选50名30岁以上的公民，组成五百人议事会，代替原

---

① （古希腊）亚里士多德：《雅典政制》，日知、力野译，北京：商务印书馆，1959年，第19—20页。

先梭伦创设的基于血缘部落的四百人议事会,使其成为公民大会各项提案的起草、审议和执行机构,并负责处理国家日常行政事务。第三,根据克利斯提尼的提议,还制定了史无前例的贝壳(或陶片)放逐法,其目的是为了从制度上保证民主政治的稳定性,并预防僭主政治东山再起。根据亚里士多德的记载,"第一个被贝壳流放法赶走的人就是他的亲戚,科吕堤斯村社的卡尔穆斯之子希帕尔库斯"[1]。

克利斯提尼的改革促进了雅典民主政治的发展,加强了雅典公民的团结,有利于雅典城邦的巩固和发展。而其结果,彻底摧毁了雅典社会长期以来以氏族为基础进行一切政治和宗教活动的旧传统,从根基上消灭了氏族贵族赖以存在的条件,雅典最终完成了其民主改革的过程。希罗多德明确指出,克利斯提尼改革确立了民主政治;亚里士多德将克利斯提尼宪法同梭伦宪法相比较后,也认为克利斯提尼"由于这些改革,宪法就比梭伦宪法民主得多"[2]。而且还进一步认为,"在这个时候(指的是克利斯提尼时代——作者注),国家已经随着民主政治的成长而逐渐发展起来"[3]。恩格斯则在论述雅典的克利斯提尼改革的意义时说道"氏族制度的最后残余也随之而灭亡了"[4]。

当然,还要看到,雅典之所以能够从梭伦开始一直到克利斯提尼为止最终完成改革,其最重要的原因乃在于雅典代表工商业利益的公民集团,特别是与海外工商利益相关联的社会政治力量逐渐增强。因为这一重要的日渐强大的社会势力强烈要求以财产来获取社会政治地位,以代替长期习惯用以血缘和出身来继承社会政治权力的传统。虽然在这一漫长的近百年的改革进程中,也出现了反复的斗争,甚至也遭到了外邦势力,如斯巴达军事力量的直接干涉,但在强大的社会政治和经济的基础上,这一转变已成为不可逆转的历史潮流。事实上,著名雅典民主改革家克利斯提尼正是在领导雅典驱除斯巴达军事干涉的过程中,树立了自己在雅典民主力量中改革领袖的威望,并在带领雅典人将干涉雅典政制的斯巴达军队赶走之后,才开始了势不可挡的彻底的民主政治的改革,最终获得了巨大的成功。

---

[1] (古希腊)亚里士多德:《雅典政制》,日知、力野译,北京:商务印书馆,1959年,第27页。
[2] (古希腊)亚里士多德:《雅典政制》,日知、力野译,北京:商务印书馆,1959年,第27页。
[3] (古希腊)亚里士多德:《雅典政制》,日知、力野译,北京:商务印书馆,1959年,第27页。
[4] 《马克思恩格选集》第4卷,北京:人民出版社,1995年,第115页。

第一章 中西原始文化的结构及其特征

雅典城邦经历了长时间的多次的政治变动,取得了一个重要的社会政治成果,即雅典工商业的发展和民主政治制度的最终建立。但伴随着雅典工商业的迅猛发展和希腊在民主政治方面的重大进步,以血缘纽带为基础的祖先崇拜由于削弱或失去了深厚而传统的社会政治基础,其影响力大大减弱;而这一重大的社会和政治变化所带来的另一重要的思想和宗教方面的重大变化,就是祖先崇拜必然处于衰落的境地,与此同时,自然崇拜和英雄崇拜随之占据了宗教文化中的主要地位。

社会生活的种种变化必然会体现在思想文化领域。古希腊在创世说方面有其完整而系统的创世说(如希西俄德的《神谱》),并在此思想基础上,长期对自然界保持着浓厚的兴趣。因而在古希腊最早出现的哲学家就是所谓的自然哲学家,如以泰勒斯为代表的"米利都"学派,它首先是从自然界中寻找世界的本原;同时古希腊又有其发达的英雄崇拜,最典型的如《荷马史诗》,史诗中的英雄们和真实的社会历史明显地保持着一定的距离,它所着意展现的是英雄的品格、富于个性的行为和浪漫的思想,而较少有祖先崇拜所特有的深沉、厚重的文化心态。应该说,古希腊的这一思想特征和传统不仅大大地影响了古希腊的史学,而且对以后的罗马史学发生了重要影响。

3. 罗马的祖先崇拜

对于罗马而言,其发展历程和希腊有相似之处,二者都是城邦国家,都是通过不断改革而不是暴力革命形成符合其自身特点的政治制度和文化。但不同之处则在于它较之于希腊来讲,第一,它的祖先崇拜长期存在,始终成为其宗教文化的主体,进而在其国家的文化和政治生活中发挥着重要作用。第二,它又因多种历史原因,比如由于接近或毗邻"大希腊"而长期主动或被动地受到希腊文化即自然崇拜和英雄崇拜文化强烈而持久的影响。因而,较之于希腊文化来讲,罗马的文化特征一方面呈现出明显的多元化的特点,在国家的文化政策上表现了相对多的包容性;但另一方面,祖先崇拜一直在其文化体系中处于突出的地位,成为维系早期的城邦,其后则是罗马帝国的精神纽带。由于这一问题是古希腊罗马史上的一个重点和难点,也是本文论题的一个难点,故在此稍加详论。

从历史上看,古希腊和古罗马是两个上下相继又联系非常紧密的国家,但由于以下两方面原因人们往往将两者并称:其一,希腊的文化非常发达,早在罗马共和国初创时，当时已处于城邦古典时代的希腊就从国家制度和文化等方面给予罗马以非常重要的影响，比如，罗马的立国之制——图里乌斯改革的内容明显地是从希腊的众多改革，特别是从雅典的改革内容中学来的，只不过罗马根据自己城邦的情形进行了一些切合实际的改变，比如雅典以财富为依据，将其公民分为四个等级，而罗马分为五个等级。其二，后来罗马征服了希腊，使其成为罗马国家的一部分，同样，希腊丰富而发达的文化传统也在罗马流传了下来，成为罗马文化的一个重要组成部分，当然在使希腊文化罗马化的过程中，以加图为代表的罗马政治家倡导有理性有选择地学习汲取希腊文化——将对希腊文化的学习建立在强大罗马文化的这一根基之上的理念，为希腊文化的罗马化，从而使得希腊文化在罗马帝国传播，为罗马文化的丰富和发展发挥了重要的指导作用。因此，在罗马人的宗教文化的发展历程中，古希腊的宗教文化曾给予罗马以重要而持久的影响，也使得罗马的宗教文化在吸收希腊宗教文化的基础上产生了一些重要变化。这主要表现在希腊占优势的自然崇拜长期对罗马的祖先崇拜造成了很大的冲击，在促使罗马的自然崇拜的地位有所提升的同时，也促进了罗马的祖先崇拜更为系统化和理性化。特别需要指出的是，人们常常将希腊和罗马对举，无形中给人造成了一个错觉，即希腊罗马二者非常相似，几乎可以合二为一的简单印象。其实，希腊和罗马的真实内涵不管是从两者的历史发展进程，还是两者各具文化特色的文化传统等方面而言，其差别还是相当大的。西方的著名谚语"光荣的希腊，伟大的罗马"，就强调了两者最重要的不同点。事实上，在希腊被并入罗马帝国后，希腊文化并没有真正在罗马社会占据统治地位，而占据统治地位的还是罗马的传统文化——以血缘纽带为依据的祖先崇拜，而且这一现象随着罗马城邦向帝国的转变，还呈现出在上层有意加剧的现象。

比如说，古代罗马人也将大自然的力量视为神祇，对其膜拜，因而也长期保存有自然崇拜的传统，但在受到希腊人自然崇拜的影响之前，"对神的形象与生活方式，人们也不曾有明确、清晰的想象；他们也没有涉及神的来源与亲缘关系等问题的神话"。但在与希腊人产生了较为密切的交往之后，罗马人"才接受了希腊人对神的普遍设想，并把希腊现有的神话移用到与希腊诸神非常相似、

第一章　中西原始文化的结构及其特征

代表的自然意义也完全相同的罗马神祇身上"①。尽管如此，罗马人的生活与追求自由的希腊人的生活大相径庭，他们被严格束缚在风俗、法律之中，究其原因就在于他们始终保持着祖先崇拜占据优势的宗教文化传统，这一文化传统的重要表现就在于罗马人的家族观念较强，而且罗马人将家族的利益同国家的利益较为紧密地联系起来，比如，传统的罗马元老院的 300 名元老就来自于罗马最早的 300 名氏族族长。

也许正因为如此，罗马祖先崇拜占主导的宗教文化系统所产生的重要后果，就如黑格尔（Georg Wilhelm Friedrich Hegel）曾说："罗马人是被束缚在那种有限性的抽象'理智'之中。这就是他们在宗教方面最高的特性。"② 因此，罗马的宗教较之于希腊的宗教而言有其明显的特征，它不像希腊那样，以积极探寻宇宙、自然的本质为自身的任务，而总是将其文化的追求秘密地隐藏于罗马的文化体系之内，因而罗马的文化一直带有某些神秘性、朦胧性和实用性。而且，与古希腊人崇尚自由的生活方式不同，罗马人质朴务实，推崇一种讲求实效的生活方式和价值观念，这一点在宗教信仰上亦不例外。黑格尔认为："罗马宗教最显著的元素，便是内在的宗教性和一种完全合外表的目的性。"③ 且 "罗马宗教乃是一种不含诗意的、充满了狭隘、权宜和利用的宗教"，"在困难中为了求助起见，他们甚至派遣使者出国，把外国的神祇和仪制输入本土。所以罗马那些神祇和多数庙宇的修建，都是现实生活的需要——由于一种誓言和对于恩赐的一种义务所逼迫而来的承认，而不是没有利害关系的感谢。"④ 这样看来，罗马人的宗教确实是有注重实用的特性，不过，一般而言，尽管罗马曾经输入了大量外来的神祇，比如埃及的，西亚的，更多的是希腊的，但对外来神祇的开放与接纳还是经过了深层考虑的，这只是罗马应对文化交流和加强自身文化力量的一个重要策略，以确保罗马人与其他民族的和平相处，稳定自身的统治。从根本来讲，外来神祇最终是不会被纳入到罗马的核心宗教体系之中的。

众所周知，罗马人治国理政的突出特征在于以权宜和实用为重要的手段，在保证罗马的统治集团从不断的战争中获得新的被征服地区的同时，从文化宗

---

① （德）奥托·泽曼：《希腊罗马神话》，周惠译，上海：上海人民出版社，2005 年，第 2 页。
② （德）黑格尔：《历史哲学》，王造时译，上海：上海书店出版社，2006 年，第 271 页。
③ （德）黑格尔：《历史哲学》，王造时译，上海：上海书店出版社，2006 年，第 276 页。
④ （德）黑格尔：《历史哲学》，王造时译，上海：上海书店出版社，2006 年，第 273—274 页。

教方面而言，通过采取适度可控的开放和宽容政策，尽力汲取被征服民族的合理性的文化内容，为己所用，在丰富自己文化体系的同时，以巩固自己的统治为最终目的；之后，再以稳健而有力的步伐，进一步向外扩张，以建立富有罗马文化特色的强大帝国，并在帝国之内进行有效的政治统治。而这一切与建立在自然崇拜基础之上的古希腊文化的昂扬、崇尚个性的品格而言，两者具有明显的差距；如果再以罗马文化踏实稳健的品格以及这种文化品格所能提供的伸张力和实用性而言，一个只能是城邦形态，而另一个则同建立了跨有欧亚非三洲的世界性的帝国。二者不管是从文化的形态而言，或是从文化的实际效用而言，显然是不可比拟的。

对此，朱龙华先生也对罗马的宗教信仰进行了深入的分析，他认为：罗马的宗教崇拜可分为公共的和家庭的两个层次。公共的是指由国家或地方当局主持的各类仪典所崇奉的天地诸神，家庭的则是指在住宅内设坛祭奠的祖先神灵和家宅土地诸神……家庭的宗教活动是由自家负责并直接供奉着祖先和家宅诸神，关系就重大得多了。它使罗马人给自己的家宅带上一定的宗教神圣意义，尤其是对祖先神灵的崇拜使他把自己对家庭的责任提高到神圣委托的地步。宗教情感遂与公民的义务感互相融合。由于家庭宗教活动经常、直接而且责无旁贷，罗马人习惯于以认真执著的态度对待自己的宗教信念，就像他们之遵纪守法、强调纪律性那样。① 罗马人在祖先崇拜方面的一个非常重要的特点表现在，他们很早就形成了保留先人容貌的习惯，也就是用他们当时所能掌握的腊制雕像技术，想方设法复制其先人的容貌，竭力使其惟妙惟肖。之后，将复制好的祖先模版就摆放在家里重要位置上，逢节祭祀时必须虔诚膜拜，造成先人虽死犹生的强烈感受。

当代著名历史学家罗纳德·米勒（Ronald Mellor）在其名著《罗马历史学家》著作中同样指出：罗马人为了让年轻一代保存对著名先辈的记忆，一直保持着在餐桌旁宣传家族辉煌历史的传统，这一传统的一个突出特征，就是他们经常用那些最近逝去的人们的功绩作为家庭教育的开头，或者用那些保存在家庭档案馆中，其中夹杂着修饰甚至是歪曲，口头流传了一代又一代的光辉历史作为开头，或者他们用流传了几个世纪的悼念祖先们英勇行为的葬礼演说词作

---

① 朱龙华：《罗马文化》，上海：上海社会科学院出版社，2003年，第19—20页。

第一章 中西原始文化的结构及其特征

为开头。"然而无论这些赞美词多么不值得信任,但它们确实是对罗马人意图借助过去来照亮和指导现实目的的一个早期解释。"①

正如古罗马著名历史学家盖乌斯·萨鲁斯特·克里斯普斯(Gaius sallustius Crispus)所说的:他曾常常听说罗马的一些著名的政治家和军事家,比如西庇阿以及罗马的其他一些活跃于罗马政坛上的风云人物,这些名人都有一个凝视祖先雕像的习惯,并宣称"每当他们凝视祖先的雕像时,他们的内心都会从祖先对道德的追求中燃起熊熊火花。当然,他们并非暗指那些蜡像或者雕像对他们来说有如此之大的力量,然而关于伟大事迹的记忆,即点燃于名人胸中的这股火花无法熄灭。除非等到他们自己的高招技艺能够和其祖先的名声和荣誉相符。"②

显然,对先人形象的刻意保存和展示,其意义并不仅仅在于造成某种强烈的感受,从情感上满足人们对先人的眷念和怀念,更重要的是想以此强烈的情感来激励活着的这些后人们为家族的兴隆全力奋斗,在当时城邦内部的政治角力中出人头地,在罗马与周边诸国的征战中建立功勋,为家族增光添彩。所以,罗马人对祖先的崇拜观念是将家族的利益和城邦的利益紧密地联系在一起,家族是罗马城邦的根基,而罗马城邦则是其部众多家族的共同体和代表,所以如果从文化传统的角度来理解罗马的宗教观念和家族观念的话,罗马人的这一传统固然反映出他们的执著、认真与写实的风格,更反映出他们对传统,特别是对血缘传统关系的重视和敬畏,当然,从根本而言,这说明了罗马人在很早时期就已经明确地意识到,并积极地利用建立在血族关系上的祖先崇拜观念来为其现实的人生和社会来服务;而与此相适应的必然结果就是,祖先崇拜观念在现实中所发挥的明显的效用又反过来强化并丰富了罗马人对其传统的宗教文化的传统,从而使得这一宗教和文化形态不但得以长期保存,而且还在罗马新的形势和环境下不断发展,以适应罗马社会的变化和现实需要。并由此而和希腊文化在具有明显的相同之处的同时,又具有许多明显的不同之处。

显然,罗马文化的这一特点与本课题所着重研究的关于西方早期传记史学的产生、罗马的传记史学观念,特别是普鲁塔克的传记史学观念等等,都有着重要的思想联系。此外这一时期的建筑、工程技术等方面也反映出罗马人高度

---

① Ronald Mellor, The Roman Historians, London, New York: Routledge, 1999.
② Ronald Mellor, The Roman Historians, London, New York: Routledge, 1999.

务实的倾向，进而为后来的文学、艺术、史学等重现实主义、重人本主义作了翔实的铺垫，从而为罗马的实用文化定下了基本格调，体现出与注重自然研究的希腊文化明显不同的风格，与古希腊形而上的文化品质有着明显的区别。

总之，人们习惯上将希腊和罗马文化并称，以彰显两种文化之间的紧密联系，以突出两种文化所具有的明显的共同之处。但事实上，如果将希腊文化和罗马文化相比较的话，无论是从两种文化的历史发展进程上，或者从两种文化的特征及其作用来看，它们之间还是有着明显的不同。这样看来，人们之所以将两种文化并列的原因，一方面，两者在发展上有着重要的历史承继关系和文化之间有着长时期的相互强烈的影响关系，而使二者的文化有明显的融通性；另一方面在于如果将其与类型差异很大的文化系统相比较的时候，自然突出了希腊罗马文化两者之间的共性，从而弱化了两者之间的不同。其实，对于中西早期的文化比较而言，也具有这方面的因素。

二、中西早期文化的特征及其对史学影响之比较

不言而喻，宗教的表现方式虽然众多，意蕴也非常丰富，观念复杂多变，但归根结蒂是对人们自身的精神世界和现实社会生活的一种反映，归之于人们不同的认识方式范畴之中。因此，在既具有共性的一面的同时，也体现了各自的特征，这些相同的共性和不同的特征对中西的文化和历史学的产生和发展都具有深远的影响。

（一）共性方面

1. 中西早期文化结构是基于中西各自社会历史的理性文化，并且这种理性有不断深化的趋向

（1）中西早期文化结构的建立与中西社会历史本身有着紧密的联系，是中西社会历史发展的结果及其表现。需要说明的是，中西古代自然崇拜和祖先崇拜的不同不仅仅表现为重要的宗教文化学方面的意义，而且，如果从宗教社会学的观点来看待原始宗教，特别是自然崇拜和祖先崇拜的话，其同样具有重要的含义。在宗教社会学体系中，自19世纪以来，西方学者们基于他们真实的社会体验，普遍认为（比如著名的学者有涂尔干、马克斯·韦伯等）：宗教与社会生活之间形成了一种结构紧密的文化共同体，社会生活的各个层面都与宗教本

第一章 中西原始文化的结构及其特征

身紧密相连，而且直接或间接地与各个领域之间——如经济、文化、政治等等存在着交互影响的内在关系。所以，学者们普遍认为，对宗教的研究必须与社会生活相联系，而对社会生活的研究则是揭示宗教观念和思想的重要前提，正如卡西尔所指出的："杜尔克姆（即涂尔干——作者注）从这样一个原则出发：如果我们从物理的世界，从对自然现象的直观中寻找神话的源泉，那就绝不可能对神话作出充分的说明。不是自然，而是社会才是神话的原型。神话的所有基本主旨都是人的社会生活的投影。靠着这种投影，自然成了社会化世界的映像：自然反映了社会的全部基本特征，反映了社会的组织和结构、区域的划分和再划分。"①

显然，早期中西宗教崇拜的根源并不在于其观念本身，而在于产生这种观念的尘世。换言之，这些宗教崇拜的形式和内容之所以能够产生并不断发展，并且在社会中具有重要的地位，究其社会原因，乃在于它自身具有明确而重要的社会功能。事实上，宗教崇拜在社会共同体中发挥了重大的作用，而在神话和不同宗教类型中所反映的众多的社会关系及其因素之中，个体与社会集体或团体之间的关系构成为其所要面对的基本矛盾。因而，早期宗教在解决这些问题的方式方面虽然所提供的途径有所不同，但其目的却是相同的，在中西社会历史进程的发展过程中也发挥了重要作用。

（2）中西早期文化结构是一种理性化的认识方式。中西文化结构的产生，都是中西先民对人类社会的一种较为深刻的理解和认识，是在努力冲破认识的表面而进入人类文化的深层次，从而呈现出一种理性的文化结构，因而具有明显的理性特点。从对早期原始宗教理性化的内在结构和特性的深入理解可以看到，不管是自然崇拜的认知方式或祖先崇拜的认知方式，都包含着感性和理性的两个层面，都表现为感性作为感知的具体而达到概念的一般发展进程。如果以此为据进一步对宗教本身的理性特质加以分析的话，早期文化结构都具有感性和理性的两个基本层面，都具有认识论和存在论的双重意义，而由这两个层面合成的文化综合状态，也就具有认识论和存在论②的两种倾向。

所谓认识论，来自希腊文"知识"和"学说"的结合，又称知识论，探讨

---

① （德）恩斯特·卡西尔：《人论》，甘阳译，上海：上海译文出版社，2004年，第119页。
② 存在论是在17世纪才由德国经院学者郭克兰纽（Rudolphus Goclenius）命名并由沃尔夫（Christian, Freiherr von Wolff）加以完善并从理论上系统化。

的是人类认识的本质、结构，认识与客观实在的关系，西方的古典时代更侧重于人对自然的认识。因此，"知识"最早是与人们对自然的探索紧密相关的；存在论（Ontology）是哲学的核心领域。顾名思义，存在论即关于"存在"的理论，是关于存在是什么以及存在如何存在的理论。虽然，对存在论加以完善并从理论上系统化是在17世纪的德国，但仅就存在论这一学问而言。事实上，其本身就是古希腊哲学的主题形态。在20世纪德国著名的存在主义哲学家海德格尔（Martin Heidegger）看来，从根本上说，早期希腊的文化都是以人的存在为核心形成一个有机的具有辩证色彩的系统的，形而上学的方法只不过是这一认识系统的一个较为突出的方法，并早已由古希腊的亚里士多德的哲学确定了其基本框架及理论内容。

亚里士多德在《形而上学》中指出："不论是现在，还是过去，人们是由于好奇而开始哲学思考。"[1] 柏拉图（Plato）在《泰阿泰德篇155D》说："惊讶，这尤其是哲学家的一种情调；因为除此之外，哲学家没有另一个决定性的开端。"[2] 同样，海德格尔对此的理解是人是由惊讶而进入哲学的大门的，但海德格尔认为如果仅仅将"倘若我们以为柏拉图和亚里士多德只是在这里把惊讶确定为哲思的原因，那是十分肤浅的，而且首要地非希腊的思考了。倘若他们持这种意见，那就意味着：曾经一度，人们惊讶于存在者，惊讶于存在者存在这回事情以及存在者是什么。受这种惊讶的驱动，他们才开始了哲思。然而，一旦哲学发展起来，作为动力的惊讶就成为多余的了，因而消失了。它之所以能消失，是因为它只不过是一种推动力。"然而，在海德格尔看来，惊讶本身蕴涵着极其丰富而重要的意义："惊讶——乃是哲学的开端……惊讶承载着哲学，贯通并支配着哲学。"[3] 惊讶，然后进入探讨其本质的过程。因此，自然崇拜的合成认知方式的突出特征是使人性与世界始终处在某种间距的静态之中，以获得真知，因而其所呈现的较多的是逻辑理性。显然，就知识的认识来源而言，它与自然崇拜的认识方式密切相关。

而祖先崇拜的内容与人的意义紧密相关，一方面是感性作为情感意欲，另

---

[1] 苗力田主编：《亚里士多德全集》卷七，北京：中国人民大学出版社，1993年，第31页。
[2] （古希腊）柏拉图：《泰阿泰德篇155D》，《柏拉图全集》第二卷，王晓朝译，北京：人民出版社，2003年。
[3] （德）海德格尔：《同一与差异》，北京，商务印书馆，2011年，第19页。

一方面是以理性作为价值判断存在论的合成,即调节和处理社会群体的种种规则、等级和制度,两者之间确实存在着一种张力的关系,但由于这种观念的原始性和朴素性,因而两者观念的合成关系最终以实现欲望的满足为鹄的,并带有直接的目的性,因而从整体而言,它使文化处在贴近现实人生的动态之中,而不是远离人生的纯粹的精神追求,并以人生为据而不断地调节其宗教崇拜的内容和方式。① 因而具有明显的世俗性和明确而执著的实用性,这种实用性突出地表现为历史理性,即人们是从以往人的经验中获取其中的内在性,以指导人们的现实生活,这种历史观念的发达形态即为"通史"观念。需要指出的是,这一"通史"的观念在希腊的古典时代并没有得到明显的发展,但在罗马得到了较为充分的发展。当然,其发展的典型形态则是在中国,而《史记》则为其突出的代表。

2. 中西早期文化本质上本质上表现为一个辩证的理性结构

中西早期文化的内容就是人们对现实中所生存的世界(包括人自身)的认识。从这一角度而言,中西早期文化中的理性其本身是一个有机的辩证的理性结构。换言之,这种理性结构是将中西各自不同的认识层次,不同的认识方式,不同的认识类型从理性的角度加以整合,从而形成一个有着内在联系的文化结构,因而呈现出明显的稳定性、持久性和统一性。

毋庸赘言,作为人类普遍从原始宗教那里承接下来的两种主要的宗教形式,中国上古宗教中自然也蕴含着自然崇拜和祖先崇拜这两种宗教形式,而且在这两种宗教形式中,实际也体现了两种具有许多理性化特色的方式。

首先从认识的层次而言,感性和理性,一个是祖先崇拜或自然崇拜本身都包含着理性和感性的两个层面,它既是一种人们认识自然的方式,也是一种人对其自身和世界具有终极性的本体性探求。其二,从文化的结构而言,作为中西文化的一个重要特点就是在其整个文化结构中,都包含着这两种宗教性的认知方式,只不过由于对两者在整体文化结构中的定位不同,所以就在其文化结构中扮演了不同的角色。其三,两者虽有矛盾,但由于两者的紧密相连,又建立了一种统一的关系,成为既包含着统一又包含着对立的一种结构和关系,从而对其各自的宗教文化特质有着重要而直接的影响。

---

① 邹华:《中国美学原点解析》,北京:中华书局,2004 年,第 17 页。

换言之，上述古代理性所包含的认识论和存在论两个方面，其共性表现为，这两个方面都具有绝对化、独立化的特点或形而上的倾向。在确立了这一前提之下，我们还要补充的是，对上述中西理性结构不能以形而上学的方式加以理解，而应该用历史的方式加以理解，也就是说，在上述中西理性结构中，西方古代理性在偏重对自然的观察和思维认识的同时，也包含着对人的关系、对伦理学方面的重要内容，他们对人事也付出了重大且持久的努力，以探讨人和社会的奥妙，并结出了累累硕果。尽管西方古典时代及以后的历史发展进程中，其自然文化和伦理文化呈现出长期处于对立乃至于尖锐对立的状态，但在两者之中不仅仍然存在着一些重要的相通之处，而且在两者的发展中还经常以相互转化为重要的表现特征。这在西方古典作家中是显而易见、比比皆是的。比如，希腊的理性以其突出的人文观念和不懈的求真精神为人们所称道，但两极相通，由于其形而上学的思维方式，对理性最终的探讨却转化成为基督教思想的重要思想来源之一，从而走向了理性的另一面。当然，如此剧烈而重大的思想变化曾是西方学界的一个重大问题，人们在长时期也未能得到正确的理解。直到近代，随着对立统一思维方式的确立，人们对于希腊罗马理性丰富而复杂的历史发展内容才有了更为深刻的理解，对这一重大的思想转变也才有了较为合理的解释。

同样，中国古代理性在偏重道德人伦的同时，也包含着思维认识这一重要方面，从历史上来看，中国古人对人，对自然，从表面再到内层，既有求真，还有扬善，并将这些内容凝聚成一个系统整合起来，成为一个有机的文化结构：在重视人伦的同时，并未忽略对大自然知识的探索，也在从人的社会入手着力探讨宇宙自然变化的原因。用司马迁的话来说就是"究天人之际，通古今之变"，将多样的认识类型和方式汇合起来，同样也取得了许多成果，成为人类的一种较为发达的带有伦礼性的历史理性文化。在此着重以中国文化的发展特点加以论述。

中国上古宗教特别地突出了祖先崇拜的形式，特别地突出了情意功利的社会现实方面，具有强烈而持久的入世建功意识。不过这里我们必须特别谨慎，要小心翼翼地避免一种实际上已经出现了的错觉或进入一种理解的误区，这就是祖先崇拜的压倒优势导致了对自然崇拜全面而深入的排斥，最后的结果，自然崇拜不是在这种排斥中消失殆尽，就是仅仅剩下点缀陪衬的微弱作用。如果

第一章 中西原始文化的结构及其特征

真是这样理解问题的话,那么我们遇到的困难就不仅是如何看待自然崇拜,更重要的是,我们将无法深入地理解祖先崇拜在中国社会上层或是在社会下层持久和发达的原因了。因此,这一文化结构的内在关系及其稳定性的关键,具体于中国古代的文化传统而言,也就是如何看待道教和儒学两者的关系问题。

实际上,作为建立在祖先崇拜基础上的占统治地位的儒学,人们对它的某些误判往往在于儒家和道家所具有的深刻而尖锐的矛盾这一方面,却往往没有发现,儒家思想的发展及其强大的社会文化作用并不只表现为它对自然崇拜的排斥,而同时是以它对自然崇拜的充分吸纳和利用这一方法得以实现的。对此,在本章的前面也进行了宏观的宗教文化探讨,但在此还要继续强调的是,祖先崇拜在发展中的另一重要特点表现在,它还是以与自然崇拜的密切结合而发挥其重大作用,是依靠自然崇拜向既远且高的认知意境的提升获得其辉煌而强大的文化生命力的,是以道家的大量具有深度的认识思维成果为依据而进行人的伦理道德论证的,所以两者在对立的一面之外,还有两者相辅相成的关系。这一问题与司马迁的史学思想来源有着重要的关系,所以在此只是从学术目的的角度稍加解说。

学界公认,在中国传统思想史上,可以说道家是唯一能够在思想体系的博大精深方面同儒家相匹敌的派别,并且能够以相对独立的姿态一直延续下来,这是它特别值得注意和研究之处。造成这种情况的原因,杨适先生认为:"唯有道家对宗法人伦作了根本性的全盘的批判,因而它是众多种学派中最深刻的一家,"① 而且"《老子》一书矛头直指周礼和宗法性的仁义之道,并提出了'天道',来同这种宗法人伦的'人道'相对,主张'绝仁弃义,民复孝慈',可谓鲜明,抓到了自然人伦与宗法人伦的对立这个根本点。这在中国传统的思想史上可以说是绝无仅有的绝唱,有着振聋发聩的启示人的思想的力量;同时,它在实际运用其思想中又有同宗法人伦制度文化相反相成即互补的一面。"② 他又指出"考察老庄道家,同样离不开宗法人伦这一真实的基础和中心;尽管它采取了否定性的态度。"③

不过,在看到老子作为见地宏大、深刻且文采过人的卓越思想家的一面,

---

① 杨适:《中西人论的冲突》,北京:中国人民大学出版社,1991年,第62—63页。
② 杨适:《中西人论的冲突》,北京:中国人民大学出版社,1991年,第62页。
③ 杨适:《中西人论的冲突》,北京:中国人民大学出版社,1991年,第62页。

在高度评价《老子》对宗法人伦的尖锐批判的同时，还要充分看到老子思想中的另一面，即老子思想的真实目的在于，只有让"有为"取"无为"的形式，让智谋取愚钝的形式，让宗法等级人伦之道取天道自然的形式，才能从体系上显得天衣无缝，从内容上根深叶茂，从根本上达到维护统治的目的。显然，老庄他们终究还是些从统治阶层里分化出来的，或因没落，或因不得志，而与当权派有不同社会政治见解的贵族思想家代表，实际上并没有脱离他们赖以存在和思考的宗法人伦基地，只是蜕变成为宗法人伦制的统治阶层里的反对派而已，他们的现实立场还是要维护贵族统治，维护其宗法人伦制的根基。

所以，如果对老子与孔子的思想加以比较的话，就会发现，老子和孔子的思想后来成为中国传统思想的两极，老孔的观点固然大有不同，或尖锐对立，但两者并没有远离社会，其共性都出于对天下大乱的忧虑思考，都致力于使现实的统治秩序归于安定，并且都从论证其人伦的自然合理性为切入点。不同点则在于孔子直接执著于宗法的人伦；而老子则以退为进，用思想理论对"礼"与"仁"进行批判的方式，追求无为而无不为的真实目的；因此并不足怪，《老子》虽然反对儒家，后来却能给儒家和法家以极深的启发和补充的营养，通过曲折的道路彼此互补。韩非的法家思想，西汉的黄老之学，儒家（《易传》）中的阴阳辩证法，兵家的韬略，魏晋的玄学，都从《老子》那里得到了各自所需要的重要思想。究其重要原因，在于道家所探讨的问题中，有许多问题涉及当时中国思想界各流派的基础层面的内容，因此，各家不得不到道家中去寻求一些理论因素为自己的学派观念提供基础，以充实自己学派的观念体系。正是在两者的相互对立但又相互联系的过程中，使两者在显示出各自的文化特色的同时，又都显示出了中国早期文化结构中所具有的相互关联，且不脱离社会的共性。

儒道自产生后，由于两者思想体系间所存在的明显的不同，从而开始了长期的争辩和攻讦。但随着春秋战国时期所出现的重大的历史变化，儒道两家的思想家也在不断地审时度势，逐步调整其思想内容，因而在这两派间的相互攻讦之外，两者间的融合趋向则日益明显。比如在汉朝的司马迁之世，已经没有"纯儒"（原始的儒家思想）了。对此，不仅理论分析的结果是如此，就是统治阶级的代表人物也深知其中的奥妙。从中国学术史来看，自汉初以来，儒家不仅接受了作为统治阶级的官方意识形态——"黄老刑名"之学，而且也吸收了阴阳家的阴阳五行之言，西汉著名的思想家"儒宗"董仲舒（前179—前104），

第一章 中西原始文化的结构及其特征

不仅是汉武帝时期的重要人物,也是当时儒家的典型代表,他在大力弘扬儒说的同时,还"推阴阳",而且不一而足,进而"通于世务,明习文法,以经术润饰吏事"①。所谓"文法吏事"是秦始皇所运用的法家的治国之道。看来,董仲舒已开始以儒为宗,进行兼容并蓄了。汉宣帝的名论:"汉家自有制度,本以霸王道杂之,奈何纯任德教,用周政乎?"② 即使是提倡独尊儒术的汉武帝,事实上也如司马迁所指出的:"天子方招文学儒者,上曰吾欲云云(集解'所言欲施仁义也'),黯对曰:'陛下内多欲而外施仁义,奈何欲效唐虞之治乎!'上默然。"③ 汲黯在此揭示出了汉武帝所谓的施"仁义"者,外儒也,"内多欲"者实指"内法"也(即实行法家的绝对专制理论)。毫不奇怪,儒学只有适应时代的变化才能继续发展,这是儒学的内在需要,也是当时时代的客观需求,董仲舒只不过是这一思想转化大潮中的一个典型人物罢了。

无独有偶,西方宗教社会学大师韦伯在其著作《儒教与道教》中对中国社会的诸种主要文化宗派之间的复杂关系也有精辟见解。如对于儒道两家,韦伯一方面指出了两者之间所存在的对立关系,同时也深刻地指出了两者在对立之外所存在的,但往往被人们所忽视的亲密互助的另一方面的关系,而且还特别从其宗教社会学的角度指出了儒道两家在社会政治领域中所具有的共性,都具有服务最高统治集团,以及彼此竞争俸禄与权势等需求,比如,道家至少也都不时想要建立一个类似于儒教士人的组织,以扩大自己的学术和政治影响,希望最终能对现实社会产生更大的影响力。④ 同样,对于在希腊罗马扮演主角的原始宗教如何看待自然主义和伦理主义的这一问题,过去的观点往往是强调了其中的某一方面而否定了另一方面,其结果同样无法揭示两者之间复杂多变的互相渗透,不可分离的有机联系,当然也就不可能对希腊罗马的历史学起源及其特点做出比较合乎实际的分析。

3. 社会集团的作用和地位突显,个人欲求处于从属地位,感性服从于理性,由此对历史学产生重要影响

从早期整个世界历史发展的基本状况来看,古人所建立的文化体系在面对

---

① 《汉书》卷八十九《循吏传》,北京:中华书局,1962年标点本,第3623—3624页。
② 《汉书》卷九《元帝本纪》,北京:中华书局,1962年标点本,第277页。
③ 《史记》卷一百二十《汲黯列传》,北京:中华书局,1959年标点本,第3106页。
④ (德)马克斯·韦伯:《中国的宗教》,康乐、简惠美译,桂林:广西师范大学出版社,2004年,第265—266页。

个人与社会集团之间的这一尖锐的矛盾时,一般都将作为个体地位的欲求置于被漠视和从属的地位,相应的却是大力提升并强调社会集团在社会各种活动中的重要性和地位。其结果,与社会群体相对应的个体只能紧紧地依附于它所处的社会群体,人的个体性意识由于普遍受到排斥和压制而难于进一步发展,表现出缺乏相对独立性的特点,最终受制于缺乏变化的社会等级的牢牢控制和约束,等等。而造成这一结果,其重要原因之一就是中西早期文化结构发挥其作用所导致的直接结果。

与古代人作为个体的低下地位而难以获得独立性的社会现实相关联的是,在中西早期的文化结构中,感性在古代人性结构中的地位同样是低微而长期受人非议的。这种情况可以从认识论和存在论两个方面看到。在认识论的意义上,感性就是感觉和知觉,但是古代人并不认为视听等感官是认识思维所必经的通道,甚至相反,他们认为感官是靠不住的,是阻碍自己去最终获得质和真相的障碍。因为感官所感受的事物天天在变,时时不一样,由此他们认为,人们所感知到的现象是不真实的,要将这些支离破碎的感觉作为寻找真理的出发点,显然不仅不可能从它那里获取认识事物的正确途径,最终得到对事物的真理性认识,而是恰恰相反,其很可能把人的认识导入歧途。因而从哲学史而言,如何正确理解感性与理性之间的关系是中西早期人类哲学文化中最棘手的难题之一,即使古希腊最博学的人物亚里士多德在这一问题上也陷入了进退两难的境地,虽然他看到了感性在认识中的重要作用,但仍然无法正确理解感性和理性的关系,最终还是以否定感性、投入到理性本质主义的怀抱而告终。再从存在论的意义上来看这一问题,所谓感性则是人生中真实的情感意欲,就古代一般的观点看,很少有人认为情感意欲是人之所以为人的合理诉求,并成为人们思想意识进一步发展的现实出发点,而是相反,他们大多认为情感意欲乃是人类文化和本质中卑劣而丑恶的观念,一方面它是影响人们思想不断升华的洪水猛兽,是阻隔人类由普通世俗的现实人最终走向神圣境界的障碍物,另一方面,个人欲求的彰显则必然威胁到个人赖以生存的共同体的根本利益,并进而影响到个人的生存。由此,他们在长期的生活历程中,得到了一个基本的人类发展逻辑,个人的欲念其实隐藏着毁灭共同体的巨大能量,即人性的完美和高尚也必须是以压抑和排斥、战胜这一"卑劣"的观念和欲望才能够实现的,而共同体则只有在大家都努力克服自身具有个体性的欲求中,才能够发展壮大。从宗教发展史来看，除极个别影响力很小的宗教外，绝大多数原始宗教的各种崇拜，即使就是现代文明社会的众多的发达宗教形式，其重要职能之一就是束缚、压抑和限制个人的情欲和个人的感情，最终力图实现加强集体团结和社会共同体的利益这一根本性目的。

比如，在希腊和罗马，人们普遍接受的主流观念都是强调个人从属于家长、从属于国家、从属于神明的。作为公共的主流观念，谁若破坏了这样的信条和秩序，就要受到严厉的惩处。众所周知，著名的古希腊思想家、哲学家、教育家苏格拉底（Socrates）之所以在其70岁高龄时仍被雅典公民法庭判罪致死，就是因为他被指控冒犯了雅典城邦的主流意识形态。苏格拉底被指控的罪状主要是：极力诱惑、教唆雅典青年用个人的心灵和智慧作为判别事物的标准，强调了个人和个性在雅典社会中的作用，而其结果，在指控苏格拉底的一些人看来，这一切观念和做法的直接后果就是导致雅典的青年违逆家长教导，不承认雅典人民公认的神灵，不仅混淆了人们的思想，更重要的是苏格拉底的言行挑战了雅典当时的社会秩序。对此，著名德国哲学家黑格尔认为，苏格拉底的悲剧在于，他所倡导的以个人的内心作为标准去判断事物与人事的是非曲直的自主原则，实际超越了他那个时代雅典人所能容忍的伦理底线。因此，在黑格尔看来，苏格拉底的所作所为实际上就是"拿人自己的自我意识、拿每一个人的思维的普遍意识来代替神谕，这乃是一个变革。这种内在的确定性无论如何是另一种新的神，不是雅典人过去一向相信的神；所以对苏格拉底的控诉完全是对的"。①对此，其后的古希腊"百科全书"式的学者亚里士多德是这样说的："每个家庭是城邦的一部分，而夫妇和父子的组合则为家庭的各个部分。各个部分的善德必须同整体的善德相符。"② 显然，亚氏在此强调了城邦公民个体意识对共同体这一群体意识的从属性质。据此，黑格尔对造成苏格拉底悲剧的原因进一步说明："孝道乃是雅典国家的基调和实质。苏格拉底从两个基本点上对雅典生活进行了损害和攻击，既然这样，苏格拉底之被判决有罪，难道还值得奇怪吗？"③ 古今两大哲学家对苏格拉底的悲剧性结局的原因之分析可谓不谋而合。

---

① （德）黑格尔：《哲学史讲演录》（第二卷），贺麟、王太庆译，北京：商务印书馆，1997年，第96页。
② （古希腊）亚里士多德：《政治学》，吴寿彭译，北京：商务印书馆，1996年，第41页。
③ （德）黑格尔：《哲学史讲演录》第2卷，贺麟等译，北京：生活·读书·新知三联书店，1957年，第92—108页。

如果把上述亚氏的观点与只小他12岁的孟子（前372—前289）的论说相比较的话，当然是很意义的。孟子说："天下之本在国，国之本在家，家之本在身。"①生活在公元前4世纪的这两位东西方圣哲，虽然立论角度不同，但说的却是同一个道理：家的根本是国家这一共同体，而个人是从属于共同体的。在此，我们再引述一个人们非常熟悉的名家见解，这就是罗素所讲的："直到亚里士多德的时候，希腊哲学家（包括亚里士多德在内）都不是我们所说的那种个人主义者。他们认为一个人本质上是一个共同体的成员……自从亚历山大以后，随着政治自由的丧失，以犬儒派和斯多葛派为代表的个人主义发展起来。"②罗素此论确实精辟。它指出了所谓的古希腊的个人主义的产生并不是古希腊的繁荣时候，而是在其衰落的时期，由此，我们如果进一步思考在这一特殊背景下所产生的个人主义特征和作用时，不妨借用我国当代著名历史学家庞卓恒先生的话来加以概述。庞卓恒先生认为，所谓曾经活跃在古希腊时期的以犬儒派和斯多葛派为代表的个人主义，"并不是近代西方价值观意义上的个人主义，只是对面临危机的集体主义、群体主义或功利主义深感失望而采取的一种消极抵制或自我解脱的价值取向"③。

正因为如此，带有较为明显的个人主义和个性的主张或观念，无论在当时还是中世纪，不论是在早期的古代中国或在古希腊罗马，都始终未能成为占据主流地位的价值形态，始终未能受到大多数人的推崇。显然，那种以为西方人从希腊罗马以来就强调个人的独立性为依据，就以为西方早在古典时期就极力崇尚个人主义的价值的观点是需要加以认真思考的。同样，对于上述相反的观点，即只有中国人才是自古以来强调个人的从属和依附团体的地位，才极力否定个人主义的价值观念和行为的看法，显然是后人用现代的个人主义观念去理解并精心加工的产物，从而与真实的历史事实本身也是自相矛盾的。事实上，古人对情感意欲虽有区别但却具有共性的态度对现代人而言，并不是一个难解之谜。马克思曾经精辟地指出："我们越往前追溯历史，个人，也就是进行生产的个人，就显得越不独立，越是从属于一个更大的整体。"④不言而喻，人的个

---

① 杨伯峻：《孟子译注》卷八《离娄下》，北京：中华书局，2008年，第125页。
② （英）罗素：《西方哲学史》下卷，何兆武译，北京：商务印书馆，1963年，第126页。
③ 庞卓恒：《中西古文明比较》，《社会科学战线》2001年第4期，第123页。
④ 马克思：《政治经济学批判导言》，《马克思恩格斯选集》第2卷，北京：人民出版社，1995年，第2页。

性的发展和彰显只能是一个历史性的产物，同时也只能表现为不断发展的历史过程，而这一过程和进展也只能在个人与群体的复杂关系中得到体现和发展，并且只能以共同体存在和发展的旨趣为归宿，而且关键的是要将这种具体的个体与集体的关系置于真实可靠的历史环境和历史进程之中，以探讨其所反映的真实的具有个性和整体性的社会内容，而要达到这一目的，就必须将这种复杂且重要的关系置于当时人们所生存的物质的生活方式的基础上，唯如此，两者真实的关系才能不断被人们所阐明和认识。

但是理性在古代的情况却与上述感性的处境大不相同。从历史上来看，理性在古代人性结构中可以说一直是凌驾于感性之上的，甚至对个体拥有绝对的支配权力，至少呈现出具有凌驾于个性之上的趋向。由于理性表现为一种超离人性的形而上的本体化的形态，因而这一形态使它长期成为社会和人们思想中的主轴和标准，从而在社会生活中具有神圣性和尊贵性，同时也必然使它表现得相当沉重而呆板。在这一方面，由于中西所依据的文化结构不同，因而在中西也就出现了不同的理性化趋势。而这种不同的理性化趋势不但对中西文化发展的趋势产生了深远而重要的影响，而且对中西史学（当然也与中西传记史学存在着深度关联）的产生和发展也发挥了重要影响。

（二）中西早期文化结构的不同点

中西早期文化结构的形成与中西社会历史本身有着紧密的联系，是中西社会历史发展的结果及其表现。造成二者根本不同性的原因在于，一个是从长期的农业生产方式进入文明，并形成了独特的以血族为关系为基础的社会组织形式，血族社会的形式和影响长期存在。而另一个则是由于掌握了先进的生产工具而迅速过渡到奴隶制文明，并由于大殖民运动和种种改革而彻底地抛弃了传统的血族关系，建立了以地域关系为基础的社会组织形式。在两者发展方式不同的基础上，引起了两者间诸多的文化不同点。

1. 中西早期宗教文化的侧重点明显不同

在此，我们再以西方学者的观点来分析中西早期宗教形态的异同。哲学家卡西尔通过对古代中国和罗马的宗教信仰的比较研究，认为两者有明显的相似之处。他是这样说的："中国是一个标准的祖先崇拜的国家，在那里我们可研究祖先崇拜的一切特征和一切的特殊含义。然而，那产生祖先崇拜的普遍宗教动机并不依赖于特殊的文化与社会条件,在完全不同的文化环境中我们都可以发现它们。如果我们考察一下典型的古代社会,就会在罗马宗教中碰见同样的动机——而且在这里,它们也标志着罗马生活的全部特征。"接着,卡西尔也依菲斯泰尔·德·古朗士《古代城市》提供的材料为例指出:"罗马的全部政治生活都带着他们对马纳斯崇拜的印记,对祖先的祭祀一直是罗马宗教最基本最普遍的特征之一。"[1]

显然,对于中西早期原始宗教文化而言,卡西尔指出了两者在发展进程中表现出来的许多共性的地方,但如果从总体上将中国上古宗教与西方古典时代的希腊罗马的宗教文化相比较的话,二者的不同特性还是相当明显的:华夏民族在从原始社会走向文明社会的历程中,并在早期文明的发展进程中,由于其内在的社会结构而形成了其自身的发展途径,并在这一社会结构的发展进程中形成了自身的文明特征。也就是,中国的早期文明的建立及其发展,它没有像古希腊、罗马那样,依靠新兴的商业奴隶主阶级力量来瓦解、破除原始的氏族血缘组织,相反,它完整地保留了氏族公社的血缘关系和组织形式,还包括了大大小小的次生或再生形态的宗法血缘集团,从而构成了一个金字塔式的严整的社会模式,从而形成了与古希腊、罗马"古典进代"所迥然不同的具有东方特色的"亚细亚社会"形态。这一形态的重要特点之一就在于中国早期文明虽然也是以地域纽带为根基,但总是披着一层浓浓的血缘关系,统治者和被统治者之间有一种子民关系,而不同于希腊罗马社会所存在的一些公民观念。

而在此社会进程的基础上,对于华夏文明而言,其古老的氏族文化传统,长期得以积累、保存并传承下来,成为一种强大而稳固的社会文化结构和人文心理力量,并由此而形成牢固的血缘意识和强烈的祖先崇拜心理;而且,华夏文明的突出特点在于其典型的农业文明,生活在这一基础之上的中华先民,相对而言,并不像古希腊人那样看重社会中个体的创造性生存斗争或悲剧式的人生冒险,他们更强调的是社会整体对先民生产和生活经验的总结、记忆、保存与延续。而农业文明背景下对先民生产和生活经验极其重视的这一悠远传统,又进一步强化了中国人原有的祖先崇拜心理。显然,从早期人类文明的比较角度来看,华夏文明的生存方式与游牧文明的生存方式有着明显的不同,而和西

---

[1] (德)恩斯特·卡西尔:《人论》,甘阳译,上海:上海译文出版社,2004年,第119页。

方的古希腊、罗马的航海文明或商业文明生存方式的区别则更为明显。而与此相应的是，建立在中华早期社会结构和文明类型基础上的文化则必然有其突出的特点。

所以，尽管自然崇拜和祖先崇拜也是华夏文化最初形成的两种主要形式，尽管自然崇拜（例如太阳崇拜）也曾有过相对独立的发展，但是其总的发展趋向却和希腊罗马迥然不同，它最终的结果是将人与自然、祖先崇拜与自然崇拜两相交融的"天人合一"的文化形态，这种将自然崇拜和祖先崇拜加以混合或统一的文化形态并非是两者的统一，也并非是在现代哲学意义上的两者间的尖锐对立中的有机统一，而是两者在相互包容的背景下，是以"和而不同"的有机方式存在着、发展着，从而表现出许多朴素的辩证特性，进而呈现出文化的全面性和有机性的一些重要特征。当然，这种混合形态的文化结构就自然显现出不同于希腊罗马的文化架构的一些文化品格。这主要表现在，中国早期的文化架构及其结果既在相当程度上改变了自然崇拜所隐含的以主客对立为特点的认识论思维，也在一定程度上改变了祖先崇拜所隐含的向英雄神提升的性质。究其原因，相较希腊罗马而言，由于诞生神话或传说的社会基础改变了，相较希腊罗马而言，人们的观念形态就受到影响随之改变，创世神话和英雄神话在这种变化的历史现实背景下就不可能再有充分展示自己的独立发展的空间了。于是，正如著名学者邹华先生所指出的："在创世神话上我们就遇到了大禹只有'辟地'没有'开天'，以及分不清他应归于创世还是归于英雄的尴尬局面，遇到英雄神性不能继续向神界提升而反向世俗倒转的奇特现象。"①

当然，我们论述中西所具有的不同的和共同的原始宗教崇拜的目的不仅仅在于探讨这些宗教崇拜所具有的独特内涵，也不仅仅是为了泛泛说明这些宗教崇拜对中西文化发展所具有的重要影响，而主要是为了在对这些中西具有的相同或不同的宗教崇拜所蕴含的文化内容的分析中，探讨各有侧重的宗教崇拜对中西历史学的产生、特别是传记史学的产生和发展所具有的直接或间接的影响。

2. 中西理性化方式明显不同

中西古代理性结构的不同点只是在于双方都以其历史发展的逻辑为依据，各有其侧重，从而形成了不同的文化结构和理性化趋势，并对中西各自的文化

---

① 邹华：《中国美学原点解析》，北京：中华书局，2004年，第18页。

产生了持久而深入的影响。这样，我们就逐步接近了本章所要论证的核心议题，中西不同的和相同的文化发展趋势对中西史学的影响，特别是对传记史学观念的影响。

具体而言，如果抛弃自然崇拜所带来的原始宗教的神圣光环的话，从哲学而言，类似于希腊的自然崇拜所面对的领域主要是宇宙自然的奥秘，与此相对应，在心智的感应和启发方面，自然崇拜更多地蕴涵着认识论或理智的分析倾向，它探讨的是外在于人，或直接与人相对立的自然世界事物变化的过程及其原因，从而形成人们的认识成果。在此基础上，如果进一步和宗教文化的发展进程相结合的话，就会发现，由诸种自然神向主神的提升，就必然体现着心灵中抽象思维能力的高度发展，标志着人类认识和分析客观事物能力的提高。同理，如果抛弃祖先崇拜的神秘外表的话，就会发现祖先崇拜所涉及的是与人自身的实际活动相适应的动态的社会生活领域，祖先崇拜的心灵的人生体验更是突出了现实中人的真实人际关系的内容、准则和人的内在欲求、情感的自然流露等方面，而祖先神向上帝神的集中趋向和成果所昭示的是人们的心灵对现实生活中功利价值的孜孜追求和对社会道德伦理体系的建构和肯定，并在这个伦理体系和社会秩序中以寻求自身的合理定位，竭力使个人服从共同体的根本利益，从而与社会共同体和谐相一致。

因而，自然崇拜和祖先崇拜的实质就是人们对现实中所生存的世界（包括人自身）的认识，当然是各有所侧重的认识，并进而用概括和抽象两种方式对其加以初步的理性化而已，由于它是通过宗教崇拜的形式表现出来，因此而带有明显而浓厚的神秘宗教特性，并由神圣性外化为明显的社会强制性。

通过以上对宗教崇拜现象的理性分析，可以看出两者的理性作用和领域各有侧重：自然崇拜所表现的是人们在认识水平，如抽象思维方面的进步；而祖先崇拜则突出体现了人们对情感、功利价值的真实诉求和现实的行动，以及个人与其社会共同体、整体与个体之间的亲密关系。从这一角度而言，自然崇拜具有认知型的特征，以探讨外在事物的真与假，获取对人们生存其中，并对人们有着直接影响的自然知识，便于人们的生存与发展。正因为如此，其后的古希腊哲学深深地打上了自然的色彩，而常常被人们称之为自然哲学；而祖先崇拜则具有情意型的特点，以探讨善与恶，以调节内部的种种复杂的人际关系和观念，其目的在于弃恶扬善，便于群体的和谐和族群的发展壮大。

所以，在这里就涉及在中国早期历史中的宗教理性化方式问题，涉及中国古代心灵状态和中国古代历史意识的特点问题。从哲学史的角度来看，中国文化传统中的"形而上学"的理性内容与古希腊罗马的"理性"内涵并不完全相同。准确而言，中国古代理性的内容其实就是由两个字所组成的相互独立但又相互兼容的词组：那就是中国古代的最高思维范畴"道"与"德"。道与自然崇拜相关，可称之为"天道"，德与祖先崇拜相关，可称之为"人德"；道与德合称为"道德"，其文化背景正在于"天"与"人"的上下相聚的关系。就理性的特点而言，天道与人对自然的思维认识相关，而人德则与人对社会的实践、功利活动相联，因此，天道代表着理性的认知方面，可称之为"自然理性"，而人德则代表着理性的功利倾向，可称之为"社会理性"。"天道与人德的聚合，也就是自然理性和社会理性的结合，这种结合，构造了中国古代文化的特殊状态，形成了理性和感性的特殊关系。"① 中国古代历史意识由此形成，而自然崇拜和祖先崇拜的统一，道与德的合流，天与人结合，则是中国历史意识内部的两种主要机制。

这样一来，朱本源先生认为，如果同古希腊哲学思想进行比较的话，借用亚里士多德的术语，孔子道德哲学的最高范畴为"性命之理"，这一概念就是说，是天、地、人三才之道的"最后原因"，是"最先的不动的推动者"（the first unmoved mover）它与西方"逻各斯"（logos）的含义基本是一致的。但我们进一步探讨，就发现"性命之理"的"理"与西方古代哲学的"逻各斯"在研究方法上有一个根本的差异，这一差异意味着东西哲学一开始就具有不同的取向，形成了两种不同的思维模式。这种不同主要表现在：希腊哲学的逻各斯作为"人的自觉的理性"对"存在于事物中的理性"的认识时，完全不涉及"善"的问题。在古希腊时代，也有一些哲人主张所谓符合于理性的行为也就是道德的行为，比如，奠定西方道德哲学根基的哲学家苏格拉底的名言就是"知识就是美德"。但是古希腊哲学的集大成者亚里士多德却把人类心灵的"理性"分为两部分：一为"理论的理性"（theoretikos logos）；一为"实践的理性"（praetikos logos）。他认为前者作出"真"与"假"的判断，使科学知识成为可能；后者才作出"善"与"恶"的判断，使道德伦理成为可能。于是二者分道

---

① 邹华：《中国美学原点解析》，北京：中华书局，2004年，第19页。

扬镳。显然，希腊的逻各斯哲学就属于前者，其研究的目的在于求"真"，是诉之于理论理性的，是认识论的，以认识宇宙事物为主要目的，遂成为西方哲学发生和发展的一个基本前提。由此，导致了希腊逻辑学和"希腊化"（Hellenistic）时代的自然科学的形成和繁荣，西方的众多学科其后在发展分化的进程中都不可避免地与哲学发生了密切的关联，并直接或间接地影响了这些学科的形成和继续发展，在其中最典型的例证就是探求智慧的自然哲学间接导致了近代西方自然科学的兴盛。

但对于孔子而言，其哲学则把自然界之"理"（立天之道和立地之道）与伦常之"理"（立人之道）纳入一个最高的本体论范畴——性命之理这一理论体系之中，把它作为"世界的共性"。这一思考的路径是西方建立其哲学系统时常见的立论方法，也是其立论所产生的必然的结果。

在朱本源先生看来，孔子与古希腊理性和哲学观念有所区别的是，在其道德思想体系中占有中心地位的"仁义"这个哲学范畴具有实质的绝对特性，如果要对它进行哲学的反思，就需把"仁义"这一范畴从伦理学的概念上升为本体论的概念，以论证它的绝对价值。即在变易的世界观中找出"不易"的普遍的精神性实体作为思想的终极依据，这一普遍的精神性实体既可作为一切存在物的生化之理，又可作为价值实现之理这个最高的哲学范畴，孔子称其为"性命之理"。

这样一来，孔子则把"性命之理"最终归结为他的伦理学的秩序，如《礼记·乐记》中所说："礼者天地之序也"①。这一理论所导致的必然结果，就表现在孔子的本体论的终极目的是在求"善"方面，而不在于求"真"方面。这就是说，孔子"性命之理"的研究目的在求"善"，是伦理学的，是诉之于实践理性的，孔子的本体论则被用来论证"仁与义"是形而上的不变的本体，是以研究人们的关系和本质为目的的。孔子的本体论归根到底是道德的形而上学。因此，在朱本源先生看来，孔子的宇宙观始于道德观，终于道德观，并且对中国文化产生深远的影响。由此，朱本源先生概言道："所以孔子在自然观方面不是为研究天地运行的规律而研究自然现象，而是为了取法于天地以培养人的道德意识。我们可以用一个典型的例子以概其余，这个例子是传诵千古的孔子的道

---

① 阮元校刻：《礼记正义》，北京：中华书局，1980 年十三经注疏本，第 1530 页。

德格言'天行健,君子以自强不息'(《乾·象传》)。《周易正义》对于这个格言解释得很好:'行者,运动之称;天行健者,谓天体之行昼夜不思,周而复始,此人事当法天所行,言君子之人……自强勉力,不有止息'。道德的修养是自强不息的,而道德的本体(作为立人之道的仁与义)则是永恒不易的:这是'变易中的不易'。柏拉图认为美德(arete)是永恒不变的'理念',康德认为'道德律令'是绝对的义务。孔子的本体论则被用来论证'仁与义'是形而上的不变的本体。于是,孔子的天人合一的哲学在中国文明史上不曾导致自然科学和逻辑学的发达,而是导致道学(身心性命之学)和历史学的发达。"①

3. 中西早期文化结构对各自文化的走向影响不同,一个趋于哲学,一个趋于历史学

对于这种不同,米勒关于罗马与希腊文化品格差异的探讨对我们研究中西文化结构的异同具有参考意义。在米勒看来,如果将罗马历史学家和他们所推崇的希腊先贤——希罗多德、修昔底德、波里比阿相比较的话,他们之间明显存在着不同点。他认为,在其他社会环境中的理论家,比如神学家、哲学家或者社会理论家所讨论的重要道德问题,而在罗马却属于历史学家的职责范围。举个例子,正如,"当希腊人用哲学来探讨政治问题的道德维度时,罗马人却使用历史。"② 米勒在此是彰显了希腊和罗马的不同点,但如果进一步将罗马与中国早期的文化理性结构相比较的话,却出现了类似于希腊和罗马异同的富有戏剧性的结果。

对中西文化理性结构趋势的形成、不同特征及其对中西史学发展的影响这一重大问题,著名史学大家钱穆先生曾精辟指出:"古希腊的自然哲学,与希伯来人的宗教信仰,虽则他们明显有不同,但有一点是相同的,他们同样是撇开自己,用纯客观的眼光向外探索,古希腊人用的是科学的方法,来寻求自然真理;希伯来人用的是宗教精神,来信仰一个上帝精神的存在。无论上帝与自然,同样'超于人类自身之外',人类先须撇开自己,一意向外,始能认识此种科学或宗教之真理。"③ 在此,钱穆先生不仅指出了古希腊文化发展的突出特征,而且也揭示了西方后来这种所谓的科学方式与宗教思维方式的共同点,从而在理

---

① 朱本源:《孔子历史哲学发微》,《史学理论研究》1996年第2期,第27页。
② Ronald Mellor, The Roman Historians, London, New York: Routledge, 1999.
③ 钱穆:《中国文化史导论》修订本,北京:商务印书馆,1994年,第139页。

性的层面上，从文化结构发展的层面上，深刻揭示了两者最后在基于先前的文化结构发展的前提下，融合成为基督教的内在合理性。

相较于希腊文化中的自然哲学撇开自身向外探求的思维特点，钱穆先生认为中国传统文化，"尤其是儒家思想，则一切'着重在自身'，一切由自身出发，一切又到自身归宿。他看世界万象，并不用一种纯客观的眼光，并不觉得世界外我而存在，与我对立。他却惯用一种'物己融合'的，'人格透人'的看法。向外看犹如向内看，他常把外面内面看成一片，他把自己放大了，不认狭窄的自己与广大的外面而相互对立。这一种态度，即在道家，也还如此。故'天地与我并生，万物与我为一'。"① 钱穆先生还认为：中国文化这一被国内和国际学界所关注的重大问题，其最值得探究的是中国文化所表现出来的历史性这一突出特征，对于这一重要的中国文化问题，"实为一极当深究之在历史问题。中国文化，表现在已往全部历史过程中，除却历史无从谈起。我们应从全部历史之客观方面来陈中国文化之真相。"② 由此，钱穆先生认为，中国文化的核心内容和成就主要在历史中，希腊文化的核心内容和成就主要在哲学中。这与米勒所分析的希腊和罗马的区别是一致的。但如果进一步追问，早期中国文化和罗马文化相比较的话，其结果如何呢？

事实上，学界公认，罗马的文化成就并不在哲学上，在罗马长期占统治地位的是罗马人务实的观念，这种观念自然表现在他们对历史的看法，并发现了历史在其中所发挥的重要作用和所具有的重要地位。比如，西塞罗虽然并未有历史著作遗世，但他对为什么写历史，以及如何著史有着很深的思考。他说历史应当既实用又有道德意义；实用即促使政治家始终意识到法律、对外政策和军事事务方面的先例。通过联结现在与过去，历史将照亮当代社会政府，并且为其提供道德意义上的和实际意义上的指导，道德意义即罗马人的过去为罗马领导者行为的高尚提供了一个道德范例。"在罗马，历史大多是由元老院议员为元老院议员而作的：这正说明了罗马历史的狭小视域，即只关注政治行为。罗马人用这个事实来为历史在罗马的缓慢发展找借口，这多少有点保守，撒路斯特认为原因是罗马人忙于履行公共生活的职责。"③ 因此，被希腊引为骄傲的哲

---

① 钱穆：《中国文化史导论》修订本，北京：商务印书馆，1994年，第139页。
② 钱穆：《中国文化史导论》修订本，北京：商务印书馆，1994年，第6页。
③ Ronald Mellor, The Roman Historians, London, New York: Routledge, 1999.

第一章　中西原始文化的结构及其特征

学，在罗马那里却失去了原有的光彩与辉煌，而罗马的文化却在与现实生活，特别是与现实政治生活的联系中得到了重要发展，比如，法律、历史和政治范畴那里。

显然，钱穆先生用其深厚而博大的国学功力和对西学的分析，通过比较对中西文化的特点做了深刻的概括和总结，既令人印象深刻，更具有启发的作用。此外，还值得论述的是朱本源先生对中西文化和中西史学的比较研究成果。

著名史学家朱本源先生在其三篇大作《"诗亡然后〈春秋〉作"论》①、《孔子史学观念的现代诠释》②、《孔子历史哲学发微》③ 中，以现代的史学理论和哲学诠释学的理论方法为依据，对中西文化及其在史学方面的影响这一重要问题进行了进一步详尽而深刻的剖析。当然，如果仔细研读这三篇宏文的话，就会发现，朱本源先生同钱穆先生、刘家和先生对这一问题的探讨有其明显的相同之处：其一，都是精熟纯透地运用历史比较的方法来探讨中西文化和史学的异同，都从中获得了重要的史学比较成果，即在史论结合的基础上，对中西的历史和历史观念进行探析，并进而对中西各自的历史特质加以概括和提升，将其浓缩为历史的特征，便于人们对其本质特征的把握与更进一步的探讨。其二，都是对由孔子开其端而司马迁集大成的中国的传统史学的精华同西方文化的开端希腊罗马的史学进行了比较，但这种比较绝非仅仅是中西文化和历史的外形和皮相的类比，而是将这种历史的比较深入到中西两大历史文化系统的内部，从中西史学发展的源头入手，追本溯源，将中西的历史观念作为其各自历史发展的成果的同时，又作为一种不断展开的客观对象而加以研究，从中获得了中西历史观念的全面而动态的理解；其三，都是在对中西史学观念的探讨中，在深入把握其丰富内涵的基础上，尽可能地与时代意识相吻合，从目的、理论和方法等方面不断创新，从而最大限度地体现了中西史学比较研究的历史时代性。

当然，三位中西史学比较的大家也有其不同之处。这种不同则表现为各自研究的侧重点、治学的路数、所处时代的时代意识上。因本论题的旨趣和篇幅的关系，本人在课题中会因主旨的需要对朱本源先生和刘家和先生的中西史学

---

① 朱本源：《"诗亡然后〈春秋〉作"论》，《史学理论研究》1992年第2—3期，第47—56、55—61页。

② 朱本源：《"诗亡然后〈春秋〉作"论》，《史学理论研究》1992年第2—3期，第47—56、55—61页。

③ 朱本源：《孔子历史哲学发微》，《史学理论研究》1996年1—2期，第29—37、18—27页。

研究成果进行叙述,而对钱穆先生的观点也会穿插其中,特此说明。

具体于本节中所论述的问题——中西文化对中西史学的影响,本人对此主要叙述朱本源先生对这一重大问题的研究成果,以帮助我们进一步了解中西文化并进而了解中西史学产生的内在必然性和发展的重要趋向,其目的是进一步深刻把握中西传记史学产生的背景和其内在的一些规定性的内容及其各自特点。

朱本源先生认为:如果从现代历史哲学的观念对中国历史学的创始人孔子的史学观念加以理解或诠释的话,其历史编纂学思想必然需要有一种作为本体的历史理论——历史哲学作为其史学观念的坚实支点,朱本源先生以现代历史学理论为依据,在《孔子历史哲学发微》一文中,从历史编纂学理论(历史学的对象理论)和元历史理论两个方面,主要依希腊罗马的史学为比较参数,从《春秋》和《易经》两个方面对孔子的史学理论作出现代的再理解与系统的再解释。朱本源先生完全根据《易传》来阐发孔子历史哲学——历史编纂学理论的理论。

朱本源先生看来,在当时,孔子的历史哲学所面对的两大课题为:其一是"时措从宜"的历史发展观;其二则是历史评价的绝对道德标准。而对这两者进行哲学的反思,则成为孔子历史学元理论的内容。朱本源先生认为,周礼(其实就是建立在祖先崇拜基础上的"礼乐"文化)因其本身所具有的历史相对性,完全可以容纳在"变易"的世界观中,因为在孔子看来,中国三代的"礼"文化是一个连续的有损益的发展过程,孔子说:"殷因于夏礼,所损益,可知也。周因于殷礼,所损益,可知也。"① 这就是《易传》中"变易"思想观念的真实内涵。这是周礼与易经变易思想相统一的一面。②

总的来看,朱本源先生治学最突出的特点是利用现代中西史学发展的最新理论成果,将历史编纂理论和历史的元理论结合,善于从理论的层面把握中西历史学的内涵及其特质,通过宏观和微观的比较,全面而深刻地论述了中西古代史学发展的轨迹和各自的历史特点,从而又将学界对中西文化和史学发展的相同性和不同性这一重大问题的探讨推进到一个新高度。

很显然,朱本源先生关于中西史学比较的这一系列文章以雄辩的事实和理论,有力地批判了西方一些学者对中国史学所持的偏见,弘扬了自己的民族文

---

① 阮元校刻:《论语注疏》,北京:中华书局,1980年十三经注疏本,第2463页。
② 朱本源:《孔子历史哲学发微》,《史学理论研究》,1996年第1—2期,第29—37、18—27页。

化，为中国的中西比较史学的发展作出了突出的贡献。文章一经刊出，学界为之震动，其观点受到学术界的广泛推崇。诚如著名历史学家张广智教授所说的：朱本源先生"著文的旨趣既在于开展中西古代史学的比较研究，也藏深意，即批驳如巴特费尔德之类的西方学者的皮相之见，即他们认为中国古代史学缺乏近代西方科学中的理论思维。……朱文立论的大气，释论的精微，堪称为当代大陆学者从事中西史学研究的典范，西方学者如果能读到这些论文，不知他们将何言以对？"①

朱本源先生的这一观点也得到了许多名家的赞同。比如著名哲学家张世英先生在其著作《天人之际：中西哲学的困惑与选择》中，同样将产生于西方古典时代的本体论概念同中国传统的思想概念相比较，也得出了相类似的结论。②著名史学家刘家和先生在其《论中国古代轴心时期的文明与原始传统的关系》等多篇文章中，也运用历史比较的方法对中西古代的历史和文化进行了比较研究，史哲虽为殊途，但却同归于——得出了基本相同的结论。③

4. 对中西史学的影响不同，中国以传记史学为主体，西方则叙事史与叙人史二元对立，并行不悖

当然，由于在前面我们已经探讨了中西理性的不同趋向及其内涵，因此，对中西史学的产生及其特征就容易叙述，也容易理解了。但对于西方史学而言，在此还需要进一步说明两个问题。

第一个问题，由于以自然崇拜为基础的希腊的理性主义，侧重于事物的认知方面，所以，在希腊其历史意识也就首先侧重于历史事件的因果关系。这样，我们就会对这一历史事实——在古希腊最先出现的，也最为有名的代表作品，如希罗多德——"历史之父"的作品《历史》（全称为《希腊波斯战争史》），杰出史学家修昔底德斯的作品《伯罗奔尼撒战争史》等，都是以叙述历史事件的发展过程并探索其原因的这一事实不足为奇了。当然在这一时期古希腊也出现了一些对人物进行描写的具有传记性质的作品，但这些传记并不被人们所重视，事实上也没有被希腊人纳入他们所认可的历史范畴之中。尽管传记叙述的是人

---

① 张广智：《西方史学史》，上海：复旦大学出版社，2000年，第375页。
② 张世英：《天人之际：中西哲学的困惑与选择》，北京，人民出版社，2005年。
③ 刘家和先生关于这一重大问题的其他代表作品是《论古代的人类精神觉醒》（《北京师范大学学报》1989年第5期）、《关于中国古代文明特点的分析》（《北京师范大学学报》1996年第5期）和《论历史理性在古代中国的发生》（《史学理论研究》2003年第2期）等文章。

的生平这一主题，但其侧重点仍不可避免地对人的内心世界进行描写，即使如此，他们仍是侧重于将人物思想和心理状态与其生平事迹联系起来，以探讨历史事件或人物所作所为的心理原因，以贯彻历史进程的因果律，而弱化了对人物思想品格较为深入的探讨。用波里比阿的话来说："历史最为必需的成分是叙述事件和情状的后果，而且特别是它们的原因。"① 由此，对历史事件的因果探讨就成为古希腊史学的突出特征，当然其后也成为西方史学诸种类型中的最重要的形态之一。

当然，传记史学在古希腊难以发展的一个重要的社会原因乃在于古希腊人的社会政治体制，特别是民主政治竭力在淡化个体的价值，因而传记被人们清除出社会的政治生活领域中，只能沦为个人生平的简介，由于人物传记在社会中的作用难以被人们充分认同，自然缺乏其进一步发展的有益的社会条件。但对于罗马而言，情形则大不一样了，罗马历史著作过分重视政治，这带来了一个后果，即它对政治精英的兴趣，相对于普通大众而言，其兴趣相比却要小得多，用玛格特·索尔洛茨·扬泽的话来讲："一方面，古希腊民主体制与古罗马共和国早期仅仅把个体视作政治共同体的一部分，并不认同传记；另一方面，在古罗马文化与罗马帝国时代，传记被理解为伟大诗人、哲学家与统治者的传记。"② 在玛格特·索尔洛茨·扬泽看来："这种希腊-罗马的双重传记代表了一种特殊性。"③ 应该如何理解这种特殊性呢，在我们看来，传记中希腊和罗马的产生及其发展的根本原因要归之于两者所独具的社会历史进程，以及在这一社会历史基础之上所建立产生的具有个体性和独殊性的文化传统。

显然，不管如何理理解，人物传记产生的一个重要的社会基础就是人们对个体、对重要人物的作用和价值的充分肯定，这是传记产生的一个重要原因。如果说这一点在希腊尚不完全具备的话，但在罗马却突出地表现出来了。从而形成了一个重要的历史现象，即传记史学在罗马一改希腊的窘态，而是与叙事史学分庭抗礼，广受社会重视。传记史学的勃兴成为罗马史学发展的一个突出特征。

---

① Polybius, The histories, Trans. W. R. Paton, Harvard university press, Vol. III, 1922, p6.
② （德）斯特凡·约尔丹主编：《历史科学基本概念辞典》，孟钟捷译，北京：北京大学出版社，2012年，第24页。
③ （德）斯特凡·约尔丹主编：《历史科学基本概念辞典》，孟钟捷译，北京：北京大学出版社，2012年，第24页。

第二个问题，在罗马时期，由于罗马传统宗教崇拜的主要方式是祖先崇拜，因而其所强调的是人的真实的生活状态，它要调整的就是人的欲求和情感，从而为人所生存的现实社会制定一整套实践法则，将社会本身伦理化。所以在罗马帝国时期，在历史学领域，而人的传记也就较之于早期的希腊及希腊化时代而言更为发达，而在其中，对人的伦理性的探讨和评判占据了重要地位，这样，尽管是希腊籍的罗马传记史学家普鲁塔克的《名人传》的出现，及其《名人传》所表现出的重要的史学研究旨趣，以及《名人传》在罗马社会所获得的巨大的学术成就和社会影响也就在情理之中了。但在此还要再加以说明的是，普鲁塔克之所以能够获得巨大的传记史学成就，是与其本身的文化传统和所处的历史时代密不可分的。也就是说，普鲁塔克是罗马帝国希腊籍的传记史学家这一特殊的身份，从本章的文化传统的角度来探讨的话，对其写作传记是颇有裨益的。这一点表现在两个方面：一方面，他既适应了罗马帝国占统治地位的祖先崇拜思潮，进行传记写作，有丰富的材料和思想基础；另一方面他又继承了希腊的英雄崇拜的传统，便于他在写作中体现富有个性的人物性格的这一传记特点。因此，他的传记特征是将希腊罗马文化兼收并蓄，熔为一炉的光辉成果。既体现了罗马的祖先崇拜的特质，这一方面表现为传主主要为希腊罗马（当然，还有极少数波斯名人）的政治、军事人物，而不限于希腊传记中所侧重表现的文化名人及其文化成就，从而使传记在具有较多的历史特性的同时，又体现了希腊的英雄崇拜意识。这表现在《名人传》中，普鲁塔克通过对名人的轶闻趣事，豪言壮语的描写和叙述以展示其历史人物的思想状态，并进而对希腊罗马英雄人物的性情和品质的着力探求和自然流露则是这一方面最重要的内容，与叙事史学中对历史事件的错综复杂的因果关系的竭力探讨形成鲜明对比。

当然，中西文化结构和理性化所包含的内容非常丰富，是我们论述中西史学产生和发展的基础，因此，在以后相关的章节中我们还将多次讨论这个问题。在此所要强调的是，如果对这一历史意识的两种主要机制作进一步分析的话，自然崇拜与祖先崇拜二者在机制内部并非是平分秋色的关系，而是两者最终统一于祖先崇拜、德、人之中，并成为其明显的文化特征。如刘家和先生所指出的："周武王伐纣代商以后，周人一方面对天仍采取敬畏的态度，另一方面对天也开始有所怀疑。"① 比如在《尚书》、《诗经》等著作中都有很多疑天思想的记载，"值得注意的是，周人开始怀疑天的时候，并非像希腊人那样走上研究宇宙论或自然哲学的道路，而是走上了以人心察天意的道路……这里显示出了人在与天或自然的关系问题上的人类精神的觉醒。至于周人的思想之所以走上这样一条道路，看来与周以小邦竟取代'天邑商'这点有关。与其说周是靠天命而胜，不如说是靠殷商失去了民心而他们自己得了民心。这样，他们就自发地把民心看成了天命的依据，看成了比天命更可靠的东西。"② 所以，这一重人事但又不弃天的文化机制表现在中国史学的各方面，就必然形成对事物的认知和对人物的伦理评价融为一体的撰史模式和传统，用顾炎武的话就是"古人作史，有不待论断，而于序事之中即见其指者。唯太史公能之。《平准书》末载卜式语，《王翦传》末载客语，《荆轲传》末载鲁句践语，《晁错传》末载邓公与景帝语，《武安侯田蚡传》末载武帝语，皆史家于序事中寓论断法也。"③ "寓论断于序事"用现代的史学术语则是史论相结合，这一历史思维架构自然成为中国史学的根本性特征。

需要指出的是，这一撰史的模式和传统其突出的作用在于使中国能够将对人的叙写与对事的叙写联系起来，统一于传记史学中，而是不是像西方那样，将两者对立起来，使得传记史学得以迅速发展。

小　结

作为一个新兴而富有生命力的学科，文化人类学的突出特点之一就在于强调了文化的整体性和有机性，从而能够在复杂而广泛的早期文化内容中，发现它们之间相互对立但又相辅相成的内在复杂关系，从而有利于在同历史学结合的基础上，以说明历史学产生的一些较为深远的原因及其途径。因此，用文化人类学的观点和成果来研究中西史学的起源是一个值得关注的方法。基于这一基本的学术观点，本章运用文化人类学的方法，在众多前贤研究成果的基础上，将中西史学起源这一问题置于更为久远的原始宗教的文化环境中，从学术界所

---

① 刘家和：《古代中国与世界》，武汉：武汉出版社，1995年，第588页。
② 刘家和：《古代中国与世界》，武汉：武汉出版社，1995年，第588页。
③ （清）顾炎武著、黄汝成集释：《日知录集释》卷26，长沙：岳麓书社，1994年，第891页。

认可的自然崇拜、祖先崇拜和英雄崇拜之间相互作用、相互制约的角度,来对司马迁和普鲁塔克的中西史学、中西传记史学观念的文化、思想来源加以探讨。在此探讨的成果背景下,理清中西传记史学观念产生的远因、近因、演变过程及其内在的文化机制,以期对以司马迁和以普鲁塔克为代表的中西古典时代,其传记史学萌生的相同和相异的历史文化背景和史学观念,有一个更为深刻的体会,从而增加对两者史学特点的认识和把握。

林惠祥先生认为:"人类学家研究原始宗教与其说是为要完成宗教学,毋宁说是为要完成原始文化的研究。因为人类文化的根源在于人类的心灵;而心灵的表现在文明社会有很多方面,除宗教外尚有哲学及科学,在原始社会则只有宗教一方面最为显著,哲学与科学的思想尚在萌芽,且尚在宗教的范围内。所以如要了解原始的心理只有探索原始的宗教。我们如要晓得人类初时的宇宙观,只要探索他们的宗教;我们如要晓得他们对于自然界的解释,也只要查问他们的信仰;我们如要了解社会上各种事件如神权政治、宗法制度、生产、死亡、婚姻、战斗的仪式、耕猎、畜牧、衣食、住所等的习惯,都可以参考原始的宗教而得解释。"① 所以,将人类学的理论方法和历史学方法相结合对于研究中西传记史学的起源问题的确是一个好的途径,事实证明,也只有通过运用这种具有整体的跨学科的思维观念和方法才能够对这一问题进行深入系统的研究。

对于中国传记史学而言,其产生于中国先秦时期记述人物活动的有关典籍之中,这是学术界的公认结论。对于西方古典传记史学的发生源头也应追溯于希罗多德的《历史》之前更为悠久而丰富的历史发展环境中,这也为史学界所共识。但是,从更加广阔的时空背景中,来追溯中西史传的文化源头的话,却一直见仁见智,歧义环生。笔者认为,如果说古希腊人的自然崇拜和英雄崇拜是西方智慧的源头所在的话,那么,中国人的血缘意识(祖先崇拜)和自然崇拜之间的有机联系,则正是中华智慧的活水源头。而希腊之后的罗马则在其祖先崇拜的基础上,又积极汲取希腊发达的自然崇拜和英雄文化,兼收并蓄,自成一体,其结果不但极大地丰富了罗马文化,而且也弘扬光大了罗马文化,由此后人将希腊罗马文化并列。而中国文化则在先秦和秦汉的基础上,绵延不绝,直到今天。因此,古代中西方精神文化在发展起点和途径上具有相同性的一面,

---

① 林惠祥:《文化人类学》,北京:商务印书馆,2000年,第218页。

同时又呈现许多重大的差异，而这些相同与相异的文化现象，既由来有自，又由来已久。当然，在此仍需强调的是，中西所呈现的不同的史传表现形式只不过是突出了其各自的文化特性而已。

当我们了解了中西早期的原始宗教和文化的这个机制和结构之后，再来分析和探讨中西文化类型及其对史学影响的时候，就会理解，在西方古典时代所存在的自然主义和伦理主义两大思潮，其关系突出地表现为对立的一面；而在中国先秦时代及其以后的儒道两大家之间的关系更多地表现为一种互补，是对等的、互渗的平等关系。这样，我们不仅可以看到儒家学说和道家学说形成的内在机制，而且可以发现影响和规定中国史学发展的更为确切、更为全面的结构，并会超出孔子、老子学说的界限，在一个更为广阔、更为复杂的图景中揭示中国传记史学产生和发展的规律和特色，从而有利于我们深入地理解和正确地评价中西早期原始宗教文化这一古老的精神财富，并接受其中珍贵的值得发扬光大的大量文化内容，比如在古老文化基础上所出现的史学遗产。同时，这一方法也指导我们要用一种综合的思维模式来处理西方古代思想中的古希腊罗马的自然主义和伦理主义之间的关系问题，以便更为深刻地讨论古典西方的传记史学观念的发生和发展。因而，对中西早期宗教文化的分析和探究，从中得出中西各自的文化品格，并在各自文化品格中以探讨其特性，这是中西史学比较的必由之路。

当然，中西文化结构及其理性化所包含的内容非常丰富，是我们论述中西史学产生和发展的基础，因此，本课题所依据的上述研究方法对于探讨著名史学家司马迁和普鲁塔克的传记史学思想观念的产生、内容及其特点等学术问题都具有极其重要的方法论意义。由此分析出发，司马迁的《史记》及其所表现出来的史学观念趋向同普鲁塔克的《名人传》确有相同的一面；它们的不同之处在于，由于两者所处的文化思潮的历史环境不一致，其文化结构的侧重点不同，二人的个人生活经历和学术经历不一样，因而司马迁《史记》历史意识的表现形式和深度较之于普鲁塔克的《名人传》而言也不相同，而这一点也正是司马迁传记史学观念的最突出之点。对此，本专题将在其他各章中对上述问题加以详论。

第二章 中西早期文化结构不同的历史原因

如前所述，中西两者在早期宗教和文化结构方面具有明显相同的一些文化元素，但由于两者文化元素之间所构成的方式不尽相同，形成了各自独具特色的较为稳定的文化结构，并分别对其后中西文化的发展发挥了重要影响。如果我们透过文化表层进一步深入探讨的话，就必然会产生如下的疑问：形成这一重要的文化结构的更为深层次的原因是什么？这些重要的原因是如何对中西文化发展的趋向产生作用呢？

诚然，如上章所述，对于中西早期文化不同的原因及其表现学界进行了大量而深入的探讨，并取得了许多重要的学术成果，但都局限于中西所处的早期的宗教文化结构内部，并没有较多地联系产生中西各自早期宗教文化的社会历史进程和地理环境，这样一来，势必使我们对中西早期的宗教文化产生及其发展的根本性原因缺乏了解，其结果自然也就使所谓中西的各自文化结构和特点难以真正建立在社会历史发展的坚实的物质基础上，因而也就无法真正了解中西文化、中西史学特别是中西传记史学的产生及其异同的根本性原因。因此，对产生中西文化及其传记史学的深层次的原因加以探讨，从学术的要求来看是本课题的内在要求，从外在的研究方法来看，是达到对这一课题深入了解的必由之路。

如果上述观点可以成立的话，那么，现在的问题就是中西各自文化和历史观念产生的根本性的原因是什么？应该从哪些角度入手来探讨这个重要问题，并有可能获得重要的学术成果？换言之，对哪些问题深入探究才能够使我们了解早期中西社会历史发展的真实情况，从而帮助我们可以在此基础上，以判断古代中国和西方传统文化及其传记史学的不同点和相同点呢？对此，著名历史学家庞卓恒先生的研究成果和研究思路为我们提供了很好的借鉴。庞先生说："我们认为，必须从黄河-长江流域和地中海-欧洲古代生产生活方式的异同着眼，才能对古代中国和西方传统文化的不同点和相同点做出比较准确的判断。"为什么这样讲呢？"因为文化和作为文化核心内容的价值观是人们谋取生存和发展的实践活动的产物，或者说，是人们实际生活过程的产物。"① 庞卓恒先生的这一观点是建立在科学的历史唯物主义理论体系的基础之上，对中西历史进行长期比较研究所得出的重要结论，因而对中西史学比较的理论研究和具体的中西史学比较实践极具指导意义，当然对本章所探讨的造成中西文化结构异同的深层次问题也极具针对性。

一、中华文明的内涵及其历史成因

（一）中华文明的地理环境与其独特的生产方式

当代学界对中西早期历史和文化进行深入研究并取得成果的重要原因之一，就是考古学这一重要学科在早期文明研究领域的广泛运用。也就是说，现代早期人类历史发展状态的研究是在将考古学的研究成果和历史文献材料相印证的基础上，对中西早期的社会历史发展状况进行了较为全面而科学的判断，在这一重要科学方法的指导下和实践中，学界在中西早期的社会历史状况方面取得了人所瞩目的重要学术成果，将中西早期的文化和史学研究向前推进了一大步。

1. 中国文明产生的独特地理环境。

从20世纪中叶以来，世界许多地区，比如西亚、中美洲、我国等地的一系列的重大考古发现及其相关研究极大地改变了人们过去对文明的起源及其发展途径的认识，早期农业在人类文明进程中的作用和地位得到了学界的广泛认同，农业的起源和发展普遍被认为是人类走向文明和国家的物质基础。由此，人们普遍将目光转向了与人类文明密切相关的新石器时代的重要成果——"农业革命"这一历史关节点上。

考古学界认为："最新的考古发现表明，中国新石器时代的年代大致在距今

---

① 庞卓恒：《中西古文明比较》，《社会科学战线》2001年4期，第120页。

第二章 中西早期文化结构不同的历史原因

12 000—9000 年之间。"① 考古获得的大量文化遗迹表明，在这一时期，在黄河和长江流域都出现了许多重要的不同类型的农业遗址，中国的农耕聚落出现了。而在距今 9000—7000 年的新石器时代的中期，中国的农耕聚落进入了一个新的历史阶段，农业聚落更为普遍，在数量和规模上都有较大增长。而在距今大约 7000—5000 年左右，在我国当时文化最发达的黄河-长江流域明显地存在着以定居村落为突出特征的大协作生产生活方式。从现在已发掘到的黄河流域和长江流域中下游地区的许多新石器时代文化遗址来看，明显可以得到这样一个信息，即黄河流域的仰韶文化遗址和长江流域的河姆渡、马家浜、大溪等遗址，都已呈现出相当发达的定居农业生活面貌。从母系氏族的仰韶文化系统的大量遗址和考古文物来分析的话，当时人们的村落或集体居住面积的规模已经相当大，一般都在数万平方米至数十万平方米之间。当然，也有一些特别庞大的村落，如华阴西关堡、咸阳尹家村竟然达到 100 万平方米左右。同样属于母系氏族社会的西安半坡和姜寨等遗址中，可以看出当时村落的具体规划和真实的生活全貌：包含着先民居住区、群体活动场所、广场等其他一些重要的社会生活设施，甚至还出现了一些村落防护沟等村落生活和保护设施。这些设施和具体生活的规划表明：一方面先民当时已经拥有丰富多样而较为发达的社会生活内容，另一方面也表明了其社会基层结构可能已经相当完善。由此，专家们认为，像这种大型的村落决非人数较少的氏族聚集生活场地，极可能是若干个氏族聚集的部落共同体所在地遗址。以此为据进一步思考的话，学界有看法认为"中国史前的聚落进入了含有不平等的社会发展阶段，我们称为中心聚落形态。"②甚至有学者认为，如果以此为据与塞维斯的酋邦理论和弗里德的社会分层理论相比较的话，"中国史前社会的中心聚落形态，相当于人类学中的酋邦"③。显然，新石器时代的农业革命正在为一个新的政治形态——早期国家的出现创造着重要的社会历史条件。中华的早期历史已进入到了文明的大门口了。

众所周知，在早期中国历史中，中国文明的起源和国家的起源问题是一个相互交织而难以区别，但又是人们十分关切的重大的学术问题。在对中华文明

---

① 王震中：《中国古代国家的起源与王权的形成》，北京：中国社会科学出版社，2013 年，第69 页。
② 王震中：《中国古代国家的起源与王权的形成》，北京：中国社会科学出版社，2013 年，第100 页。
③ 王震中：《中国古代国家的起源与王权的形成》，北京：中国社会科学出版社，2013 年，第100 页。

的探讨过程中,也经历了一个否定之否定这一逐步深化的认识过程。过去在中华文明研究中存在一些问题,重要表现之一就是将中华文明起源和发展的地域和具体的方式加以简单化的倾向。具体而言,这一传统的观点表现在:其一,从文化地理上言,将中华文明的发祥地紧紧局限在黄河中下流域,并以此为中心来研究和探讨中国早期华夏文明的内容和具体特征。其二,在此认识基础上,进而形成了所谓中华文明发展的基本模式和发展的途径,即在中华文明的前夕所形成的温情脉脉的原始民主制度的成果——"禅让制"的基础上,再通过内部的尖锐矛盾和残酷的权力之争而进入国家这一以地域为基础的文明状态。这一模式的弱点具体表现在以下两个方面:其一,对于由"禅让制"向国家转变的主体的方式和途径缺乏有力的证据和资料,因而无法较为清楚地说明这一重要历史关节点的内在机制和转变过程。其二,对早期中华文明的产生和发展研究方面缺乏一个宏观而真实的历史视野,没有将中华早期文明的诞生置身于辽阔而丰厚的真实的社会历史基础上——不但包括黄河领域,而且还应重视长江领域。也就是说,学界曾长期将文明产生的关注点紧紧限定在黄河流域,其结果,不但对于中华广大文明的其他地区的发展状态比如说长河流域在中华文明发展进程中的重要作用,缺乏应有的了解和重视,形成了单线且局部的文明进化和发展观念,而且也使中国古文明的生成与发展陷入一花独放的尴尬境地,缺乏丰富而广泛的历史内容。

当然,上述学术研究的局限性是由多种原因造成的,最重要的还是社会发展历史状态方面的原因,即中国传统的学术研究,在缺乏足够历史真实文献的支撑下,只能主要从传说的历史和文献内容以及当时社会统治的需要角度进行探讨,从而将这一学术问题局限于种种传说和神话的迷雾之中,虽也有一些新意出现,但因研究的方法和时代局限,终不得其解,令人遗憾不已。

进入20世纪后,针对中国古史研究的固有弱点,以王国维先生的二重证据法为标志,学界对中国历史上这一重大历史难题的研究思路加以改变,中国古史研究的面貌焕然一新,此后,经过多代学者对此问题的不断深化探讨,学术成就层出不穷,从而大大加深了人们对于这一问题了解和认知。比如,早在1927年,蒙文通先生在其《古史甄微》中以古代的自然地理条件——山川地域的阻隔来划分部族,其结果把这一时期的早期先民分为江汉民族、河洛民族和

第二章 中西早期文化结构不同的历史原因

海岱民族三大集团①，傅斯年先生继之于1930年和1934年在其代表作《夷夏东西说》中提出中华文明来源的两大系统——东夷与华夏东西形成两两相对峙的二分说。② 傅斯年先生认为，上古的夏商西周三代来源各不相同，但都是在黄河中下游东西两大氏族部落集团经过长期交往、斗争以至融合的基础上发展起来的王朝。显然，傅先生的观点扩大和丰富了中华早期文明产生时代的社会历史内容。20世纪40年代，徐旭生先生在他的名作《中国古史的传说时代》一书中则又提出古代部族存在华夏集团、东夷集团和苗蛮集团的三集团说。③ 其研究成果与上述两者的学术旨趣有相似之处，即努力揭示出中华早期文明的产生和内容的丰富性和多样化特征，其观点也引人瞩目。

以上所述的各位名家的突出学术成就为中国早期文明的产生提供了一些新的值得思考的深刻内容。从大的方面来看，显然有其明显的历史进步意义，这主要表现在，其一，前辈学者观点的特征是以不同的文化地域与多种民族的客观存在为依据来探讨中华文明产生的复杂而具体的内容和途径的，其观点具有明显的历史发展背景；其二，前辈观点突出的优点是将中华文明的形成置于一个更加广阔的地域范围，并建立在不同种族之间的相互斗争和相互融合的基础之上，从而扩大了中华文明发生地域，并从冲突和战争学说这一明显具有时代学术气息的方法论来解读中华文明的早期文献，并探讨中华早期文明产生和发展的内容和途径；其三，前辈学者的研究路径都显示出了将文献、考古和历史研究相结合的学术研究趋向，因而其新意不容低估。

毋庸讳言，随着中国早期文化和文明研究的继续深入，特别是从现代许多考古学家研究的新成果来看的话，上述三位学术大师的观点也显露出一些局限性。就蒙文通先生的学术观点而言，其所提出的以地域为依据而产生的三大不

---

① 蒙文通："现在以考察古地理为研究古史的这一道路，似足以证明三代及近于三代之前期，大体上有东西不同的两个体系。这两个体系，因对峙而生争斗，因争斗而起混合，因混合而文化进展。夷与商属于东系，夏与周属于西系。"蒙文通：《古史甄微》，北京：商务印书馆，1933年。

② 1934年，古史专家傅斯年教授撰《夷夏东西说》，指出："现在以考察古地理为研究古史的这一道路，似足以证明三代及近于三代之前期，大体上有东西不同的两个体系。这两个体系，因对峙而生争斗，因争斗而起混合，因混合而文化进展。夷与商属于东系，夏与周属于西系。"傅斯年：《夷夏东西说》，《庆祝蔡元培先生六十五岁论文集》，北平：中央研究院历史语言研究所，1933年，第1093页。

③ 徐旭生："把中国较古的传记概括来看，华夏、夷、蛮三族实为秦汉间中国人所称的三个来源……到春秋时期，三族的同化已经快完全成功，原来的差别已快完全忘掉……此三集团，对中国的文化全有像样的贡献，他们中间的交通相当频繁，始尔相争，继而相亲，参互错综，而归结为完全的同化。"徐旭生：《中国古史的传说时代》增订本，北京：文物出版社，1985年，第39页。

同的社会集团观点有其合理性的一面，它显然揭示的是一种比较高级的前国家发展阶段的形态，但已经不符合新石器时代考古发现所揭示的考古学文化聚集所处的更为复杂、多样和动态的社会生存环境；而傅斯年先生的夷夏二分说与徐旭生的三集团说，也不同程度地存在着类似问题。随着现代考古学的方法和理论的引入，随着人们对古代文明的比较研究的推进，人们对这一问题的认识——从纵的和横的两个方面继续深入，都取得了新的重要成果。具体而言，根据现在考古学的成就和其他学科的研究成果，在早期历史过程中，客观上存在着一个"满天星斗说"这一中华历史前文明发展的重要历史阶段。也就是说，早期文明产生的社会基础并非只局限于黄河流域，在长江流域，也产生了当时较高的物质文化，从其整体而言，也表现出努力向文明迈进的这一总的发展态势。正是在这一历史发展的背景下，中华文明产生的突破口的出现不但具有其历史必然性，同时也具有了普遍的历史意义，从而促使中华文明既在点上有所突破，又在面上有了相呼应的影响，并以此为重要方式，使得中华文明不但得以产生，而且在产生后也能够不断深入发展。只有这样，才能解释早期文明产生的必然性和将必然性转化为文明得以产生和发展的现实性，所以在黄河流域说的基础上，新的观点——"满天星斗说"获得了人们的普遍支持，因为它更为接近早期文明产生和发展的历史真相，更有利于体现出早期文明艰难而多样的发展进程。正因为如此，这一观点得到了人们广泛的接受，而成为国家和文明产生和发展的主流学术形态。

总之，以上三个著名学者对中国早期历史和早期所做出的重要探讨和学术贡献，虽然各有千秋，但总的特点是开始突破了过去中华文明产生研究所具有的局限性，将中华早期文明的产生推进到了一个新的具有现代学术意义的新阶段，为此后的中国早期的文化和文明研究提供了一个新的较高的学术平台。

应该承认，新的中华文明的产生和发展的观点——"满天星斗说"较之于原先的单线进化的学术观点而言，无疑是一个巨大的学术进步。但在其继续研究的过程中，这一新学术成果仍然存在着一些尚需继续深入解决的重要问题：其一，由"满天星斗说"这一遍地开花、万马奔腾向文明竞相迈进的局面怎样转变为以中原为中心的早期的文明发展中心，乃至于在中原形成早期的国家形态。可以说，这一问题是目前学术界关注的新问题，它是中华文明研究这一课题所挥之不去的重大疑难问题。其二，新的学术观点的共性之一在于都在强调早期

第二章 中西早期文化结构不同的历史原因

部族之间的冲突、对立和融合这一问题,又认为这一问题是产生早期文明的重要途径,那么,紧随其后的另一个深层次的问题就是,为什么会产生战争和对立,即造成这一对立和战争的原因和基础是什么。其三,冲突和战争是中华文明产生的重要原因,但绝不是唯一的原因,中华文明产生的多样化的原因是什么?它与冲突因素的关系如何?

显然,这些问题的确是中国历史的老大难问题,但又是中国历史无法绕过去的问题。为了回答这一问题,我们就不得不再一次回到先民们所生息的自然环境上来。从先民们赖以生存的最基本的历史条件和环境,以及先民是如何利用自身的生存环境为出发点,来试图推进对这一问题的理解。

一般而言,现在对于中国早期的文化结构,传统上都从中国所具有的显而易见不同的自然地理条件和突出的经济特征来解释。其一,被大海、高山和荒漠包围的相对封闭的大陆。其二,传统的农业生产方式。其三,重农抑商的传统等。而对于西方我们也往往同样简单化,比如,对古希腊文化产生的社会历史原因的解释不外乎这三个方面的内容:一是岛上贫瘠的自然条件;再一个就是地中海;第三则是以工商业为突出的经济特征。而且三者之间又形成了一个互为因果的逻辑关系,从而决定了古希腊早期的文化内容及其独特品格。而在其中,古希腊人在与其环境的适应与斗争中的所作所为,及其复杂的文化因素和影响并没有被人们所重视,这样一来,我们对古希腊文化和文明产生的原因及其内在的机制的理解只是简单而肤浅的。

众所周知,把社会的发展、历史的进化仅仅归结为环境因素作用的结果这一观点显然是简单的、片面的,其必然会陷入"地理环境决定论"的误区,而将人积极昂扬的历史运动简单化、外在化和被动化。但是另一方面,人类又确确实实是在具体的自然环境中生存和发展的,而其发展和进化的轨迹也就不可避免地要受到自然环境的影响和制约。而且历史越往前追溯,越是在生产力发展的初级阶段,环境对人的历史发展的这种影响和制约便越重要。因此,如何正确认识人所生存的环境与人的发展之间的关系,是我们探讨古代中西文化与文明的发生的真实背景时首先要面对的问题。当然,这一问题也是马克思主义理论中的一个重要问题。

众所周知,马克思恩格斯他们虽不是"地理环境论者",但他们对于地理环境的物质生产实践的地位和所产生的重要影响还是很关注的,并将"人口因素"、"地理环境"和"物质生活资料的生产方式"共同作为"社会存在"的有机组成部分,肯定了它们对社会历史的发展和变化所产生的重要影响。这种影响在马克思主义的体系中,首先表现为,由于地理条件的自然差异性,人类分工的格局呈现出明显的地域差别。而且这种地域性差别早在氏族公社阶段就已出现,因为,"不同的公社在各自的自然环境中,找到不同的生产资料和不同的生活资料。因此,它们的生产方式、生活方式和产品,也就各不相同。"①事实上,在氏族公社基础上逐渐发展起来的民族、国家也是以这种地理自然差别为基础的。其次,地理环境还直接影响到劳动生产率的高低,马克思指出"劳动生产率是同自然条件相联系的。这些自然条件都可以归结为人本身的自然(如人种等等)和人的周围的自然。"②

正像俄国著名的马克思主义理论普列汉诺夫(Plekhanov, Georgii Valentlnovich)所指出的那样:"自然界本身,亦即围绕着人的地理环境,是促进生产力发展的第一推动力。"③ 德国的著名希腊史家格罗塞(Ernst Grosse)在谈到早期民族的文化形态时也指出:"只有很少数的文化史家能够把握住生产事业的重要意义,对生产事业自然容易做出较低的评价,难得做出高的估价。生产事业真是所谓一切文化形式的命根;它给予其他文化因子以最深刻最不可抵抗的影响,而它本身,除了地理、气候两条件的支配外,却很少受其他文化因子的影响。"④ "我们可以相当肯定地说,生产方式是最基本的文化现象,和它比较起来,一切其他文化现象都是次要的,派生的。"⑤ 因此,所谓的地理环境决定论和马克思主义地理环境在人类历史中作用的最大区别在于,是否承认人与客观地理环境间相互辩证作用的这一根本点上。显然,在这一观点指导下,我们现在所要做的并不是简单地回避地理环境对社会生活所可能产生的影响,而是如何恰当地分析这一影响,并在生产力和生产关系的辩证运动中来考察这一影响

---

① 《马克思恩格斯全集》第23卷,北京:人民出版社,1972年,第390页。
② 马克思还紧接上句话说:"外界自然条件在经济上可以分为两大类:生活资料的自然资源,例如土壤的肥力、渔产丰富的水域,等等;劳动资料的自然资源,如奔腾的瀑布、可以航行的河流、森林、金属、煤炭等等。在文化初期,第一类自然资源具有决定性的意义;在较高的发展阶段,第二类自然资源具有决定性的意义。"《马克思恩格斯全集》第23卷,北京:人民出版社,1972年,第560页。
③ (俄)普列汉诺夫:《普列汉诺夫哲学集》第二卷,北京:生活·读书·新知三联书店,1974年,第227页。
④ (德)格罗塞:《艺术的起源》,蔡慕晖译,北京:商务印书馆,1984年,第28—29页。
⑤ (德)格罗塞:《艺术的起源》,蔡慕晖译,北京:商务印书馆,1984年,第29页。

所造成的后果。从而有助于我们具体地了解中西早期文化和文明所产生的真正原因,并努力在这一自然基础上重构早期先民的真实的社会物质生活。这样一来,我们不得不将我们的研究首先置于中国早期文明所产生的客观的地理条件上。

2. 黄土地与中国早期文明的关系问题

首先,我们分析一下中华先民所赖以生存的黄土地。一般而言,由于农业在人类历史向文明过渡中所具有的重要而突出的作用,人们对我国早期农业的关注度也越来越大,但要说明中国农业的起源及其发展问题却是中国历史研究中最难的问题之一。著名历史学家、美国学者何炳棣先生在其名著《黄土与中国农业的起源》中,用大量事实揭示了中国农业与黄土的内在关系,并在此基础上进一步探讨了其与中国文明所存在的深度关联性。他认为:"我们有理由相信我国的文化起源,实与这条泛滥难治的黄河甚少直接的关系,但与这块黄土区域的自然环境有着密不可分的关系。"① "说明我国远古的农业区域的特殊区域性和独立性。旧大陆两河、尼罗河、印度河等区域的农业体系是建立在泛滥平原和原始灌溉和大小麦之上,我国远古的农业体系是建立在完全不同的基础之上——小河流域的黄土台地、旱地耕作和标准的'中华型'农作物组合"。② 对此,庞卓恒先生对何炳棣先生的研究予以充分肯定,认为:"何炳棣教授可能是注意到这一特点的第一人。"③ 庞卓恒先生认为,黄土地带的特殊土质使那里的古代居民可以不经过"游耕制"(shifting agriculture)或"砍烧法"(slash and burn)而进入定居农业生活。正如著名德国地质学家李希霍芬(Ferdinand Richthofen)所指明的原因:其一是由于黄土层的深度和这一土质结构的均匀性。其二是由于黄土层是经累年堆积、业已腐烂了的植物残体,雨后通过毛细管作用,将土壤中的各种矿物质吸到地面,土壤肥沃;其三是由于从(亚欧大陆)内地的风沙仍在不断向黄土地飘洒,从而持续不断形成新的堆积。而对于以上三个特点,从黄土自我加肥(self-fertilizing)的特殊功能中可以得到充分的说明:在中国辽阔的黄土地带,几千年来农作物几乎不靠人工施肥都可以年复一年地种植,并获得预期的农业成果。如果从早期中国的文明中心和经济中心都

---

① 何炳棣:《黄土与中国农业的起源》,香港:香港中文大学出版社,1969 年,第 11 页。
② 何炳棣:《黄土与中国农业的起源》,香港:香港中文大学出版社,1969 年,第 7—8 页。
③ 庞卓恒:《中西古文明比较》,《社会科学战线》2001 年 4 期,第 120 页。

长期建立在这类土地上来看待这一问题的话,仍会使人对其特质印象深刻,即早期中国历史的政治和经济长期建立在这类土地上的根本原因之一,就在于这块土地所具有的特殊功能——能够承受稠密的人口所带来的在粮食生产方面的沉重压力。①

现在越来越多的考古事实表明,中国历史发展不仅在其文明时期有独特性,而且这种独特性现在已经可以追溯到更为遥远的时代,即自从农业产生后,中国史上的早期人类看来也没有像世界许多民族——比如说欧洲的祖先那样,经历漫长的游牧、游耕或半游牧半游耕时期以后才进入定居农业生活,而是从最原始的"采集经济"逐步过渡到了定居农业生活。这应该是中华历史和文明起源的一大特点。

黄河流域的冲积平原之所以长期在历史上被人们所重视,归根结蒂与其突出的自然特征有密切关联。其一,是其松软、厚实且富有矿物质营养的优良土壤,这为中华的先民们进行人类的生息活动提供了适宜于农耕发展的环境,特别是在坚硬的铁质农具发明之前,这一独特的自然地理环境提供了较之于世界上其他民族从事农耕更为有利的自然条件。由此也引起了后来学者的广泛注意,并努力以这一自然条件为基础,重构早期先民的真实的物质生活。其二,从历史上看,穿行于这一松软黄土地的大河——黄河,其作用非常突出。因为其频繁的洪涝给生于斯而长于斯的中华先民带来了巨大的灾难。在这一灾难面前,人们只有两条道路可供选择:其一是躲避水灾,另走他乡;再一条路就是在洪涝的外在压力下,人们的斗志被激发起来了,通过建立大规模的社会组织来对黄河的灾害加以有效治理。事实上,人们对黄河水灾的这两种态度和应对方法都在中国历史上留下了大量的历史痕迹,成为我们研究先民早期社会和物质生活的一条重要依据和途径。可以讲,对黄河泛滥的两种应对方法成为中华先民生存、中华早期文明产生的环境中最突出的问题。

美国著名的中国学大师费正清(John King Fairbank)也颇具慧眼,他在何炳棣教授还未就此问题发表自己的研究成果之前,1991年就特别提到:"一万二千年前在中国开始的新石器时代,其特征是定居从事农耕的社群的普遍形成。"②费正清的视域宽阔,而且目光独具,其突出的特点是突破了人们以黄河流域为

---

① 庞卓恒:《中西古文明比较》,《社会科学战线》2001年4期,第121页。
② 转引自庞卓恒:《中西古文明比较》,《社会科学战线》2001年4期,第121页。

第二章　中西早期文化结构不同的历史原因

研究中心的学术倾向，而在对黄河流域研究的基础上，又把长江流域，以至台湾地区的考古资料综合起来加以观察，以判断整个中华早期的社会历史和文明发展的总特点。在费正清先生看来，中国新石器时代的"特征是定居从事农耕的社群的普遍形成"，这是他对中国早期历史发展特点研究的一个重要观点，这一观点已备受人们的关注。

这样一来，学界对中国上古时期的社会历史发展研究就突破了黄河中心论的局限，转而在更大的范围内来探讨中华早期的历史及其与文明产生的内在关系，将中国的早期历史发展和文明的研究向前推进了一步。

如果我们把上述考古学家的学术成果——新石器时代及其后的夏商周时期考古发现的村落-家族遗迹与历史上的文献材料结合起来加以研究的话，可能会较为清晰地了解距今三、四千年前中国人的生产、生活过程，并进而对此之前的先民生活有所体会。据文献资料记录，早在距今三、四千年前的中国文明的初创前后，当时社会的统治者把人们最重要的生产资料——土地划分为"私田"和"公田"两部分。从古代经过多代人物修订的文献资料来看，当时的土地制度可能是《诗经》所描写的"普天之下莫非王土，率土之滨莫非王臣"，土地当时已分为二大部分，一部分为公田，这是绝大部分土地，而另一部分则是私田，只占其中的极小的一部分，但不管公田或私田的用途和性质如何，从土地所有权这一层面来看这些土地的话，"私田"和"公田"的所有权都属于周王。而且，至少在周王直辖地"私田"和"公田"都是遵照周王的号令，由各地家族的族长、家长和王室指派的农官来监督农民集体耕耘的。这些传统大概都是从新石器时代的农村公社——公与私的二元结构的这一社会组织延伸和发展过来的。正如著名史学家庞卓恒先生所指出的："决定这一发展过程的根本因素，就是黄河-长江流域的自然条件，既决定了这块土地适合于早期农业开发（不像多雨地带那样草木过于繁茂、土壤过于黏重，很难在没有掌握铁器、耕畜等生产手段条件下进行真正的农业开发），又决定了这种农业开发只能通过大规模的集体协作方式才可能实现（因为还没有掌握铁器和耕畜等技术手段，再加上严重的水旱灾害威胁，个体劳动很难维持生存）。"① 这实际上是讲先民从氏族解体时，经过农村公社这一阶段，由份地逐渐演变的历史进程。从中西历史上看，就社会经济

---

① 庞卓恒：《中西古文明比较》，《社会科学战线》2001年4期，第121页。

基础的变化而言，农村公社是从野蛮走向文明的过渡形态，这一形态的突出特点如上所述，是公私二元结构，但在此还要强调的是，尽管其为公私二元结构，但这一形态发展的趋向是向私有制方向发展，这是毫无疑问的。对于中西历史而言，这一转变过程总的来讲都是有一个相对较长的历史阶段，先形成事实上的私有，然后再从法律角度加以确认，比如罗马早在公元前4世纪时，土地都已经事实私有了，只是名义上属于罗马共和国，但直到公元前112年的时候，罗马的元老院才通过法律，从国家法律的层面对土地的私有制加以确认。

相较于罗马而言，中国的这一转换过程显得更为漫长而艰难，从中国的早期历史的发展过程来看，不管是文明建立前的一段历史时期，或者文明建立后的一段相当长的时期，农村公社一直是中国早期文明社会的基础，这就如赵世超先生所指出的："到西周，国中虽已出现了地域性的组织——里，但里与族又始终是并存的。有时一里含有数族，族包括在里中，有时一个大家族就可聚居为一里，里、族重合为一。由于地域组织给予家族的影响还很微弱，故家族依旧是真正的政治实体。"① 而这一基础直到春秋时期才较为彻底地解体，逐渐被以地域为基础的社会组织所取代，居民才拥有不同程度的土地私有的权利，才开始真正向私有过渡。这是中国早期社会发展的一个突出特点，即血族关系长期在中国社会存在，并发挥着重要作用，而建立在血族关系基础之上的祖先崇拜文化自然也就会持续发生作用。当然，本文主要是从讨论早期文化与中国早期历史的关系而言的。再从中外文化发展的一般规律上看，文化作为一种意识形态虽有赖于其所生存的物质的社会历史进程，但另一方面，它还具有其相对的独立发展性。具体于中国历史而言，尽管中国的血族文化早在春秋时期就基本解体了，但建立在血族基础上的中国传统文化却能够长期存在，并深深地影响着以后的中国社会和文化发展，这当然是一个不争的历史事实，因此，对中国祖先崇拜观念与其所赖以产生、存在的中国早期社会历史发展之间的辩证关系，是我们在讨论中西史学和传记史学产生及其发展进程事所要特别重视的问题。当然，对于这一问题，本人在前一章都进行了较为深入的论述，而且在下面第三章和第四章中还会有所涉及，所以在此只是对中国早期的历史和文明发展特点这一问题稍加申论而已。

---

① 赵世超：《西周为早期国家说》，《陕西师范大学学报》（哲学社会科学版）1992年第4期，第50—55页。

3. 中国早期的生产方式与早期文明的关系问题

我们再来分析一下中国早期历史上频繁的洪涝灾害与早期国家的形成之间的关系问题,目前,学界对于这一重大问题仍存在着较大的争议。

由上古流传下来的中国历史文献一直明确告诉我们,中国文明是在中原地区首先诞生的,中原以外的其他地方,如周围的东夷、北狄、西戎、南蛮,都是在发达的中原华夏文明的引领之下,才逐渐踏上文明的大道。根据传说,华夏文明的建立经历了漫长的过程,但其重要的关节点则是在克服大洪水的过程中,人们学会了筑城的技术。之后,中华国家和文明才得以诞生。鲧作城郭,大禹治水,夏王朝诞生,这些都是中华民族关于中国文明诞生的最初也是最深刻的历史记忆。

对于洪水在中国历史和文明中所起的重要作用,人们对其的认知事实上也经历一个由神话认识阶段到历史的真实性认知阶段,再到现在的具有科学性的理性认知阶段的不断深化的过程。从神话认识阶段来讲,自古国人和学术界对此非常重视,进行了长期的猜测和研究,神话、传说和一些具有历史进化性质的研究成果累累而出;再从历史的真实性认知角度来讲,随着中外文化交流的开展,人们发现洪水在人类由野蛮向文明的转变过程中所发挥的作用具有普遍性,并非惟中国所独有。比如说,在世界文明的发祥地之一,两河地区一直流传着许多洪水泛滥、洪水灭世的故事,在埃及,尼罗河水的泛滥也曾长期成为埃及人的心腹大患。显然,在人类早期文明的诞生问题上,洪水泛滥现象具有世界性的历史意义。此后,学界对大洪水在中国由野蛮向文明转变进程中的作用问题的看法有了一些新变化,洪水泛滥的故事也因而具有了相当多的历史真实性。

经过一个世纪以来我国数代考古学家的不断发掘,现在考古学的研究成果已经表明:中国文明在进入我们所知晓的历史时期以前,在北到辽西、南到江南的广袤中华大地上,曾经同时存在过很多个史前文明;这些史前文明都有其漫长而且基本独立的发展历史,各有其文明特色,总体文明发展水平不仅不比同时期的中原地区落后,甚至在许多方面还要超过中原;这也就是考古学上所讲的"满天星斗"阶段的社会历史面貌。但到大约距今4千多年前后,唯有中原地区的文明继续向前发展,并率先地成为中国文明的故乡和摇篮,其他地区的文明要么是发生了严重的衰变并最终消失在历史的尘埃中,以至于在漫长的历史时代的人们对其竟然没有任何系统的记忆，要么就是由于种种原因而停滞不前。比如说，考古学家在中原地区和江南地区都发现了始建于4000千多年以前的古城，但中原地区的人们在古城兴废的过程中依然昂扬前行，大踏步地跨入文明的历史新时代，而与此相对立的是，江南的古城却经历了被废弃的历史命运，古城在废弃以后，江南重新回到"黑暗时代"，一蹶不振。两者曾处于历史发展阶段，但其后的两种结局，却让人疑惑不已。

　　为什么曾经存在于其他地区一些已经较为先进的文明衰落了？为什么只有中原地区在经历了衰落之后却能在向更高文明的征程中异军突起，拔得头筹，最终成为中华文明的直接源头？其原因是学术界探讨和关注的热点问题之一，人们提出了各种假说，比如说，中原地理位置中心说、战争说和水利灌溉说等观点。本节试图对这一问题进行新的探讨。

　　首先需要说明的是，一些关于中国文明出现原因的观点，特别是一些所谓新的观点大都具有理论的猜测性质，往往缺乏较为充分的科学依据。比如水利灌溉说这一重要观点强调了农业灌溉和洪水治理在中华文明形成中的作用，认为我国先民在治理洪水的过程中修建水利，强化了国家的管理事业功能，促进了国家的起源和发展。但据著名历史学家何秉棣先生的研究成果，从史前、殷商和西周的考古工作结果来看，尚未发现有意识地进行农田灌溉的痕迹；从历史学的角度来看，中国古代文献中最早有关为灌溉而修掘沟洫的记载内容，最多只能上溯到公元前6世纪的前半叶。而这时候中国已进入了三代的最后时期——东周了，这和中国早期文明建立的时间差距太大，故这一学说缺乏根据。

　　美籍著名考古学家张光直先生认为："中国古代文化，从仰韶到龙山到三代，至少从考古资料上看不到生产工具与技术上有突破性的变化，农业生产工具都是石、木、骨、蚌所制，形式上不外木、耒、锄、铲和镰刀。而在技术上也看不出重大的变化与改进，如灌溉技术的飞跃进展是要到三代末期的史料中才出现的。"[①] 张光直认为从属于父系氏族时代的龙山时代到商周时期，从生产力发展水平来讲，大约都处在同一水准上。中国在商代就出现了控制水源的渠道，但这渠道并不属于灌溉系统。他认为，精心修建的具有灌溉工程的确切例证直到周朝才出现。显然，张光直先生同何秉棣先生的观点基本一致，都认为灌溉

---

① 张光直：《中国考古学论文集》，北京：生活·读书·新知三联书店，1999年，第390页。

第二章 中西早期文化结构不同的历史原因

系统的建立是在中华文明社会形成之后。这样一来，就出现了一个突出的问题：即从生产力发展水平来讲，从龙山到商周长达两千年间没有明显的变化，但作为文明的国家形态到底是如何出现的呢？对此问题，从一般生产力的发展程度促成客观需要这一角度似乎是无法解释的。

对此，张光直先生另辟蹊径，从剩余财富的产生及其占有，即当时掌控部落和农村公社的权力阶层的人们，通过运用自己的权力以获得剩余财富这一暴力行径，最终强化了原先所已具有的非暴力的权力，进而使原先的权力转化为早期的国家权力这一途径进行新的解释。张光直先生认为，文明社会形成的最终原因可以用剩余财富的产生来概括，但剩余财富产生的途径不外乎两条：其一是增加劳动力，从总量上加以获得；其二是改进生产工具和技术，以获得更多的生产效率和成果。在西亚两河流域，与大河灌溉相结合、由畜力牵引的犁耕农业是集约化程度很高的农业，发达的农业和贸易是其文明产生的重要基础；在印度，大河灌溉和经济贸易也应是其文明产生的重要条件；而在中美洲，原始居民利用修筑台田、条田之类的"齐那帕斯田"来肥地和排灌，从而实现了集约化的农业生产，以确保高度集中的都市人口的粮食供应。相较于上述的古老文明类型而言，虽然中国很早就发明了青铜技术，但不管是从青铜器的作用或从青铜技术而言，青铜都没有成为主要的生产工具，更不用说提高生产力、创造剩余财富了。至于贸易，从考古资料中也很难看出这一时期贸易量的显著增加和贸易地位的提高，同世界其他古老文明相对比，作为贸易交流的中心，中国城邑的商品集散地功能并不突出。因此，中华文明形成的重要因素——财富积累主要不是通过灌溉农业，不是通过生产技术的革新，也不是通过成熟的贸易机制来实现的。这样一来，就出现了一个重要问题，既然没有在生产技术方面出现重大的历史性突变，那么为什么会实现由原始的社会向早期的国家形态的重要变化呢？张光直先生认为，如果和希腊相比较的话，古希腊是通过经济手段而获得权力，逐步完成了向国家的过渡并形成了具有其特色的各种不同的国家类型；而中国早期要想获得发展，由野蛮进入文明的话，则只能是通过政治权力的加强来获得财富。换言之，若要想获得别人的财富，就必须用武力，而国家就在夺取或压榨别人的剩余成果的过程中产生了。

"政治权力越大，财富越多的这一条的关键是劳动力的增加，统治者获到更多的劳动力，生产更多的财富，他们的政治权力便越大。""增加劳动力，或对已有的人口做更为有效的使用，也可双管齐下。从龙山时代起战争频繁，从殷甲骨文又知道至少在殷代有俘虏敌人兵将习俗，战俘是增加劳动人口的显然的一个来源，但在有关的时代中将战俘投于劳动力的证据很有限，目前来看，从仰韶到龙山到三代，从财富大幅度增加所能判断的劳动力的增加，或者由于进一步对劳动人口的压榨，或者对既有劳动人口更有效的经营管理。这种制度性的变化的细节没有文字的记载是无法知道的。古书所记的井田制的群耕耦耕等生产管理制度，可能有实际的基础。"①张光直先生认为这是"中国社会史的重要特征"②。

其实，根据马克思主义的历史唯物主义基本理论，"私有财产在历史上的出现，绝不是掠夺和暴力的结果。相反地在一切文明民族的古代自然形成的公社中，私有财产已经存在，虽然只限于几种对象。"③获取和夺取剩余财产是国家形成的通例，惟如此，方可以用权力、暴力和武力来获得别人的剩余财富，才可以建立早期的与原始社会民主制性质迥然的国家，这也是国家的实质。现在的问题是当时的中国社会的控制者是如何建立起自己的暴力，并通过暴力成功地掠夺别人的财产而转变了社会性质——新的国家形态的问题。因而张光直先生的这一观点对于具体解读中国早期国家和文明的产生而言虽有重要的学术启示，但中国的国家产生的途径和过程仍是一个没有解决的大问题，自然也就难以对中国早期的文化特质和内容作出翔实而具有实际意义的解读了。

当然，张光直先生是著名的考古学家，在国际学界影响甚大，因此，张光直先生的这一观点在学界也广为流传。因此，对张光直先生这一观点的进一步探讨对于了解早期中国文明的起源和途径其有重要意义。

毫无疑问，学界都认可，在中外早期文明的产生过程中，都存在着重要的规律性内容：其一，肯定经历了一个漫长的历史转化过程，而在这一转化过程中既有其逐步发展的量的积累，也有其突变的关节点和质变；其二，由于世界各国的历史和文化等所面临的重要问题各有其特殊性，因而其转变的时间、转变的途径、转变的核心内容等方面都在有其共性的同时，也自然有其各自的特殊性。因而对这一重要问题的探讨和不同的观点是正常的，是学术发展的产物，

---

① 张光直：《中国考古学论文集》，北京：生活·读书·新知三联书店，1999年，第390页。
② 张光直：《中国考古学论文集》，北京：生活·读书·新知三联书店，1999年，第390页。
③ 《马克思恩格斯选集》第3卷，北京：人民出版社，1995年，第505页。

第二章 中西早期文化结构不同的历史原因

并会推动学术进一步发展。

其实，早在 19 世纪，西方的学界就对于国家的起源和产生的途径出现了激烈的争论。出现了两种重要观点，一种是经济论观点，即由于经济的发展，生产力的提高，为了管理经济和促进经济的发展，国家就自然出现了，其核心的观念为国家是经济发展的产物。再一种是暴力论，认为国家的产生纯粹是暴力的产物，国家产生的原因是一部分人力图通过暴力这一手段来获得财富，国家就随之产生了，这一观点的重要代表人物就是德国杜林。因此，恩格斯就写了《反杜林论》，就当时学界的一些观点，特别是对杜林的暴力论观点进行了批判。后来，恩格斯的这一观点又在《家庭、私有制和国家的起源》文章中以加以全面深化。

在恩格斯看来，根本上来讲，国家的产生必然依赖于在氏族社会劳动中剩余产品的产生，这是国家产生的最基本的经济条件，由于产生了剩余价值，又造成了占有剩余价值的可能性和现实性，即剥削制度就出现了；又由于造成了剥削关系，阶级矛盾加剧和对立，在此基础上产生国家，国家是在经济发展并产生了一定剩余的条件下，由此产生了不平等的观念，逐渐产生了阶级和阶级对抗，而建立在经济矛盾这一基础上的阶级关系达到不可调和的程度，国家才产生了。"如果不是对财富的贪欲把氏族成员分裂成富人和穷人，如果不是'同一氏族内部的财产差别把利益的一致变为氏族成员之间的对抗'，如果不是奴隶制的盛行已经开始使人认为用劳动获取生活资料是只有奴隶才配做的、比掠夺更可耻的活动，那么这种情况是决不会发生的。"①所以，在恩格斯的思想体系中，国家的产生与经济的发展有着重要的关系，是以经济发展为基础的，是经济达到一定水平的产物；而在此基础上，上层建筑才会与之发生互动，才产生了用暴力、用权力以攫取别人剩余价值为目的奴隶制的出现。最终，为了维护在社会集团中占统治地位的奴隶主阶级的利益，国家就此产生了。

所以，国家是建立在阶级利益基础上的阶级矛盾不可调和的产物，并不只是经济的产物，而是经济基础与上层建筑间的辩证矛盾运动的产物。中外的国家形成模式都说明，纯经济论的方式不可能形成暴力的国家机构；而纯暴力论也是不真实的，它需要现实的阶级矛盾的对立，而这种矛盾的最深厚的基础仍

---

① 《马克思恩格斯选集》第 4 卷，北京：人民出版社，1995 年，第 165 页。

是经济利益，由此才有可能和有必要产生庞大的国家机器，并能够以经济作基础支撑这一庞大的国家机器的运转。对此，正如恩格斯所指出的："虽然，财产可以由掠夺而得就是说可以建立在暴力基础上，但是决不是必须如此，它可以通过劳动、偷窃、经商、欺骗等办法取得。无论如何，财产必须先由劳动生产出来，然后才能被掠夺。"[①]显然，国家的产生是经济发展到一定阶段的产物，是在这一经济基础上所出现的阶级矛盾不可调和的产物，是经济基础与上层建筑之间矛盾运动的结果。这是解决这一问题的基本理论和方法。

如果依此来看张光直先生关于中国早期国家产生的方式的观点的话，尽管该观点对于中国早期的文明产生的途径和内容及其特点贡献巨大，具有重要的学术启发作用，但其观点仍值得我们反思。因为考古学已经证明了从新石器时代到商周2000年间的生产力水平没有什么重要变化，在此不变的生产基础上所能产生不断变化且发展的"三代"国家及其意识形态，

给人们的一个感受那就是这一切似乎都是暴力和权力单线运作的产物，但这显然有悖于常理的。因此，如果要将这一问题进一步推进的话，就需要去寻求解决问题的正确方法。显然，中国文明发生的契机问题仍是一个大的问题。

当然，本文的旨趣也不是主要讨论张光直先生观点的正确性如何，坦率地讲，要对张光直先生的观点真正进行评价是需要坚实的理论功底和考古学的成就的，所以本文在此只是提出了一些疑问，其目的在于继续思考中国早期国家形成方式这一重要问题。因为，不管怎样讲，在这一重大的理论和实践问题中，还存在着许多需要进一步思考的问题，其一，早期的先民是如何实现由原始社会向早期的国家制度这一质的转变呢？其二，这一重要转变发生的契机和一些具体的原因又是什么呢？

从现代中国古史的文明起源研究来看，完全依赖古史的材料显然走不通，但走西方的学术探究之路，完全依赖考古学而抛开中国的传统的文献资料，也无法获得真谛。当然，公允而言，西方考古学的重大成就也不是完全无视传统的文献资料的，其实，他们很多的考古学成就都与文献资料有着紧密的关系。比如，爱琴文明的发现就受到《荷马史诗》的重要启发，而其他的许多大的发现都与一些文献的指示或者一些流传的神话传说有着重要的关系。所以，从现

---

① 《马克思恩格斯选集》第3卷，北京：人民出版社，1995年，第504页。

代学术发展的态势来看，若想获得中国古史的文明起源的真相，基本的考察途径只能诉诸其所产生的真实而具体的历史环境中去。这样一来，将现代考古学的理论、成果与中国传统的文献相结合，相互印证才是出路。就是在这一背景下，随着现代科技手段的不断运用，随着考古学研究的深入，在中华文明发展进程中的大洪水的问题被再次提出了。

显然，大洪水问题的再次提出对于现代中华文明的起源研究而言，是一次重要的回归，只不过这次回归是一次科学意义的回归，而不是简单的重复。也就是说，大洪水的问题是在一个新的科学的平台上重新提出来，是具有时代性的科学认识，相较于其他的观点、方法，这一途径有其明显的学术优势。这主要表现在：其一，大洪水问题既有其存在的历史合理性，还有相当数量的资料作为研究的依据；其二，因为大洪水问题在漫长的中国历史上一直作为历史转变的关节点而被人所重视，因而对这一问题的探讨可以较好解决中华文明发展进程的渐变与突变之间的关系；其三，现代科技手段的运用，也为我们进一步研究大洪水问题本身及其重要影响提供了重要可靠的科学依据。因此，通过现代科技手段对大洪水问题的研究自然有助于我们对古史研究中重大而疑难的问题的深入了解，所以，这一方法也得到了越来越多的关注，其成果也引起了人们的深入思考。

由于大洪水问题是中华文明产生进程中的重大疑难问题，它不仅与中国文明史的特点紧密相连，当然也与中国早期的原始宗教文化有着直接关系。所以，在下节中将对中国文明前夕大洪水问题进行详论，其目的是为中国的早期文化确立一个坚实而又具体的社会历史基础，并在此基础上进一步考察早期中国文化的历史真实性，最终将中西史学和传记史学的比较建立在历史真实性的这一基础上。故在此稍加详论。

（二）中国史前大洪水发生的可能性及其文化意蕴

1. 大洪水问题的提出

不管是从中华古老的传说，还是从古代的一些重要史料记载，比如史记的"五帝本纪"来看，中华民族文明前夕的一场大洪水在中国的历史上留下了深刻的烙印，正是在与大洪水的艰苦搏斗中，中华最早的文明时代——夏朝建立起来了。但从现代历史学的角度来看，这一延续数千年的历史事实由于它与中华文明之间的紧密关系，却成为学界争议不休的重大疑难问题。这一疑难问题具体表现以下三个方面。第一，从现代史学的史料考证而言，由于缺乏权威可靠的史料作为自身存在的证据，因此，中国的大洪水问题成为一个似是而非的问题。第二，即使承认有大洪水的存在，但大洪水与中华文明的建立有没有内在关系，这也需要进一步的研究。第三，如果说是二者有一定的内在关系，大洪水与中华文明之间的关系是什么，或者说，大洪水在中华文明的建立的过程中它发挥了什么样的作用？这仍然是需要深入探讨的问题。

显然，上述这些问题仍是一些极其复杂而难以确切说明的疑难问题，它们所涉及的不仅是历史学，而且还有诸多的学科，比如考古学、古地质学、气候学等学科都与此发生着重要联系，因此，只有通过跨学科的综合研究，才有可能对此问题的研究有所推进。基于这一思考，本章将尽量利用现代气候学和现代考古学等成果进行论证，以说明这是一场全球性的大气候变化所引起的洪水过程。在此基础上，具体于中国的大洪水而言，对其再进行详细分析，以讨论其所引发的真实的历史内容，并在真实的历史内容的基础上探究其所隐藏的重要而丰富的文化意义。

对于人类文化早期普遍出现的洪水神话和传说问题，英国近代著名哲学家和自然学家赫胥黎（Thoma Henry Huxley）生前曾对这一重要现象从自然科学的角度进行了解释，但同时又对基于纯自然科学的解释感到怀疑。他是这样讲的："古代的传说，如用现代严密的科学方法去检验，大都是像梦一样平凡地消失了。但奇怪的是，这种像梦一样的传说，往往是一个半醒半睡的梦，预示着真实。"显然，如果按照自然科学的规则来理解洪水在世界上普遍出现的问题的话，"这洪水会泛滥全球，把差不多全部的人类和禽兽都淹死，和极浅显的地质学不合，所以必须把它摒弃，当做一个神话。"① 但与科学常识相矛盾的是，现实的人类却又似乎对大洪水的发生深信不疑。面对这一重要的学术问题，在英国皇家人类学会赫胥黎周祭纪念会上，弗雷泽针对上述赫胥黎有关洪水的神话观，发表了自己的洪水灭世的观点，他的观点与赫胥黎关于洪水的神话观点明显不同。他是这样讲的："一般认为，流传于全球的洪水传说渊源于真实发生过的水灾的记忆，或多或少包含着历史的真实。""这种可怕的泛滥故事虽然差不多

---

① （英）弗雷泽：《洪水故事的起源》，徐旭生《中国古史的传说时代》增订本，北京：文物出版社，1985年，第272页。

第二章 中西早期文化结构不同的历史原因

一定是虚构，但在神话的外壳下面可以包含真正的果子，这不但可能，而且是近乎真实的，那就是它们可以包含着若干实在扰害过某些地域的洪水的回忆，但在民间传说的媒介的时候，被扩大成为世界的大灾。"① 之所以会在民间的传记中将历史事实变异，这是因为"在愚昧无知的人民中，他们的智慧水准很难超过于他们的眼界范围，一种类似的大灾的记忆，辗转口传，只经过几代的工夫便会发展成为一个世界的大洪水，只有屈指可数的几个侥幸的人努力挣扎逃脱的传说故事的过程，这是很容易理解的。"② "总而言之，似乎颇有理由相信，一部分，或者多数的洪水传说不过是关于实在发生过的洪水，夸大的报告。不论是由于大雨，或地震，或其他原因的结果。所以，所有的此类传说，一半是传说的，一半是神话的：单就它们保存实在发生过的洪水的记忆而论，它们是传说的；单就叙述他们从未发生过的普遍世界的泛滥而论，它们是神话的。"③

在世界古文明社会的发展历史中关于洪水的传说，广泛流传，而在其中，东方的大禹治水和西方的诺亚方舟最具深厚而悠远的文化内容。根据《尚书》、《国语》、《墨子》、《孟子》、《史记·夏本纪》等大量先秦文献的记载表明，对于中国古老的先秦文明，洪水记忆、古城兴废与中国文明的起源有不解之缘。孟子（前332—前289）曾说："当尧之时，天下犹未平，洪水横流，氾滥于天下，草木畅茂，禽兽繁殖，五谷不登，禽兽逼人。兽蹄鸟迹之道交于中国。尧独忧之，举舜敷治焉。舜使益掌火，益烈山泽而焚之，禽兽逃匿。禹疏九河，瀹济漯，而注诸海；决汝汉，排淮泗，而注之江，然后中国可得而食也。然后中国可得而食之。"④ 根据孟子的说法，抗御自然灾害的共同需要，是促成古代中国这一统一文明整体的形成的根本性原因。特别值得注意是，孟子在此所说的"禹疏九河"，过去由于种种原因，不被人们所重视，用现今宽阔的史学目光加以重新审视的话，使人有耳目一新之感。也就是说，在学界许多人看来，至少在孟子时代，早期的中国文明地区就不仅仅包括了人们长期以来所认定的早期文明中心——黄河流域，同时也包括了过去人们所不太涉及的长江流域。这可能说明

---

① （英）弗雷泽：《洪水故事的起源》，徐旭生《中国古史的传说时代》增订本，北京：文物出版社，1985年，第277页。
② 徐旭生：《中国古史的传说时代》增订本，北京：文物出版社，1985年，第161页。
③ （英）弗雷泽：《洪水故事的起源》，徐旭生《中国古史的传说时代》增订本，北京：文物出版社，1985年，第277页。
④ 杨伯峻：《孟子译注》卷五《滕文公上》，北京：中华书局，2008年，第94页。

了一个重要的事实，即在古人的心目中，黄河、长江两大流域可能很早就被包容在一个巨大的共同体之内。

而且，中国古老的话语系统是将大禹治水同夏文明联系在一起的。据说夏代的创始人禹作为夏后氏部落的首领，联合其他部落在汲取了前任治水教训的基础上，由堵塞河道转而以疏浚河道的方式治理水患，并因治水有功在这一过程中获得了万民的拥护，大大加强了自己的政治地位，在此背景下，部落联盟逐步向国家制度方面演变，而到他的儿子启时，则直接废除了部落首领靠选举、禅让而产生的原始制度，最终建立起以血缘沿袭王位的崭新的国家制度，中国古代的第一个奴隶制的国家集团——夏朝诞生了。

显然，大禹治水传说在中国早期文明史上具有重要的学术意义。对于这一问题的探讨有助于证实大禹治水传说的历史真实性问题，如果能够确定大禹治水的真实性的话，自然会从一个学术的侧面证明夏朝存在的真实性；同时，"大禹治水"传说的真实性的探讨也有助于理解以夏朝建立为标志的中国古代文明产生的动因。因此，"大禹治水"传说与早期中国文明的建立二者之间究竟有什么内在关联？这是每一个研究中国文明起源的学者都必须回答的问题。

不言而喻，古今是一个统一体，古代是现代的基础，而现在却是理解过去的钥匙。对于现代黄河的考察有助于了解古代黄河的历史状况。现今我国的黄河流域也屡屡发生洪灾，而洪水的发生一般都与降水直接相关。从中华文明史而言，人们早已习惯将黄河流域称为中华文明的摇篮而加以讴歌，确有其合理之处，但不全面，其实在文明摇篮背后的另一面，黄河也是以"中国之忧患"而闻名于世，善淤、善决、善迁徙是黄河的鲜明特征。导致黄河中下游决溢和改道的重要原因是降水和泥沙。黄河水沙基本来自中游，而决定中游产沙、产水多少的主要因素则是与降水、植被覆盖情况和黄土高原的土质特性等。在气候方面，黄河流域降雨量季节分布极不均匀，全年降雨量的70%集中在夏季，这种降雨量特别集中的特点自然与暴雨有关，而突降暴雨，容易导致洪涝灾害；在泥沙方面，黄河在上中游流经黄土高原，易受侵蚀的丰厚疏松黄土是黄河泥沙的主要物源。大量的泥沙堆积容易使中下游河床淤高，造成河道迁徙、河流漫流，并随之泛滥成灾害。因此，黄河流域发生大水并导致大的水灾是中国近现代史所常见的内容，而同黄河水患斗争仍是现代中国史的重要内容。因此，以今观古，"大禹治水"传说确有其可能性的。

第二章 中西早期文化结构不同的历史原因

较早，著名的先秦历史学家徐旭生在其名著《中国古史的传说时代》中，从历史地理和史学的角度论证了洪水发生的真实性①，又论证了洪水发生的文化意义；后来，考古学家俞伟超先生注意到我国东部地区龙山晚期，如良渚和山东龙山文化的衰落与史前洪水在发生时间上的一致性这种现象，认为史前洪水不仅曾经发生过，而且还极可能改变了中国古代文明发展的格局和进程②；当然，对这一问题的研究过去是依据传说和一些极其缺乏确凿证据的资料，难度极大，且研究的成果也歧义丛生，莫衷一是，更重要的是缺乏对史前洪水发生时间的较为准确的分析，其论证的说服力受到了较大影响。特别是这一研究的成果最多只能揭示黄河流域曾经经历了大洪水，在治理黄河的过程中夏王朝产生了这一事实，也就是说并没有在较大程度上摆脱孤立的黄河中心说，仍然无法将中华文明的产生建立在一个包容整个黄河和长河流域这一广大地区的这一考古学新成果的基础上。此后，随着考古学的不断发现，相当数量的新石器时代和殷周时代的考古遗物、遗迹，甚至一些古老的文献也揭示了一个重要的文化现象，即从新石器时代以来，在中国历史上具有重大影响的黄河和长江两大流域之间的联系，不管从政治、军事或文化方面都呈现出较为密切的发展趋向，这在我国古老的文献典籍如《竹书纪年》、《尚书》、《左传》或《左传》之前的一些国别史中，都在不同程度上记载了或透露出了许多关于整个华夏大地的诸多内容，比如当时中国多地的政治中心所在及规模，或后来的中原与四方的古老的众多诸侯国之间的复杂关系，或所谓的夷、狄、蛮、戎之间的血缘联系或准血缘的政治关系，等等。总之，越来越多的证据表明，中国历史上所谓的"三代"——夏、商、周时期的国家及其中央政权及其与地方之间的政治纽带，正是在这样辽阔的地理和复杂的文化政治背景下形成的。

2. 大洪水的历史真实性考察

因此，单纯地解说黄河的洪水泛滥及其对黄河流域的影响，或者仅仅将这种影响局限于黄河中下游地区，是不能完全科学地说明早期中国文明的起源的。因此，必须在现代科学考古学和其他科学的帮助下对这一问题进行深入且全面的探讨。而依据较近考古学与地质学证据——我国在 4200—4000aB. P. 气候所发生的突变现象——来探讨气候变化及人们在此基础上进行的文化和文明的创

---

① 徐旭生：《中国古史的传说时代》增订本，北京：文物出版社，1985 年，第 128—62 页。
② 俞伟超：《龙山文化与良渚文化衰变的奥秘》，《文物天地》1992 年第 3 期，第 9—11 页。

造，对于深入探讨"大禹治水"的历史真实性与重要影响等问题具有重要意义。

根据现在地质学界和考古学界的最新研究成果，① 学者们通过对不同气候指标高分辨率的全新世气候记录分析表明，在4200—4000aB.P.我国的气候发生了一次突变，这一气候巨变不仅表现在局部的中国黄河流域，而且具有全球性，其造成的影响也是全球性的。另一方面，现代的地质学和考古学研究成果表明，史前大洪水的发生与全球性的气候降温事件在发生时间上基本吻合，可能表明两者在成因上存在着一定的联系，甚至它很可能与我们所知道的世界上几大古代文明和我国中原周围地区龙山文化的衰落有关。因为从气候变化的一般规律来看，这一气候的重要变化自然会导致季风雨带向北偏移，这一过程自然延长了降水时间，增加了降水量，其结果是冷期降水变率的增大提高了异常洪水发生的概率，同时，"由气候变化导致的植被覆盖率降低可以引起土壤抗侵蚀力减弱，增加水沙含量，从而增加黄河决溢的可能性。这几种因素共同作用，可能导致史前异常洪水的发生。"②

地质和考古学证据表明4000aB.P.前后降温事件引起的一系列的连锁反应，其中的重要后果之一就是由于长时间的降雨所导致的大洪水的发生，黄河随之发生大规模的改道，黄河改道，河水在平原上漫流，大洪水泛滥成灾，也极大地威胁到了人们的生产和生活。改道后的黄河由前期的水向东流转而水向北流，下游河道横穿河北平原中南部，最后于天津流入大海。显然，由气候的突变所引起的降水量的剧增对中华先民的生存环境产生了巨大的外在影响，其客观作用就是促使先民们不得不对此采取必要的应对措施，其结果，这些与环境迅速变迁而出现的应对措施势必对中华文明的诞生产生了重大影响。有学者认为，4200—4 000aB.P.气候事件可能与中原周围地区新石器文化在4000aB.P.前后

---

① 吴文祥和葛全胜认为："王青依据考古学与地质学证据论证了黄河在4000aB.P.前后曾经改道，并且根据这次河流改道与传说中的史前洪水在发生时间上的一致性，认为大禹治水的传说并非仅仅是传说；夏正楷等重点分析了大禹治水的地质记录和气候背景重建；崔建新和周尚哲则从气候、地质学角度分析了4000年前洪水的形成原因。总的来说，这些研究虽然或多或少地证实了大禹治水的真实性，不过，无论是对洪水遗迹的寻找还是对洪水气候背景的重建，由于受测年技术条件和气候重建序列的时间分辨率限制，同时缺乏对史前洪水发生时间的分析，其论证的说服力受到了较大影响。对不同气候指标高分辨率的全新世气候记录分析表明，我国在4200—4000aB.P.。"吴文祥、葛全胜：《夏朝前夕洪水发生的可能性及大禹治水真相》，《第四纪研究》2005年第6期，第741页。

② 吴文祥、葛全胜：《夏朝前夕洪水发生的可能性及大禹治水真相》，《第四纪研究》2005年第6期，第746页。

第二章 中西早期文化结构不同的历史原因

迅速衰落形成明显的关联。在中原地区，以夏朝建立为标志的中华文明在大致同一时间开始形成，而夏商周断代工程将夏朝的开始年代置于大约公元前2070年。① 就在很大程度上说明了这种与地质变化有内在关联的历史因果关系。

  显而易见，这一新的气候突变理论不仅对于解释黄河洪水泛滥具有新意，它大大增加了洪水发生的可能性，而且它也第一次从地质学科学的角度把黄河的洪水同中国最早的文明结合起来，而且将这一结合置于一个人们一直试图超越黄河地区的更广大的地区——包括了长江地区的几乎整个华夏地区，从而推进了学界对这一问题研究的深度。具体而言，这次地理和地质方面的降温事件对于中国古代早期历史的影响可能表现在，它是导致中国中原周围地区五大新石器文化迅速衰落的主要因素，或至少是主要因素之一。如果从更宽阔而远大的视野来看待这次属于自然地质方面的重大变化的话，其影响和意义更重要地表现在这次降温事件很可能促进和加速了世界五大古老文明之一——以夏朝建立为标志的中华文明的诞生。当然，这一重大的历史进程肯定包括了许多历史内容。

  其一，对北方诸史前中心的发展产生了重要影响。严文明先生对中国新石器的文化进行了精深的研究，他将新石器按其类型划分为不同的文化区，即北方地区的甘青区、中原区、海岱区、燕辽区和雁北区，南方地区的巴蜀区、两湖区和江浙区。而地处黄河下游的海岱地区，其史前文化比较发达，早在大汶口文化时期便已出现许多人口较多的村落中心，到了龙山时代，已成为史前的一个重要而发达的文化地区，其成就突出表现在所拥有的娴熟的陶器轮制技术，精制绝伦的蛋壳黑陶、玉器以及一系列的城址。然而，在4000aB. P. 前后，龙山文化突然衰落，使人难以理解②。而在甘青地区的齐家文化（4400—3900aB. P.）、在雁北的内蒙古岱海地区也是如此。如果从上述的地质学气候变化理论来看的话，这种巨变很可能与4000aB. P. 前后的强降温气候有关③。

  其二，当然，这次事件不仅对我国北方地区的文化发展产生了重要影响，同样也波及我国南方热带—亚热带地区的文化。在长江流域的两湖地区，

---

  ① 吴文祥、刘东生：《4000a B. P. 前后降温事件与中华文明的诞生》，《第四纪研究》2001年第5期，第446页。
  ② 严文明：《黄河流域文明的发祥与发展》，《华夏考古》1997年第1期，第6—12页。
  ③ 吴文祥、刘东生：《4000a B. P. 前后降温事件与中华文明的诞生》，《第四纪研究》2001年第5期，第445页。

5500—4 000aB. P. 的石家河文化比较发达。石家河文化表现出发达和繁荣的景象，如按此趋势发展，长江流域也可能会率先建立起自己的文明大厦，然而在 4000aB. P. 前后良渚文化突然衰落。许倬云先生曾发专文《良渚文化到哪里去了》[①] 对良渚文化的历史命运加以探讨，很有学术意义。对此重要的历史变化，著名考古学家俞伟超先生认为，4000aB. P. 前后的洪水事件是导致良渚文化、石家河文化和山东龙山文化衰落的主要原因。[②] 当然，洪水说也得到了地质证据和一些历史传说的支持。在地层上表现为良渚文化地层之上普遍发现一层淤泥层，成为这一观点的重要证据，而文献上这一时期有关我国大洪水的记载更是不胜枚举。[③]

其三，需要指出的是，关于良渚文化、石家河文化以及山东龙山文化衰落的原因，学术界的看法并非一致，争议较大。但是，4000aB. P. 前后世界性的文明或文化上的衰落变化与 4000aB. P. 前后降温事件在发生时间上的一致性，将人们的思路不由引向气候和环境变迁可能是古文化或古文明衰落的某些重要因素这一思考的途径上去，尽管人们对降温事件影响的机制和细节还不十分清楚，但这一观点无疑受到学术界的重视。特别要指出的是，4000aB. P. 前后，世界许多地区的古代文明发展进程不约而同地都发生了巨变，[④] 因此，随着国际

---

① 许倬云先生曾发专文《良渚文化到哪里去了》，浙江省文物考古研究所编：《良渚文化研究-纪念良渚文化发现 60 周年国际学术讨论会文集》，北京：科学出版社，1999 年。

② 俞伟超：《良渚文化与龙山文化衰变的奥秘》，《文物天地》1992 年第 3 期，第 9—11 页。

③ 关于这一方面的文章较多，可参见陈杰，吴建民：《太湖地区良渚文化时期的古环境》，徐湖平主编：《东方文明之光——良渚文化发现 60 周年纪念文集（1936—1996）》，海口：海南国际新闻出版中心，1996 年，第 306—310 页；王富葆等：《太湖流域良渚文化时期的自然环境》，徐湖平主编：《东方文明之光——良渚文化发现 60 周年纪念文集（1936—1996）》，海口：海南国际新闻出版中心，1996 年，第 30—305 页；施少华：《中国全新世高温期中的气候突变事件及其对人类的影响》，《海洋地质与第四纪地质》1993 第 4 期，第 65—73 页；叶文宪：《中国国家形成之路》，《华东师范大学学报》（哲学社会科学版）1990 年第 6 期，59—65 页。

④ 其中最为显著的标志是尼罗河流域古埃及文明、西亚两河流域古美索不达米亚文明、印度河流域古印度文明以及爱琴海地区古希腊文明发生衰落，欧亚草原地带发生民族大迁徙，以及整个旧大陆地区发生社会大动乱。这一时期曾被著名的考古学家 Bell［37］称之为世界古代文明发展史上的"第一黑暗时期"（First Dark Age）。类似的社会巨变也发生在我国，其标志是中原周围地区新石器文化发生衰落和中原地区以夏朝建立为标志的中国古代文明诞生。至于这次古黑暗时期产生的原因，威斯曾在《科学》发表了一篇极具影响力的文章，认为它们的衰落与 4200—4 000aB. P. 左右的气候事件有关。这一结论得到了越来越多的支持。在我国，中原周围地区龙山时代新石器文化在 4 000aB. P. 前后的衰落也被认为与这次气候事件有关。因此认为，我国气候系统在 4200—4000aB. P. 发生突变并不是孤立的，它是全球性的一次气候突变事件在中国的反映。夏朝前夕异常洪水事件发生在这次全球性的气候异常期之中，二者在发生时间上的一致性可能并不仅仅是一种巧合，其中可能存在某种必然的联系。吴文祥 葛全胜：《夏朝前夕洪水发生的可能性及大禹治水真相》，《第四纪研究》，2005 年第 6 期，第 744 页。

第二章 中西早期文化结构不同的历史原因

各学界,特别是随着环境史学的深入而快速的发展,对这一问题的越来越深入的研究,在这一重要问题上取得共识的趋向也越来越明显。

值得注意是,由威斯等为主的多位学者在1993年组织召开了国际学术会议,会议的论文集集中探讨了发生在4200—4000aB. P. 左右的气候事件。他们的研究结果一致表明:至少在北半球,气候系统在4200—4000aB. P. 发生了突变。①

诚如此的话,那么气候突变是如何诱发或导致了这些古代文明地区的历史变化及其过程将是一个非常重要而有意义的重大课题,也是一个需要进一步研究的重大课题,事实上,现代国际学术界在早期文明这一研究领域中,已将这一问题作为一个重要的学术关注点。当然,这一国际重大课题对于我国的早期文明和和文化研究的重要问题及其意义具体表现在以下两个问题上:其一,夏朝建立前夕的那场异常的大洪水事件的历史真实性如何,那场大洪水发生的具体内容是什么?其二,如果那场大洪水是真的话,这场从洪水泛滥到抵御洪水是如何从地质层面、气候变化的事件逐渐上升为文化、文明和早期国家建立这一重要政治层面上的重大事件呢?

显然,上述的学术难点在于,如何理解早期的"满天星斗"到后来的以华夏为代表的早期文化和文明的出现。对此,学界进行了较长时期的探讨,王晖教授在这一领域中作出自己的重要努力。比如,在《传说时代新探》上编第五章《尧舜大洪水与早期国家的起源》,王晖教授就将中国早期文明和国家的建立与历史传说中的大洪水联系起来加以考察。王晖教授通过考古发掘的相关资料,发现从龙山文化后期到二里头文化之间,一场罕见的大洪水在许多地方都留下了痕迹,再次证明了尧舜时代这场大洪水是确实存在的,同时,他还深刻指出了这一重要的自然变化对中国向文明进程的过渡中所发挥的重要促进作用,并努力阐明发挥这一重要促进作用的具体途径。② 这一观点在学术界曾引起广泛关注,所以,本文在此稍加解说。

王晖教授认为,首先,中国历史上一再以不同方式叙说的大洪水事件从根本上来讲,是具有历史的真实性的,这场洪水也确实给当时的尧舜时代部族生

---

① 吴文祥、葛全胜:《夏朝前夕洪水发生的可能性及大禹治水真相》,《第四纪研究》2005年第6期,第744页。

② 王晖:《古史传说时代新探》,北京:科学出版社,2009年,第90页。

107

活以很大的影响，但这个影响是有据可查的，是一个首先以地质上的变化而逐步上升并最终演化为上层建筑巨大变革的一个历史因果过程。其次，大洪水对当时历史具体影响的过程大概是这样的：由于大洪水的出现和泛滥，对已处于农业革命时代后期相对稳定的部民生态和生活带来了极大的破坏，为了躲避水灾，当时许多部族不得不进行大规模的甚至是远距离的迁徙活动，在这一过程中，众多的不同部族在这一艰难而复杂的过程中产生了各种层面上的紧密联系，而政治、经济和文化方面的联系内容自在其中，不可避免。其结果自然加速和促进了当时各个部族人口的聚集和不同族群的深度融合。如果以此为据的话，就比较好地解释了尧舜之后早期国家及文明中心区何以在黄河中流黄土高原地区迅速出现的原因。正如王晖教授所说的，他的这一观点，也把学术界关于文明起源的"满天星斗"说与中原文明中心区的争论放到一个新的视角上来进行认识："由于史前大洪水，处于黄河下流及长江中下游流域的氏族部落都集中到黄河中游的豫西、晋南及陕东一带，由于公共事务的繁多，各种官员的设立便越来越多。到了禹的时代……早期国家的政治组织形态便形成了，同时也出现了由新石器时代晚期各区域的文化'满天星斗'的格局向以黄河中游为文明中心格局转变的特点。"① 显然，王晖教授的这一观点是建立在有效地利用前人学术研究成果，特别是古代传说、古代文献和现代考古学、气候学成果的基础上，从而比较合理地解释了这一由氏族、部落联盟转变为国家的历史合理性和产生的过程，其意义不仅仅是将大洪水问题的研究再推进一步，更重要的是将我国文明的产生问题的研究向前深入了一步。

总之，求证传说的尧舜时代的洪水问题一直是我国考古学、先秦史学、地质学、地理学、天文学等多个学术领域共同关注和研究的重要课题之一。尧舜禹时期发生了洪水灾害，大禹由于治水成功而获得各部落的拥戴，继尧舜之后而成为虞、夏部落联盟的首领，并建立我国第一个王朝——夏朝，标志着中国古代文明的诞生。显然，大洪水的发生，其重要的影响在于对洪水的治理为中国进入文明社会提供了重要契机。

3. 治理大洪水在中国文明史上的历史意义

中华民族在文明前夕遭遇的这一场大洪水在中国在历史上留下了深刻的烙

---

① 王晖：《古史传说时代新探》，北京：科学出版社，2009年，第77页。

第二章 中西早期文化结构不同的历史原因

印，但从历史学的角度来看，第一个问题就其真实性问题。显然，在本章的前面部分我们已经用了大量的篇幅从气候学和古代的传说、考古学等资料进行了论证，进而说明了这是一场全球性的大气候变化所引起的洪水过程，但具体于中国的大洪水而言，其历史的真实性问题仍是一个极其复杂而难以确切加以说明的疑难问题。因此，还需要对我国早期的这一重要历史问题进一步讨论，在此基础上，以讨论其所产生的极其重要的历史文化意义。需要强调的是，对治理大洪水所产生的历史和文化意义则是我们需要着重说明的问题。

如上所述，英国著名学者弗雷泽先生观点的突出特点在于，强调了大洪水的故事并非纯粹的神话，而是传说，有其历史核心说的内容。① 而文化研究者的使命就是去剥掉外表的传说内容，恢复其各个不同地区、不同时期，不同程度的洪水故事所包藏的具体而真实的历史内容。当然，弗雷泽先生的观点并非一花独放，而是代表了一个重要的学术流派和学术研究方法，在我国，他的观点就得到了强烈的共鸣。徐旭生先生就是典型的一个代表。②

我国著名的历史学家徐旭生先生在《中国古史的传说时代》中用大量的篇幅对中国历史上的这一场大洪水进行了专深的研究，并产生了广泛的影响。其实，只要仔细考察徐旭生先生的观点，可以明显看出弗雷泽观念的观点对他的看法影响之大。徐旭生先生认为，这场大洪水既有其真实的历史核心，也有其传说特质的文化意义，他把自己对大禹治水问题的看法归结为十点，以彰显其历史意义。其中最重要的是以下四点：其一，"我国洪水传说发生于我们初进农业阶段时候。"③ 唯有在此阶段，洪水的发生才有影响和意义。其二，"洪水发生的区域主要是在兖州，次要的是在豫州，徐州境内，余州无洪水，禹平水土遍及九州的说法是后人把实在的历史逐渐扩大而成的。"④ 说明洪水发生的历史核心是真实的，但也具有浓厚的传说和夸大的成分在内，这是在研究这一类问题时要特别注意的地方。其三，"大禹治水的方法为疏导，它又包括两方面：把散漫中的水流加宽加深，使水有所归，沮洳的地方疏引使干；还不能使干的地主

---

① （英）弗雷泽：《洪水故事的起源》，苏秉琦译，徐旭生：《中国古史的传说时代》增订本，北京：文物出版社，1985年，第261页。
② （英）弗雷泽：《洪水故事的起源》，苏秉琦译，徐旭生：《中国古史的传说时代》增订本，北京：文物出版社，1985年，第266页。
③ 徐旭生：《中国古史的传说时代》增订本，北京：文物出版社，1985年，第161页。
④ 徐旭生：《中国古史的传说时代》增订本，北京：文物出版社，1985年，第161页。

就辟它为泽薮，整理它们以丰财用。"① 这是大禹治水的根本方法，也是将治水与以后国家的建立联系起来的深层关联和纽带。孟子说得好："禹之行水也，行其所无事也。"② 其四，"大禹在黄河下游，顺应自然的形势，疏导为十数道支流，后世叫做九河。以后由于人口渐密，日日与水争地，遂渐渐堙塞，最后变为独流。"③ 这是强调了大禹治水的结果，使水有多种流通的渠道，为以后减少水害作出了重要贡献。

当然，中国文明前夕的大洪水不仅具有历史真实性和重要影响，同时，大洪水还在中国文化史上留下了深刻的烙印，成为中华文化内容和品格的一个重要组成部分，而后不断地影响中国的文化发展。这一文化层面上的影响就是对于寻找中国祖先崇拜的社会历史根源具有重要意义，中国祖先崇拜的内容和意义在大洪水中充分地表现出来了。

从认识论来讲，不与自然相对立，就是顺应自然，顺势而为的治理方式。在治理大洪水的过程中，初期的治理主管人物是大禹的父亲鲧。相传鲧曾受尧指派，负责治理洪水。但鲧使用的是筑堤挡水的办法，试图堵住洪水，但堤坝坍塌，造成了更大的水患，治水九年未有功绩。舜摄政后，"行视鲧之治水无状，乃殛鲧于羽山以死。"④ 其后，"禹乃遂与益、后稷奉帝命，命诸侯百姓兴人徒以傅土，行山表木，定高山大川。禹伤先人父鲧功之不成受诛，乃劳身焦思，居外十三年，过家门不敢入。"⑤ 较之于其父鲧，大禹治水的方法，首先在观念上要先进得多，视野宽阔，将大洪水的治理置于一个更大的范畴之中，而不是就事论事，只是致力于用挡、堵的老办法。坦率地讲，挡和堵都是治水的最基本的方法，对于一般水患是有效的，而要对于大的水患来讲，显然是不行的，所以鲧失败了，而大禹治水的最重要的手段是疏通。而要疏通的话，所涉及的就不只是一个部落联盟内部的事务了，而是众多部落联盟的事宜了，就涉及众多的部落的真实而具体的利益问题了。

由此看来，当时若想真正解决由大洪水所引发的诸多问题，就要有远远高出于具体的治理水患的方略，而应从更长远、更根本性的角度来思考和解决这

---

① 徐旭生：《中国古史的传说时代》增订本，北京：文物出版社，1985年，第161页。
② 杨伯峻：《孟子译注》卷八《离娄下》，北京：中华书局，2008年，第151页。
③ 徐旭生：《中国古史的传说时代》增订本，北京：文物出版社，1985年，第161页。
④ 《史记》卷二《夏本纪》，北京：中华书局，1959标点本，第50页。
⑤ 《史记》卷二《夏本纪》，北京：中华书局，1959标点本，第51页。

第二章 中西早期文化结构不同的历史原因

一问题。所以过去人们都只是注意历史上父子治水方法的不同,而没有从更深层次的角度来看待父子治水方法不同的文化和政治意义,父子在具体的治水问题上所显示出的政治视野和对时局的准确把握上的巨大差异。因此,大禹治水的政治意义在于他顺应了当时中国历史发展的趋向,即由部落联盟向以地域为基础的国家转变的这一客观发展趋势,因势利导,因势而为,从具体问题入手,大禹力主进行深层次的经济和政治变革,将生存问题和发展问题两者统一起来,从而一方面从根本上解决水患问题,即生存问题,另一方面则从解决水患问题入手进而搞好部落联盟间的关系,为进一步解决发展问题打下了基础。

当然,如果要真正做到这一点,就必须采取切实的措施来真正打破传统的各部族的界限,使各部族之间相互协调,齐心协力,使水患治理成为一个系统的工程。这样一来,所谓的治洪水就不仅是一个治理水患的具体问题了,而是一个协调各方利益的政治层面的问题了。而要真正治水成功就必须将黄河流域地区的各个部族真正统一起来,这一过程客观上要求提升部落联盟的权力,而从主观上言,也需要以此为契机来充实加强部落联盟的权力和地位。而大禹父亲鲧被杀就已经明显地表达了这一发展的趋向。所以,大禹在其父鲧的祭台上继续前进,适应当时的社会历史发展的大势,从治水的表面开始,进而真正实现在众多部落间建立深层次的联系,这个过程具有深远而重要的历史意义,只有这样才可以较为合理地解释治水与国家建立之间的内在关系,否则,大禹的命运只能是其父鲧的悲惨下场。正是在关乎各部族生存的这一残酷而现实的事实面前,各部族也产生了深层联系和联合的内在动力,这样一来,由于外在洪水的压力和内在的联合治水以求自保的内外动力的结合,不但保证了治水的成功,而且更重要的是开辟了由部落联盟向早期国家的转变的现实道路。

从中华文明史的产生角度来看,治水成功的大禹之所以能够成为新的地域上的包括了众多部族的政治领袖,有其重要的一些品质。其一,是治水的能力。其二,是高尚的富有牺牲精神的人文气质和风格。司马迁的《夏本纪》根据《尚书》及有关历史传说,系统地叙述了由原始社会末期的尧、舜、禹到启这一历史阶段的重要变迁,而将这一阶段变迁的重点置于洪水泛滥和治水这一历史的关节点上,之所以能够成为关节点,是由两个原因构成的:其一,当时的大洪水问题已成为困扰中华民族生存和发展的一个十分尖锐的问题,正是后来这一问题的顺利解决,才使得中华民族得以继续发展。因此,这一问题是中华民族历史上须臾不可忘记的一个极其重大的问题,也正是因为如此,其后的中国历史一直对这一事件十分重视。其二,大洪水问题也是对当时部落联盟首领的重大考验。当时的部落首领尧、舜、禹都深深卷入了对这场大洪水的治理中,他们三人的作为集中向人们展示了由原始部落联盟向奴隶制社会过渡时期的政治、经济、军事、文化及人民生活等方面的概貌,尤其突出地描写了夏禹这样一个功绩卓著的远古部落首领和帝王的高大的道德形象,并由此规划和树立了中国历史发展的占主流地位的精神风貌,并深深影响了以后中国历史的发展走向。

司马迁在《史记》中,以极其虔敬的心情,用简约而深情的笔触,向人们勾画和叙说了夏禹的高尚的道德表操和丰功伟绩:青年才俊,励精图治,新婚四天即离家赴任,公而忘私,奔波于外十三年,过家门而不入,杰出的才干,奉献的精神和高尚的品德,早已千古传颂。以治水为先导,协调和巩固了各个部落与联盟之间的经济,行山表木,导九川,陂九泽,通九道,度九山,考察了九州的土地物产,加强了中央政治联系规定了各地的贡品赋税,指给了各地朝贡的方便途径,并在此基础上,划定了五服界域,使得全国范围内形成了众河朝宗于大海,万方朝宗于天子的统一、安定和欣欣向荣的大好局面。在叙说夏禹的业绩的过程中,司马迁还插进了皋陶论"九德"的议题,这也反映了古人理想的天子及诸侯大臣的行为和道德规范。

> 皋陶作士以理民。帝舜朝,禹、伯夷、皋陶相与语帝前。皋陶述其谋曰:"信其道德,谋明辅和。"禹曰:"然,如何?"皋陶曰:"于!慎其身修,思长,敦序九族,众明高翼,近可远在已。"禹拜美言,曰:"然。"皋陶曰:"于!在知人,在安民。"禹曰:"吁!皆若是,惟帝其难之。知人则智,能官人;能安民则惠,黎民怀之。能知能惠,何忧乎驩兜,何迁乎有苗,何畏乎巧言善色佞人?"皋陶曰:"然,于!亦行有九德,亦言其有德。"乃言曰:"始事事,宽而栗,柔而立,愿而共,治而敬,扰而毅,直而温,简而廉,刚而实,强而义,章其有常,吉哉。日宣三德,蚤夜翊明有家。日严振敬六德,亮采有国。翕受普施,九德咸事,俊乂在官,百吏肃谨。毋教邪淫奇谋。非其人居其官,是谓乱天事。天讨有罪,五刑五用哉。吾言厎

第二章 中西早期文化结构不同的历史原因

可行乎？'禹曰：'女言致可绩行。'皋陶曰："余未有知，思赞道哉。"①

在此，皋陶、大禹和舜三者所讨论是如何治理部落联盟内部的事务问题。讨论的重要问题和方法有两个，一个是刑罚，一个德化。显然，最后三人的共识仍是治理部落事务的根本是德化，而不是刑罚。事实上，三人所决定的这一治国理政的方法对对中国历史的影响非常深远。

最后需要说明的是，司马迁在《史记》中确实记叙了大洪水和大禹治水的故事，因而也加强了后人对大洪水和大禹治水历史真实性的看法，但对《夏本纪》本身的历史真实性问题也需要有一个符合实际的看法。在司马迁时代，其距传说的大禹时代已是极其遥远的事了，其所依据的素材也都是一些传说的材料，他也是从大量的自相矛盾的说法中，选择了一些线条相对简单的具有理性色彩的材料进行记叙。其中的艰辛和历史的真实度是难以尽言的。《史记·五帝本纪》："太史公曰：学者多称五帝，尚矣。然《尚书》独载尧以来，而《百家》言黄帝，其言不雅驯，荐绅先生难言之。"② 其实，对于与五帝联系密切，甚至与五帝中的尧舜还一起生活的禹来说，其历史材料的真实性也是"难言之"的。因而这篇本纪的记载也未必完全真实，对于洪水及其治水的事件从其本身来看也极其简略且具有传说性质，不可尽信。但从历史文化的角度来看，经历数千年的历史积淀和传播，看似不雅言，却包含着丰富而重要的历史内容。

对于中国文明产生的途径和方式，特别是大洪水在其中所产生的重要作用，如果再从文化人类学新进化论的观念来看，也有其合理性。中国长期的农业生产由于在黄土高原，其良好的生产环境，即生产的难度不大，对生产工具的需求不高，可以自我加肥，所以在相当的时间内，在生产工具、生产的方式和方法上没有大的变化，正因为如此，社会长期处于渐进状态之中，长期徘徊于文明的大门之外，这一现状从新进化论的理论上可以解释为它个体的进化已经达到了一个相当高的水准。但个体进化与普遍的进化仍不相同，它需要一个大的变动才能打破这一已经适应的环境。这在动物界是无法办到的，但对于人类而言，其具有能动性，人们可以利用一些条件，包括内在和外在的条件来促使自己从一种生产环境进入到另一种生产环境中去，以实现由量变到质变的过渡。当然，如果没有一个大的变动是无法使其从一个生产水平和社会发展阶段达到

---

① 《史记》卷二《夏本纪》，北京：中华书局，1959 标点本，第 77—78 页。
② 《史记》卷一《五帝本纪》，北京：中华书局，1959 标点本，第 46 页。

另一新的更高的生产水平和和社会发展阶段上去。正是在这一长达2000年徘徊的背景下,一场大洪水的到来,促使华夏诸族以调整社会结构的方式来应对并战胜自然灾害,人们在改变自然的同时,也改变了自身。华夏文明诞生了。

二、古希腊文明建构的内容及其原因

那么,与古代中国的经济结构相比,古希腊的经济特点是什么呢?其实这个问题曾经是学术界长期争论的一个重要问题。学界曾经以一些极富特色的词汇描述其与中国早期文明的区别,把雅典那样的城邦社会误解为以工商业为主的城市社会,是以商品交易为主的早期国家,中国早期的社会一直是农业社会为基础的普遍奴隶制社会;中西早期文明的不同表现为希腊的蓝色海洋文明和中国的黄土文明相对立,等等。这些观点强调了中西早期文明经济基础的明显差别,为中西文化和政治制度的不同提供了理论依据,因而这些观点既具有学术意义,也具有一些明显的时代特点。不过,近年来通过深入研究,学界已注意到西方学者在其古代文明研究过程中所带有的现代观念问题,最突出是用现代西方的一些文化观念和历史观念去理解甚至是重塑古典文明的问题。因此,从历史的资料出发,努力恢复西方古典文明的真实面貌,成为古典学研究的一个重要趋向。经过多年的努力,对于这一重大问题的认识已获得了许多重要突破,存在于这一问题上的许多误解已逐渐得到纠正。

(一) 古希腊的自然状态及其历史的独特性和复杂性

从古希腊城邦的整个经济地位状况的分析来看,现在基本可以肯定,古希腊的早期国家基本特征仍是以农业为基础建立起来的城邦,即使一直被人们所重点关注的作为工商业发展的突出例证——雅典城邦,在其经济的全盛时期,农业为城邦的经济基础这一状况也没有从根本上得到改变,至于其后的罗马也是如此。因此,与生活于黄河和长江流域的中国早期先民相同的是,古希腊人在经济结构方面也是以农业为主的,而不是以工商业为主的,这表现在许多希腊城邦在其建立之初,都将农业置于首位,都将从事农业的居民置于从事商业的人之前。比如具有浓郁传说色彩的故事,雅典是经过著名改革家提秀斯的改革,最终才得以形成城邦。但雅典的这一新城邦的内在政治和经济结构是什么呢?据说"提秀斯通过改革,贵族拥有了掌管宗教仪式,充任官职,讲授法律,

第二章 中西早期文化结构不同的历史原因

解释天意的特权。"① 也就是说，处于第一等级的是贵族，贵族在城邦中掌握了上层权力。而居于第二等级的是农民，可以担任国家的中下级官职，第三等级是从事手工业的人，无权担任国家的公职。"前两个等级有氏族组织关系，后一个没有。"② 显然，手工业者的来源不能说是完全，至少绝大多数是失掉族籍的外来居民，因而其政治地位远远低于前两个等级的雅典人。所谓近代研究者发现的希腊城邦所具有的突出的手工业和商业特征，那是希腊人在建立了早期国家——城邦之后，在一个比较长的历史阶段中，逐渐在与生存的环境和城邦发展的需要相适应的过程中表现出来的一些成果和特色。也就是说，希腊的众多城邦后来工商业发展的最重要的原因乃在于，城邦运用了国家的政治权力和经济政策，才得以促使许多城邦，包括雅典开始由原先贬低、压制工商业的发展进而向大力发展工商业方面进行了重要的经济转型。马克思运用当时19世纪西方对古典学的研究成果，比如说德国19世纪的历史学家尼布尔的研究成果指出："在古代，（在希腊人那里），工业已被认为是有害的职业，（是释放的奴隶和被保护民、外地人干的事情）。"③ 而要将这种有害的职业和只是非氏族成员一些人，甚至是奴隶才干的职业，变为一种被城邦公民广泛接受的有益的社会工作，这无疑是一个重要的社会和思想转变的过程。当然，这一转型对希腊的许多城邦，比如对雅典而言，都是一个复杂而艰巨的改革发展过程。

这样一来，要了解造成中西文明相同和不同的原因是什么这一问题的话，现在所需要的仍然是从各自的生产、生活方式的发展演变历程的比较着眼，探寻其各自历史和文化发展的内在逻辑，揭示其各自所存在的发展及其演变规律。具体而言，相较于我国早期先民长期不断的农耕生产方式，对于古希腊的历史与文化特征探讨的着眼点，还是需要将这一问题置于古希腊人从游牧、游耕转入定居农耕生活的演进过程中，来寻找造成与其经济基础和生产方式相适应的历史文化成果的深层次原因。

现代考古学表明，公元前9000—前8000年，西亚率先开始了由狩猎采集向畜牧农耕转化的过程。西亚农民一部分持续不断地向两河流域迁徙，在适应两

---

① Plutarch, Plutarch's lives, Trans. Bernadotte Perrin, Cambridge, London: Harvard University Press, Vol. 1, 1921, p. xxv.
② 林志纯主编：《世界上古史纲》下册，天津：天津教育出版社，第109页。
③ 《马克思恩格斯全集》卷46，北京：人民出版社，1957年，第495页。

河变化莫测的河水变化的过程中,逐渐定居下来了。而另一方面,一部分西亚人则不断向一切适宜农耕条件的地方迁移,这一过程当然是比较缓慢的,他们跨群岛,出爱琴海,到欧洲。这是新石器时代农业文化的扩展运动,在世界历史上具有重要意义,而其后在亚非所出现的文明,即埃及文明和两河文明当然都与这一农业文化的扩展运动有密切联系。而在这一进程中的急先锋——相当数量从事农业的居民的迁徙,事实上也是历史上的最早的殖民运动,他们在这一过程中扮演了极其重要的角色。当然,西亚人向外迁移的原因是一个复杂的问题,可能是人口增多的压力,也可能与一些具体的气候变化有关,或者一些具体而特殊的原因。总之,他们不断迁徙,渐渐从西亚向欧洲扩散,公元前6000—前5000年,新石器的农业革命的成果开始占领了巴尔干和爱琴海地区。这样看来,西亚与埃及文明和欧洲早期文明之间的联系最早就要追随溯到这一时期——新石器时代的农业革命时代。

作为西方文明最早发祥地的古希腊,位于地中海北岸,主要是巴尔干半岛南边的希腊诸岛和爱琴海沿岸,而希腊半岛是其发展的核心。如果将古希腊的自然条件与我国的早期文明中心地带黄河、长江流域相比较的话,就会发现两者确实有着明显的差别:从气候而言,希腊半岛濒临地中海,是典型的地中海式气候,受到来自大西洋的西北暖湿气流和来自北边、东边的干冷气流的控制,年降雨量的大部分(约 2/3)都集中在冬季,而作为农作物生长的最重要季节——夏季,却是长达 2—4 个月的干旱期。其结果,由于庄稼缺乏必要的水分滋养,常常歉收,甚至颗粒无收,很不利于农业的发展。如果进一步将希腊的土地再与中国黄河流域的丰厚黄土和长江流域的土壤相比较的话,差距也非常明显:古希腊半岛的土质贫瘠,土层中有大量大小不等的石块,土地耕作的难度很大,同样不利于农作物的生长。因此,生活在这片土地上的希腊先民,在没有普遍掌握铁制农具和畜耕技术之前,大多只能长期过着游牧、游耕或半游牧、半游耕的生活,他们艰难地在适应着自然的同时,也努力地寻找改造自然的途径。古希腊的史前史是以较为缓慢的速度在向前迈进。

迄今为止,在希腊地区发现的新石器时代遗址,没有任何长期定居村落和城郭宫室的迹象。大约在公元前 4000 年中期到公元前 3000 年中期,希腊的爱琴海地区先后进入了青铜时代,而克里特岛(Crete)是其中最早进入文明的地区。一般而言,来到希腊的种族前后总共有三支,最早的就是克里特希腊人,而克

第二章　中西早期文化结构不同的历史原因

里特希腊人与其后两次迁入希腊的阿卡亚人希腊人和多利亚希腊人之间的关系也是希腊史中的一个重要问题。换言之，创造克里特岛文明的希腊人的发源地和特征至今难以定论，从文化和习俗等其他方面来看，它与后来的两支希腊人有很大的差别。但有一点可以确定的是，克里特人与埃及文化在很多方面有相似之处，比如说，人们"用镊子镊去脸毛，用调色石板研磨化妆颜料。"① 而这些内容与其后两支来到希腊的具有印欧语系特征的希腊人有着明显的区别。毫无疑问，克里特人当然对后来的希腊历史的发展有重要的影响，但从希腊后来历史发展的长河来看，克里特文明并不构成其文明和文化的主流。这是因为克里特文明在公元前1450年左右突然消失，成为古希腊历史早期发展环节中缺失的一个重要环节，长期成为人们设法探讨其中奥妙的一个重要难题。与希腊历史上的这一重大的文化断裂现象相应的是，克里特文明也就被淹没在历史的长河中，逐渐被人们所遗忘，直到20世纪初英国考古学家阿瑟·爱文斯（Sir Arthur Evans）在希腊克诺索（Knossos）挖掘出古代的王宫遗址，古老的克里特——米诺斯文明才终于重见天日。

经过较长时期的考古挖掘，克里特文明的基本特点已为世人所公认。从根本上讲，以米诺斯王宫为代表的克里特文明，是一个没有城墙的文明，曾长期兼有海上霸权，其突出的文化特征为自然、神奇和迷幻，明显带有两河和埃及文化的一些重要文化色调，从而表明克里特文明与两河和埃及文明有着密切的关联，而与其后粗大且厚重的迈锡尼城堡文明差别鲜明。但需要说明的是，具有尚武特征的城堡文明却正是后世对世界产生深远影响的印欧语族的这一主流文明的特色。

公元前15世纪以后，与克里特文明的急剧衰落相伴随的是，崭新的迈锡尼文明（Mycenaean Greece）在今天被称为希腊的巴尔干半岛的南部崛起。这支希腊人原是古印-欧族群中的一支，在纪元前第两千纪印一欧族群大迁徙洪流中，第一批属于印欧语系的希腊人大约自公元前1800年后陆续来到了爱奥尼亚海（Ionian Sea）和爱琴海（Aegean Sea）之间的半岛和邻近岛屿地区，虽无可靠的文献材料为据，但从其他方面综合评估的话，这批印欧语系的希腊人看来人数不多，而且大都没有留下永久性遗迹，只是到达迈锡尼一带的希腊人——亚该亚

---

① 林志纯主编：《世界上古史纲》下册，天津：天津教育出版社，2007年，第36页。

人(Achaean),接受了当地原住民承袭的米诺斯文明成果,并在此后使迈锡尼文明具有了希腊文明雏形的特色,又称亚该亚文明。它在公元前1400—前1200年左右呈现出繁盛景象。从现在的考古资料和流传下来的一些神话、零星的历史研究来看,希腊的迈锡尼时代无疑已经进入了阶级社会,其硕大的墓室和豪华的城门都明晰地显示了一种有别于军事民主制,而是较成熟的君主国家制度的威严。

(二) 荷马时代以及古希腊文明的重建

在公元前13世纪中叶后,古希腊历史上发生了一件影响深远的重大事件,即这时迈锡尼伯罗普斯王朝的一个著名国王——阿伽门农(Agamemnon)统帅希腊联军远征特洛耶,也就是希腊历史上著名的特洛伊战争。根据希腊的神话传说,战争的起因是因为特洛耶的王子劫走了斯巴达王后海伦,比如希腊著名的喜剧作家阿里斯多芬就是这样认为的,而且人们有理由相信,当时这一观点在相当多的希腊人中间流行。但与一般的希腊民众不同的是,严谨的希腊历史学家们一般都认为特洛耶战争的真正原因是基于经济利益的海上霸权之争。比如古希腊的著名史学家修昔底德就是这样认为的。他在叙述伯罗奔尼撒战争史的背景时,就提及了这件历史往事,并认真地指出了这场战争的真正起因乃在于迈锡尼谋求对全亚哥斯和许多海岛的统治,是为了与富有的特洛耶争夺爱琴海的海上霸权。①

据希腊的神话说,特洛耶战争历经十年,天上诸神和人间战将均卷入这场战争,战争异常残酷,交战双方无所不用其极。战争结果从表面上看,迈锡尼联军最终获得胜利,特洛耶战败,国家灭亡。但真正的结果却是出人意料:迈锡尼联军的胜利是付出了极其惨重的牺牲为代价的。战争结果的真相是两败俱伤,同归于尽。因为希腊联军从表面上看,确实获得了战争的胜利,但紧随其后的却是迈锡尼—亚该亚文明在战后迅速衰落,根本无力抵挡外部的强力入侵。而就在这一重要时期,另一支印欧语系的希腊人——多利亚人从北方又来到了希腊半岛,希腊历史传统把这一阶段北方部落的入侵,叫做多利亚人的入侵。这次多利亚人的大侵袭使希腊各地文化遭到了毁灭性的打击,古希腊社会的面

---

① (古希腊)修昔底德:《伯罗奔尼撒战争史》,谢德风译,北京:商务印书馆,1985年,第6—7页。

第二章 中西早期文化结构不同的历史原因

貌发生了很大的变化——他们用武力征服并毁灭了用青铜器建立起来的迈锡尼文明。因此，多利亚人的入侵在希腊历史上影响重大而深远。继克里特文明灭亡之后，古希腊最早文明之一——迈锡尼文明也就结束了。这同样意味着，欧洲最早的文明——爱琴文明结束了。但遗憾的是，伴随着爱琴文明结束，其历史真相也长期沉寂于历史的长河中，湮没无闻。由此，导致了西方人一个长期的根本性错觉，即认为其真正的文明起点是荷马时代之后，这一错误的观念一直持续到19世纪末，由于德国的业余考古学家亨利·施里曼（Heinrich Schliemann）的天才发现，其历史真相才逐渐被世人所重新了解，由此，古希腊的历史和文化向前推进了近1000年。当然，这里重要的不是时间的向前追溯这一简单的算术问题，而是这近1000年中所产生的极其重要而珍贵的文化和文明成果的承继问题。这也是至今世界学者，特别是西方学者仍在持续研究这一重大历史阶段的历史和文化的真实原因之所在。

从公元前1200年至公元前800年左右，这一阶段被称为希腊历史上的"黑暗时代"，之所以被称为"黑暗时代"，其重要原因之一乃在于这四个世纪的较为漫长的时间里，由于线形文字B随着迈锡尼文明的衰落而消亡，这一阶段真正的历史真相长期无法被后人知晓；但在另一方面，随着线形文字B的消亡，希腊半岛的口头创作却异常活跃起来，留下了两部举世闻名的宏大史诗——《伊利亚特》和《奥德赛》。这两部史诗作品相传为盲诗人荷马所作，并成为人们研究这一历史阶段的最为珍贵的资料。于是历史学家又习惯于将公元前11世纪至公元前8世纪这段时间的希腊称之为"荷马时代"。尽管在这一时代，因书面语言线形文字B的消亡而无法得到一些确切的文献记载，但根据考古的诸多成就和对《荷马史诗》深入而多方位的解读，还是可以从这一历史阶段的诸多领域所留下的许多痕迹中，发现并还原这一阶段历史进程的基本脉络和大致的历史内容。

根据西方对其早期历史的研究成果，"荷马时代"这一历史阶段实际上是处于原始社会末期的军事民主制的历史时期。所谓军事民主制的含义，恩格斯在《家庭、私有制和国家的起源》中引述并同意摩尔根对此所下的定义："出于经常性的掠夺的需要，战争以及进行战争的组织现在已成为氏族生活的正常职能。"①

---

① 恩格斯：《家庭、私有制和国家的起源》，北京：人民出版社，1972年，第161页。

这是因为在原始社会的后期，社会生产已有了一定的剩余，使人们产生了贪欲之心，由此，掠夺邻人的财富与人口以迫其为奴已成为部落的经常性职业。显然，军事民主制度是一种为经常性的掠夺的战争服务的一种制度，尽管如此，但在其内部还保留了氏族部落的原始民主的性质，比如，在氏族内部实行全体男性公民的表决，正是因为这一制度的所具有的两个突出特征，被学界才称之为军事民主制。根据《伯罗奔尼撒战争史》的描述，甚至到了史学家修昔底德时代，希腊大部分地区还保留有古时佩带武器的生活习惯，由此，修昔底德认为："他们随身携带武器就是古时劫掠风俗的遗留，因为有一个时候，住宅没有保障，彼此往来，很不安全，所以全希腊都有彼此携带武器的习惯。过去携带武器是一件平常的事，就像现在的蛮族人一样。"[1] 在军事民主制时期，由于氏族内部财产分化，长老和军事首领握有较多财富，贵族、军事首领逐渐合流，垄断了氏族部落的绝大多数权力，而传统的普通民众大会并无实权。军事民主制是氏族走向国家的最后的过渡阶段。

对于荷马时代的军事民主制的特征，这在古希腊的传说、神话和一些历史典籍中都可以发现其中的许多重要内容。这时众多的多利亚人部落，不断深入希腊半岛的各个部分，进行了反复的厮杀和征服、抢劫活动，不但迈锡尼时代的坚固宏大的城郭宫室无处寻觅，甚至就连长期定居的村落遗迹也不多见，昔日相当繁荣的手工业和商业更是无从寻觅。顾准先生在研究了古希腊的历史后曾这样说："从多里安人征服到公元前八世纪的三四百年中，考古发掘证明，那个时代没有豪华的建筑，没有精美的手工艺品，陶器的装饰也从富丽的瓶绘退化到朴素的几何图形，所以西方史家以欧洲中世纪比喻称这个时代为'黑暗时代'。"[2] 这一切都说明，新征服者多利亚人还没有完全定居下来，其迁徙无定，处于半游牧半农耕的历史过渡阶段。

显然，作为希腊城邦制度的准备阶段，"荷马时代"具有非常丰富而复杂的社会历史内容。一方面，它是希腊历史发展进程中的一次大倒退，古希腊不得不重新开始了由野蛮向文明的历史过渡。正如恩格斯所指出的："野蛮时代高级阶段的全盛时期，我们在荷马的诗中，特别是在《伊利亚特》中可以看到。发达的铁制工具、风箱、手磨、陶工的辘轳、榨油和酿酒，成为手工艺的发达的

---

[1] （古希腊）修昔底德：《伯罗奔尼撒战争史》，谢德风译，北京：商务印书馆，1985年，第5页。
[2] 顾准：《希腊城邦制度》，北京：中国社会科学出版社，1986年，第41页。

第二章　中西早期文化结构不同的历史原因

金属加工、货车和战车、用方木和木板造船、作为艺术的建筑术的萌芽、由设塔楼和雉堞的城墙围绕起来的城市、荷马的史诗以及全部神话——这就是希腊人由野蛮时代带入文明时代的主要遗产。"① 只要仔细比较研究迈锡尼时代的社会生产和生活内容的话,"荷马时代"比之于迈锡尼时代还是要古朴很多。但另一方面,恩格斯(包括史学界的主流观点)仍然认为:"如果我们把恺撒,甚至塔西佗对日耳曼人的记述跟这些成就作一比较,便可看出,野蛮时代高级阶段在生产的发展上已取得如何丰富的成就,那时日耳曼人尚处在这个文化阶段的初期,而荷马时代的希腊人,已经准备由这个文化阶段过渡到更高的阶段了。"② 为什么恩格斯和史学界会对荷马时代持有如此乐观的看法呢?究其重要原因之一就在于在"荷马时代"又出现了一个特别值得人们注意的事情,并对其后来的历史发展产生了深远的影响:这就是这时的希腊人拥有了当时最先进的生产工具——铁器。换句话说,尽管希腊社会在"荷马时代"在众多方面是呈现出明显的倒退,但由于出现了铁这一最新的生产工具,从而为多利亚人快速跨入新的奴隶制时代提供了可能性和现实性。这也是我们准确理解希腊人在"荷马时代"后社会历史迅速发展的一把钥匙。

从古希腊的历史进程来看,在公元前9世纪或8世纪中叶,希腊人已从世界最早的冶铁者赫梯人那里获得了冶铁的技术,比较普遍地掌握了铁制农具和畜耕技术,从而成为告别游牧、半游牧或游耕、半游耕的生产生活方式的重要标志。不言而喻,铁制工具和铁制农具的出现对于希腊历史的进一步发展具有极其重要的历史意义。这主要表现在:

其一,铁器的使用较之于原先的石器而言,大大提高了希腊人的生产力水平,加深了希腊人共同体内部社会生产的分工,这在《荷马史诗》中可以看得比较清楚。比如,阿喀琉斯为了替赫克托尔报仇,需要重新打造一个新的盔甲,其结果,众多的不同的工艺神灵都加入到这一锻造过程中。因此,从众多的神灵为阿喀琉斯铸造的盔甲这一比较复杂的工艺流程中,可以明显地看出当时生产领域内部的精细的分工,由于当时希腊社会生产的日益精细分工,更多的剩余产品也被创造出来了,从而为私有制这一文明社会的前提创造了基本的条件。希腊的多利亚人就是在这样崭新而且更为发达的生产工具这一特定的历史条件

---

① 《马克思恩格斯选集》第4卷,北京:人民出版社,1995年,第23页。
② 《马克思恩格斯选集》第4卷,北京:人民出版社,1995年,第23页。

下，由长期的游牧生活或半游牧生活最终转入定居的农耕生活。

其二，铁器的使用对于希腊人而言，大大提高了人们独立谋生的能力。恩格斯指出：有了铁器之后，"大规模耕种土地，即田野农业，从而生活资料在当时条件下实际上无限制地增加了，这一点，如果没有铁斧和铁锹，也不可能大规模进行。但这样一来，人口也开始迅速增长起来，稠密地聚居在不大的地域内。"① 这不仅表现为，希腊人开始足以依仗个体和单个家庭的生产能力以求得自身的生存，而更重要的表现在其所产生的社会意义上，即新的生产力水平必然导致剩余产品的出现，私有观念和私有财产也随之出现，氏族社会内部的贫富差别迅速拉大，阶级关系开始产生，这自然极大地冲破了原有的氏族血缘联系这一社会纽带，从根本上动摇了氏族社会赖以存在的平均和平等的社会基础。其结果，在希腊不仅使得以财产为标准来划分社会阶层和阶级成为可能，而且还提供了在此基础上，进一步迅速完成向国家和文明的过渡这一历史进程的可能性和现实性。

其三，铁器的使用也为希腊人取得更大或更广阔的生存空间提供了重要条件，而不必像往昔那样较多地受制于自然条件的束缚，或者采取流窜的生活方式，或者只能将发展的空间紧紧地局限于一个具体而狭小的地区，而无法向外部开拓以获得更大的地区，从而进行较有深度和广度的扩展和发展。具体于希腊史而言，掌握了铁器的多利亚人不仅在希腊半岛扎下了发展的坚实根基，而且其后的希腊人还能够不断冲破地中海沿岸的各种限制，向地中海的四周沿岸进行广泛殖民，广建城邦，究其原因之一就在于他们拥有了当时地中海周边民族还没有拥有的最先进的生产工具——铁器。因此，拥有铁器，并用铁器进行生产活动，这是希腊各城邦其后进行殖民的最重要的物质基础。其结果，希腊文明以爱琴海为中心，循地中海沿岸向四方广泛传播，不仅有效地避免了再次蹈入迈锡尼文明灭亡的覆辙，而且由于希腊文明在各地不断生根开花结果，从而对与它几乎同时出现的意大利的罗马城邦和其后的欧洲世界，一直到现代的世界历史的发展都产生了深远的历史影响。

其四，从古希腊由军事民主制的"荷马时代"向国家的过渡来看，尽管它在时间上比黄河长江流域的中华先民要晚三四千年，但他们由于普遍掌握了铁制

---

① 《马克思恩格斯选集》第4卷，北京：人民出版社，1995年，第23页。

第二章 中西早期文化结构不同的历史原因

农具和畜耕技术,也就不必像早于他们三四千年前的中华先民那样,在极其简陋的石器生产工具条件下,唯有依靠家族、宗族的集体协作定居于华夏大地,从事持久的农耕生活,缓慢地向文明进步。相反,古希腊的多利亚人来到希腊后,只是经历了几个世纪就进入了文明阶段,其进入文明的过渡阶段就显得特别短暂,因而相较于我国缓慢地向文明过渡漫长历程而言,甚至可以这样讲,多利亚人几乎是一跃就进入了奴隶制文明这一重要的历史新阶段。

(三) 公元前 8 至公元前 6 世纪的大殖民运动及其影响

大约到公元前 900—前 800 年,古希腊大规模的迁徙流动才逐渐趋于停息,转而开始进入比较常规的定居农耕生活,向国家迈进。但这一较为稳定的农耕生活开始不久,即公元前 800 年左右,希腊人又开始了新一轮大规模的人口迁移的活动——向外移民和建立殖民地的浪潮。这时希腊人的对外移民和殖民活动与其早期的游牧迁徙的性质并不相同,这时期规模宏大的移民是与希腊城邦的进一步发展紧密联系的,它是一项影响深远的经济和政治活动。

和中国文明和文化通过长期的农耕生活方式形成国家和文明不同的是,具体于多利亚人来到希腊后的这一历史进程而言,其从原始社会末期最终进入文明的基本方式是经过大规模的部落迁徙,或者通过征服,或者通过内部的分化逐渐形成城邦国家,而其后公元前 8 至公元前 6 世纪的大殖民运动,是古希腊早期国家的另外一种重要的形成方式。大殖民运动是古希腊人有计划、有目的的殖民海外活动,是以占据土地、建立城邦为明确目的的过程。这一大殖民运动不仅是古希腊城邦形成的重要方式,而且也是形成其文明和文化特征的基础之一。事实上,正是通过这一重要形式,古希腊的城邦不管是从数量上看,还是从其发展的深度上看,都有了巨大的进步。

从现在的研究成果来看,古希腊移民问题并不能仅仅局限于公元前 8—前 6 世纪,在此之前,而且可能早在迈锡尼时代就出现了移民运动。照这样看来,其移民运动真是一个历史悠远的传统和过程了,但为什么在公元前 8 世纪以前就会发生移民呢?这是一个有争议的问题,如果简单地理解的话,可能是这样的,多利亚人在公元前 12 世纪侵入,其野蛮的暴力抢劫方式,破坏了希腊半岛原先的社会秩序。正如顾准先生所说的:"多里安人的入侵,大大推进了迈锡尼时代早已开始的海外殖民。迈锡尼旧民,一部分屈从于被征服者的地位,一部分避难到例如伯罗奔尼撒的阿卡狄亚山区,更有一部分移居海外,到海岛上去,到小亚细亚沿岸一带去,到迈锡尼时代已经建立起来的殖民地去,或者另去开辟新的殖民地。"① 当然,本文所讨论的重点问题仍是在公元前8—前6世纪的希腊历史上的移民运动。

希腊城邦从其建立开始,就出现了相对独立的特征和明显的殖民倾向。一方面,古希腊半岛地域狭小,但地理环境却相当复杂,自然地理环境将希腊分隔成众多互不相连的地区,而居住于各个不同环境的部落和居民,并无统属的部落关系,从而构成了一个个由相对独立的地域和和自主的社会政治团体所构成的城邦。各个城邦之间没有隶属关系,也缺乏经济上的联系。因此,自给自足和自治管理是城邦生活的重要经济政治特征。由于希腊本土地域的局限性和其他的原因,在公元前8—前6世纪希腊开始了向海外移民建立新城邦的殖民运动。

公元前8—前6世纪的希腊城邦的大殖民运动,首先是从奴隶制发展、商品生产和海外贸易较为发达的一些城邦开始。比如,在希腊本土是科林斯、卡尔西斯、麦加拉等,在小亚细亚各邦中是米利都、库麦等。当然,如果仔细分析的话,造成希腊城邦向外移民的原因很多,但归根结蒂,其基本原因乃在于希腊贫瘠而有限的土地难以承受人口不断增长的压力,在这一基本矛盾的发展、变化过程中,又由于其他的矛盾往往掺杂于其中,使得这一基本矛盾进一步复杂和激化。比如,由于城邦内部不同派别的政治斗争和阶级斗争(如斯巴达的"处女之子"密谋暴动事泄,最后被迫外出殖民)、自然灾害(铁拉岛的多年大旱,每家里的两个男丁抽签选一出外殖民)和经商活动的需要(如在埃及设立商站)等原因都构成了向外殖民的动力和压力,而其实质仍是如何面对并解决城邦的进一步发展的这一基本课题。对此,当时的希腊诸邦所采取的都是通过向外殖民,并建立起独立自主的城邦这一途径来解决城邦的这一基本矛盾,从实际效果来看,也确实解决了城邦进一步发展中的矛盾。正如马克思所说的,在古代,殖民原因之一就是"在古代国家,在希腊和罗马,采取周期性地建立殖民地形式的强迫移民是社会制度的一个固定的环节。这两个国家的整个制度都是建立在人口的一定限度上的,超过这个限度,古代文明就有毁灭的危险。

---

① 顾准:《希腊城邦制度》,北京:中国社会科学出版社,1986年,第42页。

第二章 中西早期文化结构不同的历史原因

为什么会这样啊？因为这些国家完全不知道在物质生产方面运用科学。为了保存自己的文明，它们就只能有为数不多的公民，否则，它们就得遭受那种把自由民变为奴隶的沉重体力劳动的折磨。由于生产力不够发展，公民权要由一种不可违反的一定的数量对比关系来决定。那时，唯一的出路就是强迫移民。"①因此，向外殖民是当时希腊诸城邦解决其自身所存在的众多矛盾的基本途径，也是维持当时城邦生存和获得进一步发展的必由之路。正是在这一特殊而具体的历史背景下，希腊的殖民活动呈现出强劲的势头，也结出了丰硕的殖民果实。

希腊的大殖民浪潮持续了长达两个世纪左右，直到公元前6世纪结束。希腊的大殖民的主要方式是海上迁徙，因此，其移民城邦星罗棋布于整个地中海沿岸的大部分地区。移民地域也极广泛，具体而言，从小亚细亚沿岸到意大利半岛的沿岸（被称为大希腊）、西西里，再到极西部的伊里利亚，还有北非的尼罗河三角洲，都有希腊移民建立的殖民城邦。

希腊的移民地域不仅广阔，而且通过移民建立的城邦更是多得惊人。比如说，希腊人在整个希腊半岛和邻近岛屿定居下来以后，在总共只有十几万平方公里的土地上，迄今已知建立了超过600个的城邦，这些城邦的领土面积一般都很小，大多不过一、二百平方公里，人口不过数千。因此，古希腊的城邦实实在在是小国寡民的早期国家状态。在此所要强调的是，古希腊早期的这种移民活动的结果，即所建立的众多新城邦的突出特征之一，在政治上他们并不隶属于母邦，而是与母邦完全独立平等，甚至奴隶制的方式也不一定相同，尽管他们与其母邦有着真实而密切的血缘联系。对此，正如修昔底德斯曾指出的那样："派到国外去的移民不是留在母邦的人们的奴隶，而是他们的平辈。"②但在看到子邦与母邦之间所具有的独立性的同时，还要看到子邦与母邦之间较为亲密的关系。即子邦与母邦一般在文化和习俗上相类似，子邦与母邦较之于其他邦而言，一般在各个方面的联系都较为紧密，往往还具有一些互助的联系。比如，雅典的殖民城邦米利都就从家乡带去原氏族的宗教仪式③，其主要的神庙是崇拜

---

① 《马克思恩格斯全集》第8卷，北京：人民出版社，1995年，第619页。
② （古希腊）修昔底德：《伯罗奔尼撒战争史》，徐松岩译，上海：上海人民出版社，2012年，第58页。
③ （古希腊）希罗多德：《历史》，徐松岩译，上海：生活·读书·新知三联书店，2008年，第218页。

雅典娜的神庙①，而希波战争的导火线——米利都因反抗波斯的统治而被严惩的惨烈后果，对于雅典人而言就有感同身受之情，其后雅典挺身而出派兵援助米利都反抗波斯帝国的侵略自在情理之中了。

大殖民运动时期，殖民地新城邦都是迅速建立的。这和前一时期的部落迁徙，经数世纪才形成的城邦情况显然不同，那时城邦的建立是由部落组织的解体和阶级矛盾的出现而逐渐自然形成的，而在大殖民时期，殖民者则是抱着掠地建邦的目的出发的。如号称希腊历史之父的希罗多德就曾说过，雅典人在小亚细亚建立米利都殖民地时，把当地的男人杀死，把他们的女人据为己妻。米利都城邦就是通过这种方式很快建立起来了。

这样，在大约两个世纪中，希腊的殖民浪潮也像"荷马时代"部落大迁徙的浪潮一样，既是一个野蛮而残酷的掠夺、占领当地居民土地和财产和过程，同时也是当地居民抵抗掠夺、反对占领的英勇抗争的过程。不仅如此，众多的殖民地城邦建立起来以后，由于各种复杂的矛盾和利害，成为爆发新的冲突的重要根源。比如，属于不同母城的殖民城邦之间，以及它们与不同的母城之间，出现了错综复杂的关系，由此，各种冲突连续不断，一直贯穿于希腊城邦兴衰的各个阶段。事实上，希腊城邦独特的政治经济结构和社会组织制度，就是在这样漫长的、充满征战和暴力冲突的部落大迁徙中孕育出它的胚胎，而在转入定居以后的大殖民过程中最终形成的。

那么，应该如何理解大殖民运动对希腊社会和城邦的发展所产生的重要影响呢？

其一，荷马时代希腊的部落大迁徙的结果使希腊人的血缘关系不断松弛，并在铁器的基础上建立了希腊城邦，而跨海大殖民运动则进一步加速了氏族内部血缘纽带的断裂，为城邦的进一步发展扫清了道路。如上所述，公元前8—6世纪殖民运动的一个突出特征是跨海大迁移。不管是从理论上或希腊城邦建立的实践来看，这都是一条希腊城邦居民弱化、抛弃乃至切断其原始社会血缘关系，而强化地域关系以建立新城邦的重要途径。离开传统的部落和氏族集团，在一个新的自然环境和社会环境中需要应对来自许多方面的压力和挑战，特别是新移民者所居住的地方往往不是无人居住的荒地，而更多的是当地居民长期

---

① （古希腊）希罗多德：《历史》，徐松岩译，上海：生活·读书·新知三联书店，2008年，第7页。

第二章 中西早期文化结构不同的历史原因

居住并已开发的地域。这样一来,矛盾和冲突便不可避免,新殖民者要从当地居民那里掠夺财产和土地的话,甚至要将当地居民变为奴隶的话,就需要用武力镇压当地居民的反抗,或者采用其他的政治联盟来调节同当地原先居民之间的关系,等等。这一切不但使得来自不同希腊种族、部族体系间的混合成为必要,其结查自然大大减弱了氏族血缘关系的地位和作用,从而为同一地域上不同来源的居民联合起来,建立稳定的以地域为纽带的政治社会秩序减少了阻力,最终为新的奴隶制城邦的建立提供了重要的有利条件。事实上,在外出殖民的背景下,当时也只有这种城邦的国家形态可以为包含着尖锐矛盾的社会结构提供较为稳定的社会秩序。所以,在大殖民运动背景下形成的许多殖民城邦,其语言和风俗往往并不相同,内部往往爆发尖锐复杂的政治斗争,但核心仍是新来的殖民者和原居住民之间的矛盾和斗争,斗争有时非常激烈,有时却以和解而告终。①

其二,大殖民运动是希腊城邦发展的一个重要途径,有利于城邦的发展与巩固。城邦是希腊人在长期移民过程中建立的一种适宜希腊地理环境和物质发展水平的一种社会政治体制。这一体制的最突出的特点在于其小国寡民的城邦状态,即这种社会政治体制局限于狭小的自然地理和较少的人口数量的关系,只能建立在一定的人口比例的基础上。亚里士多德甚至说"城邦的一般涵义,就是为了要维持自给生活而具有足够人数的一个公民集团。"② 一旦人口数量超出这个规模,或者由于在发展的过程中发生了一些在城邦内部难以解决的重要问题,只有通过外出殖民这一方式来解决城邦的这一内在矛盾。比如,在雅典城邦的发展过程中,就发生过多次在政治斗争中失败的一方被迫举族外出殖民的事例,因而外出殖民是解决城邦内在问题的基本方式和安全阀,也是保证了城邦内部的稳定的有效机制。这样一来,我们就可以理解在希腊的大殖民运动中,曾普遍出现了这样的殖民现象:即外出殖民者在建立了新的城邦——"子邦"的基础上,若干年后"子邦"又产生裂变,从"子邦"中再进行对外殖民,从而产生了"孙子"邦。从这一点来看的话,古希腊殖民城邦实际上所遵循的是"分裂繁殖"的城邦扩张路线。这一扩展城邦的方式,是希腊城邦发展的一

---

① (古希腊)希罗多德:《历史》,徐松岩译,上海:生活·读书·新知三联书店,2008年,第58页。
② (古希腊)亚里士多德:《政治学》,吴寿彭译,北京:商务印书馆,1965年,第113页。

种独特而有效的途径。正是通过这一扩展方式，希腊的城邦开始由希腊本土，逐渐遍及地中海沿岸。

其三，希腊大殖民运动不但保证了城邦的存在，还加强了城邦的个体性和独立性，彰显了城邦的自主性，但同时也显示了城邦所具有难以克服的内在矛盾性和局限性。究其原因，由于殖民运动使得希腊人原有的血缘关系被严重削弱，其结果，一方面为建立在地域基础上的城邦国家的建立扫清了道路，减少了阻力，发挥了积极作用；但另一方面，由于新建立的众多城邦的关系是建立在以否定以血缘关系为纽带的等级制度的基础上，所表现的是建立在商品交换基础上的平等的独立的城邦关系，这一平等和独立的城邦关系决定了这些殖民城邦在发展过程中，从其内部来看，总是存在着一个自立门户的强烈愿望；而从其外部来看，城邦彼此之间总是存在着一种相互竞争，甚至相互敌对的排斥关系。城邦这一内外关系所表现出来的强烈的平等和个体性，在希腊的发展历史中影响巨大且深远，使得希腊的众多城邦之间保持着一种朴素而具体的独立自由状态，而不是一个相互协作，彼此关照的和谐的共同体，更始终难以向更高层次的政治实体的方向发展，而只能沿着分权自治的文明路径发展。且在希腊处于危亡时期，彼此独立且往往对立的城邦之间也难于真正团结起来，以对付全希腊民族的共同敌人。比如，在希波战争中，经过艰难的努力，众多的希腊城邦只能建立起短暂的军事同盟，而在希腊的危机解除之后，很快就各谋其政，各以其利害重新组织了希腊内部的彼此敌对的两大军事同盟：伯罗奔尼撒同盟与提洛同盟。正是在两者的不断斗争中，城邦的繁荣时期结束。而其后的以亚历山大命名的希腊化帝国更是昙花一现，随之四分五裂，最终不是被原当地居民推翻，就是被后来的罗马所征服。

总之，希腊的大殖民运动不仅是奴隶制经济发展的产物，也是奴隶制城邦政治发展的必然结果，更是希腊城邦发展的主要途径。大殖民运动有力促进了造成了早期文化繁荣的物质条件，并为后一时期古典时代城邦的全盛打下了基础。但在看到大殖民运动为希腊带来发展的同时，也要看到其对希腊社会后期发展的深远影响。最主要的表现为，所谓的古代希腊，希腊城邦各自独立、自治的特征，使城邦并立长期成为主流，从来没有出现过统一的局面。而其历史的最终结局就是被罗马所征服，成为统一的罗马的一部分，这也引起了希腊众多有识之士的思考。比如，希腊的波里比阿就是在率军抵抗罗马征服失败后，

第二章 中西早期文化结构不同的历史原因

深入思考其中的原因。由此，他通过历史的视角写成了罗马史，以探讨罗马能够形成大统一的局面而希腊却不能的根本性原因之所在，并以其杰出的史学成就而名垂青史。当然，希腊的灭亡那是后话了，在此所想说明的是，其最终被征服的结果也与其自身的社会历史传统观念有着重要的联系。

三、中西不同文化结构成因的深层次比较

（一）从国家的形成方式来比较

如果将古希腊通过移民造成众多城邦及其城邦间的平等特性而与中国早期国家建立的状况相比较的话，自然会产生这样一个问题：造成二者不同的根本性原因是什么呢？对此，著名史学家庞卓恒先生认为："古希腊人（及其祖先）由于经历了 4000 年以上的游牧、游耕生活，又是在个体耕作占主导地位以后才转入定居农耕生活，他们的氏族组织不但较早解体，取而代之的国家组织从来没有承担过像中国以天子为首的、以宗族或准宗族关系为基础的国家组织所承担的那种协作式生产生活方式的组织者和维护者的职能，而主要是承担组织族群迁徙、征战以及与外邦、外族进行生死存亡竞争的职能。因此，古希腊人的国家具有城邦国家的形态，而不可能具有中国那种天子身兼国家首脑和最高家长双重身份的宗法式大一统国家形态。"①

众所周知，在游牧的生活方式下，人们逐水草而居，流动性强，较之于定居的以农业为主要生产方式的氏族部落而言，其生产关系和社会组织相对松弛，个体家庭的独立性较强。具体于古希腊人而言，在由游牧转入定居的农业生产过程中，由于其特定的自然环境，他们确实经历了一个相当长时期的半牧半农，或农牧反复交替的历史发展阶段，直到他们拥有了当时最先进的生产工具铁器后，才使他们免去重走像克里特和迈锡尼文明产生那样的老路——在青铜器的基础上，缓慢进入文明历史进程的这一历史发展模式，而是另辟蹊径，迅速跨过了青铜时代，在普遍拥有的铁器基础上，重新在希腊的这块土地上建立起国家形态——奴隶制的城邦。这种通过新的途径，在新的生产工具基础之上所建立的早期国家形态——城邦形态，是个体和家庭在生产和社会中的重要性和独立性发展的结果，同时，这一新的城邦形态不仅没有弱化个体和家庭在生产和

---

① 庞卓恒：《中西古文明比较》，《社会科学战线》2001 年第 4 期，第 126 页。

社会中的重要性和独立性，相反，为了建立新的城邦和文明状态，古希腊所采取的普遍方式都是不断地采取各种措施来减弱、削弱、打击血缘关系，达到建立城邦和加强城邦政治的目的，其结果，城邦的建立和发展却更进一步强化了个体和家庭在社会中作用和地位，从而强化了城邦建立在地域基础上的这一趋势，为城邦之间相互的独立特性奠定了更为坚实的社会基础。显然，古希腊城邦形成的内在深刻原因及其这一特征是古希腊从原始社会末期向国家过渡并形成国家的内在逻辑，具有质的规定性，而其后希腊许多城邦的工商业发展内容只是加强或突显了古希腊城邦的这一特点，从而使城邦本身具有多种形态，虽然希腊城邦表现出了多样化的政治或经济特征，使得希腊城邦的内涵更加丰富多彩，但并没有否定，也不能否定城邦所具有的这一普遍共性，更没有成为决定中西早期国家和文明特征不同的根本性因素。

因此，这种具有很强独立性的侧重于以地域关系为纽带的小国寡民的城邦形态，如果相较于中国文明和国家产生的形态话，其与中国早期传说的所谓"万邦时代"，或者早期的文明国家形态——夏商周王朝是有着明显的不同的。换言之，古希腊的这种个体和家庭在生产和社会中的相对独立的特点，是构成不同于中国式早期国家的一个关键性的因素。对于中国早期国家的建立而言，其在建立国家的过程中，所采取的基本途径并不像古希腊那样从根本上使社会文化产生对立，以摆脱氏族和部落的亲缘宗法关系，而是相反，早期的中国国家和文明不是以否定血缘关系的单线形态在进行着，而是通过血缘关系将地域关系相包容、地域关系和血缘关系两者盘根错节的这一双向形态在进行着，使政治结构、经济结构与亲缘宗法关系相叠合，政治的、经济的观念与亲缘宗法关系相交融，直到缓慢地将血缘关系的纽带在国家政治生活中最后去除。中西的文明形成道路的不同点昭然若揭。

在这一问题上，著名学者赵世超先生在其论文《服与等级制度》[①]中通过对服的产生和瓦解的分析对中国古代国家政治发展的这一重要特点的阐释很有说服力。本文在此稍加叙述。

赵世超先生认为中华文明产生的一条重要途径就是对被征服的地区居民或氏族采取分等级的服役形式来加以统治。赵世超先生认为：

---

① 赵世超：《服与等级制度》，《早期国家政治制度国际学术讨论会论文汇编》，西安，2013年6月，第381—391页。

第二章　中西早期文化结构不同的历史原因

　　古人不会预做政治设计，只能利用因系自然生成而最易得到普遍认可的族对臣服者进行编联。什么"黄帝二十五子，其得姓者十四人"①，什么颛顼为黄帝之孙，帝喾为颛顼族子，帝尧为帝喾子，帝舜为黄帝远孙，什么"自黄帝至舜、禹，皆同姓而异其国号"②，其实都是在征服中因不断重组而形成的"仿族组织"，不能判定相互间果真存在血缘关系。夏启有钧台之享，商汤有景亳之命，周武有盟津之誓，成有岐阳之蒐，康有丰宫之朝，穆有塗山之会。"③ 正是通过编联、朝觐、巡狩、盟会、宣誓效忠和对违令者的惩处，三代国家产生了。但"周之宗盟，异姓为后"④ 的传统又清楚表明，此类盟会最初不过是宗族会商的延展和扩大。在这样的国家中，一方面是强大的盟主变成了王，他的家室，即王室，变成了凌驾一切之上的公共权力权关。另一方面，臣服了的家族则作为次级统治机构或基层社会单位被完整地吸纳到新的管理系统中。

　　"服之而已"的根本之点是"不尔杀"。可以"尚有尔土"、"宅尔邑，继尔居"、"畋尔田"。某些上层分子还能"迪简在王廷，有服在大僚。"但前提必须是"臣我宗多逊"。倘若"自不作典"，经过再三"教告"，仍"不用我降尔命者"，则要"大罚殛戮之"，"战要囚之"，"离逖尔土"，⑤ 这正表明，被征者的内部结构虽未触动，其人身却"作为土地的有机附属物跟土地一起被占领"⑥ 了。从杀到不杀前进了一步，所付出的代价则是集体不同程度地被"降为臣"。

　　显然，赵世超先生以"服"的产生及其内容这一具体问题入手，以小见大，阐述了中国早期国家建构的方式及其实质，指出了中国早期国家是以血缘关系或以用建构血缘的方式为纽带，形成有差别的极其明显的血族等级制度，进而将政治统治和家族统治结合起来，实行有效统治，这种统治方式的优势在于上对下的等级统治是双重的，既有政治的，也有血族的，因而具有相对多的稳定

---

① 《史记》卷一《五帝本纪》，北京：中华书局，1959年标点本，第9页。
② 《史记》卷一《五帝本纪》，北京：中华书局，1959年标点本，第45页。
③ 杨伯峻：《春秋左传注》修订本，北京：中华书局，1981年，第1250—1251页。
④ 杨伯峻：《春秋左传注》修订本，北京：中华书局，1981年，第72页。
⑤ （清）孙星衍：《尚书今古文注疏》卷二十《多士》，陈抗、盛冬铃点校，北京：中华书局，1986年；（清）孙星衍：《尚书今古文注疏》卷二十三《多方》，陈抗、盛冬铃点校，北京：中华书局，1986年。
⑥ 《马克思恩格斯全集》卷46，北京：人民出版社，1957年，第490—491页。

性，其缺点在于这不利于将血族关系从国家政治结构中清理出去，事实上，统治者也没有表现出主动性去清理或减弱血族关系，而是恰恰相反，更注重利用血族关系来为政治统治服务，其结果，血族关系以不同的方式在中国社会的许多领域长期存在，对中国的政治生态和社会历史产生了深远的影响，由此成为中国社会历史发展中的一个被人关注的重要问题。因而在中国古代，尽管进入文明的时间较早，但从文明的发展速度来讲一直是学术界的一个重要争论的问题。余英时先生说："西方学者比较四大文明的'突破'，有人说中国'最不激烈'（Least radical），也有人说'最为保守'（Most conservative）"①。到底是快，还是慢，当然不能轻易下结论，但这一争论的事实本身也确实说明了中国历史漫长但进步的速度不能说是较快这一共识。如果这一观点能够成立的话，其原因也自然与早期中国的政治国家的建构方式有着直接的关系。以此观点来看待赵世超先生关于服与等级制度这一文章及其主旨的话，客观而言，它应该是对中国早期国家建构方式的一种颇有新意的观点，如果以此观点来看待中国历史发展进程的话，自然也会获得一些更为深刻的理解和启示。

其实在国家形成的过程中，对不同的被征服地区实行有差别的统治方法，在世界古代史中并不新鲜。就西方的希腊罗马而言，如前所述，在希腊的殖民运动中，也表现出一些与被征服的当地居民实行某种程度的联合，以进行城邦的政治统治。但最典型的就是罗马对不同的被征服地区实行"分而治之"的政策，这一政策在一个较长的时期也确实起到了既联合又牵制，从而各个击破的作用，但它们与中国早期国家的形成和统治方式不同的是，罗马是以法规的形式明确规定了各个被征服地区的不同的权利，越到城邦的成熟期，其主要的统治措施越具有明确的政治举措和法律依据，但这也不过就是 300 多年，以意大利大规模平民起义而基本告终。这一结果和时间相对于中国的漫长的而以千年来计算的双重统治方式而言，其在政治上的稳定性和可靠性是不可同日而语的。那么，中华文明为什么会走上最大限度地利用宗法制度的这一条道路，形成偏爱倚重宗法制度的价值体系？

从文化地理的角度说，由于中华文化在长期发展的历程中，与外部世界相对隔绝，与其他文明中心的距离较远，它在国家形成的那一重要时期内没有受

---

① 余英时：《中国文化史通释》，北京：生活·读书·新知三联出版社，2012 年，第 7 页。

到其他文明的挑战，因而具有相对的独立性，在此基础上产生了原创性的中华文明道路。从社会历史的角度说，中国文明模式也许是人类文明发展的常规性代表①，因为亲缘关系必定是人类在原始时代最自然的社会关系。由这种社会关系出发，在欧亚非大陆的古代文明中，比如在古代埃及、巴比伦、印度以及远古希腊的克里特—迈锡尼，玛雅文明，一般都发展为以部落王为首的领土国家。只是这些文明发展的历程被外部力量打断而消失了，唯有中国文明一直延续下来了。张光直先生指出："王国维在他的《殷周制度论》中主张，宗法制度为周公所创，是周制与殷制大异诸点之一，我们知道，现在这个结论是不对的，不但殷商时代有宗法制度，这种制度就是在龙山时代就可以由考古资料推断出来。"②

当然，如果对这一问题更为深入的探讨的话，这一特征的直接渊源则归之于炎黄以农耕为根本的文化价值体系本身。以炎黄文化为基础而形成的早期国家和文明的突出特征表现在，国家的社会政治组织与宗族制度紧密相连，王朝的更替不仅是政治集团的更替，其实也是不同血族之间权力的更替过程。因此，在中华文明史上屡屡出现所谓某一王朝的覆亡，出现所谓的"亡国"现象，但没有因此进而发展到"亡天下"的程度。换言之，之所以在中华文化发展中没有造成类似于西方的希腊，或西亚的美索不达米亚，或印度文明史中屡次出现的文明断层现象，究其重要原因之一，就是因为中国文化的基因和传统始终以血缘为纽带广泛地保存在众多的宗族组织中。由此，在残酷的政治争斗中，旧的王朝虽被推翻，但新建立的王朝一般都从历史和文化的大方面注重对前一王朝制度的承袭，在文化的诸多领域二者并不存在根本性的利害冲突，更多地表现为权力之争，因而也不需要对文化根基进行彻底地否定或铲除。这当然是造成中国文明的发展进程之所以表现出连续性、统一性这一重要特征的一个极其重要原因。

（二）从国家进一步发展的方式比较

如上所述，古希腊城邦发展的另一重要特点在于其大殖民运动，大殖民运

---

① 这一问题应首先归之于张光直先生研究的成果，因而具有重要的影响。但这一问题的症结在于，从理论上中国的发展模式具有普遍性，但在目前世界历史的进程和研究中还缺乏足够的证据。因此，这一观点能否最终成立还有待于世界历史的深入研究和进一步考证。

② 张光直：《中国考古学论文集》，北京：生活·读书·新知三联书店，1999年，第388页。

动也确实对希腊城邦的发展发挥了重要的促进作用,因而也对其历史的发展产生了深远的影响。与此相类似的是,中华文明在夏之后仍然发展,经殷和周,直到春秋,血族关系在中国社会政治中的作用才逐渐减弱。在此,我们继续探讨并比较中西两者在早期国家深入发展途径的异同及其原因。

希腊大规模海上移民所产生的内容及其后果是学界一直关注的重要问题,由于只有一些零星的后世传说,缺乏足够的资料,因此学界观点并不尽相同。但英国学者汤因比(Arnold Joseph Toynbee)在《历史研究》中根据他所了解的当时世界上早期文明的一些迁移证据,并结合一些有限的材料,对古希腊的大殖民运动曾经进行过如下的推测,引起人们的关注。

汤因比在书中是这样论述海外移民在瓦解氏族公社过程中的作用的:"跨海移民的一个显著特点是不同种族体系的大混合,因为必须抛弃的第一个社会组织是原始社会里的血缘关系。一个船只能装一船人,而为了安全的缘故,如果有许多船同时出发到异乡去建立新的家乡,很可能包括不同地方的人——这一点同陆地上的迁移不一样,在陆地上可能是整个的血族男女老幼家居杂物全装在牛车上一块儿出发,在大地上以蜗牛的速度缓缓前进。跨海移民的另一个显著特点是原始社会制度的萎缩,这种制度大概是一种没有分化的社会生活的最高表现,它这时还没有由于明晰的社会意识形态而在经济、政治、宗教和艺术的不同方面受到反射,这是不朽的神和他的那一群的组织形式。"① 在汤因比看来,"在海上迁移中,移民的社会工具一定也要打包上船然后才能离开家乡,到了航程终了的时候再打开行囊。所有各种工具——人和财产,技术、制度和观念——都不能违背这一法则。凡是不能经受这段海程的事物必须留在家里,而许多东西——不仅是物质的——只要携带出走,就说不定必须拆散,而以后也许再也不能复原了。在航程终了打开包裹的时候,有许多东西会变成'饱经沧桑的,另一种丰富新奇的玩意了'"。② 接下来,所谓"另一种丰富新奇的玩意"就必然有力地构成了殖民地政治和文化内容的重要甚至是核心的组成部分,从而引发了一系列重要的社会变革。

显然,希腊人的殖民运动的重要意义在于,他们正是通过"海外移民"的方式建立起相互之间独立平等的城邦制度。这种移民与希腊特定的地理条件和

---

① (英)汤因比:《历史研究》,曹未风等译,上海:上海人民出版社,1959年,第129页。
② (英)汤因比:《历史研究》,曹未风等译,上海:上海人民出版社,1959年,第129页。

第二章　中西早期文化结构不同的历史原因

航海便利有关，更与古希腊在长期历史中所形成的生产方式和生活方式有关。大殖民运动不仅促进了古希腊城邦制的建立，无疑是从氏族走向国家的关键一步，同时，它也有力地荡涤了传统的氏族制度在社会中的影响，因而它也是深化城邦建设的一个重要途径。正如汤因比所论述的：跨海迁移的第一个显著特点是不同种族体系的大混合，因为必须抛弃的第一个社会组织就是原始社会的血族关系。"在这样建立的海外城邦中，新的政治组织的'细胞'应该是船队，而不是血族。他们在海洋上'同舟共济'的合作关系，在他们登陆以后好不容易占据的一块地方要对付大陆上的敌人的时候，他们一定还和在船上的时候一样把那种关系保存下来。这时在陆地同海上一样，同伴的感情会超过血族的感情，而选择一个可靠的领袖的办法也会代替习惯传统。事实上组织一个船队到海外开辟一个新居，到后来会很自然地形成一个城邦，那里的各族人民由公推出来的行政官员进行管理。"① 同时，跨海迁移的另一个显著特点是原始社会制度的萎缩，正是在对这种血缘关系破坏的基础上，也才有可能，并在事实上建立起了自给自足、彼此平等的城邦，才有可能像雅典的梭伦和克斯提尼所进行的政治改革，彻底撕碎传统的血缘部落制度，代之以真正的以地域为基础的城邦的社会组织体系，并以建立和完成民主政体的不朽业绩而告终。

诚如《荷马史诗》所一再表明的，希腊人还没有完全定居下来时，各族群之间已充满了生死存亡的竞争，族群内部也已经产生了财产私有制和明显的贫富贵贱的分化。在其后的公元前800年左右，在普遍盛行个体家庭劳动方式条件下转入定居农耕生活后，城邦的经济得到了较快的发展，城邦的人口也迅速增加，城邦内部的私有化进程也明显加快，城邦居民之间的贫富分化日益加速，恃强凌弱，骨肉相残的悲剧屡见不鲜，加剧了城邦的内部矛盾，由此产生了用殖民城邦来解决这一内在矛盾的方法。在希腊广布四方的新的殖民城邦中，传统的氏族和血缘关系在社会中的作用不是被强化，而且是被大大淡化了。在扫除了血缘、亲情的新的殖民城邦中，一方面，城邦之间的生死存亡竞争更加激烈，城邦内部的贫富贵贱分化也更加剧烈；另一方面，根据法律和地区的组织原则来进行管理，则是城邦发展的需要，也已是水到渠成之事。在深化地域为基础的城邦建设方面，对外殖民的城邦却往往走在前面，从而将希腊的城邦制度

---

① （英）汤因比：《历史研究》，曹未风等译，上海：上海人民出版社，1959年，第129—132页。

推进到一个新的历史阶段。对此,汤因比正确指出:"大概最著名的例证便是跨海的希腊人在安那托利亚欧海岸一带所建立的那些城邦,这一带后来被称为爱奥利斯,爱奥尼亚和多里斯,因为根据古代希腊宪法史的仅存资料来看,根据法律和地区的组织原则而不根据血统和习惯的组织原则,最早出现在希腊的这些海外殖民地上,而后来才由希腊的欧洲大陆部分仿效实行。"① 他还指出:"在民族大迁移的过程中,跨海迁移的苦难所产生的另一个成果是在政治方面,这种新的政治不是以血族为基础,而是以契约为基础的。"② 希腊城邦的历史发展表明,外出殖民城邦在这一方面的重要进展和改革极大地促进了城邦奴隶制经济的发展,这一成果最终通过人们对财产关系的重视而得到确认,形成了以占有土地财产多寡来决定公民在军事体制中的作用,是重装步兵,还是轻装步兵,等等,并进而决定了公民在雅典国家社会等级和在社会政治结构中的具体地位。如在雅典,公元前594年,执政官梭伦进行改革的一项重要内容,就是把全邦公民按照财产多寡和参加征战能力强弱划分为四个等级,并享有相应的政治权利。③ 由此,开创了雅典民主政治改革的先河,其后的罗马在城邦政治改革方面则是明显地向希腊学习,这集中表现在其著名的公元前6世纪中后期罗马王政时代末期,塞维·图里阿改革的内容上④。塞维·图里阿改革的核心还是效法雅典的梭伦改革,一改过去重血族的传统——血族身份、地位,转而用财产的多寡以决定人们社会地位的高低,并以此为据将罗马人分为五个等级。

  对于中国文明而言,自传说的夏进入文明以来,虽然近现代中外学者也提出了许多诘难,但随着考古学的发展,特别是随着二里头等考古遗址的出土,夏代进入文明已被越来越明晰的考古资料所证实。自夏进入文明以来,中国正是在这样独特的自然条件和社会政治结构下,氏族公社的自给经济模式被保存

---

① (英)汤因比:《历史研究》,曹未风等译,上海:上海人民出版社,1959年,第132页。
② (英)汤因比:《历史研究》,曹未风等译,上海:上海人民出版社,1959年,第132页。
③ 废除世袭贵族的垄断权利,不再以出身而以财产的数量来划分公民等级。按一年农产品收入的总量把公民分为4个等级(按年收入的谷物等产品的数量分别列为500麦丁诺、300麦丁诺、200麦丁诺和200麦丁诺以下四级),各等级的政治权利依其财力之大小而定。第一等级可担任一切官职;第二等级的公民可以担任除司库(即财政官)以外的高级官职;第三等级可任低级官职;第四等级的公民不能担任公职,但有权参加公民大会和民众法庭。麦丁诺(medimnoi)为古希腊量器,粗略估算,1麦丁诺谷物约有75公斤。
④ 塞维·图里阿改革的核心内容:第一,塞尔维·图里阿把罗马人按财产分为五个等级。第二,按照财产等级规定兵役和义务。学界一般认为它是学习希腊政改的结果,其基本内容还是可信的。

第二章 中西早期文化结构不同的历史原因

下来。比如,殷代作为中国历史上第一个有史可查的奴隶制国家,虽然其具备了许多奴隶制社会的基本特征,但是氏族社会的组织结构却完好地保存着,这是它的最为特殊之点,也是中华文明的突出特征之一。因为相较于古希腊、罗马城邦那样早期文明的发展方式,中国并未像古希腊、罗马城邦那样通过诸如"梭伦改革"、"塞维·图里阿改革"等激进的政治改革或政治革命,以打破旧的血缘氏族关系,按地域来建立新的社会组织结构,而是相反,传统的聚族而居的生活方式并没有受到很大的触动,以血缘关系为纽带的社会结构被保存下来,最终形成了一种典型的宗法性社会模式。

比如,殷商的奴隶制方式虽然也多种多样,但其重要的一点则是,把征服的部落或方圆整体化为奴隶,基本上保存着原有的氏族结构,甚至原来的族长也摇身一变而为殷人的代理人,这种奴隶聚族而居,各有家室与那种完全剥夺其人身自由和对土地依附的奴隶并不相同,这就是说,尽管殷人建立了奴隶制的国家,但仍极大地保存了氏族制度的基因,无论是奴隶阶级还是奴隶主阶级都没有真正摆脱血缘关系的纽带,而用纯粹的地域或契约的关系加以代替。中国早期文明史上也出现过多次大迁徙,但都是举族大迁徙,比如著名的盘庚迁殷就是举国相从,对于被征服的部族的迁徙仍然是整体大迁徙,软硬兼施,威胁利诱,而不是像希腊海外大殖民所采取的那样的分裂繁殖模式。

据说周人于公元前1046立国后,有著名的"周公建制"之说,其结果固然在许多方面对殷文化进行了重大改革,但在社会组织的基本形态上,则无重大改变,仍然沿袭、保留殷人的许多宗族组织及习惯,保留原有的部落首领。也就是说,以血缘关系为基础的社会组织形式却始终没有被彻底破坏,而且在此基础上,建立起一套完备的宗法制度。所谓"周公制礼乐"的重要意蕴就是力图使宗法关系和组织适应已经有某些改变的社会政治制度,使传统的宗法关系向社会政治制度方面提升,以适应已经发生变化的周已代殷的政治统治这一客观现实。换言之,从宏观的角度而言,由于特殊的自然条件和经济发展制约,中华民族从一开始就未能斩断血缘关系的纽带,相反,亲缘关系成为政治经济关系得以形成的基础。政治经济组织与亲缘关系结构叠合在一起形成了亲缘宗法社会制度。正是由于这种制度特征,中华文明走上与希腊罗马并不相同的文明道路,而这一道路在很大程度上,在漫长的历史阶段维护并保证了中国文明的统一性、连续性,但如上所述的是,如何全面看待这一体制的历史作用,仍是学界热议的重要学术问题，而且将这一问题置于中西交流和比较的角度来看的话，其现实意义也非常明显。

（三）从中西文明在世界文明史上的地位来比较

众所周知，中国历史发展不同于欧洲历史发展的突出特征在于：其一，中国具有近万年由采集进入原始农业生产的漫长历程，并在此基础上形成了世界历史极为典型的农耕文明。在以农业文明为其经济特征的中国古代文明中，聚族而居成为一种传统的生活方式，定居生活是这一生产方式的基本特点，而"安土重迁"则是这一生产方式所形成的重要的社会思想文化意识。其二，在这一背景下，中华文明的特点就表现为是在较为封闭的自然环境下，充分利用血族关系的纽带的前提下，逐渐地缓慢地向以地域为纽带的文明社会过渡。其三，毫无疑问，在这一过程中，与洪水的搏斗中所形成的因势利导及与大自然和谐相处的思想观念，对中华文明的形成有一定的促进作用，并最终形成了独具中华特色的中华文明，而这一文明的形成过程一直接续至夏、商、周、秦汉时期，而其具体内容都包含在丰富的、涉及年代久远的，系统化了的"三皇五帝"古史资料之中，从而使中国的历史和文化传统能够在稳定的氏族和其后建立的农业文明的社会结构环境中代代传承。

但对与中国历史发展有明显不同的欧洲而言，欧洲最早的文明——爱琴文明就已经体现出由长期的游牧或半游牧转向农业定居的这一特点，特别是多利亚人的入侵，打破了爱琴文明的发展进程，使古希腊的文明产生了断层——爱琴文明被人们遗忘了。新到希腊的多利亚希腊人又在当时最先进的生产工具铁器的基础上经历了"荷马时代"的长达三个世纪的震荡，转向了较为稳定的农业生活，最终形成了早期的希腊城邦文明。需要再次强调的是，这一文明是在长期的游牧或半游牧生活中，在氏族关系相对比较松弛的背景下，又在铁器这一当时最具先进性的生产工具的促进下，最终确立下来，开始了它的文明进程的；同时，它又是在抛弃血族关系的前提下形成了早期的城邦，由此形成了小国寡民、个体性较强的城邦文明这一突出特征的。因此，对于古希腊而言，其最早是以游牧为其特点，其后则是农业，最后则在商业、贸易方面有一些突出的表现。这样看来，中西二者早期国家和文明的基本面貌和模式都明显不同。张光直先生从考古学的角度对中国早期历史的状况进行总结，他的关于中国早期文明的突出特征及其在世界史上地位的精辟论断早已被人们熟知,他认为:"对中国、玛雅和苏美尔文明的一个初步的比较研究显示出来,中国的型态很可能是全世界向文明转进的主要型态,而西方的型态实在是个例外,因此社会科学里面自西方经验而来的一般法则不能有普遍的应用性。我将中国的型态叫做'连续性'的型态,而将西方的型态叫做'破裂性'的型态"①。

显然,张光直先生对中国古文明的观点突破了人们长期对中华文明所具有的独特性这一传统的学术观点,是在肯定中华文明独特性的基础上,进一步阐述这一文明在世界文明体系中所具有的普遍性的内容和意义。尽管这一观点还有一些重要问题需要进一步去探讨,也还没有得到学界的普遍赞同,但不管怎样说,具体于中西古代早期的文明而言,他的观点揭示了这样一个重要事实,即对于西方的希腊早期文明历史而言,由于其没有我们中国这种长达数千年、上万年延绵不绝的历史进程和文化承继传统,因而形成了与中国文化迥然不同的文明特征,这一文明是以在对立中,通过斗争的方式,即采取抛弃血族关系而迅速建立以地域为基础的城邦文明和文化系统,而不是在包容和吸取血族关系合理成分的基础上进行自己的维新,以达到建立文明的目的,并使这一文明能够长期传承下去。从中西文明史的角度来看,双方的这一特点对各自以后的历史发展具有深远的影响,其后各自的文明进程都不可避免地打上了这一文化特点的烙印。

小 结

综上所述,中西在其各自的自然环境下和客观历史发展的轨道上进行了各自的历史创造,创造了各自发达的物质文明,而且都以各自的物质文明为基础建立了系统而发达的精神文化,中西悠远而深厚的历史发展进程为世界的物质文明和精神文化做出了各自的重要贡献,并对现代还产生着重要的影响。因此,对中西早期文化和文明的内容及其建构的原因进行具体的分析和比较,对于深刻了解中西文化和文明的特点具有积极意义,而且对于深入探讨中西史学,特别是中西传记史学的特点也同样具有重要意义。

---

① 张光直:《中国青铜时代》,北京:生活·读书·新知三联书店,1999年,第487页。

(一) 共同性

对于中西历史发展进程而言，二者所具有的明显共性在于：

其一，中西都经历了由原始的公有制向私有制的过渡过程。在这一过程中，原始公有制的观念渐渐解体，在向文明迈进的历史进程中，一般都采用许多措施使血族关系在不同程度上减弱，并以地域为基础逐渐形成早期国家，从而进入了早期的文明状态。这一文明状态不仅是中西早期历史发展的重要成果，更重要的是，中西又以此为新的起点，进一步创造了更为重要的人类文化成果，对世界历史的发展产生了深远而重要的影响。

其二，就经济基础而言，中西早期文明都经历了一个由农耕向文明逐渐过渡的过程，农耕和农业都在各自文明和文化中占据主导地位。因而在文明和文化上，都经历了一个由农业为基础向手工业、畜牧业的发展和扩张过程。这是中西精神文明，乃至传记史学产生的最深厚的经济基础和社会基础。

其三，对中西历史产生重要影响的都是以神话或传说为标志的关节点，一个是《荷马史诗》，一个是洪水传说，这两个神话和传说的历史核心不仅在中西方历史发展的进程中有丰富的表现内容，都对中西的历史和进程产生了抹之不去的深远的影响，而且对于中西的社会文明和精神文明品质和状态有着内在规定性的影响，同时也使这两大文明体系以各自不同的方式影响着世界文明。

(二) 不同性

中西二者从野蛮走向文明的历史进程在有其明显的相同点之外，还有其明显的不同性。这主要表现在以三个方面。

其一，文明建构的方式有所不同。中国是通过将血族关系尽可能多地融入到国家的政治制度中，而建立起自己的文明模式，而希腊罗马则是将自身封闭起来，同其他居民对立，并将其他居民沦为奴隶的方式而建立起国家，以发展自己的文明和文化。恩格斯在《反杜林论》中指出：在从野蛮进入文明的进程中，"为了摆脱野蛮状态，他们必须使用野蛮的、几乎是野兽般的手段，这毕竟是事实。"[①] 这种手段就是奴隶制，"在此之前，人们不知道怎样处理战俘，因

---

① 《马克思恩格斯选集》第 4 卷，北京：人民出版社，1995 年，第 524 页。

第二章 中西早期文化结构不同的历史原因

此,就简单地把他们杀掉,在更早的时候甚至把他们吃掉。但是在这时已经达到的'经济水平'上,战俘获得了某种价值;因此人们就让他们活下来,并且使用他们的劳动。这样,不是暴力支配经济状况,而是相反,暴力被迫为经济状况服务。奴隶制被发现了。这种制度很快就在一切已经发展得超过古代公社的民族中成了占统治地位的生产形式。"① 但在这一过程中,中西方都采用了野蛮的手段,但所采用的野蛮手段还是有所区别。

中国在向国家过渡时是以双重方式进行的,因此,血族和地域两者结合在一起,并从血族和地域两个方面建构了国家的形态和内容。也就是说,在中国早期,个人的地位不仅由政治地位决定,而且还与其在血族中的地位相关联,"一个宗族成员在政治权力上和在仪式上的地位是由他在大小宗枝的成员所属身份而决定的。"② 因此,中国的历史和文化就表现出这一重要的特色。反观其他的大河文明,均缺乏像中国早期这样真实而系统的氏族关系瓦解的历史经验和过程。中国史表明:"国家的产生远不是以氏族组织的瓦解为代价的,相反,它保留了原有的血缘关系,把氏族内部的亲属关系直接转化成为国家的组织方式,从而把旧的氏族组织与新的国家形态熔铸于一。"③ 但对于希腊罗马而言,其奴隶制的突出特点则于其通过越来越多的战争,将征服的异族人更多地作为战俘奴隶,进行大规模的社会生产;而中国早期文明发展历程中,奴隶制则以家庭奴隶或以家族奴隶为主,或以服各种劳役为其主要的奴役方式。

其二,文明建构的途径有所不同。中国历史发展的一个重要特点是治理大洪水问题,通过治理大洪水,从而彰显了中华各地区之间协同以抵自然,促成了中国的大一统的文化传统,否则,就会产生以邻为壑,以各部落联盟的对立,其后就是国家间的尖锐对立,民众将长期处于战乱之中。事实上,在春秋时期,特别是战国时期以邻为壑的现象表现得很明显,并由此给民众带来极大的灾难,遂成为国家一统的强大的精神动力。因此,自古迄今,中国历史典籍的开端都是以洪水为起点,讴歌了集体协作抵御自然的人文精神,从而成为中华统一文化的源头。丁山先生在《古代神话与民族》中以"书始《尧典》即以洪水神话

---

① 《马克思恩格斯选集》第4卷,北京:人民出版社,1995年,第524页。
② 张光直:《中国青铜时代》,北京:生活·读书·新知三联书店,1999年,第20页。
③ 梁治平:《法律的文化解释》,北京:生活·读书·新知三联书店,1998年,第376页。

为中国国史起点"① 为标题，强调了大洪水在中国文化史和文明史上的重要地位以及给中华史打下的深刻的文化烙印。虽然丁山先生也认同学界对《尧典》绝非全真的看法，但其基本点还是肯定了《尧典》所具有的历史核心说观点的。西方文明发展史的重大问题就是希腊的移民问题，移民既是新的城邦国家建立的方式，又是在原先狭隘的城邦基础上的分裂繁殖——城邦制度深入发展的结果，所以不同的城邦有其不同的特色。极端的例子，雅典和斯巴达就是城邦的两极，一个以文化发达为典型，一个以军事强大为特征；一个是工商业奴隶较为集中，一个是以农业奴隶为代表；而在文化方面，不同的城邦也有其不同的特色，但总体上表现为以尊重自身和别人的独立为特征。因此，古希腊城邦的生存主要是由于城邦的"个性"，……"这种个性愈是高度发展，愈是强烈地被意识到，就愈不愿意哪怕是部分地牺牲它……每个城邦向它的邻邦要求它的自由和自治，要求有权按照它自己的意愿处理它自己的事务……城邦虽然不容忍它境界以内主权的分割，对它邻邦的独立却是容忍的。"② 当然在历史进程中城邦间也发生了许多互不容忍的事，比如说，提洛同盟，有许多西方学者就称之为"提洛帝国"。之所以称为帝国的原因之一就是因为其对同盟内部非雅典城邦的事务粗暴干涉，尤其是不容忍其同盟内部的政治政体的变更等等事宜。比如在伯利克利时期对一些同盟成员——萨摩斯城邦的血洗行为，其后果不但引起了同盟内部的强烈反弹，之后对其同盟的最后破裂也留下隐患。因此，对其他城邦粗暴干预并非希腊文明的常态，而只能成为非主流形态。

其三，文明发展的轨迹有所不同。中国历史发展进程是一个连续性的过程。这种连续性表现在中国早期文明的建构是基本上，或者说从主体上来讲就是从采集农业逐渐缓慢地经过数千年的历史发展而进入文明大门的，在早期的"三代"，都以承继为主要特色，从历史上来讲不存在断裂现象。而西方则是断裂式的过程。西方明显地经历了人类从原始社会末期——由野蛮走向文明的社会大分化历程。也就是恩格斯在《家庭、私有制和国家的起源》中所讲的三次大分工过程，"游牧部落从其余的野蛮人群中分离出来——这是第一次社会大分

---

① 丁山：《古代神话与民族》，北京：商务印书馆，2005年，第179页。
② 顾准：《希腊城邦制度》，北京：中国社会科学出版社，1986年，第5页。

第二章 中西早期文化结构不同的历史原因

工。"①"第二次社会大分工：手工业和农业的分离"②，第三次"有决定意义的重要分工：它创造了一个不再从事生产而只从事产品交换的阶级——商人。"③ 农业与畜牧业的分离，农业与手工业的分离，最后则是商人的出现，呈现出了阶梯状，较为快速的社会经济的发展与分化的进步模式。

当然，这里就涉及一个问题，即对中西历史发展道路的基本评价问题，这一问题实在是一个老大难问题，过去西方的中心主义，对东方文化采取虚无主义是不对的，现在东方文化，特别是中国文化获得了进一步的发展，应该如何看待西方的文化发展道路和地位问题，又成为一个重要的国际学术问题。顾准先生曾对西方城邦制度是否具有普遍性问题提出了自己的看法，很有见地。他说："如果我们接受这个解释，我们就不能不问，一切民族都经历过原始公社阶段，氏族民主是原始公社的共同特征，我国当然也不例外，那么为什么我国古代史中找不到一点城邦制度的影子呢？如果我们再进一步涉猎一下中国以外几个历史悠久的古代文明——埃及、两河流域、以色列和叙利亚、印度、波斯等等的历史，我们发现在那里也同样找不到什么城邦制度的影子。我们就不能不怀疑，城邦制度的希腊在世界史上是例外而不是通例。"④ 同样，张光直先生对中国文化的发展道路的研究成果，从理论和实践上具有相当的说服力，但从更深更坚实的历史基础层面上来证明这一观点，其实仍是一个重要的问题，也是一个学术界的难题。

总之，正是在中西各自的物质文化的基础上产生了中西各自发达的文化和早期文明成果。不言而喻，作为中西各自发达的文化系统中的有机组成部分——中西史学和传记观念，其不但体现了中西文化中独特的历史观念及其传记史学观念，而且通过史学，使中西文化的特征更为明显，其内容更加丰富。

从本课题所探讨的中西传记史学的特征来看，特别是对司马迁与普鲁塔克的传记史学观念比较而言，中西早期文明历史进程的比较研究的意义在于，中西不同的文化特征对两人的传记史学观念无疑产生了明显而且重要的影响，从此出发的话，也可以使我们比较全面且历史地了解中西两位传记史学家的不同

---

① 《马克思恩格斯选集》第4卷，北京：人民出版社，1995年，第160页。
② 《马克思恩格斯选集》第4卷，北京：人民出版社，1995年，第163页。
③ 《马克思恩格斯选集》第4卷，北京：人民出版社，1995年，第166页。
④ 顾准：《希腊城邦制度》，北京：中国社会科学出版社，1986年，第22页。

的史学特征，及造成这些相异和相同的史学特征的直接原因和深层次的文化结构方面的原因，属于社会历史发展进程中的根本性原因。但另一方面，我们对中西深层次的历史发展进程这一根本性的了解，势必又会进一步增加我们对中西不同的文化结构建构的理解，并在此基础上会更为合情合理地认识和理解中西传记史学观念的产生及其发展。

正如马克思所讲的："费尔巴哈把宗教的本质归结于人的本质，但是，人的本质并不是单个人所固有的抽象物。在其现实性上，它是社会关系的总和。费尔巴哈不是对这种现实的本质进行批判，所以他不得不：（1）撇开历史的进程，孤立地观察宗教感情，并假定出一种抽象的——孤立的——人类个体。（2）所以，他只能把人的本质理解为'类'，理解为一种内在的、无声的、把许多个人纯粹自然地联系起来的普遍性。"① 而要避免费尔巴哈的认识误区，就必须将司马迁与普鲁塔克传记史学观念的异同置之于中西的文化结构中，从整体的文化结构中来准确理解两位传记史学家对人物，对人物性格和心灵的把握和叙述，从而在历史的普遍性进程中，进而将人物的个性结合起来，当然，是终统一于中西历史发展的进程中。

---

① 《马克思恩格斯选集》第 1 卷，北京：人民出版社，1995 年，第 60 页。

第三章 早期文化的理性化进程与中西传记史学的关联

如上所述，古希腊人在自然崇拜的过程中逐渐产生了理性认识和英雄崇拜，这是西方智慧的源头之所在。那么，中国人的血缘意识，以及将自然崇拜所包容的祖先崇拜，则正是中华智慧的活水源头。在英雄崇拜和悲剧意识的基础上，西方进入其文明的初始阶段，形成了具有时代特征的"英雄史诗"——《荷马史诗》和一系列古典悲剧。而中国在血缘意识和祖先崇拜的基础上，则发展成为后来的宗庙祭祀和由巫向史分化的现象，也出现了众多的文化成果，比如《诗经》等著作。这是古代中西方精神文化在发展起点和途径上的重大差异表现。这一差异不但对中西文明的发生和发展具有重要而深远的影响，而且对于中西史学观念的产生，具体于本课题的中西传记史学观念的产生同样具有重要的影响。

一、中国的传说传统与传记史学的产生

（一）中国的传说研究概述及"传说"的历史价值

对于中国先秦文化而言，为了满足保存和记忆先民生产及生活经验的需要，中国上古时期一直有着口耳相传的文化传播传统，其重要内容即中国式的神话传说，同时又因为优厚的自然条件和传统的农业生产方式，早期先民遂养成了安土重迁的传统，使得口耳相传的方式和内容得以持久，还因为中国早期的血族和血族文化的长期存在，不仅使得这种传说是以代代相传的方式在进行着，

而就其内容而言，又使得这种传说极具祖先崇拜的许多特点。显然，这一主要的文化传播途径和内容对于中国文明和文化产生了深远的影响，为历史学的产生和发展提供了肥沃的土壤。以此为据，完全可以这样理解，之所以中国早期历史学能够产生并在其后得以长足的发展，并最终形成了以传记史学为主体的中国史学传统，其重要原因，追根溯源，与祖先崇拜的特点和口耳相传的文化特质密切相连。因而，对于中国的历史研究而言，特别是对于缺乏历史记载的中国的早期历史时代，学者们应该从中国文化传统的特征——"传说"视角，进行追根溯源的探究，这是非常必要的。

1. 学界对于中国传说的研究

学界普遍认为，中国早期文化的突出特征是"传说"在其中占据重要历史地位。那么"传说"与"神话"的关联是什么？因为在我国早期，既出现了大量的"传说"，也有许多具有现代意义上的"神话"，"神话"是不是就是"传说"？这的确是一个难解的问题。这个问题在西方神话观念和体系传入中国后，就成为我国学者们关心的一个难度极大的重要问题。

"神话"（myth）这个词是一个外来语，最早出现在希腊，原意是与传说、寓言、故事相混同的，现代英国著名的文化批评家雷蒙·威廉斯（Raymond Williams）对于英文"myth"一词的流变，曾有过较为详细的考察。他展现了"myth"一词的流变史和所具有的多种向度与多种含义，最后他的结论是："Myth 现在是一个饶富深意且极其复杂难解的词。"[①]自清末"这一复杂难解"的词汇传入我国，汉语对其语义的理解自然也难周全，择其要者，将其译为"神话"，在当时的学术基础上，不失为对这一词汇的深刻认识。但也要看到，自从这一英文词汇——myth 被翻译为中文的"神话"之后，我们对神话的理解往往只是侧重于这一词汇（myth）所包含的"万物有灵"和与神灵相关这一向度的内容，而对这一词汇本身还包括的其他复杂多样的内容却有意或无意地加以简化或忽略了。到了 20 世纪 20 年代，"神话"一词已在我国学界流行开来，许多学者都以西方的神话研究体系和观念为蓝本，开始了对世界和我国的传说和神话进行重新解读的学术热潮，力图重新建构我国和世界的早期神话学术体系。

1922 年，周作人写下《神话与传说》一文，分门别类地对神话、传说

---

① （英）雷蒙·威廉斯：《关键词》，刘建基译，北京：生活·读书·新知三联书店，2005 年，第 315 页。

第三章 早期文化的理性化进程与中西传记史学的关联

(legend)、故事（anecdote）、童话（fairy tale）加以定义。周作人对神话的划分依据与知识背景来自于西方人类学关于神话的讨论，尤其是詹姆斯·弗雷泽（James George Frazer）有关神话的论述为依据来探讨神话与传说的异同点。他是这样说的："神话与传说形式相同，但神话中所讲者是神的事情，传说是人的事情；其性质一是宗教的，一是历史的。传说与故事亦相同但传说中所讲的是半神的英雄，故事中所讲的是世间的名人；其性质一是历史的，一是传记的。"① 在周作人看来，神话、传说和故事在形式上是一样的，只是所表达的内容不同，神话是关于神的故事，传说是人的历史故事。周作人的这一结论是对于一些将神话和传说混为一谈的观点的批评，他揭示了神话与传说所蕴涵的不同的重要意义，即一个是历史的，一个是具有较为单纯的文学内容——传记，并开始触及到中西早期不同的文化特性这一根本性的问题，这在神话与传记的研究方面显然是一种学术进步。但问题是为什么周作人认为在形式上相同的事，却会在内容上明显地表现神与人两个世界的巨大差异？究其原因，其一，周作人的学术倾向显然还是以西方的神话作为标准，有意或无意地使中国的传说同西方的神话趋向一致；其二，周作人对神话和传说的探讨很大程度上是带有形式主义的弱点，没有将神话同传记的异同从表现形式这一表层深入到二者所由产生的深层次的历史文化环境中，从文化形式所包含的历史内核来考察两者在相同表面下的所掩藏的深刻差异。所以从根本而言，周作人还没有对神话的丰富内容，特别是没有对中国早期文化以及传说传统的独特性做出自己独有判断。因为只有在此前提下，才能对传说的历史内容性质提出自己的观点，进而指出两者本质性的区别。而要真正达到这一学术目的，唯有将神话与传说的研究建立在与历史相结合的基础上，才能将二者的异同说明清楚，并在综合其异同的基础上得到较为全面的认识。

当然，在这一时期，努力将神话观念作为思考的方法论，将其作为研究早期中国古代文化的着眼点，并依此整理了古代传统的还有许多学者。在此仅以鲁迅、茅盾、闻一多诸先生的学术观点为例对学术问题的进展状况稍加说明。

相较于前述周作人的观点，鲁迅在其《中国小说史略》第二篇《神话与传说》中，对神话与传说的定义更为明确。他是如此定义神话的："昔者初民，见

---

① 周作人：《自己的园地》，1923年9月由北京晨报社初版，第36—37页。

天地万物,变异不常,其诸现象,又出于人力所能以上,则自造众说以解释之:凡所解释,今谓之神话。神话大抵以一'神格'为中枢,又推演为叙说,而于所叙说之神,之事,又从而信仰敬畏之,于是歌颂其威灵,致美于坛庙,久而愈进,文物遂繁。"①他如此定义传说:"迨神话演进,则为中枢者渐近于人性,凡所叙述,今谓之传说。传说之所道,或为神性之人,或为古英雄,其奇才异能神勇为凡人所不及,而由于天授,或有天相者。"②比较二周的定义,可以明显看到,二人的观念基本相同,但鲁迅对神话的理解较之周作人更有深度和历史感。这表现在鲁迅厘清了神话的根源,而且把神话作为一个发展的过程,并指出了神话与传说之间的关系,即在神话发达到了一定的程度时就出现了以人为中心的传说。可以讲,鲁迅对此问题论证的突出特点之一,是依据"myth"的神话观念,将神话与传记的产生、发展和人类历史的发展进程开始结合起来了。从现在文化人类学的发展成果来看,文化与历史的结合是文化人类学发展的基本方向。显然鲁迅的观点较为周详。

这样看来,二周关于神话和传说的观点为以后学界的进一步研究打下了基础,此后关于这一问题的探讨仍在继续,但其中的主要问题却是在茅盾和闻一多二位学者之间展开。他们所探讨的主要问题和本质仍然是如何看待中国流传下来的众多传说在中国和世界上的地位和作用这一问题。

众所周知,茅盾和闻一多都是中国现代文学的巨匠,都不同程度受到西文文化人类学理论方法的影响。茅盾是我国近代神话学研究领域里最早的探索者和开拓者之一,其代表作是《中国神话研究》和《中国神话研究 ABC》③。而闻一多则以"文学史家"和诗人久负盛名,他是我国第一个用综合研究的方法研究神话传说的学者,《高唐神女传说之分析》一文是他进入神话研究的标志。此两大家的共同点表现在,他们在汲取西方的文化人类学理论的同时,对中国的神话和传说也提出了许多深邃且独到的学术见解,并着力构建自己的神话理论体系,由此形成了各具特色的神话观,从而奠定了他们在中国神话学研究领域中先驱者的重要地位。当然,他们关于神话的研究著作在中国的原始文化研究中也占据了经典性的重要地位。

---

① 鲁迅:《中国小说史略》,上海:上海古籍出版社,1998年,第6页。
② 鲁迅:《中国小说史略》,上海:上海古籍出版社,1998年,第7页。
③ 现改名为《中国神话研究初探》。

第三章 早期文化的理性化进程与中西传记史学的关联

尽管如此，如果我们细加比较的话，不难发现两位大家无论是在神话和传记研究的起因、旨趣，或是研究对象、理论与方法等方面，都有许多不同。当然，透过这种差异我们感受到的不仅仅是两位学者不同的学术品格，归根结蒂还是如何看待中国的早期的文化品格——传说在中国文化史和世界文化史中的地位问题。

简而言之，茅盾是中国神话研究的先行者之一，他是从西方的文学理论出发，并以西方的神话理论作为考察世界包括中国神话与传说的基本架构和理论体系，从神话学的学术旨趣出发，力图建立包括中国神话在内的世界神话体系。用茅盾自己的话来说："本编的目的只是根据安德烈·兰（Andrew Lang）所谓人类学的方法与遗形学的理论，把杂乱的中国神话的材料估量了一下，分析了一下。"① 而闻一多则是从中国古代文学发展史这一角度进入神话传说体系，参照西方的文化人类学体系，运用考古学、文化人类学和民俗学等方面的知识，多学科，多角度地着重探讨中国神话和传说的起源、内容及其作用，从而明显有别于茅盾以及同时期其他学者的研究理论和方法，较多地体现了中国学者的神话研究视域和观念。总体而言，两人对中国神话和传说的认识不尽相同，但都以其自身所处的时代为背景，紧跟国际学术前沿的理论和方法，大量地运用文化比较的方法，特别是中西文化比较的方法，以探讨中西神话的各自内容和不同点，从而在构建中国自身的神话与传说的理论体系方面多有建树，给后人留下了丰厚的神话学研究遗产。但同样由于时代学术的发展背景，从他们研究的成果而言，要达到他们预先设定的学术目标，要完成建构中国神话和传说的理论体系，仍有相当长的路要走。②

当然，上述各位先生的学术观点并不奇怪，可以讲，他们从神话学的理论来讲，基本是以当时西方神话理论为模板，来论证和重建中国的神话体系，并为此做了大量的工作，影响深远。比如《辞海》对神话的解释有二，基本对应着以上两种方向：一为先民对自然和超自然力量的想象，其重点在于中国古典神话，二为西方的神话学。《辞海》解释如此，当下流行的观念可知。汉语"神话"一词承载的"myth"观念已经深入人心，逐渐融会到日常生活之中，并且

---

① 茅盾：《中国神话研究初探》，南京：江苏文艺出版社，2009年，第110页。
② 茅盾先生曾坦言："至于中国神话'集大成'的任务，却不是本书所能承担得了的。"茅盾：《中国神话研究初探》，南京：江苏文艺出版社，2009年，第111页。

可以不证自明了。这一学术现状应该说是自上世纪80年代之前中国上古文化和神话研究的主流。

2. 中国"传说"的历史价值

但与此观点相区别的是,中国学界也渐渐出现了另一种基于中国历史特色的早期文化史研究的学术流派,这种研究的成果和代表人物之一是著名学者徐旭生先生。在徐旭生先生的著作中,已明显表现出在中国的历史土壤上探求中国的上古文化特色这一重要学术倾向。徐旭生先生认为,人类最早的时代应是传说时代,而不是神话时代,神话只是传说的内容。人类是经过口耳相传,才产生了不同的文化,比如说产生了神话这一重要文化内容。显然,徐旭生先生的学术观念较之于中国早期的神话研究而言,已有了突出进步。这体现为在徐旭生先生的观念中,关于神话和传说的认识更加深刻:他一方面看到了神话与传说之别,但也看到了神话与传说具有统一性的另一面,并将这种统一性置于传说之中,而不是神话之中。如果从中国神话研究史来看,徐旭生先生的学术观点有其明显的合理性。徐旭生先生认为,在传说中,有的神话色彩浓,那就是西方的特点,而中国的传说中,神话色彩不像西方那样浓。显然,徐旭生先生表现出的是要用传说来统辖神话的学术倾向,正如他在《中国古史的传说时代》中所说的:"很古时代的传说总有它历史方面的素质,核心,并不是向壁虚构的。"神话和传说"由于两面的字很相近,就经常混用……至于我们中国人的祖先是喜欢平淡的,富有实在兴趣的,幻想力不很发达的,所以我们所保存下来的故事,比之希腊,专就神奇方面就差得多了。总之,神话与传说是有区别的,不能混为一谈。"①

当然,徐旭生先生所讲的神话与传说有其相统一的一面的论述是发人深思的,是一种重要的学术进展,如果再具体将其主要观点置于20世纪40年代学术环境的话,真可谓"空谷足音"了。但这并不意味着徐旭生先生的著作就将这一重大问题彻底解决了,应该说是一个重要的开端。这一问题的下一步论证则是如何将神话与传说在不同中统一起来,具体而言,是将两者统一于神话体系之中,还是统一于传说体系之中,或是统一于一个更广阔的新的学术层面上。这样看来,将以徐旭生先生为代表的侧重于中国历史特色的学术倾向与受西方

---

① 徐旭生:《中国古史的传说时代》增订本,文物出版社,1985年,第19—20页。

第三章 早期文化的理性化进程与中西传记史学的关联

文化人类学观念影响的几位学者的学术倾向和成就相比较的话,二者的出发点虽不相同,但相同之处都是看到神话与传说的相同点和不同点,但所要进一步探讨的问题仍是如何将两者统一起来的问题。当然,这种统一,归根结蒂,不能只统一于文化形式上,也不能仅统一于文化内容上,关键是要统一于文化观念赖以产生的历史进程之中。显然,这一问题仍是学界需要费大气力进行研究的重要课题。

在徐旭生先生之后,坚持并着力完善他的观点的学者也不在少数,到 80 年代后,这一立足于中国本土历史与文化的学术倾向开始成为中国早期历史和文化研究的主流,并涌现出了一批相当有分量的学术成果,其中的许多成果确实丰富和推进了徐旭生先生的观点。

王晖教授长期从事先秦史的学术研究,特别着力于中华早期文明的产生这一重要问题,成果丰硕。21 世纪初,他出版了《古史传说时代新探》这一专业的学术著作。这一著作集中了他个人多年研究早期中国文明的成果,但就其基本观点和出发点而言,与徐旭生先生的观点是相当吻合的。王晖教授认为:"在古希腊神话中,包括神话故事和英雄传说两部分。神话故事涉及宇宙、人类起源、诸神起源及其谱系等内容。传说是古希腊人对远古历史人物及其事迹的一种追忆。这类传说中的主人公大都是神与人的后代,半神半人的英雄,起源于对祖先的崇拜。"[1]作者接着讲:"和上述希腊神话相比,中国远古传说基本上相当于古希腊英雄传说的这一部分。中国的宇宙起源与生物(包括人类)起源都是以'气'为主的自然生成说,而是相当于康德等人所说的宇宙起源'星云说',在这种宇宙起源'星云说'的宇宙之下,中国远古传说时代缺乏系统的神造宇宙及生物的神话故事,其传说基本上相当于古希腊时的英雄传说故事,而且多为先祖英雄传说故事。因此,中外学术界如果套用西方古希腊神话故事来看待中国远古传说时代的祖先英雄传说,把他们的事迹当作神话来看待,认为是子虚乌有、并不存在的,那就完全不对了。"[2] 显然,王晖教授认为,在中国远古文化的研究中,如果只是按照西方早期文化发展的途径和特点作为判断文化内涵的标准,却不注重对中国早期文化的重要特征——传说文化进行深入研究的话,是不可能真正了解早期中国文化的真谛的。显然,这一观点具有明显

---

[1] 王晖:《古史传说时代新探》,北京:科学出版社,2009 年,第 ix 页。
[2] 王晖:《古史传说时代新探》,北京:科学出版社,2009 年,第 x 页。

的合理性和可取之处，它反映的不仅是研究者个人的研究心得，同时反映了在新时期，中国学者对中国文化特征的深层次思考和文化自信。

（二）中国传说传统的文化内容及及其理性化途径

1. 中国传说传统的文化内容

对于中国早期的文化内容和特征的研究途径多种多样，但却不能脱离一个基本的方法论，即不能将早期的文化研究脱离其所产生的早期的历史土壤，也不能脱离在这一历史土壤上所产生的多种多样的文化成果，只有在二者的结合过程中，才可以较为清晰地看到这一时期历史的特点，也才可以看到这一时期文化的丰富内涵和其基本的发展趋向。出于这一考虑，下面本文将以《诗经》为重点，通过对《诗经》产生的背景、内容来说明其反映的文化特点及其所隐含的文化指向。其后，将用中国早期的另一部神话和传说经典《山海经》同《诗经》加以对比，进一步说明建立在丰富多样性基础之上的中国早期文化的突出特征。

众所周知，在我国长期的文化史研究进程中，对《诗经》这一文化原典的研究是一个热点问题，也存在着相当多的史学难题。一般而言，尽管《诗经》的内容非常丰富，但它主要分为"风"、"雅"、"颂"三大部分，比较全面地反映了中国历史上周朝的整个社会文化生活图景。因此，对《诗经》的探讨首先必须归之于其所依据的社会历史根基之中。周在取代商朝建立了自己的统治后，所推行的是分封制的政治统治模式。在这一制度下，周朝对众多的分封制国家实施有效的统治，而"溥天之下莫非王土，率土之宾莫非王臣"①（《诗·小雅·北山》）就是这制度的最好写照。《诗经》就产生于周所建立的社会历史进程中。当然，关于《诗经》具体产生的途径，仍是学界争论的重要问题，尽管如此，但归纳一下，学界大致有三种说法。

其一，是采诗说。在周朝的统治体制之中，有一个重要的制度，就是采诗制度。据许慎《说文》"古之遒人，以木铎记诗言"，较早详述早期采诗制度的是汉代史学家班固。班固在《汉书·食货志》中认为，生活在周的社会生产组织——井田制下的农民："男女有不得其所者，因相与歌咏，各言其伤……孟春

---

① （汉）毛亨传、（汉）郑玄笺、（唐）孔颖达等正义：《毛诗正义》，北京：中华书局，1980年十三经注疏本，第463页。

第三章 早期文化的理性化进程与中西传记史学的关联

之月,群居者将散,行人振木铎徇于路,以采诗,献之大师,比其音律,以闻于天子。故曰王者不窥牖户而知天下。此先王制土处民,富而教之之大略也。"①《汉书·艺文志》说:"古有采诗之官,王者所以观风俗,知得失,自考正也"②。显然,采诗制度是周王了解民情,以巩固其统治的重要手段,而对于这一重要制度的作用,孔子做了高度的评价,"故孔子曰:'道千乘之国,敬事而信,节用而爱人,使民以时。'故民皆劝功乐业,先公而后私。"③ 东汉的公学家何休也认为采诗制度是具有真实性的。他说:"五谷毕入,民皆宅居。从十月男女同巷,相从夜绩,从十月尽正月止,男女有所怨恨,相从而歌,饥者歌其食,劳者歌其事。男年六十,女年五十,无子者,官衣食之,使之民间求诗,乡移于邑,邑移于国,国以闻于天子。故王者不出牖户,尽知天下。"④ 即朝廷命人到诸侯国采诗,使年老无子者到民间采集歌谣,并供给衣食,使其无忧,专心采集,可见古代确实有采诗之事。

其二是"献诗说"。《国语·周语》中记载:"故天子听政,使公卿至于列士献诗,瞽献曲,史献书,师箴,瞍赋,蒙诵……而后王斟酌焉。"⑤即周王为了了解国家民风和国情,令周代公卿列士献诗、陈诗,以颂美或讽谏,以资于周王的统治。对此,即使从现在所存的《诗经》中也能够发现不少这类作品。在朱本源先生看来,以上所述的采诗和献诗两种内容和途径虽然并不完全一致,但很可能都是正确的,因为在诸邦国和周天子的属地当时都采取了这一制度,是双向采诗制度。⑥ 这与《荷马史诗》产生和形成的过程相类似。当然,众多之人通过不同途径所采之诗肯定相当芜杂,肯定需要经过有关职司进行整校,最后达于周天子。也就是说,虽然采诗的途径并不相同,但目的却是一个。由此,无论是"采诗"或"献诗",都具有明显的社会政治意义。

其三,是孔子删诗而成《诗经》说。按周的采诗制度,"行人振木铎徇于路

---

① 《汉书》卷二十四上《食货志》,北京:中华书局,1962年标点本,第1121—1123页。
② 《汉书》卷三十《艺文志》,北京:中华书局,1962年标点本,第1708页。
③ 《汉书》卷二十四上《食货志》,北京:中华书局,1962年标点本,第1123页。
④ (汉)何休解诂、(唐)徐彦疏:《春秋公羊传注疏》卷十六《宣公十五年·解诂》,上海:上海古籍出版社,1990年。
⑤ 陈桐生译注:《国语》,北京:中华书局,2013年,第10页。
⑥ "这两种提法显然是不完全一致的,可能是因为当时事实上所行的是双向采诗制度:周天子的行人之官在王畿内采诗,而列国则在本国的民间采诗,由乡而邑,集中于邦君,最后上报于周天子。这就是采而后献。"朱本源:《"〈诗〉亡然后〈春秋〉作"论》,《史学理论研究》1992年第2期,第55页。

以采诗，献之大师"，其后有关职司在采集到的数量众多的诗歌基础上，经过编辑、筛选和删节，形成了西周的诗歌总集。

现在流传下来的就是包括了经孔子之手删节而形成的《诗经》，这只是西周至春秋时期的诗歌选集，之所以说其为诗歌选集，是因为相传孔子在原先的三千首诗歌的基础上，加以斧删，只保留了三百零五篇，并留传至今。学界相信，肯定还有许多类似孔子的《诗经》删节本，只是没有流传下来罢了。现传《诗经》分为风、雅、颂三大部分。大多数正是他们"采风"所得，像其中的《文王》、《公刘》等篇，正是人们追忆先民生平事迹、颂扬先人业绩的代表之作。

显然，《诗经》的突出特点之一就是对祖先业绩的赞美和崇拜。这种由祖先崇拜心理而发展成对祖先事迹的回忆和对先民业绩的颂扬和缅怀，不但为中国的历史学的发展提供了一个较之于西方不同的优越的发展环境，而且对先人功德的缅怀又正是中国史传的原生形态。孔子非常重视《诗经》所蕴含的教育意义，他对《诗经》的理解是这样的："诗三百，一言以蔽之，思无邪。"① 说的是如果用一句话来概括诗三百篇的话，就是诗歌作者的思想是完全纯正的。

显然，之所以孔子认为《诗经》作者的思想是纯正无邪的，究其原因之一，乃在于《诗经》的主旨与中华先民建立在祖先崇拜文化价值观念基础上的主流观念相符合。也许正是出于这种的深层次的祖先崇拜的民族心理，追忆祖先的生平事迹，颂扬先民的丰功伟业，保存和总结他们的生产生活经验，不仅是社会群体的共同职责，而且在文字发明以后，还成为一种特殊的职业。先秦时代的"瞽史"，正由此应运而生，这也就是许慎和两汉学者认为在周代（甚至三代）所实行的"采诗"制度的由来。这些"瞽史"们摇着木铎，往返乡里，尽管他们的工作可能具有多种职能，但收集有关先民的传说、故事、轶事和风土人情，是他们当时的一项重要任务。因而《诗经》所反映的不仅是西周社会各阶层的思想观念和这种观念与当时人们社会生产和生活的紧密联系，而且还反映了这种文化的重要的伦理作用，从而形成中华早期传说文化的历史核心内容，并成为中华早期文化的重要特征。

其实，只要将中国早期的传说文化特色同古希腊文化的神话特点相比较的

---

① 《论语·为政》"思无邪"一词出自《诗经·鲁颂·駉》篇："以车祛祛，思无邪，思马斯作。"（魏）何晏集解、（宋）邢昺疏：《论语注疏》，北京：中华书局，1980年十三经注疏本，第463页。

第三章 早期文化的理性化进程与中西传记史学的关联

话，其间的不同是显而易见的。从现在所能看到的关于我国早期传说的文化内容来看，几乎全部是关于先民在生产或生活方面的筚路蓝缕的艰辛建树。如神农发明耒耜，教人桑稼；如伏羲发明网罟，教民渔猎；如大禹治水，屡过家门而不入的感人至深的高尚情怀等。其实这些所传所说的故事都是农业民族在其文化史征程中所创造的一些激励人心的辉煌业绩，所表达的是都是中华先祖们从蒙昧走向文明的进程中的开拓精神和创新之功。这些中华先祖的传说故事与古希腊的《荷马史诗》（《伊利亚特》和《奥德赛》）所记叙的希腊众多英雄们的种种神奇的生活经历、惊天动地的英雄故事、感人肺腑的万丈豪情是大相径庭的，尽管《伊利亚特》和《奥德赛》所记叙的事件，也同现实生活有着关系，如18世纪意大利著名的历史哲学家维科（Giambattista Vico）就认为《荷马史诗》是关于古希腊习俗的市民的历史（Civil history），他把荷马时代的希腊各部落定居的城市称为"英雄城市的王国"①。但《荷马史诗》毕竟同现实生活有着较大的距离，后人必须借助神话学的专业知识来剥离其中由想象和梦幻等表达手法所构成的神秘图画，以捕捉深藏其中的真正的主人——人的真情意蕴。究其原因之一，就是因为西方的神灵具有浓厚的"人格神"特征。即希腊人是将人的种种特性尽力附会在他们所崇拜的神灵（往往都是一些自然物）身上，却使这些自然神具有了人的相貌和种种性情。那么神具有了人的这些性情和相貌的意义是什么呢？其根本目的就是以这种方式来拉近人与神的距离，使神和人具有同一性，从而有可能超出世俗的人，并进而成为人的主宰。这也就是钱穆先生所讲的，西方宗教文化的发展的过程和途径是由人的外在而转向人的内在，由对自然的观察研究转而向对人的理解和感受研究这一发展过程。② 当然，在中国古人的心目中，也有把神农、伏羲、大禹等当作英雄，甚至当作神灵来看待的成分，但主要还是将寻常人所不能完成的种种现世间的人间奇迹附会到一些早逝的祖先身上，把他们作为华夏民族的祖先来尊崇。

试看这些祖先神为其子民所立下的种种盖世神功，一直被其后人所赞颂不已。战国末期的韩非子云："上古之世，人民少而禽兽众，人民不能胜禽兽虫蛇。有圣人作，构木为巢以避群害，而民说之，使王天下，号曰有巢氏。民食果蓏蚌蛤，腥臊恶臭而伤腹胃，民多疾病。有圣人作，钻燧取火，以化腥臊，而民

---

① （意）维科：《新科学》，朱光潜译，北京：商务印书馆，1989年，第431页。
② 钱穆：《中国文化史导论》修订本，北京：商务印书馆，1994年，第139页。

说之,使王天下,号曰燧人氏。中古之世,天下大水,而鲧、禹决渎。"① 韩非在此列举的是中华早期文化史中的许多重要的历史进步,类似的例子还有很多,比如黄帝行医、仓颉造字、唐尧制定历法等故事。显然,在华夏的早期传说中,这些著名的氏族领袖的神圣性并不仅仅由于它们是部族的领袖,更重要的是他们都创造了常人难以企及的伟大成就,因而被其当世人和后世看成是谋福划利的伟大发明家,并由此使他们具有了被人们崇拜的神性。何谓神,《周易》讲:"阴阳之不测,乃神也。"正义疏:"神也者,变化之极,妙万物而为言,不可以形诘者也,故曰'阴阳不测'。"② 而且与古希腊罗马相比,中国的传说有着异常清晰和十分悠久的"历史系统"——以及夏、商、周的"帝系"。而这个历史系统经过历史学家司马迁的记述后,一直流传下来。

在《史记》中所记叙的从黄帝的父亲"少典氏"到尧、舜、禹,夏、商、周、秦等王族的"谱系":

夏族的始祖就是传说中的治水的大禹:"禹者,黄帝之玄孙而帝颛顼之孙也。"③

商族的始祖契,他的母亲简狄是帝喾的次妃。而"帝喾高辛者,黄帝之曾孙也。"④

周族始祖后稷的母亲姜原:"为帝喾元妃。"⑤

秦朝统治者的祖先,则出于"帝颛顼之苗裔孙曰女修,女修织,玄鸟陨卵,女修吞之,生子大业。"⑥

司马迁出身于史学世家,对历史自然有特殊的关切,但从他的《三代世表》来看,他对三代的叙述是相当谨慎的,有保留余地的,在相当程度上是效法孔子以"故疑则传疑"的态度进行传说时代的历史记叙的。《史记·三代世表》中是这样说的:"五帝、三代之记,尚矣。自殷以前诸侯不可得而谱,周以来乃颇可著。孔子因史文次春秋,纪元年,正时日月,盖其详哉。至于序尚书则略,

---

① (清)王先慎:《韩非子集解》卷十九《五蠹》,钟哲点校,北京:中华书局,1998年,第442页。
② (魏)王弼、(晋)韩康伯注,(唐)孔颖达等正义:《周易正义》,北京:中华书局,1980年十三经注疏本,第78页。
③ 《史记》卷二《夏本纪》,北京:中华书局,1959年标点本,第49页。
④ 《史记》卷一《五帝本纪》,北京:中华书局,1959年标点本,第13页。
⑤ 《史记》卷四《周本纪》,北京:中华书局,1959年标点本,第111页。
⑥ 《史记》卷五《秦本纪》,北京:中华书局,1959年标点本,第173页。

第三章　早期文化的理性化进程与中西传记史学的关联

无年月；或颇有，然多阙，不可录。故疑则传疑，盖其慎也。余读谍记，黄帝以来皆有年数。稽其历谱谍终始五德之传，古文咸不同，乖异。夫子之弗论次其年月，岂虚哉！于是以五帝系谍、尚书。集世、纪黄帝以来讫共和为世表。"①

由此可看出，这四个古代最显赫的王族的祖先，都可以追溯到黄帝，黄帝是中华民族的始祖。尽管有一些"神异诞生"型的神话附会在他的身上，但以黄帝作为一个父系或母系方面的始祖，在夏、商、周、秦四个历史时期却取得了如此异乎寻常的一致，这简直可以和古希腊希西俄德的《神谱》相媲美。从表面上看，两者的差别似乎并不明显，一个是传说，一个是神话，但实际上却反映了两种不同的文化形态，如果说我们从赫西奥德所记载的"诸神的谱系"中看到了一个想象中的超验的彼岸世界，因为这个世界和人世间的经验感受相距太远了，太神奇了；那么，人们在《史记》所记载的"祖先的神谱"中则看到了与现实人生的经历并不十分遥远的经验世界。前者的主要功效在于形成一种对神灵无所不能的宗教性心灵皈依感，而中国祖先神的功能则在于形成一种伦理学范畴的感召力和榜样性，以加强社会团体的凝聚力。太史公曰："古者人臣功有五品，以德立宗庙定社稷曰勋，以言曰劳，用力曰功，明其等曰伐，积日曰阅。"② 此段意谓，古时人臣的功绩分为五等：最上等为依靠仁德而定国安邦的称"勋"；其次的称为"劳"，依靠出谋划策；再次称为"功"，所凭借的是武力；明确功劳等级的称"伐"；依据资历深浅的称"阅"。在其中，"勋"为五功之首，而"德"却充溢其中为其本。因此，这些观念深深影响了其后的中西历史和文化发展的进程。

如果以此观念来对中国早期文明史进行审视的话，就会被华夏先祖的功德深深震撼。在中华文明发展的历程中，这些悲壮而兼具英雄特性的祖先，带领部族人们披荆斩棘，经过种种的艰难困苦，最终玉汝于成，使自己的族群不断发展壮大。但其壮烈的成就绝不是为了宣泄个人的快意恩仇，或表现自己内心深处的喜怒哀乐，而是胸中怀有远大的抱负和义不容辞的神圣的历史责任，他们自觉地将自己的存在同整个家族、民族的前途命运紧紧地联系起来，自觉地将自己的历史使命同现实人们正在进行的社会生产和社会生活实践紧密联系起来，在他们身上所体现的是常人难以具备的坚忍不拔的开拓品格和深沉而厚重

---

① 《史记》卷十三《三代世表》，北京：中华书局，1959年标点本，第487—488页。
② 《史记》卷十八《高祖功臣侯者年表》，北京：中华书局，1959年标点本，第877页。

的历史责任感,并且为了共同体的利益富于自我牺牲。因此,在他们身上所体现的绝不仅是个人的思想、个人的欲望,他们是其所处的时代和生活于其中的社会集团的突出代表,他们的牺牲精神同后人的幸福生活紧紧联系起来,而且也只是为了其后人更好地生存,使族群得以延续、发展。因而在他们死后,后人也必然对他们深切怀念,以至于形成念念不忘、代代相传的传统,进而生成了独特的祖先崇拜文化。

2. 中国传说传统文化的理性化途径

更为重要的是,由于血缘意识和祖先崇拜必然有其外在的表达方式,因此,宗庙祭祀制度和丧葬仪式随之产生,在政治上、宗教上进一步强化了中国原有的心理机制。由于史料的缺乏,我们今天已经难以全面地了解古人的祭祀制度和丧葬仪式,但是,仅仅从《周官》和《礼记》的上述有关记载中,依然可以看出祭祀制度、丧葬仪式与后来史传的渊源互接关系。在祭祀过程中,主持者颂扬其先祖之善德、功烈、勋劳、庆赏、声名,并将其铭于钟鼎之上。同样,在丧葬仪式中,主持者也必须用一些歌功颂德的文字来称颂、赞美亡灵,以满足死者的生前期待,并抚慰生者的心灵。显然,祭祀和丧葬仪式上的这类回忆性或悼念性的文字,是后世史传创作的"原型"。因此,有学者认为中国的史传起源于宗庙祭祀和丧葬仪式等巫术文化,而且认为"列国史官都与祭祀有关"[①],这的确有一定的根据,并非臆测之论。其实,希腊罗马的传记史学的产生也与祭祀活动,特别是对先祖的祭祀活动有着紧密关系。比如,对于罗马而言,其对死者的重视程度也不亚于中国早期对祖先膜拜的程度,这就是为什么在罗马时期传记得以迅速发展的一个重要原因。这种对祖先功业的执著眷恋和缅怀,正是中国史传的文化源头所在。关于这一方面的内容,本文将会在后边详加说明。

以上所论述的是中国早期文化发展进程中的主要文化趋向,它是通过诸如《诗经》这样的经典作品将文化观念流传下来。同时,在中国早期及其后的发展进程中,还存在着另外一个重要的文化流派,它与《诗经》的文化观念有着明显的不同,也产生了多种文化典籍,如《山海经》、《淮南子》等,其中以《山海经》为突出代表。

---

① 许地山:《道教史》,上海:华东师范大学出版社,1996年,第166页。

第三章 早期文化的理性化进程与中西传记史学的关联

在茅盾先生看来,《山海经》"是一部包含神话最多的书,但形式又极像地理书"①,故由此而得名。《山海经》的作者是谁,作于什么时代,这都是学界争论不定的疑难问题。相传为禹所作,但其真正作者实不可考。司马迁在《史记·大宛传》中说:"至《禹本纪》、《山海经》,所有怪物,余不敢言也。"②"盖至近代,差不多一般的意见都承认《山海经》是汉以前的古书。"③《山海经》的神话内容很多,可以简单将其归纳为创世神话、始祖神话、洪水神话、战争神话、民族精神神话等几大类。其中所蕴涵的文化观念与《诗经》有着明显的不同,这种不同之处主要集中在它所表现的是大量的自然神话内容,而且这种自然神话如果同古希腊罗马的自然神话相比较的话,其还没有较彻底的人格化。也就是说,它仍保留着相当程度的各种自然力的痕迹,具有自然神话的原生态特征,被人称为"语怪之祖"。因而在中国的传统文化中,虽然《山海经》的神话内容也经过了大量的改造,许多神话也被融入了中华人文精神的体系之中,但它终归不属于以现实人生为关注对象的中华文化的主流形态。因而将《山海经》和以《诗经》为代表的中国早期的文化观念相比较的话,前者对中国历史观念或传记史学观念的产生并未起到《诗经》那样直接而重要的作用。

(三)中国的传说传统与历史的内在联系

1. 史学与巫祝的关联

中国的历史学家与原始文化有着紧密的关系,一方面,"史"即是"巫",是"巫"的承续,史与巫的共性在于史是在巫的发展过程中分化出来的一个新职能,东汉许慎《说文解字》云:"史,记事者也。从又持中,中,正也"④。《尚书·酒诰》郑注:"周官有大史、小史、内史、外史、御史、女史。其属又各有府史、胥徒史,主造文书者亦称史。凡府史,皆其官长所自辟除。"⑤因此,史不可能脱离巫的总的职能。《礼记·礼运》说:"王前巫而后史","祝史巫皆巫也,

---

① 茅盾:《中国神话研究初探》,南京:江苏文艺出版社,2009年,第20页。
② 《史记》卷一百二十三《大宛列传》,北京:中华书局,1959年标点本,第3179页。
③ 茅盾:《中国神话研究初探》,南京:江苏文艺出版社,2009年,第23—24页。
④ (汉)许慎《说文解字》云:"历,过也,传也。史,记事者也;从又持中,中,正也。"其意为对过去的事情所做的客观的记录。
⑤ (汉)许慎《说文解字》,北京:中国书店,1989年。

而史亦巫也"①；但另一方面，"史"又毕竟是巫的理性化的新形态和新阶段，其中非常重要的一点是"史"、"巫"对天文历法的掌握。

巫原指萌发于原始巫术和宗教的一种原生的文化形态。文化人类学的研究成果表明，人类早期的宗教职能本来是由巫觋担任，后来开始有天官和地官的划分。所谓天官，即祝、宗、卜、史一类职官，他们是管通天降神；地官，即司徒、司马、司工一类职官，他们管理土地、民人。祝、宗、卜、史一出，则巫道衰落，但巫和祝、宗、卜、史曾长期较量，最后是祝、宗、卜、史占了上风。其中他们的具体职责是：祝掌管祭祀，指祭祀时司告鬼神的人；宗管世系；卜司占筮的人；史管记事。

按照一般的国家形成理论，绝大多数原生态的国家，在其形成文明和国家的过程中，既产生了行政和军事的最高统治者或执政，又形成了一个掌握祭祀以铺佐王权统治的祭司或巫师阶层。这也是当时唯一的知识阶层，我国古代称之为"宗祝卜史"。正是通过这一阶层的作用来体现了王权的神圣性和宗教性，和在现实进行政治统治的正当性。对此，童恩正先生指出：

> 科学的发展，必然带来新学科的独立；而制度的进步，也必然表现在职务分工的细密。于是随着时间的推移，我们可以看到各种专职神职人员逐步从祭司集团中分化出来，过去由巫师总揽的很多知识，现在都成了新的学科，而且按照自己的科学规律，向前发展。即使在宗教事务的内部，神职人员也只能各司其职。由一个人包罗万象的时代，已经一去不复返了。于是我们在此可看到一个矛盾的现象：一方面是远古巫术的衰落；而另一方面，又是远古巫术所包括的内容的发扬光大。很多在原始社会还处于原始状态并为巫师所独家掌握的科学和制度，在历史时代都成熟起来，正规化起来，从而达到了前所未有的高度。②

从文化发展来看，由巫中逐渐分化出"史"职，它意味着我们祖先在进入文明社会以后所产生的一种新的文化成果，并为以后的人文发展指明了方向。这样看来，巫、史、祝、卜是中国古代早期知识分子的基本类型。

---

① （汉）郑玄注、（唐）孔颖达等正义：《礼记正义》，北京：中华书局，1980年十三经注疏本，第1425页。

② 童恩正：《中国古代的巫术崇拜及相关问题》，转引自李泽厚：《李泽厚说巫术传统》，上海：上海译文出版社，2012年，第56页。

第三章 早期文化的理性化进程与中西传记史学的关联

正如戴维·霍金斯（D. Hawkes）所言："非常明显，中国古代的巫师是多种艺术的大师，也是文化的保有者。不过随着世纪的推移，随着巫师内部学问的愈来愈精细化，巫师的地位自然也日趋下降，相对应的是，其他的专家们则逐渐取代了他们的地位，于是'巫'一词的内涵也就日益变得单纯起来。在研究中国的'巫'的历史时，学者们很容易忘记这一点，这就是巫的功能的缩小，并非一定意味着巫术崇拜的消失，在有些情况下，它不过是表明专业分工在巫的内部的逐渐成长而已。"①

如果从中国的文化史来看，上述观点有其合理之处。众所周知，先秦史官的职守较为复杂，长期以来，人们往往将史与巫祝并称，且史官与祝宗卜史确有相通的地方，其实他们之间并不完全一致，而且，随着文化越来越深入的发展，他们各自的特征越来越明显，其中的差异越来越多，区别也越来越明显，这是我们在探讨先秦史官这一问题时应该特别注意的。具体于史官而言，记载大事、保存典籍则是其重要职责。对此，《左传》中有许多材料可以说明。

《左传·昭公二年》载："晋侯使韩宣子来聘……观书于大史氏。"②《左传·庄公二十二年》载："周史有以《周易》见陈侯者。"③再如，《左传·昭公十五年》载，周景王宴请晋使，席间周景王责问晋国为什么没有同其他诸侯国一样，向周王室贡献宝器以尽诸侯之礼。荀氏自知理屈，难以言对。周景王借此责备晋国不尽诸侯对天子的礼数，并历数周王对晋国的种种赏赐和恩惠之后说道："且昔而高祖孙伯黡司晋之典籍，以为大政，故曰籍氏。及辛有之二子董之晋，于是乎有董史。女，司典之后也，何故忘之？"④晋使走后，周王仍无法平息内心的不满，讥讽道："籍父其无后乎？数典而忘其祖。"⑤可见，董史守藏典籍的职能是非常明确的。又如史墨保存典籍、熟谙典籍掌故，他为魏献子讲述豢龙氏、御龙氏的历史形成原委，从远古追溯下来，环环相扣，如数家珍，了如指掌。由于史官的职能是记载历史，保存原始典籍，因而他们熟悉历史，同样善于解释历史，事实上，我国古代尚处于童年时代的史学正是由此而不断得到发展。在此需要强调的是，史官与巫祝突出的不同点在于，史官的使命更多地与人事的种种活动

---

① 转引自李泽厚：《说巫术传统》，上海：上海译文出版社，2012年，第56页。
② 杨伯峻：《春秋左传注》修订本，北京：中华书局，1981年，第1226页。
③ 杨伯峻：《春秋左传注》修订本，北京：中华书局，1981年，第222页。
④ 杨伯峻：《春秋左传注》修订本，北京：中华书局，1981年，第1373页。
⑤ 杨伯峻：《春秋左传注》修订本，北京：中华书局，1981年，第1373页。

内容有着较为紧密的关联。他们不靠代传言祥、敬事鬼神来说明历史变化的原因，更能直面现实的人事活动本身。一般而言，由于史官与原始的宗教活动有着渊源关系，先秦时期的史官在料理自己铭文记事职责的同时，都兼通《易》学的。

当然，史官与原始宗教的内在关联是史官发展的一个不可逾越的历史阶段，这一状况说明了史官的作用并没有完全独立，而是明显受到原始宗教的影响。对此，在看到史官发挥其用的局限的一面的同时，还要看到原始宗教对史官作用的一些长期的正面影响。这具体表现在：

其一，先秦的许多史官的历史思想中都包含有运动变化的观念。例如，《昭公·三十二年》鲁昭公客死于乾侯，乃为当时列国热议的一件大事。由是，赵简子问史墨："季氏出其君，而民服焉，诸侯与之，君死于外而莫之或罪，何也？"① 是啊，鲁的大夫季氏以下犯上，逐国君鲁昭公于外，使其最终客死异地，这岂止是有违伦礼，简直就是大逆不道的罪行，然鲁民却乐观其成，这是什么道理呢？史墨对此事件做了经典的解释：

> 物生有两、有三、有五、有陪贰。故天有三辰，地有五行，体有左右，各有妃耦。王有公，诸侯有卿，皆其贰也。天生季氏，以贰鲁侯，为日久矣。民之服焉，不亦宜乎！鲁君世纵其失，季氏世修其勤，民忘君矣。虽死于外，其谁矜之？社稷无常奉，君臣无常位，自古以然。故《诗》曰："高岸为谷，深谷为陵。"三后之姓，于今为庶，主所知也。在《易》卦，雷乘乾曰"大壮"，天之道也……政在季氏，于此君也，四公矣。民不知君，何以得国？是以为君，慎器与名，不可以假人。②

显然，史墨的回答非同凡响。他不是就事论事局限于政治伦理本身来评判鲁昭公客死异地这一事件的长与短，而是首先深入探讨了这一事件发生根本性的原因，即突破事件的表象，从事物内部客观的矛盾运动出发，认为客观事物是个矛盾的统一体，都是由其内在对立的两个方面组成，揭示了事物对立的双方在一定条件下矛盾转化的基本法则，并把矛盾的观点上升为事物的根本原则，其所统辖的不仅仅是自然界，人本身和社会现象也不例外。换言之，史墨将这一根本性原因上升到理性的层面，为解释这一事件的深层次原因提供了坚实的

---

① 杨伯峻：《春秋左传注》修订本，北京：中华书局，1981年，第1519页。
② 杨伯峻：《春秋左传注》修订本，北京：中华书局，1981年，第1519页。

第三章　早期文化的理性化进程与中西传记史学的关联

理论根据；在此基础上，力图从社会发展变化的角度来阐明这一事件发生的内在的必然性和现实进步性，然后再上升到哲学的高度来回答，提出了著名的辩证法命题。从人事政事上的变化，揭示了在一定条件下矛盾的转化原理，他用"高岸为谷，深谷为陵"①来说明变化是自然普遍发展的规则，"社稷无常奉，君臣无常位"是政治社会发展的法则。"鲁君世从其失，季氏世修其勤"使鲁民久而"忘君"，"出其君而民服焉"②，鲁君虽为君却失德，而季氏虽为臣却修其勤，君、臣、民三者之间相互依存的根本前提既然变化了，人心的向背也就有所不同了。史墨的解释，不落俗套，从当时所发生的深刻社会变革出发，用我国古代早期的朴素辩证法内容为根据，由浅入深，但又深入浅出，批判了反对社会变革的观点，反映了春秋末期社会大变革的时代发展潮流。

其二，史官的记事活动一直在不同程度上保持着履行使命的"神圣性"。其实，在中国历史传统中，特别是在早期历史的产生和发展中，史与巫的关系不仅是一种分化的关系，而且还是相联系相包容的关系，并在许多方面还促进了历史的发展，绝非只是表现在历史挣脱巫、神，以摆脱其神圣性而获得世俗性这一个维度上，而是还表现在历史渐渐向独立的世俗的发展过程中，有意识地保留一些巫所具有的神圣性上，借以促进自身的发展，但这一点却往往被人们所忽视。这种巫所具有的神圣特性对于历史学发展的促进性主要表现在——它对历史学家所记载的历史的真实性也同样具有神圣性的要求，即为了求真求实，史官们不畏权贵，不惜赴死而不辞。其结果，在中国史学史上就出现过一幕幕震撼人心的求真历史壮举：史官们不畏权贵，秉笔直书，甚至为了求真，史官们竟然前仆后继，慷慨就义。如《左传》载，晋灵公攻杀赵盾，赵盾遁逃以保身，但其后在晋国发生的赵穿攻杀灵公之事虽与赵盾无直接关联，但史家也有理由使其有口难辩。

> 赵穿杀灵公于桃园。宣子未出山而复。大史书曰："赵盾弑其君。"以示于朝。宣子曰："不然。"对曰："子为正卿，亡不越竟，反不讨贼，非子而谁？"宣子曰："呜呼！诗曰'我之怀矣，自诒伊戚。'"其我之谓矣。③

如果对这一勇敢而无畏的行为仅仅用人文主义的精神加以理解的话，显然

---

① 杨伯峻：《春秋左传注》修订本，北京：中华书局，1981年，第1519—1520页。
② 杨伯峻：《春秋左传注》修订本，北京：中华书局，1981年，第1520页。
③ 杨伯峻：《春秋左传注》修订本，北京：中华书局，1981年，第662—663页。

与中国史学发展的传统和文化相脱离。当然，不管从现代史学的求真角度，还是从先秦史官所秉持的"直书"的角度来看待晋灵公被杀事件的话，赵太史的定论"赵盾弑其君"也确有可商榷之处。但为什么当时返晋后掌握朝柄的赵盾对太史的记载心怀不满，但又无可奈何呢？究其原因，乃在于史官本身这时仍保留着许多求真之外的非历史的神圣的气象，且两者交织起来，使历史在发挥其求真的作用同时，还具有明显的伦理学的功能。这样看来，赵大史家在此所表现的如此浩然正气和赵盾对史家正气的认同感绝不仅仅归之于求真的这一维度，更重要的是与对史家履行职责的传统神圣性的尊崇有着重要关系。

再如，齐国国君庄公淫乱臣崔杼妻，而后崔杼设计，使齐庄公死于非命。"大史书曰：'崔杼弑其君。'崔子杀之。其弟嗣书而死者二人。其弟又书，乃舍之。南史氏闻大史尽死，执简以往。闻既书矣，乃还。"① 史官为求真不惜献身，视死如归，可谓惊天地泣鬼神，终使崔杼望而生畏，放下屠刀，使史官以记实而告终。同样，前者的正气和后者对前者正气的恐惧，对此的解释显然不能仅仅用史家的求真良知来说明这一问题，因为从中外历史发展史来看，史家的求真品质大多是用才能来加以叙述，但一般不能用鲜血和生命来加以撰述。愈到历史的后期，这种悲壮的用自身性命来求历史之真的惨剧则愈少，其后的司马迁则是绝唱了。究其根本的原因，具体于中国史学而言，随着大一统的封建的中央集权制的专制统治的建立，中国史官所处的历史环境和发挥的作用发生了重大变化：第一，社会历史现象越来越复杂，历史撰述的难度越来越大，往往需要多人共同编撰，撰史者的个性品格在历史著作中的作用就大大削弱了。第二，历史的职能越来越专业化，其传统的神圣性宗教职能越来越弱，而更多地转化为匡正社会的伦理作用。第三，封建的专制王权为了维护其统治，在不同程度上影响了史官对历史进行独立的、客观的撰述。其实这一问题是一个非常复杂的问题，有一种倾向认为，专制政权对历史的影响只表现在对历史学求真的阻碍方面，以美化神化其政治，因此历史求真的余地不是扩大了，而是逐渐在缩小。但历史本身又是一个非常复杂的矛盾体，专制王权固然有其为了维护其统治以掩盖其历史真实性的一面，但另一方面专制王权为了使其统治长久又需要历史的真实来为其提供借鉴，以免重蹈前朝覆辙。我国史学名著《资治通

---

① 杨伯峻：《春秋左传注》修订本，北京：中华书局，1981年，第 1099 页

鉴》的出世即如此。

所以，如果将先秦的这些史学家为了求真所表现出来的无与伦比的高贵与尊严置于当时的历史环境下，就会发现这些历史学家还没有失去对历史职业神圣性的保持和敬畏，而且这一观念在当时的历史环境下还有相当浓厚的社会文化基础，从而对当时的当权者还有相当大的社会文化约束力。这一点恐怕不仅是理解中国史学产生的一个重要途径，而且也是理解其后史学能够进一步发展的一个重要原因。换言之，中国史学不断发展的最根本的原因在于中国的历史学与现实有着重要的关联，并且在中国的社会历史中还不同程度发挥着伦理作用，从而对现实的不合理的社会政治内容还具有明显的匡正作用。因而在中国历史及中国文化史上，历史学的地位特殊，它发挥着引领各学科发展的重要作用。当然，如何看待中国史学在中国历史发展中的地位是一个重大问题，对这一问题的深入探讨只能置之于后面各章了。

其三，史官因其职责的关系，都有深厚的历史知识，而在现实的政治活动中，他们又担负着"载笔"记言记事的职责，由此史官将"直言"作为他们记事载册的根本原则，并以此作为体现史官的作用，以达到匡正现实丑恶的目的，开启了先秦史官的"良史"之风，遂受到人们的称道，并成为中国史学的优秀传统。因此史官对社会变动现实的认识具有积极的意义。

从历史的经验和教训来看，随着现实社会政治依存条件的不断变化和调整，国家内部的政治结构和发展态势必然也要发生变化，这是促成国家兴亡盛衰的基本途径和原理，有其内在的必然性和因果逻辑性。而作为古代博闻多识的知识阶层——史官，借助已存在的种种产生、发展和变化的历史和现实的因素，进而去考察历史和现实政治运动现象变化的深层次原因，去认识、概括其中的一些带有必然性的内容；并对其以后的发展趋向进行合理地预期，一般而言，是有相当大的现实可靠性的。因此在《左传》中，就记载了许多史官对历史、当时社会现实、对诸侯国以后一些发展态势的洞见或预言。其实，在现在看来，其中的绝大多数预言，都可誉之为远见卓识，有很大的合理性，绝非巫辞所能比拟。因为这些史家的一些观念或对一些历史事件的分析和解释的根据，并非主观臆测，而是确实存在于这些国家内部的一些已被人们了解，或尚未被人们所关注的，但长期存在的矛盾情势和发展变化的诸因素现状。

2. 史与巫的差异

以上叙述了中国史学与巫祝的关联，其本意是为了强调史与巫祝神圣性两者之间存在着既有区别性但又有关联性的复杂矛盾关系。但在具体分析的过程中，两者的关联性方面似乎说得稍多一些，而二者的不同性方面好像分析得稍少一些。因此，下面将再用简短的篇幅对史与巫的不同关系予以强调。

近代意大利著名的历史哲学家维科曾经指出："在寻找人类制度的各种本质中，本科学进行的程序就是严密分析关于社会生活中人类必需或有益的人类思想，这种必需和利益是部落自然法的两条川流不息的泉源。在它的第二种原理方面，本科学因此就是一种人类理念的历史，根据这一点，似乎人类心智上的形而上学必须前进。这个科学皇后，即'科学必须从他们的题材开始那里开始'这一公理，在第一批人开始以人的方式来思维的时候就作为它的开始，而不是在哲学家开始反映理念时。"①维科在这里强调了野蛮人和具有理智的人的重要区别，就像柏拉图所说的那样，驯服这些野蛮人所依靠的只能是敬畏天神的方式，而这些野蛮人首先是通过对天神的敬畏开始了人的认识进程的，而和文明人所运用理念来认识世界的方式大不相同。②

从早期史官文化与原始宗教研究的实践来看，如果要从历史进程的具体时间点上对史官和原始宗教进行确切区别显然是相当困难的，因为在中国古代的早期阶段，缺乏足够可靠的文献资料对此问题以厘定；但这并不意味着我们对此束手无策，正如维科所指明的："划定这类人类思想究竟在何时何地产生的，这样就是用本科学的玄学的时历和地理来使这种历史具有确凿可凭性。"③也就是说，对问题的回答如果说从史学思想的观念上来加以分析的话，可能不失为一个好的办法。这样一来，如果我们把目光转向中国的思想史的话，就会发现其中的一些与此相关的非常重要的内容。其实，《论语》中"子不语怪，力，乱，神"④一语，具有很强的示范意义和深刻的思想内涵。如果以此思想观念为标志，作为巫与史之间分野的标志，也许人们更容易感受和理解。因为对"怪，力，乱，神"的崇信是巫官文化的突出特征，而不语"怪，力，乱，神"却是人事和史官叙述内容的中心。当然，对于神话与传说的关系问题，著名文学家赵沛霖先生从中西两种崇拜中，来揭示中西神话所具有的突出的不同点，并将

---

① （意）维科：《新科学》，朱光潜译，北京：商务印书馆，1989年，第163—164页。
② （意）维科：《新科学》，朱光潜译，北京：商务印书馆，1989年，第158—159页。
③ （意）维科：《新科学》，朱光潜译，北京：商务印书馆，1989年，第164页。
④ 杨伯峻：《论语译注·述而篇》，北京：中华书局，1980年，第72页。

第三章 早期文化的理性化进程与中西传记史学的关联

中西神话的不同特点同中西不同的历史化进程结合起来,有许多深刻的论述,①从而在这一问题上获得了重要突破。

二、古希腊的自然神话与传记史学观念的产生

(一) 古希腊的自然神话传统

1. 古希腊自然神话的内容

对于古希腊而言,其传记思想观念的发生与发展也经历了一个极其漫长的过程。史学界普遍认为,古希腊的历史观念的源头应始于《荷马史诗》。

《荷马史诗》由两部史诗组成,一部是《伊利亚特》,另一部则是《奥德赛》。这是两部互有联系,但又各自成书的史诗性作品。《伊利亚特》所描述的是人世间发生的旷日持久的十年战争大事,据该史诗和其他神话,特洛耶战争的根源是不和女神厄里斯精心制造的矛盾:她在忒提斯与珀琉斯的婚宴中,扔下了是非果——"金苹果",说要将它送给最美丽的女神。三女神——天后赫拉、智慧女神雅典娜和爱与美神阿芙洛狄忒为获得"金苹果",不遗余力,各出筹码,力图使人间最美的男子特洛耶王子帕里斯将"金苹果"判给自己,以赢得荣耀,满足自己的虚荣心。但在爱神的引导下,年轻的特洛耶王子帕里斯却将"金苹果"判给了爱与美神阿芙洛狄忒,由此引起诸神间的不和,播下了特洛耶战争的种子。之后,阿芙洛狄忒为了实践自己原先的承诺,促使帕里斯来到斯巴达,在神力的相助下,帕里斯和斯巴达国王墨涅拉奥斯美貌的妻子——全希腊最美丽的女人海伦,一见钟情,两人竟然不顾一切,私奔逃回特洛耶。以此为导火索,特洛耶战争的大幕徐徐拉开了。

这场战争在人世间两大团体之间展开,一方是以亚加米农为首的整个希腊联军,人数多达十万,另一方则是富裕而占据要地的特洛耶城,以城为据,不肯认输;希腊方面和特洛耶两者之间斗勇斗智,难解难分,有意思的是,由于"金苹果"归属问题不但引起了神界的矛盾,而且还导致神界的大分裂,即奥林匹亚的众多神灵也不甘寂寞,为了各自的荣誉和利益,随之分为两个派别,都不同程度地参与到战争中,发挥各自的神力,分别帮助自己认可的一方交战。

---

① 赵沛霖:《神话、历史与古史传说人物》,《天津师范大学学报》(社会科学版)1995年第2期,第53—60页。

这样一来,特洛耶战争真是热闹非凡,你来我往,互不相让,人神之间反复穿越,战况跌宕起伏,异彩纷呈。所以,特洛耶战争的突出特点之一表现在,并不只是人在战斗,也不只是神在争斗,而是人和神在协力作战,是不同的人和神的集团之间的规模庞大、时间漫长的战争。

虽然《伊利亚特》的主题是希腊与特洛耶之间的战争,但其中的一个重要的故事却是关于被称为"希腊第一勇士"、希腊英雄阿卡琉斯的愤怒及其后果的。阿卡琉斯和希腊联军司令迈锡尼王亚加米农是该史诗的核心人物。该故事说的是亚加米农竟然依仗其权势,强占了阿卡琉斯的女奴,引起了阿卡琉斯的极端愤怒,并由此宣布退出战争。阿卡琉斯因愤怒而退出战局的直接后果,使得希腊联军和特洛耶战争获胜的天平偏向到了特洛耶,希腊联军岌岌可危;但由于阿卡琉斯挚友帕特洛克罗斯的壮烈牺牲,使得阿卡琉斯摒弃前嫌,重上战场,在决斗中所向披靡,杀死了特洛耶最勇敢的战将赫克托尔,希腊联军的胜利在望了。但特洛耶一方的支持者阿波罗神这时又发挥作用了,特洛耶人的箭射中了阿卡琉斯的脚后跟,希腊最著名的战将也死去了。由于双方最勇敢的战将都阵亡了,战争也进入了长期的胶着状态。持续到第十年,战争仍未结束,特洛耶久攻不克,希腊联军进退维谷,陷于危境。在这一背景下,"智多星"奥德修斯开始在战争中发挥重要作用了。在奥德修斯的策划和实施下,希腊联军巧施"木马计",在神的帮助下,里应外合得以最终攻破特洛耶城。战争的结局是以特洛耶被彻底毁灭、希腊联军的惨胜而告终。

当然,之所以将《奥德赛》与《伊利亚特》合编在一起,称为《荷马史诗》,其重要原因之一是两部作品的内容之间存在着内在的关联。《奥德赛》讲述的是特洛耶被希腊联军灭亡后,希腊的各路英雄回家的艰难旅程。其中叙述的主要人物是伊大卡岛的主人奥得修斯回家的传奇故事,历时十年,大致分为这六大部分:开始是以奥德赛之子帖雷马科在雅典娜的劝说下离家外出去寻父;之后奥德修斯告别月神到达腓尼基人居住的斯赫里岛,受到了国王的盛情款待;再后奥德修斯讲述战后自己在海上漂流的神奇经历;接着则是奥德修斯克服千难万险返回到了故土伊大卡岛,但却面临着有家难归的悲苦处境;伊大卡众多贵族想当然地认为奥德修斯长年在外不归,必客死他乡,由此要求获取其王位、爱妻并瓜分其财产;其后奥德修斯在牧猪奴和儿子的帮助下,杀死了向其妻求婚的伊大卡贵族安廷诺斯和其他贵族,并处死了背叛他的家奴;但随之而起的

第三章 早期文化的理性化进程与中西传记史学的关联

是,伊达卡的众多贵族家庭以家人被杀为名,聚众复仇围攻奥德修斯,一场惨烈的大战即将发生。在此关键时刻,雅典娜女神又出神力相助,使奥德修斯与背叛他的贵族家庭和解。令人欣慰的是,奥德修斯经过了十年征战,又经过十年艰难的回家历程,以他的过人智慧,在神的帮助下,既避免了众多希腊英雄未死于战场,却死于归国途中的悲剧,又避免了亚加米农虽然回到家中,却被其妻伙同情夫杀害的惨剧。史诗《奥德赛》则是以全家大团圆为最后的结局。《奥德赛》故事情节虽然起伏跌宕,瑰丽多变,但保持不变的是奥德修斯不惧艰险,拒绝各种妖魔诱惑而迫切回家的心情,这种情感着实让人感动,在这一过程中奥德修斯表现出的努力和聪明才智,也着实让人惊叹不已。

2. 自然神话中的自然崇拜及其转型

《荷马史诗》的一大显著特色是将人的活动与神的干预紧密交织在一起。例如,奥德修斯在回国路上,困难重重,但使人高兴的是,他在危机之处总能逢凶化吉,其中所显示的当然不仅仅是奥德修斯的机智、勇敢和忠诚,而且也显示了众神对奥德修斯的关爱和帮助,因此,《荷马史诗》较充分地显示了神和与人性的相通和理解。"在史诗中,已经可以看到希腊人所具有的最初的人本观念。史诗把人的本性揭示得相当深刻,作者歌颂人类的聪明才智,嘲笑和谴责神的凶恶,在凶残的自然力面前,也笃信人的力量和智慧,史诗处处洋溢一种人格的力量,而失去的却是神灵们头号上的灵光与尊严。"① 虽然在史诗中,活动的还有奥林匹斯山的众多神灵,这些神灵由于大多都主司自然界或人世间的某一部分内容,因而这部史诗从总体而言,明显地带有自然崇拜的痕迹。但在《荷马史诗》中,也已经可以清楚地看到,这些丰富多彩的基于自然崇拜的希腊神话英雄,都已经过万物都有灵的原始发展阶段,而开始进入了与人类发生紧密联系的新阶段,从而其神性都呈现出人格化的特征。这也就是希腊神话的一个重要特点"神人同形同性"。这是自然崇拜与英雄崇拜、祖先崇拜结合起来所产生的重要成果。由此,古希腊的山林里面的神灵和人们的关系越来越近,人格化的诸神身上也开始具有凡人的形象,也开始具备了凡人的种种优秀品格,如勇敢,善良,宽待驯服者,仇视忤逆者,同时也具有人所具有的一些缺点:懦弱,残忍,嫉妒,逞能,好报复,喜功名。伤心时也同人们一样悲痛落泪,

---

① 张广智:《西方史学史》,上海:复旦大学出版社,2000年,第8页。

高兴时也和人们一样兴高采烈，手舞足蹈，诸神的喜怒哀乐，溢于言表。可以这样说，与其说人们在《荷马史诗》中看到的是众神们不同风采的活动内容，还不如说更多地看到了希腊尘世社会中人们的真情实感以及生活场景。显然，希腊原始的自然崇拜和神话在新的社会环境下已开始转型，不但同原先的自然物形象大不相同，已具有了人的形象，而且也与原先几乎不与人间相关联的自然崇拜的观念拉开了距离，这时的自然崇拜观念已经与现实社会建立起新的较为密切的联系。如果剥离希腊神话的外表，就会发现其中由自然崇拜转化而来并包含的英雄崇拜和祖先崇拜的丰富的社会内容。例如海洋女神忒提斯（Thetis）爱慕人间的俊男——凡人英雄珀琉斯（Peleus），并与之结婚，生下了希腊英雄阿卡琉斯，他是参加特洛耶（Troy）战争的唯一一个半人半神。这一故事很有典型性，人神结合，并生出后代，极具人性特征，这充分说明在古希腊人那里，神与人之间已经不存在不可逾越的鸿沟。在古希腊的宗教发展进程中，不是人越来越具有神性，而是神愈来愈具有人性，是神向人的转变。古希腊神话的这一特征与中国的传说文化有明显的不同之处：在中国的早期宗教观念中，是祖先的人性越来越具有神性，是由人向神的转变。

与《荷马史诗》的历史原型相对应的是，在其中的一些篇章中，已经出现了古希腊人关于"历史"的最初概念，而且还出现了表示"历史"概念的词语——其意义为通过对目击者提供的证词进行调查、从而获得事实真相。后来希腊语中的"历史"一词，就是直接从这个含义上演变而来。尽管这个词语在史诗中使用时的含义还不确定，但是它至少已经包括了上述的基本含义。

《荷马史诗》相传是由盲诗人荷马写成，实际上它是许多民间行吟歌手在长达数百年的时间里的集体口头创作。它包括了迈锡尼文明以来的口头传说，直到公元前6世纪雅典僭主庇西特拉图时期才正式编撰成系统的史诗。因此，它作为史料的话，所反映的不仅是公元前11世纪到公元前9世纪的社会情况，其中也有相当数量的迈锡尼文明时期的历史记忆，而且在叙述、回忆和整理迈锡尼文明和荷马时代——公元前11到公元前9世纪的历史内容中，自觉或不自觉地留下了不同行吟诗人和史诗整理者所生活的公元前9到公元前6世纪希腊的社会历史和文化记忆。

3. 自然神话与历史

《荷马史诗》的内容丰富多彩，它不仅反映了荷马时代的社会文化生活，而

第三章 早期文化的理性化进程与中西传记史学的关联

且还对其后希腊的社会文化产生了重要而深远的影响,因此,《荷马史诗》被称为是希腊人的"圣经"。具体而言,它对希腊的史学和传记史学的产生都产生了重要影响,这种影响主要表现在以下几个方面。

其一,史诗中的人性色彩特别明显。荷马史诗虽然总体而言是属于神话作品,但其中的行为主体所反映的都是现实的人与真实的性格,包括现实中人的优点及缺陷。例如,史诗所讲的特洛耶战争的导火线就是三位女神争夺"金苹果",而美男帕里斯却舍弃了权力和智慧,将代表人间最美的女人的金苹果判给了爱与美女神。之所以会产生这一选择结果,正是作者揭示了妇女的爱美和妒忌、俊男热爱美色的人性特点,由此展开了一系列生动的故事情节。而爱神阿芙洛狄忒为了履行自己的诺言,则帮助帕里斯获得了人间最美的妇人海伦;战火开始后,又在战争中全力支持特洛耶。而赫拉和雅典娜对帕里斯的选择自然强烈不满,为维护自己的尊严,二位女神坚决支持希腊联军进攻特洛耶。还有,在战争中阿卡琉斯和亚加米农为了一个漂亮的女奴反目为仇,且在战争的关键时刻不惜以拒绝参战来表达自己的不满,以维护自己的尊严,这是人性而不是神性,当然阿卡琉斯的这一态度大大影响了战局。这样的例子还有很多,史诗中虽然有大量的情节是神在导演并亲自表演,但最令人印象深刻的是,神的内心已经是与世人的思想观念相差无几了,而人心的向背从根本上也影响了战争最后的结局。

其二,史诗体显现了内在的因果关系。《荷马史诗》是由两大部史诗联结而成的大型史诗,两者分别有叙述的中心故事,并由大量的复杂有趣的情节组成,整体史诗的长度为27800行,时间的跨度为二十年,作战双方为希腊联军和特洛耶,天界和人界都卷入其中。战争的经过和战后希腊英雄们的回国历程涉及众多人物、神灵,故事的地点变换不定,叙述方法多样,有顺叙,有倒叙,有插叙。显然,要将这样一个复杂、漫长而多变的神话故事有声有色地叙述下来,没有一个基本的叙述观念是无法完成的任务。由此看来,《荷马史诗》在整个故事的背后隐藏着一个重要的人文思想原则,就是因果律。也就是任何事情的发生都是有其内在的必然性,此一事件原因必然会引起彼一事件的结果,而且这种必然性是能够被人们所认识的。换言之,《荷马史诗》是用因果关系将这么多的复杂内容统一起来,形成一个散而不乱的神话有机结构。具体而言,试看庞大的《荷马史诗》的整体内容,其内容虽然复杂多变神奇幻妙,但都是由人们可理解的原因一步一步引起的，并从一个结果逐渐走向另一结果。其中战争发生的原因，战争的进程，战争的结果，直至战争的结束和奥德修斯最终如愿以偿，回家团聚，都表现出了人们在现实生活中能够理解的因果关系；并由此而与史诗中的英雄的思想、情感和结局发生强烈的情感共鸣，并进而引发人们对这一事件的深层次的思考。因而史诗整体结构和情节不但表现了生动性，而且故事的进程也呈现了合理性。

其三，史诗情节浪漫、跳跃而神奇，展现了突出的英雄式品格。《荷马史诗》之所以被称为是神话作品，其突出的原因在于两个方面：一方面，是由于整个史诗中都体现了以下几个特征：首先是它的浪漫性。浪漫指的是故事与情节远远高出于现实的生活状态，与人间尘世人们的所思所想有较大的距离；其次是给人的跳跃感。跳跃性是指时间和空间不断变化穿插，故事的发展常常出人意料，非人力所能操控，其结果屡屡峰回路转，却在人的情理之中，尽管如此，仍不免使人感到惊讶不已；再次是它的神奇性。神奇性指的是故事的发生和变化及其结局都与神灵的密切参与息息相关，人神共舞，群英荟萃，其中的故事情节自然神奇无比。另一方面，则在于神话所体现出的英雄品格。当然，神话中的人并非一般凡人，无论是社会关系、武功、才能，还是权势与威力，他们都远远高出于一般常人。例如，阿卡琉斯武功盖世，其有父有母，但却是神人结合；"智多星"奥德修斯智慧超凡，经历神奇，却也如一般凡人一样，过着有家有妻有子的俗世生活，等等。《荷马史诗》中这些英雄虽有父母，也有家族，但其父母和家族不是出于神系，就是表现出超乎常人的生活方式，缺乏真正的家族历史的真实内容。因此，尽管《荷马史诗》中的故事都有大量的离奇叙说，展现了这些人物的极大能量，但这些人物其实都是人间的著名人物，从而具有世间人们称赞的英雄式的人物品格，但却和世上的真实人物的身世、生活经历和能量大不相同。其实，这种英雄人物的品格也与希腊传统的英雄崇拜相吻合。显然，史诗是在自然崇拜及祖先崇拜的基础上突出了英雄崇拜，或者讲，是用英雄崇拜统一了其他的宗教崇拜形式。

当然，不管史诗如何浪漫，叙事方式如何跳跃，故事的发展进程如何神奇，其叙述的重点和核心都是世上的人事——得与失。只要人生活在这个社会中，就会在意个人的得失，因而《荷马史诗》虽然是神话，但所叙述的一切内容都在人的理解力的范围之内，而不是之外。

（二）古希腊的家族神话传统

1. 古希腊家族神话的内容

还需要注意的是，在古希腊的史诗中，还有一种和《荷马史诗》有明显区别的史诗作品，这就是赫西俄德的《工作与时日》和《神谱》。

赫西俄德出生在古希腊普拉提亚一个农家，据《工作与时日》的内容看，他一直守在家乡，从未远出过其他地方。① 至于他生存的年代问题，学界没有定论，但从他的作品内容来判断，较一致的看法认为赫西俄德生存和创作的时间大约在公元前8世纪前半期。如果将《工作与时日》、《神谱》与《荷马史诗》相比较的话，不同之处首先表现在人们相信并认为《神谱》是真实的历史人物——赫西俄德的作品。

《工作与时日》的内容很多，中间还有相当数量的格言，粗看起来，好像是将一些缺乏内在联系的诗歌堆砌起来，容易给人造成一个错觉，以为该著作缺乏主题。但如果仔细阅读这部作品的话，还得承认，虽然作品之中的内在联系较为松散，但从全部诗歌中还是可以看到其想要表达的主题。这主要表现在：其一，虽然作品吟唱的是农家的一年四季全面而具体的生活内容，但吟诵的主题却是教人如何幸福、快乐地生活，揭示了当时人们对生活的真诚理解和热切期盼。其二，赫西俄德认为，若要达到幸福生活的目标的话，勤劳是基础，而对神灵的真诚信奉也是条件，"一个人做自己的工作，不犯永生的生灵，能识别鸟类的前兆和避免犯罪。这些人在这些日子里就能幸福快乐，就能幸运。"②对当时复杂的人事关系的正确处理，也是保障个人幸福生活的重要因素；其三，该部作品的核心观念则在于倡导和讴歌公正与勤劳的美德，突出了当时希腊小农力图依靠自身的努力、依靠社会的公平正义使自己过上幸福快乐生活的美好愿望。

如果从这部书的内容再联系赫西俄德个人的生活经历，可以获得这样的感受：这部作品散发着浓郁的乡土生活气息，它既是对当时社会生活的一种真实的描述，更是自己人生体验的总结和反思，因而《工作与时日》所反映的社会内容具有相当大的真实可靠性。

---

① 详见《工作与时日》650行以下内容。
② （古希腊）赫西俄德：《工作与时日》，张竹明、蒋平译，北京：商务印书馆，1991年，第25页。

相较于《工作与时日》,《神谱》是赫西俄德更为重要的一部著作。①

《神谱》从内容上包括三大部分:第一大部分为序曲,述说了缪斯的诞生和缪斯九神的名字、性情,之后由作者祈求缪斯述说诸神的诞生而转入正题——第二大部分。这是全诗的主体部分,占据全诗的绝大部分篇幅,其内容是在述说宇宙诸神和奥林波斯诸神世界的诞生和各自的形象性情及其复杂的亲缘世系。第三大部分为结尾。话题转向另一批半神半人的英雄的产生。他们是一群凡间淑女和男神相爱所生的子女,并成为希腊世界的一些部落或氏族的祖先。

2. 古希腊的家族神话的中的神话观念:祖先崇拜

如果将《神谱》与《荷马史诗》相比较的话,两者虽都属于神话系统的作品,但《神谱》却反映了与《荷马史诗》明显不同的神话观念。

其一,《神谱》在这一作品的最突出之点就在于赫西俄德将奥林匹亚的诸神界,按照人间的家族形态将原先庞杂零乱的神话内容进行了一番整理,将其加工成为一个神圣的宗法家族。其重要意义在于完成了希腊神话的统一性。"最先产生的确实是卡俄斯(混沌),其次便产生该亚——宽胸的大地……"② 大地母亲的后裔以天神乌兰诺斯系为主系,有十二提坦巨神,最为繁盛,成为宇宙最早的统治者;之后乌拉诺斯被他的最小儿子克洛诺斯推翻,之后克洛诺斯又被其最小的儿子宙斯所取代;此后便是宙斯的子女雅典娜、阿波罗等的出世,给诸神分配职司,最终以宙斯为中心建立了希腊北部奥林匹斯山十二神的统治秩序。③ 在这个神的世界的结构中,还有女神和凡间男子生了半神半人的英雄们。此外,还有一些旁系的神怪与恶物。如果仔细对比《荷马史诗》和《神谱》二者,就会发现其中的一些重要区别,这种区别表现在,《神谱》的突出特点——用家族观念来重新整理古希腊的宗教系统,也就是将《荷马史诗》中的众神编织成一个神圣的家族——类似于人间的以血族关系为基础的大家庭,而这个大家族的父系家长就是宙斯。

---

① 这部作品也是很具争议性的一部作品。而争议的最大问题为《神谱》是否为赫西俄德所作。尽管如此,学界主流还是认为赫西俄德为《神谱》的作者。详情见(古希腊)赫西俄德:《神谱》译者序,张竹明、蒋平译,北京:商务印书馆,1991年。

② (古希腊)赫西俄德:《神谱》,张竹明、蒋平译,北京:商务印书馆,1991年,第29页。

③ 十二诸神分别为众神之父的宙斯(雷电之神)、天后赫拉、海神波塞冬、智慧之神雅典娜、太阳神阿波罗、月神阿尔忒弥斯、爱与美女神阿其芙洛狄忒、战神阿瑞斯、火神赫淮斯托斯商旅之神赫尔墨斯、农神得墨忒尔和灶神赫斯提亚

第三章 早期文化的理性化进程与中西传记史学的关联

不言而喻，希腊神话从其产生起就呈现纷繁复杂的现象，除各部落氏族自己创造的神话外，还由于希腊居民在古代曾发生过多次的迁移、冲突、交汇、融合，又继承了克里特、迈锡尼的一些重要的文化遗产，并在和先进的东方文明古国的接触中改造吸收了埃及和西亚的神话，再由于神话世代口传的性质，希腊神话既表现为丰富性又表现为庞杂性。但到了公元前8—前7世纪，随着希腊社会的重大转型，氏族社会开始进入文明时期——城邦时代，作为氏族社会精神产物的神话也进入了一个新阶段，以适应已建立的较氏族规模更大的城邦，以及随之而产生的整个希腊世界的观念。原先往往不同的神具有相同的职能和相同的故事，同一个神在不同的地区又会有不同的职能和不同的故事，就与希腊城邦和整个希腊世界的发展不相适应了，如此等等。在这一社会历史背景下，赫西俄德的《神谱》以奥林波斯神系为归宿，把诸神纳入了一个单一的世系。至此希腊神话的宗法家族体系构建基本完成。

其二，《神谱》还确立了奥林波斯对古代希腊人的宗教生活的直接影响。公元前8—前7世纪，在赫西俄德生活的时代，古希腊有三大宗教系统——奥林波斯崇拜、俄尔甫斯教派和扼琉息斯秘仪。奥林波斯所崇拜的主要是宙斯系统，而后二者崇拜的是狄奥尼苏斯。显然，《神谱》所推崇的就是崇拜宙斯的奥林波斯系统，而这一系统也正是《荷马史诗》所尊崇的系统，这是两者明显的共同之处。《神谱》显然是继承了《荷马史诗》的神话传统，树立宙斯对天上和人间的统治地位，而且还把宇宙诸神和外来的神都降到他的臣仆的地位，同时把人间的贵族巴西琉斯和宙斯拉上关系，把他们说成是宙斯的学生，歌颂他们的公正和智慧。这一建构显然符合希腊城邦建立之时，阶级社会初期贵族阶层的口味，在他们的提倡下，对奥林波斯诸神的崇拜成了占统治地位的宗教。

其三，《神谱》对希腊自然哲学的产生和发展也有直接的影响。在《神谱》里，诗人赫西俄德就以神缪斯的名义批评了《荷马史诗》的不真实性，以彰显自己的真实性。他以缪斯神的口吻教喻人类："荒野里的牧人，只知吃喝不知羞耻的家伙，我们知道如何把许多虚构的故事说得像真的一样，但是如果我们愿意的话，我们也知道如何述说真事。"① 从这里的表白中，可以看出古希腊文化中的另一重要系统，即以求真的态度来对史诗和神话进行叙述，这就是赫西俄

---

① （古希腊）赫西俄德：《神谱》，张竹明、蒋平译，北京：商务印书馆，1991年，第27页。

德的《神谱》。尽管在其中，他力图讲真话，但实际上他讲的仍是神话，仍是他所批评的"虚构"的故事，但《神谱》对自然哲学的影响甚至比对宗教的影响更为深远。①古希腊自然哲学一开始便以寻求世界的本原为其主课题，这和《神谱》中追述诸神的起源有着明显的联系。20世纪初的著名哲学史家康福德就不相信米利都学派的创始人——泰勒斯的水为万物之本原的思想是突然地从天上掉下来的或因地下迸裂而出来的。现代西方学者从第尔斯到格思里都从赫西俄德的思想中看到一种"离开神话向理性思想发展的倾向"②，因而都把赫西俄德作为伊奥尼亚自然哲学家的先驱之一。

显然，将《荷马史诗》与《神谱》相比较的话，两者的不同点则表现在《荷马史诗》所表现的是神的个性和功名，而《神谱》所表现的则是诸神的产生及宙斯为神王的历史进程、内容等，从中可以看出古希腊城邦早期宗教文化中的祖先崇拜的内容及其所产生的重要影响。当然，赫西俄德之所以能够创作出《神谱》，这可能与他的农民身份有很大的关系。由此，我们在古希腊的自然崇拜的早期文化系统中，也发现了一些与其自然崇拜相辅相成的一些祖先崇拜的文化因素，从而丰富了我们对古希腊早期宗教与文化的历史理解。

另外，还有一些包含传记成分的诗歌作品。公元前6世纪诗人品达（Pindar）有"抒情诗人之魁"之称，是希腊作家中第一位有史可查的人物。他生于古城底比斯的贵族家庭，受过良好的教育。品达是位职业诗人，写过多种题材的诗，尤以合唱颂歌著称。他的诗章气势恢宏大气，形式庄重完美，意境华美深邃，同时充满了泛希腊的爱国热情，并体现了道德教诲的作用，尤以突出"奥林匹亚运动会上所表现的希腊式壮丽英勇气派"而扬名于世。③因此，他因以整个希腊民族为歌颂的主体而载誉整个希腊。他的诗篇传世较多，共45首3428行，其主要内容是赞美奥林匹亚赛会、皮提娅赛会、内美亚赛会和地峡赛会上的优胜者。其代表作之一《皮托竞技胜利者颂》第10首就是在20岁时写成的。每首胜利颂歌都是以描述胜利场面开头，然后展开神话主题，最后回到诗的主题上，以对神的赞美之辞而结束。品达的诗歌影响很为深远，其后的二百年，

---

① 第一大部分为序曲，包括1—115行，述说缪斯的诞生。第二大部分，是全诗的主体部分，116—1020行。述说宇宙诸神和奥林匹斯诸神的诞生及其亲缘世系和形象性情。第三部分为尾声，原诗1021—1022行。话题转向另一方面，预示另一诗篇的创作。

② 汪子嵩等：《希腊哲学史》第一卷，北京：人民出版社，1988年，第72页。

③ （意）维科：《新科学》，朱光潜译，北京：商务印书馆，1989年，第482页。

第三章 早期文化的理性化进程与中西传记史学的关联

亚历大山在征服了底比斯后,还专门下达了保护品达后人的命令。还有开俄斯的西摩尼德斯和巴西利德斯也使用过这种体裁。

(三) 史诗、诗性智慧与历史思维的联系

古希腊的神话系统不仅是古希腊荷马时代和古风时代文化发展的重要成果,而且这一文化成果对之后古希腊文化的发展产生了巨大而深远的影响,成为古希腊文化进一步发展的土壤,这对于古希腊的历史学的产生和传记史学的萌芽而言也是如此。因此,古希腊历史学和传记史学观念的源头应从古希腊的神话中去寻找。那么,古希腊的神话与古希腊史学的产生以及传记史学的内在关系是什么,则是下面需要进一步探讨的重要问题。

1. "诗性智慧"的内涵

从西方对《荷马史诗》研究的学术来看,在近代早期,著名的历史哲学家维科(Giambattista Vico)不光在历史哲学方面的颇有建树,影响巨大,而且独具慧眼,对《荷马史诗》研究做出了突出贡献。他的观点都集中在其名著《新科学》中。简而言之,维科对史诗研究的突出特点在于将《荷马史诗》置于人类共同体内部的序列中加以考察,同时还将其置于从古代到维科时代的人类思维发展的历时性的进程中加以探讨。由此,他提出了人类思维发展的三段论——"诗性"智慧、神学的智慧和理智思维,这三种思维构成了人类由古到维科时代发展的内在逻辑。具体于《荷马史诗》,在维科看来,史诗对后人的精神贡献不是只局限于其中的精彩而神奇的神话故事。更为重要的是,在史诗内容的背后贯穿着当时希腊人对人类早期文化所做出的突出成就——"诗性"智慧,维科以此理论为据,对史诗的内容、特征和重要影响提出了自己独到的看法。显然,维科所提出的"诗性智慧"观点对于我们探寻希腊神话与历史思维二者之间联系提供了重要的线索。

在维科看来,诗性的智慧是诗人或人类制度的创造者的智慧,是人类智慧的早期形态,但史诗与哲学尚存在着较大的距离,两者间有一条难以逾越的思维鸿沟。他认为,人类在自己发展的童年时代根据自己的观念创造了世界,进入了史诗时代,而诗的本性就是激情、想象与感受,它与其后发展的理性——进入文明时代的思维方式——严密的逻辑推理是两回事,因为,诗性智慧所代表的是人的另外一种文化,这种文化与探求本质为鸿的理性文化是判然有别的

另一种文化类型。因此，在维科看来："各异教民族的原始祖先都是些在发展中的人类的儿童，他们按照自己的观念去创造事物。但是这种创造和神的创造大不相同，因为神用他的最纯真的理智去认识事物，而且在认识事物之中就在创造出事物；而原始人在他们的粗鲁无知中却只凭一种完全肉体方面的想象力。而且因为这种想象力完全是肉体方面的，他们就以惊人的崇高气魄去创造，这种崇高气魄伟大到使那些用想象来创造的本人也感到非常惶惑。"①而且，在维科看来，之所以诗人能够创造《荷马史诗》，乃源于诗人所特有的创造性品格。"因为能凭想象来创造，他们就叫做'诗人'，'诗人'在希腊文里就是'创造者'。伟大的诗都有三重劳动：（1）发明适合群众知解力的崇高的故事情节。（2）引起极端震惊，为着要达到所预期的目的。（3）教导凡俗人们做好事，就像诗人们也会这样教导自己。"②

显然，维科在此告诉人们在希腊文里"诗人"的含义就是制作者或创造者，也就是说，诗人是和先知、医生甚至和工匠一样，做诗是一种技艺，诗人是用自己的本领为民众工作的人。只不过诗人为民众服务的内容是来源于原始的占卜和先知，而其内容的核心则是现实社会的伦理教化。

不言而喻，擅长于制作某种东西就是懂得怎样去做某种东西，这当然是一种智慧了。但关键在于这种本领是一种什么性质的智慧呢？从逻辑上讲，它就是发现这种诗性具有智慧或具有创造性的智慧。这种"诗性智慧"的性质才是新科学的万能钥匙。而且在维科看来，这种智慧是人类历史发展的共有的起点。是否可以说，这也是历史学的起点呢？

其实，维科所谓的"诗性智慧"是同其诗性的历史联系在一起的，它只能也只是产生在这一特定的历史阶段的智慧。对此，马克思曾精辟指出了艺术与社会生产这一孕育艺术的土壤之间的历史关系："大家知道，希腊神话不只是希腊艺术的武库，而且是它的土壤……希腊艺术的前提是希腊神话，也就是已经通过人民的幻想用一种不自觉的艺术方式加工过的自然和社会形式本身。这是希腊艺术的素材。不是随便一种神话，就是说，不是对自然（这里指一切对象的东西，包括社会在内）的随便一种不自觉的艺术加工。埃及神话决不能成为

---

① （意）维科：《新科学》，朱光潜译，北京：商务印书馆，1989年，第182页。
② （意）维科：《新科学》，朱光潜译，北京：商务印书馆，1989年，第182—183页。

第三章 早期文化的理性化进程与中西传记史学的关联

希腊艺术的土壤或母胎。"① 因此，古希腊的《荷马史诗》具有特定的历史条件性，从而具有历史的真实性，归根结蒂是希腊历史条件的产物。

从古希腊流传下来的权威观点来看，所谓《荷马史诗》的作者——荷马在希腊史上很可能确实存在，同样很可能是一个盲人。但《荷马史诗》不可能是荷马一人所做，肯定经过了一个相当长时期的流传，在流传的过程，众多说书人不断丰富其内容，其情节越来越复杂，语言越来越成熟，最后仅以荷马的名字命名罢了。正如张竹明先生指出的："史诗乃是依据民间流传的歌唱英雄的许多短歌编写而成的。它们的真正作者是民众，是一个民族，是许多代人。"② 因此，《荷马史诗》突出体现了瞽矇传诗的特点，正如学者所指出的："事实上，早期的诗人不仅是民众的先生，而且还是最早的巫卜，创立希腊神学的先师。"③《荷马史诗》的突出特征不在于把事说得真，而关键在于"把谎说得圆"。亚里士多德曾说过："把谎话说得圆主要是荷马教给其他诗人的。那就是利用似是而非的推断。"④ 维科认为荷马有一个特殊的才能，将不可信的事说得让人不能不相信，这是一种天赋的本领。他说："我们已经看到亚里士多德认为没有人能比得上荷马那样会把谎说圆；贺拉斯称赞荷马的人物性没有人能模仿，这两人的意思正相同。"⑤ 由此，维科写为："荷马所写的英雄们在心情上像妇女，在烈火般的愤怒上像莽撞的青年，所以一个哲学家不可能轻易地把他们构思出来的。"⑥

显然，在维科看来，史诗的诗性智慧与哲学虽然都属于智慧之学，但这两种智慧是有着明显的高下之分的，因此，维科虽然在一定程度上肯定了史诗的历史作用和影响，但其主要观念仍然强调了史诗和哲学两种思维方式的根本性差别。

其实维科的观念并不新鲜，史诗与哲学的关系问题是古希腊历史和文化史中的一个老大难问题。据古希腊的传说，人间最早的诗人是神的儿子，因为诗与神灵有着如此重要的紧密联系，其地位和作用就非常重要。柏拉图在《国家

---

① 《马克思恩格斯选集》第4卷，北京：人民出版社，1995年，第27—28页。
② （古希腊）赫西俄德：《神谱》译者序，张竹明、蒋平译，北京：商务印书馆，1991年，第1页。
③ 陈中梅：《柏拉图诗学和艺术思想研究》，北京：商务印书馆，1999年，第29页。
④ （古希腊）亚里士多德：《诗学》《诗艺》，罗念生译，北京：人民文学出版社，1962年，第89页。
⑤ （意）维科：《新科学》，朱光潜译，北京：商务印书馆，1989年，第459页。
⑥ （意）维科：《新科学》，朱光潜译，北京：商务印书馆，1989年，第460页。

篇》中曾说:"早在公元前 6 世纪,荷马已经是雅典人熟悉的诗人,到了公元前 5 世纪,荷马已经是希腊民族的老师。"早期诗人都是早期文化和宗教观念的阐释者。公元前 6 世纪之后,有名望的诗人一般都拥有较高的社会地位。尽管如此,柏拉图还是否认了诗在认识层面上的积极属性。其后的亚里士多德在其名著《诗学》中指出,诗歌是可以研究的,因为它是一种制作的艺术,但对这一艺术形式的研究应该体现出诗歌本身的特征,如果将诗歌研究"升格"为形而上学的研究则不符合诗歌本身的性质。在他们看来,哲学是探求理性的学问,而诗性则源于原始宗教,是一种宣扬神创世界和宇宙的观念体系,这种观念虽有其普遍性的一面,但如果和理论理性的求真探源的特性和作用,或者与能被人们的经验所验证的人性思维方式相比,显然是判然有别的。

柯林武德认为:"一般来说,科学并不在于把我们已经知道的东西收集起来认识,并把用这种或那种方式加以整理,而在于把握我们所不知道的某些东西,并努力去发现它。"[①] 这样看来,不管是《荷马史诗》还是《神谱》,以及众多的神话传说,从认识论来讲,都主要属于将人们知道的东西加以收集,而人类要想正确认识这些神话和传说并使之发展成为一种探求真实性的科学认识方式,则还有很长的路要走。

2. "诗性智慧"与理性的关系

上述柏拉图和其后亚里士多德对诗的论述,所反映的并不仅仅是他们对诗在古希腊文化史上的地位和作用的个人看法,更为重要的意义在于他们的观点实际上揭示了公元前 5 世纪古希腊所发生的诗与哲学之争。从上述维科的论述来看,这一古老的问题即使在维科时代仍然存在,对于本章的宗旨而言,仍然需要对这一基本问题进行探讨,当然,本章的探讨与柏拉图时代和维科时代的学术目的既相同又相异。相同的一面表现在,其所探讨的仍是古希腊理性产生的原因和作用这一根本性问题;不同之处则在于,本文侧重于探讨诗性智慧与古希腊历史学产生,特别是传记史学的产生之间的关系问题,因为不管从什么角度,一种理性的表达形式应该,也肯定有其产生的思维方式,而这一思维方式不可能毫无征兆地从天而降,只能从其所产生的历史条件中去寻找,只能从有密切承继关系的诗性智慧和哲学的产生、历史学的产生和传记史学的产生这

[①] (英) 柯林武德:《历史的观念》,何兆武 张文杰译,北京:中国社会科学出版社,1986 年,第 10 页。

第三章　早期文化的理性化进程与中西传记史学的关联

一思路去进行探讨。

一般而言,学界都认为米利都学派的出现,标志着古希腊的理性主义思维方式的开始,这一思维方式成为古希腊文化长期遵循的发展途径,并对近现代文化产生了深远的影响。由此,需要深入探讨的第一个问题就是古希腊的理性是什么时候产生的?弄清楚这一具体问题,对于了解其历史学的产生有着重要帮助。但正如法国著名学者韦尔南所指出的,想要确切知道理性到底是什么时间出现的则是一个极其困难的问题,只能从一个不太准确的历史事件的出现来大体判断古希腊理性思想出现的时间。这一重要的历史事件就是一个新型的在米利都城邦出现的哲学家团体——米利都学派的出现,并以此为标志古希腊神话思维的没落和某种理性认识的开端。

公元前6世纪初,在伊奥尼亚的米利都,泰勒斯和他的两个学生——阿那克西曼德和阿那克西美尼等人创立了一种新的思维形式,这种思维方式是以直观朴素的唯物观念展示了一种新的基于理性的思维,由此开始了古希腊哲学的新时代。在韦尔南看来,米利都学派的突出特征在于:

> 他们把自然当作对象,进行了非功利性的系统考察和总体描述,对世界的起源、构造、组织和各种天气现象提出了解释,这些解释完全摆脱了古代的神谱和宇宙的戏剧性形象:各种原始神力的伟大形象都被抹去,不再有超自然的原动者(在那些讲述世界怎样出现、秩序怎样建立的创世神话中,正是这些原动者的历险、战斗和功绩构成了故事的情节),甚至也不再提及在官方宗教信仰中与自然力相联系的神。在伊奥尼亚的"物理学家"那里,实证性立即占据了全部存在。除了自然什么都没有。①

也就是说,在伊奥尼亚学说中,所谓的人、神、世界存在的依据和方式都必须是人类的智慧能够认知,也能够被人类的经验所证实的。这本身就排除了神秘的超自然的概念,从而大大提升了人在世界上地位,将主宰世界的权力交给了人类日常生活,将人的真实生活作为世界本原性、原始性的根源。

对于神话思维来说,日常经验要与诸神"最初"完成的典范行为相比较,才可能说明原因和意义。在伊奥尼亚人那里,比较的基准被颠倒了:最初的事件和产生宇宙的力量是依照人们今天观察到的事实来设想的,属

---

① (法)让-皮埃尔·韦尔南:《希腊思想的起源》,秦海鹰译,北京:生活·读书·新知三联书店,1996年,第90—91页。

于一种类比性质的解释。不是本原性照亮并改变日常生活,而是日常性提供了理解世界的形成和组织所需的范例,使本原性变得清晰易懂。①

显然,以上的论证旨在表明在古希腊文化发展史中,理性的产生同米利都学派的产生和重要学术贡献有着直接关联。那么,第二个问题就是米利都学派的理性哲学是如何产生的?换言之,理性的产生与史诗的关系是什么?

对于这一问题学界也有激烈争论,一种观点认为,米利都学派理性观念的出现是源于东方古老文明的影响,而与传统的史诗思维没有任何关系。比如,伯奈特就明确地说:"在神话观念中寻找伊奥尼亚学说的起源是完全错误的。"②

但20世纪英国著名古典学家和诗人F.M.康福德的观点与这种解释恰好是相反的,他绝不认为米利都学派的理性哲学的观念是自发地产生出来的,也不认为理性哲学发生的基础是外来的文化,而认为它的来源正是基于其与诗性智慧的承继关系中。在他看来,从两者的思维结构来讲,最初的哲学更接近神话结构,与科学理论却相距甚远。对于康福德的这一观点,韦尔南是这样理解的:

> 伊奥尼亚的自然学说,不管就其灵感而言还是就其方法而言,都与我们所说的科学毫无共同之处,尤其是它完全不知道实验。另外,不是产生在关于自然的朴素自发的理性思考中,而是用一种世俗化的形式和一套更抽象的术语移植了宗教已经建立的世界观。各种宇宙演化论重复并延伸了宇宙起源神话的基本主题,回答的是同一类型的问题,它们不像科学那样探索自然规律,却同神话一起思考秩序是怎样建立起来的,宇宙是怎样从混沌中产生的。米利都人不仅从创世神话中借来了一种世界形象,而且借来了观念材料和阐释模式;各种自然元素后面显露出古老神话的中诸神的轮廓。这些元素在变为自然的过程中失去了人格化的神的特征,但它们仍是活跃的、有生命的力量,仍然被认为具有神性。自然在运作时充满了那种曾为宙斯所特有的智慧和公正。③

显然,相较于伯奈特否定伊奥尼亚学说与希腊神话的承继关系说,康福德

---

① (法)让-皮埃尔·韦尔南:《希腊思想的起源》,秦海鹰译,北京:生活·读书·新知三联书店,1996年,第91页。

② 转引自(法)让-皮埃尔·韦尔南:《希腊思想的起源》,秦海鹰译,北京:生活·读书·新知三联书店,1996年,第92页。

③ (法)让-皮埃尔·韦尔南:《希腊思想的起源》,秦海鹰译,北京:生活·读书·新知三联书店,1996年,第92页。

第三章 早期文化的理性化进程与中西传记史学的关联

在论述诗性智慧与理性哲学的关系方面的基本思路是对的,但其不足之处则在于它没有揭示出新生的理性哲学思维与传统诗性智慧的根本不同点。显然,以伯奈特和康福德所代表的两种观点都有失之于片面之嫌。因此,作为一个重要的时代性的理性思想观念所由产生的思想基础是什么仍是一个需要继续探讨的问题。

那么,这个新的理性思维所由产生的基础是什么呢?为什么需要这一新的非神圣化和外在于传统宗教与神话的思想形态的出现呢?对此问题的进一步探讨,则需要深入到当时古希腊已经发生巨变的社会历史现实。在公元前6世纪米利都学派的诞生时代,随着城邦在希腊各地的普遍建立,人在社会发展中的巨大作用已经显现出来,并且这种重大作用使他们对人在以后历史进程中的作用有了更加乐观的认识和展望。与此相适应的则是在人们的思想观念中,不再是神来创造世界,而是人在这一社会发展的历史进程中,可以了解到世界产生的自然性的根源,并在此基础上探析世界产生的本源,以获得本质性的真正认知。换言之,当人们试图以自己的认识和经验来制订人类的秩序及其应该遵守的社会规范,而且把这种要求用已被人们在社会生产和生活中所运用的思维和话语体系——自己的术语、概念、原则和理论来表达时,人们的思想观念就超越了神创世界这一简单的结论上了,而同时,神话的没落就开始了。这样一来,一种外在于宗教的文化观念和政治思想便出现并逐渐被确立起来。这种思想无疑深深地影响了古代人的精神面貌,它是人类进入文明的重要标志,是人类智慧发展的突出成果。在此思想基础上,古希腊出现了一批哲人,他们用数学和几何学对世界和宇宙的本源及其发展进行设计,重新构建了新的宇宙学,进而将这种理性的思想回馈到现实社会中去,使之成为城邦建立和继续发展的各种文化和政治理论,并表现在城邦社会生活的各个方面,正因为如此,才使得城邦不仅成为真正的具有独立性的城邦,而且还促进了城邦的深入发展。正如韦尔南所说的:"哲学在形式上与精神世界有着直接的联系,在我们看来,这个精神世界确立了城邦的秩序,它的特点恰恰在此时就是社会生活的世俗化和理性化。"①

总之,理性化正是在神话的诗性思维基础上进一步发展的产物。从认识层

---

① (法)让-皮埃尔·韦尔南:《希腊思想的起源》,秦海鹰译,北京:生活·读书·新知三联书店,1996年,第95页。

面讲，它是在诗性思维的以收集材料为特征的认识阶段之后，进一步用人们的生活经验知识对诗性的素材加以分析，以确立其真实性，并在此基础上继续探讨世界奥秘的人类认识的新阶段。这样一来，神话的思维自然就衰落了，代之而起的是人的理性而非盲从的状态。当然，这种理性观念产生的社会历史基础还在于公元前6世纪古希腊社会所发生的重大的社会变动。

3. 理性化的不同方式及其与历史的内在关系

如上所述，古希腊理性化思维的出现对古希腊社会的各个方面都产生了重要的影响，那么它对历史学的影响是什么？是如何影响的呢？对此茅盾先生的观点不但具有开拓性，而且极具启发性。

在茅盾先生看来，神话其本身是一个不断变化发展的过程，其中的一个重要趋向就是不同时期的诗人、戏剧家，甚至以后的历史学家都不断地对神话进行调整，或增饰，或删节，或诠释，使其理性化。① 在这里，茅盾先生提出了一个极有价值的观点，即神话的转化方式和转化方向问题，茅盾先生说："现代的文明民族和野蛮民族一样的有它们各自的神话。野蛮民族的神化尚为原始的形式，文明民族的神话则已颇美丽，成为文学的泉源。这并不是文明民族的神话自始即如此美丽，乃是该民族渐进文明后经过无数诗人的修改藻饰，乃始有今日的形式。"② 在此茅盾先生首先承认了诗人们在神话发展过程中所发挥的重要作用。即通过"这些古代诗人的努力，一方面使朴陋的原始形式的神话变为瑰丽多姿，一方面却也使神话历史化或哲学化，甚至脱离了神话范畴而成为古代史与哲学的一部分。"③ 在此，茅盾先生的观点和维科的诗性智慧的观点有明显的一致性。

关于这一观点，茅盾列举了许多事例进行论证。他认为，这一问题在希腊表现得很明显："希腊的悲剧家欧里庇德斯（Euripides）及喜剧家色诺芬（Xenophon）都明言修改神话使之合于'理'。弦歌诗人施蒙尼迪（Simonides）和品

---

① "弦歌诗人转述神话时，往往喜欢加些新意思上去：这使得朴野的神话美丽奇诡起来了。后来的悲剧家更喜欢修改神话的内容，合意者增饰之，不合者删去，于是怪诞不合理的神话又合理起来了。所以保存神话者一方亦修改了神话。"茅盾：《中国神话研究初探》，南京：江苏文艺出版社，2009年，第18页。

② 茅盾：《中国神话研究初探》，南京：江苏文艺出版社，2009年，第3—4页。

③ 茅盾：《中国神话研究初探》，南京：江苏文艺出版社，2009年，第4页。

第三章　早期文化的理性化进程与中西传记史学的关联

得（Pindar）也自承对于传诵的神们的故事已经有了修改。"①在茅盾看来，除了哲学家和文学家们在修改很多神话材料外，

> 最后来了历史家。这些原始的历史家（例如希腊的希洛道忒司）把神话里的神们都算作古代的帝皇，把那些神话当作历史抄了下来。所以他们也保存神话。他们抄录的时候，说不定也要随手改动几处，然而想来大概不至于很失原样。可是原始的历史家以后来了半开明的历史家，他们却捧着这些由神话转变来的史料皱眉头了。他们便放手删削修改，结果成了他们看来是尚可示人的历史，但实际上既非真历史，也并且失去了真神话。所以他们只是修改神话，只是消灭神话。中国神话之大部恐是这样的被"秉笔"的"太史公"消灭了去了。②

对于历史中神话的作用，茅盾还提到史家左丘明和一些野史的作者。他说："左丘明也好引用神话传说，然而在他以前的史官早就把大批神话历史化而且大加删削，所以禹、羿、尧、舜，早已成为确实的历史人物，因此左丘明只能拾些小玩意，例如说尧殛鲧于羽山，其神化为黄熊，以入于羽渊。"③

通读全文，给人一个明显的感受，就是茅盾先生在此可能暗含的一个观点就是在神话的转化进程中，主要有三种主要方式：一个是文学，一个历史，一个是哲学。在茅盾先生看来，保存和转化历史最多的是文学，其次应该是历史，而最少应该是哲学。"故综合的看来，古代文学家保存神话的功绩，实在比哲学家要大些。他们一方面保存了一些神话，一方面自然亦对神话加以修改；但大体说来，他们还不至于像古代史官似的把神话完全换了面相。"④那么，如果我们进一步探询的话，在中西神话的转化途径中，各自的转化特点是什么呢？对此问题茅盾先生没有明确阐述。这当然这是一个需要认真研究的重要问题。但茅盾先生关于神话转化的三种途径的思考实际上为我们进一步探讨这一问题提供了重要的启示。

同时，还应看到，茅盾先生在此看到了神话与现代理智文化的内在联系，而不是将神话和历史或哲学绝对地分离开来，这仍是他在神话研究中一个突出

---

① 茅盾：《中国神话研究初探》，南京：江苏文艺出版社，2009年，第18—19页。
② 茅盾：《中国神话研究初探》，南京：江苏文艺出版社，2009年，第18—19页。
③ 茅盾：《中国神话研究初探》，南京：江苏文艺出版社，2009年，第19页。
④ 茅盾：《中国神话研究初探》，南京：江苏文艺出版社，2009年，第20页。

特点。而且茅盾先生将神话的产生和转化方式与原始初民的思想和生活状态联系起来加以考察,使神话与其所处时代的人们社会生活建立起较为紧密的联系,这在他所处的时代而言,仍是一个重要的学术进步。茅盾先生说:"所谓'神话'者,原来是初民的知识的积累,其中有初民的宇宙观,宗教思想,道德标准,民族历史最初的传说,并对于自然界的认识等等。""据最近的神话研究的结论,各民族的神话是各民族在上古时代(或原始时代)的生活和思想的产物。神话所述者,是'神们的行事',但是这些'神们'不是凭空跳出来的,而是原始人民的生活状况和心理状况之必然的产物。"[①] 显然,在茅盾看来,归根结底,神话的产生、变化和发展都是人们的生活和思想变化的反映等。

显然,上述茅盾先生的关于神话的观念明显带有西方人类学的一些特点,但在20世纪20年代的中国学术界,其学术思想仍处先进行列。正如他在1978年《中国神话研究初探》一书再版时,在《前言》中所写的那样:"当1925年我开始研究中国神话时,使用的观点就是这种观点。直到1928我编写这本《中国神话研究初探》时仍用这个观点。当时我确实不知道马克思的《〈政治经济学批判〉导言》中有关神话何以发生及消失的一小段话[②]……当后来知有此一段话时,我取以核查'人类学派神话学'的观点,觉得'人类学派神话学'对神话的发生与消失的解释,尚不算十分悖谬。"[③]

以上我们用了茅盾先生的关于神话的转化方式观点,阐述了神话在其发展进程中所存在不断理性化这一重要问题,以及这一理性化进程与历史学所存在的内在思想关联。当然,从整个神话思想体系而言,茅盾先生关于神话本质及其对中国神话体系的论述,显然是受到了西方人类学理论,特别是英国人类学派神话学理论的重要影响,在他的观念体系中,若要"重构"中国神话体系的话,所要遵循的基本原则只能是西方人类学的基本理论,舍此之外,别无他途。当然,对于这一问题,置身于21世纪的中国学者实在不应苛求于前辈学者。

下来需要解决的具体问题是这些神话是如何转化为哲学或历史的。

[①] 茅盾:《中国神话研究初探》,南京:江苏文艺出版社,2009年,第3页。

[②] "任何神话都是用想象和借助想象以征服自然力,支配自然力,把自然力加以形象化;因而,随着这些自然力之实际上被支配,神话也就消失了。"《马克思恩格斯选集》第2卷,北京:人民出版社,1995年,第29页。

[③] 茅盾:《中国神话研究初探》,南京:江苏文艺出版社,2009年。

第三章 早期文化的理性化进程与中西传记史学的关联

4. 历史与散文的关系——"《诗》亡然后《春秋》作"

诗性的历史为什么和怎样过渡到人们的日常用语——散文来叙述的历史，这是学术界存在的一个重大问题。对此问题，我们以现代的史学观念为依据，用维科的研究成果为基础，在充分吸取现代史家朱本源先生的研究新成就的前提下，试图对此问题进行进一步的探讨。

在维科看来，"各种土语和各种词源也是互相符合一致的。它们使我们认识到文字所指的那些制度的历史，以它们的本意开始，接着各种譬喻也沿着思想进展而自然进展。各种语言的进展都必须按这种步骤进行。""我们的各种神话和我们所要研究的各种制度符合一致，这种一致性并非来自牵强歪曲，而且是直接的，轻而易举的，自然水到渠成的。这些神话将会显示出就是最初各族人民的民政历史，最初各族人民到处都是些天生的诗人。"① 在维科的观念中，后来发展出来的一切较为发达的文化类型的源头都存在于史诗的叙述之中。

对于维科的这一观念，著名历史学家朱本源先生深表赞同。他从维科的这一理论前提出发，从中西史学比较的角度，用理性主义的思维方式对中西历学的产生进行了深刻的阐释。他的主要观点集中体现在《"〈诗〉亡而〈春秋〉作"论》② 这篇文章中。朱本源先生认为：从历史编纂学而言，摒弃韵文，而采用散文体，是历史学兴起的一个重要条件。

那么，这一过渡的最重要的环节是什么呢？朱本源先生认为，这一过渡的历史契机就是由野蛮时代过渡到文明时代，即具有理智的人的时代。而这一过渡的思维内容就其本性来讲是从以感觉和想象为主的"缺乏反思"能力的野蛮思维，过渡到具有"充分发展的人类理性"的文明思维。在维科看来，这种人所具有的真正的理性思维，其实也就类同于近代英国著名哲学家弗兰西斯·培根（Francis Bacon）在其《新工具》中所倡导的"思"（cogitare）与"见"（videre）——这一近代科学实验归纳理论。维科对培根的这一理论非常欣赏，并将这种思维方式贯穿于历史学中，所以维科说："由确凿可凭的历史叙述出来的一切后果（即作为上述制度的结果），都必须追溯到它们所必要的原因。"③维科的

---

① （意）维科：《新科学》，朱光潜译，北京：商务印书馆，1997年，166页。
② 朱本源：《"〈诗〉亡而〈春秋〉作"论》，《史学理论研究》1992年第2—3期，第47—56、55—61、151页。
③ （意）维科：《新科学》，朱光潜译，北京：商务印书馆，1997年，第167页。

名言:"如果谁创造了历史也就由谁来叙述历史就是最确凿可凭了。"①在维科看来,"民族世界确实是由人类历史创造出来的,所以,它的面貌必然要在人类的心智本身的种种变化中找出。"维科认为人类历史是人自己创造的,所以人类就可以自己认识,这是一种正确而且具有实验科学性质的思维。

当然,维科的这一观念有其近代自然科学认识论的基础。在近代自然科学的认识论模式的影响下,任何科学知识必须探讨事物之间的因果关系,对于历史研究而言也不能例外,近代历史理性主义的产生就是明显的例证。在近代的历史理性主义者看来,历史叙述必须通过仔细的观察、证据的检验以及理性的批判才能成为最可靠的知识。因此,在维科看来,对于历史科学的研究而言,其目的在于求"信",即探求其确凿不移的真实可靠性,并且凭借理性,人们也可以获得其中的真实性。

维科以近代科学的发展成果将野蛮的思维模式与文明的思维模式相分别。由此,他以希腊为典型,具体地把希腊史上希罗多德作为从野蛮时代过渡到文明时代的标志——第一个著名的历史学家。"这个野蛮时代可断定在希腊人中间直到号称希腊史之父的希罗多德时代为止。"这同时意味着诗性的历史在希腊历史的终结。所以,他又说:"当时不仅散文已出现,而且书写用的俗文字也已出现,希罗多德就用了散文来写他的《历史》。"②"尽管他的语言中充满了神话(寓言),他的风格还保留着不少的荷马风格,在他之后的历史学家都保留着这一特色。用的词语都介乎诗语与俗语之间。"③"希罗多德所写的历史大部分是用神话的方式来叙述的。"④

自公元前6世纪起,就在当时希腊文化最为发达的小亚细亚西部地区的某些城邦,比如说米利都城邦就出现了"散文记事家"。汤普森同样认为:"在希腊这个历史著作最早的故乡中,历史是从叙事史的最早形式民歌与歌谣发展起来的。散文说书家在这个发展过程中标志着从神话向历史的过渡。他们大约在公元前500年之后就以散文的形式,依照世系排列讲述神话题材,去掉一部分太不可信的东西。他们的特别题目是地方志;这些地方志的资料来源是地方神话,

---

① (意)维科:《新科学》,朱光潜译,北京:商务印书馆,1997年,第165页。
② (意)维科:《新科学》,朱光潜译,北京:商务印书馆,1997年,第485页。
③ (意)维科:《新科学》,朱光潜译,北京:商务印书馆,1997年,第9页。
④ (意)维科:《新科学》,朱光潜译,北京:商务印书馆,1997年,第485页。

第三章 早期文化的理性化进程与中西传记史学的关联

他们的作品一部分在节日里当众朗诵,其目的是给听众以艺术享受。"① 这些散文家以其简单的口语表达方式来记叙关于神庙、城市和城邦的起源及其过程。在这些人中间,"除阿斯人阿邱西拉斯之外,他们都是爱奥尼亚人。"② 还有米利都人卡德马斯(约前550年)、莱斯博斯人希兰尼卡斯(前482—前397)等众多的说书家,但其中最著名的散文家是海卡太欧斯③(Hecataeus of Miletus)。海卡太欧斯写了一本著名的书籍《世界游记》,记载了他所到各地的旅行见闻,特别描述了当时还相当落后的高卢、西欧等地的情形,值得一提的是,书中还附有一张他所知道的世界地图。徐松岩教授评论道:"赫氏(即海卡太欧斯——本文作者注)的作品虽未能保留下来,但对于曾经阅读过其作品的希罗多德有着重要的影响,从其作品的只言片语中,可以感受到赫氏已经具备一定的批判精神。他指出:'只有我认为是真实的东西,我才把它记载下来。'"④其实,这种批判精神的实质就是开始触摸历史的核心内容——真实。无怪乎其后的希罗多德对海卡太欧斯十分推崇,在其所著的《历史》书中,多次称海卡太欧斯为"历史之父"。

第一种自然本性,由于想象力具有强有力的欺诈力,在想象方面最强,但在推理方面最弱。它是一种诗性的或创造性的自然本性,我们可以称它为神性的,因为它把具体事物都显之为由诸神灌注生命的存在实体,按照每种事物的观念分配一些神给他们。这种本性就是神学诗人的本性。一切异教民族中神学诗人都是最早的哲人。当时异教民族建立在自己特有的某些神这种信仰的基础上。⑤

正是在众多说书家的基础上,特别是海卡太欧斯所奠定的散文说书的基础上,希罗多德把说书人的传说笔录用新思维方式加以转化而使之成为历史科学,并以《历史》为标志,散文说书家和历史就融为一体了。这就是为什么汤普森

---

① (美)汤普森:《历史著作史》上卷,谢德风译,北京:商务印书馆,1996年,第30页。
② (美)汤普森:《历史著作史》上卷,谢德风译,北京:商务印书馆,1996年,第29页。
③ 对于西方的"历史之父"的归属问题历来颇有争议,朱本源先生认为:"在西方学者中,有人奉希罗多德,也有人奉海卡泰欧斯为'历史之父'。我们赞成后一说,希罗多德在其历史中很多地方提到海卡泰欧斯为历史之父并称他为历史家。""希罗多德所用的原文为Logopoios,即散文作家,英译本译为'历史家'。"朱本源:《历史学的理论与方法》修订本,北京:人民出版社,2012年,第222—223页。
④ (古希腊)希罗多德:《历史》译序,徐松岩译,上海:生活·读书·新知三联书店,2008年,第3页。
⑤ (意)维科:《新科学》,朱光潜译,北京:商务印书馆,1997年,第491页。

所说的希罗多德"正如他是历史之父一样,他也是散文之父"① 的缘由。下面,我们需要进一步说明为什么到了希罗多德时代,历史的叙述采用了散文形式而抛弃了叙事诗的形式,从而直接导致了历史学的产生。以下,我们将以柯林武德的历史学观点为依据对此问题加以说明。

柯林武德在《历史的观念》这本书中,认为历史学具有四个特征。其一,它是研究人的历史,而不是神的历史,因此,历史所反映的是人的真实的生活状态,而不是神的威力。其二,它是探讨历史发生的原因的,也就是说它是在探讨这一事件为什么会发生。其三,它是寻找历史的证据的,是以证据为基本的出发点,而不是空口说话。其四,它是有目的的,它所反映的历史是什么,其实也就意味着人是什么。希罗多德在他的《历史》的开篇就揭示了他的这部著作之所以能称为历史的特点。他说:"这里发表的是希罗多德的研究成果,他之所以把它发表出来乃是为保存人类的事迹,不致因年深日久而被遗忘,并且为了不使希腊人和异邦人的丰功伟绩失去它们的光辉,特别是为了探讨它们发生的原因。"这段话清楚地表明了希罗多德撰写历史的几大特点。其一,他是为了探讨"人类的事迹",而不像史诗时代的"哲人"们,以神灵为叙述的对象。其二,它是研究的成果,因此他的研究就必须是真实可靠的,他就需要用证据来支撑自己的观点,而不是像过去神话那样,口耳相传,其内容无法从人们的现实生活中得到验证。但遗憾的是,在希罗多德的著作中,并没有明确提出他的证据观念,人们也只有从他的著作中分析他的证据观念是什么,当然,通过分析,从中也确实得到了许多有价值的关于证据的信息。比如希罗多德倡导调查和研究,其后的"调查和研究"就成为"历史"这一专用词的由来。其三,他是为保存人类的功绩,而不是为了歌颂神的功德。其四,他认为人是理性的动物,而历史的产生和变化是受因果律支配的,有其内在的原因。因此,他要求人们在历史研究中,不仅发现人们做了什么,而且还要求知道人们这样做的原因。②

以上我们探讨了古希腊的理性观念与西方历史学产生的内在思想关联,这样我们的研究就进入了历史学的大门。由此大门进去,就必然又会碰到传记历

---

① (美)J. W. 汤普森:《历史著作史》上卷,谢德风译,北京:商务印书馆,1996年,第34页。
② (英)柯林武德:《历史的观念》,何兆武、张文杰译,北京:中国社会科学出版社,1986年,第20—21页。

第三章 早期文化的理性化进程与中西传记史学的关联

史学如何在历史的发展进程中产生这一具体的历史问题，当然，历史学和传记史学的产生及其发展将会在下一章中进行探讨。在此，本文只是想从历史思维的角度简单说明一些传记史学产生的历史合理性。

理性化的根本特征是从诗性的历史中发现诗性的智慧，并从诗性的智慧中抽象出其所包含的诗性逻辑，以还原其所表现的属于人的真实的历史时代风貌，使诗性的历史归之于人的历史，这也就是维科在《新科学》中所说的"发现真正的荷马"的深刻内涵。换言之，经过维科的深入探讨，荷马的象征性和神话性其实所表现的都是那个时代的历史进程，全面表现了当时人们真实的社会生活。真实性就是这生活的一个根本性的标志。因此，历史是人的历史，是在人的思维指导下的历史，而在早期，虽然人们对此还没有清楚的认知，但却将人和事交织在一起，但随着历史观念的发展和历史学的不断深入，历史学的内容也就越来越发达起来。因为从理性的本性来讲，对人的深入的理解是其根本性的目的，包括人所做的事，还包括人的思想和性格。历史归根结蒂是人自己的历史，这种历史不仅包括人的历时性的时间维度，用维科的话来讲，"任何人只要对本科学深思默索，他其实就是在向自己叙述这种理想的永恒史。不过他叙述得怎样，就要看他自己根据'它过去有过，现在有，将来还会有'那条凭证把这部历史创造得怎么样"①；而且这种历史其实也包括人的多维度的共时性，如人的行为，人的心灵和品格等等。用柯林武德的话来说，"历史学是为了人类的自我认识，大家都认为对人类至关重要的就是，他应该认识自己，这里，认识自己意味着不仅仅是认识个人的特点，（也是认识）他与其他人的区别所在，而且也要认识他之作为个人的本性。"②从而使历史上的人成为一个具体而有个性的人，而要达到这一目的"认识你自己就意味，第一，认识成为一个人的是什么。第二，认识成为你那种人的是什么。第三，认识成为你这个人而不是别的人的是什么。"③由此看来，所谓的历史，所谓对历史中人的研究，就决不只局限于人的某一方面，而是对人的全面而深入的探讨。正因为如此，一切的历史并

---

① （意）维科：《新科学》，朱光潜译，北京：商务印书馆，1997年，第164页。附：维科在这里所说的"那条凭证"指的就是人对历史创造的独有性和真实性。

② （英）柯林武德：《历史的观念》，何兆武 张文杰译，北京：中国社会科学出版社，1986年，第9—10页。

③ （英）柯林武德：《历史的观念》，何兆武 张文杰译，北京：中国社会科学出版社，1986年，第10—11页。

不只是历史事件的沿革史，其中的人和内在思想和观念就占据了非常重要的地位。由此，柯林武德就提出了"一切历史都是思想史"的论断。当然，这一观念确有振聋发聩的史学启发性，但就其全面性而言，一切的历史应该都是人的历史，这种历史自然应该包括人的传记。当然，这种人有大写的人，也有小写的人。对此英国著名的传记作家卡莱尔（Thomas Carlyle）也曾说过这样的名言："世界历史都是伟人的传记。"当然，这一名言的局限性是不言而喻的，但其所强调的历史是人的传记，是人的历史这一观念还是具有启发性。

总之，古希腊的理性的思维方式为古希腊历史学的产生提供了思想基础，同时也为古希腊罗马传记史学的出现提供了必不可少的条件。因此，其后古希腊罗马的传记史学的产生并没有脱离其历史学产生的轨迹，而是在历史的发展进程中逐步分化出来。

三、双方异同之比较

（一）中西传记史学产生的共性

对中西传记史学产生的深层次的历史原因的探讨，应秉持一个基本的方法论，即必须追本溯源，将这一问题置于中西各自独特而真实的历史与文化的发展进程中，并在此基础上，进一步探讨中西传记产生的社会基础和思想前提，唯如此，才有可能对中西传记史学的产生有一个合乎情理的理解和认识。

如果以此方法论来探讨这一问题的话，中西传记史学的产生溯源于中西在历史发展进程中所形成的各自的文化品格。中西传记史学与中西早期的社会生活环境紧密相连，是逐渐从原始的宗教文化中脱胎出来，而成为一种研究关于人自身的学科。因此，传记史学本身不仅是中西长期的历史发展进程的产物，更是身处中西的人们长期各自面对其历史环境在生产生活中创造出的文化成果。中西传记史学产生及其之后所表现的众多的相同点和不同点，也都基于其各自本身的文化内涵和独特的文化机制，但这些特点也都与中西原始的宗教文化特色和对各自宗教文化的理性化进程有着紧密的关联。

由于中西原始的宗教文化各有特点，从而中西的传记史学表现出了大量的不同性。正如德罗伊森所说个别的只能在整体中被理解，整体也只能借个别的

第三章 早期文化的理性化进程与中西传记史学的关联

事物来理解。① 中西原始的文化品格对中西以后的历史学和传记史学的产生和发展都发挥了重大的影响。中西传记史学之产生的共性表现在许多方面，本章择其要者，主要从以下三个方面对此问题进行简述。

其一，首先中西传记史学产生的根本性原因乃在于中西所存在的客观的历史发展的进程，这一进程用摩尔根的术语就是从"蒙昧时代"向"野蛮时代"，又从"野蛮时代"向"文明时代"发展的历史轨迹。在这一过程中，人与自然逐渐分离，人的个体意识逐步苏醒，开始了对自然和人自身的认识，人的作用越来越重要，从而为历史观念的产生和发展奠定了坚实的物质和社会历史的基础。因此，中西的传记史学观念只能从人类早期的历史发展进程中去寻找。

其二，中西传记史学的产生都与人的原始文化形态紧密相关，都与自然崇拜、英雄崇拜和祖先崇拜相关联。中西历史学以及本研究所关注的传记史学的根源仍在于中西所共同具有的史诗这一重要的文化传统和深厚的历史文化土壤中。而史诗产生的基本途径是在多种宗教崇拜的各自发展进程中，在宗教崇拜出现各自突出的特点的同时，又呈现出一种相互融合、具有浓厚宗教色彩的文化形态特征。这其实就是中西早期所产生的"史诗文化形态"。维科说过："一切古代世俗历史都起源于神话故事。"② "由于诗人当然出生在村俗史学家之前，最初的历史当然是诗性的历史。"③ 因此，中西早期的"史诗"包藏着早期中西人们的智慧。用维科的话语来讲就是诗性的智慧，也就是说，这种智慧虽然显得相当天真而幼稚，但它却是当时的人们对于自然及人的一种历史性的初步认识，因此其中必定存在着维科所讲的"诗性的逻辑"。而后来的人的历史观念和传记史学观念的发展萌芽就蕴含在其中。因此，从史学史来看的话，叙事史的萌芽和叙人的传记史学的萌芽在早期是融为一体的，难以区分。

其三，诗性的历史被散文所代替，而其中所体现的则是诗性的智慧被理性的历史思维所代替这一观念的发展进程。中西早期史诗向历史过渡的主要途径，从形式上表现为由诗歌体向散文体的转变过程，而其内在的思想逻辑则是由维科所说的诗性智慧向理性思维的发展进程，而其具体内容的叙述都集中体现在由神的故事向人的故事的转变过程之中。其实，早在两千多年前的战国时代，

---

① （德）德罗伊森：《历史知识理论》，胡昌智译，北京：北京大学出版社，2006年，第11页。
② （意）维科：《新科学》，朱光潜译，北京：商务印书馆，1989年，第462页。
③ （意）维科：《新科学》，朱光潜译，北京：商务印书馆，1989年，第454页。

孟子就已提出了中国史学的起源问题，指出了"诗亡然后春秋作"① 这一内在的历史发展主线。因此，对神话与历史两者之间联系、历史学产生途径的内在历史性的探讨，对于揭示中西史学的产生及传记史学的产生具有重要意义。需要指出的是，对此重要问题，著名历史学家朱本源先生就曾发表了宏文，从中西对比的角度，对孟子这一观念中所包含的深刻的历史生成论进行了现代阐述，从历史的客观进程和人们的观念不断深化的过程两个方面进行综合探究，其重要成果大大加深了我们对中西史学产生的原因和过程的规律性的认识。

（二）中西文化的理性化及传记史学产生的差异性

中西早期的史诗文化及其理性化的成果构成了中西史学和传记史学发生的最原始的共有的基础，由此产生了以上所讲的三个方面的突出共性。但在另一方面还要看到中西二者在早期文化的发展内容、途径和对中西传记史学产生和发展的影响诸方面还存在着一些明显的不同之处。

1. 中西原始文化土壤的巨大差异

一个侧重于祖先崇拜，一个侧重于自然崇拜；一个是建立在人的情感和意欲的历史的土壤之上，从而具有鲜明的历史学特色，而在历史学特色中又具有一些突出的伦理学因素，一个是认识论的，其历史学的建立具有明显的哲学思维方式，而具有某些哲学特性。西方历史中的哲学思维，长期成为其史学发展的一个障碍，用柯林武德的话来讲，就是"希腊思想的反历史的倾向"②。这种伦理性的历史观念为传记史学的产生和发展提供了优良的文化土壤。

众所周知，随着原始宗教的产生，也就产生了许多的原始崇拜形式，而祖先崇拜和自然崇拜则是原始宗教最基本的表现形态，对于中西原始文化而言，从各自不同的文化环境中都产生了这两种崇拜形式，这是其普遍性，但都因不同的社会文化的现实因素，在这两种崇拜中又各有侧重。对于中国文化而言，其在强调两者统一的同时，还是更为侧重于祖先崇拜形式，并在祖先崇拜的基础上努力统一自然崇拜，成为以后中国多种文化类型进一步发展的母体和胎记；而对于西方而言，其在侧重于自然崇拜的同时，也努力将祖先崇拜统一于自然

---

① 杨伯峻：《孟子译注》卷八《离娄下》，北京：中华书局，2008年，第148页。
② （英）柯林武德：《历史的观念》何兆武、张文杰译，北京：中国社会科学出版社，1986年，第22页。

第三章 早期文化的理性化进程与中西传记史学的关联

崇拜之中,由此而形成了不同于中国的西方独特的文化理性化方式。中国的理性化方式为求善,而西方的理性方式为求真,中西不同的文化品格的基本发展道路至此已正式形成。当然,现在试图进一步说明的问题是:中西不同的宗教崇拜形式和理性形式为什么能够对中西传记史学产生不同的影响,而且它是如何对中西传记史学产生不同影响的。

由前面各章的叙述可知,作为具体的宗教形式,自然崇拜和祖先崇拜虽然都以超现实力量的信仰为基础,但崇拜的对象却根本不同:自然崇拜是将自然界中对人的生活和生存发展有明显影响的一些山川、星辰以及动植物等自然客体,作为自己膜拜的对象,并以膜拜为中介,试图将人与自然统一起来,而在这一膜拜的过程中形成了独特的认识方式,进而影响到人类对自己的认识方式。用钱穆先生的话来说就是希腊人"撇开自己,用纯客观的眼光向外探索,希腊人用的是科学的方法,来寻求自然真理"①。所谓祖先崇拜就是对祖先亡灵的崇拜,在本质上是一种以血缘关系为基础并受血缘关系支配的宗教观念及有关的活动,那些被膜拜的祖先亡灵,都是曾为本氏族和部族的发展做出了重大贡献或奠定了基础的历史人物,在祖先崇拜观念的支配下,这些具有传奇色彩的祖先逐渐被神化,但仍不失去祖先人物的根本特性,这从祖先神的职责是专以保护本氏族和部族的生存发展为己任的这一使命中可以清楚感知。祖先神的发展也在极力适应人间的社会变化,像他们的氏族和部族在地上各有自己的活动范围一样,祖先神和人间的社会关系和社会发展规模的深度、广度产生着直接的关系,其能量越来越神秘,其地位也越来越尊崇。祖先崇拜在我国获得了高度发展并对我国的古代文化产生了重要而深刻的影响,对此,中外学界予以充分肯定。

还需说明的是,如果将《山海经》和《诗经》相比较的话,《山海经》更多的是神话,这和《荷马史诗》可有一比,而《诗经》主要是传说和社会风俗问题,这和《田功与农时》、《神谱》所体现的思维模式有类似之处。茅盾所说的神话其主要的依据就是《山海经》,有明显比附西方以《荷马史诗》为突出代表的神话之处。只不过,在中国文化传统上占优势地位的,是以《诗经》为代表的传说和民俗,其突出的特点是世俗性、历史性,因而具有更强的真实性。这和古希腊典型的将自然人格化的神话确有很大的差别。

----

① 钱穆:《中国文化史导论》修订本,北京:商务印书馆,1994年,第139页。

当然，一个显而易见的问题，就是中国的神话与古希腊的神话相比较的话，不管在数量上还是从发达的程度上都有明显的差别。对于造成这一不同的原因，当然是学界关注的重要问题。不言而喻，这有可能与孔子修订古代典籍有重要关系，并随着儒家的思想长期在中国占统治地位，其结果，《诗经》的地位越来越稳固，而《山海经》虽然也广泛流传于社会历史中，但更多的则是在民间，而不居主流的意识形态。但这只是一个方面，另一方面则是许多学者尚未深入思考的。例如，为什么中国大量存在着和古希腊乃至于罗马不同的具有世俗性和历史性的传说故事？为什么古希腊和罗马却没有这一文化传统呢？这一差别对于中西历史的发展具有什么影响，其历史地位如何呢？显然，只有在对中国的神话和传说与古希腊罗马的神话与传说在各自文化结构中的地位和作用进行综合探讨，并在此基础上，将中西两者的文化品格和结构相联系，进行具体而全面的分析和综合，才可以较为清楚地发现中西两者早期文化品格的异同，以及这种异同对中西早期的文明和其历史的发展，具体于传记史学的发展所产生的重要影响，并对这一历史性的作用和影响进行客观而公正的历史评价。

显然，中国文化发展的基本线索是由祖先崇拜开始，进一步通过传说这一重要形式而与中国的从自身向外的认识世界的方式产生了紧密的联系；而西方的文化源头则是与其自然崇拜相联系，在此基础上产生了希腊神话，并由希腊神话一步一步走向了认识世界再认识自己的思维方式。由此不仅决定了两个民族的不同原始文化的风貌和特征以及各自的发展道路，而且也直接影响了中西传记史学的产生，并使两者具有明显的不同性。那么，在神话方面造成两者有明显差异的原因是什么呢？

胡适先生在《白话文学史》中把中国神话的不发达（当然是与希腊罗马神话相比较的结果）归结为重实际而不富于幻想的民族气质，并将之与地理环境相联系。而鲁迅认为："中国神话之所以仅存零星者，说者谓有二故：一者华土之民，先居黄河流域，颇乏天惠，其生也勤，故重实际而黜玄想，不更能集古传以成大文。二者孔子出，以修身齐家治国平天下等实用为教，不欲言鬼神，太古荒唐之说，俱为儒者所不道，故其后不特无所光大，而又有散亡。然详案之，其故殆尤在神鬼之不别。天神地祇人鬼，古者虽若有辨，而人鬼亦得为神祇。人神淆杂，则原始信仰无由蜕尽；原始信仰存则类于传说之言日出而不已，

第三章 早期文化的理性化进程与中西传记史学的关联

而旧有者于是僵死，新出者亦更无光焰也。"① 鲁迅在此的分析有三要点：其一是说由于地理环境因素，养成了中国人轻玄想重实际的民族心理，在这种民族精神之下，零碎落后的神话难以发展成为完整而发达的神话体系。其二是说由于儒家的文化品格，《论语·述而》有云"子不言怪、力、乱、神"。崇尚实际，所以古代流传下来的种种神话失去了发展的文化空间，自然渐趋没落。其三是说由于在中国人的观念中，天神、地神和人鬼混淆不清，人死为鬼的观念已被人们广泛接受，其结果必然损害了神话的崇高地位，使神话难以发展。

显然，鲁迅同样是从民族精神的角度来探讨神话相较于古希腊和罗马，其不发达的原因何在。但因其答案所涉内容更为丰富，较之于胡适而言其观点更具明显的深刻性。

茅盾先生认为："这在神话的发挥光大和保存上，不能不说是'厄运'。中国神话就受到此'厄运'而至于散亡，仅存断片了。"②"据我个人的意见，原因有二，一为神话的历史化，二是当时社会上没有激动全民族心灵的大事件以诱引'神话诗人'的产生。神话的历史化，固然也保存了相当的神话；但神话的历史化太早，便容易使神话僵死。中国北部的神话，大概在商周之交已经历史化得很完备，神话的色彩大半褪落，只剩了《生民》、《玄鸟》的'感生'故事。"③

而吕振羽、杨公骥则认为，希腊神话之所以富有人情味，曲折有致，浪漫不羁，并形成体系，应该与古希腊时代的商业经济有关。在他们看来，商业经济有其突出的特征，其民族文化交流更加开放，人的眼界更加开阔，思维活跃，应变能力强，人们易于吸收新事物，这些都便于他们不断创新。而这些正是神话可以继续发展的重要前提。古希腊社会由野蛮进入文明时期之后所产生的先进的商业经济，则是不断促使神话从零碎走向完整、由片面向系统化、由自然神向人格神转化的必要条件。与此相对照的是，中国在由原始社会向文明社会的转变进程中，长期是以较原始的农耕经济为基础，并由此而保留了建立于其上的一系列宗法思想和政治上的集权统治，因此就缺乏一种民主的空气、活泼的思想、幻想的特点，所以也就没能发展成为发达神话。④ 显然，二位先生是从

---

① 鲁迅：《中国小说史略》第二篇《神话与传说》，上海：上海古籍出版社，2006年，第10页。
② 茅盾：《中国神话研究初探》，南京：江苏文艺出版社，2009年，第4页。
③ 茅盾：《中国神话研究初探》，南京：江苏文艺出版社，2009年，第6页。
④ 吕振羽：《殷周社会研究》，杨公骥：《中国文学史（初稿）》第一册，长春：东北师范大学教务行政处出版科，1950年。

历史唯物主义的观点出发,从经济生活的角度来探讨这个问题,因而此观点坚实有力。

2. 中西早期文化的理性化方式对中西史学产生了不同的影响

由于自然崇拜的对象是外在于人自身、并与人经常发生冲突的对立物,并不掺杂人的情感成分,而英雄崇拜也是较少有现实的人情意欲,而建立在此文化基础上的理性认识方式就是一种审视的认识类型。这种认知方式一直与人的情感本身有着距离。人们可以相对冷静地观察历史现象间的联系,因此,古希腊,其史学侧重于探求的就是历史事件的内在因果性和规律性,其趋向是努力将外在的历史事件同人本身的思想情感分离开来,以探讨历史事件中的逻辑关系;而祖先崇拜则明显与自然崇拜不同,祖先崇拜的对象是人,是曾经活生生的人,只是因其有突出成就和贡献而被本共同体内的人们所膜拜,成为祖先崇拜的对象。这种崇拜对象与生活于共同体内的人有着重要而直接的关系,这种关系不但是一种口耳相传的神圣关系,而且从情感上与自身也紧密地联系在一起,因此,对这种祖先神灵的崇拜其目的不仅是试图从祖先那里得到他们取得事功的经验和智慧,而且还真诚地期盼从这一崇拜中获得祖先神的无私的高贵品格。显然,祖先崇拜决定了它与现实的人之间存在着非同于主客对立、人与自然相分离的认识关系,而是具有更为复杂的历史关联和情感纽带,在这种崇拜中增加了一种促进人们团结向上的精神力量,这就是人的道德性,而道德性首先表现为人所具有的历史性,而归根结蒂,这种历史性即人与其祖先之间的情感和认识关联。对此,德罗伊森认为:"人类不断自我提升的一切活动,我们总称之为道德界。历史一词,最确切的所指就是道德界。"①

因此,祖先崇拜的是人们创造出来的重要的思想活动形式,其目的是为了人的活动和生存服务,而它的产生自然也有助于人的思想活动的深化,并在这种深化中产生新的思想成果。而这种新的思想成果产生和深化的重要途径,就是进一步探究和加深活着的人与已经逝去了的人之间的种种联系,这种联系当然就是纵向的历史关系了,其目的是在这联系中以获得人生和社会生产的经验和教训。因此,中国史学则侧重于探求人生的意义和经验成果,其趋向必然要求将外在的事件与内在的人生统一起来,也只有在人与事的联系和结合中,才

---

① (德)德罗伊森:《历史知识理论》,胡昌智译,北京:北京大学出版社,2006年,第8页。

第三章 早期文化的理性化进程与中西传记史学的关联

可以清晰地认识历史的意义。

显然，中国历史观念的产生及其内容较深刻地体现了历史本质和意义，即使现在，中国的历史观念仍具有极其重要的生命力。之所以如此，是因为人自身所具有的双重性：一方面它是具体的历史发展的结果和产物，另一方面它又是创造人自身历史的现实社会力量。因此，人的历史从一开始就具有双重性：其一是人的有意识的社会活动，它的活动的原因和结果可以被自身的知识和经验所认识，并具有预知的某些能力，因而人的活动有其内在的因果关系。其二它又是人的道德活动。人是具有种种社会性质的"动物"和道德的主体，它的种种活动必须符合人所生存的具体社会团体内的规则和约束。这种规则具有明显的具体内容和特定的适应性和条件性，因而具有明显的历史性，这种历史性也就是人的道德性。因此，"一旦以自然客体对立物的人为崇拜对象的时候，随之也将人所特有的种种性质和特征带入了宗教。"①这样，历史便渗入了宗教，成为构成宗教观念的内容和根据，从而引起宗教与有关的神灵、神话的巨大变化。所以，在祖先崇拜基础上产生的神很少具有希腊神灵形象中那种自然崇拜的痕迹（如神灵形象中的动物因素），相反却富于社会历史的人文特征。这不仅表现在这些神灵是以祖先为"原型"而具有人的形貌，更为重要的是，由于人们所崇拜的是与人们自身有密切关系、同样是人的祖先，因而较之于直观而理性的自然崇拜活动，人们在神化他们时把崇高的美德也赋予了他们，使之具有伦理道德化的倾向。但这一举动其实只是人们道德和历史活动的表面形式而已，而最终则是人们要将这种道德伦理活动回归于人自身的现实历史活动。

由此以来，祖先崇拜活动较之于自然崇拜活动而言，更强调了人的道德性和历史性，体现着人与神、历史与宗教的结合，因而其所具有的传说的宗教特性也天然地与人产生了密切的关系，而具有向历史运动的倾向。祖先崇拜也更有利于道德性和历史性的产生和发展，因而中国侧重的祖先崇拜的文化意义就在于它使中国的文化发展从一开始就与人本身有着紧密的联系，就与历史产生了关联，就与道德产生了关联，它不但影响并促使中国历史学的产生，而且在同时，也为中国传记史学的产生埋下了伏笔，进而影响和促进了中国传记的产生和发展。

---

① 赵沛霖：《神话、历史与古史传说人物》，《天津师范大学学报》（社会科学版）1995年第2期，第55页。

但对于以自然崇拜为观念基础的古希腊的神话系统而言，由于这种宗教崇拜活动是以与人的对立为基础，人与所崇拜的对象分属两个截然不同的类别，因而在这一过程中，表现的主要倾向是在对立中去认识，而难以被人们统一起来。尽管在人与自然相对立的过程中，随着人们主体意识的逐渐发展，人们对自然的了解越来越深入；但也要承认，还存在着另外一种倾向，即人与自然的对立也在不断减弱，从而自然与人具有较多的统一性，这种统一性是以将自然努力统一于人为其特征的。在这一背景下，自然被赋予人的形象和品格，被人格化，并为人们所利用，甚至还为人们服务，就像在古希腊神话中的神所表现的那样。"不过，作为自然崇拜的直接或间接的产物，在他们身上仍然保留着自然物象的某些固有特征。即是说，他们虽然已经被人格化，失去了自然物象的外在特征，但是，他们的性格和气质还能使人明显地感到他们作为某些自然物象的象征性的替身和代表。"① 但对照明显的是，由于祖先崇拜的对象本身就是历史的产物和历史的创造者，因而和历史本身存在着天然的亲缘关系，为历史的产生和发展提供了极其有利的条件。

总之，由于中西原始的理性化特点有所不同，中国早期是以历史的思维方式，而西方则是通过逻辑归纳；一个是具有朴素辩证法的认识论，一个是形而上学的认识论。因此在这一认知过程中就不但不难理解为什么中国历史学的发生、发展和发达的情况，而且也不难理解西方的哲学发生、发展和发达的原因了。而在此基础上，也就容易理解中西传记史学在产生、内容和发展趋向的种种不同之处了。

3. 历史思维的差异导致中西传记史学的不同特色

中国史学传记的产生是在和历史思维的紧密结合中产生的，具有突出的历史传记特色，而希腊罗马的传记史学却是在和历史结合的过程中，又有游离于历史之外的倾向，表现出一些文学传记的特点。

需要指出的是，尽管中西两者在历史学产生后，走上了继续发展的道路，但史诗的作用仍然长期存在，并成为各自传统文化中的经典。同时，在看到中西两者史诗兴衰的相同之处的同时，还要看到中西两者在诗亡而历史兴起方面的差异。就其要者而言，古希腊的诗主要是民间产生的，而中国周朝史诗的产

---

① 赵沛霖：《神话、历史与古史传说人物》，《天津师范大学学报》（社会科学版）1995 年第 2 期，第 55 页。

第三章 早期文化的理性化进程与中西传记史学的关联

生则是双向的,既有民间的,也有官方的;从诗歌的性质来讲,在古希腊诗歌中,主要的或占主流的是神话诗,而在中国西周时,占主流的却是世俗诗,其中包含着大量的传说内容,这在国风中表现得很明显;从诗歌的意义上来看,古希腊的诗主要分为两大类,一大类是赞美英雄和神灵的,如《荷马史诗》,另一类则是与现实有关联的,如《田功与农时》;一类有叙述过程和因果,如《荷马史诗》,另一类也有伦理教化,如《神谱》,而中国的《诗经》和《山海经》其实同古希腊相仿,只不过在古希腊占主流是《荷马史诗》的神话系统,而在中国早期占主流则以《诗经》为代表的世俗诗歌;再从史诗的叙事情节来看,古希腊的《荷马史诗》则是长篇的叙述体,情节丰富,故事完整曲折,具有浓厚的不断探究因果关联的特性;但中国的《诗经》则是以短篇诗歌来记叙当时的风土人情和社会政治,主要表达人们对世事的一些感受。由此,其主题大多局限于传说和真实的世俗范围内。

其一,随着中西早期文化的进一步发展,出现了诗性智慧向理性化发展的趋向和方式,但中西理性化的方式有着明显的不同。由于古希腊在原始文化的发展进程中,产生了具有其突出特点的认识论,这一认识过程是以英雄崇拜与自然崇拜对峙的方式来体现人的价值的,维科在其著作中,以"荷马在英雄诗方面的无比才能"[①]为标题,用大量的事例论证了人在与自然界、人在与神灵的对立性,并表现了在对立中企图将二者统一起来的主观意图。当然,古希腊和罗马之所以能够产生英雄崇拜,其重要的现实原因乃在于人在社会生活中,在家族和社会关系中,特别是在家族结构中,具有一些相对的独立性。正是以此为基础,这些英雄式的人物才能够在社会生活中显示出某些个体性的特征;但其痼疾则是在体现了对立一面的同时,却难以将两者有机地统一起来。而对于中国而言,虽然也存在着不同崇拜的对立现象,但更多的则是强调二者的结合和汲取。这当然是中国早期文化的突出特点。

其二,由此进一步发展,古希腊历史自然展现出两大特点。一方面,它所推崇的是自然崇拜的研究方法,这一研究方法首先要求探讨其是否存在可供验证的因果关系,二者相结合的成果则是叙事史学,而这种最早观察自然的研究方法用于研究人的性格和心灵的话,显然有力所不逮的现象。另一方面,用探

---

① (意)维科:《新科学》,朱光潜译,北京:商务印书馆,1997年,第449页。

求自然性的因果思维方式对于人的思想、心灵的探讨显然是无能为力的，因此，对人性格和心灵的探讨，即传记史学只能进入另一个空间，即进入英雄崇拜的空间，用夸张、用描述、用想象，在以后的发展时期还用伦理学和心理学的方法，对其人性进行一些价值判断。与此相对照，在中国早期的文化结构中，祖先崇拜是作为中国早期诸种宗教崇拜的基础地位而存在的，所以它的内容不仅更多地表现了代代相传的人的不断的历史发展进程，而且在祖先崇拜中，它更多地包容了自然崇拜和英雄崇拜。因此，在中国早期的文化传统和结构中，祖先崇拜也就呈现出人自身内容的丰富性和外在联系的多样性，而就其对于历史学产生和发展的深远影响而言，其撰述的体例和方法更容易将人与事结合起来，将叙事与叙人统一起来，在形成为中国史学的同时，也孕育中国传记史学的萌芽。

其三，可以这样讲，从上述对《荷马史诗》的分析中可以看到，《荷马史诗》的产生及其不断的整理和加工进程不仅反映了不同时期希腊的文化内容和特点，而且还对希腊罗马的文化发展产生了深远而重要的影响。具体于希腊史学和传记史学的产生和发展而言，也是如此。究其原因，以自然崇拜为核心的思维方式强调的是因果关系，在其基础上所产生的则是叙事史学；但英雄崇拜突出了人的性格和心灵的内容和作用，自然有利于传记的产生和发展，由此，古希腊的史学就出现了两大流派——自然主义和伦理主义两大史学流派。在两者的对峙中，为了彰显各自的研究特色，自然主义史学则尽力剔除人的动机和观念，就像波里比乌斯所说的那样，要在历史著作中清除一切人的情感，比如要清除修昔底德在《伯罗奔尼撒战争史》中所叙述的哭喊，伤心和悲愤之情，以显示真正的历史事件的客观真实性，彻底排除人为因素的干扰；而伦理主义史学（传记史学是其核心的组成部分）自然也不甘落后，竭力排斥事件以裸露人的生动而鲜活的心灵，以彰显自身的独立性和自在性，就像罗马共和国末期的传记作家奈波斯和普鲁塔克等人一再表明的那样，他们写的是人的传记，而不是历史事件的始末。在他们看来，写历史事迹那是历史学家的使命，而传记是探明人的心迹，只能靠描写，因而其发展动态向文学偏转。其结果，尽管他们都声称历史只能是人的历史，尽管都知道人的行为与思想的一致性，不管是历史事迹或是人的性格和心灵都必须以真实为基本原则，但两者就是在历史的领域中难以统一起来。

第三章 早期文化的理性化进程与中西传记史学的关联

对于中国早期的文化内容而言，由于史诗的英雄更多地兼有祖先崇拜的色彩，而祖先崇拜更突出的是人的较为全面的内在历史和外在联系，因而自然将历史事件和英雄包容其中，在这一过程中，其更能体现出历史的真实全面的特色，而其传记自然也更偏重于史学传记。

其四，在希腊诸种宗教崇拜的结合过程中，出现了《历史》这部史著，其突出之点是努力将对人的叙述与对事的叙述结合起来。但希罗多德之后的希腊史学，却离开了《历史》所开创的叙述风格的道路，转而直观地运用因果关系以叙事，而且这一叙史方式很快就成为西方史学的主流形态，但对人物的叙述则明显呈现出被边缘化的趋向。因此，在西方史学中，叙事与叙人二者长期对立，不能统一。但对于中国而言，比如在《诗经》中，"风"、"雅"、"颂"的众多诗歌中，虽然都叙述或包含了以上诸种崇拜的内容，但却形成了一个有机的，具有融合性的统一体。这一统一体的根基在于祖先崇拜，在于与祖先崇拜有直接联系的现实中人的真实生活内容。由此，对于中国早期历史学的产生和发展而言，其结果形成了将叙事与叙人二者融为一体的文化内在趋向。但在二者的结合中，突出了人物传记，但在人物传记中又突出了祖先崇拜基础上的历史观念，因此，中国早期传记人物一直在历史和现实之间不断运动，而无法腾飞起来，从而形成中国史学和中国传记史学的特色。

如上所述，中西传记史学的产生基于中西原始的社会历史进程中，建立在中西原始的自然崇拜、祖先崇拜和英雄崇拜的基础上。通过对中西文化结构和中西早期的史诗比较，会发现两者最明显的差别在于中西的宗教文化结构有所不同。具体而言，古希腊自然崇拜和英雄崇拜成为其重要的文化类型，而中国则以祖先崇拜为其重要内容。古希腊的早期史诗文化之所以能够形成人与自然的这种紧张关系的原因，就在于他们的英雄文化在其文化结构中占有突出的地位；而中国早期文化结构由于没有像希腊罗马这样的英雄情结，更具有祖先崇拜的突出特色，因而在大自然与人世的关系中，则表现为如何协调与大自然的关系，从而使二者统一起来，但这种统一具有明显素朴的辩证色彩。和西方相比较的话，祖先崇拜的特点在于保护集体和家族，更多的是依靠血缘共同体的力量，而英雄崇拜则更多地体现其自身的超出常人价值，个人的主体意识相对较强，而集体意识相对较弱。这一趋向对中西传记史学的产生具有重要影响。

小 结

中西传记史学的产生有其各自深沉而厚重的文化基础,而其产生的过程也是极其复杂而多样的,尽管如此,不管是从历时性的历史分析,还是从横向的共时性的相互联系中加以考察,中西传记史学只能从中西双方各自存在的具有特色的史诗文化这一历史渊薮中寻找。

人类最早的故事往往是从神话传说开始的。因为当一个民族渐渐发展,开始对世界和自己的来源问题感到疑惑并做出各种不同的解答时,这正标志着文明的产生。这些形形色色的答案在现代人看来,都似乎是一些荒诞不经的神话传说,可是,对初民来说,它们不仅是合理的解释而且也是一种人生的安慰。

什么是神话?马克思做过很精彩的阐释:"任何神话都是用想象和借助想象以征服自然力,支配自然力,把自然力加以形象化;因而,随着这些自然力的实际被支配,神话也就消失了。"神话是"通过人民的幻想,用一种不自觉的艺术方式加工过的自然和社会形式本身"[1]。因此,神话可以说是人类早期的不自觉的艺术创作。它往往借助想象和幻想把自然力和客观世界拟人化。人类最早的故事往往是从神话传说开始的。他们一代又一代,对这些"神话"不断地进行不自觉的阐释和发挥。因此,神话反映的是原始人对宇宙、人类本身的思考及解释。

那么,神话所具有的社会意义是什么呢?这种社会意义的表现形式是什么呢?它与历史学之间的关系是什么?对此,孔子有其独到的理解。这集中表现在他的"诗教"的理论上。孔子曰:"小子何莫学诗,诗可以兴,诗可以观,诗可以群,诗可以怨。迩之事父,远之事君。"[2] 对孔子"诗教"理论应该如何理解呢?

所谓《诗经》的"兴"的重要意义,朱本源先生认为,也就是由于"兴"转化而进入了历史学的领域中,因而历史也具有的感发作用,这种感发作用的重要表现在于,历史知识所提供的某种人格能引起百世之下读者的通感和共鸣;所谓"观",如果将这一原则运用于历史的话,历史的主要任务就是观察以往的

---

[1] 《马克思恩格斯选集》第2卷,北京:人民出版社,1995年,第29页。
[2] 杨伯峻:《论语译注·阳货篇》,北京:中华书局,2008年,第208页。

第三章 早期文化的理性化进程与中西传记史学的关联

风俗之盛衰与政治之得失,作为当前的政治行为之借鉴,如果说"兴"是从历史知识中获得某种精神的鼓舞,那么"观"就是从历史知识中获得某种政治教训;什么是"群"?所谓"群"意识,指的就是人们在生存中所结成并赖以生存的社会共同体,孔子的"群"意识,是把培养民族意识作为历史学的任务之一;什么是"怨"?其实质就是对现实的批判,就好像《诗经》里的有些诗歌将批判的矛头指向了周天子。当然孔子的史学批判意识是相对保守的,他的批判主要偏重于道德方面,而且是褒贬并用。显然通过孔子的"诗教"理论的简单说明,明显可以看出《诗经》其本身所具有的丰富而深刻的政治的、历史的和伦理方面的重要内容和作用。[①]

通过以上对孔子"诗教"理论的论述,可以得出这样的结论:就我国早期《诗经》的本质而言,它和古希腊的《荷马史诗》、《神谱》一样,与其赖以生存的社会现实、历史发展存在着紧密的联系,发挥着同样重要的作用,而它的消亡,首先是现实的社会政治历史运动变化的结果。按照班固的说法,在鲁国实行初税制后,井田制被破坏了,之后周代的采诗制度也就不存在了。我国史学界一般认为鲁国"初税亩"的实行意味着在整个周王国内井田制的破坏和在法律上承认土地私有制的开端。按照朱本源先生的论证成果,井田制的破坏意味着早期的中国由野蛮到文明过渡的完成。

当然,之所以会造成这一历史性的结果,究其根本性的原因,是与农业的生产方式与游牧业传统有关系,同时与中西的宗教传统和文化基因有关,中国一直是天人合一,天事不离人事,有浓厚的以人为本的传统,天意以人意的方式导出;而西方的希腊则是神人同形同性,人话借神话和传说说出。这在前面的一些章节中都已经论述了。恕不赘述。

在本章的最后,本文试图以论述中西史学产生的文化背景及其与真实社会关系的内在关系为结束语。

毫无疑问,文化的发展并不是一个抽象物,而是一个现实不断发展变化的结果及重要表现方式。其实在中西早期的历史发展阶段,中西的宗教观念,理性化形式和向史学大门迈进的途径和过程等问题,都和当时正在发生、成长的新的社会形态有着密切的联系。对于本文于此所论述的古希腊的理性问题,需

---

① 朱本源:《"诗〈亡〉而〈春秋〉作"论》,《史学理论研究》1992年第3—4期。

要特别加以说明的是，它不仅仅是一种新的思维方式，是人思维的进步，更重要的是这一思维形态所具有的突出的社会性的体现。正如韦尔南所说的：

> 城邦的出现和哲学的诞生，这两种现象之间的联系如此密切，以致对于理性的起源的探讨不能不涉及希腊城邦所特有的社会结构和精神结构。……米利都学派不是看到了"那个"理性的诞生，而是建立了"一种"理性，一种理性的雏形。希腊理性不是现代科学的实验理性，现代科学的实验理性以探索自然为目的，它的方法、知识手段和思想框架是在近几个世纪以来人们为了认识和驾驭大自然而作的艰苦努力中确立下来的。①

在韦尔南看来，当亚里士多德将人定义为"政治的动物"时，他就已经强调了希腊理性与现代理性的区别。在他看来，智慧的人就是政治的人，因为从实质上讲，理性本身就是政治。而在《新科学》的英译者之一费希看来，"亚里士多德说人按本性是一种政治的动物时，他的意思是说人本是一个动物，只有在城邦里他才变成了一个人，人的本性问题就是一个转变问题。而城邦的转变和人的转变都是自然的或符合本性的，因为这不是两种转变而只是一种转变。"②从希腊史可以明显看到，希腊的《神谱》和希腊人对世界的认识，就好像晚于它们的各种哲学观念一样，都包括一些世界怎样逐渐产生的创世故事，但与此相呼应的是，其实更重要的是反映了决定这一观念的生成的客观的社会进程，那就是由氏族社会进入了文明，在文明社会中城邦的建立和王权不断地增大。由此来看，所谓神权和神话，只不过反映的是王权的威力和王权需要神话的要求。正因为这一原因，在古希腊神话中，所爆发的冲突、战争的结果都是以主神的胜利而结束，主神和人间的王一样有出身，有性格，有权力的欲望，有建立秩序和控制权力的要求，都是人间的王权的正常反映而已。它们赞美某个统治者全宇宙的神的威力，讲述他的故事。由此看来，韦尔南认为："赫西俄得的《神谱》就像是献给宙斯王的赞美歌。"③

因此，在古希腊的各种神谱中，准确意义上的起源问题，虽然不是完全模糊，但确实是处在次要位置。对于当时的神话而言，最主要的问题是解决与现

---

① （法）让-皮埃尔·韦尔南：《希腊思想的起源》，秦海鹰译，上海：生活·读书·新知三联书店，1996年，第117页。
② （意）维科：《新科学》序言，朱光潜译，北京：商务印书馆，1989年，第21页。
③ （法）让-皮埃尔·韦尔南：《希腊思想的起源》，秦海鹰译，上海：生活·读书·新知三联书店，1996年，第96页。

第三章 早期文化的理性化进程与中西传记史学的关联

实社会有密切关系的迫切问题：在众神中的社会等级的制订和主神的确立及其权力的实施。从这个意义上讲，神话的功能就体现出来了，并得到了发展。而随着社会的不断进展，现实的王权真正建立起来了，社会秩序也已经真正建立起来了，人们就开始对神话进行新的整理和新的思考。当人们真正开始探讨事物的起源，而不是尽力拉近与社会的王权并与之建立密切的关系时，理性的思想就越来越重要了，神话的作用就降低了。由此，古希腊的社会历史就进入到了一个新的城邦发展的时代，进入到理性的产生和发展的新时代。这种转变的突出特征在于由诗性智慧向理性思维的转变。可见，两者的观点是一致的。当然，哲学一旦在米利都诞生，就与当时的政治思想建立了牢固的联系，哲学很快就显示出更大的独立性。自巴门尼德以后，古希腊的哲学找到了自己发展的道路，开始着力探索一个新的学术领域，提出一些只属于哲学自身的问题。而且为了解决哲学方法的进步本身所带来的理论难题，哲学逐渐铸造了自己的一整套语言和范畴，建立了自己的概念来加以表述，用（形式）逻辑作为自己的思考方式和论证方式，以追求理性为目的遂成为古希腊的学术之宗。但是，在这个过程中，哲学很少接近自然现象，很少借助对自然现象的观察，而西方引以为豪的实验理论与方法与这一时期的哲学并没有太大的关系，因为那是只是到了近代之后才取得的突出的理论成果。从古希腊的政治思想史来看，哲学构建了一种数学，比如毕达哥拉斯学派，但其哲学成果也没有被用来考察自然，而是与古希腊时期的城邦政治产生了密切的关系，成为政治斗争的重要工具，而最初的几何学也是与城邦政治结合在一起。在《高尔吉亚篇》，柏拉图把"几何平等"这种自然宇宙基础的认识与公正节制这些城邦新秩序的核心理念紧密地结合在一起，并借苏格拉底之口批评了拒绝学习几何学的卡利克勒等人。他说："所博学者说，天和地，神和人相互联系，组成了一个共同体，它包含着友爱、秩序、节制和公正……几何平等不论对神对人都具有强大的威力"[①]。由此，韦尔南认为："希腊的理性不是在人与物的关系中形成的，而是在人与人的关系中形成的。"[②]

对于中国早期文化与当时社会关系的联系这一问题，其基本的途径和内容

---

① 柏拉图：《高尔吉亚篇》，《柏拉图全集》卷一，王晓朝译，北京：人民出版社，2002年。
② （法）让-皮埃尔·韦尔南：《希腊思想的起源》，秦海鹰译，上海：生活·读书·新知三联书店，1996年，第119页。

与古希腊的表现有其明显的相同之处，都与当时的社会产生真实而密切的联系，是当时社会发展和变革的真实反映。然而二者也表现出了一些不尽相同的地方。这些因素不仅影响甚至决定了中国历史学的内容和特征，而且也决定了中国传记史学的产生及其不同于西方传记史学的一些特征。

显然，在中国的春秋时期，鲁国"初税亩"的出现标志着西周的社会政治制度发生了重要变化，面对这一重要的现实社会变化的事实，史诗自然已不足于适应这一现实社会变动的需要，于是采诗制度只能停止了。社会亟须一种与变化的社会相适应的新的文化形态，于是孕育着史学的重要文化形式——散文就诞生而生了。散文就是在史诗——《诗经》的基础上，进一步发展，由诗歌转化而来，将神话传说转化为真实的历史现实运动的记录和研究，可以更为深刻和及时地对现实发生影响，于是历史学就应运而生了。维科把希罗多德——西方的"历史之父"作为古希腊史上这一完成过渡的标志，而我们则可以恰如其分地把孔子——中国史学的"历史之父"作为中国历史上这一过渡完成的主要标志。这一过渡在历史思维方面的发展进步就是"《诗》亡然后《春秋》作"。

需要指出的是，中西两者在历史学产生后，诗的作用仍然长期存在，并成为各自传统文化中的经典。同时，在看到中西两者史诗兴衰的相同之处的同时，还要看到中西两者在诗亡而后历史兴起方面的差异。就其要者而言，其一，古希腊的诗主要是民间产生的，而中国周朝诗的产生则是双向的。其二，从诗歌的性质来讲，在古希腊诗歌中，主要的或占主流的是神话诗，而在中国西周时，占主流的却是世俗诗，其中包涵着大量的传说内容，这在国风中表现得很明显。其三，从诗歌的意义上来看，古希腊的诗主要分为两大类，一大类是赞美英雄和神灵的，如《荷马史诗》，另一类则与现实有关联的，如《田功与农时》，一类是叙述过程和因果的，如《荷马史诗》，还有一类则是具有伦理意义的，如《神谱》，而中国的《诗经》则是将以上古希腊的两大类——《田功与农时》和《神谱》融为一体。其四，从史诗的叙事情节来看，古希腊的《荷马史诗》则是长篇的叙述体，情节丰富，成为一个曲折、完整的故事，具有浓厚的不断探究因果关联的特性；但中国的《诗经》则是以短篇诗歌来记叙当时的风土人情和社会政治，主要表达人们对世事的一些感受，由此，其主题大多局限于传说和真实的世俗范围内。

当然，产生这些共性的历史原因和社会现实基础表达了人类由原始社会向

第三章 早期文化的理性化进程与中西传记史学的关联

文明社会的迈进,以及在继续迈进的过程中所展现的人类的共同性和普遍性这一重要因素,它无疑是人类自身能力觉醒的一个重要的标志。虽然中西两者在这一人类自我的认知进程中的进步性有其突出的共性的一面,但也不可否认,中西传记史学的产生道路及内容上又表现出更多的不同点,如果对此再进一步分析,就会发现中西传记的产生及其内容的不同点其实更多地集中在传记史学的基本问题上,集中在中西传记史学所表现的各有侧重点的这一重要特征上面。这些由于思维方式的差异所展现出来的研究侧重的不同,其本身也包括了极其丰富而且复杂的社会历史内容,成为中西形成不同史学观念的社会基础,而且在社会基础与史学观念之间的矛盾运动中体现中西对其自身历史的深刻认知,从而在这一认知的基础上进一步去创造自身的历史。因此,对中西传记史学在产生和内容的各有侧重的这一特征的探讨,不但是我们深入理解中西传记产生之后的一个重要的理论总结,同时也为我们深入探讨中西传记史学的同与异提供了重要的方法论。诚如此,对中西传记史学产生的同与异研究的意义并不仅仅局限于中西传记史学产生的本身这一问题上,而且对于深入探讨与中西史学的产生相关的其他重要问题,比如说中西传记史学发展的趋向等问题,也都具有重要的参照意义。

总之,在中西早期如此漫长而又不同的由野蛮向文明发展的文化历程中,中西史学和传记史学在产生方面表现出了许多的共同性。对这些共同性可以用一句话来加以表达:即中西传记史学产生的共性最集中地表现在中西古人在对人与自然的认知,人类对自身的认知两方面都获得了重要的进步,虽然中西在这两方面的文化发展中各有所侧重,并由此使中西文化在表现出其相同性的同时,又表现出不同性。当然,这种认知的共性和不同性又都首先集中体现在各自的史诗中,恩格斯称《荷马史诗》和希腊神话"是希腊人由野蛮时代带入文明时代的主要遗产"。① 因为"从这些神话故事中仿佛从胎盘中我们发现到全部玄奥智慧的大轮廓。可以说,各民族在这些神话故事里,通过人类感官方面的语言以粗糙的方式描绘各门科学的世界起源"②。在这一进程中,既包括了神界的浪漫,又包涵了神界的真实,再由神界的真实和浪漫转向人世间的浪漫,这是中西早期文化发展的一个共同趋向,但对于中西史学的发展影响而言,其展

---

① 《马克思恩格斯选集》第 4 卷,北京:人民出版社,1995 年,第 23 页。
② (意)维科:《新科学》,朱光潜译,北京:商务印书馆,1989 年,第 435 页。

现出两条求真的发展途径，一个是探求事件过程的叙事真实性，一个是展现精神上浪漫情节的传记真实性，在面对两条求真发展的途径时，中西史学发展的历史选择却并不一致，古希腊是将两者对立起来，呈现出分道扬镳各自发展的趋向；而中国早期的历史选择却是努力将两者统一起来，由此形成了中国早期史学发展的突出特征。

因此，中西传记史学的产生这一问题就不可避免地深深地打上中西各自文化传统的烙印，从而显示出了不同于世界上任何其他文化的特色，当然正是在各自文化中的传记史学特色的引领下，中西传记史学不断发展深化，进而形成了各自内容丰富的传记史学体系，并具有丰厚而又多样的传记史学品格，最终表现出各具特色的风貌。如果从史学比较的原理出发，以求同存异的方法对中西各自的传记史学的产生的原因、过程和特色加以比较概括的话，还可以从中发现中西传记史学在产生这一重要问题上所表现出来的一些重要的共同点。就中西传记史学的产生问题而言，对中西史学产生的共同点和不同点的分析与研究，不仅可以进一步深化对中西传记史学的产生的诸多问题的理解，而且还有利于加深对中西传记史学发展趋向的理解。

第四章　中西史学进一步发展的硕果
——传记史学观念的产生

在公元前6世纪，随着古希腊城邦的普遍建立和中国周朝的不断衰落，各诸侯国的地位不断提高，中西早期的诗性智慧已经不能适应当时剧烈的社会变革，现实的理性思维方式逐渐占据了统治地位，中西早期的文化史由"史诗时代"走入了以理智为主的"理性时代"。表现在文体上，不管是神话还是传说，在叙述和探讨变化、发展的人们社会生活方面都有较大的局限性，而内容丰富、表达自由、以叙述和研究社会生活为主题的散文也就逐渐取代了诗歌，从而才有可能对现实进行较有深度和广度的叙述。正是在这一背景下，出现了一批批的散文家，在这些散文家长期积累的叙述成果基础上，一种新的、能够反映时代历史变迁的人文学科——历史学于公元前5世纪在中西几乎同时出现。借用孔子的话来说就是："辞多则史，少则不达。"① 事实上，中西史学诞生的意义不仅局限于历史学本身，它也是我们研究传记史学的理论基础和历史前提。事实上，中西传记史学观念和体例的产生不仅建立在中西历史学发展的客观历史进程中，同时也建立在中西历史学家对历史本身不断反思的历史观念的发展进程中。

一、中国传记史学的产生

（一）《春秋》标志着中国史学的产生

《春秋》是迄今我国流传下来的最早的一部编年体史书，也是儒家的主要经

---

① 杨伯峻：《孟子译注》，北京：中华书局，2008年，第116页。

典之一。它总共有一万八千余字，目前所存全文，不过一万六千多字，记载了以鲁国为主的春秋时期的历史。几千年以来一直受到学者的重视，成为后代编年史的滥觞，在中国史学史、经学史、文化史上均占有突出地位。

1. 《春秋》的作者及学科性质

相传《春秋》是孔子据鲁史修订而成。这是自古至今的一种传统说法，最早由孟子提出来。孟子认为："世衰道微，邪说暴行有作，臣弑其君者有之，子弑其父者有之。孔子惧，作《春秋》。《春秋》，天子之事也，是故孔子曰：'知我者其惟《春秋》乎，罪我者其惟《春秋》乎！'"①（《孟子·滕文公下》）司马迁同意这种说法，并说孔子：为作《春秋》，"西观周室，论史记旧闻，兴于鲁而次《春秋》，上记隐，下至哀之获麟，约其辞文……以制义法，王道备，人事浃。"而"左丘明因孔子史记具论其语，成《左氏春秋》"②，班固对此理解为：孔子"以鲁周公之国，礼文备物，史官有法，故与左丘明观其史记"③（《汉书·艺文志》）。也就是说，孔子为了撰写《春秋》，还专门参阅了周王室所藏的典籍，然"故因史记作《春秋》，以当王法，其辞微而指博，后世学者多录焉"④（《史记·儒林外传》），《史记·孔子世家》："至于为《春秋》，笔则笔，削则削，子夏之徒不能赞一辞。"⑤ 以后历代学者多沿此说。如西晋杜预，近人钱玄同、顾颉刚等人也都认可这一观点。

也有学者指出，所谓孔子著《春秋》是根据鲁国和周王室以及其他诸侯国的史官的原有记载加以修改，编写成一部简要的史书，作为教授学生的历史教材，孔子对史记的材料尽管有删节，但因其"信而好古"⑥，所以保持了原有的文字、内容和表达风格，若说孔子著《春秋》则过了。还有一些观点认为，《春秋》的性质不是历史学的著作，而是政治学或伦理学著作等。

对于《春秋》的作者是谁、《春秋》的性质是什么这样的历史难题，本人的思考是这样的：其一，虽然《春秋》的作者长期以来都有争议，但都不否认与孔子有关，所以《春秋》是经孔子之手修改而成是没有争议的，争论的核心是

---

① （宋）朱熹撰：《孟子集注》，济南：齐鲁书社，1992年，第87—88页。
② 《史记》卷十四《十二诸侯年表序》，北京：中华书局，1959年标点本，第509—510页。
③ 《汉书》卷三十《艺文志》，北京：中华书局，1962年标点本，第1715页。
④ 《史记》卷一百二十一《儒林列传》，北京：中华书局，1959年标点本，第3115页。
⑤ 《史记》卷四十七《孔子世家》，北京：中华书局，1959年标点本，第1944页。
⑥ 杨伯峻：《论语译注·述而篇》，北京：中华书局，1980年，第66页。

第四章 中西史学进一步发展的硕果——传记史学观念的产生

幅度有多大、能不能称之为"著《春秋》"。对于这个问题，从古迄今，孔子成《春秋》的观点一直是主流，争论的焦点不过在于是"著"还是"编"。其二，《春秋》是否可以称为历史学著作，从现代史学观念来看，《春秋》毫无疑问是史著，归其原因主要有两点，一方面，它以真实可靠的史料为依据。根据司马迁的理解和记载，孔子处理材料的准则是孔子"追迹三代之礼，序《书传》：上纪唐虞，下至秦缪，编次其事，曰：'夏礼吾能言之，杞不足征也。殷礼吾能言之，宋不足征也。足，吾能征之也。'"① 另一方面，孔子并不是单纯地将集到的历史材料按照昔日编年的方式，将其罗列起来，关键是在其中增加了自己的历史意识和观念，由此被称为"《春秋》之义"。孟子说："'晋之《乘》，楚之《梼杌》，鲁之《春秋》，一也；其事则齐桓、晋文，其文则史。孔子曰：'其义则丘窃取之矣。'"②（《孟子集注·离娄章句下》）在孟子看来，孔子所著述的《春秋》与其以前的各国史籍有着明显的不同点，这个不同点就在于他赋予了《春秋》以"义"。这个"义"就是将他的思想观念赋予了"《春秋》"，从而使《春秋》有了代表孔子思想的"灵魂"，而不只是对昔日鲁国历史材料的简单整理。

正因为孔子赋予《春秋》"义"的思想观念，一系列争论不休的学术问题由此产生。在其中，最主要的问题就表现在这个"义"的含义究竟是什么？应该如何正确理解这个"义"？不可否认，孔子为《春秋》注入其"义"的结果是使鲁史《春秋》的性质发生了重大的变化，造成了巨大而深远的历史影响。但是这样一来，我们就面临这样一个原典问题，即《春秋》是什么性质的原典呢？是历史的、政治学的、伦理学的还是其他学科性质的呢？而且随着现代西方多种学科学术分析方式的引入，《春秋》的性质问题愈演愈烈，在学界引起争鸣。显然，对《春秋》性质争鸣的这一现状一方面表现了现代学术发展的重要进展，但另一方面也表明学术界对这一基本问题的看法至今仍有些混乱。

因为本论题的宗旨和篇幅所限，在此只能稍加解说。如前几章所述，中西的历史学观念是建立在各自的文化和历史发展轨道上的，因此，对于中西史学的发展内容和特征必须与此相关联，否则就会产生失之毫厘，谬以千里的现象。中国的天人合一、兼容并包且呈现统一趋向的学术发展特点，很难用西方传统的非此即彼的思维方式分析其属性，实则在其本质属性之外，还兼有许多其它

---

① 《史记》卷四十七《孔子世家》，北京：中华书局，1959 年标点本，第 1936 页。
② （宋）朱熹撰：《孟子集注》，济南：齐鲁书社，1992 年，第 117 页。

深刻而重要的观念。具体于《春秋》而言就是如此：其一，《春秋》的历史内容主要是诸侯世界的政治军事，并以社会伦理和历史的经验教训来表达作者对政治制度和伦理秩序的支持或批评，因而其历史具有明显的伦理性。其二，中国历史学一个突出特征在于，从其产生再到后来的发展，并不只局限于所谓的研究过去的历史材料的领域，因其具有强烈而执著的现实关照性，从而与中国的基础学科产生了深刻而密切的联系，因而具有兼容中国各文化的特色，也确实发挥了引领中国文化发展的重要作用，因此，中国史学内容的丰富性也是其突出的特点。其三，如果用现代西方的分析主义观点对《春秋》加以研究的话，其所包括的学科内容就太多了，甚至可以说是大杂烩。一般而言，各个学科的奠基之作因处于初创时期，并没有严格而明确的学术研究领域和系统的研究方法之区分，只能从其所包容的内容的核心和学术发展的脉络来判断其在学术发展进程中的地位和作用。这样看来，从《春秋》的内容来讲，其绝非仅是历史学的，或者是政治学的，或者是伦理学的单门学科。其四，判断《春秋》的性质，还是应该首先将其置于中国学术发展的道路上再加以研究，即必须在综合考察《春秋》产生之前的中国学术发展轨迹和《春秋》对其后的学术影响的基础上，运用现代西方分析的思维方式对其加以梳理，从更深层次的角度来理解《春秋》的丰富而复杂的文化内涵，以及这些文化内涵之间的脉络和关联。在此基础上，才能对于《春秋》的性质给予更为合理而具现代意义的诠释和解说，可能这是一个重要的学术研究方向。但对目前的学术状况来讲，《春秋》的史学性质还是应该坚持的。这当然也是本文作者的观点。

何谓"《春秋》之义"，历代学者多有解释，但都各有重点，章学诚认为："史之大原，本乎'《春秋》'。'《春秋》'之义，昭乎笔削。笔削之义，不仅事具始末，文成规矩已也。以夫子'义则窃取'之旨观之，固将纲纪天人，推明大道，所以通古今之变，而成一家之言者，必有详人之所略，异人之所同，重人之所轻，而忽人之所谨，绳墨之所不可得而拘，类例之所不可得而泥，而后微茫杪忽之际，有以独断于一心。及其书之成也，自然可以参天地而质鬼神，契前修而俟后圣，此家学之所以可贵也。"[①]由章学诚这一论述来看，他认为史学的根本在于得其"史意"，而现代著名史学家朱本源先生从诠释学的角度认为"《春

---

① （清）章学诚著、叶瑛校注：《文史通义校注》上卷《内篇五答客问上》，北京：中华书局，1985年，第470—471页。

第四章 中西史学进一步发展的硕果——传记史学观念的产生

秋》之义",其实是孔子的历史编纂学的理论体系。这一体系包括了孔子研究历史的对象和方法,历史学的训诲职能,并进而将历史作为一个有规律的发展过程来进行探讨。①

当然,在孔子的史学观念中,也有明显的缺失,也就是其有以观念来斧削历史事实之嫌。比如早在《史记》中,司马迁就指出了孔子"据鲁,亲周,故殷,运之三代。约其文辞而指博。故吴楚之君自称王,而春秋贬之曰'子';践土之会实召周天子,而春秋讳之曰'天王狩於河阳':推此类以绳当世。贬损之义,后有王者举而开之。《春秋》之义行,则天下乱臣贼子惧焉"②。事实上,《春秋》作为鲁国的史书,其作用早已超出史书范围,《春秋》用词遣句"字字针砭",这一独特的文风,被称为"《春秋》笔法",为历代文化史家奉为经典。据史家推算,孔子《春秋》记事,计242年,史称"《春秋》时代"。鲁国史书《春秋》自鲁隐公元年(前722)到鲁哀公十四年(前481),《春秋》所记,是二百四十多年的春秋各国大事,是中国最早的编年体史书。

2.《春秋》的叙事风格及诸"传"

《春秋》对事件的记叙非常简略,用语也十分简练,用字最多的是"定公四年春三月"③,但叙述也不超过四十五个字,还有许多二三个字所叙的事件,如僖公三年夏四月"不雨"、八年夏"狄伐晋";最少的仅用一字来记叙,如僖公三年六月"雨";《春秋》的时间观念已相当准确,计时是以"年、时(季节)、月、日"为记事单位,并形成了规则的叙事体系。具体而言,在《春秋》中,年:鲁国之君主、鲁公在位纪年;时:季节,四季之"春夏秋冬";月:"正月、二月、三月……"。日:"甲子、乙丑、丙寅……"。记事风格:由短句构成。

因为《春秋》的记事十分简略,所以对《春秋》的理解必须参看一些对《春秋》的解释性著作,唯如此,才可以了解其中的含义。所以孔子之后又出现了一批著作,称之为"传"。这些著作据说有的记载了孔子讲授《春秋》的本事所含的历史内容,有的阐述了孔子的思想,有的则对书中的记载进行解释和说明。据《汉书·艺文志》记载,为春秋作传者共5家:《左氏传》30卷、《公羊

---

① 朱本源:《孔子历史观念的现代诠释》,《史学理论研究》1994年第3—4期,第29—37、18—27页。
② 《史记》卷四十七《孔子世家》,北京:中华书局,1959年标点本,第1943页。
③ 杨伯峻:《春秋左传注》修订本,北京:中华书局,1981年,第1534页。

传》11卷、《谷梁传》11篇、《邹氏传》11卷、《夹氏传》11卷。① 但可惜后二传早已失传。

(二)《左传》标志着中国史学观念的深化

自孔子作《春秋》后,对《春秋》的理解与诠释就成为孔子的门徒们和整个儒家学界的一个重要事宜。孔门弟子从不同的角度,基于不尽相同的旨趣对《春秋》进行了解读和诠释,形成了不同特色的理解结果,形成了《左传》、《公传》和《谷梁》三传。三传虽基于《春秋》,但侧重点各不相同。

《左传》不仅在中国史学发展史上起到了承上启下的作用,而且在传记史学发展中也起到了一个重要的过渡作用。在《春秋》三传中,唯有《左传》是从记事的角度来深化、注解《春秋》的史学著作。虽然这一著作本基于《春秋》,但其在《春秋》的基础上又体现出自己的许多特点,从而大大深化了《春秋》的史学观念,因而其在中国史学史上具有重要的历史地位。这一历史地位的重要表现之一就是《左传》在记事的同时,又对人物的形象、心理和行为方面有了详细而又生动的描述,大大丰富了历史编纂的内容和体例,为中国传记史学的产生,即《史记》的产生奠定了史学基础。

据《史记·十二诸侯年表》和《汉书·艺文志》记载:"是以孔子明王道,干七十馀君,莫能用,故西观周室,论史记旧闻,兴于鲁而次春秋,上记隐,下至哀之获麟,约其辞文,去其烦重,以制义法,王道备,人事浃。七十子之徒口受其传指,为有所刺讥褒讳挹损之文辞不可以书见也。鲁君子左丘明惧弟子人人异端,各安其意,失其真,故因孔子史记具论其语,成左氏春秋。"② 这段话非常重要,它说的是孔子作《春秋》时,与左丘明参观鲁国的史记,依据行事,论人道,假日月以定历数,藉明聘以正礼乐,其中众多褒讳贬损之事件,难以明言,乃口授弟子叙其实情。但其后,弟子们在传言中却不尽相同,歧义产生了。左丘明唯恐弟子各执已见,偏离孔子本意,故讨论《春秋》本事而作传,以证明孔子不以空言而说经。

《左传》相较其他二种经典而言,撰述材料多依周王室的档案、鲁国的史书材料和其它诸侯国的史料等。记事基本以《春秋》鲁十二公为次序,以政治军

---

① 《汉书》卷三十《艺文志》,北京:中华书局,1962年标点本,第1713页。
② 《史记》卷十四《十二诸侯年表》,北京:中华书局,1959年标点本,第509—510页。

第四章 中西史学进一步发展的硕果——传记史学观念的产生

事为中心,包括诸侯国之间的聘问、会盟、征伐、篡弑等。同时《左传》也在其中叙述了当时婚丧、文化和风俗等广泛而深刻的社会文化内容,对后世史学、文学都有重要影响。

传统观点认为《公羊传》的作者为战国时齐人公羊高,据说他曾受业于孔子弟子子夏,后来致力于挖掘春秋本经的所谓"微言大义"。《春秋公羊传》是用问答的方式诠释理解《春秋》的一部典籍,但该传在解释史事方面却十分简单,起讫年代也与《春秋》稍有差异(前722—前481)。

《谷梁传》是《春秋谷梁传》的简称。传说孔子的弟子子夏的弟子鲁人谷梁俶(亦名谷梁赤,字元始)记录了子夏对春秋本经的理解、观念而成书。《谷梁传》起于鲁隐公元年(前722),终于鲁哀公十四年(前481),是以语录体和对话为主来注解《春秋》,体裁与《公羊传》相似,经较长时期的口头传授,是为《春秋》作注解者所著。一般认为其成书时间是在西汉。

虽然《春秋》三传都是转受《春秋》经旨,但《左传》工于记事,长于记人。《公羊》《谷梁》却详于诂经,以阐发春秋的"微言大义",以授后世者。《文心雕龙·史传篇》说:"传者转也,转受经旨,以授于后。"①

晋范宁评"《春秋》三传"的特色说:"《左氏》艳而富,其失也巫。《谷梁》清而婉,其失也短。《公羊》辩而裁,其失也俗。"②范宁对《左传》的评价,特别是对《左氏》弱点——"巫"即多叙鬼神之事的点评,其实正好说明了《左传》还带有明显的早期史学发展特征,留下了中国史学发展进程的印痕。而正因为如此,学界公认,从中国史学的产生和发展的历程来看,《左传》是《春秋》通向《史记》的一个关键的中间环节。

《左传》作为一部长达十八万二百七十三字的历史巨著。它的突出特征主要表现在以《春秋》为本,形象生动地记述了历史的事件和人物,通过栩栩如生的描写来展现历史的画面,使历史的记录具有浓厚的文学色彩和意味。这一特色集中表现在叙事、写人和记言三个方面。

1. 叙事方面的生动性

其一,《左传》善于描述错综复杂的社会矛盾和历史事件,将其叙述严格建立在历史的基础上。作者有严格的历史时空观念。通读《左传》会发现,其中

---

① (梁)刘勰著,范文澜注:《文心雕龙注》,北京:人民文学出版社,1978年,第284页。
② (晋)范宁撰:《春秋谷梁传注疏》序,北京:中华书局,1980年,第2361页。

的每一事件都有具体详细的时间、地点和人物。比如，于某年某月某日某时，于某国某地某处，体现了编年史的突出特征；对其中的重要人物和一般人物的姓氏、国别、职务，等等，都用不同方式标明；对历史事件发生的原因、过程、特点、结果及其影响的发展全过程都有完整叙述。在今天看来这些都是传记史学的基本要求，在《左传》那里都被固定下来。

其二，作者在春秋历史事实的基础上，运用文学手法，使历史的记叙故事化。《左传》以《春秋》提供的历史内容为依据，又大量采撷民间轶闻和传说，对历史事件进行文学描述。现以"晋灵公谋刺赵盾"为例。鲁宣公二年晋灵公谋刺赵盾的故事是春秋史上的重要事件。这一事件在《春秋》中仅有"晋赵盾弑其君夷皋"一条大事简记，别无其他。此后，《春秋》三传对此都有叙述，因为都是取材于传闻，所以叙写的原因和情节就有明显不同。《穀梁传》叙述为"灵公朝诸大夫而暴弹之，观其辟丸也"①，语焉不详，《公羊传》则在宣公六年详细记叙了事情的经过："使诸大夫皆内朝，然后处乎台上，引弹而弹之。"② 从《公羊传》所叙的情节来看，晋灵公所弹对象为大夫，使人难以理解，《左传》记晋灵公"从台上弹人"③ 虽然笼统，但在情理之中，容易理解。同样，《公羊》记叙赵盾在反击晋灵公的恶犬时说道："赵盾顾曰：'君之獒不若臣之獒也。'"④ 话语不具特定的情景性，且与赵盾平日谦逊礼下的行事大相径庭。《左传》却记叙的是："盾曰：'弃人而用犬，虽猛何为！'"⑤这一话语极具神采，符合赵盾个性和身份的特征，当然具有更多的可信性。

其三，注重人物形象的细节描绘。

细节描写是历史传记的一个突出特点。这个手法在《左传》中已初露头角，这是《左传》作者写人的重要特点。细节描写的成功运用，使《左传》的文学性倏然生辉。

例如城濮之战晋国大捷，举国欢腾，但晋文公却无欣喜之色，直到得知楚将子玉自裁的消息以后，"晋侯闻之而后喜可知也。"⑥这一情态细节的描写，将晋文公身为

---

① （晋）范宁注、（唐）杨士勋疏：《春秋谷梁传注疏》，北京：中华书局，1980年十三经注疏本，第227页。
② （汉）何休注、（唐）徐彦疏：《春秋公羊传注疏》，上海：上海古籍出版社，1990年，第191页。
③ 杨伯峻：《春秋左传注》修订本，北京：中华书局，1981年，第1页。
④ （汉）何休注、（唐）徐彦疏：《春秋公羊传注疏》，上海：上海古籍出版社，1990年，第192页。
⑤ 杨伯峻：《春秋左传注》修订本，北京：中华书局，1981年，第660页。
⑥ 杨伯峻：《春秋左传注》修订本，北京：中华书局，1981年，第468页。

第四章 中西史学进一步发展的硕果——传记史学观念的产生

霸主、深谋远虑的性格特征完全表现出来了。

城濮之战之后,秦国为了进入中原,想趁晋文公刚刚去世之机,偷袭郑国,其中《左传》对秦军行军中的一个细节描写,令人印象深刻。《左传》记:"秦师过周北门。左右免胄而下拜,超乘者三百乘。王孙满尚幼,观之,言于王曰:'秦师轻而无礼,必败。轻则寡谋,无礼则脱。入险而脱,又不能谋,能无败乎?'"①

这段话说的是秦军在通过周王城北门的一个动作,每辆兵车上的左右卫都只是摘下头盔向王宫礼拜,但刚一下车又一跃而登车前进,动作极为散漫不庄重。由此,王孙满作了上述的评论。果不其然,秦军偷袭郑国的军事行动因泄密的缘故,无功而返,且在崤山遭到晋国伏兵的痛击,全军覆没。"获百里孟明视、西乞术、白乙丙以归。"②秦国东进中原,以图称霸的战略意图遭到惨败。

再如,秦晋殽之战,晋国出其不意,活捉了秦国三员大将,但晋侯因文嬴之请却释放三将回秦。晋军先轸听闻后,十分生气。《左传》在此对他的反应描写得极为准确传神。"先轸朝,问秦囚。公曰:'夫人请之,吾舍之矣。'先轸听后,勃然大怒,曰:'武夫力而拘诸原,妇人暂而免诸国,堕军实而长寇仇,亡无日矣!'"③

先轸在朝堂如此话语,从当时的政治伦理来看,实乃欺君之罪也,即便如此,他仍怒不可遏,还做出了一个更令人震惊的举动:"不顾而唾。"④ "不顾而唾"这一生动的细节,虽让人们震惊不已,但若细细思量事件的前因后果却也符合武将先轸的性格逻辑:先轸在朝堂的犯上言辞和举动,充分表现了他刚烈、强直的性格,其后他追悔自己无礼的行为所采取的同样激烈的自罚行为:"免胄如狄师,死焉"⑤。这样的细节描写,前后一致,符合人物的性格逻辑。

再有,《左传》里描写当卫献公几经周折,在随臣的扶助下终于重新回国时,他对不同地点欢迎他的人们持有不同的态度。这些不同的态度都表现在不同的细节描写上:"大夫逆于竟者,执其手而与之言;道逆者,自车揖之;逆于门者,颔之而已。"⑥ 显然,卫献公是以大夫们出迎的远近来判别他们对自己的

---

① 杨伯峻:《春秋左传注》修订本,北京:中华书局,1981年,第494页。
② 杨伯峻:《春秋左传注》修订本,北京:中华书局,1981年,第498页。
③ 杨伯峻:《春秋左传注》修订本,北京:中华书局,1981年,第499页。
④ 杨伯峻:《春秋左传注》修订本,北京:中华书局,1981年,第499页。
⑤ 杨伯峻:《春秋左传注》修订本,北京:中华书局,1981年,第501页。
⑥ 杨伯峻:《春秋左传注》修订本,北京:中华书局,1981年,第1113页。

亲疏之情,他也就依此为据,采取相应的措施对这些士大夫们加以回应。这一细节虽小,却极其微妙传神,把卫献公只看表面却心智蠢笨、浅薄无能的本性暴露无遗。还有,《左传》记叙宋华父督以好色著称,"见孔父之妻于路,目逆而送之,曰:'美而艳'。"① 这一情不自禁的随意话语细节,把这个好色之徒的内心世界刻画得淋漓尽致,为其以后故事的发生埋下了伏笔。即鲁桓公"二年,春,宋督攻孔氏,杀孔父而取其妻"。②

2.《左传》开始注意人物形象的完整性

其一,重视人物形象的完整性。除了生动的人物形象的细节描写,《左传》还非常重视人物形象的完整刻画。

《左传》中的历史人物众多,约在一千四百人左右。这些人物包括了春秋时代社会的各个阶层或阶级成员。据学者研究,其中约三分之一的人物有较为翔实的事迹或生动的形象刻画。还有一些人物的生平在《左传》不但详加叙写,还成为一个个首尾相顾,情节完整的故事。现以《左传》对晋文公的叙述为例对上述观点加以说明。

晋文公重耳为春秋五霸之一,其事迹亦为人们所熟知。从《左传》的记叙来看,从庄公二十八年至僖公三十二年的记事中,重耳一生的完整过程呈现给了人们:其坎坷无数,屡经劫难,尝尽人间冷暖,阅尽人间脸色,但终得大位,且成就了其人生辉煌。这是关于一名落难公子的奇特而艰难的成长、成熟进而成功的人生历程。这一艰难的历程大致可以分为四个阶段:其一,躲避内乱,寄人篱下。主要内容有"处狄十二年而行"③;其二,浪迹列国,图谋大位,经历异常艰难,备尝人间艰辛。"及齐","过卫","及曹","及宋","及郑","及楚","送诸秦"④。其中的屈辱(曹共公观浴、郑文公不与礼遇)、无奈(野人与之土块),希望屡次破灭,几至绝境,对大国有所求时的谦卑与忍耐(楚成王求报、怀嬴愠怒、秦穆公宴享);其三,复国即位,重整山河。其内容惊心动魄,险象环生,甚至差点被烧死于宫中,几使其伟业功亏一篑;其四,晋楚对决,双雄亮剑,城濮大战,逐鹿中原,成就霸业,登峰造极。在重耳流亡走向人生

---

① 杨伯峻:《春秋左传注》修订本,北京:中华书局,1981年,第83页。
② 鲁桓公"二年,春,宋督攻孔氏,杀孔父而取其妻。"杨伯峻:《春秋左传注》修订本,北京:中华书局,1981年,第85页。
③ 杨伯峻:《春秋左传注》修订本,北京:中华书局,1981年,第405页。
④ 杨伯峻:《春秋左传注》修订本,北京:中华书局,1981年,第406—409页。

第四章 中西史学进一步发展的硕果——传记史学观念的产生

辉煌的十九年磨难中,其足迹所至北起黄河的狄邦、南到长江的楚国、西至渭水的秦国、东及海滨的齐国。千里行程中每到一地,作者都会叙写其所经历的一些典型事例,以刻画其丰富而极具个性传奇的历经苦难艰险而终成霸主的成功的人生经历,无论是其辛酸遭遇还是大器晚成,其经历读来都让人嗟叹不已。从而展现了一个历经坎坷艰难而内心强大丰富的完整人物形象。

《左传》全书除了描述春秋时期的周王和各侯国的诸侯之间的利害争夺的因果之外,也描述了许多富有政治智慧和颇有作为的政治家,他们都对各诸侯国和当时华夏天下的政局产生了重要的影响。比如早期齐国的管仲、后来晋国的叔向、齐国的晏婴等,但其中作者最为心仪,着墨最多、形象最为光彩夺目的,还是郑国的宰相子产。

子产是春秋时代颇具声望的政治家和思想家,《左传》记自鲁襄公八年至昭公二十年,子产行事共七十条。在《左传》中,作为郑国宰相的子产,自身博闻强记,社会和历史无所不通,不但具有超乎常人的智慧和学识,还具有极强的社会活动能力。当时的郑国已由东周初年的强国沦为诸侯国的小邦,其地位岌岌可危;其又处在中原要地,在晋楚诸大国之间左右徘徊,处处仰仗鼻息行事,历尽艰难。但子产登上政治舞台后,其政治才干让人刮目相看。其虽为小邦之相,但独具政治技巧,周旋于列国强邦之间,游刃有余,不卑不亢,广交各国诸侯,积极参与邦国间事务,为郑国争得一席之位,并有雄辩的口才,为本国利益,据理力争,应对自如。虽然他不过是一小国之相,但在他为相期间,把以往"朝晋暮楚"的国策调整为"从晋和楚"的政治方略。通过平衡外交,在晋、楚争霸的夹缝中,为国家赢得了应有的尊严和较长时间的和平环境,列强也因此不敢对郑国轻举妄动。其所作所为不但为自身赢得了荣誉,更重要的是在弱肉强食的春秋时代,子产更为郑国争得了难得的国家尊严,提高了郑国的声望和地位。比如,平丘之会班贡争承,"自日中以争,至于昏,晋人许之"①。

当然,这一重要成果的获得,首先来自于子产对诸侯各国,特别是当时的霸主晋国内部政治生态的准确把握。既盟之后,子大叔对其后郑国可能受到强晋的报复心怀疑惧,因而责备子产:"诸侯若讨,其可渎乎?"子产曰:"晋政多

---

① 杨伯峻:《春秋左传注》修订本,北京:中华书局,1981年,第1359页。

门,贰偷之不暇,何暇讨?国不竞亦陵,何国之为?"① 子产的对白一方面表现了他对当时列国关系和晋国内部潜在的政治危机具有深刻的洞察力,另一方面也表明了他视捍卫国家利益、挽救国家危亡为自己义不容辞的神圣责任。仲尼谓:"子产于是行也,足以为国基矣。《诗》曰:'乐只君子,邦家之基。'子产,君子之求乐者也。"且曰:"合诸侯,艺贡事,礼也。"② 究其原因,在于子产的政治视野开阔,对郑国当时所处的列国争霸的大环境有着深刻而正确的认识,竭力利用晋楚两霸对峙而又相互制约的政治格局,凭借郑国沟通南北、交通东西的重要地理枢纽位置,将郑国长期无法解决的难题——处于晋楚之间、南北受敌的是非之地——这一不利因素设法转化为相对独立、两全其美的外交新格局,大大改善了郑国在列国中的外部环境。这一成果不但赢得了其他诸侯国对郑国的尊重,同时也为子产赢得了难得的个人权威,有利于在郑国贯彻他的政治改革和建立新的政治制度。因此,如果将子产的这些外交成就置于春秋时代的争霸之中,特别是置于郑国的社会历史发展进程中,尤其是将其置于郑国力图重振其昔日威风的大背景下加以考察,而不是就事论事的话,自然就会对子产的外交成就和对子产的个人才干有一个较为全新且全面的认识和感受。换言之,作为杰出政治家的子产,其有声有色的外交与其复杂棘手的内政是紧密相连的,如果从此角度来看待子产的外交成就的话,其最重要的意义还表现在,他为郑国获得了一段理顺内部矛盾,以争取国内发展的相对宽松的外部大环境。而这一相对宽松的外部环境,在一定程度上缓解了郑国当时所面临的最根本的问题——岌岌可危的国运的问题。而在这一问题基本解决后,对于郑国和他本人而言,突出的问题则是如何发展的问题。从郑国在这一时期的历史发展及其原因的探讨来看,两者确实是紧密相关的,相互促进的。③

---

① "《左传》昭公及盟,子产争承,曰:'昔天子班贡,轻重以列,列尊贡重,周之制也。卑而贡重者,甸服也。郑伯,男也,而使从公侯之贡,惧弗给也,敢以为请。诸侯靖兵,好以为事。行理之命,无月不至,贡之无艺,小国有阙,所以得罪也。诸侯修盟,存小国也。贡献无及,亡可待也。存亡之制,将在今矣。'自日中以争,至于昏,晋人许之。既盟,子大叔咨之曰:'诸侯若讨,其可渎乎?'子产曰:'晋政多门,贰偷之不暇,何暇讨?国不竞亦陵,何国之为?'"杨伯峻:《春秋左传注》修订本,北京:中华书局,1981年,第1359页。

② 杨伯峻:《春秋左传注》修订本,北京:中华书局,1981年,第1360页。

③ 学界对于子产的研究,过去存有一种将其内政改革和外交成果相割裂的倾向,其目的是以彰显子产的个人品德和突出才干。其实这一研究的方法和旨趣,实际上并没有真正提升和挖掘出子产的个人才干和历史地位,而只能是适得其反。因此,对子产内政改革成果和外交突出成就的内在关系的正确把握,准确地讲,是子产对两者间的准确认识和具体的把握,才是彰显和展露其才干的最突出特点。

第四章 中西史学进一步发展的硕果——传记史学观念的产生

如上所述,子产之所以能以蕞尔之邦的相臣活跃于强敌如林的国际舞台中,纵横捭阖,释放出强劲而又让人诚服的外交能量,为郑国获取了重大而长远的政治利益,从表面看实与郑国这一小邦的地位不相称,似乎只是归因于子产个人机敏的才能而又果敢的外交能力,但细读《左传》,综合相关部分的记叙,就会发现,其实子产的外交成果与他在郑国执政期间的锐意改革作为,而使郑国国力的上升有着相互促进的直接关系。从《左传》的记叙来看,子产对郑国内部各种政治集团间的关系有着深刻的洞察力和认知,并在此基础上采取多种重大改革措施,展示了他对郑国社会各个集团切实有效的掌控,从而迅速治理、提升郑国的国家实力。在治国方面,作为政治家的宰相子产,他洞察时事、谙悉国情,大胆创新,勇于改革。《左传》记录了子产在其执政期间,对郑国实行的三次重大改革。

第一次重大的改革举措始于公元前543年,即子产执政的当年,就开始推行"使都鄙有章,上下有服,田有封洫"①的政策。所谓"都鄙有章",就是从当时"礼崩乐坏"的情况出发,有限度地承认社会政治和经济变化的现状,规范社会秩序,修建水利设施,发展农耕。第二次重要的改革为四年之后,子产又利用国家社会经济明显好转的有利时机,"作丘赋"以改革军赋制度。"作丘赋"关键不在"赋"的多少而是征发标准发生了变化,增加了私田所有者的军赋,因为"丘赋是领主按丘征发军赋,丘内新垦土田愈多,分摊军赋愈轻"②,这表明了对正在形成中的新丘赋制度的认可。第三次改革则是昭公六年的"铸刑书"举措,子产打破传统,首次将成文法公布于众。

当然,既然是重要改革,必然会因触动郑国权贵的既得利益而遭到保守势力的猛烈攻击。因此,子产所推行的每一次改革都成为郑国内部政治角力的事件,同时也成为列国间争议的重要话题。

例如,据《左传》记载:郑子产作丘赋。国人谤之,曰:"其父死于路,己为虿尾。以令于国,国将若之何?"子宽以告。子产曰:"何害?苟利社稷,死生以之。且吾闻为善者不改其度,故能有济也。民不可逞,度不可改。《诗》曰:'礼义不愆,何恤于人言?'吾不迁矣。"③ 子产答之以"苟利社稷,死生以之!"

---

① 杨伯峻:《春秋左传注》修订本,北京:中华书局,1981年,第1181页。
② 范文澜:《中国通史》第一册,北京:人民出版社,1978年。
③ 杨伯峻:《春秋左传注》修订本,北京:中华书局,1981年,第1254—1255页。

斩钉截铁，掷地有声！让人敬仰不已。

再如，郑人铸刑书——公布成文法，打破了贵族对法律的垄断，限制贵族任意曲解法律的权力，这是法制史上一个重要的历史变革。但这一重要的改革不仅遭到了国内权贵集团的强烈反对，而且对当时的诸侯国也产生了强烈的冲击，随之在列国中也出现了一股股斥责的声浪，子产的改革备受内外压力。其中，春秋时期晋国杰出的政治家叔向和子产一直交好，但他对子产铸刑书一事也颇为不满。叔向使诒子产书，曰："今吾子相郑国，作封洫，立谤政，制参辟，铸刑书，将以靖民，不亦难乎？……肸闻之，国将亡，必多制，其此之谓乎！"面对叔向的指责，子产并没有妥协让步，复书曰："若吾子之言，侨不才，不能及子孙，吾以救世也。既不承命，敢忘大惠？"① "不能及子孙，吾以救世也！"金石玉言，肝胆相照！寥寥数语，一位公而忘私、胆识过人、锐意进取的政治家形象呈现在人们面前了。

在《左传》中，子产虽处弱小之邦，但不自卑；邦虽位于是非之地，但审时度势，自强不息；为挽救国运，锐意改革，置生死于外，竭智竭力。因而《左传》较完整地展现了一位极其难得的政治家的才干、气魄和道德风貌：子产处事明快，干练明达，手法老到。小到理家虽细不乱，有条不紊；大到治国长于管控，知人善任；临大事从容不迫，迎难而上；遇难事胸有成竹，敢于担当。如少年时平定西宫之难的临危不惧、指挥救火赈灾的镇定自若。

显然，《左传》作者是把子产作为一个在乱世之中罕见的正面人物"典型"，叙述其尽善尽美的一生"鲜有败事"②（《左传·襄公三十一年》），加以讴歌，而且在其中也倾洒了自己的真诚敬慕之情。同时，在《左传》中，作者也指出了这位政治家身处危局而"鲜有败事"的根本原因——知人善任，群策群力。《左传·襄公三十一年》中说："子产之从政也，择能而使之。冯简子能断大事，子大叔美秀而文，公孙挥能知四国之为，而辨于其大夫之族姓、班位、贵贱、能否，而又善为辞令，裨谌能谋，谋于野则获，谋于邑则否。郑国将有诸侯之事，子产乃问四国之为于子羽，且使多为辞令。与裨谌乘以适野，使谋可否。而告冯简子，使断之。事成，乃授子大叔使行之，以应对宾客。"③

---

① 杨伯峻：《春秋左传注》修订本，北京：中华书局，1981年，第1276—1277页。
② 杨伯峻：《春秋左传注》修订本，北京：中华书局，1981年，第1191页。
③ 杨伯峻：《春秋左传注》修订本，北京：中华书局，1981年，第1191页。

第四章　中西史学进一步发展的硕果——传记史学观念的产生

显然，较之于《春秋》，《左传》已经注重人物的整体风貌和思想的脉动，可以较为清晰地看到了一些重要人物的生平和其人生的业绩，后世传记史学的人物形态几欲成形。

3. 准确、生动的人物对话和对事对人的简洁叙述

其一，人物对话生动而富有个性和哲理。《左传》中人物语言极具文彩，人物间的"对话"更是内容丰富，形式多样，个性突出。如郑庄公在制胜共叔段的过程中，《左传》的叙述简明扼要："多行不义必自毙，子姑待之"①；"可矣，厚将得众"②；"不义不暱，厚将崩"③；通过这三句短语，一个城府深厚，阴险冷酷又欲擒故纵、张网以待的郑庄公便跃然而出。

再如晋公子重耳避难至楚，有求于楚，而楚成王待价而沽，二人间进行政治谈判。《左传》写道："及楚，楚子飨之，曰：'公子若反晋国，则何以报不谷？'对曰：'子、女、玉、帛，则君有之；羽、毛、齿、革，则君地生焉。其波及晋国者，君之余也；其何以报君？'曰：'虽然，何以报我？'对曰：'若以君之灵，得反晋国。晋、楚治兵，遇于中原，其辟君三舍。若不获命，其左执鞭、弭，右属櫜、鞬，以与君周旋。'"④

此番对话，揭示了两人的内心世界的奥秘：楚成王施恩望报、乘机勒索，重耳虽处逆境，有求于楚，但不失国格和人格，显现了晋公子坚守底线的政治品格。两者的对白使人们对这俩人的不同个性有突出的感受：一个明火执仗、强势出击；一个柔中有刚，逆势上扬。也对两人的政治操守明若秋毫。

"问鼎中原"更是《左传》对白中的奇葩，不仅文辞干练，而且充满了卓越的政治智慧。周定王元年，（前606），楚庄王观兵于周疆，"问鼎之大小、轻重焉"。周大夫王孙满对曰："在德不在鼎。……桀有昏德，鼎迁于商，载祀六百。商纣暴虐，鼎迁于周。德之休明，虽小，重也。其奸回昏乱，虽大，轻也。天祚明德，有所底止。成王定鼎于郏鄏，卜世三十，卜年七百，天所命也。周德虽衰，天命未改，鼎之轻重，未可问也。"⑤ 这篇辞令典雅睿智，于理、于情、于境三者合一，堪称对白中的典范之作：周定王时周已是蕞尔小邦，在"春秋

---

① 杨伯峻：《春秋左传注》修订本，北京：中华书局，1981年，第13页。
② 杨伯峻：《春秋左传注》修订本，北京：中华书局，1981年，第13页。
③ 杨伯峻：《春秋左传注》修订本，北京：中华书局，1981年，第13页。
④ 杨伯峻：《春秋左传注》修订本，北京：中华书局，1981年，第408—409页。
⑤ 杨伯峻：《春秋左传注》修订本，北京：中华书局，1981年，第669—672页。

"五霸"之一楚庄王大军的压境之下,灭顶之虞如头上悬剑,危在旦夕。因此,王孙满仅孤身赴楚营,欲以口舌之功让楚王退师归楚,谈何容易。但王孙满不负王命,其应对有度,态度坚韧,以理服人,以德服人,原则坚定,逻辑严密,虽处逆境,外柔内刚,反使楚庄王陷入理屈词穷的窘境。更难得的是,王孙满自知周已处险境,但从道德高度对楚庄王加以劝诫,晓以利害,用词谦和而不失身份,其用意点到为止,为楚庄王留下自行退兵的台阶,并最终促使楚庄王放弃了军事冒险而保全了周。王孙满以其才智,终不辱周王命,化险为夷,这一危机事件的和平解决,成为春秋时期的难得佳话。而这一段经典的对白,将二人的性格、神态,跃然纸上,读后使人有如临其境,如见其人之快感。

像这样脍炙人口的篇章,在《左传》中还有许多。刘知几对《左传》的评价是这样的:"寻左氏载诸大夫辞令,行人应答,其文典而美,其语博而奥。述远古则委曲如存,征近代则循环可覆。必料其功用厚薄,指意深浅,谅非经营草创,出自一时,琢磨润色,独成一手。"① 《左传》中这些富有文采的行人辞令,开启了战国时代纵横驰骤、酣畅淋漓的文风先河。

其二,《左传》作者在叙史方面特别注意修辞的运用,大量地采用了俗语、谚语和民谣,比喻生动贴切,其中许多语言成为名言、警句、成语,至今仍具有鲜活的生命力而广泛流传。比如:"辅车相依,唇亡齿寒"②;"虽楚有材,晋实用之"(楚材晋用)③;"数典而忘其祖"④;"一鼓作气,再而衰,三而竭"⑤;"上下其手"⑥;"不去庆父,鲁难未已"⑦;"欲加之罪,何患无辞"⑧;"皮之不存,毛将焉附"⑨;"风马牛不相及";"东道主"⑩ 等,这些生动的词语至今还被人们普遍使用。同时,在《左传》中,对许多人和事的叙写都极其简洁明快,且准确传神,这当然是基于对历史求真的需要,也是《左传》在中国史学发展过程中取得的重要成就。

---

① (明)郭延孔撰:《史通评释》,上海:上海古籍出版社,2006年,第587页。
② 杨伯峻:《春秋左传注》修订本,北京:中华书局,1981年,第307页。
③ 杨伯峻:《春秋左传注》修订本,北京:中华书局,1981年,第1120页。
④ 杨伯峻:《春秋左传注》修订本,北京:中华书局,1981年,第1373页。
⑤ 杨伯峻:《春秋左传注》修订本,北京:中华书局,1981年,第183页。
⑥ 杨伯峻:《春秋左传注》修订本,北京:中华书局,1981年,第1115页。
⑦ 杨伯峻:《春秋左传注》修订本,北京:中华书局,1981年,第257页。
⑧ 杨伯峻:《春秋左传注》修订本,北京:中华书局,1981年,第333页。
⑨ 杨伯峻:《春秋左传注》修订本,北京:中华书局,1981年,第348页。
⑩ 杨伯峻:《春秋左传注》修订本,,北京:中华书局,1981年,第480页。

第四章 中西史学进一步发展的硕果——传记史学观念的产生

《左传》的叙史语言,历来为学者们所推崇。唐代史学理论家刘知几认为:"言近而旨远,辞浅而义深,虽发语已殚,而含意未尽,使读者望表而知里,扪毛而辨骨,睹一事于句中,反三隅于字外。"① 可谓的评。其后,写作风格汇入到中国史学的传统中,并成为其重要的组成部分。

总之,《左传》中的叙事是和写人较为紧密地结合起来,而为了将事实叙写真实,将人的思想和性格描写准确,就必然要求作者具有深厚的语言功底和高超的写作技巧。这样一来,从历史的真实性出发,自然就将事、人和语言三者紧密地结合起来,显然,《左传》体现的出不仅是历史观念发展的结果,同时也是春秋时期文学观念发展的结果。《左传》的出现正是综合两种观念的结果,是将两者统一于历史的观念基础之上的结果。在《左传》之前,《尚书》以记言为主,《春秋》以记事为务,《国语》也以记言为主。从中国史学史来看,正是在具体而真实的历史的记言、记事的史料和体例的基础上,再辅之以准确生动的文学叙写,使《春秋》中的事和《春秋》历史进程中的人开始在《左传》中结合起来了。这一成果极大地丰富了《春秋》史学的内容,从而形成了独具特色的《左传》史学的特征。

毫无疑问,《左传》将两者熔为一炉的杰出成果,不仅使《左传》成为中国史学史上的经典之作,而且,从中国史学的发展史来看,《左传》也具有深远的意义。具体于传记史学的发展而言,《左传》成为从春秋的编年史学到《史记》的纪传体史学发展过程中不可或缺的中间环节。正是通过这一中间环节,以司马迁为代表的中国传记史学才得以产生,并成为中国史学的基本体例。换言之,尽管纪传体的开创,首先归功于司马迁的创造,但传记史学的叙事结构、塑造人物形象的某些方法、技巧在《左传》中都已出现。虽然从其后的传记史学的观念来看,《左传》中的许多人物形象还显得粗糙、简单,许多叙事和描写人物的手法还显得质朴而简陋,但它却实实在在地成为后世人物传记,比如说《史记》纪传的前身。司马迁的《史记》正是直接继承和发展了《左传》中具有明显人物传记因素的成果,从中汲取了大量丰富而宝贵的传记史学营养,才取得了《史记》中的最重要的组成部分——"列传"的文学成就,形成了出于《左传》但却高于《左传》的传记史学的体例和观念,并最终使中国的史学发展到了一个新的历史阶段。

---

① (唐)刘知几著、浦起龙释:《史通通释》,上海:上海古籍出版社,1978年,第174页。

(三)《史记》的诞生标志着我国传记史学正式产生

1.《史记》诞生的时代背景

在春秋战国之际，社会历史的剧烈变革，各诸侯国盛衰兴亡的残酷现实，促使人们不得不从历史中获取借鉴。司马迁曾写道："《春秋》之中，弑君三十六，亡国五十二，诸侯奔走不得保其社稷者不可胜数。"① 用史墨的话来说："社稷无常奉，君臣无常位，自古以然。故《诗》曰：'高岸为谷，深谷为陵。'三后之姓，于今为庶"。② 这一切既触目惊心，更发人深省。因而《左传》、《战国策》等历史著作充分展现了在历史事件发生的因果关系中人的各种活动：人的狡诈，人的权谋，人的进取精神，彰显了人的智谋、人的努力在历史进程中所发挥的重大作用，也正是这些人的活动最终决定了历史事件的结果。因此，以子产为代表的新的社会力量和思想所提出来的"天道远，人道迩"的命题正是反映了当时历史时代的发展趋势。于是，各国君主也转而重视人事，也纷纷以"人谋"来取代"天时"。一时间，各诸侯国国君礼贤下士，养士之风大盛，延揽各地的各种各样人才，为己所用，弱小之国以图自保，而大国则谋求强国图霸，无所不用其极。正是在这一历史背景下，当时的有关书籍，开始以人物的活动、言论为记述对象，强调人的主观能动性对社会历史发展的作用和影响，如《左传》中的《曹刿论战》、《郑伯克段于鄢》等等。在这些篇章中，人的历史性地位空前提高，人物形象栩栩如生，类似于后来"正史"中的那种"列传"或"传"，就要呼之欲出了。

在这一阶段，有两件重大历史事变给人们的观念世界以深刻的震撼：其一是强秦的暴亡。曾几何时，秦王扫六合，如摧枯拉朽，不可阻挡，其势何其雄哉！"然陈涉瓮牖绳枢之子，甿隶之人，而迁徙之徒也；才能不及中人，非有仲尼、墨翟之贤，陶朱、猗顿之富；蹑足行伍之间，而倔起阡陌之中，率疲弊之卒，将数百之众，转而攻秦"③；陈胜、吴广斩木为兵，揭竿为旗，各路英豪紧随其后，天下诸侯云合响应，其势犹如风卷残云，而不过数年，不可一世的强秦竟灰飞烟灭，变革之迅速，变化之剧烈，成果之巨大，实在让人目瞪口呆；其二是楚汉战争以及刘汉的胜利。刘汉的将士多起于乡野，出生微细，并未受

---

① 《史记》卷一百三十《太史公自序》，北京：中华书局，1959年标点本，第3297页。
② 杨伯峻：《春秋左传注》修订本，北京：中华书局，1981年，第1519—1520页。
③ （汉）贾谊撰、阎振益等校注：《新书校注》卷一《过秦上》，北京：中华书局，2000年，第2页。

第四章　中西史学进一步发展的硕果——传记史学观念的产生

到任何神圣光环的笼罩，但刘邦以置之于死地而求生之心，拔剑而起，投身义军大潮，同项羽一起攻灭暴秦；后被项羽封为汉中王，加以看管。但刘邦恰如猛虎卧荒丘，咬牙切齿百般隐忍，时机一到，孤注一掷，明修栈道，却暗度陈仓，以求以逞，最终在楚汉相争中，忍受了常人无法忍受的痛苦，也使用了许多常人难以想象的卑劣而残酷的手段，打败了不可一世的代表传统贵族势力的统治者西楚霸王——项羽，从而成就了自己的辉煌事业，赢取了改朝换代的功名。这一结果不仅让人惊愕不已，更让人振奋不已。

事实上，不管从哪个角度而言，由秦灭而汉兴这两大事变所交织成的重大历史变故，无疑是中国历史上具有天翻地覆性质的事件，这一变革为人们提供了极其难得的改变自身命运的平台和机遇，也大大激发了人们创业立功的豪迈战斗激情。在这一重大而影响深远的历史变革中，充分展现了人事在历史发展中所起的关键作用。一大批社会底层的人物，如汉初三杰之一萧何原是沛县衙的主吏，谋士张良是没落的无权无势的韩国贵族，大将军韩信原是街头乡间流浪者，周勃是一个编席打篓子兼作吹鼓手的人，曹参为狱掾，张苍为秦御史，叔孙通为秦代博士，樊哙原是街头卖肉的屠夫，娄敬为车夫，灌婴是小商贩，还有陈平、夏侯婴等皆为毫无根基的白徒。但他们凭着自己的勇气、智慧和才干，躬逢其时，各展其长，扶摇直上，脱颖而出，建功立业，都成为刘邦手下的谋臣或猛将，功拜为汉王朝的王侯。这一切的重大变革都真实而鲜活地发生在他们自己身上或身边人身上，这一切自然深刻地影响了这些亲身经历和亲眼目睹这一重大变化的人们对历史进程和历史变化原因的看法。

当然，其中最令人吃惊的是原不被人们所看重的小小亭长——刘邦，他竟然真的成就了其长期梦寐以求的刘家帝王的梦想。可贵的是，刘邦对自己能够登上大位的原因心知肚明，明确地将其归之于人事，而绝非神事。《史记》是这样记载："帝置酒洛阳南宫。上曰：'列侯、诸将毋敢隐朕，皆言其情。吾所以有天下者何？项氏之所以失天下者何？'高起、王陵对曰：'陛下使人攻城略地，因以与之，与天下同其利；项羽不然，有功者害之，贤者疑之，此其所以失天下也。'上曰：'公知其一，未知其二。夫运筹帷幄之中，决胜千里之外，吾不如子房；镇国家，扶百姓，给馈饷，不绝粮道，吾不如萧何；连百万之众，战必胜，攻必取，吾不如韩信。三者皆人杰，吾能用之，此吾所以取天下者也。项羽有一范增而不用，此所以为我禽也。'"① 显

---

① 《史记》卷八《高祖本纪》，北京：中华书局，1959年标点本，第380—381页。

然，刘邦将楚汉相争结果的认识完全建立在人为的基础上，这一观念集中体现了人们的时代意识。在这一思想意识的主导下，人们的历史的观念已焕然一新，各种人物以前所未有的姿态，开始走向历史进程的前列，而原先主宰一切的天、帝、神等等宗教观念则只好退居事变的末端。正是在这一总体背景下，汉初的政论家如陆贾、贾谊等人，在总结秦亡汉兴这一历史教训时，都将其思考的触角深入到复杂而有机的人事世界的因果链之中，所探讨、所着眼的都是人们的思想和道德观念，人们在这一进程中的作为、成果及其教训。

据《史记·郦生陆贾列传》，刘汉建国后，举国上下一片欢腾。但陆贾居安思危，出于对汉朝长远的考虑，屡屡向沾沾自喜的刘邦提出治国的根本大计和安邦的深谋远虑之策。据《史记》载："陆生时时前说称《诗》、《书》。高帝骂之曰：'乃公居马上而得之，安事《诗》、《书》！'陆生曰：'居马上得之，宁可以马上治之乎？且汤、武逆取而以顺守之，文武并用，长久之术也。昔者吴王夫差、智伯极武而亡；秦任刑法不变，卒灭赵氏。乡使秦已并天下，行仁义，法先圣，陛下安得而有之？'高帝不怿而有惭色，乃谓陆生曰：'试为我著秦所以失天下，吾所以得之者何，及古成败之国。'陆生乃粗述存亡之徵，凡著十二篇。每奏一篇，高帝未尝不称善，左右呼万岁，号其书曰《新语》。"[①] 显然，其为刘汉天下作长久之计的宏旨是陆贾写作《新语》的根本性缘由。

陆贾在《新语》十二篇中，一再讨论秦得天下而又猝失天下的原因。如他在《新语·辅政》中说："尧以仁义为巢，舜以禹、稷、契为杖，故高而益安，动而益固。""德配天地，光被四表，功垂于无穷。"[②]"秦以刑罚为巢，故有覆巢破卵之患；以赵高、李斯为杖，故有倾仆跌伤之祸。"[③] 在《新语·道基》中指出："桓公尚德以霸，秦二世尚刑而亡，故虐行则怨积，德布则功兴。"[④] 在《新语》中像这样的例子，不胜枚举。

显然，陆贾关注秦亡而汉得天下这一历史事实，从稽查古今成败之理的理性层面，对弱汉终代强秦而立的历史原因进行了系统而有深度的探讨，其观点和角度确有独到之处。

---

① 《史记》卷九十七《郦生陆贾列传》，北京：中华书局，1959年标点本，第2699页。
② 王利器：《新语校注》卷上《辅政》，北京：中华书局，1986年。
③ 王利器：《新语校注》卷上《辅政》，北京：中华书局，1986年。
④ 王利器：《新语校注》卷上《道基》，北京：中华书局，1986年。

第四章 中西史学进一步发展的硕果——传记史学观念的产生

自陆贾首发《过秦论》之嚆矢后,贾谊则以同样的旨趣总结秦速亡而汉勃兴的历史经验和教训,以秦为鉴,力图使汉真正长治久安。

贾谊的政论著作《过秦论》是从不同角度分析秦亡国的过失,故名为《过秦论》。分上中下三篇。其首先从历史的角度探讨了秦由弱到强的历史发展过程和原因,正确地将秦开始大踏步前进的焦点置于秦孝公变法图强的这一真实历史原因的基础上。此后,叙述了秦经过惠文王、武王、昭襄王多代人的苦心经营,充分利用其难得的四关之险这一地理优势,又制订并实行了正确的主张和策略,国势大盛,此时已形成了"强国请伏,弱国入朝"的大好局面,再经孝文王、庄襄王,"及至始皇,奋六世之余烈,振长策而御宇内,吞二周而亡诸侯……天下已定,始皇之心,自以为关中之固,金城千里,子孙帝王,万世之业";其后贾谊则又提出了一个核心问题,即以陈涉本身之微弱力量,却能使貌似强大的秦国覆灭,原因是什么呢?贾谊对此作了这样的回答:"然秦以区区之地,致万乘之势,序八州而朝同列,百有余年矣;然后以六合为家,崤函为宫;一夫作难而七庙隳,身死人手,为天下笑者,何也?仁义不施而攻守之势异也。"①

显然,贾谊在文中力图要论证的观点。正如"鄙谚曰:'前事之不忘,后事之师也。'是以君子为国,观之上古,验之当世,参之人事,察盛衰之理,审权势之宜,去就有序,变化因时,故旷日长久而社稷安矣"②,"仁义不施而攻守之势异也"则是贾谊所论证出来的造成秦速灭亡的根本原因。

总之,贾谊的政论文气逼人、气势磅礴、见解深刻,在如此强烈而深沉的对比中得出秦亡的根本原因在于"仁义不施"的结论,给人的心扉以前所未有的撞击。发人深思,催人深省!

2. 司马迁创作《史记》

因而在汉初,现实历史的重大变迁是人们热议的话题,而探讨其中的奥秘和缘由正是史学家的时代课题。在这一具体的历史背景下,司马氏父子在写作史书时,把"通古今之变"作为历史研究的重点课题。据《太史公自序》记载,司马谈在谈到自己研究历史的动机时就曾明确说过:"今汉兴,海内一统,明主贤君忠臣死义之士,余为太史而弗论载,废天下之史文,余甚惧焉。"③ 如果将

---

① (汉)贾谊撰、阎振益等校注:《新书校注》卷一《过秦上》,北京:中华书局,2000年,第3页。
② (汉)贾谊撰、阎振益等校注:《新书校注》卷一《过秦下》,北京:中华书局,2000年,第17页。
③ 《史记》卷一百三十《太史公自序》,北京:中华书局,1959年标点本,第3295页。

此话同古希腊的希罗多德写历史的心情相对照的话，其共同之处都表现了历史学家独特而坚定的使命感：

> 在这里发表出来的，乃是哈利卡尔那索斯人希罗多德的研究成果，他所以要把这些研究成果发表出来，是为了保存人类的功业，使之不致由于年深日久而被人们遗忘，为了使希腊人和异邦人的那些值得赞叹的丰功伟绩不致失去它们的光彩。①

而另一位著名的古希腊历史学家修昔底德则是以同样的理由来说明他撰写历史的原因是因为他有这样一个信念：

> 作为一位希腊人，在伯罗奔尼撒人和雅典人之间的战争爆发之时，就开始撰述这部战争史了。其所以如此，是因为他相信这将是一场重大的战争，比此前的任何一场战争都值得记述。双方战士在各个方面都竭尽全力来准备；同时，我看到其他的希腊人在这场争斗中支持一方或另一方；那些尚未参战的希腊人也正在准备参加。的确，这是迄今为止历史上——不仅是希腊人历史上，而且是大部分异族人世界历史上，甚至可以说是全人类历史上的最大的一次骚动。虽然我们对于远古时代的事件，甚至对于那些战争前夕的事件，由于时间的间隔而不能完全确知了，但是尽我所能探讨过去所得到的所有证据，使我相信，过去的时代，不论是在战争方面，还是在其他方面，都不是伟大的时代。②

显然，中西史学家的著史宗旨有异曲同工之妙。如果把司马谈的这一观点置于中国史学发展史上加以考察的话，就会发现，他在这时所提出的史官著史论载的重心应为"明主贤君忠臣死义之士"，这一崭新的史学范畴恰恰反映了当时的时代主题，因此，他力图从人事的角度来总结历史发展的史学观念是十分明显的。这就不难理解而后接替太史令职务的司马迁为什么执著于其父的遗志，终将司马谈的这一著史意图在《史记》中发挥得淋漓尽致的原因了。换言之，司马迁所遵循的不仅是其父的遗命，更重要的是历史学家的时代使命。

在《史记·太史公自序》中，司马迁说其著传记的目的是论载"明主贤君忠臣死义之士"③，"二十八宿环北辰，三十辐共一，运行无穷，辅拂股肱之臣配

---

① （古希腊）希罗多德：《历史》，徐松岩译，上海：生活·读书·新知三联书店，2008年，第1页。
② （古希腊）修昔底德：《伯罗奔尼撒战争史》，徐松岩译，上海：上海人民出版社，2012年，第1页。
③ 《史记》卷一百三十《太史公自序》，北京：中华书局，1959年标点本，第3295页。

第四章 中西史学进一步发展的硕果——传记史学观念的产生

焉，忠信行道，以奉主上，作三十世家。扶义俶傥，不令己失时，立功名于天下，作七十列传。"① 但司马迁对历史人物记述的基本原则却是遵循孔子的历史方法论。在《史记》中，司马迁对《春秋》是这样评价的："夫《春秋》，上明三王之道，下辨人事之纪，别嫌疑，明是非，定犹豫，善善恶恶，贤贤贱不肖。"② 因此，中国传记史学的一个重要特点确实也是为了彰显善行，并将其作为传记史学的重要旨趣。但司马迁的叙人方式则不是简单地叙述传主的善行以讴歌和赞美其高尚的品格，而是在叙述传主善行的同时还要对其恶行进行叙述，是惩恶扬善。换言之，司马迁是对人的全部——善的品行与恶的品行加以对比，相互反衬，以体现其善行的可贵，以此来真正体现传记的功能和效用。

因此，最晚至西汉中叶，以历史人物为中心，从传记的诸要素出发，评判各种人物一生的是非功过，突出人们在历史进程中所发挥的关键性作用，并总结人们在物质和精神文化方面所产生的创造性建树，已成为历史研究的轴心。这样看来，司马迁在《史记》中首创的七十"列传"这一体例，并与"世家"和"本纪"相呼应，就是顺应这一时势所产生的重大史学成果。并由此标志着中国传记史学的正式诞生。

二、古希腊与罗马传记史学的产生

（一）希罗多德的《历史》标志着古希腊历史学的产生

希罗多德的《历史》是以波斯的历史为中心，以波斯对外战争为主线，并以希波战争为重点，记叙了他所游历和听说到的世界各地区、各个国家和各个种族的历史、地理和风土人情，是一部精心构造的"百科全书"式的世界史巨著。③ 希罗多德的《历史》具有以下三个方面的突出特点：其一，整个书所讲述的都是人或人类的故事，而不是像《荷马史诗》那样具有浓郁的神的色彩。正

---

① 《史记》卷一百三十《太史公自序》，北京：中华书局，1959年标点本，第3319页。
② 《史记》卷一百三十《太史公自序》，北京：中华书局，1959年标点本，第3297页。
③ 对于希罗多德的《历史》内容及其有些学者将其译为或称为《希波战争史》这些问题，徐松岩教授等学者近年来对此进行了专门研究，认为将希罗多德的《历史》内容简单译为或称为《希腊波斯战争史》是对《历史》一书的误解。之所以会出现上述的一些误解是因为人们误读了《历史》，是用希腊中心主义的视角去看待这部书的结构和内容的结果，而与希罗多德本人的观念及其所处的历史时代相背离。这一观点是建立在深入研究的基础上的，有较强的说服力，对进一步理解希罗多德史学观念和《历史》的内容、特点及其地位有重要的推动作用。详情参阅（古希腊）希罗多德：《历史》译序，徐松岩译，上海：生活·读书·新知三联书店，2008年，第4—6页。

如希罗多德在开场白所强调的著书目的是"为了保存人类过去的所作所为"①。其二,《历史》一书是他精心调查的研究成果,这一成果是用叙事的方式,将他所知道的在世界各地发生的大量的故事,用因果这一方式编织起来,形成了一个视域开阔、广泛联系的世界历史和文化的因果链。其三,《历史》的文笔优美,故事生动、有趣,引人入胜。他的这种才能在对人物细致入微的刻画、生动细腻的描写方面展现得淋漓尽致。所以,尽管《历史》书中大小人物众多,但作者都是通过短小的故事或对白就塑造出了鲜明的人物形象,令人过目不忘。

正如美国历史学家汤普森所评述的:"这位'历史之父'赋予了史学以庄严高贵的风格,这在过去还是从来没有过的。他能够从他的时期以前的那些被看作历史的大量杂乱无章的材料当中,即时构思成有条有理的故事;在这一点上,他远远超过他以前的任何作家。""尽管这部历史有记述文和轶事集的性质,但它还是具有无可争辩的统一性。使希罗多德的著作高出其他的是它表现了协调和综合的能力,这是他的前辈见所未见的,而且它还标志着批判性著述的开端,尽管它实际上还很朴素。"② 柯林武德还从现代历史理论的角度认为希罗多德所开创的历史学是"科学历史学"③。

(二)古希腊历史学的发展及传记史学的产生

从西方史学史来看,应该说,由希罗多德开创的古希腊的历史学,其意义重大而且深远。著名历史学家朱本源先生虽然也认为古希腊的最早的开创者应该是希罗多德之前的海卡泰欧斯,但他同时指出:"严格地说……使古典古代的历史走上科学研究的开路人,仍然要算希罗多德。而发扬光大者是修昔底德,是他们奠定了理性主义的、人道主义的历史思维模式。"④ 它不仅为古希腊历史学的进一步发展奠定了基础,而且也为古希腊罗马传记史学的产生和发展提供了必要的前提。其后,经过修昔底德的《伯罗奔尼撒战争史》,色诺芬的《希腊史》,一直到伊索克拉底——古希腊传记史学的产生。这可以说是希腊罗马传记

---

① (古希腊)希罗多德:《历史》第一卷,徐松岩译,上海:生活·读书·新知三联书店,2008年,第1页。
② (美)J.W.汤普森:《历史著作史》上卷,谢德风译,北京:商务印书馆,1996年,第34—35页。
③ (英)柯林武德:《历史的观念》,何兆武、张文杰译,北京:商务印书馆,1997年,第48页。
④ 朱本源:《历史学的理论与方法》修订本,北京:人民出版社,2012年,第224页。

第四章 中西史学进一步发展的硕果——传记史学观念的产生

史学的第二阶段。

1. 修昔底德

具体于《伯罗奔尼撒战争史》而言,这是修昔底德继希罗多德之后又一部名垂青史的古希腊历史学名著。《伯罗奔尼撒战争史》叙述了希腊内部的两大军事集团——以雅典为首的提洛同盟和以斯巴达为核心的伯罗奔尼撒同盟之间的大内战。作者对这场在古希腊历史上空前惨烈的内战发生的前因后果、曲折多变的过程都进行了详细而深入的叙述。较之于希罗多德的《历史》著作而言,这部史学巨著的突出特点有以下四点。

其一,对史料的严格考核精神。修昔底德一再强调他不轻信别人看到的或听到的信息,就是对自己看到的情况也不轻易下结论,而是要对听到的或看到的信息进行核实:"我总是尽可能用最严格、最仔细地方法检验过的。然而,即使费尽了心力,真实情况也还是不容易获得的。"① 这些话表现出修昔底德严肃而认真的史学求真精神。其二,理性的人文观。修昔底德对这场希腊史上的大内战发生的历史原因和进程进行人文主义的思考,努力用科学的方法去说明如日食、月食、地震等自然现象对人和社会历史的影响,因而在其著作中,完全排除了人事之外的神意的干扰。这一理性主义的思考和实践,对于读者的影响也许会如他所说的:"我这部没有奇闻轶事的史著,读起来恐怕难以能引人入胜。"② 而对于修昔底德本人来讲,则将本来就处在逆境(驱逐出国)的他置于更为危险的境地,他的理性求真精神被别人认为是无神论者③,而无神论者在古希腊是要被处死刑的。可见修昔底德的求真之路是异常坎坷的。其三,开始将叙人、叙事和记言统一于历史书中,这是古希腊史学的重要进展。这突出地表现在修昔底德在其著作中引入了大量真实可靠的人物演讲词。这是该书最突出的特点之一。据有人统计,演讲词约占全书篇幅的四分之一。这些真实人物、真实可信的关于历史上重大事件的演讲词极大地增强了该书的可信度,尽管其中有些演讲词是他复原的,但后来学者们所得到的材料也说明修昔底德的记载基本上是可靠的。这些演讲词对于了解伯罗奔尼撒战争史的真实进程具有很重

---

① (古希腊)修昔底德:《伯罗奔尼撒战争史》,徐松岩译,上海:上海人民出版社,2012年,第50页。
② (古希腊)修昔底德:《伯罗奔尼撒战争史》,徐松岩译,上海:上海人民出版社,2012年,第50页。
③ 转引自(意)贝奈戴托·克罗齐:《历史学的理论和方法》,傅任敢译,北京:商务印书馆,1986年,第144页。

要的意义。其四，从西方史学史来看，从修昔底德开始，历史学家们开始关注人的心理状态，这在关于科基拉事件，雅典人与梅洛斯的对话、西西里等等历史事件中都有较为详尽的描述。对于古希腊的政治家们而言，要想很好地利用民主的形式达到自己的政治目的，就必须懂得准确把握民众的心理，并善于利用人们的不同心理状态来获取民众的支持。以至于柯林武德认为修昔底德是古希腊的"心理历史学之父"。[①] 总之，在《伯罗奔尼撒战争史》中充满了人文主义情怀中最为深沉而冷峻的理性精神。

当然，重要的是，在此还有必要探讨修昔底德的《伯罗奔尼撒战争史》在古希腊传记产生和发展过程中的作用。通过学者的分析，可以明显看到，在《伯罗奔尼撒战争史》中已经出现了真实可靠的人、经过仔细考核过的历史事件和当事人真实的发言和现场的诘难，而且也出现了对人的心态的描述。这样一来，人物传记所要求的一些重要特征基本上都具备了。由于《伯罗奔尼撒战争史》的主题明确，结构紧凑，重要人物反复出现，人物形象和战争的过程较之于希罗多德的《历史》而言，具有更多的真实性，其中重要的历史人物，如伯利克利、亚西比德、克里昂等等的人物形象和性格的轮廓都展现出来了，所需要的就是人物故事的完整性和丰富性。可以说，在修昔底德的《伯罗奔尼撒战争史》中，传记的雏形已经初步显现。

2. 回忆录的出现

在这一时期，另一种重要的带有历史意义的体裁——回忆录的出现对希腊传记的产生起了推动的作用。因为如上所述，在此之前，希腊史著并不是没有对个人及其作用进行刻画和评价，只是因为这种刻画和评价都是服从于当时人们所关注的重大政治和军事事件的主题需要，如希波战争、伯罗奔尼撒战争的需要。因而参与事件的人物——无论是正面还是反面代表人物的形象和作用都不可能是完整的，得到展现的只能是与事件主题有关的一个或几个侧面，它难以满足一般人对历史事件中个人最后命运的关注，也不能满足人们深刻认识历史细节、情节的需要。回忆录的出现，特别是一些军界、政界以外的文化名人的回忆录便是这种需要和关心的产物。

当然，这种回忆录在开始出现的时候，其所针对的主要对象是那些有突出

[①] （英）柯林武德：《历史的观念》，何兆武、张文杰译，北京：商务印书馆，1997年，第63—64页。

第四章　中西史学进一步发展的硕果——传记史学观念的产生

贡献和影响的文化界名人。由此，在古希腊，人们的思想观念中对历史形成了一个相对稳定的看法：历史就是叙述一些军事和政治的内容及其原因，它所关注的是城邦的整体利益和群体的利益，而不涉及个人的情感和内心世界。那么，当时的人们为什么认为历史不能涉及个人的思想、品德和形象等这些内容呢？因为在当时的希腊人看来，这些内容人者言殊，没有一个大家共同认可的评判标准。那么，在此背景下，对个人的叙述和研究应该如何进行呢，这确实是一个人们当时比较关注的重要问题。因此，希腊的学界在不断地尝试中寻找一些文学表达类型以满足人们对这一部分人及这部分内容的心理需求。于是，回忆录便首先出炉了。回忆录的出现不仅表明了希腊人对历史上所发生的重大事件和作为群体的人所创造的伟大功业的关注，更显现出希腊人对历史创造者——个体的人的重视。回忆录中对个人的心理、行为特点和外形的叙写，其一方面标志着古希腊历史范围的扩大和历史观念的加深，为传记史学的产生提供了新的动力和素材；另一方面也使得人与事之间的距离愈来愈明显，为传记史学的独立发展提供了较大的空间。

比如苏格拉底的两位高足——色诺芬和柏拉图，在他们的老师被处死后，出于对老师的尊敬和爱戴，当然也出于对当时雅典执政者的强烈不满，分别著述了两部回忆苏格拉底的著作：一部是由色诺芬撰写的《回忆苏格拉底》，另一部则是由柏拉图著的《苏格拉底之死》。这两部回忆录对苏格拉底的生平，特别是其学术思想进行了较为详细的叙述，不仅为人们留下了苏格拉底的一些人生事迹，更重要的是将苏格拉底的学术思想进行了整理和探讨。苏格拉底虽然是哲学大家，他终生致力于将哲学和人生相结合的理论构想和积极实践上，但他在学术探讨上有一个重要特点，那就是述而不作。因此，历史上并没有留下由苏格拉底亲自撰写的哲学著作，他的思想都是通过他的学生整理、著书，以不同的形式流传下来，其中色诺芬和柏拉图的贡献尤甚。他们两人分别撰写的这两部著作，不但使后人较为清楚地了解了苏格拉底的学术思想全貌，而且也给我们提供了关于苏格拉底人生的大量信息。因此，直到今天，这两部著作仍是人们了解道德大师苏格拉底生平和学术的最重要的材料。人们常常对两部著作进行比较研究，力图准确而全面地了解苏格拉底的为人和思想。其结果，人们便会在感受到两部书具有某些共同之处的同时，还发现它们的一些明显的不同性，因而在两部著作的比较研究中还得到了一些有意义的内容，进一步丰富了苏格拉底的学术思想乃至雅典和整个希腊社会历史的研究。

简言之，两部回忆录的不同性主要表现在两个方面：其一，色诺芬和柏拉图虽然都是苏格拉底的学生，但两人职业却不同：一个是著名的军事将领，一个是著名的哲学家。这样一来，两人对老师苏格拉底思想观念的理解就有明显的不同了。一个是侧重于苏格拉底所做的事，当然还是与学术方面相关的事，这自然是色诺芬所叙写的主要内容。另一个则叙写苏格拉底的思想观念和特征，这当然是柏拉图撰述的侧重点了。这些内容由于流传的范围相对有限，主要是在学生中间，如果没有学生进行专门回忆的话，后人往往难于了解其中的具体内容。因而这些材料就显得弥足珍贵。

其二，在表现苏格拉底的卓越思想的方式上，两个学生的侧重点也有所不同。色诺芬侧重的是苏格拉底传授思想观念的形式——"精神助产术"的过程及其一些典型事例，使人真切地了解到作为一个学业和道德大师——苏格拉底的教学生涯和独特的教授方法。由于苏格拉底是被雅典法庭判处死刑而被处死的，如果不对他的人生作为进行记载的话，后人则很难理解人世间曾经有一位极具个性和特色的道德哲学的大师。正如色诺芬所讲的："我常常感到奇怪的是，那些控诉苏格拉底的检察官们究竟用了什么论证说服了雅典人，使他们认为，他应该由城邦判处死刑。他们对他的起诉书的大意是这样的：苏格拉底的违犯律法在于他不尊敬城邦所尊敬的诸神而且还引进了新的神；他的违法在于他败坏了青年。"[①] 色诺芬以此为全书的标靶，进行了他力所能及的回忆和对一些所谓指控者言辞的批驳，使大量不明真相的人对苏格拉底其人的一生，特别是其学术思想的教授知识的方法，比如说对"精神助产术"这一重要的启发式的教学方法有了较为深入的了解。色诺芬的书中充满了浓郁而深沉的师生情谊，读起来感人至深，更像是知识挚友之间的学术探究。其中有大量细节，令人印象深刻。其中一个突出的细节是在苏格拉底被判处死刑后，他对法庭表示尊重，并对法律表达了遵从，尽管他对这些所谓的民主内容早有看法，但他作为雅典公民，仍愿以接受死刑的方式来表达一个公民的基本素养，难能可贵。当时在场的一个非常热爱苏格拉底的人说："苏格拉底，看到他们这样不公正地把你处死，这是令我最难忍受的。"辩证大师苏格拉底果然名不虚传。"据说苏格拉底

---

① （古希腊）色诺芬：《回忆苏格拉底》，吴信泉译，北京：商务印书馆，2012年，第1页。

第四章 中西史学进一步发展的硕果——传记史学观念的产生

用手抚摸着他的头,同时微笑地问道:'亲爱的阿帕拉多拉斯,难道你希望看到我公正地而不是不公正地被处死吗?'"① 苏格拉底说:"我宁愿选择死也不愿婢膝地乞求比死还坏得多的苟且偷生。"谚语云:人之将死,其言也善。苏氏此遗言,真切地反映了其一生所信奉的理性求善精神。故古往今来,闻此语者无不为之动容。

较之于色诺芬,柏拉图作为哲学家和思想家,其回忆录虽也重在学术领域,但其思想深度及对于当时雅典法庭和一些公民的浅薄意识的批判则要有力度得多。对此,英译者的休·特里德尼克是这样理解和认识柏拉图作《苏格拉底之死》这本书的动机的:"苏格拉底的死似乎促使柏拉图有一个强烈的愿望,要把与苏格拉底有关的记忆保存并且保护起来。由于他是一名诗人——他在希腊诗选里有一些非常美丽的爱情诗的作者——他很自然地会想到用某一种文学表达方法;可是,他没有用诗来描述苏格拉底,而是用充满戏剧化的对话来描述,这样就可以用苏格拉底生前实际用的辩论法把他表现出来。最初柏拉图写对话录的时候可能只是想发泄一下自己的情绪,而且它们很可能是实际谈话的大体上准确的记录。可是,当这些对话录被传开并且获得一些赞誉之后,柏拉图决定不仅把它们用来永久保存与苏格拉底有关的记忆,而且也要为这些记忆报仇。"②

3. 古希腊传记史学的产生

显然,回忆录的出现丰富了人们对人自身的理解,也有助于对历史事件的深入了解。回忆录着眼于作者个人直接的历史经验和对人生的总结与思考,内容广泛、深入、细微,情节生动有趣,可读性强。但因回忆录具有极其浓厚的主观意识,在其中也自然表现了一些不足之处。比如,所叙述的内容一般都是回忆对象的优良品德和才华,而回忆对象本身具有的一些局限性或不足之处,甚至一些缺憾一般都不会出现在回忆者的视野之中,从而与历史人物的真实性有较大的距离。"基于同样的原因,在公元前 5 世纪末或可能更早一些,希腊史学还曾产生了与回忆录有所不同的另一种历史编纂形式,即传记体史著。"③

---

① (古希腊)色诺芬:《回忆苏格拉底》,吴信泉译,北京:商务印书馆,2012 年,第 195 页。
② (古希腊)柏拉图:《苏格拉底之死》英文版序言,谢善元译,上海:上海译文出版社,2011 年,第 9 页。
③ 郭小凌:《西方史学史》,北京:北京师范大学出版社,1995 年,第 58 页。

传记在希腊语中意为"生平描述"。从历史的观念来看的话,玛格特·索尔洛茨·扬泽认为,传记"指的是一段个体生活史。这段历史既包括外在的生活经历,也包含着精神与心态的发展。作为一种历史编纂学的类别,又在个体的历史-社会与文化背景中描述个体的生活。"① 当然,从思想史的角度而言,传记体裁出现的一个重要背景就是个体与整体相较而言,已获得了相对独立的特殊意义。显然,传记是着眼于他人间接历史经验的汇集和总结,从中核实传主的人生经历和业绩,强调传主人物全貌的真实可靠性。正因为如此,作者更重视对传主的真、善、美的一面进行讴歌,而对传主假、丑、恶的另一面也要叙述,进行批评。而且传记的一个重要特点,是将个人置于群体或共同体的背景下,来叙述其人生的历程,由此,传记史学的重要目的就是通过对传主一生事迹的叙述,从中提炼出人生的真谛,为他人树立学习的典型或可供借鉴的事例,以鼓舞人们沿着正确的道路不断进取,因而,传记与希腊和罗马的史学相较的话,具有明显而重要的政治和伦理的因素。

学界一般认为,早在公元前500年左右就出现了"传记"这一术语。"相传公元前5世纪初,当希腊史学刚产生不久便已出现传记体史学著作。小亚卡尔严达邦的斯基拉克斯(Scylax)可能是第一位传记家,他写过米拉萨僭主赫拉克利得斯的传略。开俄斯的埃昂可能也写过同类型的史著。"② 不过,现在有较多的证据表明,著名修辞学家、政治家和教育家伊索克拉特(Isocrates)大概是古希腊第一位真正的传记作家。

他的《埃瓦哥拉斯传》是在萨拉米岛的统治者逝世之后为其所写的一篇颂词,类似一篇葬仪上的演说,为后人进一步了解和研究埃瓦哥拉斯(Evagoras)国王的生平和功绩提供了极其珍贵的资料。埃瓦哥拉斯一世于公元前411年继承了王位。他在行政、文化和外交方面,都显示出卓越的才能,他周旋于复杂的希腊世界和波斯帝国之间,展示了娴熟高超的外交技巧和不畏强敌的果敢精神,赢得了周边世界的尊重。埃瓦哥拉斯一世特别崇尚希腊文明,因此,他人生的一个重要特点在于传播希腊文明。他不仅在塞浦路斯培育了整个希腊文明,并努力将其传播至周围尚未开化的地区。从历史上来看,埃瓦哥拉斯与希腊交

---

① (德)斯凡·约尔丹主编:《历史科学基本概念辞典》,北京:北京大学出版社,2012年,第24页。

② 郭小凌:《西方史学史》,北京:北京师范大学出版社,1995年,第58页。

第四章　中西史学进一步发展的硕果——传记史学观念的产生

往甚密，与雅典的关系更是密不可分，并于公元前410年获雅典人授予的"雅典荣誉公民"称号。正由于埃瓦格拉斯的所作所为，他得到了他的友人，同时也是他儿子尼科克列斯的教师，雅典演说家伊索格拉底的真诚颂扬。

特别需要指出的是，在《埃瓦哥拉斯传》中，伊索克拉特本人并不讳言其撰写传记的目的。他称赞埃瓦哥拉斯一世具有他心目中理想君主的种种美德，并把这一蕞尔小邦的国王埃瓦哥拉斯一世同庞大的波斯帝国的君主相比较，认为通过在书中赞美埃瓦哥拉斯一世的生平能够使其成为当时世界众多国王学习的典范。从这一写作旨趣出发，伊索格拉底撰写的《埃瓦哥拉斯传》对传主的品德和作为进行了夸大其词的颂扬，极尽对已逝传主歌功颂德之能事，以激励和讽喻当时希腊世界的内斗和无序状态，内心呼唤他心目中英雄人物的出现，但其实传记中的大部分内容和观念都与埃瓦哥拉斯并不存在真实的关联，更多的是伊索克拉特本人的理想化虚构。因此，从西方传记的发展史来看，伊索克拉底在传记方面的主要成就表现在，他将昔日对死者的短小的赞美诗转变为散文，从而为全面叙述并评价传主的才能和品行提供了一种新的文体和可能性。但就古希腊传记史学的发展而言，想要将这种对人物的叙述和评价建立在真实历史人物的基础上，还有很长一段路要走。

公元前4世纪，古希腊的历史学家色诺芬在撰写了巨著《希腊史》的同时，还在回忆录和传记作品的写作方面做出了贡献。在回忆录方面他撰写了《远征记》，叙述了他作为远征军的首领在身陷绝地时，带领一万多名希腊雇佣军从波斯千里迢迢，经过千难万险终于回到希腊的艰难历程，为后人留下希腊雇佣军参与波斯皇权争位及其失败后的结局等方面的珍贵资料。但在这一叙述过程中，色诺芬有夸大其个人作用的成分，因而这本书的真实性及史学价值是人们长期争论的话题。

在传记方面，色诺芬是紧接伊索克拉特撰写个人传记之后的又一著名尝试者，他为斯巴达由极盛到衰落时期的国王阿哥西劳斯所立的传记则是他在这方面的代表作。但如果从史学的角度来评论的话，正如他的《远征记》一样，《阿哥西劳斯传》的这一传记作品从形式到内容都不是上乘之作。因为回忆录和传记既然是人的影像，其真实性便是衡量其质量的首要标准，而恰恰在这一方面色诺芬的叙述不断受到后人的诟病。究其原因，学界一般认为，由于斯巴达的国王阿哥西劳斯在色诺芬和其他首领带领希腊雇佣军由波斯撤退回希腊的过程中,对希腊雇佣军最终能安全回到目的地有重大帮助,色诺芬对此感恩戴德;再从两人之间的交往和关系来看,阿哥西劳斯曾是色诺芬的老上级和保护人。阿哥西劳斯在色诺芬四面楚歌之时,不但对色诺芬加以保护,还委以重任,显然,阿哥西劳斯对色诺芬也有知遇之恩。由是,色诺芬在传记中把阿哥西劳斯描写成一个完美无缺的国王,是一个兼具公正、自制、勇气、智慧、理性、文雅、诚挚等优良品质的大英雄。显然,色诺芬书中对阿哥西劳斯充满感情的全面赞美,有其重要的个人情感因素,但其叙述的结果与真实的阿哥西劳斯却有着明显的距离,实为溢美之词,有投桃报李之嫌。由此,《阿哥西劳斯传》的真实性理所当然地受到人们的质疑,自然也就降低了该书的史学价值。[①]

(三)古希腊罗马传记史学的发展

1. 希腊化时代的传记史学

希腊罗马传记史学的第三发展阶段,是从希腊化时代到罗马帝国时期普鲁塔克《名人传》的诞生。

到了希腊化时代,传记体写作继续发展,但也出现了两个值得注意的明显变化:一个是希腊化时代传主的范围大大扩大了。因为随着亚历山大帝国的建立,人们视域的开阔,知识内容的广博,记传对象也随之扩大化。尽管如此,政治家、军事家仍是传记家们所钟爱的主角,但是这时他们也注意到一些杰出文化人物在种族和国家中所起的重要作用,比如狄凯尔库斯(Dicaerchus)是希腊名人苏格拉底、柏拉图的传记体史书的作者,但其作品均已失传。其他亚里士多德逍遥学派的成员、古典时期的首位音乐理论大家亚里士多塞诺斯(Aristoxenus,约生于公元前360年,卒年不详,出生于意大利南部他林敦,今塔兰托)和克莱尔库斯(Klearchus)为毕达哥拉斯、阿尔塔斯(Achytas)、苏格拉底、柏拉图等哲人立传。甚至还出现妓女传。[②] 这些传记作者由于受到亚里士多德伦理学的影响,一般都着眼于表现人物的性格心理,揭示这些性格形成的原因。显然,这时期的著作风格同希腊的经典历史著作相较有明显的区别。

第二个方面的变化则是由色诺芬等人开始的"歌功颂德"风格的传记史学已成气候。如在亚历山大的宫廷中有一批专操此业的御用文人,他们的职业就

[①] 郭小凌:《西方史学史》,北京:北京师范大学出版社,1995年,第58—59页。
[②] 郭小凌:《西方史学史》,北京:北京师范大学出版社,1995年,第67页。

第四章 中西史学进一步发展的硕果——传记史学观念的产生

是为君王树碑立传，歌功颂德。这批希腊新型御用史家们只知道围绕着亚历山大的个人魅力和文治武功肆意吹捧，不遗余力。比如，亚里士多德的侄儿和学生，卡利斯提尼（Callisthenes of Olynthus）就是其中一员。卡利斯提尼以才学闻名于世，经亚里士多德推荐，以史官的身份随亚历山大东征，后撰成《亚历山大功绩》（Deeds of Alexander）一书。书中内容多有奉承谄媚之辞，比如大力宣扬亚历山大是神灵宠爱的英雄，是希腊众神之王宙斯和阿喀琉斯的后代，其东征可与昔日《荷马史诗》中希腊联军远征特洛伊相提并论，甚至把亚历山大比作尘世的宙斯。不过卡利斯提尼也认为，亚历山大的性格具有两重性：一方面具有伟人的壮举，能为常人之所不能，另一方面也有喜怒哀乐，也有柔弱的性格，与常人并无二致。其实，卡利斯提尼的性格也有两面，一面是极力颂扬亚历山大，显示了御用文人的禀性；另一面也对亚历山大的一些政策明确提出反对意见，后因直谏反对亚历山大的波斯化政策而遭到厄运。① 其他御用史家则不甘其后，挖空心思，为亚历山大增加了悠远而神秘的特洛耶家族的背景，其目的就在于证明亚历山大获取东方的合法性和神圣性。

曾在亚历山大帐下做侍卫的密提林人卡莱斯（Chares of Mitylene）则另辟蹊径，著有一部至少 10 卷本或 11 卷本的亚历山大轶事荟萃《亚历山大的历史》（Peri Aléxandron historiai），在其中侧重介绍以往史籍中鲜见的亚历山大宫廷生活、礼仪等种种细节，如亚历山大喜好美食，但不饮酒，又偏食苹果等等，赋予亚历山大饱满鲜活的人物形象。普鲁塔克在其《亚历山大传记》中就曾引用了他著作的许多内容。学界甚至认为，普鲁塔克传记中未标明出处的材料都应是来自卡莱斯的著作。② 如大流士在伊索斯被俘，以及在苏萨发现的财宝等材料。

另有亚历山大的秘书卡底亚的攸美尼斯（Eumenes of Cardia），他原是腓力二世的秘书，在腓力死后跟随亚历山大。他以随伺主人的直接经历，记写出长达 7 卷的亚历山大《起居注》一部。攸美尼斯被称为"希腊化时代的修昔底德"，曾为后代留下了这位"一代天骄"日常生活和鲜明个性的极为珍贵的史

---

① 即亚历山大在东征进程中，为了有效控制波斯帝国，而要求马其顿人沿袭波斯衣着、语言、习俗以及匍匐礼拜（proskynesis）等礼仪，对此卡利斯提尼难以接受，而对他所颂扬的人间"宙斯"进行了批评。据说是因其"批评过于尖刻，使这位统治者无法忍受，因而将他处死。"（美）J. W. 汤普森：《历史著作史》上卷，谢德风译，北京：商务印书馆，1996 年，第 54 页。

② 参阅 Encyclopaedia Iranica, "Chares of Mitylene" 词条，1987。

料，可惜该书现已失传。当然，还有作家在神化亚历山大方面走得更远，除不遗余力地赞颂亚历山大的武功外，还大力推崇亚历山大的睿智，称其为哲学家，无所不用其极。虽然这一切叙述都缺乏真实可考的历史事实为依据，在很大程度上是夸张的不实之词，但其积极的意义则在于这一切都大大丰富了传记史学的内容和题材。

2. 古罗马的史学及传记史学

公元前168年，后起的罗马灭亡了马其顿王国，3年后毁灭了反抗罗马最强烈的希腊古城科林斯，此举象征着希腊彻底沦入罗马的统治之下。而地处西亚和北非的塞琉古王国、托勒密王国等希腊化国家此后只不过苟延残喘了一个多世纪，最终也无法避免被罗马征服的历史命运，这样，跨有欧、亚、非三大洲的罗马帝国终于建立起来了。与罗马大征服相伴随的是，在史学的发展方面，希腊史学在经历了希腊化时代的强烈冲击和内容的扩展之后，到罗马时代，则开始进入了融合荟萃的新的发展时期。毫无疑问，这一重大的社会变化和文化发展的成果，为传记史学的发展提供了极为有利的社会和文化条件。因此，对于罗马而言，它在文化方面的一个非常重要的成果就是在希腊的传记史学思想观念的前提下，在罗马悠久而发达的祖先崇拜文化的基础上，并在两者相互激荡融合的大背景中，继续沿着其历史观念发展的内在逻辑，不断向前迈进，罗马的传记史学也产生了。而罗马的传记史学产生后，又在这一适合传记史学发展的时代和社会历史的土壤中不断发展壮大，异军突起，硕果累累，成为罗马史学发展的一朵奇葩。突出的传记发展成果不仅成为罗马文化和史学发展的一个突出特点，也给后世留下了丰厚的传记历史遗产。

罗马的传记作品的起源也经历了与希腊传记作品相类似的过程，这主要指的是罗马史学在史诗时代之后进入了以理性思维为特征的史学范畴。维科就持这样的观点，他认为罗马也是经过史诗的时代，并从史诗中开始了罗马史。他曾说："开始写罗马史的就是那些诗人。"① 之后，从叙事的历史进程中，逐渐发展出传记史学。这一进程如果用维科的说法就是罗马从"诗性智慧的时代"②进入了理性的智慧，从神话开始进入了历史的领域，而从其社会历史的内容而言，罗马已经由共和国城邦的早期进入了共和国城邦的后期。

---

① （意）维科：《新科学》，朱光潜译，北京：商务印书馆，1989年，第463页。
② （意）维科：《新科学》，朱光潜译，北京：商务印书馆，1989年，第461页。

第四章 中西史学进一步发展的硕果——传记史学观念的产生

其实，维科在研究《荷马史诗》的过程中发现："和世界一切其他民族相隔绝的一些野蛮民族，如日耳曼和美洲印第安人，都已发现把他们的历史保存在诗篇目里。"① 而且，维科还发现了一个重要且有趣的事实，即在罗马被所谓的蛮族征服后，"在复归的野蛮时期，一些历史都是一些用拉丁文写作的诗人们写的。"②

而罗马这一由诗向史转变的进程，是一个内容极其复杂多样的发展过程，同时也是一个褪去诗性向史性的缓慢蜕变过程，到了皮克托和阿利曼图斯时期，这一过程就基本完成了。换言之，皮克托和阿利曼图斯的著作标志着罗马史学的诞生。

皮克托（Quintus Fabius Pictor）和阿利曼图斯（Lucius Cincius Alimentus）均为公元前3世纪后半期到公元前2世纪初的人物。二人经历异常相似，均为罗马元老，均参加过第二次布匿战争，阿利曼图斯还做过汉尼拔的俘虏。战后，两人各自撰写了一部《罗马史》，年代都从罗马起源溯起，迄至第二次布匿战争，可惜的这两部著作基本失传，只有少量残片散见于后代史家的作品之中。

但还需要特别指出的是，皮克托和阿利曼图斯的史学著作处于罗马史学的幼年时期，其突出的特征是希腊化的史学，或者说模仿已被罗马彻底击败而向罗马称臣纳贡的希腊史学，进而从事罗马史撰写的最初的史学尝试，因此无论是从编纂形式而言，还是从其所使用的文字而言都是希腊化的或者是希腊文的，等等，都明显地表现出这一突出特点。当然，之所以会在史学上出现这一奇特的现象，其重要原因还是由于罗马当时所处的大的历史文化发展的时代所造成的。从历史角度而言，这一时期在地中海历史上，或在希腊和罗马的关系史上是一个重大变革的时代，尽管罗马人用武力征服了希腊，但希腊人却以其文化征服了罗马。具有远大理想和扩张野心的罗马在这里表现出实用而通达的民族特性，在文化的许多方面，自觉地拜希腊人为师，获取希腊人的智慧，以发展自身的文化。事实上，在皮克托、阿利曼图斯时代，罗马正处于狂热地效仿希腊文化的时代，罗马社会，特别是贵族阶层像是待哺的婴儿，贪婪地吸取希腊文化的营养，从希腊的神话、艺术、历史和哲学等学科中为其务实而朴素的文化底色添加上了瑰丽、深刻而智慧的希腊文化的元素，并在两者的融合中，特

---

① （意）维科：《新科学》，朱光潜译，北京：商务印书馆，1989年，第462—463页。
② （意）维科：《新科学》，朱光潜译，北京：商务印书馆，1989年，第463页。

别注意充实自己的文化内容，使自己的文化以兼容并包的方式快速发展。对于罗马的史学而言，皮克托和阿利曼图斯的贡献则在于他们通过模仿希腊已臻于发达的史学成就，为建立真正的属于罗马的史学根基积累素材和经验。事实也是如此，正是在皮克托和阿利曼图斯率先开拓的模仿希腊史学的薄弱而珍贵的学术基础上，真正属于罗马的并具有远大发展前途的拉丁史学产生了。

拉丁史学的创立人是罗马著名的政治家、元老院的元老马可·波尔基乌斯·伽图（Marcus Porcius Cato），俗称老伽图。伽图是传统罗马文化的坚定捍卫者，他用拉丁文撰写了罗马历史的第一部著作《起源》（共7卷，现已失传）。《起源》这部书的内容主要是叙述了罗马的祖先们为建立罗马所经历的艰辛的创业过程。伽图在书前的那篇序言中，曾讨论教育的性质和价值以及历史在教育中的作用，"伽图深信历史的目的是劝善惩恶，历史应当灌输爱国主义思想，宣传道德借以塑造青年人的性格。"① 该篇序言作为总纲，揭示了他书写《起源》的目的和作用，用意十分明显，就是要将历史作为教育罗马人的教科书，来培养罗马人真正的品质。由此，这一观念成为罗马史学的主要特征，这一观念被克罗齐称之为"实用主义"史学。换言之，伽图是出于对罗马文化长远发展的考虑，强调要树立以罗马的传统文化为根基的心态，来吸取外来的文化，特别是希腊的文化，其目的是一定要壮大罗马自身的文化，而不是其他。伽图可谓深谋远虑，用心何其良苦也。当然，如果单从史学发展的角度而言，马可·波尔基乌斯·伽图的《起源》不管是从叙述的历史内容或表达史学的形式上看都相当朴素和简单，但其重要意义则在于他是开创性地撰写罗马拉丁史学著作的第一人。由是，J. W. 汤普森评论说："人们以伽图为榜样建立了一个学派。从此再没有任何历史家梦想以希腊文从事写作了。"②

在伽图所倡导的实用主义史学的影响下，罗马的拉丁史学迅速发展起来，由于人物传记在传达和灌输罗马的史学理念方面作用突出，传记史学在罗马肥沃的文化土壤上蓬勃兴起，迅速发展。从公元前1世纪的罗马史家奈波斯（Nepos）开始用传记题材撰写历史开始，传记史学成为罗马史学的一支重要的生力军，活跃在罗马的史坛上，遂成为罗马史学发展的一个耀眼的亮点。

---

① （美）J. W. 汤普森：《历史著作史》上卷，谢德风译，北京：商务印书馆，1996年，第92—93页。

② （美）J. W. 汤普森：《历史著作史》上卷，谢德风译，北京：商务印书馆，1996年，第93页。

第四章 中西史学进一步发展的硕果——传记史学观念的产生

尽管学界认为奈波斯的传记著作是现存最早的罗马传记作品,但从罗马的传记史发展来看,有证据表明在奈波斯前还有两位传记作家,即瓦罗和桑德诺(Sandra)。对于桑德诺我们所知甚少,且他对后世的罗马传记史学的影响也往往不为人们所知,故不予叙述。在此只是简要论述瓦罗的传记史学成就及其重要意义。

马库斯·特伦提乌斯·瓦罗(Marcus Terentius Varro)是古罗马共和国末期的政治家和著名学者。他是罗马最博学的学者之一,对当时的各门学科无不感兴趣,其论著涉及的主题广泛,且都有深入的研究成果,因此,他是古代最多产的著作家之一,著有约 620 部,力图掌握全部希腊文化并用罗马的精神加以改造。据有关资料记载:"瓦罗著有 15 卷的《七百人传》(Hebdomades)或译《人物传》(Imagines),刻画了七百个希腊人和罗马人,传记后均附有每个人的肖像及一句谚语。"[1] 据学界研究成果,瓦罗的这一成果在西方传记史学界影响很大,突出地表现在其远大的史学目光这一方面。从希腊罗马的传记历史上看,这是第一部将两地的名人放在一起进行叙述,并加以比较研究的著作。其突出而多样的史学成果表明他对罗马史学,特别是对传记史学的重要贡献。

瓦罗的史学成就具有深远的历史影响,这表现在以下三个方面。其一,瓦罗的史学目光已经突破了罗马自身历史研究视域的束缚,而将视野投向更广阔的外部世界,这个世界不仅包括意大利、希腊,还包括当时罗马人所知道的世界,因而瓦罗的史学观念已具有"世界史"的初步观念。其二,瓦罗是以这种"世界史"的眼光来看待罗马的历史进程的,希望借此来为罗马的历史提供经验和教训,而他的史学观念也为后来罗马史学体例的进一步发展提供了模版,在思想上树立了一个榜样。其三,瓦罗的史学观念表明,罗马在汲取希腊已取得的成果的基础上,就文化方面而言,已具备了将两地和多地联系起来,努力打造统一的罗马世界文化的雄心壮志。

总之,瓦罗的史学成就说明了罗马的传记史学,其实也包括了当时的罗马整个史学已经发展到了一个新阶段。[2] 遗憾的是瓦罗的多数文化研究成果,包括《七百人传》早已失传,现仅存《农业志》。

---

[1] (古罗马)奈波斯:《外族名将传》译序,刘君玲等译,上海:上海人民出版社,2005 年,第 8 页。

[2] 参看郭小凌:《西方史学史》,北京:北京师范大学出版社,1995 年,第 86—87 页。

相较于瓦罗而言,紧随其后的传记史家奈波斯留下来的材料相对多了些,而且他的传记著作和传记观念对罗马帝国早期的传记王子——普鲁塔克的传记著作和史学观念有较为直接而重要的影响。这表现在奈波斯的传记著作成为普鲁塔克《名人传》的重要素材,而且奈波斯对传记的一些重要认识、观念及实践也被普鲁塔克所接受并发扬光大。所以,在此,我们将对奈波斯的传记成果和观念进行较为详细的分析和研究,其目的在于,一方面,通过奈波斯的传记著作来对罗马传记史学的初创时期的历史内容有一个较为深入且全面的了解;另一方面,在此基础上,加深和拓展我们对普鲁塔克传记史学观念内涵及外延的正确把握,以利于我们对普鲁塔克的传记史学观念进行有深度的研究。

科尔奈利乌斯·奈波斯(Cornelius Nepos)是罗马共和国末期的一位著名的传记史学家,《外族名将传》(The Book on the Great Generals of Foreign)①、《伽图传》、《阿提库斯传》是奈波斯现存的较完整的作品。其中,《外族名将传》一书主要描述了公元前5世纪至公元前4世纪22位希腊名人的生平,而《伽图传》、《阿提库斯传》是与《外族名将传》相对照的罗马名人的传记。难能可贵的是,奈波斯的《阿提库斯传》是现存唯一一篇记述与其同时代人物的传记,主要内容应该来自第一手资料,因此埃德娜·詹金森说:"奈波斯的《阿提库斯传》也是唯一一篇可以当作共和末期历史资料来使用的传记。"② 因此,《阿提库斯传》不仅是奈波斯讲述同时代人生平的典范,事实上都已成为国内外学者研究奈波斯生平及其作品的重要参考资料。作为一个传记作家,奈波斯著有多部传记集,他可能写了四百篇传记,大部分都已失传,仅有小部分留世。③ 现存一部完整的《外族名将传》④ 和两篇罗马传记——《伽图传》、《阿提库斯传》以及《拉丁历史学家》一书的一些残片。尽管学界对残存部分是否真正属于奈波斯本

---

① Cornelius Nepos,The Book on the Great Generals of Foreign,Trans. John C. Rolfe,Cambridge,Mass:Harvard University press,1984.
② T. A. Dorey,Latin Biography,Basic Books,INC.,Publishers,1967,p. 8.
③ P. 鲁斯·泰勒-布里格斯引用马沙的观点认为:"《外族名将录》以及有关《加图》和《阿提库斯》的传记是《拉丁历史学家传》(Liber de Latinis Historicis)的一部分,至少是16卷本的鸿篇巨制中唯一现存部分。"(古罗马)奈波斯:《外族名将传》译者序,刘君玲等译,上海:上海人民出版社,2005年,第4页。
④ 关于奈波斯的传记作品,本文使用的是约翰C. 罗尔夫翻译成英文的版本,译自彼得·马歇尔的托伊卡纳版(拉丁文)。《外族名将传》包括23篇传记,主要记载了公元前500年—前300年的著名外族将领的生平。

第四章　中西史学进一步发展的硕果——传记史学观念的产生

人的作品也还存争议,① 但从研究的角度来看,学界主流还是将其纳入奈波斯的研究系列之中。从残存部分可以看出,奈波斯传记叙述的范围相当宽广,所记叙的对象除了罗马、希腊人外,还包括其他异邦的国王、将领、政治家、演说家、文学家。②

对于奈波斯的传记而言,首当其冲的是如何厘定他的传记观念这一重要问题。有意思的是,奈波斯较之于他之前的希腊传记家和罗马传记家而言,有着非常明确的传记观念。这表现在以下六个方面。

其一,奈波斯对传记本身属性的探讨。奈波斯把他所撰写的人物传记同罗马人所早已了解的历史著作做了明确的区别,竭力强调他写的是传记,而不是历史,存在着将传记和历史对立起来的学术思想倾向。奈波斯在其《佩罗皮达斯传》中写道:"我对于应如何记载他的业绩感到犹豫不决。因为我担心,如果去详细记录他的所作所为的话,人们将会认为我写的是历史,而不是传记;但如果仅仅提及要点的话,我又担心那些不熟悉希腊文学的人无法明白,佩罗皮达斯究竟是多么伟大的人。因此我将尽力面对两方面的困难,既不要让我的读者感到厌倦,又照顾到他们可能缺乏相关知识的情况。"③ 奈波斯的这一番言论集中体现了希腊罗马人对传记定位的基本倾向及其所必然带来的矛盾与困惑。

在希腊和罗马人的文化观念中,长期形成一种这样的历史观念,被人所推崇的历史内容都是与国家的前途命运相关联的政治和军国事务,而那些发生在政治家和军事家身上的心灵动态、琐事或趣事是不能置入宏大庄严的历史殿堂之中的。在这一观念之下,问题也就随之产生了,尽管传统的历史观念排斥人物的心性和感情世界的内容,但这些长期不被历史学家和大众所看重的所谓"小事"或"细节"其实是构成名人性格的一个重要部分,对这些关乎人们心灵世界的事迹和轶事的探讨,还确实有其存在的价值,它是了解

---

① 汤普森认为:"至于那少数几部流传下来的,据说是尼颇士(即奈波士——引者注)写的传记,是否真的出自于他的手笔,或者是否原著的缩写或改写本,确实成大问题。这些传记并无批判性的内容,多系闲谈性的记述;但其文字却是简洁朴实、优美典雅的拉丁文典范。因此,长期以来,这些传记在学校中都是人人爱读的课本。"(美)J. W. 汤普森:《历史著作史》上卷,谢德风译,北京:商务印书馆,1996年,第102页。

② 郭小凌:《西方史学史》,北京:北京师范大学出版社,1995年,第58—59页。

③ Cornelius Nepos, The Book on the Great Generals of Foreign, Trans. John C. Rolfe, Cambridge, Mass: Harvard University Press, 1984, p. 1.

名人丰富而全面的思想的一个重要组成部分。但对这一问题，传统的历史观念无法涉足，而是被划归于传统的历史观念之外的对历史人物进行叙述的另一个重要领域。换言之，这种对人心灵世界的关注及其价值并不能不在历史中找到立足之地，相反，它是在历史之外的其他人文领域，而这一研究领域正好为传记充分发挥其重要作用提供了舞台。

但如何正确地处理传记与历史两者的关系，则是一个非常困难的问题。尽管传记史学还存在着一些难以解决的重要问题，但奈波斯明确提出传记与历史不同的这一观念，对罗马的传记发展影响甚大，并成为西方传记观念的滥觞。比如，其后的普鲁塔克屡屡重申这一主张为自己的传记正名，强调了这一写作方式的必要性和对人物心灵世界关注这一兴趣点的合理性。

其二，奈波斯传记的真实性问题，这是传记与历史相区别的一个重要原因。奈波斯之所以强调了他的作品不是历史而是传记的另一个重要原因，是因为传统的历史事实是可以进行验证的，有目击者或者有可靠的材料作为佐证，是以朴素的直观观察为基础的。但传记家所运用的事实涉及大量人物的心理或性格等复杂多变的材料，而这些材料一般是难以被验证的。面对这一难题，奈波斯只能通过与传统的历史观念拉开距离这一方式来缓和其中的矛盾，并以此为自己的写作提供合理性和依据。但如果从现代历史观念来对奈波斯作品中的重要历史事实进行验证的话，其中所叙述的历史人物不但是以重要的材料作为依据，书中所叙述的历史事实具有较高的准确性，而且奈波斯对人物心理或性格的叙述也是建立在人性论和因果逻辑的前提下，是具有相当的合理性和真实性的。

其三，奈波斯有着明确的传记写作宗旨——道德的训诫成为其传记的最重要主题。在奈波斯的传记作品中，可以明显地看到，奈波斯在对其所叙述的传记人物的内容中，最关注的就是传主的道德问题，而在名人的道德问题中，他最关注的还是政治人物的道德问题。因为在奈波斯看来，政治人物的道德问题能够对国家产生重要的影响，自然成为人们关注的重点。关于这一点，可以将奈波斯与其同时代的历史学家萨鲁特斯相比较，从而了解在罗马社会快速发展的历史过程中，人们对道德在其中所具有的作用及其地位的理解。

第四章　中西史学进一步发展的硕果——传记史学观念的产生

对于萨鲁特斯来讲，他在《喀提林阴谋》①、《朱古达战争》② 和《历史》③ 中所关注的是罗马人的道德对罗马的历史进程所产生的巨大的甚至是决定性的作用。当然，在萨鲁特斯的笔下，道德是群体性的道德观念，在他看来，群体性的道德观念决定了国家的命运，萨鲁特斯的一句话一针见血："一切恶劣的行为都是从好的行为开始的。"而亚里士多德其实早已从理论上指出了道德性与行为的结果之间所存在的矛盾：苏格拉底"他说德性离不开明智完全正确。现在大家都把德性规定为合乎正确原理的品质。德性不但需要合乎正确原理，还要伴随正确原理。没有明智主要的善即不存在，没有伦理德性也不存在明智。因为德性提供了目的，明智提供了达到目的的实践。"④ 因此，仅仅从善的目的出发来解释历史或进行历史创造是不够的，而且还需要实现善的重要工具——智慧。由此，形成了希腊文化的一个重要传统："智慧是用来区别善与恶的。"

随着罗马社会文化不断深入的发展，特别是社会变动的加速，社会现象越来越复杂，古希腊带有形而上学的理论和智慧已无法面对复杂多变的社会了。由此，在古希腊的后期和罗马共和国晚期，"实用主义史学"观念开始盛行，人们慢慢发现，对历史人物的好与坏的评价仅仅从古希腊流传下来的伦理学中，即智慧这一锐利的思考工具去寻找答案是无法解决问题的，而更应该从个人成长所经历的社会历史进程中加以判断，将个人的品德与当时的国家发展状态结合起来，从而尽力给予人物一个准确的定位。而奈波斯就是这样，他是把兴趣点置于个人政治家或军事家的身上，这一方面是因为他发现了仅仅局限于群体性的道德来观察历史发展的走向的一些不足，同时也是当时罗马共和国末期这一特殊时期——政治混乱不堪、军事将领把持国家政治现状的一个反映，我们也就不难理解在其传记中，他对名人道德中最关注的是两个品质，一是自由（Libertas），二是忠诚（Pietas）。当然，在奈波斯的传记中，忠诚多指的是对国

---

① 《喀提林阴谋》叙述的是公元前66—前63年罗马政治斗争的典型事件，揭示了罗马的政治由传统的清正廉洁转变为腐败营私的内幕。

② 《朱古达战争》叙述了罗马与附属国非洲的努米底亚的战争。在其中所揭示的一个重要主题就是由于罗马上层的腐败不堪、罗马军队将领为名利所腐蚀，士兵们失去对国家的忠诚，从而使战事久拖不决的事实。

③ 据汤普逊说："萨鲁特斯还写过一部《罗马史》，但已失传。"（美）J. W. 汤普森：《历史著作史》上卷，谢德风译，北京：商务印书馆，1996年，第100页。

④ （古希腊）亚里士多德：《尼各马科伦理学》，苗力田译，北京：中国社会科学出版社，1990年，第131页。

家的忠诚,这样一来,其写作意图也就昭然若揭了。特别需要强调的是,奈波斯在重视名人道德性的同时,他不是孤立地对个人的道德进行评判,而是将个人的道德操守、品质置于同不可抗拒的命运的矛盾运动中加以叙述,从而着力体现个人独特而高尚的道德品格。其实,奈波斯笔下的这种不可抗拒的命运实际上就是罗马社会历史发展的客观进程,只是他自己并没有充分地意识到这一特征和意义而已。

其四,奈波斯的传记意图相当宏大,他不仅撰写了罗马将帅的传记,而且还叙述了非罗马的外族将帅和国王的传记。虽然,他没有像其后的普鲁塔克的《名人传》那样以希腊和罗马名人对传的形式出现,但这一叙写的比较意图还是明显的。因而,奈波斯《外族名将传》的这一叙写方式对以后西方传记史学的结构和体例的进一步发展,起了一个承上启下的重要作用。

在探讨了奈波斯的传记观念的内容及其影响后,下面所要探讨的另一重要问题就是,为什么奈波斯在这个时期能够采用带有明显对比意味的写作方式?这一写作方式的客观条件和时代背景是什么?

不可否认,奈波斯的传记作品深受历史著作的影响,关注军政人物的生平。这在《外族名将传》中可以看得很清楚,因为《外族名将传》所叙述的人物都是叱咤风云的政治家、将领或国王。例如米太亚德(Miltiades)、地米斯托克利(Themistocles)、阿里斯提德(Aristides)、客蒙(Cimon)、阿尔西比亚德(Alcibiades)、特拉西布鲁斯(Thrasybulus)、科农(Conon)、伊菲克拉特斯(Iphicrates)、卡布里亚斯(Chabrias)、提摩塞乌斯(Timotheus)、福基昂(Phocion)等都是雅典的著名将领;而波桑尼阿斯(Pausanias)、来山德(Lysander)、阿格西劳斯(Agesilaus)是斯巴达的名将;《伊帕米农达斯传》的传主则是底比斯的统帅;而《汉尼拔传》写的是迦太基的名将,等等。奈波斯在《外族名将传》传记中,试图通过记载传主的政治军事功绩展现传主的品格和美德,为罗马社会的现实剧变提供真切的历史借鉴。

概言之,在奈波斯所处的公元前1世纪,罗马共和国所奉行的铁血政策已发挥了巨大的魔力,经过长期的征战,原先拉丁姆平原上的蕞尔小邦不但成为意大利半岛的主人,而且经过长期的对外征服战争,又成为整个地中海的主人。长期与罗马为敌的众多国家都在罗马的铁蹄之下非碎即破,然后都被纳入罗马的版图之中。战争、将帅成为罗马共和国时代的主旋律,罗马共和国早已不再

第四章 中西史学进一步发展的硕果——传记史学观念的产生

是单一的拉丁种族了,而是地中海沿岸各个民族的共同国家。面对罗马共和国内部结构复杂多样的这一客观现实,罗马的历史学家必然会对这一问题进行思考探讨,一方面是为了巩固并促进罗马共和国这一来之不易的铁血成果,另一方面也是为了能提醒罗马人保持优良传统,避免重蹈被征服者的覆辙。此时,由不同种族、不同文化构成的罗马帝国为传记的叙写提供了多样性的内容和丰富的历史材料,而时代的呼唤和国家政治文化的发展也要求、并促使人们在众多的材料基础上进行新的创造,以反映这一重要时代的变化和文化成果。同时,经过长期的征战和种族的融合,这时的罗马已具有了更多的自信心和包容心,也要求内部的统一和稳定,而这种统一和稳定与罗马世界的军事和将帅的关系非常密切。因此,深入探讨这些将帅的才能和品质,总结和提供罗马国家进行长期统治的经验和教训,对罗马的统治具有深远而重要的意义。当然,若要达到这一目的,对不同种族的特点和内容进行深入的了解无疑是一个极好的途径,也就是说通过实际的比较才能更为有效地达到这一目的。其实这也是传记史学家的突出优势。

其五,奈波斯与其前辈瓦罗的比较思想相比较,他的传记人物比较思想是明确的,是有着强烈的政治和道德目的,是为了重振罗马人爱国、守纪律和勇于征战的传统,力图用这些历史上的异族战将的丰功伟绩和各种好的品质激励后人,或者记载一些名人的不好的品行及其悲惨结局以警醒后人。同时更主要的目的是为当时的罗马人提供很好的借鉴,期望罗马人从当时国家混乱的状态中摆脱出来,恢复昔日罗马人的高昂向上的精神状态,以巩固罗马国家的政治统治。显然,奈波斯的这些良苦用心和其重要的学术成果对其后在罗马帝国统治下,却有着浓厚希腊文化传统情结的传记史学家——普鲁塔克的学术观念影响巨大。普鲁塔克在创作《希腊罗马名人传》时深受奈波斯群组比较的影响,在许多人的传记中大量地以奈波斯所提供的素材为据,或者参考并接受了奈波斯对许多非罗马名人的评价。

其六,奈波斯的传记是对古希腊罗马传记成果的继承和发展,体现了当时罗马由共和向帝制转变时期的具体而真实的历史背景,反映了罗马人对现实政治的特殊关切。希腊罗马长达300年的传记成果和实践,已为奈波斯撰述有明显比较色彩的传记体例奠定了基础。这表现在,前期的希腊和罗马人都以各自的写作兴趣对不同时期,不同地区,不同国度的名人进行了叙述,从而便于奈波斯对这些前人的成果进行汇集,并增添他所掌握的一些新材料,再用其独具匠心的类别理念进行编撰,最终形成了以罗马将帅和外族将帅、国王相区别,但实际上又紧密相连的传记类型。如果再考虑奈波斯所处的时期——公元前1世纪的前期是一个特殊而重要的时期,那是罗马共和国向帝国转变的历史大变革时期,罗马已揭开了其历史剧变的序幕。也就是说,罗马共和国在公元前1世纪已进入了最后的风雨飘摇时代,军事独裁已成为当时共和政治的新常态,前后"三头同盟"早已将共和国玩于股掌之中,如果从这一特定形势来看奈波斯所书写的关于将帅的传记,以及在传记中对将帅褒赏的话,也会更多地体会到奈波斯当时的良苦用心。显而易见,奈波斯是用将帅传记来促使人们对当时罗马现状予以更多的关注。当然,在此我们不仅体会到了他的用心,而且也更清楚地感受到传记史学这一体裁所产生的明显的史学效用。

总之,奈波斯的传记著作虽然留存甚少,现在人们对其知之较少,但其著作中所贯穿的罗马传记史学观念还是产生了较为深远的影响,其中最为重要的是,他从理论上和实践上扫清了传记史学发展的障碍,从而有利于传记史学的深入发展。在古代世界中,奈波斯的作品似乎风行一时,其后罗马帝国初期的传记名家普鲁塔克、苏维托尼乌斯等人在继续进行传记写作时,无疑直接或间接地大量地借鉴过他的作品,甚至直至公元4世纪末,到了提奥多西一世或二世当政期间,仍有博学人士对奈波斯的著作仰慕不已,仍在誊抄、出版奈波斯创作的传记。依此来看,奈波斯的传记观念和具体成果实在是开启了以后罗马传记史学硕果累累、群星灿烂的先河。

在奈波斯人生的中后期,罗马共和国进入了最后的阶段——内战时期。经过长期激烈的武力角逐,最终后三头同盟之一的屋大维削平群雄,手执牛耳,于公元前27年建立了以元首制为外衣的罗马帝国。战乱的结束,罗马共和国的政体名义上虽仍存在,但其内容已发生根本性的变化。尽管如此,国家在新的基础上重新得到了统一,这显然有利于罗马国家政治、经济和文化的发展。这样罗马的历史进入了公元1—2世纪的"繁荣时期"。罗马"繁荣时期"的社会历史进程对罗马的文化,具体于史学而言,产生了积极的影响,促使罗马史学深入发展,这具体表现在:其一,罗马的史学观念得到了进一步发展,史学体裁越来越广泛;其二,希腊史学同罗马史学进一步融汇到了一起,产生了丰硕的历史学成果。

第四章 中西史学进一步发展的硕果——传记史学观念的产生

如果从传记史学发展的角度来仔细分析这一历史性汇合所获得的突出成果的话,表现在传记史学领域中,就是在罗马帝国时期,其传记史学得到了空前的新发展——出现了罗马历史上著名的三大传记作家:塔西佗(《阿古利克拉传》)、苏维托尼乌斯(《罗马十二帝王传》)、普鲁塔克(《希腊罗马名人传》)。正是在罗马历史上最为繁荣的时代,罗马的传记史学群星闪耀,成果喷发,普鲁塔克以《名人传》登上了罗马的传记史学的舞台,成为这一群体中的一颗耀眼的史学巨星,创造了不朽的价值,对罗马乃至以后西方的传记史学都产生了极其深远而重要的影响。

在本节讨论的问题即将结束之际,笔者还想强调一下奈波斯的传记观念对普鲁塔克的传记观念和传记创作的影响,以使我们后面对普鲁塔克的传记史学观念的分析更符合希腊罗马传记史学观念发展的逻辑,更能准确地把握其传记史学观念产生的历史继承性,并从中更清楚地揭示出其独特的内涵。

具体而言,奈波斯对普鲁塔克的传记史学观念的影响主要表现在以下几个方面。

其一,奈波斯《外族名将传》中相当部分人物都与普鲁塔克传记中所列人物有着明显的一致性。最简单的事实就是可以看到,《希腊罗马名人传》中有十二位传主都是和奈波斯的作品完全重合的。以色列耶路撒冷希伯来大学古典历史学名誉教授约瑟夫·盖格由此推断:"《名人传》中所列的人物可能来自奈波斯的著作。"[①] 确切地讲,应是普鲁塔克《名人传》的部分人物来自奈波斯。因为根据现在所知和所传的《名人传》人物数量,较之于奈波斯的《外族名将传》及其残篇中所列的人物要多许多。

其二,如上所述,《名人传》中许多人物的素材和情节都取自于奈波斯的《外族名将传》。在《卢库卢斯传》中,普鲁塔克在记叙传主的混乱心智时是这样说的:"根据科尔奈里乌斯·奈波斯所说,卢库卢斯的神志混乱并非是由于其年老的缘故,也不是因为其自身的疾病,而是因为一个叫做卡利斯特涅斯的被解放奴隶为他配制的一些药物所造成的后果。"[②] 在《马克卢斯传》中,普鲁塔

[①] Josph Geiger, Nepos and Plutarch: From Latin to Greek Political Biography, Illinois Classical Studies, Vol. 13, No. 2, 1988, p. 249.

[②] (古希腊)普鲁塔克:《希腊罗马名人传》上册,陆永庭、吴彭鹏等译,北京:商务印书馆,1990年,第456页。

克在记叙传主的死亡时说:"奈波斯和维流斯麦克西穆斯都有这样的说法。"① 在《提比略·格拉古传》中,普鲁塔克也提到:"奈波斯说该优斯迎娶的妻子是布鲁特斯的女儿,布鲁特斯在对露西塔尼亚人的作战中赢得胜利,得到举行凯旋式的殊荣;大部分作者在叙述中对我们的说法都表示认同。"②

其三,奈波斯的《外族名将传》虽然在传记中不可避免地叙述了传主大量的政治军事活动,但其写作的真正用意却是颂扬传主的高贵品格,普鲁塔克忠实地履行着这一原则。美国维斯康星大学的学者杰弗里·贝内克认为:"叙述这些名将的活动事迹并非奈波斯的主要目的"③,他一再强调读者"不要夸大这些事迹在人物传中的重要性"④。例如,在《米太亚德传》中,奈波斯花费大量笔墨描写了米太亚德在战争中所做出的卓越的贡献,但若仔细阅读该传记的话,就会获得这样的感受:作者的旨趣是在于强调将领与士兵为国捐躯、不怕牺牲的高贵品德,而不是他们所采取的富有智谋的计划和英勇的行动。在《外族名将传》中,奈波斯还特意强调了他叙述传主事迹的用意,在于让那些不熟悉希腊文献的人明白该人物是多么伟大。奈波斯的这一观念和方法在普鲁塔克的《名人传》那里不但得到了继承,而且得到了充分的发展。在《名人传》中,大篇大段地充斥着普鲁塔克对传主品格的评述,并将名人的各种道德内容和具体表现、细微差别等等叙写得非常详细。

其四,奈波斯传记史学的比较观念对普鲁塔克的传记史学的比较观念以很大的影响。普鲁塔克在《名人传》中是将一个罗马名人与一个希腊名人进行配对比较,而不是像奈波斯这样将外族名将与罗马名将分别列在两本书中进行一本书与一本书的整体比较。当然,《名人传》中这种一对一式(也有例外)名人对传的具体比较方法,就是吸取奈波斯这一传记体例的叙写经验并进一步发展而来的。从比较的学术目的和道德教化的效果来看,较之于将一本书的名将与另一本书的名将进行整体比较的话,这种两两比较的方式自然会将比较的特性

---

① (古希腊)普鲁塔克:《希腊罗马名人传》第1册,席代岳译,吉林:吉林出版集团有限公司,2009年,第579页。
② (古希腊)普鲁塔克:《希腊罗马名人传》第3册,席代岳译,吉林:吉林出版集团有限公司,2009年,第1488—1489页。
③ Jeffrey Beneker, Nepos'Biographical Method in the Lives of Foreign Generals, The Classical Journal, Vol. 105, No. 2, 2009, p. 109.
④ Jeffrey Beneker, Nepos'Biographical Method in the Lives of Foreign Generals, The Classical Journal, Vol. 105, No. 2, 2009, p. 118.

第四章 中西史学进一步发展的硕果——传记史学观念的产生

展现得更为具体、深入、细致,其中所灌注的作者的观念也更容易为人们所接受。但是也得承认,这种一对一类型的比较难度也更大。

其五,在奈波斯的《外族名将传》中,为了突出其明显的政治和伦理目的,奈波斯一再强调了他写作传记的旨趣在于揭示人物的性格和心灵,而不是展现这些卓越人物为国家所做出的重大贡献和英勇感人的事迹,从而显示了传记与历史的不同。奈波斯的这一传记观念对其后的普鲁塔克的传记观念影响很大,普鲁塔克在《名人传》中更是明确地揭示了他写作传记的宗旨,并在写作实践中牢牢把握住他所认定的传记特征,竭尽心智叙写名人们的道德品行,以致一些学者产生激言,认为普鲁塔克是道德学家而不是历史学家。

总之,作为希腊和罗马传记史学中一位承上启下的传记史学家奈波斯,其对希腊和罗马传记史学做出的重要贡献之一,就是使希腊罗马的传记与历史的逐渐拉开了距离,他的传记观点对其后的普鲁塔克的传记史学产生了重要影响,而且还对其后整个西方近现代的传记观念产生了深远的历史影响,也由此而和中国传记史学发展的道路迥然不同。

三、中西传记史学产生之比较

中西史学和传记史学如何产生这一问题,是中西传记史学的重大疑难问题。要探讨这一问题,首先就必须将其置于中西历史所具有的共性和各自的特殊性的基础上加以考察。研究中西史学,特别是传记史学的产生一方面是不能脱离中西独特而又有共性的客观的历史发展进程的这一根本性的社会基础;另一方面也不能脱离中西自野蛮转向文明时代以来各自文化发展的轨迹,只有在此两者的融通过程中,才有可能准确把握中西传记史学观念的产生和两者所呈现出来的异同点;当然,在此基础上,进一步对造成这些中西传记史学的相同或相异的原因进行科学的探讨,从而得出一些具有规律性的认识,以指导我们更好地进行早期中西传记史学的比较研究,这也正是本问题研究的旨趣之所在。

(一) 共性

其一,中西传记史学其产生的过程都统一于中西各自历史学的发展途径之中,成为史学不可分割的重要组成部分,并在史学以后的不同发展进程中,持续发挥着明显或潜在的重要作用。之后,基于史学整体深入发展的内在分工需要，历史的叙述日益专业化、专门化，其结果，才有了以叙"人"为主的传记史学和以叙"事"为主的叙事史学的不同体例。史学研究分工深化的成果——传记史学的产生不仅是中西史学各自发展的重要成果，而且也为中西传记的发展提供了更大的独立发展空间。尽管如此，传记史学在彰显其自身在揭示心灵和思想观念方面优势的同时，仍然保持着历史学的根本特性——求真，其结果，传记史学在既体现了其自身存在的科学性价值的同时，也保持了与历史学的密切联系。

其二，中西传记史学都是用人性与人事相关联的方式来展现作为与整体人或群体人相对应的个体人的内涵和作用。也就是说，中西传记史学都是将叙述的重心置于人性的基础之上，但人性与人事并没有断裂，而是体现出将人性与人事相联系以探讨人性的突出特点。毫无疑问，中西传记史学的产生虽然各有其历史文化特点，从而体现出各自不同的特点，但归根结蒂，中西传记史学的所要解决的问题都具有普遍性：即要叙述历史人物在历史中是如何发挥其重要作用的这一重大问题，都是针对人的根本性特点而进行研究的重要史学研究领域，都加深了对历史人物的性格和道德性及其历史性的理解和把握，同时也加深了对人类自身道德性的理解，从而达到对人自身发展能力的提升。德罗伊森认为："在人类的眼光之下，只有关于人类的事物，才是不断自我提升的"[①]；而且德罗伊森还认为，人只有在道德团体中理解别人以及被人理解之后，才具有自己的整体性。[②] 因而，中西传记史学的叙述旨趣大大丰富了作为群体人本身的道德内涵，也突出了个体人的道德内涵和个体人在中西历史进程中的重要作用及其意义。

其三，中西传记史学都是探讨成功名人的经历以启迪人生，体现了历史学"致用"之特色。中西传记史学产生的直接原因就在于发现了历史人物在其各自的社会历史进程中发挥了重要的作用，因而都力图分析其丰功伟业和突出贡献背后的原因，目的就在于用名人的人生事迹鼓舞人们激流勇进，在创造自己的辉煌历史的同时，为家族和国家的整体利益做出个人的贡献。因此，中西的传记史学对传记人物的选择及其对传记人物的叙述和评价，虽然都各有所侧重，但都能直面人性的优点和缺点，展示功业，分析原因，揭示人性，都以活生生

---

① （德）德罗伊森：《历史知识理论》，胡昌智译，北京：北京大学出版社，2006年，第8页。
② （德）德罗伊森：《历史知识理论》，胡昌智译，北京：北京大学出版社，2006年，第12页。

第四章 中西史学进一步发展的硕果——传记史学观念的产生

的人生历程为据,体现对人性的反思,这些当然也就是真实的人的历史了。德罗伊森认为:"能在变化中不断自我提升而且跃进的现象,是所谓有前后关系的现象;时间是它的特色;我们称这些现象为历史。"①中西传记正是将视域置于历史的长河中,探讨个体的人之所以成功或失败的原因,竭力揭示人的高尚美德,竭力讴歌名人所做出的成绩,直面传主为中西的社会历史的不断进步做出的贡献,并在这一叙述的过程中,体现了历史的特色,由此不仅成为了传记史学,而且成就了传记史学。

(二) 不同性

中西传记的产生在具有共性的同时,也由于各自的文化和历史传统,因此,在史学的产生的途径、史学的内容和史学的作用方面,特别是在传记史学产生的途径、内容和作用方面也存在着一些较为明显的不同点。

其一,从中西传记产生的途径和发展的态势来看,中西传记史学的萌芽和产生都存在于中西史学的产生和发展的进程之中,只不过古希腊是从修昔底德的《伯罗奔尼撒战争史》开始,史学和传记就开始寻找各自发展的途径,开始了向叙事史学和传记史学两个方向的艰难发展历程。这两个史学领域——叙事史学和传记史学在罗马时期都达到了古典时代各自发展的顶峰;这一趋向发展到了近现代,两者的距离越来越大,传记史学则进一步向文学靠拢,而具有更多的文学性,并在和文学的融合中,得到了更大的发展;而中国则从《春秋》开始,经《左传》的阐释,传记史学一直是中国史学的重要组成部分,其后,随着史学研究的深入发展,虽有多种史学体裁的出现,但传记史学后来一直都是中国史学体例的中心。

如上所述,中西传记在产生的过程中,因历史本身的特征,人与事就成为历史叙述的两个基本要素。中西史学分别是以希罗多德的《历史》和孔子的《春秋》为标志开始的。但在历史学的进一步发展进程中,古希腊则是由修昔底德开始,强调了历史学科的客观和真实的内容,从而将不易确定和量化的思想情感因素排除于其历史研究的领域之外。如果将修昔底德的著作《伯罗奔尼撒战争史》和希罗多德的《历史》相比较的话,两者有明显的不同点:即同样都

---

① (德)德罗伊森:《历史知识理论》,胡昌智译,北京:北京大学出版社,2006年,第8页。

是叙述战争史的历史著作，人的激情，人的思想和广泛的社会生活内容在《伯罗奔尼撒战争史》的叙述中突然被大幅压缩，失去了生动活泼的风格和内容，内容有明显的程序化特征，从而使其成为一部名副其实的事件史。柯林武德对此是这样认为的，"希罗多德的风格是平易、流畅而有说服力的。修昔底德的风格是僵硬、造作而令人反感的。"① 从此之后，人物在历史中的地位就成为一个颇受争议的疑难问题。从古希腊罗马的史学主流看，人物的心灵活动从历史的王国中被驱除出去了，此后历史学的发展呈现出以叙事史为中心的趋向。而几乎同时，在希腊和罗马又出现了对个体人物叙述的强烈需求，以人物为主体的传记则开始出现，而为了获得自己的发展空间，传记也有意将与整体不同的个体作为叙述的对象，以探讨个体人物的心灵和性情，以满足人们了解历史名人的心灵世界和情感细节的欲望。由此，古希腊的历史和传记就走上了各自发展的道路。这一发展趋向对罗马的历史学和传记的发展产生了深远的影响。

显然，这一重要变化是古希腊罗马历史学和传记史学发展中的一个重要问题。对于这一史学叙述风格变化的原因，过去人们长期不得其解。一些学者曾经从希罗多德和修昔底德两人各自的叙述风格、从波斯战争的正义性和伯罗奔尼撒战争的非正义性质、史学形式的发展变化等角度对此问题进行了讨论，推进了对这一问题的探讨。但接下来需要进一步讨论的是，造成两人叙述风格变化巨大的深层次思想观念方面的原因是什么呢？这些思想观念是如何造成二位史学家的历史叙述产生如此明显的不同呢？因为这一问题是中西史学发展史，特别是中西传记史学发展史上的一个核心问题。本文在此对其主要原因先稍做解释，而在其后几章中会对这一问题进行详细、全面的分析。

其实其中的一个重要原因就是当时希腊的文化在希罗多德的《历史》之后就开始了重要的文化转型。前边的第几章论述过了，约公元前6世纪左右，古希腊社会的文化发生了一次重要的转型，其中以巴门尼德为突出代表，巴门尼德在历史上之所以重要，是因为人们常常说他创造了人类重要的认识工具——逻辑，实际上，他真正创造的却是基于逻辑的形而上学。② 具体而言，所谓基于

---

① （英）柯林武德：《历史的观念》，何兆武、张文杰译，北京：中国社会科学出版社，1985年，第33页。

② 这种论证曾经以不同的形式存在于后来大多数的形而上学者的身上直迄黑格尔为止，并且包括黑格尔本人在内。

第四章 中西史学进一步发展的硕果——传记史学观念的产生

逻辑的形而上学也就是其自然哲学的成果，即在对自然进行观察的过程中，它以观察和研究为其基本特征，形成了朴素的自然观，并在自然观的基础上形成了其独特的宇宙观，并形成了一个较为完备的形而上学的论证程序，其实，正如在前几章中已指出，早期的自然是包括世界上的一切，人也在其中，而后期则在文化转型中，巴门尼德的逻辑学将人与自然割裂了，自然成为一个与人相对立的事物，对此，现代哲学家海德格尔则发现了早期自然观的全面性。

在这一新的具有形而上学观念的思维方法的作用下，历史学家对历史的求真观念也有了直观而朴素的理解。这种理解的核心就是要求对历史事件的记载，必须要有历史事件的目击者，能够充分证明这一事件的产生、过程和结果，从而获得事件的真相。显然这一直观和朴素的研究方法在历史研究中，实际上就自然地排除了人的思想和情感存在的合理性，甚至将作者的情感也视为影响其叙述真实的障碍。这就是为什么修昔底德在其著作中，不是以第一人称，而是以第三人称来叙述当时正在发生的希腊大内战——伯罗奔尼撒战争史的缘故。从而和希罗多德的历史观念产生了较大的差别。

对此，柯林武德在《历史的观念》中将希罗多德和修昔底德的历史观念进行了比较，并分析了两者产生差别的原因。柯林武德是这样说的："希罗多德善于提问，是能够从报道者的意见中抽出知识来的，因而也就能够在希腊人认为是不可能的领域中获得知识。"[①] 这种"知识"按照柯林武德的理解就是关于"人事的知识，特别是有关指导人类行为的道德观念的知识"[②]。正是由于希罗多德的历史观念与其后希腊的自然哲学认识论有着明显的区别，所以他的历史观念在希腊也就像苏格拉底倡导人的道德情操一样，具有重大的历史价值。但他与苏格拉底不一样的地方，正如柯林武德所指出的：

> 这两个人的工作并驾齐驱是如此之惊人，以至于我要把希罗多德和苏格拉底并列作为公元前5世纪伟大的创新天才之一。但是他的成就又与希腊思想的潮流背道而驰得那么厉害，以至于它没有能在它的创造者的身后长存。苏格拉底毕竟与希腊思想的传统一脉相承，这就是何以他的著作为

---

① （英）柯林武德：《历史的观念》，何兆武、张文杰译，北京：中国社会科学出版社，1985年，第32页。
② （英）柯林武德：《历史的观念》，何兆武、张文杰译，北京：中国社会科学出版社，1985年，第32页。

柏拉图和其他许多门徒所接受并发展的缘故。希罗多德却不是这样。希罗多德没有任何后继者。①

希腊的精神在其反历史的倾向上趋于僵化而束缚了它自己。希罗多德的天才战胜了这种倾向，然而在他以后对于知识的永恒不变的对象的追求却逐渐窒息了历史意识，并且迫使人们放弃了希罗多德式的对人类过去活动获得科学知识的希望。② 修昔底德在史学思想上并不是希罗多德的继承人，而是一个把希罗多德的历史思想掩盖并窒息在以历史动机之下的人。③

当然，柯林武德是站在其唯心观念和现代史学观念的立场上对修昔底德的带有"实证主义"色彩的研究方式进行了尖锐批评，观点虽有偏颇之嫌，但其批评也的确有许多合理性。那么中国的情况又如何呢？

当然，中西史学及传记史学之所以会出现上述不同，其深层原因还在于中西早期文化发展本身。如上所述，中西的不同宗教崇拜形式对中西历史学和传记史学的产生具有重要的影响，而中西史学从其产生伊始，就与两种崇拜的内在认识方式发生了直接的关系，中国史学从一诞生就带有极其明显的伦理道德品格，孟子对《春秋》的历史作用进行了高度评价，将其作用与禹治洪水和周公的功勋相提并论："昔者禹抑洪水而天下平，周公兼夷狄，驱猛兽而百姓宁，孔子成《春秋》，乱臣贼子惧。"④ 而此后的《左传》也是如此，其中也出现了大量的人物，并对历史事件和人物做出道德品评，还在此基础上发展出人物传记体史学体裁——《史记》。在以《史记》为突出的人物传记出现之后，因其本身与历史有着天然的联系，再加上其本身又长期受历史学大的文化环境的影响，因而中国的传记自然表现出了极其明显的历史性和道德性，并成为中国史学的正宗形式。但对于西方而言，自从出现了历史学后，长期被人们所推崇的历史学类型就是叙事史。在叙事史中，在探讨历史原因的这一系列程序的思维机制之下，探讨前因后果成为叙事史的最重要的任务，历史是叙事的，可以寻找证

---

① （英）柯林武德：《历史的观念》，何兆武、张文杰译，北京：中国社会科学出版，1985年，第32页。

② （英）柯林武德：《历史的观念》，何兆武、张文杰译，北京：中国社会科学出版，1985年，第32—33页。

③ （英）柯林武德：《历史的观念》，何兆武、张文杰译，北京：中国社会科学出版，1985年，第34页。

④ 杨伯峻：《孟子译注》卷六《滕文公下》，北京：中华书局，2008年，第116页。

第四章 中西史学进一步发展的硕果——传记史学观念的产生

人提供证词,并加以验证。这一切都必须遵循并正确运用形而上学的逻辑学论证程序,对于历史事件之间的内在关联,对历史事件之间的因果关系必须严格遵守因果律的法则。这样一来,历史上人物的思想和心理活动就无法进入历史的殿堂。因为在其发达的(自然)哲学观中,探求事物的本质活动是人们认识的最终目的,而"本质"的意义和表现就在于终极性和不变性,这种认识成果需要用逻辑学的知识加以探讨,而最终形成知识。但对于历史学来说,正如柯林武德所言,古希腊的这种认识活动对于历史学而言则是让历史走向到它的反面。

之所以会这样,是因为在希腊人看来,历史是运动的、变化的,有其明显的具体性和感性的一面,因而是无法了解其"本质"的。这样的认识观念不但不利于历史学的发展,而且对于传记史学而言,则成为更大的阻力。因为传记史学所针对的是具体的人,具体的人的活动——人的活动不但有外观的可供观察的一面,而且更重要的是有其内在的令人难以把握的思想活动和情感活动的另一面,对此,古希腊对自然进行观察、整理和分析的逻辑思维方式在这一重要领域就难以发挥作用。可是如果对人的思想活动不用逻辑加以概括的话,就无法了解其本性,但另一方面,对于当时的希腊和罗马学者而言,如果对人的活动和思想加以逻辑概括的话,那人就不成为具体的人,人的活动就失去了历史的鲜活性,成为一个普遍概念,那就进入了伦理学和哲学的范畴了。古希腊人对历史的观念陷入悖论之中。

当然,像这些问题是古希腊的哲学无法解决的,因此,为了满足人们了解自身历史的需要,古希腊和后来的古罗马在传记史学的产生和发展方面,所选择的都是从历史中逐渐分化出来的这一学术道路,而且在传记史学的发展过程中,一直和历史保持着足够的距离,甚至呈现出和历史相对立以彰显其个性的突出特征。

在这里需要特别注意的是,尽管希腊产生了历史学,但柯林武德还是强调了在古希腊文化和历史学中长期所存在的反历史倾向,同时也就更为深刻地理解刘家和先生在比较中西史学产生的不同特点时的一个重要观点,即相对于希腊的史学发展环境而言,中国是一个适宜历史学发展的国家,而且中国的历史学也确实得到了很好的发展,并成为中国文化的引领者。之所以如此,刘家和先生也是从中西早期不同的文化形态入手,并在论述中西早期文化的不同理性化方式中寻找其真实的内在原因。在刘家和先生看来，中西不同的理性化方式及其理性化结果，是造成中西史学发展不同特点的根本性原因，这种理性化的不同具体表现可以从刘家和先生提出的中西各自所具有的不同理性方式中得以清晰地说明，即从中国的历史理性的传统和文化品格与希腊的逻辑理性的传统和品格中得到说明。换言之，对中国传统文化理性思考的成果就是历史性的思考和对历史本身历史性的认识，这种历史性的成果表现在历史研究的领域中就是，古代中国人的史学思想是人文主义加历史主义（反实质主义），而古代希腊罗马人的史学思想是人文主义加实质主义（反历史主义）。正是这一原因造成了中西历史学发展的不同特色。

其二，中西传记史学的内容呈现鲜明的差异，中国史学产生时的重要特色是人与事的结合，而西方的希腊罗马的传记史学在人与事的关系中，则是以人的性格和品格为中心，更重视人性和思想伦理的独立性和自在性。

如上所述，中国传记史学的一个重要特色就在于它是从中国固有的历史土壤之中逐渐发展出来的，并在叙事的历史中出现萌芽和雏形；随后，它冲破了叙事史的体例，从而创立了一个新的史学体例。但需要说明的是，在传记史学的产生和发展过程中，叙事史学在其中所扮演的角色并不限于我们一般所理解的阻碍作用，而是相反，即从传记史学的孕育到产生，叙事史学还为其提供了许多有利条件，以帮助其向独立的传记史学这一体例的发展。这一内容是我们在此研究中应予重点考察的一个问题。

比如说，早期的中国叙事史学的多种文本，不管是《国语》、《战国策》或《左传》，历史人物的活动一直是其中的一个非常重要的内容，历史人物的才智和性格也一直是这些史学著作的亮点，长期受到人们的赞誉。可以讲，中国史学从其萌生伊始，就将人的活动纳入历史的运动或视野之中，成为最早的叙事史中的一个不可或缺的重要因素，并为其进一步发展预留了足够的空间。由此看来，如果从史学体例的发展史来看中国传记史学产生的话，传记史学无疑是叙事史学进一步发展的必然结果和重要成果。因此，其后所产生的传记史学不但继承了叙事史学的所创造出来的优秀的史学基本要素和成果，而且在此基础上又着重进行了人的性格和思想的探讨，进一步把人的性格的发展和变化渗透到叙事的历史之中，加深了人们对历史事件内容深度和力度的理解；而且中国的传记史学还在运用人的思想来解释历史事件的过程中，彰显了个体人物在历

第四章 中西史学进一步发展的硕果——传记史学观念的产生

史事件起根发苗的过程中所具有的重要作用,最终又打通了人与事之间理论和形式的内在关联,使传记和叙事史在相通的基础上,从人的性格发展变化的角度又统一起来了。这一切不仅是中国通史理念的重要组成部分,而且也成为中国通史这一史学理念的重要表现形式。这样看来,中国的通史观念不仅仅表现在从历时性的角度来将历史的因果律表达出来,使历史的运动成为一个前后相继、生生不息的有机整体的这一维度上,而且还表现在对历史横断面的空间各门类之间的相互制约和相互联系这一层面上。其实,这也就是司马迁创立传记史学的最深厚的理论基础,也是其最终想达到,事实上也达到了这一历史之通的初衷和结果。

因此,中国传记史学观念的根本特征就是将人与事相统一,并最终统一于人的历史观念之中。因而,这种统一和各有侧重的历史观念,不但大大增加了人们对人自身本质的了解,而且也大大增加了如实反映人们在历史事件中所发挥的重要作用的可能性和必要性,更重要的是使人对历史事件发生、发展和变化的内在原因有了更为深刻的理解和全面认知,其重要意义在于不但促进了传记史学的产生和发展,而且也对中国叙事史学的继续发展增添了新的叙事内容,从而增加了中国叙事史学的历史认识的深度和广度,使叙事史和传记史真正融合于历史之中,也突出地体现了历史的人文性、统一性和多样性,也更能说明历史的本质,并进而影响了中国史学发展的基本特征和以后的趋向。

但对于西方而言,由于古希腊崇尚自然崇拜的文化传统,从而形成了一种在主观与客观的对立中去探讨自然的思维模式,并在这种模式中去探讨事物的客观的内在的不变的本质,由此在历史学的领域中就产生了叙事史学,侧重探讨历史事件之间的因果联系,目的是发掘"变中之不变"的本质属性。因此,早期古希腊史学在很大程度上也体现出这种史学思维方式的特点,即主要揭示和呈现的都是历史事件之间的因果联系,用波里比阿的话来讲就是探讨事件发生的原因,在原因中再探讨诱因等。

从认识论和逻辑学的角度来看,古希腊和罗马的这一历史认知过程所体现出的是冷静而审视的属于认识论范畴的内容,其特质是一种逻辑的表达方式和研究方式,当然这种逻辑只是一种形式逻辑。对于形式逻辑而言,其最突出的特点就在于排除认识链条中的矛盾,贯彻思维中的一致性,从而达到一种无矛盾的同,即本质。这一史学形式的产生和发展具有一个极其明显的特征,就是单线的对历史事实的逻辑追踪特性,显示了历史探索的彻底性和深刻性。但其也表现出另一个突出的特点,那就是在对历史现象、历史事实的探究中,它无法将变动不居的复杂的人的活动联系起来,也无法在认识客观存在的同时认识自身,更无法最终将两者联系起来。换言之,古希腊的哲学是形而上学的,是以孤立静止的方法来研究世界的,而不是用联系的、发展的、变化的观点来看待人所面对的世界全部——所谓世界的全部即人所面对的自然界和人类社会自身这两个方面,而不仅仅是自然界。显而易见,古希腊人坚定地贯彻形而上学的历史研究方法,其结果自然是在历史研究中排除了历史的主体和历史研究的主体——人的活动、人的思想在其中所起的作用,从而使古希腊的历史观念只能适用于研究所谓关系较为简单、易被人们以观察为基本依据的思维所认识的历史事件了。

历史的辩证法就是如此,历史的活动虽然是人的活动,但古希腊的历史研究却始终对人的活动无动于衷,甚至是排除在外。面对如此悖论,对于能够创造出发达哲学的古希腊人并非无可奈何,毕竟他们有其发达的认识工具——哲学,即智慧。面对这一问题,古希腊的哲学不负众望,显示了其本身所具有的独特魅力,找到了解决这一问题的方法。那就是另辟蹊径,用传记这一形式来探讨人的历史,以弥补历史学的不足,从而和专门探讨历史事件的历史分立发展,并行不悖。那么研究人的方法是什么呢?这是传记首当其冲的要回答的问题,事实上,传记也有着与其自身相适应的专门的智慧和哲学。在古希腊人看来,探讨历史事件运用的是哲学原理(自然哲学)和逻辑学,而研究人的自身也需要一种理论和方法来指导,由此,古希腊人与时俱进,在自然哲学的基础上又发展出一个专门用以研究人的哲学即所谓道德哲学,或者又被称为伦理学。这样一来,历史学和传记两者就划野分疆,一个专门研究历史的事件,一个则侧重研究人。那么研究人是什么意思呢?研究人的意思就是研究人之所以为人的原因和具体表现,在这一点上可以看出道德哲学所受到的来自自然哲学的强烈影响,也可以看出建立在自然崇拜基础上的文化基因的顽强作用。其实,归根结蒂,在希腊人看来,人之所以为人的原因和人的具体表现就是人与动物不同的道德性,所以研究人的道德性产生的原因和表现就成传记的历史使命了。但如果再进一步探讨的话,人的道德性与人的性格又有重要关系,人与人的差别就在于其性格养成的方式和环境的不同,并在此基础上表现出品德的不同,

第四章 中西史学进一步发展的硕果——传记史学观念的产生

所以在传记中揭示人的性格和品格就成为传记的重要任务。在此，我们所论述的主要问题可以先暂告一段落了。因为关于这一问题的更为深入的内容，我们还会在下一章节中予以详论，在此暂不赘述。

从上面的分析中我们可以看出，古希腊的历史学的发展方式是无法将叙事和叙人统一起来以全面完整地叙述人的历史全貌的，最终只能将人的历史分为两大块，一块是叙事史，以探讨历史事件的因果，一块是传记，以探讨人心灵的性格和品格的成因及其表现。尽管分为两块，但还要强调的是，在传记中由自然崇拜所奠定的主客认识的思模形式及其作用还是很明显的。正如中国虽然在史学发展中也分为叙事和传记两大块，但在这二者可以轻松地相通，并统一起来，这是中西文化的基因，也是中西文化的胎记，当然也是中西传记史学产生的不同点之所在，更是我们探讨中西传记史学产生不同点的根本性原因的方法论之所在。

其三，从传记产生及其以后所发挥的作用和其性质来看，中西传记史学各有侧重点，中国对传记的要求是在历史性的求真的基础上进一步求善，而希腊罗马则侧重于其伦理性的求善。从中西史学发展史看来，中西传记史学产生的初衷都是为了弥补在史学产生初期叙事史在展示历史人物品行方面的不足。对于古希腊罗马的传记史学而言，其研究路径是以人自身的思想为关注点，着重探讨人的心灵状态。所谓心灵只能是人的品质和性格，所探讨的结果就是人心灵内部的恶与善的较量。而在这一问题上，西方的古希腊罗马的传记史学则侧重于挖掘、讴歌人物内心世界的种种品格，以彰显人物心灵世界的美德，使名人的优秀品德成为人们学习的榜样，而名人的一些缺点或者污点成为人们的反面教材，突出地显现出了传记史学的伦理学功能。所以传记所揭示的基本上都是人物性格和品质上的一些优点，而人物身上的某些缺点则在传记作家看来是由一些诸如天性、受欺骗或一时的贪欲等外因所致，比如伯里克利对退出提洛同盟城邦萨摩斯的野蛮屠杀、亚历山大对底比斯的疯狂屠城等等，都缺乏具体真实的历史内容和深刻的道德反思。其结果，为了弘扬传记人物的光辉业绩和优秀品质，往往有意忽略其重大的品格缺陷，缺乏历史著作应有的深度思考。

中国早期的传记史学的出现同样是为了使历史名人的英名永留世上，因而也对传记人物的品行，特别是善行进行赞美，因而在历史叙述中，加大了对人物心灵世界的考察。但与古希腊罗马传记史学有所不同的是，中国的传记史学在对历史人物的善行进行赞美时,并不回避其不足和缺点,甚至常常大费笔墨地进行深刻揭露,将人物善与恶的品行融入了对事的求真与对人的评价之中,二者紧密结合在一起,形成了一个相互影响的朴素的辩证的叙述体系,突出地表现了传记史学的历史教化功能。换言之,对于中国的传记史学而言,传主的成长过程其实就是一个不断变化的过程,其品性并不仅仅由其先天的人性决定,后天的环境也对传记人物性格的发展与变化产生了重要影响。所以中国传记史学是将人的心灵同其所处的复杂的自身环境和社会环境相联系起来,以探讨人物的品格、人的本质属性。而人的本质用希腊的术语来讲就是理性的特质,用伦理学的术语来讲就是人的善行之所在。而古希腊的传记史学观念在表现人的善的观念时,较多地局限于其观念体系中,从人性的本质来叙述个体人的思想、道德和伦理方面的内容。由于这种人性是以不能变化的本质为前提和根基的,因而希腊罗马传记就自然出现三种情况:其一,其传记的内容就只能侧重于人自身的思想和道德,以突出自身的独立性。其二,对传记人物的心灵世界——思想和道德现象的探讨只能与其人性本质相一致,而不能发生重要变化。古希腊罗马传记家的传记表明,名人之所以能够成为名人,就在于名人内心早已具有不同于其他人的一些品质,而这些内容导致的结果,就是善的行为,自然就成为人们学习榜样。其三,希腊罗马传记所反映的不管是人的行为,或是人的思想观念都来自于人的本身,最终与真实人的历史活动拉开了一定的距离,而人的思想和心灵世界自然也就具有不变的本质性,而缺乏具体性和个体性,以及建立在个体之上的鲜活性和真实性,最终缺乏个体人物的历史性。借用柯林武德批评修昔底德的实质主义叙述方式的术语来说,这一方式就是"粗暴"的方式,究其原因,"从历史上说,使所有那些非常之不同的人物都用同一种方式在讲话,这难道不是粗暴吗?"[①]

当然,柯林武德是以其新黑格尔主义的观念来看待古希腊历史观念的变迁及其结果的,难免会带有其自身的观念和价值评判标准。尽管他的观念确有其合理性,但我们还是要强调,由希罗多德的历史叙述向修昔底德史学叙述观念的转变,并不仅仅是一种粗暴的历史方式,而是一种符合其历史叙述发展内在规律的方式,这一历史叙述的转变和发展是建立在古希腊理性的发展基础之上

---

① (英)柯林武德:《历史的观念》,何兆武、张文杰译,北京:中国社会科学出版社,1985年,第32页。

第四章 中西史学进一步发展的硕果——传记史学观念的产生

的。理性对希腊的史学和人物的传记产生了深刻而重要的影响,这种影响的原因和作用可以通过中西早期思想观念的比较得到更为深入的理解。

小 结

总之,中西传记产生的进程中,既表现出了一些重要的相同点,也表现了一些更为重要的不同点。当然,中西传记产生问题上的相同点和不同点都是中西文化结构和历史观念大树上结出的不同色彩的硕果,而造成两者相同点和不同点的深层次原因则是我们必须进一步探讨的问题。我们也将这一问题的探讨一并作为本章的结语。

如上所述,中西传记史学对人物所叙述的重点自然有所侧重,透过中西这些相同和相异的表面,就会发现,其实决定这一表面特点的内容是与中西所固有的文化基因和传统有着重要关系。

对于古希腊和罗马而言,其哲学发展的一个重要特点在于将用理性的方法对统一的自然世界进行分析研究,将统一性的大自然分为人与狭义的自然,从而将自然的认知和对人的认识对立起来,以探求世界的知识,并由此形成了古希腊重要的文化传统和思维模式。这一模式的突出作用即为所谓的科学提供了一个认识的本体,又称本质,或俗称前提,它是一切认识的原点或基础,并由此出发,才有可能进行真正的研究。由此,古希腊人在探讨世界的本源时,如果不是以宗教的神作为世界的本源,比如以奥林匹斯山的宙斯神或其他神灵为人和世界的起源,就是以某种具体的或无形的东西作为世界的本体。比如米利都学派以某种自然的物质(水、空气等)为本质,或者如著名数学家、哲学家毕达哥拉斯(Pythagoras)是把抽象的"数"作为世界的本原,或是德谟克里特(Demokritos)以"原子"作为本原,从而为自己探求世界提供了最根本的理论根据。这种思维方法的影响是非常广泛的,以至于古希腊的哲学家在探讨人和社会的时候,也是首先来探讨人之所以为人的这一根本性的问题,并以此作为其进一步探讨人和社会的前提。希腊的哲人们通过他们的研究,得出了一个基本结论,那就是人之所以为人的本体性就在于人所具有的"理性"特征。那么,古希腊哲人所认为的"理性",即人的本质内涵是什么呢?

在古希腊人看来,人的理性就是天然地存在于人自身之中,而且只有人才具有认识和"挖掘"理性的能力。就古希腊哲学而言，理性（逻各斯）最初是一个心理学的概念，指的是人的一种思维表现，特别指的是合乎逻辑的思维或对事物的普遍性的认识。后来，逐渐被赋予其具有形而上学的意义，指宇宙的自我运行原理或自然界变化的内在规律性。不过，在希腊人看来，要认识这种无人称的理性，仅靠感觉层面的了解是无能为力的，必须依靠人们自身的深层次的能动思维能力，即人心中的理性。在希腊人的文化观念中，在宇宙中，只有人类才是具有理性本质和能力的动物。亚里士多德即从其政治伦理学出发，把人的心灵世界分为两大部分，一个为本身为理性的部分，一个是本身不包含理性，但却能够服从理性的部分。当然，有时在其他地方，他又用"理智"或"情欲"来表述心灵世界的两大块内容。当然，对于心灵世界的两大类的关系，亚里士多德是这样形容的："灵魂的统治身体就掌握着主人的权威而理性的节制情欲就则类似一位政治家或君王的权威。"①这是古今中外的理性主义道德哲学的一个共同原理：以理节情。即用理性来调节人的欲望和感情。因为在理性主义者看来，在每个人身上，理性是天赋的，但是却以潜在的方式存在着。由此，"认识你自己"是以苏格拉底为代表的古希腊哲人的基本思想。需要说明的是，尽管古希腊哲人努力地从自身中探讨人之理性之所在，并进而提升自己的修养和水准，但在希腊罗马时代却没有形成一整套认识自身理性的认识论，总是没有摆脱其具有的神秘色彩，这一任务直到西方的近代才逐渐完成。用康德的话来说："理性并不能本能地起作用，而是需要有试用，实践和教育才逐渐由一个内省水平进步到另一水平。"②

中国人对人的本质的理解却和古希腊有着明显的区别。孔子的"礼论"中的文与质的含义应当在孔子的"绘事后素"论中去探索。据《论语·八佾》记载，有一次子夏请教孔子："'巧笑倩兮，美目盼兮，素以为绚兮'何谓也？"即这句古诗是什么意思呢？孔子回答道"绘事后素"。子夏立刻领悟道："礼后乎"孔子点头称赞："起予者商也！始可与言《诗》。"③ 也就是说，孔子是把"礼"比做文采，而作为文采的"礼"必须绘在某种素质（质地）上。孔子在此用隐喻的方式说明了他的人性论的基础。

---

① （古希腊）亚里士多德：《政治学》，吴寿彭译，北京：商务印书馆，1965年，第14页。
② （德）康德：《历史理性批判文集》，何兆武译，北京：商务印书馆，1991年，第4页。
③ 杨伯峻：《论语译注·译八佾篇》，北京：中华书局，2006年，第26页。

第四章 中西史学进一步发展的硕果——传记史学观念的产生

可见,在孔子的礼论中,"绚"或"文"就是指"礼",那么,与它对举的"素"或"质"是指什么呢?不言而喻,指人的素质,用现代的术语来讲即"人的天性"。从中国古代思想史来看,从孔子一直到荀子,都把他们的"礼"论建立在人性论的基础上。司马迁从史料上证实了这一说法。他说:"洋洋美德乎!宰制万物,役使群众,岂人力也哉?余至大行礼官观三代损益,乃知缘人情而制礼,依人性而作仪,其所由来尚矣。"① 值得注意的是,司马迁在此把礼仪与性情分别对待,其实就是说,礼仪的制作是依缘于人性和人情的。那么,下来需要探讨就是什么是人情,什么是人性,人情和人性的关系是什么这一问题。

对于什么是人情这一问题,先秦和秦汉以后的儒家的回答是一致的,认为"人情"是指人的天赋情欲,其是现实的,随遇而安的;至于什么是"人性"则殊难解释,不仅在学界,就是儒家内部也是争论不已的疑难问题。尽管如此,根据对孔子的观念的诠释,还是可以大体了解其基本观点的。在孔子的礼论中,所谓"性"指的是人的天赋理性,其作用就在不断抑制个人的情感和种种欲念。董仲舒就是这样理解的,正如《对策三》所言:"质朴之谓性,性非教化不成;人欲之谓情,情非度制不节。"② 宋代理学家二程与朱子也是这样理解的,他们说:"性即是理","性者,人之所得于天之理也。"③ 这个"理",就人说,乃"心中之理",或"心中天理";就天而言,指天地万物当然之则。这样"理"的概念与古代希腊哲学"理性"概念基本是相同的。这显然符合孔子的"礼"论原理。

在看到中西两者在"理"的理解有相同性方面的同时,还要看到中西两者在"理"的理解方面所存在的不同点。这种不同点最突出的地方在于:古希腊人认为对情欲的制约力量来自于人自身的理性,并以系统化的理论而强烈排斥外部世界对人内心世界的联系。虽然,希腊哲人中也有一些试图将人的内心和外部世界相联系的观点,比如,苏格拉底就提倡"知识就是美德"这一观念,力图将两者统一起来,但却无法从理论上将两者的联系加以正确说明,因而这一观点没有在古希腊的哲学界占据主流。虽然中国早期的人性论的依据也是以理节情,但这个理性却不仅仅局限于人自身的理性,而是与社会性紧密相关联的,后人

---

① 《史记》卷二十三《礼书》,北京:中华书局,1959年标点本,第3297页。
② 《汉书》卷五十六《董仲舒传》,北京:中华书局,1962年标点本,第799页。
③ (宋)朱熹:《孟子集注》卷十一《孟子·告子下》,济南:齐鲁书社,1992年。

常说的"修身、齐家、治国、平天下"这些道德人格的建构,在秦汉之际的思想家中各有说法,但大体上是由内及外,通过完善道德来建功立业。《礼记·礼运》中孔子说:"故圣王修义之柄,礼之序,以冶人情。故人情者圣王之田也,修礼以耕之,陈义以种之,讲学以耨之,本仁以聚之,播乐以安之。"① 此话是讲,孔子是将人情比作尚未耕耘的田野,就是把它看作自然的禀赋。所谓"修礼以耕之"意味着要用"礼"的教化作用去平衡人的好恶之情。在孔子看来,理性与道德教育范畴就像在人性这块处女地耕耘一般,最后的升华与安固,则是依恃礼乐教化。如《礼记·乐记》所说:"是故先王之制礼乐也,非以极口腹耳目之欲也,将以教民平好恶而反人道之正也。"② 其目的也在于此。也就是说,较之于古希腊来讲,孔子所认为的天赋理性并不是必然地会成为情欲的主宰,也不是说仅靠自己个人的修养就会获得人的理性,而是要在社会这个大环境中,通过自己的学习和努力,在和社会的相互协调的反复互动关系中最终建立起自身的人性。因此,孔子的人性观念与其礼论一样最终都会进入到社会政治和伦理秩序中,因而带有浓厚的社会性。究其根本性的原因,乃在于中国的传统文化一直是把人与社会,人性与天命相互联系加以考察的,而不像古希腊那样是将两者对立起来,用形而上学的思维方法,孤立地从自身中以探讨自身存在的理由及其作用。但另一方面,也要看到在孔子时,对人性本身未有充分的理论说明,而在其后的弟子中间,对人性的探讨仍在继续,从现代伦理学而言,人性不仅需要自律,而且还需要他律和监督。于是,孔子之后分为两大流派,孟子性本善,自然不用他律,荀子性本恶,当然需要他律。

总之,正是在这一中西不同的文化环境中,中西传记史学产生后,其发展的侧重点和方向有所不同。中国的传记史学的发展态势为不离史学发展的大道,不断丰富史学的内容,不断增加史学的厚度和广度,中国传记史学在探讨人性的善时,与其善念所产生的外部世界相关联;在彰显人性的善时,总是与其所作所为相联系,因而其所体现的善的观念是最终表现为一个历史的发展变化进程。古希腊罗马的传记史学的发展态势则表现为,其在发展进程中,不断彰显

---

① (汉)郑玄注、(唐)孔颖达等正义:《礼记正义》,北京:中华书局,1980年十三经注疏本,第1426页。
② (汉)郑玄注、(唐)孔颖达等正义:《礼记正义》,北京:中华书局,1980年十三经注疏本,第1528页。

第四章 中西史学进一步发展的硕果——传记史学观念的产生

对人性和心灵的关照，加强道德教化的效力，努力冲破传统史学的一些束缚，为其对人的心灵探索提供更大的空间；但又由于所探求的心灵世界是真实的人的心灵，却又不能脱离人的这一真实的根基，却使传记奔波于真实与构想两端，游离于史学和文学、伦理学之间。其结果，虽然为传记史学的进一步的独立性发展提供了广阔的空间，也在此过程中拉大了人的思想和人的真实之间的距离，为其求真增加了许多困难。因此，西方的传记史学在发展进程中长期呈现出一个特点，徘徊于史与文之间，难以找到准确的发展方向，这在希腊罗马时期表现得非常明显。值得庆幸的是，在近代之后，西方传记才真正获得了独立的发展机遇，只不过在第二波的发展浪潮中，在学科融合的大背景下，传记的发展又呈现出向历史回归的趋向。这样做的目的当然不是为了和历史融为一体，而只是从历史中获得真实的基础，以利于传记的深入发展。

第五章　中西古代史传的结构及其特点

传记史学是中西史学进一步发展的重要成果，它的产生标志着人们由早期对人类群体活动的关切转向到对个体人的活动的关切，由早期仅对重大的政治军事事件的关注转而深入到对事件主体——个体心灵世界的关切。因而较之于中西早期的其他史学类型，比如古老的编年史学或叙事史学而言，其标志着中西史学观念已经由整体深入到了个体，由人的宏观的外在事功深入到人的微观的内在思想活动。因此，传记史学的出现反映了历史学家崭新的历史观念，这一观念为传记史学的发展提供了一个重要的研究领域，而且传记史学的产生也为史学的发展拓展了新的广阔的研究领域，从而有利于历史学的进一步发展和深入。

一、中国早期传记的结构和特征

如前所述，中国的传记史学是在叙事史学的基础上进一步发展的产物，而且作为史学发展中的一个重要类型，较之于叙事史学而言，历史人物传记（简称史传）是以历史人物为中心的一种独特的史学著作类型。在中国历代的所谓"正史"中，这一著作类型被冠之以"列传"或"传"。唐人司马贞《史记索隐》云："列传者，谓叙列人臣事迹，令可传于后世，故曰列传。"[1] 其同代人张守节《史记正义》亦云："其人行迹可序列，故云列传。"[2]

不言而喻，"事"与"史"，有着不同的含义。"事"在甲骨文中与"吏"同

---

[1]　《史记》卷六十一《伯夷列传》，北京：中华书局，1959年，第2121页。
[2]　《史记》卷六十一《伯夷列传》，北京：中华书局，1959年，第2121页。

第五章 中西古代史传的结构及其特点

字,本义为官职,引申为职守、政事、事务,掌管文书记录。《说文解字》释之为"事,职也"。① 而"迹"的含义为事物运行的轨迹,过去所做的重要事情。《史记·秦始皇本纪》:"本原事迹,追首高明。"② 《韩非子·五蠹》:"无功而受事,无爵而显荣。"③ 而赵翼则更明确指出:"其专记一人为一传者,则自迁始。"④ 以上三人的解释虽不尽相同,但都认为事与史两者有内在的关系,史传之所以区别于其他著作类型,就在于它是以人物为记述对象的,所叙述的是人事与事迹。如果以上述名家传记史学的观念为基础而对中国传记史学的特征和作用加以具体分析的话,可以从以下四个方面——以人为中心的传记核心观念、传记史学的叙述内容、传记史学的特殊叙述结构、传记史学的突出特征来进行,便于从总体上把握中国传记史学的基本内涵。

(一) 以人为中心的传记核心观念

一般而言,人们事实上把传记界定为是以人物为中心的一种史学叙述类型,这是有其充分的合理性的,因为不管是从外形或是内在观念来讲,可以说这一概括抓住了传记史学的根本性内容和特征。但如果要进一步探索这一史学类型的话,这一定义还是显得过于宽泛的。因为,如果依据这一界定,势必会把传记产生以前的其他有关著作,归诸于"记事"或"记言"一类,事实上,中国的传统史学著作分类,也正是这样做的。如汉朝历史学家班固所言:"古之王者世有史官,君举必书……左史记言,右史记事,事为'春秋',言为'尚书'。"⑤ 当然,事与言的区分显然是相对的,世上没有离开人的"事",也没有离开人的"言",归根结蒂,世上的事与言都是人的事与言,而绝非其他。正因为如此,史学发展的进一步要求就是要充分体现出史学中"个体人"的特性。因为不管怎样讲,所谓传记著作的叙述中心,也不外乎是具体的人的行事、人的言论和人的思想情感,这样传记史学也就应运而生了。但现在所要了解的问题,也是传记史学所应该做的事,那就是传记史学究竟是如何体现出这样一个以人为中心的传记史学的理念呢? 换言之,具体于中国传记史学而言,或以司马迁的

---

① (汉)许慎:《说文解字》,北京:中国书店,1989年。
② 司马迁:《史记》,北京:中华书局,1959年,第261页。
③ (清)王先慎:《韩非子集解》,钟哲点校,北京:中华书局,1998年。
④ (清)赵翼著、王树民校正:《廿二史札记校证》上册,北京:中华书局,1984年,第5页。
⑤ 《汉书》卷三十《艺文志》,北京:中华书局,1962年标点本,第1715页。

《史记》为例,传记史学是如何将言与事和人统一起来的问题。因此,我们对于传记史学的理解应该在除了以人物为叙述中心这一基本的理解之外,还应将中国传记史学和其他类型的史学著作类型相比较,而得出传记著作的几个规定性特征:

1. 人物叙述的相对集中性

即以一个或几个人物为中心,从而构成全篇历史叙述的主题,而不是泛论历史事件进程中的一切人和事。在这一具体问题上,以司马迁的《史记》为例,再结合中国的传记史学发展的历程,有以下两个方面的问题需要予以注意。

一方面,从司马迁的《史记》开始,中国的传记史学一般都集中在"列传"这一部分内容中。有一人为传,两人为传或多人为传的情形。通过对传记的阅读,可以较全面地了解传主的人生历程和主要事迹。换言之,"列传"这一史学体例可以较好地将传主的行为和内心世界的揭示结合在一起,使人不仅了解到传主的事迹,更重要的是了解了传主这个人物的内心世界——他的思想,他的情感,他的性格以及他对历史所产生的重要影响。但在这里有一个问题需要强调一下,即"列传"这一类型并不意味着全是人物传记作品。因为在"列传"体中,如《货殖列传》、《匈奴列传》等,虽然在《史记》中被冠名为"列传",但我们也不认为它们就是完全意义上的人物传记。因为在这些列传中,固然有人物的存在,甚至可以说人物的分量还是比较重的,但同样有一点也不可否认,这些列传中的人和事相交织在一起,刻画人物形象的事例几乎没有,人物的个性一般都不鲜明,事件不清晰。所以,《史记》的"列传"并不完全等同于传记史学。

另一方面,《史记》中,除了"列传","本纪"、"世家"也属于传记史学之列。换言之,尽管列传是中国传记史学的核心内容,这决不意味着在整个《史记》中,只有"列传"部分才有可能是传记史学的集聚之所,而将《史记》中的"本纪"、"世家"置于传记史学之外。其实,从现代传记史学来看,中国传记史学的内容远远突破了"列传"的局限,既包括有些具有明确传记性质的"本纪",如《项羽本纪》;也包括一些同样具有明显传记意义的"世家",如《陈涉世家》、《孔子世家》等。在这些《本纪》和《世家》中,传主的事迹和个性都得到了较好的体现,读者阅后,如闻其面,其形象铭刻于脑海之中,反复回味,挥之不去。显然,这些历史人物都应该纳入传记史学的范畴中。

总之，由于传记史学在中国有其特殊性，其构成和内容比较复杂，再加上仁者见仁，智者见智，因此，对传记史学在中国史学的表现的看法也不尽相同。这样，对于中国传统的传记史学，要进行具体分析，而不可拘泥于标题。具体于《史记》而言，其传记史学应该在上述三个类型——"列传"、"世家"和"本纪"范围内进行探讨。

2. 以人系事，事附于人的叙述原则

中国早期传记叙述的基本原则是以人系事，事应附于人，而不是因事涉人。这在传记史学中表现为以叙述人——以这个人或这几个人为出发点，又同样是以人为落脚点的。从这一宗旨出发，在事件的选择方面，在对事件的评价的归宿上，都是围绕着如何体现人的个性、人的特性或人的道德性方面来进行。

其一，具体而言，在事件的选择方面，开始将过去不予采纳的历史现象或事件纳入史学的著作之中。比如在《史记》中，司马迁在对人物叙述的时候，对每个传主经历的重大事件进行了简洁而明了的叙述，以表现传主在历史进程和事件中的作用。同时，在传记中都不同程度地采用了难以从历史文献中加以考证的逸闻趣事，以体现传主突出的性格特征，使人明了传主的个人才能和禀性。

其二，描绘了传主在事件中流露出的个人感情和心理感受，以体现传主复杂而鲜活的心理世界，并用许多细节对其处世的行为方式加以描写，使人可以清晰地看到其之所以为人的感性世界和深层次的思想全貌。

其三，揭示了传主这个人或这些人在历史进程中或人生的最后归宿等方面所表现出来的某些共性及个人所具有的特殊性，叙述传主行为必然导致的后果并分析其原因，从而引发读者的思考、共鸣，体现出传记史学的独特效果。

3. 传主的遴选标准

在对传记的内涵作了界定之后，对于中西古典传记史学而言，入传的标准也就成为中西史传编修的另一项重要内容。哪些人可以被选择为立传对象是传记史学的一个非常重要的问题，也是长期困扰传记史学发展的一个难题。尽管

---

① 如果单从《史记》的《七十列传》来分析的话，其并非纯粹的传记史学著作，如《匈奴列传》、《南越列传》、《东越列传》、《朝鲜列传》、《西南夷列传》、《大宛列传》、《货殖列传》等，均以记事为主，不是以人物为中心的史传之作。后来历代"正史"中记载周边民族和外国史事的所谓"传"或"列传"，也是如此。顺便指出的是，造成这一现象的原因是什么呢？是资料的不足，还是观念的问题，恐怕还需要认真地加以考察。王东：《中国史传的编修理论与实践》，《史学理论研究》1993年第1期，第108页。

如此，对于中国的传记史学而言，其本身在形成和发展的过程中也产生了一些关于传记记述对象的具有规定性的内容，并被史学家广为接受。

其一，中国传记史学的内容非常广泛，但不可否认，其核心仍是纪传体中的"列传"部分。正因为如此，人们在追溯中国史传的起源时，往往把《史记》所创立的"列传"这一著作类型作为中国传记史学的滥觞。《史记》中，除了"表"和"书"外，"本纪"、"世家"、"列传"都是以人物为中心来编排史料的。由此可以看出，帝王、诸侯及臣子这些闻名于朝野，对历史发展有重大影响的人物都是入传的备选对象。故而，刘勰在《文心雕龙·史传》中云："观夫《左氏》缀事，附经间出，于文为约，而氏族难明。及史迁各传，始区（分），详而易览，述者宗焉。"①可谓真知灼见。

其二，传记史学的传主一般都是"明主贤君忠臣死义之士"。②这是自从《史记》之后一直被人们坚持的一个基本的传记标准。在这以后，尽管历代对"功名"的判断标准不尽相同，但是，以"功名"的有无和高低，来决定一个人能否入传，这一原则即使是在干戈四起的特殊历史时期，也为中国古代史家所坚持，而且同《史记》一样，众多的历史人物及其人性和事件的内容成为中国古代传记中最为精彩夺目的部分。中国传统的传记史学是这样，希腊罗马的传记史学也不例外，借用英国近代著名传记家卡莱尔所说的名言："整个世界历史的精华，就是伟人的历史。"③

其三，对于传记史学而言，入传人物必须有其自身突出的特征，并有世俗的典型意义，也就是说，只有那些能为后人留下教训或树立榜样的名人，才有资格入传。且看《太史公自序》中司马迁对《史记》所设立的进入"列传"的标准："扶义俶傥，不令己失时。立功名于天下，作七十列传。"④所谓"扶义俶傥"，主要是讲人的德行、风采；"不令己失时"，是讲强调人要善于把握时机、机遇；而"立功名于天下"，是讲以天下为己任的崇高的人生奋斗目标。显然，在此司马迁对传记人物的选择标准已不言而喻了，在司马迁看来，只有那些讲义气，有节操，气度恢弘，不受缚于传统礼教，不斤斤计较繁文缛节，善于把

---

① （梁）刘勰著、黄叔琳注：《增订文心雕龙校注》，北京：中华书局，2012年，第206页。
② 《史记》卷一百三十《太史公自序》，北京：中华书局，1959年标点本，第3295页。
③ （英）托马斯·卡莱尔：《论英雄、英雄崇拜和历史上的英雄业绩》，周祖达译，北京：商务印书馆，2005年，第1页。
④ 《史记》卷一百三十《太史公自序》，北京：中华书局，1959年标点本，第3319页。

握机遇，能展示自己的才干，达到立功名于天下目的之人，才有资格入传。从司马迁为传记设立的这一标准来看，其实也隐约地表达出他自己的人生意向与旨趣。

（二）传记史学的叙述内容

当然，传记史学作为一种重要的历史学体例，较之于历史学的其他体裁而言，还有其重要特征，这些特征的内涵就是它必须表现一些特定的内容，并由此形成一些具体的叙述结构。从传记史学的叙述内容来讲，其为独具特色的人事叙述。

1. 在以人系事时，有明确而具体的时空范围限定

在叙事的时间和空间方面，传记将人的叙述限定于传主所生存的具体时间和所活动的主要空间，而体现出较强的历史性和准确性。传记紧紧地围绕着传主一生的活动轨迹展开，而不逾越雷池，由此开辟了一个新的叙事时段和空间，从而构成为传记史学的突出特点。

对此，可以同国别史的《鲁史》《晋史》《楚史》相比较，或以《左传》中对某一重大历史事件的叙述相比较，就可能看得较为清楚。比如，从时间来看，《春秋》所叙述的时间为242年的历史，《左传》起自鲁隐公元年迄于鲁悼公十四年，记叙的是公元前722—前453年的历史。《国语》是关于西周（前11世纪—前771）、春秋（前770—前476）时期的历史；《战国策》所记载的历史，上起公元前490年智伯灭范氏，下至公元前221年高渐离以筑击秦始皇。从时间上看，这些著名的史学著作叙述的时间跨度都远远超过了个体人的一生。再从叙述的空间来看，《左传》是以鲁国的200多年的历史为线索，综述了当时《春秋》各国的历史进程，但其空间的点和面既复杂又辽阔，所谓"点"，是以当时春秋世界发生的大事为点，而不仅仅是以鲁国的历史为点，鲁国的历史只是其所重视的焦点之一，而更多的重点则在其他国家，比如春秋五霸，《春秋》的突出特点在于注重完整地叙述事件的过程和因果关系；《国语》（又称《春秋外传》）所记述的是周、鲁、齐、晋、郑、楚、吴、越八国——人物、事迹、言论的国别史杂记；《战国策》是东周、西周、秦、鲁、晋、齐、韩、赵、魏、燕、郑、楚、吴、越、宋、卫、中山的片断史。显然，上述的历史著作都是国别史（如《国语》），《战国策》则是游说辞总集，或编年史（如《春秋》），或叙事史

（如《左传》），所叙述的内容都是关乎国家命运的政治和军事大事，用《左传》的话来讲，就是"国之大事，在祀在戎"。并没有将其叙述的重点置于某一个人物一生的所作所为及其个性特征。

但另一方面，需要强调的是，也因这些史著体裁的各具特性，即从记事、记言、编年等方面也为将重心置于一个人的传记这一史学体裁的出现打下了坚实的基础，或者说为传记史学体例的出现提供了理论前提。如果以此来看司马迁在《史记》中首创"列传"体例的话，这一体例突出了一个人的活动和其特定的作为、意义、特点和创新性。这既是司马迁的创举，也是他在前人史家不懈努力的基础上所取得的必然成果。

2. 在事附于人时，扩大了历史叙述的内容

毫无疑问，传记所叙述的活动自然是个体人的活动，现在的问题是传记所叙述的个体人的活动与叙事史中所叙述的人的活动有哪些不同呢？在叙事史中，个人的活动往往与大写的人联系在一起，因为重心是在说明这一事件的来龙去脉，小事件与小事件之间的关联产生了大事件的因果关系，而其中各个环节中人的具体而复杂的活动细节，特别是人物内心的思虑过程以及内心的矛盾冲突或者语焉不详，或者一笔带过，使人难以对某一个具体的人产生较为全面的了解，更难以对某一个重要的历史人物的整个人生轨迹有详细而清楚的了解。这一点，即使在《左传》中也是如此。学界公认，《左传》在对人物的叙述方面无疑倾注了大量的心血，在人物的叙述方面表现了高超的技巧，其中的许多人物的形象的轮廓也比较清晰，特性也比较鲜明，比如子产的超人才智，重耳的旷世坚韧，楚庄王的绝世霸气，秦穆公的强烈进取，郑庄公的隐秘心机。尽管如此，在人物数以百计的《左传》中，有血有肉，让人难以忘怀的人物相较还是不多，而对这些有个性的人物的有始有终的全面了解是有限的，如果要想再进一步深入到人物丰富而复杂的精神世界以把所握历史人物的个性内容的话，所获得的了解则更是有限。

比如说，《左传》很注重完整地叙述事件的过程和因果关系。其叙事最突出的成就就在描写春秋间诸国的争端与战争。《左传》一书，记录了大大小小几百次战争，对城濮之战、崤之战、邲之战、鄢陵之战等大战的描述历来被人们赞不绝口，还有不计其数的小战役也写得很有特色，精彩生动。这一特征全面反映了《左传》的叙事特点。总的说来，《左传》所叙写的战事，并未局限于交战过程的罗列，而是力图深入揭示战争起因、酝酿过程及其后果。在其中所展示的不仅是大国强国、兵多将广是战争所能获胜的重要原因，同时在其中也展示了人为的智谋和人心的向背在战争中所发挥的重要作用。如在对城濮之战爆发的大背景和原因作了说明后，作者将叙述的重心很快转移到晋胜而楚败的一系列原因：晋文公伐怨报德，整饬军纪，遵守诺言，退避三舍，君臣齐心戮力。而楚方则是君臣相互猜忌，主帅子玉一意孤行，盲目进逼晋师。最后晋师大胜，楚子玉战败羞愧自杀。从而将历史事件同人心、人情、人性紧密联系起来了。虽然《左传》中出现了一些性格化的人物形象，在叙事之外还展示和强调了人的作用，但他们都不是被当作独立完整的人物来撰写的，毕竟重点所显示的是集体的人心向背，而缺乏对人物个性深刻、细致而全面的勾勒，还不能算是真正的人物传记。可以这样讲，在司马迁以前的中国历史中，历史中的人物都被置于历史事件发生、发展的洪流当中，成为历史事件中的一个重要因素，而从属于事件的进展。人们对历史的认识所侧重的是历史事件的因果分析，人还是被一系列发展的历史事件所笼罩，固然，人对历史事件的道德、伦理确实发挥了重要的作用，但这些作用只是从大写的人出发的，而对个体人的思想观念的整体而系列的展示则确实有限。

毫无疑问，历史是人的历史，其所展示的自然应该是人的历史，而且人还是历史发展的主体，正是由于人的作用，历史才能不断地得以进行。显然，人具有整体性和个体性两个重要属性，但作为历史事件中主体，人的整体作用的发挥却是由具体的个人来逐步呈现的，但历史进程、历史事件中个人的性情、个人的所思所想，其完整内容在先秦的著作中很难发现，但这些不仅仅是体现个体人的真实之所在，同时也恰恰是体现整体人活动的根本要素。在哲学家亚里士多德的观念中，"个别原理具有更大的真理性，因为实践是关于个别事物的。"[1] 亚里士多德在此是以古希腊人的道德为对象阐发的，尽管如此，他的这一观念对于我们而言仍有重要的启示：即传记史学中的传主都是真实而具体的人，因而叙述其个别性，就是叙述整体人性的真理性，这就是历史之真的根基之所在。

当然，之所以在先秦的史学著作中会出现这一重要的史学现象，一个根本

---

[1] （古希腊）亚里士多德：《尼各马科伦理学》，苗力田译，北京：中国社会科学出版社，1990年，第34—35页。

性的原因就在于上述的著作都是叙事性的史学著作，作者所重点考察的当然是历史事件之间的因果关系，而其中的人物只是决定历史事件进程的众多因素之一，或重要因素罢了。同时，还要看到，在中国早期的史学观念中，也存在着一个重要的史学研究现象，即认为历史研究的使命乃在于叙事，而非叙人，因为叙人以评人乃为文学之旨趣，而非史学之要旨。例如唐朝著名的历史理论家刘知几就是这样认为的。他在其名著《史通》中对历史的叙事功能极尽讴歌之辞："夫史之称美者，以叙事为先。至若书功过，记善恶，文而不丽，质而非野，使人味其滋旨，怀其德音，三复忘疲，百遍无斁，自非作者曰圣，其孰能与于此乎？"① 此段是说，如果是一部好的史书，叙事则为其首要的职责。至于在其中还要写出历史人物的功过，记下历史人物的善恶品行，有文采而又不艳丽，质朴而又不粗野，使人品味其所蕴含的意义和旨趣，怀想其中的圣德言论，反复捧读而不知疲倦，甚至读之百遍也不觉厌烦，如果作者不是圣人的话，那又有谁能做到这一点呢？显然，在刘知几看来，叙事的完美和叙人的精美两者属于完全不同的研究领域，两者有明显的对立意义，如果试图在史书中要将叙事的完美和叙人的精美两者结合起来，除非是"圣人"，否则是难以完成的。由此，在刘知几看来，对于一般的历史学家而言，还是将叙事作为第一要务吧。这一观点虽不尽然，但也集中表明了中国古代史学界一些重要的史学家对叙事史和传记史学的观念，从这些观念中不仅感受到史学的重要使命和历史作用，同时感受到的则是刘知几对传记史学的一些责难，更重要的是也使我们感受到了传记研究中文史之争和传记史学特点之所在以及著述难度之大。

总之，自"传记"这一史学体裁出现后，在历史叙述和人与事的描写方面，实现了一个重要的位置转换，对人的叙写成为历史事件的中心内容。这表现在两个方面：一方面对历史事件的叙写是以传主的活动为主轴，是探讨"这个人"在其中所发挥的那些作用，较之于原先的叙事的历史叙述，作为个体的人在其中的活动和作用更为清晰和翔实；而更重要的是，传记又采用了许多用以说明传主内心世界的细小的材料，不仅使叙事史中的人物材料更为集中，便于人们能够更多地了解传主的人生内容，而且更重要的是彰显了传主的内心世界的厚度和人物类型的多样性。

---

① （唐）刘知几著、浦起龙释：《史通通释》，上海：上海古籍出版社，1978年，第165页。

（三）中国早期传记史学的叙述结构

在叙事的结构和形式方面，传记史学形成了一些与编年叙事史所不一致的独特叙事结构和形式。在此要说明的是，历史人物的传记既然以人的活动为中心，那么，它就会在一定程度上，以一定的方式来体现、揭示或印证历史发展的主角——人的主体精神。在《史记》中，这主要表现为这几个方面：

1. 从历时性角度依时间顺序作传

从历时性的角度来看的话，司马迁对传主的叙述是较严格地按照传主的人生成长逻辑加以叙述，也就是把历史人物置于时间的长河中进行叙述，从青少年、成年和老年三个大的人生阶段进行叙述。究其原因，乃在于中国的人物传记是从叙事史学中逐渐发展过来的，因而具有极其浓厚的叙事史学特性，这种特性之一就是将传主紧紧地同历史的最重要的两个要素——时间和空间结合起来。当然，传记史学对人物成长的时间和活动空间的严格遵循，不仅意味着它与叙事史学的关联性，更重要的是，时间和空间是历史学研究的基本内容，因而也是传记史学的一个重要特性。

具体于《史记》中，一般而言，司马迁首先对传主的青少年时代的生活经历进行叙述，从中着力寻找与后来传主性格、品格及其事业相关的细节或关联，这些细节或者关联在传记中给人以清晰而明确的人物原初概念，具体表现为有时看似矛盾或新奇的一些细节轶闻，其效果在无意和平淡之中，却将传主的青年时代和其后来成年阶段的建功立业高峰串联起来。比如《史记》中对韩信的叙述就是如此，其在青少年时期可谓是不被人们看好的无为青年，屡屡被人侮辱和轻蔑。如："淮阴屠中少年有侮信者，曰：'若虽长大，好带刀剑，中情怯耳。'众辱之曰：'信能死，刺我；不能死，出我胯下。'于是信熟视之，俯出胯下，蒲伏。一市人皆笑信，以为怯。"① 确实，韩信少年时的表现与其后来的成就反差太大了，让人难以置信。但在难以置信的感受之下，只要仔细想想，就会发现，在这些令人印象深刻的生活细节中又暗中体现了一个为成大事而不拘小节的人才成长的内容，其中表现的是其忍耐、寻机以待、能屈能伸的品格，令人过目难忘。显然，作者在韩信出场时的情节设置——传主的独特成长经历

---

① 《史记》卷九十二《淮阴侯列传》，北京：中华书局，1959 年标点本，第 2610 页。

为日后的卓越功勋做了很好的铺垫。

亚里士多德在讨论悲剧时,特别指出了情节在悲剧中的重要作用。他说:"情节乃悲剧的基础,有似悲剧的灵魂。"① 其实对于传记史学而言,情节在其中的作用何尝不是如此呢!

但在此要稍加解说的是,情节的大小设置对于情节本身能否发挥其作用意义甚大。这需要根据具体的体裁刻意选择。亚里士多德对此指出:"美要依靠体积去安排,一人非常小的活东西不能美,因为我们处于不能感知的时间内,以致模糊不清;一个非常大的活东西,例如一个一千里长的活东西,也不能美,因为不能一览而尽,看不出它的整一性;因此,情节也须有长度(易于记忆者为限)一样,正如身体,亦即长东西,须有长度(易于观察者为限)一样。"②事实上,司马迁在《史记》的人物传记中,对情节的设置是经过精心选裁的,因而情节在《史记》的人物叙述中发挥了一叶而知秋的重要作用,成为人们了解传主心灵的窗户。

而在传主的成长阶段,叙述的重点则是其所从事的事业,或政治活动或军事活动,或文化经济活动的情况。在这一方面,一般对传主所参与的宏大历史进程简略叙述,而重点放在传主在具体历史事件中的所作所为,以阐述传主在历史事件中所发挥的重要作用。这一人物叙述方法的精妙之处就屡屡见诸对传主在历史事件中的具体细节的描述,以体现传主的性格和品格在历史事件中具体且周详的表现,从而真切地体现真实人物的个性化作为,使传主的性格活灵活现,而不再是叙事史学中那样,对人物在历史事件中的叙述有失之于大而化之的泛泛之谈,将个体性人物的性格和心灵淹没在整体人所为的大海之中。

传记的最后部分就是对传主的历史命运和最后的人生归宿做出叙述。传主的成长过程殊异,人生境遇又各不相同,自然其结局也迥然有别:有些传主或者在事业蓬勃时飞来横祸,比如吴起和商鞅就是显例;或者在功成名就之后,见风使舵,寿终正寝,比如萧何和陈平即为识时务之俊杰;或者在事业辉煌后急流勇退,以求善终,例如范蠡、张良就是榜样;或者在如日中天时却祸事连连,最终不仅自身不得善终,而且还殃及家族,比如韩信、彭越、英布就是如此。

---

① (古希腊)亚里士多德:《诗学》,罗念生译,北京:人民文学出版社,1962年,第23页。
② (古希腊)亚里士多德:《诗学》,罗念生译,北京:人民文学出版社,1962年,第25—26页。

2. 从共时性角度融通个人功业与历史时代

从宏观上看,司马迁的传记结构可以分为这几大块:传主成长的时代背景和家庭背景——个人的才能与机遇——功绩和品质——盖棺定论。从史学传记的角度来看,之所以探讨其家庭背景,就是力图对传主的性格和成就进行较远距离的追溯,以探讨传主后来人生事业发展的一些重要的外在条件。而对传主青少年时代所表现出来的特点进行叙述,目的是为了探讨传主后来所具有的素质,为其后来的人生发展进程的起伏进行铺陈,从而将传主的人生成功建立在较为漫长的历史发展的因果链之中,以帮助人们能够充分理解传主其后所展开的人生历程和所取得的人生成就;而对传主成年之后人生成就的叙述,这往往是传记中最重要的内容,因为这是传主一生中最辉煌的人生历程,也是传主之所以能够进入传记的最重要的依据所在。古罗马的著名诗人和美学家贺拉斯(Quintus Horatius Flaccus)曾劝告那些诗人和剧作家,"如果你希望得到观众的欣赏的话,那你必须(在创作的时候)注意,不同年龄的习性,给不同性格和年龄以恰如其分的修饰……我们不能把青年写成老年人的性格,也不要把儿童写成了成年人的性格。我们必须永远坚定不移地把年龄和特点恰当结合起来。"① 贺拉斯在此强调了对人物的叙述必须深入到人物的不同的发展阶段中去,以充分体现人物不同时段的特点,唯如此,才可以正确而充分地揭示人物的具体个体特征,而这些不同阶段的特点又构成一个人有机而全面的人生。

简而言之,传记史学的基本结构就是由这几大块组成:青少年自身的素养,对传主所处的具体时间和地点,进行准确的叙述,并对其家庭和家族进行叙述,以了解传主所处的家族和家庭背景;中间则是人生发展期,叙述传主的人生成就史,这是传主人物的高峰时期;最后就是对传主的一生做出评价——盖棺定论,具体于《史记》中就是传记最后的"太史公曰"。可以说,"太史公曰"是对传主一生的深刻总结,它揭示了传主的基本功德,对传主的品质予以讴歌,而对传主的恶行予以抨击,而且,司马迁对传主的评价,不仅仅局限于传主的品格和心灵本身,而且还着力将这种对心灵和品格的评价同传主所处的时代和历史环境结合起来,从而使传主的地位具有历史性。因此,对传主的盖棺定论之评判不仅充分体现了司马迁的爱憎和是非观,更是体现了司马迁的历史观,当

---

① (古罗马)贺拉斯:《诗艺》,罗念生译,北京:人民文学出版社,1962年,第145—146页。

然，归根结蒂，所展现的则是传记史学的独特的作用和魅力。

3. 宏大叙事与轶闻趣事相结合的叙事逻辑

从现代的叙述理论来分析的话，传记史学的内容由两大块组成：一是宏大叙事，二是逸闻趣事。宏大叙事所关注的是重要的历史事件，而轶闻趣事所关注则是传主的心灵世界，而要真正完整而深入地叙述一个人物的整体世界的话，重要的还是要将宏大叙事和轶闻趣事两者有机结合起来，这一结合的本质要求就是必须将叙事的因果关联与对个人的价值评判结合起来。也就是说，《史记》在对传记人物进行探讨时，所关注的是对一个人一生的总体评价——这个评价，既有强烈的道德伦理的内容，也有残酷而真实的历史因果内容。司马迁在传记叙述中，总是从其自身对历史内在发展运动的深刻认识，从其对一个人物在历史上所应具有的品格和能力的角度，将传主置于历史因果的法庭上，在与价值判断的对立统一中，对传主进行无情揭露和由衷赞美，使人们对传主的认识通过一个由表及里，由浅入深的发展过程，最终达到对传主本质深刻认识的境界。

总之，以司马迁为首创的中国传记史学由于叙述的重心有所改变，由对事的叙述转而侧重于以人为中心的历史叙述，准确而言是对个体人的历史叙述，其结果是大大扩展了历史叙述的内容。在此转变的推动下，叙述的形式自然就有了新的要求，即要求有与历史传记相适应的历史叙述形式。具体表现在《史记》的历史叙述中，我们看到司马迁在这一过程中也形成了相对较为固定且合理的人物叙述结构。这一传记人物的叙述成果，其意义不仅在于从内容上体现了传记史学的个体人物特性，而且也创立了与之相适应的个体人物传记著述结构和形式，表里如一，内外一致，表现了传记史学作为一个新的独立体例所应具有的结构完整性和内容的丰富性、严肃性。

（四）中国早期传记史学的特征

如上所述，对于中国传记史学而言，其突出特征之一就在于它是清晰而明确地由叙事史学逐渐发展过来的，从而自然地带有中国传统叙事史学的严谨性，并在此基础上又形成了与叙事史学相结合之后所体现出来的传记史学特色。这样一来，以司马迁为突出代表的中国传记史学和史学家群体就具有以下三个方面的特征。

1. 严格的求真精神

在此需要强调的是，对于传记史学而言，其求真的方式较之于传统的叙事

第五章 中西古代史传的结构及其特点

史学而言有其自身的一些重要特点,并由这些特点引发出了一些需要解决的具体问题,从而增加了求真的难度。

其一,对历史事件因果关系的探究和对人物心灵世界的探究是传记史家必须面对的两大主题。毋庸置疑,求真是历史的最基本的要求。但从中国史学来看,传统的单线撰叙的叙事史学,其探讨重心在于历史事件的因果关系,因而求真的主要意义也就是探讨历史事件发生、发展的原因,较少涉及人的感情、性格和复杂多变的内心世界,在此着重检验的是史学家的史学基本功——对史料的阅读量和对历史事件过程真伪的逻辑判断能力。因此,叙事史学的重要特点在于史学家对事件进程的客观而准确的认识和把握,它不涉及历史中的个体人物的精神与情操,其研究过程对历史学家个人主体情感的冲击也不强烈。公允而言,相对于传记史学家而言,一方面,对历史真相的探讨是一个从容和理性的深化过程,最终以求得历史事实的真相为目的,这虽然不易,但毕竟是单线研究,通过努力还是可以达到目的。但另一方面,对于传记史学而言,最困难的地方在于它必须在求得事实真相的基础上,还要对历史人物的心灵世界进行探究以求善,而且最终必须将对历史人物的求真和求善的使命在相互区别中再有机地统一起来。换言之,对于传记历史学家而言,它所面对的是双重的认识和理解的对象:一个是历史进程和历史事实,一个是具体而鲜活的历史人物。因此,传记史学在此就显示出了它所具有的特殊性了。即其所叙述的历史是直接与人——传主相关联,是关于人的事件,关于人的内心世界和外在世界的多样性的事件,而在对这些人的事进行历史性叙述的同时,还必须直接判断传主与历史事件之间的关联度,这一关联度不仅是历史因果的,而且还是价值伦理的,因而最终关系到对传主一生的历史总评价。

这样看来,传记历史的研究难度就特别大。因为历史事件是具体历史人物所从事的历史活动,是具体针对于历史人物的,对历史事实求真的要求就更高,不但要求有理性的逻辑探讨精神,还要求具有历史的同情心。所谓历史的同情心,就是要求也承认历史学家在进行历史研究时必然带有其历史观念和价值观念的合理性和必要性,并以此为理论根据,以探讨传主在具体历史进程中的地位、作为和结果,以及当时准确及复杂的心理状态。因此,从历史的同情心出发进行历史的研究,特别是进行传记人物的历史研究,势必要求对传主的人生历程和成就进行准确的历史因果叙述,在这一领域中,史学家必须遵循因果律;

同时，传记史学的侧重点还要适时而恰当地对传主的所作所为进行叙述，为达到此目标，它一方面必然要遵循心理法则，以正确描述传主的思想和变化的内容及原因；另一方面还要对传主有目的有意识的活动进行道德评判，并最终仍须将两者的评判——历史评判和价值判断置于传主所处的历史发展的长河中，以体现传主真实可靠的历史地位，使价值判断最终统一于历史判断之中。如此一来，较之于叙事史学而言，传记史学的撰写难度之大是可想而知的。这也就是著名史学理论家刘知几所提出的，对于史学家而言，若想将两者很好联系起来写就史书的话，几乎是不可能的这一观点的重要原因。

其二，传记史学家的是非之心是传记史学求真的一个重要条件。对于传记史学而言，对于传主的叙述，在叙事的求真方面包括两个方面，一个是成功之事，使传主扬名后世，再一个是传主的失败之事，使传主成为人们的前车之鉴。需要强调的是，传记史学家们一般都有强烈的主体性，这种主体性与其个人的强烈的情感和好恶相关联，与其著史的目的有直接的关系，因此，在进行人物传记的写作过程中，这些主体因素无时不在发挥着重要作用。比如，高尚的传主人物的作为和结局常使史学家为其流泪，而丑恶的传主其恶行又常使史学家感到憎恶，因此，在传记人物的写作过程中，史学家和传记人物一直处于相联系，相矛盾，相对抗，相统一的过程中，从而使传记史学家一直处于理性和感性的矛盾状态之中；另一方面，传记史学家在叙述历史人物的过程中，一般都与传主的好恶有着紧密的心态联系，甚至有着明显的利害关系，这样就有可能直接影响到传记史学家对历史人物的叙述和评价。在中国历史上正与反两方面的例子都很多。例如，众所周知，在中国史学史中，《魏书》之所以背负"秽史"之恶名，究其原因乃在于作者北齐人魏收曾奉诏撰《魏书》时就扬言："何物小子，敢共魏收作色，举之则使上天，按之当使入地。"① 后来魏收所作的《魏书》，因"矫饰太过"，缺乏著史的敬畏之心，为讨好权贵，肆意篡改史实，存在着严重的曲笔讳饰的缺陷，被后人称为"秽史"。因此，为了求真，就要求传记史学家要有明晰的是非之心。当然，传记史学家要对历史人物进行评判，并不意味着只是将这种评判建立在个人好恶的基础上，更重要的是要将个人的好恶观念和所探讨的客观的历史发展进程二者结合起来，以探求历史变动中的

---

① 《北史》卷五十六《魏收传》，北京：中华书局，1974年标点本，第2031页。

原因，最终应将个人的好恶之心和对传记人物的评判标准统一于整体的历史本身的发展运动中去。而要做到这一点，对于传记史学家而言，就要求传记史学家首先要对历史本身有一个比较正确和客观的认识，只有在此背景下，才有可能理性和正确地对传主的作为有一个全面而客观的认识和评判。比如，司马谈和司马迁著《史记》的视野和标准并不仅仅是从两者本人的好恶出发，而是将著《史记》的目的和体例的选择置于中国历史运动的大背景下，特别是在汉代暴秦这一背景下，"究天人之际，通古今之变，成一家之言。"以探讨并评判众多的历史人物在这一既漫长又重要的历史变动中的贡献。正因为如此，《史记》才能成为众所公认的"信史"典范。

其三，为了达到求真的目的，传记史家首先必须具有大无畏的为求真而献身的高尚精神。因为自传记史学出现后，中国社会就进入到了中央集权制的专制统治的社会，这一社会对于传记史学的著作而言，是极其复杂而且险恶的。换言之，要在这一严酷的利害环境中去秉笔直书，以求对传记人物做出正确的求真撰述谈何容易！正因为如此，传记史学较之于叙事史学，对史学家有着更加严格的特殊要求：一方面是绝不能因为自身情感的好恶就影响对传记人物的评价；另一方面也不能因为自身所处的利害关联而影响对传记人物真实性的评价。对于这两方面的内容，司马迁的《史记》都做出了富有历史感的回答。因为司马迁身处汉代，其所叙述的有古代的人物，也有其近代的人，更有其当代的人，而这些人物绝大多数非贵即富，其中的大多数人与司马迁就有着直接的利害关系，直接关系到司马迁个人的生死祸福。但在《史记》中，司马迁对自己喜欢的人物不隐其恶，对自己不喜欢的人物也不隐其善，即使对其所处汉朝的诸多皇帝，也不惧其权势，直言其丑态，并为此付出了血的代价。亚里士多德说："勇敢的意义就在于能够经受痛苦。勇敢的目的不是快乐而是高尚。贤德之人的生命是可贵的，但为了高尚的目的，他不惜生命。"[1] 因此，传记史学的求真，绝不只是为了将传主的事迹梳理清楚，还要求作者具有为了求真不惧失去一切的高贵品格。因此，历史著作所表达的不仅仅是历史学家所认识的历史对象之真，同时也表现的是历史学家的个人的历史观念之真，因此，历史著作所显示的求真观念事实上和作者的求真观念是统一的，而不是相对立的。唯如

---

[1] （古希腊）亚里士多德：《尼各马科伦理学》，苗力田译，北京：中国社会科学出版社，1990年，第59页。

此，传记史学著作才可以真正地达到揭示传主真面貌以达求真的崇高境界。

2. 执著的求善精神

对于传记史学而言，之所以会产生这一重要的史学类型，就是因为历史学需要揭示出人在历史进程中所发挥的主体作用这一方面的历史内容。但对这种重要的主体作用的叙述，不仅要指明传主所参与的历史事件的客观性——真与假的一方面，而且还要指出传主在主导或参与历史事件的过程中所体现出来的主观性——善与恶的一方面。当然，较之于揭示历史事件的真实性，揭示人性的意义更为困难，但也更能突出传记史学的特征。

一般而言，就传主的人性而言，主要包含两个重要内容：一个是传主的性格，另一个是传主的品格。对于传记史学来说，对传主的性格加以分析，并对其做出道德评判以确定其品格之高下，这是传记史学家的重要使命。

（1）揭示传主真实的人物性格。不言而喻，性格是传主自身经长期发展而形成的一种心理机制，是贯穿于传主外在所作所为之中的具有制约性的重要内在因素。因此，对于传主性格的把握是了解其在历史进程中的作为，即探讨其历史行为原因的一个重要任务，对于传记史学而言，尤为如此。所以，在传记史学的创作中，传记史学家都不遗余力地对传主人物性格进行探索，在人物的多重性格中以把握其主要的或基本的特质，并进一步揭示传主性格的某些特征，从而借此来把握传主的思想内容和行事的内在规定性，进而把握传主不同于其他传主的本质性格属性。这样一来，对传主所从事的历史事实的了解深度就会大大增加，并且容易将传主在其一生中众多历史事实和复杂而多变的心理表现二者内在地统一起来，以加深对传主的深入了解和全面把握。对此，司马迁在《史记》中在人物性格的刻画方面表现得特别突出，《史记》中的人物数以百计，但各个历史人物从功业来讲各有千秋，但从性格来讲又各有特点，而且性格鲜活，人物栩栩如生，堪称叙人的高手。

（2）在传主的性格基础上对其进行道德评价，以确定其人品的高低。如上所述，人品则包含了人们，特别是传记史学家对传主的作为——由性格所导引出来的行为及其结果的道德评价，因为品格是同人的关键性要素——善恶性紧密联系在一起的。在两者的相较中，揭示性格是揭示品格的基础，而品格的评价和判断较之于性格的叙述其意义更重要，难度也更大。这样一来，由于传记史学所记叙的不仅是人事，也要揭示人的性格，更要显示人的品格，也更能体现出传记史学的意义。对此,亚里士多德是这样认为的:"从种类上讲德性是什么?德性不是情感,不是潜能而是品质。品质就是人们所特有的、由之对情感所持的好的或坏的态度。"① 好的行为使人赞美、歌颂,由此,它进入了善的德行行列,坏的行为使人厌恶、唾弃,由此,它自然进入了恶行之中。因此,善恶问题是传记史学所要面对一个严峻的史学问题,这一史学问题不仅判断史学家的学术专业水平,而且拷问传记史学家的道德良知。因此,在传记史学中,对善的追求和对恶的痛责是传记史学家所必须认真探讨的重大课题,也是传记史学的崇高任务,因而更是这一史学体裁的一个根本性的特色。具体于司马迁而言,更是《史记》流芳千古的根本性原因。

(3)在人生的事业与人性的善恶矛盾中来探讨传主的历史真实性。其一,不言而喻,人生事业的成与败,人性的善与恶不仅是传主在其人生历史中所必然表现出来的重要内容,而且也是传记史学所必须面对的重大问题。事实上,对传主人生的这两方面中任何一面的探讨都是史学家需要尽心竭力才能有所进展的重要问题。具体于传主所表现的人性范畴而言,由于传主所生存的社会历史状态和成长发展的内外环境,既有其重要的必然性的一些重要因素,还有一些偶然性的因素;既有多样性的外在特征,还有其内在的一些具有规定性的心理机制,等等。这一切都必然导致了传主的性格和品质往往呈现出多样性、复杂性的突出特征。所以要在如此多样而复杂的传主成长的内外环境下,对传主同样由众多因素——事业、性格和品格而编织成的一生,做出准确而具有说服力的叙述,并对其进行历史判断,其难度之大可想而知。但这却是传记史学的重要意义之所在,因而也是传记史家所不能回避的历史使命。

其二,对于传记史学而言,客观的要求是必须将人生的两个重要方面,即人的经历和其中渗透的品格有机地统一于传主一生的过程中,对传主进行全面而深入的探讨和分析,使人对传主有一个统一而深刻的认知。同样,传记史学最难的地方也就表现在这里。因为在传主真实的生活状态中,其所表现的基本上都是多种矛盾的状态,有些甚至是极其矛盾状态。比如,有些人事业成功,但品格却相当低下,让人不齿;或者有些人品高尚,但事业方面却难堪重用,让人扼腕长叹;还有些人生时备尝人间艰辛,但死后却倍极哀荣,让人叹息不已。面

---

① (古希腊)亚里士多德:《尼各马科伦理学》,苗力田译,北京:中国社会科学出版社,1990年,第31页。

对如此尖锐复杂的人生境遇对比，往往使人顾此失彼，难以下手，无法对传主做出一个让人信服的基本判断。但正是这一点，最能显示一个历史学家，特别是一个传记史学家的专业学识和史德修养，也最能彰显传记史学的重要史学作用和现实价值观的引领意义。对于司马迁而言，其在处理历史与价值两者间矛盾时，最基本的原则还是紧紧同客观的历史发展进程相结合，在历史的发展过程中将两者有区别地统一起来，当然最终是统一于历史的发展进程中，而非道德之中。

3. 叙事简洁明了、叙人细腻传神的叙述风格

传记史学面对的是人与事两种不同的叙述领域，当然，对人的叙述和对事的叙述肯定有所不同。具体而言，对于人的叙述则必须细腻传神，即必须对人物的言行、思想活动要准确把握，并用细腻生动的笔触描摹出传主所特有的复杂而真实的心灵世界。而要做到这一点，它必须服从于人同此心、心同此理的心理学规则，即能够被人们所理解和认同；而对事的叙述，必须与传统的叙事史学有所区别，与人紧密结合起来进行裁剪，它要服从于因果律，使人们能够认识和接受。因此，在对事的叙述中，传记史学倡导的是简洁明快，准确而生动的叙述风格，使明快的叙事与细腻心理描述两者有机结合，相得益彰。尽管二种叙述各有特点，但最终都必须统一于传主一生的具有个性的生命进程之中。

从史学发展的线索来讲，《史记》与《左传》之间有着直接的重要关联，《左传》所特有简洁、生动而且准确的叙述风格深刻影响了《史记》的叙述风格，并在《史记》中得以发扬光大，产生与之相应的叙述特征，并进而深深影响了其后中国的传统史学和传记史学。现以《史记》为例，来具体勾勒一下中国传记史学的叙述风格和基本特征。

其一，简洁而且严谨的叙述风格。这集中表现在《史记》巨著中，司马迁用真实而准确的叙述方法，对众多的历史人物进行了简洁而又严谨的撰述，从而形成了他的叙史风格，并进而成为中国传记史学的楷模。一般而言，历史进程中的事件之发展往往是波澜起伏、难以把握的，再加上中间有时柳暗花明，峰回路转，更是难明其状。但司马迁在对历史事件叙述时，紧紧抓住的是历史进程和历史事件中的内在逻辑关系，从逻辑关系中去把握事件的起伏，从而把貌似复杂凌乱且深不可测的历史进程和历史事件用简洁严谨的语言揭示了出来，使历史进程成为一个人们容易理解且有其内在原因的历史因果进程，并从中获得有益的历史教训。这种叙述方法不仅需要有相当高超的写作技巧和深厚的修

第五章 中西古代史传的结构及其特点

辞学的功底,还要求作者要对历史本身具有深刻而全面的洞察力,更重要的还需要他对人与事都要有深刻的洞见。唯有如此,才可以使传记史学家摆脱对历史和人性的一般化的表面叙述,从而有可能进入人和历史进程的内部世界,以真正了解人物和历史事实的真实底蕴,将人物思想的进程同历史的进程有机结合起来,从而将人与事不断地统一于人的成长和发展进程中。

值得说明的是,在《史记》中,司马迁将人与事联系起来的一个重要手法,就是挖掘一些不太被人所注意的细微的历史事实,即细节或情节,并特别善于运用细节或情节来显示传主的性格,以体现人物的性情与传主的人生行为、命运所产生的内在关联。亚里士多德说:"刻画'性格'应如安排情节那样,求其合乎必然律或可然律,某种'性格'的人说某一句话,作某一桩事,须合乎必然律或可然律;一桩事件随另一桩发生,须合乎必然律或可然律。"① 而与此相反的是,有些历史学家对历史的进程本身缺乏理解,更无法用简洁的语言将其叙述出来,治丝益棼,求一断语而力所未能,其结果,往往只能用文辞藻饰来堆砌,以收哗众取宠的表面功效,自然难以触及历史的真谛。犹如刘知几在《史通》中所指出的:"故知史之为务,必藉于文。自《五经》已降,《三史》而往,以文叙事,可得言焉。而今之所作,有异于是。其立言也,或虚加练饰,轻事雕彩;或体兼赋颂,词类俳优。文非文,史非史,譬夫龟兹造室,杂以汉仪,而刻鹄不成,反类于鹜者也。"② 刘知几这段话的意思是说,过去孔子说过:"文饰胜过质朴就像史了。"由此可知,从事史书的撰述,是必须借助于文辞的。自《五经》以后,到三史之前,运用文辞叙事,是值得叙说的。但如今的著述,则与此有明显的不同。这些书中的叙述,有的不切实际地加以文饰,随意地进行刻画描绘;有的文体如同赋颂,而有的用词类似俳优。其结果搞得说是文学却不像文学,说是历史却又不像历史。就像乌孙王营造宫室,还夹杂着汉族样式,结果好比雕刻天鹅不成形,反倒像野鸭了,不伦不类。这类反例在中国历史著作的撰述中也比比皆是,因限于篇幅,点到为止。

其二,对传主性格和思想的明快把握。对于传记史学而言,因为必须大量涉及复杂的人性问题,因而往往难以准确把握人的性情,这就要求传记史学家在对人物的性格叙述时,应该运用最简单的语言,以勾勒传主的性格,以显示

---

① (古希腊)亚里士多德:《诗学》,罗念生译,北京:人民文学出版社,1962年,第49页。
② (唐)刘知几著、浦起龙释:《史通通释》,上海:上海古籍出版社,1978年,第180页。

传主最本质的个性特征。一般而言，能够在历史上留下影响的进入传记历史领域的人物，自然非同寻常；能够在芸芸众生中，脱颖而出，卓尔不群的人物，其经历都相当复杂，而其积淀的性格也肯定呈现出多样性和复杂性。因而对传主性格全面而准确地把握是相当困难的。但对此问题的解决出路只有一条：在传主的复杂性格中，运用概括和抽象的逻辑方法以把握其基本的性格特征；然后以此为主线进而了解其复杂而生动的全面的人生经历，并在复杂的传主性格内容的基础上进一步加深对传主基本特性的把握；从而对传主有一个全面而深入的整体感受。因此，传记史学家在撰写传记时，首要问题是要对传主的性格进行深入的探索，以形成一个基本的性格判断；使人对传主的个性有一个基本的明快的感受和印象，并统领全传，使人容易把握传记的内容，进而全面而有重点地把握传主的人生历程，也更容易从传记中得到启示。否则的话，其效果往往是适得其反。例如，有些传记缺乏宏观而准确的叙述才能，对人的把握散漫迷离，直到传终，作者还深陷于对传主云里雾里的叙述之中而不能自拔。其结果，不但无法对传主的特征和性格做出一个基本的判断，而且也难以把握作者传记的叙述意图，更无法真正打动人们的心灵。所以在叙述人物的性格时，最重要的是提纲挈领，纲举目张。这在司马迁的《史记》中得到突出的表现：传记人物的发展逻辑有序而不乱，传主的人生历程简洁而明快，传主的性格复杂但有主线可寻，传主的一生虽曲折多变，但有一条暗线在无形贯通。司马迁对人物的内心和外在把握已达到出神入化的境界，让人叹为观止。

其三，直通心灵的准确叙述。这里主要指的是司马迁在描述传主复杂而微妙的心态时所采用的一种高超的叙述手法。准确叙述的内涵指的是司马迁是运用最生动而鲜活的语言，来叙述、描述传主的复杂心态的。众所周知，人的心态极其复杂，而这种复杂性的重要表现就在于它是一种动态变化的过程，人们往往难以寻找到一些确定性的语言来加以叙述，因而，为了弥补这一不足，人们通常在实践中运用较多的手段就是借用夸张的语言和华美的辞藻，来对传主复杂的心态加以诠释和理解。但遗憾的是，往往会出现这样的悖论：人们解释得越详细，用词越精美，读者却越难以正确理解和把握人物的性格核心。用亚里士多德的话来讲，"太华丽的辞藻会使'性格'和'思想'模糊不清。"①

---

① （古希腊）亚里士多德：《诗学》，罗念生译，北京：人民文学出版社，1962年，第91页。

由此，《仪礼·聘礼记》强调："辞多则史，少则不达。辞苟足以达，义之至也。"① 这是说合适的文辞是准确叙述历史所不可缺少的重要工具，而要真正做到这一点，对传记史家而言，其所具有深厚的文学修养固然非常重要，但更需要对历史本身的深度感受。柯林武德的名言："一切历史都是思想史"，想表达的其实就是这个意思。也就是说历史学家只有将自己融入历史事件和人物的环境和心境中去，感同身受，这样才有可能具有深度的历史感，才有可能准确体会传主的心境，并在这一真实而深刻的人生体验中，排除一切相似的或者不合适的词语，用深情，据灼见，慧眼独具，为叙述这一复杂多变、难以名状的历史人物的心态找出恰如其分的历史话语，透过和超越杂乱的人物思想表象，对历史人物的心态加以正确概括和把握，最终达到求真的目的。显然，在传记史学领域中，文采是重要的，历史的理论和知识也是重要的，对历史的感悟同样也是重要的。在历史学，特别是传记史学的实践中，两者之间的关联度是很深的。司马迁在《史记》中之所以能够创作出那么多生动如实且具有深度的传记人物，其中一个最重要的原因就是其所独有的悲剧性人生经历和达到人生极限的残酷的心理体验。毫无疑问，司马迁经历的这种人间酷刑，是在封建皇权专制统治下的非人暴行，是应该谴责和进行历史批判的。但历史的"小诡计"（黑格尔语）却使司马迁在经历悲剧性人生的同时，也获得了常人无法获得（当然也不希望人们通过这种方式获得）的特殊而深沉的历史感。而这种超乎常人的"历史感"，也为司马迁进行深度的历史创作和对人性的深入探索提供了常人所不具备的极其罕见的条件。

总之，就中国传记史学的产生和发展而言，其和叙事史学有着不解之缘，它是在叙事史学的基础上进一步发展而产生的新的史学类型。因此，中国传记史学在内容和特征上必然与叙事史学有着紧密的联系，但更重要的是它也体现了自身的史学创造性。这种创造性集中体现在司马迁的《史记》之中。主要表现在：其一，传记史学以叙事史学的观念为基础，探索出了一些被后人承袭的传记史学特有的叙事方式和叙事的语言风格。其二，传记史学更为重视人，特别是个体的人在历史事件中的作用和地位，更重视对人性这一重要领域的史学探索，更重视人性在历史进程中的作用，并在对人性的探索中又将对个体人的

---

① （汉）郑玄注、（唐）贾公彦疏：《仪礼注疏》，北京：中华书局，1980年十三经注疏本，第1073页。

性格和个体人的品格区别开来,以显示传记史学价值评判的突出特性。其三,更侧重于将人性置于历史进程之中,甚至在历史进程的矛盾运动中加以刻画,以彰显人性的可贵和伟大。当然,上述的这三个突出特点,在司马迁在《史记》中都比较完美地体现出来了,因而《史记》的传记叙述为后世的中国史学家,特别是中国的传记史学家树立了一个光辉的榜样。

二、古希腊罗马传记的叙述特征和结构

(一) 以人物性格为中心的传记叙述特征

对于西方的希腊罗马而言,其传记史学产生的道路和中国的道路有着明显的不同。中国的文明历史之路是从原始的采集农业,经过漫长的历史过渡,转而进入了农业文明的重要历史阶段。经过夏商的探索,而到周代,形成了中国文明的一些突出特征。从中国传记史学的发展道路来看,中国人是以由内向外,顺天应时的哲学思维为根据,在叙事史学这一重要的史学体裁基础上进一步发展而出现了传记史学这一新的重要史学体裁;但希腊罗马的史学却是在经历了长期的游牧与农耕交错的复杂多变的环境中,产生了极其鲜明的以自然崇拜观念为基础的叙事史学,形成了具有鲜明特征的史学传统。即相较于早期的中国叙事史学而言,古希腊的叙事史学从一开始就与历史人物的思想和性格保持一个较大而且难以沟通的间距。这一重要的间距意味着西方是在与叙事史学尖锐对立的前提下,创立了一个新的记叙个体人的史学体例,即传记史学。由此,古希腊的传记史学较之于中国传记史学而言,其在"以人为中心"的这一历史学主题,特别是传记史学的这一主题上有着明显的不同性。这些突出不同性主要表现在:其一,它以叙述人性为中心,在叙事方面则以趣事和逸闻为重点,在结构和形式方面灵活多样。其二,由于传记内容和以时间为主轴的历史事件关联度并不太密切,传记和叙事史学保持着明显的对立。其三,西方的传记史学产生后,基于其自身传记史学的基础和需要,还在进一步发展的过程中形成了一些符合其传记发展内在逻辑的一些重要特点,表现出一些特有的发展趋向。

显然,上述的这一切都比较完整地构成了西方传记史学的内在结构及其发展特征,表现出西方传记史学本身的系统性和相对的独立性,从而具备了和中国传记史学进行比较的前提和现实性。

第五章 中西古代史传的结构及其特点

1. 传记——心灵的赞歌

如前文所述，古希腊和古罗马的传记史学从其初创时期色诺芬的《阿格西劳斯》，到伊索克拉特的《埃瓦哥拉斯传》，再到导引罗马传记史学大放异彩的奈波斯和罗马传记史学鼎盛时期的璀璨明星——普鲁塔克。可以说，这四位作家的传记著作集中显示了古希腊和古罗马——西方早期传记史学的发展轨迹。因此，对这四位传记史家的分析，特别是对罗马的奈波斯和普鲁塔克的传记著作的分析，有助于我们了解整个古希腊和罗马传记史学，当然也包括了我们重点探讨的普鲁塔克的传记史学的基本特征及其传记史学的精神风貌。

如上所述，古典时代的西方传记史学产生并发展的一个基本点，就在于其是与叙事史学相对立而产生出来的。有意思的是，传记史学自其伊始，就公开了自身的独特性，而不愿与历史"同居一室"，一再声称传记与历史是两种不同的内容，从而直接将传记与当时的历史学——叙事史对立起来，分庭抗礼。比如公认的罗马传记史学的开山人物奈波斯在其名著《外族名将传》中就以小心的笔触点出了自己的内心思想活动。他这样写道："我对于应如何记载他的业绩感到犹豫不决。因为我担心，如果去详细记录他的所作所为的话，人们将会认为我写的是历史，而不是传记；但如果仅仅提及要点的话，我又担心那些不熟悉希腊文学的人无法明白，佩罗皮达斯究竟是多么伟大的人。因此我将尽力面对两方面的困难，既不要让我的读者感到厌倦，又照顾到他们可能缺乏相关知识的情况。"①

无独有偶，其后的普鲁塔克则对这一问题的认识更为清楚，观点更为明确，在表达方面也更直截了当。在《亚历山大传》的前言中普鲁塔克这样写道：

> 因为我写的是国王亚历山大和击败庞培的恺撒的传记，需要记载的事件是如此众多，所以我在前言中只想恳请读者答应，如果我没有讲述这些人物的所有著名业绩（更不用说没有详尽地叙述每一个细节了），而只在大部分情况下采取略写的方式，他们不至于对此加以抱怨。因为我所写的不是历史，而是传记；最为辉煌的壮举并不总能揭示美德与邪恶，相反，一些微小的琐事，如一句赞美、一个玩笑却常常能比血腥战争、金戈铁马、攻城略地等壮举更好地展示人物的性格。……我必须致力于研究揭示内心

---

① Cornelius Nepos, The Book on the Great Generals of Foreign, Cambridge, Mass: Harvard University Press, 1984, p.1.

灵魂的迹象，以此来描述每个人的生活方式，而把描述他们伟大业绩的任务留给他人。①

普鲁塔克对传记突出特征的论述，不仅成为他自己写作传记的座右铭，而且对其后西方传记史学的发展和变化产生了极其深远的影响，成为西方传记的最核心的观念。其后，人们对奈波斯和普鲁塔克传记的内容、特征及其性质和意义的讨论，归根结蒂，都与上述这一传记宗旨产生了直接的关系。并也由此引起了长达 2000 年的学术"诉讼"。在此期间，两位传记史家的学术命运在历史的长河中既有大起也有大落。当然，面对曾经发生的巨大落差，人们在感叹命运的造化能力之余，不禁也对西方的传记史学本身产生了更多的反思。

2. 普鲁塔克对传记特征的探索成果

现代学界一般都认为，要探讨古典时代希腊和罗马传记的主要特征，最可靠的依据还是这一时期具有代表性的传记作品。这一观念是有其合理性的，所以这也是我们思考这一问题的基本途径。当然，这一观点最有力的倡导者之一就是西方现代著名的史学家盖革。盖革针对西方对传记研究众说纷纭的学术现状，提出了他的观点。他认为，在古希腊罗马时期，其在文化的各个方面的成就确实非常突出，但如果具体分析的话，还是有许多不同的特点需加以注意。比如说就散文而言，其大致可以分为三类——历史、修辞学和哲学。② 学界一般都认为，希腊人和罗马人只是在诗歌和修辞学方面制定了固定的规则，建立了准确的操作规范，并形成了明确而被大家公认的学术风格，但在历史方面却由于众所周知的原因，没有形成一个被大家认可的学术标准，无法为学界提供一个具有重要影响的学术规范和评价标准。因此，任何人试图判定奈波斯之前的以传记形式出现的作品并对其特点和风格加以确定，唯一可行的方法就是从研究具有传记性质的，或含有传记成分的作品入手。

其实盖革的这一观点对于探讨奈波斯之后的传记史学家，甚至可以说是对整个希腊罗马传记特征的探讨都具有适用性。换言之，奈波斯之后的希腊罗马传记特点都应通过历史的传记著作来加以说明，从而理出希腊罗马传记的发展

---

① Friedrich Leo, Die Griechisch-Römische Biographie nach Ihrer Literarischen Form, Leipzig, Duck und Verlag von B. G. Teubner, 1901, p. 200.

② J. Geige, Cornelius Nepos and Ancient Political Biography, Stuttgart: Franz Steiner,, 1985, p. 28.

第五章 中西古代史传的结构及其特点

线索,并在这一线索中探讨其传记特征。基于这种思考,本文将以希腊罗马时期前后三个传记家——色诺芬、奈波斯和普鲁塔克分别叙写的《阿格西劳斯传》为据,以探讨西方传记史学观念逐渐深化的历程,并在这一历程中归纳其传记叙述的突出特点。

当然,由于在此三人中,普鲁塔克是在前两人《阿格西劳斯传》的基础上继续撰述阿格西劳斯的生平事迹,所以其所著述的《阿格西劳斯传》,相较于他之前的两位传记作家,在内容方面最为丰富,该传记字数约为色诺芬著作的一倍半,四十节。而且与其前两位传记作家的著作相比,普鲁塔克的《阿格西劳斯传》明显汇聚了前两人的优点,展示出了传主阿格西劳斯的许多与众不同的人物特点,而且在普鲁塔克笔下表现出了一些人物新特征,这正是普鲁塔克对希腊罗马传记的探索成果。因此,为了节省篇幅,我们就以总结普鲁塔克的传记观念为突破口,力图揭示希腊罗马时期传记叙述的基本特征。

首先,普鲁塔克的人物传记综合运用了多种史料,并在继承前人成果的同时展示出了一定的独立思考精神。不言而喻,普鲁塔克和奈波斯一样,坚持传记是对心灵的记录和叙述,而且他们都坚持认为对心灵的叙述和对军国大事的叙述一样需要材料的支撑,必须付诸于证据。总体而言,普鲁塔克在撰写阿格西劳斯的传记时,在材料的搜集方面,较之前两人获得了更多的人物材料,在材料的求真方面也有了深入的认识,而对于心灵的探讨自然也有了更充分的依据。比如,普鲁塔克在叙述阿格西劳斯的时候,确实参阅了色诺芬等人的研究成果,这在普鲁塔克撰述的许多传记人物记叙中可以明显看到,但可以肯定的是,普鲁塔克的著述并没有局限于前人所能提供的材料[1],而是在前人材料的基础上,更为广泛地收集和提炼了关于阿格西劳斯的资料[2],并在坚实的材料基础上完成了自己的作品。比如,色诺芬在《阿格西劳斯》和《希腊史》两部著作中,都没有提及阿格西劳斯女儿的名字。但普鲁塔克运用史学考证的手段,认定阿格西劳斯的妻子名叫克勒奥拉(Cleora),而两个女儿分别叫欧普里亚(Eupolia)和普罗奥加(Proauga)。再比如,他在重述色诺芬记载的一次战役中,

---

[1] D. R. Shipley, A Commentary on Plutarch's Life of Agesilaos: Response to Sources in the Presentation of Character, Oxford: Clarendon Press, 1998, p. 49.

[2] Philip A. Stadter, Plutarch and the Historical Tradition, London, New York: Routledge, 1992, p. 11.

丰富了色诺芬关于 70 000 人投入战斗的说法，进一步指出其中有 40 000 人是重装步兵，其根据是卡特里奇（Paul Cartledge）的研究。事实上，普鲁塔克在整部《希腊罗马名人传》中至少参考了 150 种历史著作，同时还广泛利用了非历史学的其他学科，比如哲学、古生物学等材料。① 在《阿格西劳斯传》中，普鲁塔克参考的作家包括：修昔底德、色诺芬、特奥庞普斯、卡利斯提尼（Callisthenes）等。② 因此，普鲁塔克作品中表现出来的史学考证精神是远超色诺芬等人的传记作品的。

其次，普鲁塔克的《名人传》对伊索克拉底、色诺芬等人的传记叙述风格进行了具有重大而深远意义的创新。这表现在普鲁塔克不仅叙述和赞扬了传主阿格西劳斯所具有的优秀道德品质和突出的治国理政或其他方面的突出才干——这当然是撰写歌颂式传记的一般模式，而且他还对阿格西劳斯的错误也加以介绍。具体而言，普鲁塔克在传记中一方面赞扬了阿格西劳斯的高贵精神——为国乐于承担风险和危机时勇敢果断，等等；但另一方面还在传记中对阿格西劳斯的错误与缺点进行了叙述和批评，力图展示完整真实的阿格西劳斯的形象和心理世界。比如普鲁塔克在传中对阿格西劳斯的生理缺陷如实记述，并真实地记叙了阿格西劳斯常因其容貌缺陷而受到旁人嘲弄的细节，同时却又叙述了正是这些嘲弄从反面又促使他的精神变得坚强、坚韧，遂养成了顽固执拗、野心勃勃的不良性格。尽管普鲁塔克对阿格西劳斯由衷敬佩，在全传中多次暗示阿格西劳斯是一位伟大的英雄，但也如实地指出了由于阿格西劳斯个人的许多重大失误，因而对巴达的霸权衰落负有无法推却的责任。③ 显然，普鲁塔克对阿格西劳斯的这一历史认知不仅使得他作品的真实性远远超越了色诺芬与奈波斯所能达到的水平，而且也是普鲁塔克对西方传记模式和风格的一个重要贡献和突破。事实上，也正是因为这一突破，才使得他的《名人传》成为史学传记的一个重要标志，并进入了历史的殿堂。

再次，尽管普鲁塔克撰写的只是阿格西劳斯的个人传记，尽管他也一再表明他的传记和历史有明显的不同，但在撰写传记的过程中，普鲁塔克对与传主

---

① Paul Cartledge, Agesilaos and the Crisis of Sparta, London: Duckworth, 1987, p. 70.
② Paul Cartledge, Agesilaos and the Crisis of Sparta, London: Duckworth, 1987, p. 70.
③ D. R. Shipley, A Commentary on Plutarch's Life of Agesilaos: Response to Sources in the Presentation of Character, Oxford: Clarendon Press, 1998, p. 339.

第五章　中西古代史传的结构及其特点

相关的历史背景其实还是进行了一些必要的叙述。例如,《阿格西劳斯传》中的许多事件并非传主亲身经历或独力完成,却因为这些事件与阿格西劳斯及斯巴达的历史命运密切相关而被普鲁塔克纳入传中。普鲁塔克这方面的记载包括对喀罗尼亚战役的叙事式的记述①;对阿格西劳斯并未参与的安塔西达斯和约的说明;对叙拉古医师手术细节的描写;对琉克特拉战役的记载;等等。在阅读这篇传记时,读者会较明显地感受到一种历史的氛围,使普鲁塔克所力图揭示的人物心灵处在一种相对确定的历史时空中,而不像有些学者,比如其后罗素对普鲁塔克所严词批评的那样,在历史的层面几乎一无是处。倒是从《阿格西劳斯传》中,可以对公元前4世纪初希腊世界的内部争霸,以及波斯帝国又致力于从中渔利的内外情势有一个较为清楚的了解。

关于普鲁塔克作品中常被后人诟病的一点,即历史背景和人物性格的简单化问题,以及学界批评的其对人物的叙述和评价的道德化倾向这些问题,这确实是传记中存在的一个重要问题。但对这些问题应该进行历史分析,而不应该简单化地对待,从而使之绝对化。应该指出的是,其一,这一结果,其实正是普鲁塔克传记叙述基本观念和突出特点的必然产物,因为他所探求的是人们心灵的内容,而不是人们都已经习惯的叙事的内容。其二,应该具体地历史地看待普鲁塔克的叙述观念。就《阿格西劳斯传》而言,正像学者所指出的:

> 普鲁塔克在这篇传记中明确指出,传记人物的性格未必总是一成不变的。阿格西劳斯之所以能够成为后来的英雄,是因为他在少年时期接受了系统的斯巴达式教育,正是这种严格的军事训练模式才塑造了他后来的性格。而在全传最后十节的叙述中,我们可以明显地感觉到传主所处的外部历史环境所产生的急剧变化过程。这时的斯巴达已不再是希腊世界独一无二的军事强邦,这时的阿格西劳斯在国内的威望也不再能够服众。与此相适应的是,阿格西劳斯本人的性格似乎变得愈发暴躁,所犯下的错误也与日俱增。至少对于这篇传记而言,希腊罗马传记体裁批评中常说的模式化问题体现得并不充分。②

---

①　D. R. Shipley, A Commentary on Plutarch's Life of Agesilaos: Response to Sources in the Presentation of Character, Oxford: Clarendon Press, 1998.

②　吕厚量:《从三篇阿格西劳斯传记的差异看奈波斯与普鲁塔克对西方传记史学的贡献》,《史学史研究》2011年第2期,第88页。

其三，在普鲁塔克时代，人们赋予传记的主要效用就是进行伦理的教育，以求善为其目的，而与求真的历史相区别。如果能够历史地看待普鲁塔克以及古希腊罗马传记的特点的话，我们就会对此有一个较为合理的看法。事实上，从历史的观念来看，运用历史分析的方法对希腊罗马传记史学叙述的这一突出特征进行分析，这确实是一个不断争议、观点不断变化的过程，因而其本身也是一个历史的过程。

3. 对西方早期传记之学科属性的历史反思

不言而喻，史学是客观的历史进程的产物，因而历史性是其根本的特性。当然，这种历史性的一个重要表现就是，不同时代的人们对历史作品、对传记著作都会提出自己的见解，从而留下时代的明显痕迹，并牢牢地打上不同评论者的思想烙印。因此，在对传记史学的评论中，如同在对其他古典作品的价值、地位评价方面一样，今人提出的与古人不同的看法和见解，或批评，或赞扬，这在文史批评领域中实属正常的学术争鸣现象。事实上，正是有赖于这种学术探讨，学术才得以不断创新和发展。然而，对于古希腊罗马传记史学的两个重要代表——奈波斯和普鲁塔克价值评判的古今反差如此之大，这在古典学术界还是较为罕见的文化现象，自然引起了人们的关注。比如说，普鲁塔克的作品在其生时，就已受到当时学界的重视，而在4世纪时更被罗马的学界奉为经典。在拜占廷帝国时期，普鲁塔克的《希腊罗马名人传》可能是比较流行的历史书籍，因而其绝大部分的人物传记内容得以保存下来。① 到了近代，人们对奈波斯的关注度虽然有所下降，普鲁塔克的传记作品却成为西方学界了解希腊罗马历史上重要人物的重要途径。但19世纪历史主义兴起，随着所谓的科学的史学观念的深入发展，特别是以德国兰克史学为代表的史料考证学独霸史坛，学界风气为之一变，其标榜的不偏不倚的中立史学观念在史学研究领域内占据了主导地位，随之而来的则是昔日的史学宠儿——奈波斯和普鲁塔克成为正统的专业史学家批评乃至排斥的重要对象，地位一落千丈。比如德国学者莱奥（Friedrich Leo）在研究希腊罗马传记文学的经典著作中，专门讨论奈波斯的一节内容就极其简短，并且整体上似乎都只把奈波斯作为衡量其他作家作品的一个参照物而已。在他看来，罗马传记家奈波斯的人物传记只配作为阅读其他历史作品之前

---

① Simon Hornblower and Antony Spawforth, The Oxford Classical Dictionary, Oxford: Oxford University Press, 2003, p. 1201.

第五章 中西古代史传的结构及其特点

的入门读物。当然,处于类似境遇的还有希罗多德、色诺芬等人的作品,① 而普鲁塔克的《名人传》的科学性和真实性更是不值一提。在莱奥看来,普鲁塔克传记所做的工作全部都是为自己的道德观体系服务的材料和注释而已②,除此之外,实在难以发现其中的其他意义。

上述众人的传记著作,早从文艺复兴时代直至 19 世纪中叶的学术史中一直被视为历史著作的一种类型,也曾因这一著作的突出成果而长期受到人们的由衷赞美和刻意模仿,而其所叙述的历史人物及其内容,事实上已融入西方文化系统和文化传统之中,并成为西方文化宝库的一个重要组成部分。尽管如此,但时过境迁,此时他们的作品却被学者们驱赶出圣洁的历史大殿。人们自然有理由感到震惊,并在震惊之余不断思索产生这一巨变的原因。

当然,出现这一重要变故的原因固然很多。但其中一个重要原因就是奈波斯和普鲁塔克自己就明白无误地说过,他们所写人物的传记并不是人们所说的历史著作,而是与历史不同的人物传记,而且也强调了人们不要用历史的眼光去看待他们的著作:因为他们所叙述的内容与历史著作有着明显的不同,他们叙写的是人物的心灵,而不是事件的历史。

19 世纪以来,奈波斯、普鲁塔克的这两段话一直被视为缺乏历史感的道德论思想受到了广泛抨击。很多学者以此为据全盘否定两人作品的史学价值与治学态度,认为在这样一种非历史学术思想的指导下,他们的作品必然是虚构的和不严肃的,而在其中,尤以享有世界声誉的英国哲学家伯特兰·罗素(Bertrand Russell)的观念为甚。罗素在其多种著作中对普鲁塔克的《名人传》的史学价值进行了严厉的批评,甚至否定了《名人传》的史学价值。认为对普鲁塔克的传记所应采取的正确学术态度是其著作仅限于揭示希腊人一般生活方式而已,而不能将其作为反映希腊罗马名人真实的历史生活及活动的史学著作。因为在罗素先生看来,《名人传》叙述的内容和昔日希腊罗马的历史真实的差距实在是太大了。罗素先生认为,在普鲁塔克的《名人传》中,其传记人物的性格和人物所生存的环境都是固定不动的;而且对于普鲁塔克而言,他对名人做传

---

① Friedrich Leo, Die Griechisch-Römische Biographie nach Ihrer Literarischen Form, Leipzig, Duck und Verlag von B. G. Teubner, 1901.

② Friedrich Leo, Die Griechisch-Römische Biographie nach Ihrer Literarischen Form, Leipzig, Duck und Verlag von B. G. Teubner, 1901, p. 162.

记的唯一兴趣和任务都局限于探讨主人公的道德内涵和品质内容，并且每一个名人都有一个明确而重要的道德判断主题。比如，《客蒙传》的主题是财富的使用，《科利奥兰纳斯传》的主题是愤怒，《皮洛士传》批评了人的贪欲，《安东尼传》则探讨了情欲的祸害。① 总之，根据罗素的这种观点，普鲁塔克充其量只是一个道德哲学家，对于史学几乎没有什么贡献，并且仅限于"把史料写成文字并加以罗列"② 罢了。也正是在这一学术背景下，由克劳斯（Kraus）、马林科拉（Marincola）和佩林（Pelling）主编，牛津大学出版社出版的《古代史学及其背景》（2010年版）一书对奈波斯和普鲁塔克这两位作家不仅没有专章介绍，连脚注和索引中也鲜有提及。两位传记史家就这样被迫黯然地离开了西方古典史学史的舞台。

显然，奈波斯和普鲁塔克传记的历史定性问题引起了人们对西方传记史学的进一步思考，这种思考不仅表现为对二者著作定性的这一学术问题本身，而且也涉及了整个西方传记中的一个根本性的问题，即西方史学中到底是否存在传记史学体裁这一重大的学术问题。这样看来，对于奈波斯和普鲁塔克的传记的定性问题就不仅仅是两人的学术属性问题了，自然应该进行深入的探讨，其意义也就不仅仅局限于两人的学术成就及其评价了。事实上也是如此，学术界也深感有必要对他们的传记作品进行反思，也正处于对这一重要问题的探讨进程之中。在其中，一篇题为《从三篇阿格西劳斯传记的差异看奈波斯与普鲁塔克对西方传记史学的贡献》③ 文章，其出发点和立意引起了学界的关注。

该文认为，在新的时代背景下，为了促进传记史学的发展，对奈波斯和普鲁塔克的写作手法和体裁类别进行具体分析，对两人作品中的道德论倾向和方法论局限进行适当的批判，是有益且十分必要的。但是，如果脱离两人从事创作的具体的历史与学术背景，用以偏概全的思维去否定奈波斯、普鲁塔克全部传记作品的史学价值，则是极不可取的片面做法。例如，上述的现代作家对奈波斯、普鲁塔克的传记批评中存在着一个明显的倾向，即将二人的传记中的缺点和弱点加以扩大，且没有放到西方古代传记史学产生的具体而真实的背景下，

---

① D. A. Russell, Plutarch, London: Duckworth, 1973, p. 102 – 103.
② D. A. Russell, Plutarch, London: Duckworth, 1973, p. 106.
③ 吕厚量：《从三篇阿格西劳斯传记的差异看奈波斯与普鲁塔克对西方传记史学的贡献》，《史学史研究》2011年第2期，第79—91页。

第五章 中西古代史传的结构及其特点

进行历史的分析。因此上述所谓的批评观点是从反历史的角度出发的,自然就忽略了二人在西方传记体裁发展历程中的重要贡献与革新成就。为了真实地还原奈波斯、普鲁塔克作品的性质及其历史贡献,该文认为必须将他们两人置于其本身所生活的历史背景下,从俩人的作品本身入手,进行深入、细致的个案分析,从而正确评价二人在传记发展进程中的学术贡献和其应有的历史地位。该文以上述观点为指针,具体以奈波斯、普鲁塔克所著传记《阿格西劳斯传》同前人相同题材作品的比较入手,历史地探讨了两位作家在西方传记史学发展史中的地位。该文观点明确,论证翔实,结论富有启发性。

(二)西方早期传记的叙述结构和表现形式

不言而喻,传记的结构和形式与传记本身的特性有着重要的内在关系,它不仅是传记史学观念的重要组成部分,而且也是传记史学观念的反映。因此,对于希腊罗马的传记史学的叙述和结构问题的研究将从这两方面加以探讨。事实上,古希腊罗马时代不同时期的传记著作无不体现了这一内在的逻辑关系。

1. 传记初创时期的叙述形式和结构

对于希腊罗马的传记史学而言,传记的结构和表现形式其实与其传记史学的观念发展进程紧密联系,这从色诺芬、奈波斯和普鲁塔克的作品中,可以明显看到传记史学从初创时期的稚嫩到逐渐发展变化而成熟的过程。

具体而言,从叙述形式上看,如果为了探讨的方便,我们暂时把伊索克拉底的传记作品置于一旁,而将与其地位相仿,学术观念相近的色诺芬作为这一时代传记史学观念的代表性人物,与其后的奈波斯和普鲁塔克的传记史学观念相比较。其实,只要把这三位西方传记作家的传记作品置于西方的传记史学观念的发展进程中进行一番梳理的话,就会发现,在三位不同风格的传记作者之间,在数百年的传记纵向发展历程中,在希腊和罗马横向交往的文化大空间中,其实还可以比较清楚地发现西方传记史学不断迈进的一条主线。当然,在这一发展过程中,传记史学观念的变化也是非常明显的。

对于西方传记史学的开拓人之一,古希腊雅典的色诺芬而言,其《阿格西劳斯》显然是传记体裁草创阶段的产物。该传记内容共十章,由三部分组成:其一,在文中色诺芬首先简要介绍了阿格西劳斯的生平事迹,这当然是传记最基础的内容了。其二,再具体举例说明阿格西劳斯所具有的种种美德和善行

——虔诚、公正、勇敢、智慧、爱国等方面的高尚品格，以示赞美之情，这其实也是传记体裁的一项传统的重要内容。其三，最后还专门撰写了一个附录，简要强调并重复了前面十章的主要内容。① 显而易见，色诺芬叙述的前两项内容并无任何异样之处，这是传记本身就应包括的基本内容。传记史学后来的发展就是沿着在对人物的事实陈述以及对人物的评价这条主线逐渐成熟起来的。虽然色诺芬在其中的叙述失之于简单而且只有讴歌，没有批评，显然不足以显示传记史学的基本特征——人物的真实品格。同时，从他对传主的叙述中也可以看出有明显的松散杂乱现象，但考虑到这是属于传记史学初创时期的作品，我们倒也无须苛责。可是作者为什么还要在第三部分重复和概括前两部分的内容呢？对此我们可能难以理解，究其原因，也许正如有些学者所指出的："这一方面说明，色诺芬自身并未确立传记撰写的统一格式，在写作过程中往往信马由缰，另一方面也表明，公元前四世纪的希腊传记还不是一种广为人知的文学体裁，大部分听众（或读者）可能对这类作品的格式并不熟悉，需要作者的反复强调才能领会作品的含义。"②

如上所述，从色诺芬的传记叙述格式来看，全文结构相对松散，叙述的人物事迹前后有较多重复，显然是属于未定型的传记草创阶段的作品。但从其后的罗马传记史家奈波斯笔下的《阿格西劳斯传》来看，传记从形式上来讲，这时已经有了明显的进步，而且传记的结构也有明显的进步。

2. 传记发展时期的叙述结构——奈波斯的传记

（1）传主的生平与传主的事迹结合的叙述结构。相较于色诺芬，奈波斯的《阿格西劳斯》这篇传记突出的进步之点在于，他是将传主的生平与传主的事迹结合在一起加以叙述的，基本线索是从传主的幼年时代讲起，一直介绍到传主80岁的死亡结局。特别引起人们注意的是，在阿格西劳斯80年的人生历程中，奈波斯将那些不易确定其所发生的准确年代的趣闻轶事，根据他的设想，精心地穿插在其人生历程的不同阶段中，以吸引读者和调动读者的阅读兴趣。这种叙述形式的改进，其实是一个重要的变革，这一变革的意义不仅表现在其大大

---

① Xenophon, Xenophons Agesilaos: Für Den Schulgebrauch, London : Nabu Press, 2010, p. 11, pp. 1 - 13.

② 吕厚量：《从三篇阿格西劳斯传记的差异看奈波斯与普鲁塔克对西方传记史学的贡献》，《史学史研究》2011 年第 2 期，第 83 页。

第五章 中西古代史传的结构及其特点

增加了传记的阅读性,更重要的是加强了传记内容的可信度。因为传主的事迹是与传主所处的具体时间相对应的,是有其真实的历史发展基础的。当然,传记史学领域的这一重要学术进步,不能不引起我们思考:产生这一进步的原因究竟是什么?

之所以会取得如此重要的进步,其重要原因之一应该是这样的:就在奈波斯所处的公元前1世纪时,人们对传记的认识较之以前更为广泛而深入,即认为传记所叙述的不应该是叙事史意义上的重大历史事件,而应该是帮助人们理解传主的、具有一定说服力的人物事迹,已经开始将叙事和叙人分离开了,传记已成为一个重要的了解历史和人物的人文领域。虽然在奈波斯的叙述中,对于传主阿格西劳斯一生具体的发展过程而言,从时间上来讲还不太准确,只是一个大概的阶段性的概念,其中的许多趣事的安排也显然是为了叙述的方便具有相当的主观随机性,从而缺乏历史所要求的真实确定性。尽管如此,较之于色诺芬的传记而言,奈波斯的传记作品及其观念无疑是一个重要的进步了。

(2)对比的传记结构。奈波斯传记中开始运用对比传记的形式。根据奈波斯人物传记的写作意图,其第一卷描写的是"外族名将",而第二卷写的将是"罗马名将"①,这一意图显示了奈波斯是要将外族名将和罗马名将的传记一起加以对比叙写,自然表现了明显的传记人物的比较目的。虽然奈波斯并没有大张旗鼓地说明这种写作形式的用意,但在其著作中,他也没有隐藏这一良苦用意。事实上在《阿格西劳斯传》中,奈波斯就将他的观念和用意公之于众了。他赞美了阿格西劳斯的种种高贵品德和杰出的治国、领军才能,然后感慨地说:"我只希望我们自己的将领们乐于效法这一榜样!"②难道在此所表达的对比用意还不明显吗!当然,奈波斯之所以能够采用这一对比意味浓厚的传记新模式,事实上有着重要的理论和现实的原因:从理论上讲,古希腊发达的修辞学已被罗马人广为接受,用对比以加强叙述和说服的效果是政坛论辩最常用的修辞学手法之一,这一方法也最具有说服力,而这一方法的逻辑内涵,自然也包括对人的比较研究了,而且是政坛论战最为经常使用的工具;再从现实层面来讲,此

---

① Cornelius Nepos, Works, trans. John C. Rolfe, Massachusetts: Harvard University Press, 1984, p. ix.

② Cornelius Nepos, The Book on the Great Generals of Foreign, Cambridge, Mass: Harvard University Press, 1984, p. 4, p. 2.

时的希腊早已进入了罗马的版图,罗马的胸怀和文化承受力已大大加强,为了更好地对罗马国家境内的各地区和民族进行统治,也有必要了解这些异族中的杰出人物,汲取其所长,以补己短。显然,奈波斯的传记已表现出了将要成为地跨亚非欧三洲的罗马帝国的宽阔胸怀,因而奈波斯的作品就应运而生。因此,奈波斯所采用的以对比的方式来表达自己对历史人物的看法,以比较的结果来对现实的政治和军事将领寄予厚重的政治期望。这一方式罗马人心领神会,成效突出,很自然地获得了人们的首肯。

(3) 奈波斯传记著作的学术意义及历史功绩。如前所述,奈波斯在传记的结构方面因为有了创新,自然也存在着一些使他感到困难但又必须解决的问题。按照他自己的说法,他对于应该如何记载传主的业绩感到犹豫不决:这种犹豫不决的心态最集中体现在前面已经引用过的那段著名的话语,在写事和叙人之间的他处于两难境地,对历史和传记的理论困惑,在希腊的传记学术传统和现实的罗马人文化需求之间的矛盾,显现了他无法解决,但又力图兼顾的学术心态。显然,这表明,尽管奈波斯对其传记的叙述确实经过了深入的思考,但仍然还存在着一些难以解决的理论困惑,即传记与历史的区别到底是什么,如何较好地处理对人的叙事和对历史事件之间的关系记叙,归根结蒂是如何去撰写人物传记以体现其体裁特色这个问题。尽管他说其中的难度是如何在一般读者和饱学之士中间寻求平衡,但实际上也反映了他自己对这一问题的思考还在继续。虽然在传记实践中,他已经将两者在一定程度上统一起来了,但事实上他对自己的具体做法还不满意,深层次的问题仍然存在,显然,奈波斯在传记叙述方法上的这种犹豫不决的矛盾心态,所表现的就是他在对传记史学应该如何定位这一问题上还存在着许多疑惑。这些问题只能留给后来者继续思考了。所以这时的奈波斯完全有理由担心他的传记叙述的新作法能否被大家所接受。

当然,除了这一重要的传记理论问题之外,奈波斯还得面临一些具体而现实的问题,那就是经历了300余年的发展,时处公元前1世纪的奈波斯仍然不得不面对传记发展的双重问题:其一,他必须对传记这一新的叙述人物的体裁进行继续探索与创造;其二,他还得面对普通的罗马人仍不懂希腊语和希腊的文化和历史这一现状,而这一现状确实严重地制约了传记在罗马整个国家内部的传播和影响。这样一来,我们对于奈波斯传记所出现的一些突出的特征和局限性问题,就会有一种新的较为客观的理解。换言之,奈波斯在传记中所表现了来的成就和一些困惑,这在很大程度上"是由他作品的独特性质决定的:他自觉地承担起了向不懂希腊文的罗马读者介绍希腊文化的任务,而这一问题在古典希腊和希腊化时代则是很少存在的。"① 由于罗马与希腊在文化发展上存在着许多不同,对传记的理解也各有特点,只是简单地采用希腊的传记方式,即只强调传主的个人心灵和性格,那是很难被崇尚建功立业的罗马人所接受的。面对这一客观的学术发展的现状和罗马人的政治和精神需要的现实,奈波斯在叙述人物的心灵时,也不得不联系当时人物所处的历史和文化,而这一使命不仅对于形成他个人的传记叙述模式具有重要意义,而且对于其后的传记发展也提供了重要的参照和模版,其后的普鲁塔克正是在汲取奈波斯传记叙述观念的基础上,形成了广为人们所认可的西方早期传记史学的典型特征。

(三) 西方早期传记的成熟时期——普鲁塔克的传记叙述结构及贡献

普鲁塔克的传记史学成就之一,就在于他的著作承上启下,从内容和形式上集中汇集了希腊罗马的传记史学成果和观念,集中地体现出希腊罗马传记的一些典型特征。因而普鲁塔克的传记著作也标志着西方早期传记史学达到了成熟阶段。

如果说在色诺芬与奈波斯时代,希腊和罗马的传记刚刚产生,或者说还处于发展的初级阶段,其中有许多重要的理论问题还需要进一步探讨,许多重要的想法和观点还需要在历史实践的基础上加以社会检验的话,到了普鲁塔克时期,也就是到公元1世纪中后期的罗马社会繁荣发展的时代,传记史学发展的环境大大改善了,解决西方传记长期发展过程中所面临的重要理论问题和现实问题所需要的条件已经具备了,而这一切都集中在普鲁塔克的《名人传》这一重要的传记成果之中。换言之,如果将普鲁塔克的著作与色诺芬、奈波斯相比较的话,普鲁塔克的《名人传》不仅集中表现了普鲁塔克的传记史学观念,而且也充分地体现了整个希腊罗马传记史学成熟阶段的发展特征。例如在本章中多次提到、并一再与其他作者相比较的普鲁塔克《阿格西劳斯传》,就集中展示了真正成熟的古希腊和罗马的传记特色,同时又不乏新的发展与个性化特征。由于普鲁塔克的传记特征是本论题的核心,本论文将会在下章中加以详细分析

---

① 吕厚量:《从三篇阿格西劳斯传记的差异看奈波斯与普鲁塔克对西方传记史学的贡献》,《史学史研究》2011年第2期,第83页。

和深入探讨，所以在此不予赘述，仅对其一些突出的特征加以勾勒，以彰显希腊罗马传记史学的一些共同特征。

其一，《名人传》所表现的传记史学的形式和结构都已趋于完整和成熟。从伊索克拉底、色诺芬，再到奈波斯，西方的古典的传记形式呈现出了一个较为清晰的发展线索：即由单方面一味赞美（伊索克拉底、色诺芬）发展到将事与人的结合，同时兼论传主的优、缺点，其后则是将罗马人和外族人的比较传记，等等，其目的不外乎是力图展现人物、传主的全面性和真实性这一传记的宗旨。而到了普鲁塔克的《名人传》中，这一线索则出现了一个较为完美的结局，可以说，普鲁塔克汇集了希腊罗马传记史学形式和结构的精华，在《名人传》中结出了传记的丰硕成果——前人在传记中的一些不足或缺憾都被他克服了，而前人的一些优点则都被他发扬光大了。

其二，普鲁塔克在继承前人传记成果的基础上还有了自己的创造性内容。在代表作《名人传》中，其绝大部分传记都符合严格的"平行列传"格式：开篇处有简短的序言，主体部分则是两个名人（主要是希腊和罗马人）的平行传记，而最后则附有一篇综合概括并加以详细比较两篇传主内容的评论。这一格式既是对希腊化、罗马早期史学、传记写作传统的继承与总结，又显示了普鲁塔克传记的个性化特征和改造、革新传统传记体裁的努力。序言和最后的评论部分的设置意图在于阐述作者本人的主观见解，宣传他的历史观念和道德哲学。而这种手法，特别是最后部分的综合详评并未见诸于与普鲁塔克同时代的一些著名传记史学家——苏埃托尼乌斯、塔西陀的传记和其他后人的传记作品，就是在《名人传》中也并非始终如一。[①] 所以，学界一般认为，普鲁塔克的人物比较模式很可能来自马克西穆斯（Valerius Maximus）的汇纂式作品和阿提库斯的历史著作。[②] 由此，可以明显地体现出普鲁塔克积极运用哲学、史学方法以改造传统传记的自觉史学意识。

其三，普鲁塔克对传记发展的一些重大的理论问题有了自己清晰而明确的观念，并将这一观念贯穿于传记的写作之中。如上所述，对于在传记方面有突出贡献的奈波斯而言，其对传记的认知在理论和实践上还是有疑问的，归根结

---

① Cl. Lindskog, Zur überlieferungsgeschichte der Biographien Plutarchs, Hermes, Vol. 49, No. 3, 1914, pp. 369 – 370.

② Alan Wardman, Plutarch's Lives, London: Elck Books Limited, 1974, p109.

蒂他对传记的根本性特征和属性问题还处于徘徊困惑之中。但到了普鲁塔克时代，前期的问题已经不复存在，对传记的定性和特征普鲁塔克已经充满了信心，在传记写作中贯穿始终，并得到了社会的广泛认可，从而使叙述与人物心灵有关的事情成为西方传记的一个根本的特征。也正是普鲁塔克的理论和实践，使得传记最终发展成为一种与传统的史学有明显差异的一种新的探讨人的史学类型，并对后世传记史学的发展走向产生了深远的影响。这一影响最突出的表现就是，它使西方的传记从原初的文学类型经过一步一步的改良，最终进入到了史学的范畴之中，使文学与史学相结合；在这一结合的过程中，传记从中获取了有益于其发展的营养，并在史学中获得了其进一步发展的根基性内容——真实性。从此，真实性就成为传记史学大踏步发展的内在动力和前进方向。由此看来，普鲁塔克的《名人传》及其传记观念成为古代传记史学与现代西方传记发展成果之间的一个不可缺少的重要环节。

以上我们对古希腊罗马传记史学的特征结构和叙述方法进行了论述，在其中，对奈波斯、普鲁塔克的内容涉及较多，而尤以普鲁塔克为中心进行了阐述。很显然，普鲁塔克是希腊罗马传记史学史上不能越过的一人，学界他的争议也最大，所以在本节的最后，拟对普鲁塔克在西方传记叙述史上的作用和地位进行简评。

普鲁塔克对于希腊罗马的传记叙述观念和结构等都作出了突出的贡献，他虽然力主对人物的心灵进行叙述，但在其传记的创作过程中，他对于传记人物的真实性还是相当重视的。为了探求人物的真实性，他在寻找人物心灵证据的同时，也进行了大量的属于传统历史范畴的工作，进行了大量的汇集、考订资料工作，以丰富和完善传主的人生历程，以达到更为清楚地叙述心灵的目的。事实上，《名人传》作为一部脱胎于希腊文化的传记作品，普鲁塔克在其中对人物史实的理解、采集和叙述方面确有其自身的弱点，这种弱点有些是属于他个人的才能和观念上的内容，但更多的则是西方传记史学本身的文化烙印。准确地来讲，应该是两者共同作用的结果，这些不足和局限最集中地表现在普鲁塔克对传记人物的分析、论述也远未完全摆脱道德论体系的束缚和传记类体裁的局限等方面。关于这些内容，我们将在后面的章节中进行具体分析。但在此所要强调的是，如果我们公正地将普鲁塔克的著作置于西方历史学发展的特殊道路上来加以历史地且具体地考察和评价的话，则不难看出，普鲁塔克在西方传记史学发展史中具有极其重要的地位，这种地位的最突出的表现就在于他所做出的重要努力，这种努力集中到一点就是他在将传记由一种文学形式向史学范畴推进这一过程中的重要贡献和努力，尽管这一作用他本人似乎还没有意识到，但是我们却不可否认普鲁塔克在西方传记史学的发展过程中发挥的重要的推动作用。

三、中西传记本质特征的共性与不同性之比较

中西传记在各自的文化轨道上得以产生，并按其内在的规定在各自的文化历史环境中继续发展，其结果必然会在传记的许多重要领域中——叙述的形式和内在的结构等方面表现出自身的特征，并在此基础上发挥了传记史学突出的历史教化作用。在此需要再提示的是，毫无疑问，历史具有教化功能，但在历史中，特别是传记史学中如何体现教化，直到今天还是人们争论不休的大问题。这一问题直接影响到传记史学的生存问题，须引起学界的高度重视，唯如此，才可以使传记史学在新的历史文化环境中健康发展。同时，值得我们关注的另一个重要问题，就是中西传记史学在表现了各自的特性和不同的结构及其作用的同时，又不约而同地体现出了中西传记史学的共性。因此，对中西传记史学的共性和不同性的进一步比较分析，不但可以使我们从中西的复杂而多样的传记史学形态中概括出其同与异的具体内容，便于我们更好地借助于归纳和概括的方法把握其各自的特征，有益于我们对其作进一步深入的研究，以获得更多的中西史学比较成果；同时，更重要的是，通过对中西传记史学的内涵及其形式、结构形成的原因分析，还可以加深我们对产生中西传记史学的叙述形式和结构所具有的广阔社会历史背景的了解，使我们可以从更深的层次和更高的理论视野来把握中西传记史学叙述形式的合理性和结构的有机性，以及其中所包涵的更为丰富和多样的历史内容。从史学比较的理论和方法来看，正是通过这种同与异之间不断反复的比较过程，才能加深并验证中西传记史学形式和结构的共同性和不同性的认识成果，以指导我们在具体的中西史学比较的研究中，比如本论题的核心司马迁与普鲁塔克传记史学观念的比较研究中，获得新的学术成果。

（一）两者的共性

就传记的本质而言，中西传记都认为应当重视历史上的重要人物在历史进

第五章 中西古代史传的结构及其特点

程和事件中所发挥的突出作用,并努力从这种名人或杰出人物的人生经历和思想观念中给人们以有益的启发,以激发人们不断进取的信心和决心,这是传记史学产生的共有的社会心理基础和社会的客观发展需要,并由此构成了传记史学产生和发展的前提条件。由此出发,传记史学不管在形式上还是在内容上在中西都经历了一个由产生、逐渐发展乃至于达到成熟的历史过程。具体于中西传记的结构和特征而言,两者表现了一些明显的共性。

其一,从观念上讲,都突出了人物在传记中的主体地位。因为在中西对事件的叙述中,人们越来越感受到历史事件的发生和发展有其重要的原因,因此对历史事件的探讨成为历史学的一个突出特征。但有意思的是,在对历史事件及进程的原因和结果的探索中,人在其中所发挥的重要作用同时被人们所发现。对此,如果从宏观的方面来看的话,重视人物在历史进程中的作用这在中西方几乎是同时的,这和雅斯贝尔斯所提出的人类轴心期的出现时间大致相同,对此,应该引起人们的深思。如果再从微观的角度来分析的话,中西史学出现的时间也大致相同,都是在公元前5世纪,都是以叙事史学为其主流。但历史学发展的内在辩证逻辑却告诉我们,历史是人的历史,历史又是人写的历史,因此,历史在不能脱离历史学家的同时,更不应脱离在历史事件进程中起主体作用、处于特定历史时代的人的历史,这一观念不只是在现代才被历史理论家所发现。其实,这一矛盾一直存在于历史学的产生与发展的进程中,并且随着史学的深入发展,其内在的矛盾——叙事与记人之间矛盾也越来越尖锐。

在此所要说的是,早在叙事史学产生和发展的时期,历史学家在进行传统的历史叙事内容写作的同时,对历史人物的叙述就已逐渐成为人们关注的史学发展的另一重要趋势。这样一来,将叙述的重点置于历史上的著名人物,并进行专业的传记叙述,就成为史学研究的一个新的重要领域,从而与中西历史上早已产生的关于军事和政治的重大的历史事件的叙述有着明显的不同,并在发展的过程中逐渐成熟而形成一种相对独立的史学体裁,彰显出对个体人物进行历史研究的体例——传记史学所独具的社会历史功能。以中国传记为例,司马迁的个人经历——他撰写的自传或自序不但是传记史学的一篇佳作,而且也具有极其突出的社会历史教化功能。司马迁在《太史公自序》中对我国早期历史的发展变化的内在原因进行了深入探讨。他说:"桀纣失其道而汤武作,周失其道而春秋作,秦失其政而陈涉发迹,诸侯作难,风起云蒸,卒亡秦族,天下之端,自涉发难,作《陈涉世家第十八》。"① 等内容,令人从中收到很多教益。所以,《太史公自序》不仅是一部《史记》的总括,而且司马迁一生本末也备见于此。文章气势浩瀚,情感奔涌,视野宏伟,功力深厚,是研究司马迁及其《史记》的重要资料。其中司马迁对自己的个人经历、学术旨趣和理想进行了叙述,也充分反映了司马迁对其人生追求和人生价值的肯定,这不仅是司马迁个人自我意识的觉醒和表现,也反映了时代的进步和发展,因而其所撰述的传记和自序都对后世产生了深远的影响。当然,旨在突出个体人物历史的传记体例有一个产生、逐渐发展而臻于成熟的过程,而且对这一过程学术界还存在着一些各有所据的观点和意见,还需要进一步研究,以取得共识。但有一点是众所公认的,那就是在中西两大传记史学发展系统中,人物在传记中的主体地位都典型地表现在司马迁的《史记》和普鲁塔克所作的《名人传》这两部传记著作中。

其二,从叙述的结构和形式来讲,中西传记都是以人的发展历程为中心来编排历史事件的,是以人性的发展过程为中心来加以叙述的,从而呈现出一个具有历史感的网络结构。传记史学叙述结构的一个基本点在于它是以一个人的一生为其总长度进行的历时性考察;为了深入了解传主一生具体的发展进程,又将他的一生划分为若干个不同的阶段进行叙述:一般由少年萌发、成年壮大、老年归去这三大部分组成;传记虽然重在记叙一个人的人生不同阶段,但又绝不拘泥于此,还对传主的影响和地位进行评价,有褒者,亦有贬者。当然,人并不是一个孤立的生物,用马克思的话来讲:"人的本质不是单个人所固有的抽象物,在其现实性上,它是一切社会关系的总和。"② 人生活在社会的共同体中,因此,人的发展不能脱离社会关系的影响。而社会关系包括了多种类型和因素,核心要素是其家庭、家族的影响,因此,传记一般都会追溯传主家族的历史,以探讨其人生所获得的文化遗传基因;同时,还有复杂的社会关系对传主的制约或促进。正是由于这些不同的复杂因素,对传主的性格形成产生重要的影响,从而使传主的文化遗传基因又会在不同程度上变异,传主由此形成了不同的性格、禀性;这些具有特定而又复杂性格的传主,其参与社会活动的结果,必然在形成不同社会结果的同时,也体现了不同的品行,在这些品行中,有高有低,但突出地表现为善和恶两种类型,从而开始触及传主的本质属性和传记的突出

---

① 《史记》卷一百三十《太史公自序》,北京:中华书局,1959年标点本,第3310—3311页。
② 《马克思恩格斯选集》第1卷,北京:人民出版社,1995年,第56页。

效用。而为了加深对传主的认识，中西的传记史学都自觉地运用对比和比较的方式进行人物叙述，其目的是在比较中来体现人物的相同点，同时又更加注重挖掘具体传主的不同特点。这些相同点和不同点的探讨，是为了更深入和更全面地了解具体的传记人物。而为了进行比较或对比研究，中西的传记史家就必须在对人物的写作过程中秉承分门别类进行叙述的原则，这一分门别类的过程其实也是中西传记史家叙述结构观念的具体体现。因此，传记史学叙述的基本结构就是将众多重要因素有机地联系起来，编织成传主一生的历程的网络。虽然人物的特点，诸如性格、成就、命运都差别甚大，但都不过是在这一叙述结构中，由不同因素之间的不同组合所产生的特定的结果，并最终影响了传主的命运、其人生结局和人们对传主的历史性评价。

总的来讲，中西传记的叙事结构并不完全一致，在人物的叙述中，侧重点也有所不同，中国侧重于人的品性中的社会性因素，因而人的品格具有动感和变化性；而古希腊罗马则侧重于人的品性中的家族性和遗传性因素，因而其性格和品格相对要稳定，缺乏相应的变化性。当然，这些特征表现在具体的传主生涯中，其中诸因素的作用发挥也不平衡，但从传记的叙事内容及其特征来看，中西都对人的本性予以密切的关注，而传记也以此为中心展开叙述，从而展示了相类似的叙述结构和手法，表现了中西传记史学的一些共同性。

其三，中西传记史学都对人的性格和品性加大了分析的力度，并将其上升到善与恶的层次上进行判断，这是传记史学叙述的根本性特征，也是传记史学意义的根本之所在。所谓在传记中对人的探讨和分析，意味着如果和叙事史学相比较，中西传记史家叙述的基本特点就在于紧紧围绕着人的性格与品格而进行，以展示人的复杂的心理世界和本质特点。所谓性格指的是经过长期的心理积淀而成为人的思维和行为的基本机制，所谓品格指的是传主由于性格所导致的社会行为的思想架构。传主的性格有普遍性的一面，也有其个体性的一面，而个体性更是传主性格的本质之所在；一般而言，品格较多地与社会行为相关联，并在社会主流的评价系统中得到评判的结果。由于是从社会道德伦理的角度进行评判，人物的品格自然有高下之分，其结果也必然有善行与恶行；性格有多样化，品格有复杂化，结果有是与非，这一切都包含在人性之中。因此，如何在人性的复杂多样化基础上对其进行善与恶的评判，确实是传记史学叙事的重点之所在，同时也是其难点之所在。

所谓重点之所在，可以讲，对传记的分析和研究其主要途径只能是借助传主的作为来看待他的品格的高低，"善善恶恶，贤贤贱不肖"[1]，《太史公自序》的中心任务就是为现实的政治提供历史的借鉴，此乃"王道之大者也。"[2] 这不仅是《史记》的宗旨，同时也是整个传记史学的宗旨。因此，较之于叙事史学探讨历史事件的因果律而言，传记史学则重在探讨造成人物品格高下的原因。这样，对性格和品格的探讨必然成传记史学的一个重要内容。

所谓难点之所在，指的是对人物性格和品格的分析中，所依赖的并不仅仅是历史上所发生的宏大的历史事件及其后果，还应该包括那些直接与人的性格相联系的一些所谓能反映传主心理活动和内在思想的极富个性的小事。正是这些富有人性的小事和历史大事产生了联系，从而真实地反映了历史人物与重大历史事件的关联，唯如此，才可以翔实而具体地反映出传主在历史事件和历史进程中的丰富而深刻的全貌。这种以小见大的叙述方式，没有高超的叙述功力是无法达到将二者有机联系起来这一效果的。这一点在《史记》和《名人传》中都得到了充分的展示。而在两部传记史著中，所展示的众多生动极致的人物特点就是明证。

同时，两位传记史学家在对传记人物的叙述中并没有画地为牢，比如，只是局限于从人性到人性，从心灵到心灵，而是还注意联系人性所形成的社会历史性及人性在社会历史中的地位和作用，并由此形成了一些关于叙述人物性格、品格和成就的某些程序和规则，从而形成了与叙事史学具有明显不同的专属特征。当然，相较于叙事史学而言，传记叙述的突出特点在于：是以人叙事，而不是以事叙人；是将人与事结合起来加以叙述，而不是将人与事分离开来；是努力探讨人的全面性和复杂性，并以对其做出全面而客观的评价为目的，而不是仅仅以传记人物的某一方面，或道德情操或突出的事功来对传主进行最终评价。归结到一点，传记是以人的全面的发展过程来进行叙述的，以体现人之所以为人的社会性，从而对传主进行善与恶的评价。毫无疑问，这些成果都得到了学界的由衷赞誉，并得到了后来的传记史学家的传承，促进了传记史学的成熟与发展。

当然，中西传记的历史悠远而且成就卓然，细细究之，其共性尚有很多难

---

[1] 《史记》卷一百三十《太史公自序》，北京：中华书局，1959年标点本，第3297页。
[2] 《史记》卷一百三十《太史公自序》，北京：中华书局，1959年标点本，第3297页。

以尽述,故在此仅以上三条粗略概述,以作抛砖引玉之效。

(二) 两者的不同性

如上所述,西方古典时代的传记著作,其传记结构和中国的传记结构的共同之处,都是强调了个人的出身背景及政治经历,并在传记的最后对传主进行总体论定,像司马迁的"太史公曰"那样的评价,或者像普鲁塔克用比较的方式所进行的详细评价。然而,由于中西古典传记史学的发展轨迹并不尽相同,因而在中西古典社会中,对历史人物的叙述方法、叙事风格也不尽相同。比如,西方古典传记在叙述传主的时候,其结构更为灵活多变,更多地侧重于表现传主的思想和心灵世界,较多地显示了传主的个人性格和品德。而中国传统的传记则会用更多的笔墨涉及这些传主的个人的社会身份、社会影响以及复杂而显耀的社会生活。所以,中西历史人物的传记既是中西自原始文化以来所铸造的结果,又是中西历史发展的总体精神之体现、揭示或印证,还是我们领会中西既有共性又有特性的文化精神的重要窗口,当然,它又从传记史学这一独特领域,从具体而生动的人物生活中呈现并彰显了中西不同的史学精神和文化风格。

其一,中国的传记史学的突出特点在于叙人与叙事紧密结合,而西方传记史学则是以叙人与叙史——传记与叙事史两者间相分离、相对立为特征。从中西史学发展的历程来看,西方是从自然崇拜和英雄崇拜的角度开始了其历史的探索过程,后成为其史学的主流,而中国早期则是在祖先崇拜的文化源流下进行了历史创作,遂形成两种不同风格的史学类型:一个是认识论的探讨因果关系的叙事史学,一个是侧重于人的具有明显的伦理色彩的人性史学。因此,对于中国史学的发展史来说,如果不将历史同人相结合,进行伦理评价的话,那是不合中华文化的内在逻辑的;对于西方而言,如果要将人物及伦理学的内容纳入历史学的范畴中进行探讨,则是不可思议的。所以,尽管在西方史学发展的过程中,人们也发现了人在历史发展进程中所具有的重要性,认为应该对其进行探讨,以提高公民的素养,使历史中的伟大人物成为人们的楷模,从而更好地创造人类历史的事业,但显而易见的是,对人性的探讨以及对人的评价,是一个比较崭新的课题,它与对历史事件的叙述是不同的。对于西方而言,基于早已创立且已相当成熟的哲学认识论,人们已经娴熟地使用历史的因果律和逻辑学的原理去归纳、论证历史事实的真伪,以获得历史的真知和本质,但对于不同于自然哲学的这一新的关于人的研究领域，基于逻辑学基础上的历史认识方法显然是难以胜任的。因为人性的复杂性、多样性和变异性是难以用逻辑学（形式逻辑）的知识对其进行论证的。那么西方人是如何解决这一难题的呢？当时著名的学者亚里士多德则在苏格拉底老先生的基础上开辟了一个新的对人的研究领域，而不是对事的研究领域，这就是伦理学。伦理学出现的突出成绩之一就是为希腊罗马人在解决历史研究中所碰到的"两律背反"这一难题——由于对历史中人与事相分离所造成的对历史现象和本质方面无法深入了解的局限性——提供了一条新的思路。需要强调的是，亚里士多德的伦理学不仅指出了伦理学的主要任务和内容，而且还指出了伦理学在人的历史发展中的作用和表现，这主要是从人的性格养成角度，来进行人的行为分析，从而为了解人的内心世界及行为方式提供了一个基本方法，从理论上满足了对人的研究和了解的需求。

由于亚里士多德创立了伦理学，对人的研究就有了可以依据的理论和重要的方法论，其结果必然极大地促进了对人的全面深入的研究，由此人们进一步从伦理学的角度研究具体的历史人物与他们传统的历史学之间的区别，并形成了基本共识：其一，历史学是叙事，传记史学是叙人；其二，历史学叙述的是大事，其中的内在关系是因果律，而传记史学则叙述的是琐事，反映性格，探讨人物性格的形成过程及其表现，中间的内在关联为心理学原则。在这一背景下，学术界认识到，对人的评价主要应该从伦理和道德角度进行评价，而那并不是历史学的任务，而只能是非历史的任务，这也导致西方走上了和中国既相同，但又不同的史学发展道路。相同的是中西都重视历史的作用，不同的是，中国将历史中的人和事从一开始就结合在一起，呈现出统一的现象和发展趋向。而西方在其历史学刚刚产生之后，即开始努力将两者分开为两种不同的历史体裁，一个是叙事史，一个是人物传记。尽管从理论上讲，人物传记的独立性问题和传记史学的定位问题一直是希腊罗马学界大伤脑筋的难题，但中西两者都认为对历史的事件和对人物的叙述都必须建立在真实的基础上。

现在的问题是如何理解"真实"这一重要观念。一般而言，中西对于真实的理解有其相同之点，也有其不同之点。相同的一面，主要表现在对叙事的求真方面，而不同之处则主要表现在对人的研究方面。一般而言，中国传记是以情与理和社会的价值导引为依据进行人物的创作，更重视人性的社会化方面的

第五章　中西古代史传的结构及其特点

内容，而希腊罗马则是因历史事件与人性之间的尖锐矛盾而产生了迫切的需要，并由此建立了关于人性的伦理学理论，因此更注意人性本身的内在内容和构成，并以其作为传记史学研究的基础和依据，从而为人性的更为全面细致的叙写开辟了广阔的道路，但也造成了另外一个结果，那就是希腊罗马的传记同历史的距离越拉越大。

由此，西方的传记内容非常丰富，传记的篇幅也很长。尽管内容多，趣事多，但他们的人物传记的叙述都是建立在人性理论的基础上，都努力地从历史中汲取营养，力求人物和心灵的真实性，以复原人物本真。事实上，这些传记家们对于求真的努力，不仅仅像他们一再在其著作中表明的那样以求传记人物的真实可信性，现在的研究也一再表明，古代的传记，如本课题重点关注的普鲁塔克的《名人传》其基本事实都是以传主的真实作为和性格表现为其撰写传记的依据，从而满足了希腊罗马历史学发展的需要，弥补了希腊罗马历史学在其发展进程中的一个明显不足。正因为如此，从现代历史学的角度来看，这些传记的叙述又包括史学的事实、史学的特征和史学的作用三个方面内容，尽管从古至今，希腊罗马的传记存在着巨大的争议，但从现代史学的角度而言，也就自然地被纳入到史学的范畴之中，从而被冠之于传记史学的称号。因此，我们称普鲁塔克的《名人传》是传记史学是有依据的，不管是从现代历史学科的发展状况来看，还是从历史的发展史来看，都是一致的。从历史来看，我们判断其是不是历史，并不会仅仅看传记作家自己所说的是什么，就偏听偏信，其实，这只是我们判断其性质的一个方面，而我们更重视其作品所反映的内容及其作用；相较于作者所一再表白的那些内容，其客观所起的作用和展现的内容才是我们判断其著作性质的根本依据。正由于这些原因，我们对传记作品的评价有所不同，有些是传记史学，有些则是传记文学，或者是传奇。一句话，判断作品属性的最根本的依据就是其作品所反映的内容，而不仅仅是著者本人口头所表明的性质。显然，这一问题在普鲁塔克的研究领域是一个极其复杂的问题，本课题将在后面对此进行专论。

不言而喻，中西传记史学产生后，其发展趋向也是人们关注的重要问题。对于西方传记史学而言，其突出特点之一就是，希腊罗马的传记史学在叙事史学的基础上产生后，自成一家，同叙事史学分庭抗礼，并行不悖。如早在"古典时代"的罗马时期，普鲁塔克的《名人传》，就成为传记史学最著名的代表作品。由于普鲁塔克为希腊裔的罗马人，其思想深受传统的古希腊思想和具有世界主义的斯多葛派思想的影响，他所撰写的《名人传》是借传记的形式来宣传他的伦理思想，因此所侧重表现的主题就和希腊传统史学的主题并不一样，他要揭示的是传统史学所不屑一顾的传记人物的"灵魂"。

比如在《亚历山大传》（Alexander）中普鲁塔克对他撰写传记的目的说得更为清楚。他说："在这一卷里，我将叙述马其顿王亚历山大和击败庞培（Pompe）的恺撒（Caesar）两人的生平，这两个人值得记述的伟大事迹为数太多，我不能不首先说明，我只能把他们一生当中的最为人称道的事迹简单地加以叙述，而不能对他们的每项伟业都做详尽的记载。我现在所撰写的不是历史，而是传记，从那些最辉煌的事迹之中，我们并不一定能够极其清楚地看出人们的美恶品德，但一件不太重要的事情，一句笑话，或者片言只语，往往会比最著名的围城，最伟大的军备和死亡数以千计的战役更能使我们了解人们的性格。"紧接着，他又强调说："同样，请读者们也容许我对于人们的灵魂的迹象多加注意，藉此来描写他们的生平，而把他们的辉煌战绩留给其他作家们去叙述。"[①] 对于人的最为隐秘的灵魂的揭示，需要大量的主观感受和人生体验去加以叙述、描绘，更需要坚实的人性和心理学的知识作基础，这样才能探讨人性格发展的内在原因和机制，从而给传主的行为一个合乎情理的解释。当然，对于古希腊和罗马而言，其传记史学发展的重要动力之一就是其发达的伦理学和心理学，苏格拉底的道德哲学和亚里士多德的伦理学、心理学已经为传记史学的产生和发展提供了理论基础。但在此需要说明的是，这些哲人的道德理论和人的伦理学理论所针对的都是一般的普通人，因而其理论具有普遍性的原理特点，如果具体于个人，具体于历史的人，具体于从历史上复杂艰难的环境中最终扶摇而上的传奇人物而言，这种心理学和伦理学的理论只能作为指导，而不能简单地加以套用，否则的话，则必然浮于人物心理的表面，而失之于泛泛而论，难以让人获得真实而符合人物个性的深刻感受。对此，亚里士多德和贺拉斯在《诗学》和《诗艺》中一再强调了艺术表现所应体现的人物性格的个别性和具体性，否则就不会成为受到人们欢迎的艺术，这不仅是诗歌方面的一个重要原理，对于传记史学的人物叙述而言，也具有重要的指导意义。事实上，不

[①] Plutarch, Plutarch's lives, Trans. Bernadotte Perrin, Cambridge, London: Harvard University Press, Vol. 7, 1921, p. 225.

管是奈波斯或者普鲁塔克,他们在传记中之所以一直被学界所指责,就是认为他们对历史人物性格的叙述有雷同性,固定化的一些倾向。

其二,中国的传记史学出现后,长期归属于历史的范围之内,而西方则是将传记史学与历史学相分离,向文学方面发展,而具有明显的独立性。如前所述,传记产生的最早的文化源头是与对死者的祭祀有关的,这一点中西有其明显的相同之处,但不同之处在于,中国对死者的歌颂是基于中国传统的文化特质,这种特质相较于西方文化特质而言,具有更便于历史发展的文化土壤,一开始就含有较多的历史基因,因而无疑具有更多的历史真实性,并由此出发,先产生了叙事史学,在叙事史学的基础上,进一步出现了传记史学。因而中国传记史学的一个突出特点就是其与历史所产生的长期而紧密的关联,并由此而深深打上了叙事史学的印记,以致在长期的历史进程中,叙事史学和传记史学两者虽为不同体例,有其相对立的一面,但另一方面还存在着两者又融为一体,密不可分的另一侧面。

相较而言,西方的传记虽然是从祭祀中的葬礼赞美诗转化过来,比如伊索克拉底对埃瓦哥拉斯所表达的内容都是讴歌的内容和形式,但这种原创的文学形式显然不是传记,因为它没有可能将人物的真实内容表现出来。因为只要是一个真实的人物就必然在有其让人讴歌的优点的同时,还有令人遗憾的缺点或不足之处。由于希腊人对传记的理解的特殊性,他们在对名人作传记时没有也不可能对有关于传主的历史事件做出历史性的解释或进行具有历史性的叙述;但另一方面,如果不涉及与个体人物相关的历史事件的话,那么怎样去表现历史人物其人性的内容呢?显然,赞美诗不能算作传记的原初形态,更不是史学传记的特征。

在此还要指出的是,其后的色诺芬也没有跳出葬礼赞美诗的传统。色诺芬的关于《阿格西劳斯传》的贡献就在于他用了大量的事例来证明传主的高尚品格,从而使传记增加了许多关于传主的丰富内容。尽管如此,色诺芬所作的传记与我们所理解的真正的人物传记还有较大的距离,究其原因之一就在于历史传记的第一要务是真实性,在这一基本点上,伊索克拉底和色诺芬都没有能够明显地体现出这一特点,正是因为这一点,两人在西方传记史学史上的定位问题长期是传记史学中的一个突出的难题。但是,对于处在今天的传记史学研究而言,苛责两位传记家的不足似乎没有太大的意义,倒是需要关注他们的成功之处和重要贡献——色诺芬和伊索克拉底一起将赞美诗的形式加以改造,由诗歌转变为散文。尽管在精神的层面上没有大的变化,但形式却的确发生了变化,这就在客观上为传记的进一步发展提供了前提。这种前提具体表现在它为更为丰富的人性的全面表达提供了文体上的可能性,从而对叙述的内容自然也提出了新要求。因此,笔者认为还是应该将他们两人纳入历史传记的殿堂之中,应该将他们的传记视作人类的史学成果,而不应该将其仅仅局限于西方最早的人物传记之一。这样一来,我们也许对他们的成果就有了一个较为合理的看法。因为传记毕竟有一个从萌芽到产生,由产生再到一步一步发展的过程,但这绝不意味着我们只看重他们在这一历史进程中的成就,而无视他们暴露于其中的弱点,而是在肯定他们成就和贡献的同时,也应该将其所具有的传记原始性指出来。

事实上,西方的传记史学只是经过了奈波斯,再到了普鲁塔克,才达到了一个较高的阶段,其标志就是在他们经历了长期的对人物的性格和品质的探讨后,特别是在道德哲学、文学的不断丰富的过程中,终于开始步入了传记史学的范畴之中,使文学、哲学和历史三者结合起来了,当然是在历史的基础上结合起来了。

这样看来,西方传记史学发展的一个明显的特点就是由文学进入了史学的领域,在奈波斯、普鲁塔克那里和历史产生了一定程度的结合,具体于普鲁塔克而言,这种结合的最主要的表现就是《名人传》在叙述历史人物的时候还是能够和历史人物所生活的时代相联系,努力地将人与事关联起来,以体现人的性格和品格。但不可否认的是,西方的传记史学发展轨迹与中国传记史学发展的轨迹有着明显的不同,这种不同就在于西方在其文学传记向史学传记转化的长期过程中,已经适应了其文化环境对传记的需要,产生了专门探讨人的心灵世界和性格的理论,这种专门叙写人的文学和专门探讨人性的哲学理论成为西方传记史学上的不可磨掉的烙印,犹如中国传记史学上不可磨掉的叙事史学的烙印一样。

如此一来,不管是从中国传记史学的产生和发展来看,还是从西方传记史学的发展来看,传记史学的一个突出的特征就在于对人的刻画,而这种刻画的最主要的方面则在于对人的道德性的描写或评价。但在传记史学中,人的性格是什么?为什么要探讨人的性格?如何分析探讨人的性格?这些都是传记史学

第五章　中西古代史传的结构及其特点

所要面对的重大问题。

通过对中西传记史学的产生和发展途径的分析，可以明显地看到二者的明显不同。这种不同性表现在，不但中西传记史学的产生途径不一样，而且中西传记史学的发展道路也不一样。这种发展道路的差异具体表现在，对于中国传记史学而言，其在历史的土壤中产生后，尽管也经历了较大的发展，但在这一过程中，它并没有将叙事史学加以抛弃，而是将叙事史学同传记史学结合起来，定为一尊，形成了中国的正统史学，并长期称霸史坛。在此以司马迁的《史记》为例加以说明。司马迁的《史记》在中国古代记事、编年（《左传春秋》）史学的基础上，又创立了记人的史学体例，关键是在记人的体例中又将记事和记年统一起来，这在"列传"中表现得尤为突出。钱穆先生认为："中国历史分成三种体裁：一是记事，二是编年，三是传人。在记事中又兼带着记言，《尚书》是第一种体裁，以记事记言为主。《春秋左传》是第二种体裁，以编年为主，但是在编年中又包括了记事和记言，即在记言记事之上再添上了编年。太史公《史记》以人为主，把人物作中心，但在传人的体裁之内，同样包括记事和编年。即是说：记事和编年这两体，已在太史公《史记》以人物为中心的列传体之内包融了。"① 显然，钱穆先生在此是称赞司马迁对中国史学的贡献。在钱穆先生看来，编年体和记事体虽前已有之，但司马迁已对此进行了改造，虽来源于前者，但已高出于前者，记事、编年、传人三者的结合，并不是简单地将三者相加，而是三者之间的有机的结合，是以人物为中心，以时间和叙事为辅助，从而产生了一个新的史学体裁——纪传体。其实，早在中国古代，已有许多学者指出了《史记》在体裁上的承继关系，如刘知几云："夫纪传之兴，肇子《史》、《汉》。盖纪者，编年也；传者，列事也；编年者，历帝王之岁月，犹《春秋》之经；列事者，录人臣之行状，犹《春秋》之传。《春秋》则传以释经，《史》、《汉》则传以释纪。"② 章学诚《亳州志·人物表例议》亦云："史之有列传也，犹《春秋》之有《左氏》也。《左氏》依经而次年月，列传分人而著标题。其体稍异，而其为用，则皆取足以备经、纪之本末而已矣。"③

显然，刘知几、章学诚二人的上述议论是把纪传体史书中本纪与列传的关

---

① 钱穆：《中国史学名著》，北京：生活·读书·新知三联书店，2000年，第69页。
② （明）郭孔延：《史通评释》，上海：上海古籍出版社，2006年，第26页。
③ （清）章学诚著、叶瑛校注：《文史通义校注》，北京：中华书局，1985年，第393页。

系,简单地理解为《春秋》的经与传之关系,这是中国传统史家中的一个非常流行的看法。这一观点的合理性在于它所侧重指出的是《史记》这一纪传体史书在体裁上的承继关系。但其明显的不足之处,乃在于他们对司马迁在其中所做出的创造性成就的认识不足,这一创造性成就的内容就是汪荣祖先生所指出的:"史传合一,既为定体,吾华史学传统,遂以人为史之重心矣。"① 因而这种纪传体结构确实是司马迁的伟大创造,从而形成了和普鲁塔克及其希腊罗马传记史学发展方向不同的传记史学类型,并在中国延续了两千多年,成为中国传统史学的"范式",直到今天还具有重要的影响。

当然,中西传记史学经过两千多年的发展,其特征都显露无遗。对于中国传记史学而言,在《史记》和《汉书》后,出现了一个令人尴尬的现象:即所谓中国的传记史学"绝少创新,确殊乏长篇巨制,类不过千百字为一传"②,传记的篇幅很短,传记史著对传主一生的叙述长期停留于素描式的勾勒,而缺乏丰满而细致的人生描述。究其成因,追根究底乃在于华夏执著且深厚的历史观念,传记被严格界定在历史学的领域中,不敢逾雷池一步,无法同其他学科产生一些较广泛和较有深度的融通,以充实和进一步发展自己。章学诚认为,直到明朝时,尚"辄言传乃史职,身非史官,岂可为人作传"③,这在表达了人们对传记深刻而深沉的敬意的同时,也表达了传记本身所承载的历史重负。由此,汪荣祖先生对中西传记的不同点发表了自己的看法。他认为:"中国的纪传体原是史书体裁的一种,目的就是藉人观事,藉传述史。列传所要达到的目的,显然与西方所谓的个人传记大异其趣。"④ 因此,汪荣祖先生认为,中国传记史学的突出特点其成因盖因史官作传,体例所限,只能撮其要点,而难以铺陈展开,使人颇为遗憾;而对于西方传记史学而言,其"史传若即若离、和而不合,传可以辅史,而不必即史,传卒能脱颖而出,自辟蹊径,蔚为巨观矣。"⑤ "西人不分纪传,而其传之丰,动辄数十万言,巨细靡遗,如见其人,亦非吾华固有。"⑥

---

① (美)汪荣祖:《史传通说》,北京:中华书局,2003年,第78页。
② (美)汪荣祖:《史传通说》,北京:中华书局,2003年,第79页。
③ (清)章学诚著、叶瑛校注:《文史通义校注》卷三《传记》,北京:中华书局,1985年,第248页。
④ 康乐、彭明辉:《史学方法与历史解释》,北京:中国大百科全书出版社,2005年,第409页。
⑤ (美)汪荣祖:《史传通说》,北京:中华书局,2003年,第79页。
⑥ (美)汪荣祖:《史传通说》,北京:中华书局,2003年,第175页。

卡莱尔的名言:"历史是无数传记的结晶。"爱默生的警句:"确切地说,没有历史,只有传记。"都表达了这一历史趋向。

但对于传记史学而言,所叙述的都是一个人的生平与事迹,对此,西方的传记家也是如此。从传记史学的核心观点来看,西方自希腊罗马始,传记"辄以传记资料琐碎填塞,无关宏旨"①。其结果西方的传记史学的一个重要特点同样表现在,往往煌煌长篇,大幅巨著,但与叙事史学不同的是,传记往往将真假事件、素材集于一体,难以分辨,轶事真相汇于其中,有聊以自娱之嫌。因此,西方的早期传记长期在史与文之间犹豫,在历史的求真与辨假中持续徘徊。当然,一种新的史学体裁的产生和发展,不仅仅需要传记史家个人的才、学、识作为必备条件,还同中西双方不尽相同的史学发展轨迹相联系,更重要的是与上述中西双方所产生的不同原始文化相联系。正因为如此,中西传记史学的比较研究才具有重要的现实意义,只有通过这种中西的传记史学的比较研究,取精用弘,推陈出新,最终才可达到促进传记史学的健康发展这一学术目的。

所以,对于中西双方古典传记史学而言,其史学观念的产生和发展历程有其明显的共同之点和不同之点。其共同之处在于,它们传记史学观念的产生和发展并没有脱离其历史观念产生和发展的轨道,都是在其叙事的历史观念的基础上,又产生了一种新史学体裁——传记史学。两者不同的是,希腊罗马的传记史学在叙事的基础上产生后,自成一家,同叙事史学分庭抗礼,并行不悖,而且在传记史学体裁中还呈现出继续分化的趋势;中国的传记史学虽然经过了叙事史学这一阶段,但并没有将叙事史学加以抛弃,而是将叙事史学同传记史学结合起来,定为一尊,形成了中国的正统史学,并长期称霸史坛。之所以形成这一历史的结局,究其原因不仅同中西双方不尽相同的史学发展轨迹相联系,更重要的是与上述中西双方所产生的不同的原始文化相联系。

其三,中国的传记史学出现后,对人物的品评体现了朴素的辩证的评价观;而西方则长期侧重于从个性和道德品格的单维视角来品评传记人物。如上所述,对于传记史学而言,其最重要的内容和作用就是将历史人物的所作所为展现到人们面前,从而启发、感动人们见贤而思齐,提高社会整体的道德水平。而为了能够真实生动地展现人们的真善美的品质,就自然要求同时展示人们的一些

---

① (美)汪荣祖:《史传通说》,北京:中华书局,2003年,第78—79页。

假丑恶的行为，在强烈的对比之中和对原因的反思的过程中，以达到对人们进行潜移默化的道德教育的效果，最终达到提升人的道德境界和知识水平这一终极目的。

由此出发，对于传记史学而言，有其自身的特点，比如，对于哲学而言，其也要求真，但哲学上的求真是需要从理论理性这个层面上进行论证，以达到求真的目的。但对于传记史学而言，其突出的不同点并不在于是否展示传主的真与不真这一问题，而是在于首先要判断什么是真、而什么又是不真的内容。当然，如果将这一问题局限于历史学中已经过去的历史事件中的话，判断相对容易一些，但现在的问题是将这一问题置于过去的历史人物的心灵世界之中，判断真与假就有难度了，因为人的心灵是一个极其复杂的统一体。当然更难的是要判断过去的历史人物哪些是善的品质，哪些是丑恶的品质，哪些是应该效仿的，哪些是应该斥责的。因为传记史学家本人也是一个充满了个人的价值观念的主体，在对传主进行叙述时，他必然要带上自己的价值观，当然，这些还不是最难的，最难的是要将对传记人物的真与假的判断与其品质的善与恶的判断结合起来，从而给予一个全面而合理的历史判断。换言之，这还要求传记史学家的价值观与历史发展的内在规律性有机地结合起来，因此，对传主的评价和描述是否正确和全面，关系的不仅是传主的一生历程，从中也体现的是传记史学家的才、学、识。

因此，如果真的试图展示人性的善恶和其行为的真与假内容的话，就需要一个较为严密的程序：其一，确定真和善的标准与内容。其二，在此基础上应该进一步揭示出其不善不真的另一面。其三，在揭示出真与假、好与坏之间或之外，还有一些难以明确用善或恶进行判断的复杂内容。其四，必须将这些复杂的内容背后的变化过程展现出来。只有这样，才能从理论上对这一问题有一个较为深刻的认知。尽管如此艰难，但这毕竟是传记历史学的崇高使命。因为人作为一个社会的成员，其是一个具有社会道德品质的、有思想的人，因此，对人物的判断就必须也应该从这两个方面——真与假和丑与恶两个方面加以探讨。

以此来看，中西传记史学在历史的效用上是各有特点的，对于中国传记史学而言，其长期将人与事、真与善结合起来，因而其所反映的历史上的人都是特别具有历史感的人，都具有特别坚实的历史支点，传记对人的评价都具有全

第五章 中西古代史传的结构及其特点

面性、历史性和变化性,因而也具有辩证性,当然,这种辩证性还带有明显的朴素性。但对于西方的传记史学而言,由于其自身发展的独特性,其对历史人物的研究更重视人的性格和人的道德价值特性,因而体现出了人性的特殊性、理论性。西方传记史学的这一发展过程,其源远流长,由来有自。因此,为了充分说明中西传记史学对人物的评判及其各自的方法论和侧重点,就必须对西方的关于人性的理论和科学进行更为深入的探讨,只有这样,才能够真切感受西方传记史学的根本特点及其社会历史效用。这样一来,我们不得不又回到了西方早期学术发展的基本特点上来。

对于西方学术而言,苏格拉底是一个重要的转折点,因为从苏格拉底开始西方的自然哲学开始向道德哲学转型,而亚里士多德则在这一领域里做出了突出的贡献。众所周知,在百科全书式学者亚里士多德那里,伦理学是"实践科学"的重要组成部分。亚里士多德对于伦理学的重大贡献在于他重点探讨了"幸福是什么"这一关于人的根本性问题,由此涉及对人类道德行为和社会道德关系的各种规定,最终建立起一个以幸福论为中心的伦理学说体系。在亚里士多德看来,幸福并非那些只能给人带来暂时满足的如金钱、荣誉、地位之类的外在的东西,幸福应当是人类活动的最终目的。而一切事物都应以求善为其最终目的。所以,人类的幸福就是"善"或"至善"。当然,亚里士多德不同意柏拉图所说的那种脱离人的具体社会环境的所作所为的善;或者只存在于人们思想层面的形而上的理念的"善",他认为,作为人生活动最终目的的"善"是存在于人们的行为之中的。当然,亚里士多德的"善"及其善的行为并不具有真实的社会历史性,仍然更多地停留在哲学的思辨之中。

亚里士多德所说的"善"是指人的自身完善。他从"灵魂说"的角度对此作了阐释:人的灵魂分为理性和非理性两部分。人的感官能力所产生的欲望和情感,都是属于非理性的。而理性则具有控制和调节欲望和情感的功能。道德的关键问题就在于使非理性的欲望服从于理性,这样人的行为便能达到完善,也就是从人的行为实践上体现出美德,即德性。

因此,从亚里士多德的伦理学出发,传记史学的意义在于揭示人的非理性的欲望最终如何被人的理性意志所控制所克服,并最终走向了完善。这样看来,亚里士多德的伦理学理论不仅为人们求善提供了奋斗的方向,更重要的是为传记史学揭示人的缺陷和不足提供了理论支撑。在这种理论的支撑下,传记中的人物自然应该呈现出人的最基本的多样性特征,并在多样性特征中以求善,由此之后,在传记史学中,人性的内容就表现出多样性——最起码就是两面性,而人们的最重要的道德目标和善的标志就是消除不高尚的部分,进而达到高尚的境界。其结果,人物的性格和品质开始具有了较多的真实性,而且我们也知道,传记史学和历史学一样,其最基本的特征就在于探求真实的这一基点上。但需强调的是,亚里士多德的伦理学的思想观念牢牢地将人的行为局限于人性之中,其和历史仍然有相当大的距离,尽管如此,但毕竟他为历史学的传记观念提供了求真的理论和方法。对此,我们应该给予充分的肯定和评价,否则,我们就无法理解西方传记史学的发生及其特征,更谈不到对其本质性的认识了。

显然,中西传记史学都在其各自的历史和理论的基础之上,对个体人物的研究都做出了自己的突出贡献。之所以这样讲,是因为在传记的发展过程中,传记史学的内容应该是也确实是广泛而具体的人,同时还要强调的是,它研究的人是真实的个体的人,真实的历史经历,只要达到这两点,它就是传记史学的内容了。而中西传记史学最突出的特点是,它们在对历史上真实的传主的人生经历和思想活动进行探讨的基础上,获得了突出的各具特色的成果:一个是努力求真,一个是努力求善。显然,人们对真与善的不懈探求在漫长的中西历史发展过程中一直发挥着重要的社会历史作用。

现在的问题是如何看待中西古代传记史学的突出成就及各自的特点。事实上这一问题与中西传记史学的效用和精神有着直接而重要的关联。从中西古代的传记发展进程来看,古典时代文学的朴素性和原始性,使其天然地与历史发生着联系,并同历史趋于一体,这是我们在研究早期传记时所应注意的重要问题,也是中西历史和传记史学在发展过程中所呈现的突出特征。正是由此特性出发,中西两者传记发展的内在要求都是力图将文学和历史结合起来,并在结合的过程中,显示了两者的不同特点。从苏格拉底的"知识就是美德"这一名言中就可以看出西方的文化和其传记叙述的发展意图,但众所周知,苏氏的这一重要的学术意图并没有获得大的成功,因为希腊人长期以来形成的传统,历史即是叙事,写人的则难以成为历史,尽管写人也必须以真为基本要素,但在对人的求真方面长期没有系统的理论和可靠的方法,因而还不能被人们所接纳,只能被纳入另一个范畴——文学。西方的学术和传记史学仍然沿着自身的逻辑在向前迈进,历史和传记仍然被视为两个不同的学术领域,事实上,历史这个

第五章　中西古代史传的结构及其特点

学科在希腊罗马时代，仍处在文学的范畴之中，言其独立性，尚为时过早。更极端一点讲，如果说西方古典时代的传记不是历史的话，那么被大家所公认的古典时代的史学著作也同样不是真正意义上的历史，也还是在文学的范畴之中。按照西方现代的历史哲学理论，历史作为一门独立的学科开始于维科，因为从维科开始，人们才开始从人的历史运动中探讨其内在的动力，而不是从外部或宗教。如果从历史唯物主义的观点来看，直到19世中叶马克思主义出现后，历史才有了真正的自律性和独立性，历史才真正成为一门自足的科学。因此，中西传记史学的各自特性和作用都是中西历史进程中的历史现象，都有其历史的必然性和合理性的。

再从现代传记史学发展的现实来看，中西传记的研究仍存在着许多争议和需要加以解决的重要问题。比如说，古代传记史学的很多内容也可以纳入文学的范畴，比如，司马迁的《史记》也被称为文学作品，这应该如何理解？如果上升到理论高度的话，还有许多疑难问题，比如说，文学传记与历史传记的疆界问题，历史的真相与文学的真相之相同性和不同性在什么地方，文史传记是否可以共通，等等。其实，像上述的这些重要问题，只要将其置于中西史学发展的历史文化的环境中，在其历史发展的轨道中加以考察的话，通过不懈的努力，还是可求其解的。

小　结

中西传记史学自其产生后，沿着各自的文化轨迹继续向前，产生了越来越多的突出成果，到司马迁和普鲁塔克时期，中西传记史学达到了一个基本定型的历史发展时期。这一发展阶段的突出标志就是中西传记史学都在这一过程中，逐渐积淀了许多比较成熟的传记史学观念，并在这些观念的基础上形成了各自的较为丰富的传记内容及突出特点；而同中西内在的传记史学观念相适应的是，在传记史学的叙述形式上也形成了许多成熟的程式和规范的表达手法，使传记的内在观念和外在表现形式有机地统一起来，并体现出了明显的具有传记史学特色的传记精神。以此为标志，中西的传记史学已经进入一个新的历史阶段，为其后中西传记史学的继续发展奠定了坚实基础。

如果对中西古代史传的特点、基本结构及其史传精神进行进一步探讨的话，就会发现，中西传记史学无论是特点、结构还是其所表现出来的精神，其实都与传记所面对的两个基本问题紧密相关，并在解决这两个基本问题上表现出了明显的共性和不同性。这两个基本点就是传记史学中的人与事的关系问题所表现的两个方面上。并由这两个方面引申出许多相关的重要问题。这些问题主要有：

其一，在传记史学的叙述方面，对于中西传记史学而言，是重视对传记人性的研究呢，还是重视对与传主有关联的历史事件的研究？其二，在对历史人物的判断方面，是偏重于对历史事实进行因果分析呢？还是着重于对传记人物进行心灵世界的价值判断？其三，在对人物进行总体叙述和最终定论时，是将人与事两者联系起来加以叙述且加以评论，还是将其统一于历史进程中呢？或者是将两者统一于价值判断之中？事实上，如果不是限于篇幅关系的话，还可以寻找出更多的与传记史学的这两个因素相关联的其他重要问题。本章正是针对以上问题进行了详细论述，以使我们能够对中西传记史学的发展趋向有个大致的了解。简而言之，中西传记史学都是从其各自的文化源头出发，在其产生和发展的道路上都形成了一些与各自文化基因相联系的特点，正是这些特点及其发挥作用的结果，使中西传记史学在产生、形成和发展等方面表现出由来有自、并行不悖、有所侧重和殊途同归的这四个特点。

其一，所谓由来有自，其意强调的是，中西传记史学的发展道路及其形成的特点有其各自的内在规定性和必然性，并非外力强加的结果，这是中西传记史学比较的原点。如果说有什么外力的影响的话，那只能说是中西两大传记史学体系在形成和发展的过程中，不同程度地受到周边各民族文化的某些影响。

其二，所谓并行不悖，在此指的是两个方面：一个方面是中西传记史学在各自轨道上不断发展，形成了各具特色的传记史学观念，成为傲立东西的两大传记史学系统；另一方面指的是，中国早期传记史学的突出特征是基于历史真实事实上的传记史学，一直和叙事史学保持着紧密的联系，而希腊罗马的传记史学则是侧重于人心灵世界的传记史学，其发展的趋向是和传统的叙事史学渐行渐远。

其三，有所侧重，指的是传记史学在中西历史学中的地位有所不同。对于中国传记史学而言，其地位尊崇，长久地屹立于史学的殿堂中，而受到人们的尊重；但对于西方而言，自古迄今，一直对传记史学颇有微词，如莫米利亚诺

第五章 中西古代史传的结构及其特点

认为：自古迄今，在西方学术界，"没有哪位古代权威将传记作者也算在优秀的历史学家之列。"①

其四，殊途同归，指的是不管是中国传记史学的自身特点，还是西方的希腊罗马的传记史学流派，两者观念的不同点只不过是侧重于人的不同方面罢了，其最根本的目的都在于对人本身进行深入的探讨，以求了解人的本质。

当然，对以上的特点再加以总结的话，中西传记史学在其特点、结构和精神方面表现出极大差异的根本原因，就在于中西对于传记史学的真实性这一问题的看法不尽相同，这是正确理解中西传记史学之不同发展轨迹的最根本的出发点。中国传记史学的地位与中国传记史学的历史真实性有着直接关系，究其原因，不得不承认这与以"列传"为代表的传记所具有的明亮的史学底色有着重要的关联。而希腊罗马对其悠久的传记史学真实性的看法与其原始的自然崇拜的认知方式有关，这一认知方式早在古典时代就将传记史学置于历史的范畴之外，而将传记史学置于研究人的性格和品质的范围内，缺乏与产生品格和性格的社会历史的紧密联系，无形中降低了历史真实性的需求，因而，其传记发展的趋向为文学传记，而同历史渐行渐远；但这绝非一无是处，而是有其内在的根本性原由，并从这一原由继续发展，却出现了另一重要的具有西方传记特点的学术成果。显然，从中国传记史学观念来看，西方传记史学是存在一些弱点，但这些弱点在其后的发展进程中又为西方传记史学的发展开辟了广阔的独立发展空间，自成一体，影响重大且深远，重要的是还受到民众的喜爱，岂不怪哉?！借用司马迁的话来讲："事势之流，相激使然，曷足怪哉！"②

以上对中西传记史学的特点、结构和精神的探讨是以其明显而坚实的客观历史进程为依据，但从另一方面来看，我们对中西传记史学特点等诸多内容的研究也有明确的主观目的性，正如德国19世纪著名的历史学家德罗伊森所认为的："世界上的现象并非客观地自行区分成时间性和空间性的现象，区分它们的是人们的理解力；借着向后投映及向过去探照的工作，人们获得了力量及获得对事物的理解，研究性的眼光可以唤醒和照亮现实事物的既往，对我们而言，

---

① （意）莫米利亚诺：《现代史学的古典基础》，冯洁译，上海：华东师范大学出版社，2009年，第86页。
② 《史记》卷三十《平准书》，北京：中华书局，1959年标点本，第1443页。

这就代表着整个过去，但它只是我们意识中的过去。"① 因此，对中西传记史学特点诸问题的研究，一方面表明了中西传记史学存在着客观的共同性和不同性，同时，这种共同性和不同性又是我们所处时代的主观认识成果，因而又具有主观性、历史性。以此看来，对中西传记史学的共性和不同性的研究绝不会停留在本论题所达到的水平上，相反，对中西传记史学的特点等问题的研究将是一个不断深入的研究课题。

---

① （德）德罗伊森：《历史知识理论》，胡昌智译，北京：北京大学出版社，2006年，第3—4页。

第六章 司马迁与普鲁塔克传记史学价值观的异同——求真与求善的冲突与统一

《史记》和《名人传》中所体现的价值观,是司马迁和普鲁塔克传记史学观念研究中的一个基本问题和难点问题。究其原因,从历史哲学的角度来讲,人在历史发展过程中具有双重特质:既是历史发展的主体,又是历史发展的客体;由于这一双重性,决定了历史既是求真的科学,也是自我认识的主观反省。求真使历史学获得了作为一门学科的自足性和独立性,它必然要求服从于因果律;自我反省则使历史学具有了价值导向和目的意识,它要求进行价值判断。历史学的重要意义正在于它既满足了人类心智孜孜求真的要求,同时也满足了人类心灵的不断提升以求善的愿望。德罗伊森认为:"历史是人类对自己认识的觉醒,以及人类对自己的意识。"[①]对于传记史学而言,其觉醒和认识也主要表现在求真和求善两个方面。这对于司马迁的《史记》和普鲁塔克的《名人传》而言也是如此。基于此,本章将司马迁和普鲁塔克价值观的探讨置于其各自真实的历史发展过程中,从因果判断与价值判断以及两者关系的矛盾运动中,对中西这两位传记史家在其传记著作中所表现的价值观念的内涵、特质及思想高度进行比较研究。

---

① (德)德罗伊森:《历史知识理论》,胡昌智译,北京:北京大学出版社,2006年,第88页。

一、司马迁传记价值观的内容及其特征

(一) 司马迁传记价值观产生的背景

道德价值观是中国传统文化的核心内容之一，它也集中体现了我国从"野蛮时代"进入"文明时代"的文化特色。因此，对司马迁道德价值观的探讨首先必须将其置于中国传统的道德价值观的发展轨迹之中。

1. "周公制礼"——司马迁道德价值观的思想源头

在中国伦理道德思想史上，最早提出了一整套道德修养理论、并把道德价值提高到"治国平天下"的高度加以考察的是中国历史上著名的思想家——西周的周公。在周公看来，周之革殷得命乃由于兴德之果，"惟文王尚克修，和我有夏"[1]。对此，召公也同样认为："有殷受天命，惟有历年，……不其延，惟不敬厥德，乃早坠厥命"[2]。同样，殷之所以被革失命，乃由于其"不敬厥德"而被皇天"改厥元子"，即上天的福祚诛罚决定了下民的行为。因而周公主张以德治国，保民任贤，明德慎罚，唯如此，才可以"远乃猷裕，乃以民宁"[3]。由于周初统治者的大力倡导，周的"礼"文化迅速丰富发展起来，从而奠定了中国传统伦理文化的基础。

不言而喻，周公的伦理道德思想是宗教神学体系，现实的伦理道德笼罩在神学本原的光环中，人的道德伦理价值只不过是皇天的外化形式，并不具有真实的本质意义。因此，周礼中的许多道德规范都披上了"天赐民彝"的外衣，人性、道德性从根本上讲还被统一于神性之中。而到了春秋时代，随着社会经济结构、政治结构的急剧变化，以及民本主义的兴起，怨天、疑天、乃至于无神论思想的涌现，导致上帝的神性权威迅速下降，人自身日益成为社会思想的主体。一方面冥冥之中的天国不能再为世俗伦常提供终极关怀，另一方面宗教伦理因丧失本原而"礼坏乐崩"，因而建立新的适应现实社会的道德伦理体系是

---

[1] （清）孙星衍撰：《尚书今古文注疏》卷二十二《君奭》，陈抗、盛冬铃点校，北京：中华书局，1986年十三经注疏本，第425页。

[2] （清）孙星衍撰：《尚书今古文注疏》卷十八《召诰》，陈抗、盛冬铃点校，北京：中华书局，1986年十三经注疏本，第399页。

[3] （清）孙星衍撰：《尚书今古文注疏》卷十五《康诰》，陈抗、盛冬铃点校，北京：中华书局，1986年十三经注疏本，第271页。

当务之急。在此背景之下，孔子作为中国历史上伟大的思想家，以其深沉而执著的社会责任感，在民本主义思想的基础上，博采众家之长，对传统的宗教伦理道德体系加以批判和继承，建立了以人为中心的新的伦理道德思想体系，从而将中国的伦理道德思想发展到一个新的历史阶段。

2. 孔子对周礼道德价值思想的继承和发展

对于孔子来讲，其伦理道德的着眼点是现实的人，而不是神。著名国学大家钱穆先生就曾对孔子的道德伦理思想进行过研究，本文在此以钱穆先生的一些诠释为据，论述孔子对周礼道德价值思想的继承和发展。

对于"子不语怪力乱神"①钱穆先生的解释是："此四者人所爱言。孔子语常不语怪，如木石之怪水怪山精之类。语德不语力，如荡舟扛鼎之类。语治不语乱，如易内蒸母之类。语人不语神，如神降于莘，神欲玉弁朱缨之类。力与乱，有其实，怪与神，生于惑。"②

对于"樊迟问知。子曰：'务民之义，敬鬼神而远之，可谓知矣。'"③钱穆先生的解释是务民之义："专用力于人道所宜。用民字，知为从政者言。"敬鬼神而远之："鬼神之祸福，依于民意之从违。故苟能务民之义，自能敬鬼神，亦自能远鬼神，两语当连贯一气读。敬鬼神，即所以敬民。远鬼神，以民意尤近当先。《左传》随季梁曰：'民，神之主也。'与孔子此答大意近似。"④值得一提的是，在《左传·桓公六年》季梁谓随侯曰："夫民，神之主也。（杜预注解："言之鬼神之情，依民而行。"）是以圣王先成民而后致力于神。"⑤《僖公十九年》子鱼反对人祭时说："祭祀以为人也。民，神之主也。用人，其谁飨之？"⑥

"季路问事鬼神。子曰：'未能事人，焉能事鬼？''敢问死。'曰：'未知生，焉知死。'"⑦钱穆先生对这问题解说得很到位，所谓"问事鬼神：问祭祀奉事鬼神之道。未能事人，焉能事鬼：人鬼一理，不能奉事人，何能奉事鬼。问死：

---

① （魏）何晏集解、（宋）邢昺疏：《论语注疏·述而篇》，北京：中华书局，1980年十三经注疏本，第2483页。
② 钱穆：《论语新解》，北京：生活·读书·新知三联书店，2002年，第183页。
③ （魏）何晏集解、（宋）邢昺疏：《论语注疏·雍也篇》，北京：中华书局，1980年十三经注疏本，第2479页。
④ 钱穆：《论语新解》，北京：生活·读书·新知三联书店，2002年，第157页。
⑤ 杨伯峻：《春秋左传注》修订本，北京：中华书局，1981年，第111页。
⑥ 杨伯峻：《春秋左传注》修订本，北京：中华书局，1981年，第382页。
⑦ 杨伯峻：《论语·先进篇》，北京：中华书局，1980年十三经注疏本，第113页。

问死后事。未知生,焉知死:死生一体,不知生,即不知死。"①

以上所说的都是孔子在继承吸收春秋时期进步人文思想的基础上,坚持并发展了以人为本的理性的人文思想。

显然,在孔子的思想体系中,在不否认人的自然生命的前提下,所注重的是生命的道德价值,将道德价值作为生命的本质,由此孔子提出了多达数十种的道德范畴,诸如仁、礼、智、孝、义、信、忠、恕、悌、恭等,但其中最重要的是"仁"与"礼"这一对范畴。

从字源学的角度来看,"仁"字是由"人"和"二"两个字合成为一个字,所表达的意思就是人与人之间应该相亲相爱。② 周统治者在原始传统的"礼"中突出强调了其积极的部分——"德",这无疑是一大进步。孔子批判地继承了周公的精神遗产,又把周公强调的"德"改造并发展成为"仁"。所以在《论语》中,"樊迟问仁。子曰:'爱人'。"③,孟子也认为,"仁者爱人,"④ 段玉裁注引上文郑注并曰:"人耦,犹言尔我亲密之词。独则无耦,耦则相亲。",在孔子看来,"仁"就是人的本性的最高表现,是人的美德的集中概括。

显然,孔子关于"仁"的思想对中国思想史上居有重要意义,学者对孔子在"仁"学说方面的贡献评价甚高,其实,孔子不仅把原始传统的"礼"中的德发展成为仁,而且还改造了原始传统的礼自身,使它成为实行"仁"必不可少的条件。对此,刘家和先生著文对孔子在"礼"方面的贡献进行了阐述,很有启发意义。⑤

刘先生在《论中国古代轴心时期的文明与原始传统的关系》中指出,孔子说:"仁者人也,亲亲为大,义者宜也,尊贤为大。亲亲之杀,尊贤之等,礼所生也。"⑥ 所以孔子仁学说的内部也是以礼的等级划分为不同层次的。但是,经过孔子改造后的"礼"与原始的"礼"相比较的话,已经有了很大的不同。其一,原"礼"特别强调人与人之间的区别,是设立在人与人之间的层层关卡或壁障而难以逾越,但孔子从来不曾提出要废除由礼而生的层层区别,而只是把

---

① 钱穆:《论语新解》,北京:生活·读书·新知三联书店,2002年,第285页。
② 《说文解字》第八篇上,人部:"仁,亲也。从人二。"
③ 杨伯峻:《论语译注·颜渊篇》,北京:中华书局,1980年,第131页。
④ 杨伯峻:《孟子译注》卷八《离娄下》,北京:中华书局,1960年,第197页。
⑤ 刘家和:《古代中国与世界》,武汉:武汉出版社,1995年。
⑥ (清)孙希旦撰:《礼记集解》卷五十《中庸》,北京:中华书局,1989年。

第六章 司马迁与普鲁塔克传记史学价值观的异同——求真与求善的冲突与统一

它们从一道道的关卡或壁障变成一道道的关口,一层层的梯阶,一座座的桥梁,一个个的连接点。也就是等级是存在的,但等级的作用和性质已有很大的变化。其二,原"礼"主要以血缘关系的有无和远近作为区分的标准,而"贤"并未受到充分的重视,或者说是居于从属的地位。但在孔子的"礼"中,除了血缘关系之外,以加上了一个与之并列的"尊贤之等"。所以,孔子的思想"礼"已经不是原始传统的"礼"的简单再现,而是其中已经加上了新的重要因素了。①

因此,刘家和先生对孔子在礼方面的重要贡献的研究成果,不仅使人全面了解了孔子的思想贡献,同时也丰富了孔子的"仁"的思想,更重要的是加深了对孔子整体思想体系的全面了解。

"礼"是具有强制性的社会制度和行为规范,"仁"则是个人道德修养和主观自觉。即如孔子所说的:"颜渊问仁。子曰:'克己复礼为仁。一日克己复礼,天下归仁焉。为仁由己,而由人乎哉?'颜渊曰:'请问其目。'子曰:"非礼勿视,非礼勿听,非礼勿言,非礼勿动。'"②在这段话里,重要的是"为仁由己"句话,钱穆先生解释为:"为仁,犹言行仁。行仁道当由己,不由人。克己,由己克之,复礼,亦由己复之。能克己,斯能由己矣。所以欲克己,即为欲由己。两己字不当分别说之,而克与由则分指两项工夫。"③至于"非礼勿视、听、言、动四勿字",钱穆先生认为那全是约束自身的工夫和内容。对此,钱穆先生这样进一步阐述其中的意义:"孔子曰:'礼云礼云,玉帛云乎哉?'又曰:'人而不仁,如礼何?'盖礼有其内心焉,礼之内心即仁。然则克己复礼,即是约己归仁。惟言归仁,若偏指内心,又不见工夫所在。言复礼,则明属外面行事,并有工夫可循,然后其义始见周匝。苟己之视、听、言、动能一一复于礼,则克己正所以成己,复礼亦正所以复己。于约束抑制中得见己心之自由广大,于恭敬辞让中得见己心之恻怛高明,循此以往,将见己心充塞于天地,流行于万类。天下之大,凡所接触,全与己心痛痒相关,血脉相通,而天下归仁之境界,即于此而达。岂只在社会现行礼俗之细节处规行矩步而便谓之约礼?"④结合钱穆先生的解说,可以清楚地看到孔子所谓的礼与仁之间的内在关系。也就是说,

---

① 刘家和:《古代中国与世界》,武汉:武汉出版社,1995年。
② (魏)何晏集解、(宋)邢昺疏:《论语注疏·颜渊篇》,北京:中华书局,1980年,第2502页。
③ 钱穆:《论语新解》,北京:生活·读书·新知三联书店,2002年,第303页。
④ 钱穆:《论语新解》,北京:生活·读书·新知三联书店,2002年,第304页。

在孔子的道德伦理体系中，礼与仁是一种互为表里，相辅相成的关系。具体而言，仁是内在依据，礼是外在表现。因此，"仁"与"礼"的关系是一而二、二为一，和而不同的关系。从外在要求来看，不做任何违礼犯禁的事情是对"仁"的基本要求，从主体方面看，道德行为已开始出于主体自觉，已不是诉诸外来的约束、强制，因而"仁"又是一种高度的意志自觉状态。借用德罗伊森的话来讲就是"每个人都是道德主体；正因为他是道德主体，所以他成其为人。"①

显然，如果将孔子的道德思想和周公的道德思想相比较的话，可以看出，孔子以前的道德伦理，由于天国上帝的威严，并和血缘宗法家族观念紧密相连，故带有较大的外在强制性，而孔子通过"礼"与"仁"互为因果的辩证关系，把外在的强制悄然地转化为一种人自身的主体自觉，与此相伴随的是，道德本原也从原先的天国移入人们自身之中，使人成为一种高度发达的自我觉悟的道德统一体。因此，孔子道德伦理的理论体系并不是建立在外在的趋势或结构上，而是完全依赖于人的主体意志自觉和个人的道德修养状态。显然，仁学是一种内在超越型的道德价值体系。从而和古希腊和古罗马建立在宗教信仰上的道德伦理大相径庭。

3. 孔子道德价值观念的局限性与司马迁道德价值观念的产生

如上所述，孔子的"仁"与"礼"之间，既有相辅相成与不可分割的一面，又有不能完全协调和与相互矛盾的一面。

就伦理学而言，自由和道德法则是两大不可避免的难题。毫无疑问，人的道德性须以自由为前提，唯有这种自由才能使道德主体而具有独立性，并和伦理纲常拉开距离，这种距离是道德性对现实世界认识和批判的前提，如果道德性失去了其自由和独立的地位，那么道德将变为他律，而不是自律。对于孔子来讲，其道德性所要解决的主要问题是意志、身体力行的问题，而理性认知的权力和要求被暂时搁置起来。著名哲学家张岱年先生认为孔子是中国哲学史上"第一个提出人生论的系统"的思想家，而且在他看来，"人生论是中国哲学之中心部分"② 不过，孔子的这种基于人生的道德理论，极力倡导他的观念，"谁能出不由户，何莫由斯道也"。杨伯峻的译文为："谁能够走出屋外不从房门经过？

---

① （德）德罗伊森：《历史知识理论》，胡昌智译，北京：北京大学出版社，2006年，第85页。
② 张岱年：《中国哲学大纲》，北京：中国社会科学出版社，1982年，第165页。

第六章 司马迁与普鲁塔克传记史学价值观的异同——求真与求善的冲突与统一

为什么没有人从我这条路行走呢?"①在张世英先生看来,由于孔子少言天道,重人道,有一种看法认为,这就是孔子的主体性思想,认为孔子发现了人,这种看法未免对孔子估价过高。"孔子单纯讲人,轻视自然,在他的思想中尚缺乏分离人与自然,把主体意识与客体相对立起来的观点,他的意识不能说是达到了自我意识、达到人的自由自决和自我觉醒的主体性原则。"②

由于缺乏一个超越点,主体世界与他的客体世界(伦理世界以及他自身)不能建立起一种真正的认识关系或理性价值关系,而只能是一种调和、甚至等同的关系。因而主体在认知的过程中,最终也容易失去真正意义的主体内涵,其结果,这一伦理结构一方面表现了突出的优越性,即避免了西方文化的主客两分、进而主客对立、再进而难以统一的理论弊端;但另一方面又表现出其突出的缺点,即由于德性失去了理性精神和批判精神的依托和支点,自然难以发挥其独立的主体的能动意识。所以在孔子那里,人的道德性在很大程度上表现为对现实伦理纲常的肯定和在现世社会中不懈的内在追求,其结果人的道德自觉性被无情地葬身于现实的伦理纲常之中,最终成为捍卫世俗伦常的光环和附属品。孔子伦理学的最大特点在于,努力将中国的伦理道德性从宗教神学那里解放出来,但在这一过程中,他所构建的理论体系并未完全斩断与天国的渊源,同时也与世俗伦常保持着相当程度的调和。由此,引起了人们对孔子道德思想体系的争议,正如有的学者所提出的,孔子的道德理论如果和康德的道德伦理体系相比较的话,二者有着明显的相同点,对此,朱本源先生在其颇具反响的《孔子历史哲学发微》一文中对孔子的思想体系从历史哲学的角度进行了论证,认为孔子所创立的理论体系可以归结为培养人的道德意识,具有浓厚的道德的形而上学观念。于是,孔子的历史哲学"是一种道德的、历史的形而上学。"③沃尔什就曾认为,对康德而言,"至少历史哲学乃是道德哲学的一种派生品"④。但孔子和康德两者也还有一些明显的不同,如有些学者所指出的,如果孔子的伦理道德可以称为形而上学的话,那么只能称之为"道德的形而上学"(Moral

---

① 杨伯峻:《论语译注·雍也篇》,北京:中华书局,1980年,第61页。
② 张世英:《天人之际》,北京:人民出版社,1995年,第77页。
③ 朱本源:《孔子历史哲学发微》,《史学理论研究》1996年第2期,第27页。
④ (英)沃尔什:《历史哲学——导论》,何兆武、张文杰译,北京:社会科学文献出版社,1991年,第124页。

metaphysics）或"实践的形而上学"（Practical）①，从而和西方康德的"道德形而上学"（metaphysics of morality）的思想体系相区别。

孔子这种道德的形而上学的特点，也给后人留下了广阔的进一步的思考空间。从中国道德思想史来看，孔子重点强化"为仁由已"的这一方面，彰显了个体的重要性。"由仁义行，非行仁义"②，孟子的这句名言自古以来就争论不休，难得其解。其实，从孟子的思想本质而言，所谓"行仁义"意味着把仁义归结为自我的道德意识，而"由仁义行"则把仁义归结为形而上的理。由此，孟子的思想中就显现了较为独立的个性——浩然之气和指斥社会的批判性，董仲舒就利用孔子的道德和伦常相统一的思想，将孔子的伦理思想发展成为天人相与的宗教神学，如董氏所云："天不变道亦不变"③、"王道之三纲，可求于天"，将道德本源归之于"天命"，使伦理道德全部依附于现实的政治统治，以此来提高封建伦常的权威性和神圣性，直接为汉朝的专制统治服务，并进而成为官方哲学；而儒家的另一流派则又从道德自觉性出发，致力于完善儒学的内在超越体系，将主体意识的"心"、"心性"作为其伦理学的终极依据，如孟子的性善论，就把仁、义、礼、智等封建伦理一概归之于人心"善端"的自然发显，使伦理纲常依附于道德性。

正是因为这一特定的理论发展趋向，决定了司马迁构建其道德价值观的方法论必须正本清源，拨乱反正。正因为如此，司马迁首先从世界观的高度，以"正《易传》"，以"究天人之际"，在天人矛盾中来探求人的主体地位，又从认识论的角度论证了人所具有的主观能动性。在此基础上，司马迁才能对中国的传统文化，特别是孔子的思想进行具有理性意义的思考，为中国传统文化的以道德为本原的求善史学模式注入了更多求真的理论理性的成分，从而超越了孔子的"道德理性"（借用希腊道德哲学用语）的史学模式，形成了独具特色的司马迁的史学"范型"。

（二）司马迁道德价值观的"范型"

1. "继《春秋》"，彰显道德价值崇高而独特的作用

如上所述，司马迁道德价值范式的本质在于从"继《春秋》"开始，但又高

---

① 刘鑫：《孔子道德形而上学探源》，《孔子研究》1994年第4期，第10页。
② 杨伯峻：《孟子》卷八《离娄下》，北京：中华书局，1980年，第191页。
③ 《汉书·董仲舒传》："道之大原出于天，天不变，道亦不变。"《汉书》卷五十六《董仲舒传》，北京：中华书局，1962年标点本，第800页。

第六章　司马迁与普鲁塔克传记史学价值观的异同——求真与求善的冲突与统一

出于《春秋》——从而使他的道德价值模式从《春秋》道德与现实的统一趋向中，又拉开了距离，并形成了道德与现实的伦理纲常既对立又统一的具有一家之言的道德价值模式。在司马迁的这一新的道德价值模式中，历史上人物的道德性较之《春秋》《左传》中的人物而言，获得了更多的个性自由选择，是在人生的逆境中，苟且偷安，碌碌无为，还是英勇抗争，创造奇迹；是在人生的关键时刻，不屈不挠，为义献身，还是左右徘徊，卖友求荣。

比如，"季布者，楚人也。为气任侠"，作为楚、汉勇将，彭越曾有恩于季布，但"汉召彭越，责以谋反，夷三族。已而枭彭越头於雒阳下，诏曰：'有敢收视者，辄捕之。'布从齐还，奏事彭越头下，祠而哭之。吏捕布以闻。上召布，骂曰：'若与彭越反邪？吾禁人勿收，若独祠而哭之，与越反明矣。趣亨之。'方提趣汤，布顾曰：'愿一言而死。'上曰：'何言？'布曰：'方上之困于彭城，败荥阳、成皋间，项王所以不能遂西，徒以彭王居梁地，与汉合从苦楚也。当是之时，彭王一顾，与楚则汉破，与汉而楚破。且垓下之会，微彭王，项氏不亡。天下已定，彭王剖符受封，亦欲传之万世。今陛下一征兵于梁，彭王病不行，而陛下疑以为反，反形未见，以苛小案诛灭之，臣恐功臣人人自危也。今彭王已死，臣生不如死，请就亨。'于是上乃释布罪，拜为都尉。"① 季布自知收视必死，然以知恩图报之心理去收视，又以情理打动了刘邦，不但未死，还被继续重用。季布至"孝文时，为燕相，至将军。布乃称曰：'穷困不能辱身下志，非人也；富贵不能快意，非贤也。'于是尝有德者厚报之，有怨者必以法灭之。"② 上述种种，体现的是季布身心中所弥漫的其人性特点——快意恩仇。太史公曰："季布哭彭越，趣汤如归者，彼诚知所处，(《集解》如淳曰："非死者难，处死者难。"③) 不自重其死。虽往古烈士，何以加哉！"④ 如此等等，虽然身处同一境遇，但许多人却做了不同的选择，自然也就得到了不同的人生结果，彰显了不同的人物个性与品行。因此，在历史中的不同人物的命运和结果，其中包含了大量的道德价值的因子，是道德价值参与了历史的发展结果。

司马迁在《史记》中正是针对不同时期的众多历史人物的历史境遇进行了

---

① 《史记》卷一百《季布栾布列传》，北京：中华书局，1959年标点本，第2733—2734页。
② 《史记》卷一百《季布栾布列传》，北京：中华书局，1959年标点本，第2734页。
③ 《史记》卷一百《季布栾布列传》，北京：中华书局，1959年标点本，第2735页。
④ 《史记》卷一百《季布栾布列传》，北京：中华书局，1959年标点本，第2735页。

历史探析，使人们明白了他们的结局命运大不相同，确实有很多原因，但从根本上讲，都是这些人物自身选择的结果，并非外来的神意。比如，秦灭六国是长时段历史发展的结果，但对如何统治一统的秦帝国，帝国内部也有不同的争议。比如，秦始皇与长子扶苏就有不同的治国方略。秦始皇令"焚书坑儒"后，"长子扶苏谏曰：'天下初定，远方黔首未集，诸生皆诵法孔子，今上皆重法绳之，臣恐天下不安。唯上察之。'始皇怒，使扶苏北监蒙恬于上郡。"① 秦帝国在始皇选择的道路上继续前行。死时，始皇可能已有悔意，归途中，"上病益甚，乃为玺书赐公子扶苏曰：'与丧会咸阳而葬。'"② 欲立扶苏为太子，继承皇位，但最终却因内部的"人事"而落空；对于刘邦而言，其在当权最初，迷信武力，但因其善于用人和纳谏，听娄敬之言，移都长安。太史公曰："语曰'千金之裘，非一狐之腋也；台榭之榱，非一木之枝也；三代之际，非一士之智也'。信哉！夫高祖起微细，定海内，谋计用兵，可谓尽之矣。然而刘敬脱挽辂一说，建万世之安，智岂可专邪！"③ 最终又听陆贾之言，放弃了马上得天下，马上再治天下的最初治国方针，才使汉帝国得以长治久安。"陆生时时前说称诗书。高帝骂之曰：'乃公居马上而得之，安事诗书！'陆生曰：'居马上得之，宁可以马上治之乎？且汤武逆取而以顺守之，文武并用，长久之术也。昔者吴王夫差、智伯极武而亡；秦任刑法不变，卒灭赵氏。乡使秦已并天下，行仁义，法先圣，陛下安得而有之？'高帝不怿而有惭色，乃谓陆生曰：'试为我著秦所以失天下，吾所以得之者何，及古成败之国。'陆生乃粗述存亡之徵，凡著十二篇。每奏一篇，高帝未尝不称善，左右呼万岁，号其书曰'新语'。"④ 太史公曰："余读陆生新语书十二篇，固当世之辩士。"⑤

司马迁正是借助历史人物这种颇具个性的自由选择来体现传记人物自身对人生命运的理解和选择的前因和后果，并在此叙述过程中体现人们所固有的道德性的崇高和尊严，体现人的道德价值在人生、在历史中所发挥的重要作用。显然，司马迁的道德价值观是源于孔子但又不同于孔子的道德价值观。

---

① 《史记》卷六《秦始皇本纪》，北京：中华书局，1959年标点本，第258页。
② 《史记》卷六《秦始皇本纪》，北京：中华书局，1959年标点本，第264页。
③ 《史记》卷九十九《刘敬叔孙通列传》，北京：中华书局，1959年标点本，第2726页。
④ 《史记》卷九十七《郦生陆贾列传》，北京：中华书局，1959年标点本，第2699页。
⑤ 《史记》卷九十七《郦生陆贾列传》，北京：中华书局，1959年标点本，第2705页。

2. 司马迁道德价值观的突出特征——在历史现实冲突中彰显人的道德价值

那么，司马迁的道德价值模式的基本理论是什么呢？对此，在"正《易传》"之后，司马迁又在其哲学思想的指导下，对《春秋》的道德价值内涵作出了自己正确的理解和吸收。一代儒学宗师董仲舒以为，孔子著《春秋》，"是非二百四十二年之中，以为天下仪表，贬天子，退诸侯，讨大夫，以达王事而已矣。"① 司马迁对此说得更清楚："夫《春秋》上明三王之道，下辨人事之纪，别嫌疑，明是非，定犹豫，善善恶恶，贤贤贱不肖，存亡国，继绝世，补敝起废，王道之大者也。"② 司马迁所谓的"三王之道"（即"王道"）是指夏、商、周三代所奉行的政治制度，三代政治制度的根本特点在于实行"礼治"，即"礼义以为纪；以正君臣，以笃父子，以睦兄弟，以和夫妇。"因而"礼治"实为"德治"。由此，司马迁也认为"夫不通礼义之旨，至于君不君，父不父，臣不臣，子不子，……故《春秋》者，礼义之大宗也。"③ 用孟子的话来说，"孔子成《春秋》，乱臣贼子惧。"④

因此，孔子著《春秋》，使中国史学从一开始就成为具有示范、教育的"训诲史学"，其实质为道德史学，历史事件被看成是道德价值的体现者，是具有道德意义的关系网络。同时，按照司马迁的理解，孔子对历史事实、历史人物进行道德评判的基本理论是"明是非，定犹豫，善善恶恶、贤贤贱不肖，"将是非和善恶都纳入其历史思想体系中，也就是说，孔子的历史思想是试图将因果判断和道德评判统一起来。但是，还需指出，对于孔子来讲，其思想体系的一个突出特征就表现在它是一个内部充满矛盾的统一体，其虽然提出了"不虚美，不隐恶"的道德价值评判准则，但又奉行了"为天子讳，为贤者讳，为亲者讳"的价值评判通例，如司马迁所指出的："《春秋》约其文辞而指博，故吴、楚之君自称王，而《春秋》贬之曰'子'，践土之会实召周天子，而《春秋》讳之曰：'天王狩于河阳。'推此类以绳当世。"⑤ "孔氏著《春秋》，隐、桓之间则章，至

---

① 《史记》卷一百三十《太史公自序》，北京：中华书局，1959 年标点本，第 3298 页。
② 《史记》卷一百三十《太史公自序》，北京：中华书局，1959 年标点本，第 3297 页。
③ 司马迁：《史记》卷一百三十《太史公自序》，北京：中华书局，1959 年，第 3298 页。
④ （汉）赵岐注、（宋）孙奭疏：《孟子注疏》，北京：中华书局，1980 年十三经注疏本，第 2715 页。
⑤ 《史记》卷四十七《孔子世家》，北京：中华书局，1959 年标点本，第 1943 页。

定哀之际则微,为其切当世之文而罔褒,忌讳之辞也。"①

孔子的道德价值观同其道德的形而上学一样,强调了人的道德性和主体性,但却用道德价值观作为匡损历史事实、历史进程的标准和工具,带有历史因果从属道德价值的弱点,这显然就有问题了。因此,仅仅认为司马迁"继《春秋》"所继承的是孔子的道德史观,即贯穿于《春秋》之中的"义",是不能说明司马迁道德价值模式的本质的。事实上,司马迁道德价值模式的本质在于从"继《春秋》"开始,但又超越了《春秋》——"成一家之言"。那么,"成一家之言"的具体内涵是什么?本文认为,这一内涵表现在道德哲学上就是司马迁在以儒学"仁爱"思想为主体的前提下,主要吸收了道家的"愤世"思想,从而使司马迁的道德价值模式从《春秋》的道德与历史现实的统一趋向中,又拉开了距离,使道德与历史现实之间产生一种张力的关系,形成了道德与历史现实的伦理纲常既对立又统一的道德价值模式,使人的道德性获得了真正的自由,并在这种自由中来体现道德性的崇高,来体现人的道德价值。

3. 将道德价值与历史因果的对立最终统一于客观的历史进程中

司马迁道德价值观的一大特色是将道德价值观与历史因果的对立关系最终又统一于客观的历史进程中,这一问题是探讨司马迁道德价值模式的关键所在,因此我们必须深入探讨。司马迁所处的汉代正是中华传统文化从春秋时代的"百家争鸣"向以儒家学说为中心发展的文化整合时代。昔日秦始皇崇尚法术及"焚书坑儒"所导致的秦统治迅速崩溃的结局,从反面显示了儒学在维护封建统治中的重要性,而汉朝的建立及统治者企图传之后世而无穷的迫切愿望,又为儒家在文化整合中确立其特殊地位提供了现实的必要性和难得的发展机遇。从中华文化发展史看,吕不韦著《吕氏春秋》,"备天地万物古今之事"、"极八方观览",就其实质而言是在寻求为秦王扫六合、一统天下相适应的意识形态,为未来的一统做思想意识的准备工作。但由于其杂糅百家而缺乏一种明晰的主体精神故未被秦王采纳,其后果就是秦在统一后在治国思想和方针方面缺乏与现实相适应的新的思想方法,并付出了惨重的历史代价,为其后的汉朝提供了借鉴;而刘邦在建汉后,在探讨汉朝的治国方略中采用了黄老之道与民休息的政策,但因为没有一个长远的与统一国家相适应的发展战略,也使人们对汉帝国的发

---

① 《史记》一百一十《匈奴列传》,北京:中华书局,1959 年标点本,第 2919 页。

第六章 司马迁与普鲁塔克传记史学价值观的异同——求真与求善的冲突与统一

展前景感到忧心忡忡。刘安向汉武呈献《淮南子》,虽也仿效《吕氏春秋》泛论万物,但其在具体历史事件的解释中,却又不得不借用儒家的许多以人为中心的思想,用儒家与社会现实相调和的一面为自身的理论根据。显然该书已透露出中华文化发展的历史倾向,即向儒家靠拢,因而具有大一统思想的儒学就成为当时中华文化发展的历史趋势和时代要求。但在此需要指出的是,如何理解儒学,如何继《春秋》,如何看待儒家在文化体系中的具体地位问题,仍是当时贤良方士争论不休的难题,但不管怎么说,时过境迁的原始儒学已不能适应历史的需要,继承、改造儒学则是学者们的共识。对此,董仲舒捷足先登,利用阴阳术数改造儒学,使道德价值从属于现实的伦常,以适应专制统治的需要,因而在汉武策问中一举中选,遂成为官方哲学,红极一时,为封建最高统治者涂上了浓浓的神采,为西汉专制统治的万世长久提供了终极根据。因此汉武帝以董氏的儒学理论为依据,"崇儒更化","罢黜百家,独尊儒术"也就自在情理之中了。

那么,司马迁在这一文化整合的大潮中,在儒学日渐成为社会主体文化的趋向中,其态度如何呢?从《太史公自序》看,史学世家的司马氏父子显然对文化整合,对儒学在文化体系中的地位,对儒学的内涵也颇有歧义。司马谈在《论六家要旨》中对当时众多的学术流派的根本性特征进行了详细而深入的探讨,学术功力深厚且观点深刻。其中对道家推崇备至,而对儒家则颇有微词,明显地表现出要在道家的前提下进行文化整合,进行历史叙述的这一重要的学术意图。司马谈是这样说的:"道家使人精神专一,动合无形,赡足万物,其为术也,因阴阳之大顺,采儒墨之善,撮名法之要,与时迁移,应物变化,立俗施事,无所不宜,指约而易操,事少而功多。儒者则不然,以为人主天下之仪表也,主倡而臣和,主先而臣随。如此则主劳而臣逸。至于大道之要,去健羡(《集解》引如淳曰:'知雄守雌,是去健也;不见可欲,使心不乱,是去羡也'),绌聪明(《索引》如淳曰:"不尚贤,绝圣弃智也')。释此而任术。夫神大用则竭,形大劳则敝。形神骚动,欲与天地长久,非所闻也。"①

但是对比司马迁撰写的《孔子世家》和《老子韩非列传》,明显可以看出,在司马迁的思想体系中,儒家成为其思想的主流,道家则成为配角,和其父司

---

① 《史记》卷一百三十《太史公自序》,北京:中华书局,1959年标点本,第3289页。

马谈的学术观念和史学思想明显相左。当然，这一转变绝不意味着司马迁以儒学为宗而抛弃、否定道家在其思想体系中的作用。事实上，道学思想成为司马迁道德伦理体系中的重要组成部分，并成为其改造发展儒学道德伦理的重要的思想武器。因为对于道家来讲，其和儒学相同之处在于其所探求的也是天人合一，不同的是，儒家是以人为主体、以人统天，道家则是以天为主体，以天统人。当然，从理论而言，道家的自然造化之天本身并不能作为认识主体建立起来，但它却可以作为否定现实人事的支点，从而促使人们和现实伦常拉开距离而产生一种对立关系，这一对立关系的作用不但为个体的独立和自由提供了前提，而且也为个体对现实的认知和批判提供了依据。其实这也是《史记》具有极其浓厚而强烈的历史批判精神的重要原因之一。

因此，司马迁的思想体系是以儒家学说为基础，扬其长，避其短，又吸取了道家的某些思想，以丰富、补充、并发展了儒学道德伦理思想，在深入探讨历史发展规律的前提下，忠于事实，"网罗天下放失旧闻，略考其行事，综其终始，稽其成败兴坏之纪，……以究天人之际，通古今之变，成一家之言。"[1] 从而使人的道德价值同历史事实、历史进程、历史规律紧密地结合起来，并为其道德价值观提供了坚实的基础。用班固的话来说，司马迁著《史记》，"自刘向、扬雄博极群书，皆称迁有良史之材，服其善序事理，辩而不华，质而不俚。其文直，其事核，不虚美，不隐恶，故谓之实录。"[2] 从而形成了出于儒家但又不同于儒家的新的思想体系，为儒学的浓烈的入世精神又注入了强烈的批判意识。因而，在《史记》中随处可见道家批判学说的烙印，这也难怪班固在《汉书·司马迁传》中批评司马迁"论大道则先黄老而后六经，"[3] 刘知几对司马迁著史主旨也有批评，称"《史记》则退处士而进奸雄"[4]，固然学术界大多认为班固和刘知几等人对司马迁的批评失之于偏颇，但在此需要稍加解释的是，学者们多从考证的角度来论证六经，即以孔子的思想体系为本来评价司马迁的学术思想，但在某种程度却忽视了道学在司马迁道德价值体系中所居有的重要地位，其结果自然也就难以理解《史记》所表示出来的对现实丑恶的强烈批判意识，也就

---

[1] （梁）萧统编、（唐）李善注：《文选》，湖南：岳麓书社，2002年，第1276页。
[2] 《汉书》卷六十二《司马迁传》，北京：中华书局，1962年标点本。
[3] 《汉书》卷六十二《司马迁传》，北京：中华书局，1962年标点本，2738页。
[4] （唐）刘知几著、浦起龙释：《史通》，上海：上海古籍出版社，1978年，第591页。

难以理解司马迁从"继《春秋》"开始到"成一家之言"逻辑体系中所包含的深刻的道德价值观，当然也就无法从深层次上对班固和刘知几人的观点进行彻底的批判。

（三）司马迁传记史学价值观的基本内容

《史记》是历史人物的画廊，是展示历史人物活动的平台和对他们的道德品格进行评判的"历史法庭"。因此，众多的历史人物在这里必须为其所作所为承受历史的评价，还必须要为自己做出的选择承担道德的评价。司马迁在撰写《史记》时，尊重历史的结果和选择，但又发挥道德法庭的历史威力，为历史人物做结论，为后人得启示。总的来说，这部史学著作集中从以下三个方面体现了司马迁的传记史学价值观：

1. 突出的求真意识

表现在《史记》中，司马迁以如椽之笔，通古今，话今昔，深刻剖析了历史发展的因果关系以求真，就连对司马迁颇有微词的班固也认为《史记》为"实录"①。因而《史记》被后人称之为"信史"。但司马迁在努力准确叙述历史的因果关系时，又将每一历史人物置于其道德价值的天平上加以衡量以求善，继《春秋》笔法之大成，善恶昭彰，褒贬并用，不以胜败论英雄，注重在历史因果判断和价值判断之间的冲突中来体现道德价值的评判作用，从而为道德价值赋予了更为丰富的历史内容。

试看刘邦，虽起于乡野鄙地，一无贵族出身的血统背景，二无渊博的学术传承和成就，三无凭借个人勋劳而获得的显贵社会地位。这一切似乎意味着刘邦永无出人头地之日，也由此在其年轻时不被人看重。但刘邦的潜在优势则表现在身处历史剧变的特定时代。在由智谋、征战定胜负的历史时代，刘邦从其劣势中获得了其独特的优势：无政治班底依靠，就可以广纳贤人良将，靠众人的智慧；自知没有学术素养就学习治国修养，而不刚愎自用，以纳谏而取良策；没有贵族血统，由此也无传统思想的束缚，一旦定下目标，就可以所顾忌，无所不用其极。刘邦借秦末农民起义之机，顺势而上，通过自身的努力，将不利条件，转而化为有利的条件，力挫群雄，终获"宝鼎"，取得天下，代强秦而成

---

① 《汉书》卷六十二《司马迁传》，北京：中华书局，1962年标点本，2738页。

为汉帝国的开创者。因而从历史的角度来对刘邦的发迹和成就加以分析的话，其战胜项羽和其他的各路英豪，确有其内在的历史必然性，这在《史记》中也被详细记载。也正是由于这一历史结果，昔日出身微细的刘邦，被汉朝的御用文人，比如董仲舒等人奉为"圣人"，加以神化，顶礼膜拜，以迎合汉朝最高统治者的需要，竭力用神权和宗教观念加强其专制统治。但司马迁以其史家的良知，以卓越的胆识，冒天下之大不韪，将刘邦置于价值判断的天平上加以衡量，无情地撕破了笼罩在他头上的神圣光环，暴露出他卑鄙丑恶的嘴脸："不事家人生产作业"①——无赖；"及壮试为吏，为泗水亭长，廷中吏无所狎侮"②——恶徒；"好酒及色"③——流氓；"汉王道逢得孝惠、鲁元，乃载行，楚骑追汉王，汉王急，推堕孝惠、鲁元车下，滕公常下收载之，如是者三。"④——狠毒；……丑态百出，不胜枚举。与刘邦相对照的项羽，楚汉相争，虽败于汉王，因而被汉朝御用文人视为草寇，极尽丑化之能事，但司马迁在《项羽本纪》中又从道德价值的角度对项羽的一生作了深刻的剖析，挖掘出了其所不被人们注意的历史关节点，及其在这些历史关节点所发出的道德闪光点：义斩宋义——顾全大局；破釜沉舟——勇冠三军；鸿门宴上——不忍下手；楚汉分界——言而有信；垓下被围——临危不惧；自刎乌江——舍生取义，……司马迁的同情之心，溢于言表。钟惺曰："司马迁以项羽置本纪，为《史记》入汉第一篇文字，俨然列汉诸帝之前，而无所顾忌，盖深惜项羽之不成也。不以成败论英雄，是其一生立言主意。"⑤ 因此，在司马迁的道德价值天平上，刘邦虽胜无光，项羽虽败犹荣、虽死犹生。

再如孔子，"孔子贫且贱。及长，尝为季氏史，料量平；尝为司职吏而畜蕃息。由是为司空"⑥ 虽然胸怀恢复西周政治制度的远大抱负，以"克己复礼"为宗旨，以"兴灭国，继绝世，举逸民"⑦ 为抱负，并奔走于列国，但一生郁郁不得志，处处碰壁，"已而去鲁，斥乎齐，逐乎宋、卫，困于陈蔡之间，于是反

---

① 《史记》卷八《高祖本纪》，北京：中华书局，1959年标点本，第342页。
② 《史记》卷八《高祖本纪》，北京：中华书局，1959年标点本，第342页。
③ 《史记》卷八《高祖本纪》，北京：中华书局，1959年标点本，第343页。
④ 《史记》卷八《高祖本纪》，北京：中华书局，1959年标点本，第322页。
⑤ 杨燕起等编：《历代名家评〈史记〉》，北京：北京师范大学出版社，1986年，第347页。
⑥ 《史记》卷四十七《孔子世家》，北京：中华书局，1959年标点本，第1909页。
⑦ 杨伯峻：《论语译注·先进篇》，北京：中华书局，1980年，第208页。

第六章 司马迁与普鲁塔克传记史学价值观的异同——求真与求善的冲突与统一

鲁。"①"似丧家之狗"②,但其一生谨守周礼,坚持自己的政治理想和思想观念,从不为世俗的任何利害所动摇。比如困于陈蔡之间,几近绝境,"不得行,绝粮。从者病,莫能兴。孔子讲诵弦歌不衰。"③ 晚年致力于整理中国传统文化典籍。太史公赞之曰:"'高山仰止,景行行止',虽不能至,然心向往之。余读孔氏书,想见其为人。适鲁,观仲尼庙堂车服礼器,诸生以时习礼其家,余祗回留之不能去云。天下君王至于贤人众矣,当时则荣,没则已焉。孔子布衣,传十余世,学者宗之。自天子王侯,中国言六艺者折中于夫子,可谓至圣矣!"④ 由此,孔子入《世家》。

还有楚国著名的诗人、政治家屈原,品行高洁,不与佞幸小人合污;身怀利器,"博闻强志,明于治乱,娴于辞令。"⑤ 但为小人所忌、君王所疑,后流放于异域,苦于报国无门,终自投汨罗江以明志。但司马迁打破世俗偏见,却专为这一不得志的流放者列传,不惜文词,盛赞屈原之节操、品行,"其文约,其辞微,其志清,其行廉,其称文小而其指极大,举类迩而见义远。其志洁,故其称物芳。其行廉,故死而不容。自疏濯淖污泥之中,蝉蜕于浊秽,以浮游尘埃之外,不获世之滋垢,皭然泥而不滓者也。推此志也,虽与日月争光可也"。⑥ 羡慕之情,溢于言表。对此,李晚芳曰:《屈原列传》"悲愤淋漓,如怨如慕,鹃啼猿啸,听之泪下,忠臣至死,犹系心君国,所谓身死而心不死也。"⑦ 所以《屈原列传》所愤慨的是朝廷群臣的嫉贤误国,楚王的昏庸无能,所称颂的是屈原的拳拳忧民爱国之心。正是在这种高尚情操与现实丑恶的矛盾斗争中,充分地体现了屈原高尚不朽的道德价值。

显然,如果把司马迁的道德价值观同孔子的道德价值观相比较的话,明显可以看出,司马迁是在孔子道德价值观的基础上,更注重人的勇、人的义、人的情,更具有和现实纲常抗争、反叛的精神气概,更具有知其不可为而为之、虽九死而未悔、不屈不挠的顽强拼搏精神,体现了更多的人性的真实性。正因

---

① 《史记》卷四十七《孔子世家》,北京:中华书局,1959年标点本,第1909页。
② 《史记》卷四十七《孔子世家》,北京:中华书局,1959年标点本,第1922页。
③ 《史记》卷四十七《孔子世家》,北京:中华书局,1959年标点本,第1930页。
④ 《史记》卷四十七《孔子世家》,北京:中华书局,1959年标点本,第1947页。
⑤ 《史记》卷八十四《屈原列传》,北京:中华书局,1959年标点本,第2481页。
⑥ 《史记》卷八十四《屈原列传》,北京:中华书局,1959年标点本,第2482页。
⑦ 李晚芳:《读史管见》,《李菉猗女史全书》,济南:齐鲁书社,2014年,第114页。

为如此，从而使道德性同社会历史进程拉开了距离，形成了源于孔子的道德价值观，但又不同于孔子的道德价值观，道德价值观从此以独立的面貌出现于历史舞台上，并发挥其真正的道德评判作用。

2. 自觉的求善观念

不言而喻，因果判断与价值判断的关系问题是历史学的一个大问题，也是历史哲学的核心问题之一。之所以如此，是因为人类在历史进程中同时具有不得不服从自然规律的被动性与努力作有自由意志的主人的主动性这一身份的两面性。孔子在《春秋》中奠定了一种将价值判断"寓于"事实判断中（即所谓寓论断于叙事）的撰史模式和传统，这就使事实判断与价值判断的统一在理论上成为可能和现实。所以，对司马迁而言，已不是应不应该在《史记》中将两者统一起来的问题，而是如何在《春秋》的基础上将两者更好地统一起来的问题。根据司马迁的指点，他解决这一难题的最重要的方法论就是"通古今之变"，用其通变的思想方法作为利器以处理两者之间的关系。因此，司马迁道德价值观的突出特点不仅仅表现在"继《春秋》"——以《春秋》之义作为评判历史的唯一依据，而且在《春秋》之义的基础上更注意求真，将真善两者结合起来，并在真善两者之间的矛盾冲突中来把握道德价值的崇高本质，以体现历史人物的道德水准，因而司马迁道德价值观最重要的特征还表现在他继承了孔子的将两者统一的传统，将人的道德和历史在对立中统一起来，将道德价值最终统一于历史进程，而不是把历史割裂为一些彼此孤立的"善事"和"恶事"，从而使其道德价值观具有更深刻、更广泛的社会历史的进步内容。

《史记》中，司马迁笔下的历史人物绝大多数都呈现出极其复杂的道德世界和行为世界，道德价值判断和因果判断尖锐对立，善恶集于一身。尽管有些人物从道德价值上来评判其品行污秽不堪，令人不齿；但同时从因果范畴上看，其功成名就，叱咤风云，所作所为具有历史的合理性和必然性。这显然是一对尖锐的矛盾，同时也是一个难以解决的重要问题。司马迁对此问题的回答是不拘泥于传统的道德价值，而是努力地将其道德价值观具体地、历史地统一于因果关系之中。

如苏秦、张仪是战国时期权谋机诈的代表人物。单从道德价值判断来讲，此二人翻手为云，覆手为雨，纵横捭阖，上下其手，巧言鼓舌，煽生是非，为达个人成名于天下的目的不择手段，实为卑劣小人。因而，在汉朝遂成为沦丧

第六章 司马迁与普鲁塔克传记史学价值观的异同——求真与求善的冲突与统一

政治操守的反面人物。对此，司马迁在《史记》中对他们的种种权谋和伎俩进行了揭露，但同时，在二人的传记中，司马迁又叙述了苏秦和张仪的历史成就：苏秦游说六国，身佩六国相印，遂成为战国的政治巨人，权倾一时；张仪则反其道而行之，破苏秦合纵，离心六国，力倡连横，也成为战国时期的政治领袖，引领一时政治风潮。在如此尖锐矛盾的评价中，司马迁的基本思路是将道德评价置于历史进程中，因此司马迁对苏秦"独蒙恶声"的现状极为不满，他的《苏秦列传》带有颇为明显的翻案意图。在司马迁看来，苏秦从一布衣，以"锥刺股"的求学精神，凭三寸不烂之舌，和张仪一起成为扶摇直上、左右天下安危的奇士，建功立业，实非凡人之所及。正因为如此，司马迁在其传赞曰：苏秦"其术长于权变。而苏秦被反间以死，天下共笑之。讳学其术……夫苏秦起闾阎，连六国从亲，此其智有过人者。吾故列其行事，次其时序，毋令独蒙恶声焉。"①

再如叔孙通，一向被人们视为无行文人的典型，为求自保，不以江山社稷为重，两次面谀二世，投其所好，未尽臣责。如秦二世向诸儒咨询扑灭陈胜起义军的方略时，"问曰：'楚戍卒攻蕲入陈，于公如何？'博士诸生三十余人前曰：'人臣无将，将即反，罪死无赦。原陛下急发兵击之。'"然叔孙通却察言观色，见"二世怒，作色。"遂奉迎二世曰："'诸生言皆非也。夫天下合为一家，毁郡县城，铄其兵，示天下不复用。且明主在其上，法令具于下，使人人奉职，四方辐辏，安敢有反者！此特群盗鼠窃狗盗耳，何足置之齿牙间。郡守尉今捕论，何足忧。'二世喜曰：'善。'尽问诸生，诸生或言反，或言盗。于是二世令御史案诸生言反者下吏，非所宜言。诸言盗者皆罢之。乃赐叔孙通帛二十匹，衣一袭，拜为博士。叔孙通已出宫，反舍，诸生曰：'先生何言之谀也？'通曰：'公不知也，我几不脱于虎口！'乃亡去。"② 但同在该传中司马迁又记载了叔孙通识大体、制定汉家帝国礼仪，察大局，建言勿易太子，以稳定汉朝早期政治和对汉家创制作出的突出的历史性贡献，等等，使人耳目为之一新。太史公曰："叔孙通希世度务，制礼进退，与时变化，卒为汉家儒宗。'大直若诎，道固委蛇'，盖谓是乎？"③

---

① 《史记》卷六十九《苏秦列传》，北京：中华书局，1959 年标点本，第 2277 页。
② 《史记》卷九十九《刘敬叔孙通传》，北京：中华书局，1959 年标点本，第 2720—2721 页。
③ 《史记》卷九十九《刘敬叔孙通传》，北京：中华书局，1959 年标点本，第 2726 页。

再如吕后，司马迁一方面用道德价值观批判了吕后在掌控汉朝权柄后，凶相毕露，诛杀功臣，挟私立诸吕为王及残害戚夫人等令人发指的暴行，但另一方面又充分肯定了吕后在刘邦死后，在治理国家事务方面所表现出来的卓越政治才干。在吕后统治时期，"政不出房户，天下晏然。刑罚罕用，罪人是希。务民稼穑，衣食滋殖。"① 两种判断结果截然不同，但结果司马迁将其统一于因果判断之中，置吕后于"本纪"之列，认为："高后之时，黎民得离战国之苦，君臣俱欲休息乎无为，故惠帝垂拱，高后女主称制。"② 阐释了至深的历史哲理。正如黑格尔所说的："世界历史所占的地位高出于道德正当占据的地位，……那些伟大人物，'世界历史'个人的功业行事，无论从他们所没有觉察到的那种真正的意义来看，无论从世俗的观点来看，一概是合理得当的，然而从这一点看起来，各种不相干的道德要求，断然不可以提出来同世界事业和这些事业的完成相颉颃、抵触。"③

对于游侠，因其各为其主，各行其是，"以武犯禁"，深为已经一统天下的汉统治者所忌恨，必欲除之而后快，因而西汉政权对游侠的打击不遗余力，文、景、武三世都有剪灭游侠之举，但司马迁却反其道而行之，从历史真实的角度，为在历史上长期产生重要影响的游侠这一社会阶层列传，盛赞游侠所具有的高尚美德，并探讨了其所以能够在社会长期存在的原因："其言必信，其行必果，已诺必诚，不爱其躯，赴士之厄困，既已存亡死生矣，而不矜其能，羞伐其德，盖亦有足多者焉。"④ 同时，司马迁在其中笔锋直指社会现实性，揭露了统治者倡导仁义道德的虚伪性，在司马迁看来，"伯夷丑周，饿死首阳山，而文武不以其故贬其王；跖蹻暴戾，其徒诵义无穷，由此观之，'窃钩者诛，窃国者侯，侯之门仁义存'，非虚言也。"⑤ 但司马迁并不因为"侯之门仁义存"而怀疑仁义道德本身，就像道家那样"绝仁弃义"，而是另辟蹊径，在被统治者所不齿的社会下层去寻求真正的人的道德，人的"礼义"。基于游侠，刺客"'救人于厄，振人不赡，仁者有乎；不既信，不倍言，义者有取焉。"⑥ 因而司马迁作《游侠列

---

① 《史记》卷九《吕后本纪》，北京：中华书局，1959年标点本，第412页。
② 《史记》卷九《吕后本纪》，北京：中华书局，1959年标点本，第412页。
③ （德）黑格尔：《历史哲学》，王造时译，上海：上海书店出版社，1963年，第70页。
④ 《史记》卷一百二十四《游侠列传》，北京：中华书局，1959年标点本，第3181页。
⑤ 《史记》卷一百二十四《游侠列传》，北京：中华书局，1959年标点本，第3182页。
⑥ 《史记》卷一百三十《太史公自序》，北京：中华书局，1959年标点本，第3318页。

第六章 司马迁与普鲁塔克传记史学价值观的异同——求真与求善的冲突与统一

传》,并对"自秦以前,匹夫之侠,湮灭不见"的状况"甚恨之"①,在揭示游侠这一社会阶层的特点的基础上,使人们对游侠这一社会阶层的真实情况和特征也有了较为全面的了解。从而也为游侠在历史上的地位,特别是其道德价值进行合理的评判。正是司马迁有别于孔子,融入了更多的历史真实进行求善的道德价值观,导致班固在《汉书·司马迁传》中批评司马迁"序游侠退处士而进奸雄。"②

还有人们熟知的法家代表人商鞅。据《商君列传》记载,商鞅变法之初,在秦国为了推行新政,严刑峻法,令出法随,即使太子犯了法,其师傅也要替太子受过,并受肉体刑罚,因此,秦民多有以为不便者。司马迁从内心深处对此颇为不满,因此,在《史记·商君列传》中,司马迁在记叙了商鞅为达到个人目的而不择手段的种种行为后,对其给予了一个总的评价:"天资刻薄人也。踪其欲干孝公以帝王术,挟持浮说,非其质矣。且所因由嬖臣,及得用,刑公子虔,……不师赵良之言,亦足发明商君之少恩矣。"③ 但在《商君列传》中,司马迁并没有因此而否定了商鞅变法的历史作用,而是客观评价了商鞅变法对秦国历史发展的重要影响。由于秦人严守法令,"居五年,秦人富强,天子致胙于孝公,诸侯毕贺"。④ "行之十年,秦民大悦,道不拾遗,山无盗贼,家给人足。"⑤ 原来商鞅变法也有其得人心、强秦国,奠定秦最终一统天下基础的重要而积极的作用。

最典型的是司马迁本人以身作则的伟大的道德实践。司马迁幼承家训,以史为业,但由于李陵之事,触逆鳞、犯龙颜,"遂下于理",由于"家贫,财赂不足以自赎,交友莫救,左右亲近,不为一言"。⑥ 无奈之中,司马迁选择了"宫刑"以辱身。按照传统伦理道德,司马迁应引节自裁,而绝不应忍受宫刑所带来的人格屈辱,正如司马迁所说的:"最下腐刑,极矣","传曰:'刑不上大夫,'此言士切不可不勉励也。"⑦ "且负下未易居,下流多谤议,仆以口语遭此祸,重

---

① 《史记》卷一百二十四《游侠列传》,北京:中华书局,1959年标点本,第3183页。
② 《汉书》卷六十二《司马迁传》,北京:中华书局,1962年标点本,第2738页。
③ 《史记》卷六十八《商君列传》,北京:中华书局,1959年标点本,第2237页。
④ 《史记》卷六十八《商君列传》,北京:中华书局,1959年标点本,第2232页。
⑤ 《史记》卷六十八《商君列传》,北京:中华书局,1959年标点本,第2231页。
⑥ 《汉书》卷六十二《司马迁传》北京:中华书局,1962年标点本,第2730页。
⑦ 《汉书》卷六十二《司马迁传》北京:中华书局,1962年标点本,第2731页。

为乡党所笑，以污辱先人，亦何面目上父母丘墓乎？虽累百世，垢弥甚耳！是以肠一日而九回，居则忽忽若有所亡，出则不知其所往，每念斯耻，汗未尝不发背沾衣也。"① 但司马迁所以选择宫刑，并非像当时许多卫道士所指责的那样贪生怕死、苟且偷生，恰恰相反，他是为了实现自己远大的抱负和目标。他在《报任安书》中说："勇者不必死节，怯夫慕义，何处不勉焉！"② "人固有一死，或重于泰山，或轻于鸿毛。"③ 在《季布栾布列传》中，司马迁又说："季布以勇显于楚，身屦（典）军搴旗者数矣，可谓壮士。然至被刑戮，为人奴而不死，何其下也！彼必自负其材，故受辱而不羞，欲有所用其未足也，故终为汉名将。贤者诚重其死。夫婢妾贱人感慨而自杀者，非能勇也，其计画无复之耳。"④ 因此，伟大的历史使命感，终于使司马迁超越了传统的道德律令，自觉地将死节、道德价值同历史进程、同社会实践联系起来，并在自己的事业中实现道德价值。如司马迁所言，《史记》"草创未就，会遭此祸，惜其不成，是以就极刑而无愠色。""所以隐忍苟活，幽于粪土之中而不辞者，恨私心有所不尽，鄙陋没世而文采不表于后世也。"⑤ 包世臣曰：司马迁"所以不死者，以《史记》未成之故，是史公之身，乃《史记》之身，非史公所得自私。"可谓真知灼见。因此，司马迁著《史记》的伟大实践赋予了"宫刑之辱"以新的含义，使得"宫刑之辱"不再是怯懦的代名词，而是不屈不挠、大智大勇的悲壮之举。

3. 将求真与求善置于真实的历史基础上

司马迁将道德价值同因果关系联系起来，在矛盾冲突中来体现道德价值的崇高性，显示了其道德价值观的社会历史性，更为可贵的是，司马迁还进一步将道德价值同人们日常的社会经济活动联系起来，其意义不仅仅为中国的传统伦理道德注入了新的社会内容，更重要的意义在于它破除了传统道德伦理观念的空洞性，从而为人们的道德价值观提供了更为坚实而深厚的社会根基。这是司马迁对孔子的道德价值观的继承与发展，也是他的一个重要贡献。

传统的价值观念是道德仁义为重，羞于言利，如孔子所言："君子喻于义，

---

① 《汉书》卷六十二《司马迁传》北京：中华书局，1962年标点本，第2736页。
② 《汉书》卷六十二《司马迁传》北京：中华书局，1962年标点本，第2733页。
③ 《汉书》卷六十二《司马迁传》北京：中华书局，1962年标点本，第2730页。
④ 《史记》卷一百《季布栾布列传》，北京：中华书局，1959年标点本，第2735页。
⑤ （梁）萧统编、（唐）李善注：《文选》，湖南：岳麓书社，2002年，第1276页。

第六章 司马迁与普鲁塔克传记史学价值观的异同——求真与求善的冲突与统一

小人喻于利"①,但司马迁却背圣人遗训,在《史记》中破天荒为商人列传,称赞了工商业主货殖的智慧与才干,并对经济活动同道德的关系作了深刻的探讨,他说:"故曰:'仓廪实而知礼节,衣食足而知荣辱。'礼生于有而废于无。故君子富,好行其德;小人富,以适其力。渊深而鱼生之,山深而兽往之,人富而仁义附焉。"② 司马迁还提出了"本富为上,末富次之,奸富最下"③的经济伦理观,以及与道德性既对立又统一的辩证关系,论证了经济活动的历史合理性和道德合理性,以此为标志司马迁的道德价值观发展到了一个新的高度。由此出发,司马迁则对那些鄙视言利,侈谈仁义,却无一技之兴,困顿潦倒的愚儒进行了辛辣讽刺和无情批判。司马迁说:"无岩处奇士之行,而长贫贱,好语仁义,亦足羞也","若至家贫亲老,妻子软弱,岁时无以祭祀进醵,饮食被服不足以自通,如此不惭耻,则无所比矣。"④ 同时,司马迁也揭示了当时的货殖者在社会中已经具有重要地位和作用:"由是观之,富无经业,则货无常主,能者辐凑,不肖者瓦解。千金之家比一都之君,巨万者乃与王者同乐。岂所谓'素封'者邪?非也?"⑤ 由此,保守的班固则批评司马迁"述货殖崇势利而羞贫贱"。⑥ 自不待言,班固对司马迁的这一诋评,实为偏颇之词,因此古人对此也多有不满。梁玉绳曰:"三代贫富不甚相远,自井田废而稼穑轻,贫富悬绝,汉不能挽移,故以讽焉,其感慨处,乃有激言之,识者读其书,因悲其遇,安得斥为'崇势利而羞贫贱'耶?"⑦ 钟惺曰:"大抵凡事见得深者,看货殖亦深;见得浅者,看治身治国亦浅。古人作一事,作一文皆有原委,乃云司马迁腐刑,家贫不能自赎而发愤于此,何其以细人之腹度君子之心也!"⑧ 当然,上述评价固有可取之处,但如果将上述评价置于司马迁道德价值体系中加以考察的话,仍失之于皮相之见,并未挖掘到司马迁述《货殖》的深刻内涵。

其一,学理上,司马迁的这一观念并未脱离孔子的思想理论体系。孔子曰:

---

① (魏)何晏集解、(宋)邢昺疏:《论语注疏》,北京:中华书局,1980年十三经注疏本,第2471页。
② 《史记》一百二十九《货殖列传》,北京:中华书局,1959年标点本,第3255页。
③ 《史记》一百二十九《货殖列传》,北京:中华书局,1959年标点本,第3272页。
④ 《史记》卷一百二十九《货殖列传》,北京:中华书局,1959年标点本,第3272页。
⑤ 《史记》卷一百二十九《货殖列传》,北京:中华书局,1959年标点本,第3282—3283页。
⑥ 《汉书》卷六十二《司马迁传》,北京:中华书局,1962年标点本,第2738页。
⑦ (清)梁玉绳:《史记志疑》卷36,北京:中华书局,1981年,第1488页。
⑧ 杨燕起等编:《历代名家评〈史记〉》,北京:北京师范大学出版社,1986年,第728页。

"富而可求也，虽执鞭之士，吾亦为之。如不可求，从吾所好。"① 钱穆先生对此的理解是："死生有命，富贵在天，此言不可求而必得。执鞭，贱职。周礼地官秋官皆有此职。若属可求，斯即是道，故虽贱职，亦不辞。若不可求，此则非道，故还从吾好。吾之所好当惟道。孔子又曰：'知之者不如好之者，好之者不如乐之者。'昔人教人寻孔颜乐处，乐从好来。寻其所好，斯得其所乐。"② 是啊，安身方可立命，各得其所，有何不可？其二，马克思和恩格斯认为，社会生活在本质上是实践的。"物质生活的生产方式制约着整个社会生活、政治生活和精神生活的过程。不是人们的意识决定人们的存在，相反，是人们的社会存在决定人们的意识。"③ "人们首先必须吃、喝、住、穿，然后才能从事政治、科学、艺术、宗教等；所以，直接的物质的生活资料的生产，从而一个民族或一个时代的一定的经济发展阶段，便成为基础。"④ 所以，社会实践不但是认识的根本基础，是政治、历史的基础，同时也是伦理道德的基础。如此看来，司马迁正是以此为根据来批判传统的道德伦理学，来尝试构建他的新的道德价值体系，尽管这种尝试是直观的、粗糙的，但却成为司马迁道德价值观的基础。

总之，司马迁的道德价值体系来源于现实的社会历史活动，使长期以来可望不可即的道德崇高变成了人们的自觉追求和社会实践，道德的价值真正统一于社会现实活动，因而表现在《史记》中，司马迁的这一道德观是有同传统道德价值观相吻合的一面，但更重要的则是同传统道德价值观相背离的一面，而这种背离性却正是司马迁道德价值观的本质所在。

二、真与善的两难抉择——普鲁塔克传记价值观的内容及特征

对于西方哲学史而言，求真与求善问题是一个长期困扰着西方哲学家的尖锐问题，而且是一个长期一直试图解决的尖锐问题。对于传记史学而言，这一问题直指传记人物的本质问题，若只求真，不求善，那么真有何意义？若只求善而不求真，则善从何来？显然，出路只有将真和善统一起来。但如何统一既是西方传统哲学的难题，对此问题的探讨不仅催生了学术史上的累累研究硕果，

---

① 杨伯峻：《论语译注·述而篇》，北京：中华书局，1980年，第69页。
② 钱穆：《论语新解》，北京：生活·读书·新知三联书店，2002年，第175页。
③ 《马克思恩格斯选集》第2卷，北京：人民出版社，1995年，第32页。
④ 《马克思恩格斯选集》第3卷，北京：人民出版社，1995年，第776页。

第六章 司马迁与普鲁塔克传记史学价值观的异同——求真与求善的冲突与统一

而且它更是一直居于学术前沿的重大问题。这一问题对于普鲁塔克而言，也不例外。表现在《名人传》中，普鲁塔克从希腊罗马传统的价值观思想出发，努力冲破西方传统的形而上学的简单对立的思维模式和价值范型，尝试从实践的层面，从实用的层面，小心翼翼地同历史建立一种联系，从而力图将人物的善同真联系起来。其结果，一方面，在《名人传》中，众多传记人物的心理世界都异常复杂多样，道德品质丰富多彩；另一方面由于缺乏理论和社会历史层面的有力支撑，这些看似丰富的道德品质和价值却缺乏真实的人生意义和明确的是非标准。普鲁塔克的道德价值观最终沦落于悖论之中，成为其道德哲学的典型范例。

（一）普鲁塔克传记价值观的思想来源

早在苏格拉底时代，在古希腊的哲人们中间就已经呈现出求真与求善两种观念的对立，人们也发现了两种观念对立所导致的局限性，因此，从苏格拉底开始，西方哲人就已开始探讨将两者结合起来的途径。苏格拉底提出了"美德即知识"这一重要伦理学命题，就表明他已开始把分辨真假、善恶同智慧、真知联系起来，从而试图架设起一座将真与善结系起来的桥梁，而其所使用的辩证方法就是将知识与美德结合起来的重要的思想方法论。事实上，也正是在这一重要的方法论的基础上，在苏格拉底那里，人的美德开始成为一种被人们所关注的重要的认识对象，并在其人生哲学理论和人生实践中，努力将真与善两者联系在一起。但遗憾的是，苏格拉底当时所试图作出的理论探索和回答极不完善，留下了很多疑问，许多地方亟须进一步探讨。比如，苏格拉底所使用的至为重要的辩证方法缺乏必要的客观标准，并在实践中往往抹杀了自然哲学知识的独立地位，最终自然也抹杀了道德性的独立地位。其结果，大量的公认的事实和观念失去了必要的基点而被颠覆，而新的具有深度的观念却无法普遍建立起来，他的学说最终沦为诡辩论。其实，古希腊的大多数人就是这样看待苏格拉底的理论的，而后来苏格拉底的悲剧命运，实际上也与他所竭力倡导的这一辩证方法有着重要关系。对此，苏格拉底学派的后起之秀亚里士多德在此基础上正确地揭示了苏格拉底学说中的内在矛盾，并在调和真与善两者的矛盾方面做出了重要的理论贡献，对以后希腊罗马道德哲学的发展走向产生了深远的影响，对本专题所关注的普鲁塔克的传记史学观念也产生了重要的影响，成为其进行人物传述的重要理论依据。

1. 亚里士多德对真与善关系的重要探索

亚里士多德认为：要探讨"知识是美德"这一问题，首先就得讨论一下"道德是什么知识"这个问题，而要对此问题作出回答的话，其前提却是必须深入论证德性的本质及其所产生的理论前提。亚里士多德这样说："毕达哥拉斯是第一个企图说明德性的人，虽然是不正确的。因为他把德性归结为数目的比例关系。"① 在他之后的苏格拉底，也同样不正确，"因为他把德性当做知识，其实这是不可能的。因为一切知识都涉及理性，而理性只存在于人灵魂的认知部分之中，按他的观点，一切德性就都在灵魂的理性部分之中。这样，就可推导出：由于他把德性当成知识，就抛弃了灵魂中的非理性成分，因而也抛弃了激情的道德。因此，像这样对待德性是不正确的。"②

由此，亚里士多德进一步指出："苏格拉底把德性当成知识，这是不正确的。他坚持认为，任何东西都不应该是无用的，但是，从他把德性当成知识的观点中，却会推出德性是无用的结论。为什么呢？因为在知识方面，一个人一旦知道了知识的本性，就会推出他是有知识的（因为某人通晓了医药的本性，就会立即成为医生，在其他方面也一样）；但是，德性方面却不会有这种结果。因为某人知晓了公正的本性，并不立即就是公正的，在其他德性方面也是这样。其结果只能是：德性是无用的。所以，德性不是知识。"③

亚里士多德正确地指出了苏格拉底理性论中所存在的内在矛盾，在《政治学》中对解决这一矛盾指出了自己的折中观点。他指出："人的灵魂具有两个不同部分，其一，为内涵理性，另一，内无理性而蕴藏着服从理性并为役使的本能。我们称某人为善时，就认为他的灵魂中两个部分都存在着善德，但人生的目的究竟应重点置于那一部分？所有接受我们上述区分的人们，于此都可接受一致的回答。"④ 因为很简单，"对于人类最优良的生活，他也应该确立其

---

① （古希腊）亚里士多德：《大伦理学》，苗力田主编：《亚里士多德全集》第8卷，北京：中国人民大学出版社，1994年，第242页。
② （古希腊）亚里士多德：《大伦理学》，苗力田主编：《亚里士多德全集》第8卷，北京：中国人民大学出版社，1994年，第242页。
③ （古希腊）亚里士多德：《大伦理学》，苗力田主编：《亚里士多德全集》第8卷，北京：中国人民大学出版社，1994年，第246页。
④ （古希腊）亚里士多德：《政治学》，吴寿彭译，北京：商务印书馆，1965年，第388页。

第六章 司马迁与普鲁塔克传记史学价值观的异同——求真与求善的冲突与统一

目的。"①

所以,在亚里士多德看来,德性与知识并不相同,而且苏格拉底只是了解了德性的表面内容,并没有从深层次弄清楚什么是德性,"老年苏格拉底认为,德性的知识乃是目的。他也探讨什么是公正、勇敢以及德性的每一个部分。他的行为也很合理;一切德性都是知识,因此,认识德性与德性是同时出现的,因为我们一旦学会了几何学和建筑学,我们也就是建筑师和几何学家了。"② "但是创制知识的目的并不等于知识和认识,例如,健康不同于医学,好的秩序以及诸如此类的其他现象不同于政治学。固然,对每类高尚事物的认识本身也是高尚的。但对于德性,最重要的不是知道它是什么,而是认识它源出于什么。因为我们的目的,不是想知道勇敢是什么,而是想勇敢,不是想知道什么是公正,而是要公正,正如我们更想健康,而不是认识健康是什么,想具有更好的体质,而不是认识良好体质是什么一样。"③

我们之所以在此长篇引用亚里士多德的观点,其目的一方面想说明在苏格拉底的道德理论体系中确实存在着一些尚未解决的问题。第二方面是想说明,亚里士多德对苏格拉底的指评,大量的建立在知识论和形式逻辑的基础上,把许多苏格拉底宝贵的富有创见的内容和观念抛弃了。第三方面也想说明,对于古希腊人来讲,在其传统且强大的对立论的基础上要将真与善结合起来,是缺乏知识基础和社会文化基础的。因此其后,在对苏格拉底思想的理解、继承和发展过程中,歧义丛生,形成了两大思想系统,自然主义和伦理主义,双方各执己见,而无法统一。

对于苏格拉底的学生柏拉图而言,其重要的贡献在于他在深入探讨本质和现象的基础上,进一步将本质和现象对立起来,并将本质由实体引向形而上学的方面,创立了"理念"这一重要的哲学概念。柏拉图借苏格拉底来表达自身的理念说:"我一向研究的那个'原因'到底是什么东西。我要回到我们常谈的那些话题上……我想,如果在美本身以外还有其他美的东西,这东西之所以美,就只能是因为它分有了美本身。其他的东西也是一样……如果有人向我说,一

---

① (古希腊)亚里士多德:《政治学》,吴寿彭译,北京:商务印书馆,1965年,第387页。
② (古希腊)亚里士多德:《优台谟伦理学》,苗力田主编:《亚里士多德全集》第8卷,北京:中国人民大学出版社,1994年,第347—348页。
③ (古希腊)亚里士多德:《优台谟伦理学》,苗力田主编:《亚里士多德全集》第8卷,北京:中国人民大学出版社,1994年,第348页。

件东西之所以美,是因为它有了美丽的颜色、形状之类,我是根本不听的,因为这一切把我闹糊涂了。我只是简单、干脆、甚至愚笨地认定一点:一件东西之所以美,是由于美本身出现在它上面,或者为它所分有,不管是怎样出现、怎样分有的。我对出现或分有的方式不作肯定,只是坚持一点:美的东西是美使它美的。"①

对柏拉图的理念说,亚里士多德用罕有的反驳方式,从十多个方面指出了柏拉图理念说的内在矛盾。现举出其中一些内容来加以说明:

> 大家可以讨论这问题,通式对于世上可感觉事物(无论是永恒的或随时生灭的)发生了什么作用;因为它们既不使事物动,也不使之变。它们对于认识事物也不曾有何帮助;因为它们甚至于并不是这些事物的本体,它们若为事物的本体,就将存在于事物之中,它们倘不存在于所参与的个别事物之中,它们对这些事物的存在也就无可为助。②

> 又说一切事物'由'通式演化,这"由"就不能是平常的字意。说通式是模型,其他事物参与其中,这不过是诗喻与虚文而已。试看意式〈理型〉,究属在制造什么?没有意式作蓝本让事物照抄,事物也会有,也会生成,不管有无苏格拉底其人,像苏格拉底那样的一个人总会出现;即使苏格拉底是超世的,世上也会出现。……通式不仅是可感觉事物的模型,而且也是通式自己的模型;好象科属,本是各品种所系的科属,却又成为科属所系的科属;这样,同一事物将又是蓝本又是抄本了。③

> 又,本体与本体的所在两离,似乎是不可能的;那么,意式既是事物之本体,怎能离事物而独立?在'斐多'中,问题这样陈述——通式为今'是'(现成事物)与'将是'(生成事物)的原因;可是通式虽存在,除了另有一些事物为之动变,参与通式的事物就不会生成;然而其他许多事物(例如一幢房屋或一个指环),我们可说它们并无通式,却也生成了。那么,明显地产生上述事物那样的原因也可能是其他事物存在与其生成的原因。④

亚里士多德通过以上所罗列的内容论证了柏拉图所设定的与事物分离的理

---

① 北京大学外国哲学系外国哲学史教研室编译:《西方哲学原著研读》上卷,北京:商务印书馆,1981年,第73—74页。
② (古希腊)亚里士多德:《形而上学》,吴寿彭译,北京:商务印书馆,1979年,第25页。
③ (古希腊)亚里士多德:《形而上学》,吴寿彭译,北京:商务印书馆,1979年,第25—26页。
④ (古希腊)亚里士多德:《形而上学》,吴寿彭译,北京:商务印书馆,1979年,第26页。

念是不恰当的,因为这一分离,同苏格拉底一样,最终会使理念无立足之地。由此,亚里士多德开始了他的对德性的探讨过程,并在这一过程中做出了重要贡献。

2. 亚里士多德道德价值理论的局限性及影响

如上所述,亚里士多德汲取前两位大哲学家的经验和教训,试图真正将知识和道德结合起来,在这一领域,他虽然做出了重要的成就,却又陷入了两律背反的境地;为了脱离这一危险的学术陷阱,亚里士多德最终又沿着古希腊学术轨迹继续前行,将德性置于知识的统治之下,使知识统治德性并高于德性。

比如,亚里士多德尽管意识到"宇宙万物都是向善的。一切技术和科学都有目的。目的种类繁多。从属的技术以主导技术的目的为目的。"① 但另一方面亚里士多德又把理性分为两种,一为"理论的理性",一为"实践的理性"。前者要求认识论与事实相符合,从而做出真假的判断,以求真;后者则要求行为与正确的愿望一致,作出善与恶的判断而求善。但两者的关系如何呢,亚里士多德认为,"理论灵魂又分为两个部分,即以不变事物为对象的认识部分和以可变事物为对象的核计部分。"② 理论理性是优越于实践理性的,因为理论理性的指向为具有本源性质的"智慧",而善的实现最终是需要智慧来认识是否真善和假善以把握善的本质的。在此基础上,亚里士多德对苏格拉底和柏拉图的伦理思想进行了批评,从根本上否定了把真理、知识和美德结合起来的研究方向,这一思想对古希腊罗马的哲学产生了重大的影响。并由此而形成了自然主义和以斯多葛派为代表的伦理主义两大思想系统。双方各执己见,无法统一起来。

对于斯多葛派而言,他们在希腊化时期和整个罗马时期都对苏格拉底的哲学和伦理学进行思考,"将注意力特别集中于伦理问题,什么是善?什么是人生的目的和意义?伦理学成了主要的课题,研究逻辑和形而上学是为了帮助解决道德问题。"③ 斯多葛派认为,理性是统一的、普遍的,世界上的人们都是在一种方式中顺着共同本性而生活,奥古斯都时期的历史学家戴奥多拉斯在其《历史文库》的序言中说:"上帝既然已经把可以看得见的秩序井然的星辰和人类各

---

① (古希腊)亚里士多德:《尼各马科伦理学》,苗力田译,北京:中国社会科学出版社,1990年,第1页。
② (古希腊)亚里士多德:《尼各马科伦理学》,苗力田译,北京:中国社会科学出版社,1990年,第114页。
③ (美)梯利:《西方哲学史》,葛力译,北京:商务印书馆,1999年,第8页。

种特性都集拢一起，安排在一个共同的体系之中，继而又永无休止地指导万物的进程，在命运的指导下，使各自得到应得的一份。"① 既然，人人在命运的安排下，都是作为共同体系中的一份而存在，所以"四海之内皆兄弟也"。西塞罗在《论友谊》中就认为"如果灵魂是美丽而公正的，便可一直顺利地升天，这些主张我是确信的。"② 而塞内卡《论幸福的生活》中则认为："肉体上的快乐是不足道的、短暂的，而且是非常有害的，不要这些东西，就得到一种有力的、愉快的提高。"③ 而阿里安《爱克比泰得谈话集》中认为，"神是有益的。善也是有益的。你是神灵的本质的一个特殊部分，并且在你自己背上包含着神的某一部分。那么你为什么不知道你的尊贵的出身呢？"④

当然，在伦理学看来，从自然主义引出的人性只能是人的动物性或物性，而从抽象的伦理学那里引出的人性最终将走向神性。正如奥古斯丁在公元4世纪所嘲笑的："这些哲学家们，虽然具有很多天才，有火热的研究志愿，享受丰富的闲暇时间，又有人类推测力的资助和历史经验的凭借，却还没有把一切事物都寻求出来。"由此，他做出了结论："宇宙间除了上帝之外，没有任何存在者不是由上帝那里得到存在。"⑤ 最后，正如美国哲学家梯利所讲的："人同上帝的关系问题即神学问题，占有显著地位，希腊哲学像它开始一样，乃归结于宗教。"⑥ 希腊罗马的哲学最终成为基督教思想的来源之一。而作为古希腊哲学的重要组成部分的伦理学或人生哲学也必然受到这一重要趋向的影响。

3. 普鲁塔克传记价值观的产生

作为罗马帝国时期的希腊史学家和哲学家，普鲁塔克不可避免地汇入到希腊罗马这一哲学发展的洪流中，他的伦理价值观不但成为这一哲学发展洪流中的一个重要组成部分，并且对他的传记史学观念产生了重要影响。毫无疑问，

---

① （美）J.W. 汤普森：《历史著作史》上卷，谢德风译，北京：商务印书馆，1996年，第152页。
② 北京大学外国哲学系外国哲学史教研室编译：《西方哲学原著研读》上卷，北京：商务印书馆，1981年，第188页。
③ 北京大学外国哲学系外国哲学史教研室编译：《西方哲学原著研读》上卷，北京：商务印书馆，1981年，第190页。
④ 北京大学外国哲学系外国哲学史教研室编译：《西方哲学原著研读》上卷，北京：商务印书馆，1981年，第193页。
⑤ 北京大学外国哲学系外国哲学史教研室编译：《西方哲学原著研读》上卷，北京：商务印书馆，1981年，第219页。
⑥ （美）梯利：《西方哲学史》，葛力译，北京：商务印书馆，1999年，第8页。

第六章 司马迁与普鲁塔克传记史学价值观的异同——求真与求善的冲突与统一

他是一个受到斯多葛派思想重大影响的传记史学家。对于斯多葛派而言,其基本的思想信条就是"顺从人的本性而生活"。用芝诺的话来讲就"合乎自然而生活"。那么人的本性是什么呢?斯多葛派的回答是人的道德理性,它认为在人们的心灵之中,存在着善与恶、美德与恶行两大元素,而且这两种元素一直处于尖锐对立的状态,从而直接影响了人们的一切活动,作为一个具有正常思维的人而言,重要的就是应认清人类所具有的这一天然秉性,并在现实生活中树立正确的努力方向,即着力于在人们的灵魂中使非理性更好地更多地从属于理性,这不仅仅需要从理论上去探讨,更重要的是要在生活实践中去训练和熏陶,惟如此,才可以不断向善的方向迈进,而成就不同程度的善果。这一主题不但在普鲁塔克的《邪恶与美德》、《怎样在德行中看到进步》、《怎样把谄媚者和朋友区别开来》、《品德能否传授》等文中有不同程度的表述;就是在关于家庭生活的道德文章中,如《论兄弟情谊》,《论夫妇之道》,《论对儿孙之爱》中也有明显的流露;而在关于历史人物与民族特征的论述中,如《论亚历山大的命运》、《论罗马人的幸运》、《雅典人以战争或以智慧闻名》等,更是清晰地贯穿了这一主题。

与此思想相适应的是,表现在普鲁塔克的史学思想上,服从理性成为其指导思想。其实,这也是古希腊发达的史学传统的核心观念。只不过具体于普鲁塔克的史学名著《名人传》而言,他更是突出了理性中的道德理性在历史过程中,在历史人物中的核心地位。在他看来,所谓历史的意义只是为了人们自身的道德完善而对过去人们所创造的事业——无论是伟大的还是渺小的——进行的专心致志的观察和欣赏,其宗旨只是在于揭示人们心灵深处所具有的善与恶的品性,以及二者之间在人生历程中不断的斗争性,从而构成了人们生活内容的复杂性,并论证了人性的多样性,这样自然就为读者们提供了正反两方面的人生经验,并会进一步引导人们对自己的人生进行道德思考,而《名人传》的作用就在于用希腊罗马名人的一件件历史事例,树立起一个个道德的榜样以供人们去学习、效法。显然,普鲁塔克对历史的看法是经世致用的,并将他的这一思想具体落实于《名人传》中,使《名人传》事实上成为宣扬其伦理思想的教科书,从史学观念而言属于"垂训史学"的范畴。他在《名人传》中也极为清晰地阐明了自己的这一撰述宗旨:"我开始撰写我的《名人传》是出于他人的缘故。但在工作的过程中发现,我从中也获得了快乐,这样也就有了我个人的理由，也就是把历史当作一面镜子来使用，努力以某种方式安排我的人生，使我的人生与书中描述的各种美德相适应。"① "如果不想让应受到谴责的人生始终指导我们，我们大家就会更热切地充当那些优秀人物生平的观众和模仿者。"② 显然，普鲁塔克是想用《名人传》的事例作为借鉴，在提升自己道德素养和人生境遇的同时，也帮助提升别人的道德境界，使更多的人获得完美而高尚的道德人生。

（二）普鲁塔克传记价值观的基本内容

1. 道德品质是人的根本属性

从古希腊罗马的思想史来看，普鲁塔克的历史观，和大多数希腊、罗马传记史家从根本而言是一致的：不可捉摸的历史命运和人生奥妙时时在无形或有形地操纵着人生历程，同时也强调了道德观念在人生历程中的重要的影响，这些观念在《名人传》的每篇传记中都显而易见。当然，这种思想早在希腊罗马传记形式产生时便成为它的一个重要组成部分，固然不足为奇，但普鲁塔克由于其所处的特定的公元1世纪罗马帝国时代，这一时期的人生哲学和伦理道德成为学术界的重要主题，因此，较之于希腊罗马早期的传记家伊索克拉底、色诺芬和奈波斯等人而言，《名人传》更强调道德品质在人的本质、人性中重要的甚至是决定性的意义，更强调现实人格榜样的力量，更坚定地认为道德是人们唯一能够在力所能及的范围内达到人生完美的追求和最终的目的。普鲁塔克在《阿里斯提德传》（Aristides）传中通过对神、命运、道德之间关系的论述，进一步阐明他的道德崇高的这一观点："一般人对神圣的品德往往怀有羡慕、畏惧和敬仰这三种感情。人们似乎对于神明的永恒不朽表示羡慕和称颂；对于神明的统治权和威力怀有畏惧之情；而对于神明的主持正义则爱慕和尊敬。但是，人们虽然有这样的倾向，他们所迫切企求的却是永生和权势；永生是人们天生不可能得到的，而权势则又操之于命运之手。所以我们唯一力所能及的圣洁高贵品质就是道德，可是人们却把它放在最后的地位，这是不明智的。因为人的一

---

① Plutarch，Plutarch's lives，Trans. Bernadotte Perrin，Cambridge，London：Harvard University Press，Vol. 6，1921，p. 261.

② Plutarch，Plutarch's lives，Trans. Bernadotte Perrin，Cambridge，London：Harvard University Press，Vol. 9，1921，p. 5.

第六章　司马迁与普鲁塔克传记史学价值观的异同——求真与求善的冲突与统一

生,即使富有权势、幸运和威力,还必须具有正义才能臻于圣洁;如违反正义就沦为禽兽。"① 对普鲁塔克的这一观念,我们还可以从沃尔什对康德的评价中得到进一步的理解。沃尔什在论述康德的历史哲学时说:"康德的著作是教育性的,因此它以一种明确无误的方式阐明了这类思辨的道德背景。"② 就普鲁塔克的史学而言,其实也是这样,传记史学是其道德哲学的派生品和"实例教学"的工具。

也正是从这一观点出发,在《名人传》中,普鲁塔克着力搜集了传主大量的轶事和许多重要的历史事实,并用了大量的篇幅来论述道德在传主的人生和历史中所占据的极其重要的地位。而这些事例都毫无例外地浸透了他的道德观念,都彰显了传主的人生理想,也从另一方面表达了普鲁塔克的道德价值观。

比如,在《梭伦传》中,普鲁塔克用梭伦会晤吕底亚国王克洛索斯的故事来表现道德价值在人生中所具有的重大历史作用。③

据说梭伦在进行了其著名的改革后,出国游历,他先到埃及,然后来到了当时西亚的强国吕底亚的首府撒尔迪斯,去拜访当时声名大振于希腊的国王克洛索斯。克洛索斯热情地接待了这位来自希腊的名士,特意安排他住在自己的宫殿里,还命令自己的臣仆带着梭伦参观自己华美而贵重的宝库。他的用意其实也很简单,就是想要让梭伦证明自己——拥有如此丰富的财宝和至高无上权力的国王,一定就是世上最幸福的人。但令人遗憾的是,"梭伦在这种场面中,既没有对他所见到的东西表示任何惊讶,也没有发出克洛索斯所期待的议论,而是要让所有的明眼人都明白,他从心里是鄙视这种庸俗和浅薄的东西。这时克洛索斯又命令为这位梭伦打开他的宝库,叫人引着他去看看他所拥有其他豪华物品。然而这一切在梭伦看来已没有什么必要,因为国王本身的表现就足以使梭伦了解他的品格了。"④

这时,克洛索斯不无傲慢地问这位"漫游者":"到目前为止在您遇到的所有

---

① Plutarch, Plutarch's lives, Trans. Bernadotte Perrin, Cambridge, London: Harvard University Press, Vol. 2, 1921, pp. 229 – 231.

② (英)沃尔什:《历史哲学——导论》,何兆武、张文杰译,北京:社会科学文献出版社,1996年,第124页。

③ 这个故事从历史的角度而言显然是虚构的,因为梭伦与克洛索斯两人所处的时代有明显的不同,所以两人对话纯属当时人的虚构或长期以来希腊人的想像。对此问题下一章还会说明。

④ Plutarch, Plutarch's lives, Trans. Bernadotte Perrin, Cambridge, London: Harvard University Press, Vol. 1, 1921, p. 481.

人中，怎样的人是最幸福的？"不料，正直无私的梭伦毫无谄媚地回答说："国王啊，我看是雅典的特洛斯。"梭伦提出的理由是："特洛斯是一个诚实的人，留下了几个有名声的儿子，一生没有遭受严重的困乏，为了自己的祖国，曾经表现了光荣的勇敢。"①

不仅如此，被梭伦放在第二位的所谓幸福的人仍旧不是克洛索斯，而是阿尔哥斯的两位年轻人。因为，"他们不仅有十分充裕的财富，而且有强壮的体魄，尤其是他们为了自己的母亲能够及时地参加为希拉女神举行的盛大祭典，竟然愉快地将轭驾在自己的肩上，把母亲乘坐的牛车拉到了距离很远的神殿之前，在为神奉献了牺牲并参加完圣餐后，由于劳累过度而睡在神殿里再没有醒来，就这样没有痛苦地，安静地带着这样伟大的荣耀死去了。"②

这时的克洛索斯再也忍受不了梭伦对他的轻蔑态度了，大声对梭伦说道："梭伦，你在说什么，你真的是完全不把我放在幸福的人之列吗？"梭伦不愿意阿谀他，但也不愿再触犯他，于是就这样对克洛索斯说：

> 吕底亚的国王啊，既然神灵把一切其他幸福在中庸之道里赐给我们希腊人，所以我们的中庸之道就自然给了我们一种智慧，这种智慧其实并不是一种巍然高贵、适于王者的智慧，而是近似怯弱，却宜于常人的智慧。像这样一种智慧，它能使我们看到人生的变化无常，所以这种智慧不许我们因为目前好的境况而妄自骄矜，也不允许我们追求或称美那些只属于他人的现实幸运，那些对我们而言都是遥不可及的事情，因为对每一个人来说，他的将来都是变化不定的，当神赐予一个人以一生顺利境遇的时候，我们就可以称那个人是幸福的人，可是当一个人还活着，还在冒生活中的种种危险的话，我们就宣称他已是幸福的人，这就好像一个竞技运动员还在进行比赛时，裁判就宣告他是胜利者，就给他戴上胜利的花冠一样，这显然是一种并不可靠的，不足凭信的判断。③

梭伦说完这些话，就义无反顾地离开了吕底亚，留下了被触怒的，但又无

---

① Plutarch, Plutarch's lives, Trans. Bernadotte Perrin, Cambridge, London: Harvard University Press, Vol. 1, 1921, p. 481.
② Plutarch, Plutarch's lives, Trans. Bernadotte Perrin, Cambridge, London: Harvard University Press, Vol. 1, 1921, p. 481–483.
③ Plutarch, Plutarch's lives, Trans. Bernadotte Perrin, Cambridge, London: Harvard University Press, Vol. 1, 1921, p. 483.

第六章 司马迁与普鲁塔克传记史学价值观的异同——求真与求善的冲突与统一

可奈何,更重要的是依然故我的克洛索斯国王。

普鲁塔克接着叙述道,克洛索斯原本对梭伦的忠告不以为然,我行我素,可是后来惨痛的事实却狠狠地教训了他,终于使他幡然悔悟。事情是这样的,据说在梭伦离开吕底亚不久,波斯帝国的国王居鲁士就打败了吕底亚王国,并在战场上生擒了曾经飞扬跋扈的克洛索斯。出于对克洛索斯的愤怒,居鲁士命令手下将克洛索斯用火刑处死。这时候的克洛索斯被迫躺在木柴堆上等候死亡的降临,让人们没有想到的是,就在波斯士兵将要放火燃烧的时候,克洛索斯却突然对着众多的波斯人,接连大喊了三声:"梭伦啊!梭伦啊!梭伦啊!"士兵们听后很惊讶,告知了居鲁士。居鲁士也想知道其中的缘故,就派人问他,为什么在生命的最后时刻,他独独呼唤梭伦呢?梭伦究竟有什么东西值得他如此感叹和挂念呢?他是人呢还是什么神?这时克洛索斯毫不隐瞒地说了这样一大段话:

> 这个人是希腊的圣人之一,我曾经邀请过他到吕底亚来访问,当然,那时我邀请他的目的并不是为了向他听取或学到我所缺乏的东西,而是为了使他看到我的财富,并且在离开我时能够证明我当时是世界上最幸福的人。我现在觉得,我失掉这种幸福的害处比我当时享有它的好处还多,因为当我享有它的时候,从它那里所得到的好处只是一种虚名而已,可是当我失掉它时,却产生了真实的可怕的痛苦和无可补救的灾难。而那个叫梭伦的人,他能够从他当时的所见就推测到这样的将来,还叫我应当把一生看到最后,不要让不可靠的想象控制我的心灵,从而使人骄矜傲慢。①

看来,是死到临头,克洛索斯才终于认识到真理了。

使者把克洛索斯这些话回报到居鲁士那里,居鲁士深受感动,于是就下令释放了克洛索斯,使他得以寿终正寝。"由是梭伦就得到了一种声名,说他能以一言而救了一个国王,同时又教育了另一个国王。"②

显然,普鲁塔克此处要说明,人的道德品质可以使人具有更多的人生智慧,目光更为长远,可以从当下看到未来,可以对人生的本质看得更为透彻,可以

---

① Plutarch, Plutarch's lives, Trans. Bernadotte Perrin, Cambridge, London: Harvard University Press, Vol. 1, 1921, p. 485.

② Plutarch, Plutarch's lives, Trans. Bernadotte Perrin, Cambridge, London: Harvard University Press, Vol. 1, 1921, p. 487.

坦然地面对人世间的一切喜怒哀乐，对于个人而言，可以保证人生持久的幸福，对于国王和政治家而言，可以保障王国的安全，甚至对于抵御强敌来说都是至关重要的工具。

2. 道德品质上升为社会历史的主宰力量

在人的道德品格和社会历史因果的矛盾中，普鲁塔克更强调品质对社会历史的主宰力量。普鲁塔克在《名人传》中，特别注意表现传主的道德品格，而传主的道德品质成为表现个人本质的最主要的内容，并由此决定了传主的一切行为和性格。这样，品德在普鲁塔克的《名人传》中获得了至高无上的地位，并成为贬低乃至于否定传主所生活的真实社会历史的工具，最终走向了道德史学。

比如，普鲁塔克在《亚历山大传》（Alexander）中对亚历山大的一生进行了特别生动、有趣和细致的描述。从记叙亚历山大非同凡响的降生——即预示了他将成为世界主人的趣事逸闻，直到他征服波斯帝国各地，最后建立亚历山大帝国的一系列过程，普鲁塔克特别明确地把这一系列的巨大成功都归之于亚历山大个人所具有的独特天赋、卓越的才能和出乎其类拔乎其萃的道德品质。在这里，有趣而富有智慧的故事是一个接一个，让人徜徉在亚历山大的道德王国，欣赏并感受亚历山大非同寻常的道德品格和超乎常人的人格魅力，但同时却对亚历山大之所以能够在短短的十几年间征服希腊各邦、攻占庞大的波斯帝国的种种现实而重要的历史性的原因避而不谈。当时亚历山大王国和波斯帝国两者之间存在着种种复杂而重要的客观社会历史因素，比如，一个处于奴隶制国家发展的上升阶段，一个处于衰落时期，境内各种族和民族地区反抗不断；一个内部团结，齐心向外征服，尚武之风盛行，一个宫廷矛盾不休，萎靡不振。普鲁塔克在书中对现实和历史的林林总总的因素可以说是熟视无睹，甚至作为一个有影响的道德哲学家，他还刻意对亚历山大征服战争中所出现的许许多多的残暴行为往往一笔带过。甚至可以这样讲，普鲁塔克笔下的亚历山大一生及其征服功业就是不断地展现亚历山大个人出众的天赋和高尚的品德的历史过程，为了获得这一感人但却难以让人信服的道德效果，普鲁塔克甚至还利用其征服战争中的罪恶来赞美亚历山大。

例如，腓力二世遇刺后，希腊各地欢腾雀跃，以为重获自由的时机已到，但亚历山大以迅雷不及掩耳之势，用武力镇压了各地对马其顿的反抗，并对坚

第六章 司马迁与普鲁塔克传记史学价值观的异同——求真与求善的冲突与统一

决以武力反抗马其顿的底比斯采取了极其残暴的屠城政策。除神庙及亚历山大所崇拜的诗人品达的家宅外,所有建筑物悉数破坏无余,三万妇孺被俘,全部卖为奴婢。对底比斯的屠城行为充分暴露了亚历山大残暴无仁的一面,理应受到视道德为生命本质的普鲁塔克的严厉谴责。但出人意料的是,普鲁塔克不但没有对此加以斥责,反而将在这场惨绝人寰的灾难中发生的一件事作为赞美亚历山大个人品性的一个例证。

> 这个城市遭受许多可怕的灾祸。有一些色雷斯士兵闯进了一个品德高尚而且很有名望的名叫提摩克里亚的妇人家里,当这些士兵在劫掠财物的时候,他们的队长把那个妇人强奸了,然后队长审问这个妇人,追问她们家把金钱藏在什么地方了。之后,这个妇人就把这个队长领到一个花园里边,走到一口井的前面,对队长说:在城破的时候,是她把家里一切最宝贵的东西都投到井里去了。于是那个贪婪的色雷斯军官就信以为真,竟俯身察看财宝所在的井,就在这时,那个妇人趁机走到他身后,用力把他推到井里,又丢下一些大石头,直到把他弄死为止。那些士兵们发现这件事情后,便把这个妇人绑起来送到亚历山大那里,这个妇人虽然被捆绑着,但她的态度雍容,步履文雅,毫无恐惧惊慌之色,这一切都表明她是一个出身高贵、气质不凡的女人。当亚历山大问她是什么人时,她是这样回答的:"我是底阿几尼斯的姊妹,他曾经以司令官的身份同你的父亲在喀罗尼亚作战。为了希腊的自由而战死在那里。"亚历山大对这个妇人所做的事和所说的话非常惊奇,并没有对她采取任何惩处措施,就把她释放了,并特别准许她和她的孩子们随便到什么地方去。①

显然,普鲁塔克在此借用这样一个生动的故事,不仅轻而易举地将亚历山大屠城的罪行掩盖了,并进而将这一事例作为彰显亚历山大仁德的经典事例,其用心确为良苦,但观点却有失偏颇。如威尔斯对此所评论的:

> 普卢塔克谓此为宽仁之举,然吾侪而折此狱。不能以此简单之辞成谳。对底比斯人而恣意掳掠奸淫者亚历山大也,彼死于井中之马其顿人,不过奉承意旨,便宜行事耳。下令纵虐,旋对于杀彼奉令肆虐之人释而赏之,孰谓为司令者宜出此乎?以一在悲惨中不失威严与美性之妇人,动骄主一

---

① (英)威尔斯:《世界史纲》上卷,梁思成等译,上海:上海人民出版社,2006年,第227页。

线之忏悔，而谓其可盖屠城之大罪，恐世界无此便宜也。①

接着威尔斯还进一步评论说道：

> 普卢塔克尝述此次屠杀中一轶事，似誉亚历山大，然正足以写出脑海中清醒与昏乱二流之相冲突。②

当然，威尔斯对普鲁塔克在传记史学中的地位的评论未必准确。在此本文所关注的是，历史上的底比斯屠城事件可谓惨绝人寰，诸多史书对此都做了叙述，确为事实。而在这一重大而影响深远的历史惨剧中，普鲁塔克却刻意突出这一轶事，以显现亚历山大的仁慈，确实让人感到匪夷所思。唯一能够解释的是，普鲁塔克是为了达到他美化亚历山大道德品质的这一目的，因而刻意对惨烈而残酷的屠城事实熟视无睹，甚至无动于衷。这样一来，人们完全有理由怀疑普鲁塔克对待历史的真实观念，以及这个道德哲学家道德观念的真实性和公正性，当然，普鲁塔克刻意塑造出来的亚历山大睿智、仁慈和英武高大的道德形象的真实性也就更让人怀疑了。

（三）普鲁塔克传记价值观的基本特征

普鲁塔克既是一位著名的道德哲学家，同时也是一位著名的传记史学家。因此，一方面在《名人传》中充满了道德说教，传主时时都处在道德价值的怀抱之中；另一方面整个《名人传》中所提及的人的种种道德价值观则又充分体现了普鲁塔克个人的道德价值观念。简而言之，普鲁塔克道德价值观的基本特征表现在两个方面。

1. 道德价值被赋予神性

在《名人传》中，普鲁塔克不仅用道德来解释历史，否定历史的真实性，而且还进一步将道德作为人与历史的本质，历史发展的复杂多变性和道德品格发展的历史性，最终被空洞的一成不变的道德品格所代替。人的道德性被赋予了神圣性，人的视域已经不由自主地从尘世开始向苍天提升，人的道德感和道德本性也开始与神圣的上帝逐渐融为一体，并渐渐显现出向上帝代名词发展的趋向。

---

① （英）威尔斯：《世界史纲》上卷，梁思成等译，上海：上海人民出版社，2006年，第227页。
② （古罗马）普鲁塔克：《希腊罗马名人传》上册，吴奚真译，台北：中华书局，1969年，第193页。

第六章 司马迁与普鲁塔克传记史学价值观的异同——求真与求善的冲突与统一

在《名人传》中,普鲁塔克将其注意力集中在历史名人的精神世界和品格情操层面,因而,对于历史名人的心理的挖掘、研究和分析就成为其特别予以关注并加以热切叙述的重要内容。《名人传》的每一页上几乎都会有一两个相关的术语,如心灵(psyche)、美德(arete)、天性或生性(physis)、性格(ethos),等等。在其中用得较多也较为重要的是"psyche"这一词,"psyche"在普鲁塔克的思想体系中的内涵非常复杂,很难给予一个确切的解释。尽管如此,从《名人传》的全书内容看来,普鲁塔克所使用的"psyche"一词具有灵魂和思想的双重含义。郭小凌先生认为:"psyche"这一词"它有时作灵魂解,指人和神之间唯一的联系,是一种来自神灵、与肉体结合的生命的影像,可以受到肉体的污染。人死后它与肉体彻底分离,恢复毫无肉身痕迹的纯洁而飞返天堂。一个道德低下的人,他的心灵难于挣脱自己肮脏的肉体,因而返回天堂的时间将是极为缓慢的,这也是天对那些社会道德低下者的惩罚。有时它又指思想感觉,如罗马将领马略在想到一场新战争时感到心灵的震颤。"① 显然,"psyche"这一术语与心灵和美德紧密相关,具有美德的人的灵魂是洁净的,缺乏美德的人的肉体是污秽的,而其出自神的灵魂也因此会被玷污。在普鲁塔克看来,美德如同正义和节制一样可以通过扬善弃恶而体现出来,因此它也是一种思维活动的结果。

从表面上看,这一词语晦涩难解,既有理性的思维内容,也有难言的神秘感。其实,"psyche"这一词语的复杂性正与普鲁塔克所处的文化发展的特定时代有着密切的关联,也与普鲁塔克个人的道德价值观有着重要关系。从历史的角度来看,普鲁塔克处在公元1世纪的后半期,这一阶段是希腊罗马文化逐渐向基督教转化的重要阶段,在此背景下,原先的许多对人理性的探讨的人文术语都渐渐与颇具神秘感的宗教的文化内容联系起来;再从普鲁塔克本人来讲,尽管他是斯多葛派道德哲学家,但他的思想观念也越来越向宗教靠拢,越来越具有宗教色彩,越来越明显地力图将宗教神学作为道德的源泉和终极依据。

那么,在《名人传》中经常出现的天性具有什么样的含义呢?在普鲁塔克的思想体系中,天性意味着与生俱来的品性,同样具有精神和肉体、生理和心理两个组成部分。例如普鲁塔克笔下的亚历山大,其生性暴躁,因而在生理上

---

① 郭小凌:《论普鲁塔克〈名人传〉的史学意义》,《史学集刊》1995年第3期,第57页。

表现为肤色发红，心理上则体现在他的易怒和豪饮。"亚里斯多克森那在他的回忆录中告诉我们说，有一种很香的气味从亚历山大的皮肤中放散出来，他的气息和全身都是香的，因而使他的内衣也充满了芳香的气味；造成这种芳香的原因也许是由于他体质的热和焦躁。因为按照提欧夫拉塔斯的推测，芳香的气味是由于潮湿的体液受着热的炙烤而产生出来的，世界上最好的最大量的香料，都是产生在最炎热干燥的地区，其故即在于此，因为太阳的热力把聚集在植物表面、可以引起腐败的多余水分都被吸收走了。就亚历山大而言，他之所以那么好酒，脾气那么暴躁，大概也是因为他的体质燥热的关系。"① 概言之，在普鲁塔克笔下，亚历山大的生理和心理共同构成了他的天性，而他的天性则决定了他的一切所作所为。

同样，亚里士多德曾经做过亚历山大的老师，也赢得了亚历山大的尊敬，但是后来亚历山大同亚里士多德的观念相距越来越远，甚至对亚里士多德发生猜疑。对此，普鲁塔克在其《名人传》中对师徒的关系做了这样的解释，"显然两人之间的关系已经疏远了，可是深植在他本性之中的对于学问的强烈爱好，始终不曾消退。"② 这当然也是天性的表现，只不过它更多地表现在他们的心灵深处。

因此，天性在普鲁塔克的眼里是指肉体和精神方面的一些特点。至于普鲁塔克笔下的名人性格，则是天性的延伸，在多数场合是天性的代名词。他在《名人传》中总是不惜笔墨着力叙写名人天生所具有的种种性格特征，借以表现名人异于常人的突出特点。如在《名人传》中他说罗马独裁官苏拉的天性是好玩乐，对人严酷刻薄、报复心极强。在普鲁塔克看来，苏拉所具有的残忍和捉摸不定的这一天性从他那长满雀斑的脸上就表现出来了。当然，普鲁塔克笔下的人物性格和天性并不总是外示于人，使人一目了然，它们常常会因为内部和外部的种种复杂情况而隐藏在表象之下，使人们往往在短时期内无法感知。大独裁者苏拉就是一个鲜活的例证，他在当权前后的所作所为反差极大，以致几乎没有人能从他当权前的种种落魄而下流的生活轨迹中，预测到他日后令人目

---

① （古罗马）普鲁塔克：《希腊罗马名人传》上册，吴奚真译，台北：中华书局，1969年，第182页。

② （古罗马）普鲁塔克：《希腊罗马名人传》上册，吴奚真译，台北：中华书局，1969年，第186页。

第六章 司马迁与普鲁塔克传记史学价值观的异同——求真与求善的冲突与统一

眩的飞黄腾达——成为罗马名副其实的独裁者。

> 从苏拉的雕像可以看出他的容貌和身材情形,除此之外还听说他的眼睛是蓝色的,但眼神却闪烁着锐利的光芒,但最让人恐怖物则是他面孔的肤色,非常白皙,但上面却长满了鲜红的粉刺,据说他的苏拉这一绰号就是由此而来。①

普鲁塔克在《名人传》中叙述道:"苏拉参加宴会只要落座之后,就习惯上对任何事情都不装出正经八百的样子,虽然其他时候他会以严峻的神色做出公事公办的态度。"②

由此,普鲁塔克谈到,

> 一般而言,他好像具备极其难定型的性格而且充满了矛盾:掠夺他人的财物归为己有,挥霍的作风可以一掷千金,拔擢或罢黜随心所欲让人无法捉摸。对于他所需要的人则不惜屈就奉迎,而对那些有求于他的人难免作威作福,以致很难认定在他的天性之中,高傲自负或卑躬屈节的成分究竟以何者居多。他对于惩罚根本没有标准可言,比如,他会为无足轻重的理由施加最为残酷的刑罚,然而对于天大的错误反而置之不理,即使对罪大恶极的敌对行动可以原谅或是和解,倒是对微不足道的冒犯却毫不留情的处死或籍没财产。③

由此,人们感到困惑的是,苏拉到底是天生傲慢的独裁者,还是生来就具有谦卑奴性的凡夫俗子,这两种性格是如何统一于苏拉一人之身的。因为在普鲁塔克看来,苏拉的这两种特性在其人生的不同时期中,都表现得都非常典型,很难把它们统一到一个人身上。需要强调的是,普鲁塔克在苏拉两重性格中所表现出的困惑和不解,其实正是古希腊罗马实质主义史学观念在现实历史进程中、在对历史人物的叙述中所必然要碰到,但又无法根本解决的难题。

对于苏拉性格的复杂性,单从德性的角度是无法理解的,否则最终只能将其作为传主个人兴趣的产物。事实上普鲁塔克就是这样理解和认识的:"经过深

---

① Plutarch, Plutarch's lives, Trans. Bernadotte Perrin, Cambridge, London: Harvard University Press, Vol. 4, 1921, p. 327.

② Plutarch, Plutarch's lives, Trans. Bernadotte Perrin, Cambridge, London: Harvard University Press, Vol. 4, 1921, pp. 327-328.

③ (古罗马)普鲁塔克:《希腊罗马名人传》,席代岳译,长春:吉林出版集团责任有限公司,2009年,826页。

入的研判，了解他确实具备暴虐和报复的心态，无论如何，他的作为完全在于满足及反映自己的癖好和兴趣。"① 显然，这样来理解罗马社会剧变进程中的一个非常重要的独裁者是太表面化了。

事实上，苏拉在罗马的历史上曾扮演了一个极其重要的角色，如果说是马略的军事改革开启了罗马共和国向罗马帝国转变的大门的话，那么苏拉则是这一转变进程中第一个吃螃蟹的人。他是第一个带领共和国的军队去攻打自己祖国的首都——罗马城以实现个人政治野心的罗马将军，并如愿以偿在罗马共和国的历史上建立了第一个军事独裁，极大地动摇了传统的罗马共和国的政治体制，从而使罗马共和国大步迈向罗马帝国。从罗马历史变革的角度来看，这首先得归之于罗马传统的共和国观念已经瓦解，社会日益分化为多个阶层，并且各种矛盾日益复杂化和尖锐化。正是在这一特殊的历史背景下，只有那些对共和国传统观念淡漠的人才可以利用当时极其复杂多变的社会历史背景，如鱼得水，顺势而上，实现自己的政治抱负，达到自己的政治目的。相反，那些死守共和国民主传统的人物，即使其行为从共和传统的情操来看再高尚，比如，其后杀死恺撒的布鲁图和卡西约，甚至还有以死来捍卫共和国尊严的小加图，等等，即使普鲁塔克对其用尽赞美或讴歌之词，即使读者对他们的行为洒下感动的泪水，但他们还是注定要以失败而告终，因为他们已经不适应罗马社会发展的内在需要了。

因而独裁者苏拉的复杂的社会经历和多变无常的性格本身就是这一社会历史变化的反映和缩影，也是这一社会进一步发展所需要的历史人物，因为只有这样的人物才可以在这种环境背景下顺利实现自己的目的，同时也是当时罗马历史发展的内在必然性的体现。正如马克思在论述路易·波拿巴这个野心家之所以能够上台的原因时所说，"主要不是由于他个人的暴力行为和阴谋手段；相反，我则是说明法国阶级斗争怎样造成了一种条件和局势，使得一个平庸而可笑的人物有可能扮演了英雄的角色。"② 当然，苏拉如与波拿巴相较的话，有其明显的相似之处，这就是当时社会已造成了这一历史的趋势。唯有这样的人物，才可以适应并在这一社会变革的大潮中大显身手。显然，这较之于普鲁塔克从

---

① （古罗马）普鲁塔克：《希腊罗马名人传》，席代岳译，长春：吉林出版集团责任有限公司，2009年，第826页。

② 《马克思恩格斯选集》第1卷，北京：人民出版社，1995年，第580页。

第六章 司马迁与普鲁塔克传记史学价值观的异同——求真与求善的冲突与统一

个人的兴趣的角度来理解，无疑要深刻得多。

2. 道德品格上升到本体论意义的层面

尽管在《名人传》中，普鲁塔克的价值观念内容丰富，种类众多，但在普鲁塔克看来，其中最重要的品格就是理性。理性既是人的本质，也是掌控自己，认识世界本质的最有力的工具。在此，道德品格事实上已具有了本体论的意义。

在《名人传》中，普鲁塔克还用希腊"七贤"①中的二位贤人——泰勒斯与梭伦对婚姻的争论的故事，来说明道德品格和理性在人生中所占据的最重要地位。

根据普鲁塔克的记述，米利都的泰勒斯虽为希腊有名的"七贤"之一，但因为恐惧爱情和婚姻给人生带来的痛苦，而对爱与婚姻退避三舍，坚持独身，以避免遭受痛苦的折磨。对此观点，同样被列为古希腊"七贤"之一的雅典的梭伦并不以为然。在一次旅行时，梭伦来到了泰勒斯家里，这样希腊的两位贤人在泰勒斯家里对爱与婚姻这一问题进行了激烈的辩论，但双方各执己见，未分胜负。在这种情况下，泰勒斯独出心裁，巧妙地安排了一项活动，进行心理实验，以最后判定孰是孰非。事情是这样的，就在两人辩论后的某一天，泰勒斯派人装扮成刚刚从雅典旅行归来的游客，随意来到泰勒斯家中，与泰勒斯和梭伦大谈旅行见闻，佯装不知在泰勒斯家中做客的就是来自雅典的梭伦。在看似随意的交谈中，这位所谓从雅典返回的游客谎称他在雅典旅行时听到梭伦的儿子病故这一消息，并表达了对子死而父却不在的深深遗憾。泰勒斯在此虚构这一令人悲伤的信息的目的，就是要检验梭伦对这一重大变故的反应。不出所料，梭伦听后常态顿失，悲痛异常，难以自抑。泰勒斯以此恶作剧为据，向梭伦证明自己观点的正确性：爱和婚姻会给人们带来悲痛，而智者之所以为智者是因为他们早已知道这一结果，因而他自己未雨绸缪，坚持独身之道，确为明智之举。两位贤人的争论虽然结束了，而且争论的结果证实了泰勒斯的观点似乎比梭伦的观点略高一筹，但普鲁塔克对泰勒斯的这一观点并不赞许，反而持批评的态度，并特地在这一事件后作了长篇评论。其评论是反映普鲁塔克伦理观念的重要资料，故在此对这一长篇大论加以引述。

---

① 希腊"七贤"——泰勒斯（Thales）、庇塔库斯（Pittacus）、毕阿斯（Bias）、梭伦（Sdon）、克莱俄布卢（Cleobulus）、奇伦（Chilon）、佩里安德（Periander）。其实，被现代人们了解较多的只有雅典的立法者梭伦和米利都的自然哲学家泰勒斯两个人。

他是这样说的：

> 如果由于害怕失掉就不去获得必需的东西，这既不合理，也不足贵。因为按照这一原则，一个人就会为了害怕失掉的原故，不可能从占有财富、荣誉，智慧而得到满足。的确，即令象德行这种世界上最宝贵，最可爱的财产，也每每会被疾病和药物所夺。泰勒斯本人虽然没有结婚，也还是不能完全摆脱忧虑，除非他不要朋友，不要亲戚，不要祖国。恰恰相反，他收了一个养子库比斯托斯，据说是他的外甥。因为灵魂本身就有一种爱的能力；它爱，是出于自然的，正和它看、它理解、它记忆一样。它和这种能力相表里，它使自己依恋那些并非亲属的人。这种有所热望的爱，好像没有合法继承者的一所房屋或一块地产，会被外人和非婚生子或从者所侵占。这些人既然承受着爱，也就会叫人为了他们而担惊受怕。因此你会遇到这样一些性情古怪的人，他们一面大发议论，不要娶妻生子，可是当他们看见仆人或情妇的孩子生病或者死了的时候，就会悲哀欲绝，失态恸哭。有的人甚至看见死了一只狗或一匹马，也会陷入不应有的和不可忍受的悲愁。但是另有一些人，虽然不幸死了品德卓绝的儿子，却并不悲伤失措，而是使自己的余生符合于理性的节制；当一个人没有受过理性的锻炼，不能忍受命运袭击的时候，使他受到无穷痛苦和恐惧的，并不是仁爱而是脆弱。这种人即使得到了他所渴求的东西，也不会享到快乐；他会经常满怀忧惧和挣扎，生怕将来失掉。无论如何，我们决不可用贫穷来防止丧失财产，用离群索居来防止失掉朋友，用不育子嗣来防止死掉儿女；只应该以理性来对付一切不幸。①

诚然，普鲁塔克喜欢在传记中有感而发，边叙边议，但像这样长的评论在《名人传》中还是不多见的，甚至他自己在抒发完感受后也认为："关于这个问题，在这里已经说得太多了。"② 不过，正是借助于普鲁塔克的这一长篇大论，我们才较为清晰地了解到道德理性在其道德思想体系中的重要地位，即道德的本质来源于理性，道德是理性的表现，因而人的道德性才是人本质的体现，世

---

① （古罗马）普鲁塔克：《希腊罗马名人传》上册，黄宏煦译，北京：商务印书馆，1990年，第172页。

② （古罗马）普鲁塔克：《希腊罗马名人传》上册，黄宏煦译，北京：商务印书馆，1990年，第172—173页。

第六章 司马迁与普鲁塔克传记史学价值观的异同——求真与求善的冲突与统一

界的真正主宰是人的道德品质。可以看出,在普鲁塔克的思想体系中,道德品格已经上升到了本体论意义的层面。由此,也可以看到,随着希腊罗马文化的继续发展,其传统的理论理性控制道德理性的这一思维趋向,已渐渐向道德理性成为理性的全部这一趋向转化,理性的人文反思精神早已锐减,理论思维已成为论证现实和人生实际的工具,这一切都标志着由古希腊开创的理性主义人文思想渐渐在向宗教神学方向转化。而普鲁塔克的传记史学观念及其所反映的道德理性的观念正在迈向宗教化的大道。

总之,叙述并探讨道德价值在人的外部活动和内心世界中的地位和作用,是普鲁塔克《名人传》的主题。由此出发,普鲁塔克努力挖掘希腊罗马名人所表现出来的复杂而丰富的道德价值,这样,在希腊罗马名人的人生历程中,既有可供效法的种种善事和美事,也有许多令人痛恨不已的恶事和丑事。对此,波里比阿是这样认为的:"我们应该既勇于责备自己的朋友,也敢于赞赏自己的敌人;并且还不应害怕对在不同时期里的同一个人进行褒贬。由于人在从事于公众事务时不可能永远对,也不可能永远错。"① 当然,在《名人传》中,普鲁塔克在其道德史观的指导下,尽力彰显的是名人们基于普鲁塔克崇尚的普遍人性所发显的高尚道德品质,以及这些高尚道德品质在希腊和罗马名人一生中所发挥的重大乃至决定性的作用,并以此为标准来评价历史人物在希腊罗马历史中所应有的地位,毫无疑问,这是贯穿于《名人传》中的主旋律。至于其中一些名人们所为的某些恶事,在普鲁塔克的史学体系中,只不过作为人生教育的反面教材,促使人们从他们的罪恶活动中获得人生的教训,从而更加坚定其立志行善的人生信念,最终收获好的、善的、美的人生果实。因而史学界公认,普鲁塔克的传记史学思想具有浓厚的道德史学的特征,显然为公允之言。

三、价值观之比较——求真与求善的冲突与统一

不言而喻,传记人物的价值观念是传记史学中的重要问题之一,也是研究传记人物需要着力探讨的核心问题之一。至于其他类型的史学体裁,比如叙事史学,这一问题对于传记史学而言,无疑具有更为重要的意义,更值得我们着

---

① Polybius, Histories, trans. W. R. Paton, Cambridge, Mass: Harvard University Press, Vol. 1, 1922, p. 14, p. 7.

力加以探讨。

（一）司马迁与普鲁塔克传记价值观的共同点

对于司马迁和普鲁塔克而言，两人在传记人物的价值观方面具有一些明显的共同性。这主要表现在以下几个方面：

1. 深度探索历史人物的道德心灵世界，突显传记史学体裁的特殊性

作为传记史学体裁，两人都清楚地意识到这一史学体裁所担负的重要的历史使命，即关注历史人物的道德世界的不同情形，并对其作出评判。因此，在《史记》和《名人传》中，两位大家都非常重视并善于挖掘历史人物的内心世界的动态和常态，努力将对历史进程真相的探索深入到传主复杂而幽深的心灵世界，都重视道德观念在传主人生历程中形成和展现的过程，及其在传主人生历程中的重要地位，极力表现传主丰富多彩的精神风貌及其所包含的道德品性，以此为据来烘托历史人物所拥有的可以被人们奉为楷模的崇高德性。同时在这一过程中，两人都孜孜探求历史事实和传记史学的作用和意义，努力丰富人的内涵和本质，突出地表现了两人所具有的极其鲜明的人文主义的道德价值观，较为充分地发挥了传记史学所具有的重要的教育教化和提升人性的，使人们从众多传主的不同品质、崇高德性以及种种人生经历中得到启示。

2. 采取传主的道德品质与历史进程相结合的叙述方式，丰富了价值评判的历史内容

两位传记史家都注意将历史上众多名人的道德品质与传主所处的时代、与传主的主要人生经历，比如大的历史事件结合起来叙述传主的道德品质的具体内容及表现，将对人物的道德评价与传主的所作所为联系起来——大的历史发展进程结合起来，尽力体现历史名人所处的历史时代特点，并在与时代的结合中来探讨传主的价值观念，从而大大地丰富了价值评判的历史内容，更好地体现了传记史学的突出特点和传记史学价值评判的特点，以及其独具的人性魅力。

3. 具有明确的道德评价标准，扬善抑恶

两位传记史学家在历史人物的道德评价方面都有其明显的价值评判标准，都是从人崇高的道德角度对传记中的历史名人的德性进行了独特而又有共性的价值评判，并赋予不同的德性以不同的情感：详细叙述传主的优秀品质并对其进行感人至深的赞美、讴歌，使人感同身受；同时，也不包庇那些存在行为不

第六章 司马迁与普鲁塔克传记史学价值观的异同——求真与求善的冲突与统一

端乃至恶劣德性的传主,从德性的本质出发对其进行严厉的斥责或大力的鞭笞,既塑造出了传主的道德全貌,又表达了自己的道德价值观念,使人们不仅对历史名人的道德有一个较为全面的认识,而且对两位传记史家的道德价值观也有一个全面的理解与认识。

(二) 司马迁与普鲁塔克传记价值观的不同点

二位传记史家作为中西传记史学大家,在中西长达 2000 年的历史中不断受到人们的关注、敬佩和由衷的爱戴,其作品也成为传记史学上的鸿篇巨制。二位传记史学家穿越时空的阻隔在价值观的诸多方面达到了统一,当然上文提到的三点共性只是笼统的概括之言,绝非全部,笔者将在后续研究中深入探讨。但另一重要方面,由于司马迁和普鲁塔克两者所处的历史文化背景明显不同,中西文明区有着各自独特的史学发展轨迹,两人的人生经历也很不同,他们自然就有不尽相同的著史动机、目的和方法。德罗伊森说:"每个人都是道德的主体(Sittliches Subjekt);正因为道德的主体,所以他成其为人。他必须建构自己的伦理道德的世界。"① 因此,两者通过传记所要展现的传记人物的价值观,在内容和表达方式上都有明显的不同之处。

1. 对历史名人道德价值观叙述的侧重点有所不同

普鲁塔克从其理性主义价值观出发,从"顺从自然生活"的斯多葛派宗旨出发,在《名人传》中所表达的大都是一些自然而平和的价值观念,带有明显的折中主义的思想特征,当然其核心观念是具有普世色彩的博爱的道德价值观,由此出发,普鲁塔克的传记史学的价值观就必然被其价值哲学所主宰,使历史人物的道德品格、世界观和历史观成为宣扬其价值伦理观念的载体,如此一来,在《名人传》中,普鲁塔克常常使历史的发展进程、名人的性格和品质迎合他自己伦理品性的需要,因此,整个《名人传》的主旋律就是平和、中庸、和谐、宽恕这些道德范畴,这和真实的历史人物的价值观念和道德世界的差距较大,与现实中的历史人物所处的客观世界的距离则更为遥远。而司马迁则从其对历史的真实认知这一坚实的基础出发,从历史人物本身的精神和道德状态出发,着力展示了真实的历史人物所具有的丰富、全面且又彼此迥然不同的独特个性

---

① (德) 德罗伊森:《历史知识理论》,胡昌智译,北京: 北京大学出版社,2006 年,第 85 页。

及品质。

因而在《史记》中，司马迁对传记人物的褒贬不是修辞学的，也不仅仅是伦理学的，而借用康德的术语来说是"理性的批判"，用马克思的话来讲则是"历史批判"。表现在《史记》中，司马迁以"继《春秋》"为起点，将传主斑驳陆离的逸闻趣事作为联结人与事的桥梁，使历史与道德在对立中统一起来，表现了发达的历史思维意识。所以《史记》中的人物轶事则是较多地表现了人性的复杂性、多变性和社会历史性。

只要稍微仔细看看《史记》就会发现，在《史记》的传记中，司马迁将自己的真情实意倾洒于其中，爱恨交织，爱之深，则恨之切，善恶昭彰，褒贬并用，双管齐下，不以胜败论英雄。也因此而为儒家思想注入了雄奇，瑰丽，呐喊，激荡的勇气和知其不可为而为之的抗争的壮烈气概，从而真实地再现了历史人物在人生命运的许多关键时刻所表现出来的精彩与奇特。在《史记》中，传主"呼天"则叹其不公，"呼父母"则哀己不幸；壮志勃发，则慨当以慷，荡气回肠；虎落平阳，则仰天长啸，潸然而泪下；壮志未酬，则于心不甘，由怨而敢生怒，由怒而发冲冠，乃至铤而走险，视死如归。何等的淋漓酣畅，快意恩仇。李长之对此评价道："周、鲁式的古典文化追求的'乐而不淫，哀而不伤'者，到了司马迁手里，便都让他乐就乐，哀就哀了！所以我们在他的书里，可以听到人类心灵真正的呼声。"①

正因为如此，司马迁所称赞的人的道德性同客观的社会历史进程拉开了距离，形成了源于孔子而又不同于孔子的道德价值观。当然，其道德价值观的基本内涵是在"《春秋》之义"——因果判断和道德判断高度统一的基础上，又进一步论证了因果关系在道德判断中所应有的前提地位，使道德价值同社会历史进程紧密地结合起来，因而司马迁道德价值观的根本特征是道德价值和因果关系在对立中有差别地统一起来。② 故表现在《史记》中，司马迁的这一道德史观同传统道德价值观有相吻合的一面，但更重要的则是同传统道德价值观相背离的一面，而这种背离性却正是司马迁道德价值观的本质所在。需要强调的是，这种背离同时也是司马迁与普鲁塔克传记史学的根本差异所在。具体而言，这

---

① 李长之：《司马迁之人格与风格》，北京：生活·读书·新知三联书店，1984年，第18页。
② 王成军：《因果判断与价值判断的冲突与统一——司马迁与古希腊罗马史学观念之比较》，《陕西师范大学学报》（哲学社会科学版）2005年第6期，第102—107页。

第六章 司马迁与普鲁塔克传记史学价值观的异同——求真与求善的冲突与统一

种不同性如果从道德价值观上来判断的话,司马迁与普鲁塔克一样有"贤贤"的基本特征,但司马迁还有普鲁塔克很少有的"恶恶"的特征,更有普鲁塔克几乎没有的将"贤贤"和"恶恶"统一起来的具有辩证色彩的价值观;从价值认识论上来看,司马迁的史学体系中所具有的"究天人之际,通古今之变,成一家之言"的史学理论体系,较之于普鲁塔克而言,在求善的目的中加入了具有更多求真内容。正是在求真善的基础上,司马迁对中国的传统文化特别是孔子的思想进行了理性的思考,为中国传统文化的求善模式注入了更多求真的理性成分,从而远远超越了普鲁塔克的"道德理性"的传记史学模式,形成了独具特色的司马迁历史理性的史学价值范式,这一史学范式不但可以更为真实地挖掘传主人性中的丰富深刻而复杂多变的内容,更重要的是可以更为深切地感受到历史进程中人性的庄严、壮烈和尊贵,更能体现人性和品格的真实性,以体现传记史学所特有的历史真实性和弘扬人的高尚价值的特征,从而更好地达到感染和教育读者的这一史学宗旨。

2. 对道德价值观在历史上的作用的看法不同

道德价值观在历史上的作用问题,是两位传记史学家着力解决的重点问题,也是难题。自然,在这一点上,普鲁塔克在《名人传》中的一个总趋向和总的特征是用其价值观来评判历史,他的侧重点在寻找和挖掘传主的道德内容及其价值,并从道德价值观的角度来判断传主的历史地位,很少与传主所经历的历史性的重大事件产生深度的具有真正历史意义的联系,从社会历史发展的宏观视角来判断传主的地位。因此,在《名人传》中就出现了一个非常有趣的现象,尽管这些传主或是叱咤政坛的风云人物,或是驰骋沙场的军事将领,或是在其他方面有突出贡献的社会名流,然而普鲁塔克在传记中并没有注重描述传主的风云事迹或历史功绩,而是着力展示他们美好的内心世界和他们的优秀品格,即使在名人身上存在一些恶行,但在普鲁塔克笔下也都成为了能够被人们理解和宽容的琐碎小事。不管是一直被人们所称颂的历史上的"好人",比如,提修斯、梭伦、格拉古兄弟,等等,或是一直被人们所非议的一些历史上的"恶人",比如,苏拉、亚西比德、安东尼,等等,由于道德感和历史感存在着明显的差距,所以,在《名人传》里,人们对好人固然可以产生赞美之心,而对恶人却恨不起来。显然,这样的道德价值观是以损害历史的真实性为代价的,也未能体现出真正的道德理性,而往往具有一种宗教式的神秘性。因此,普鲁塔克《名人传》的实质是用自己的史学观念来塑造历史的过程，是用自己的价值观念来教育读者的过程，用他的理想价值观来代替现实人们的价值观和历史进程。显而易见，普鲁塔克借用《名人传》来教育读者的目的不是现实的社会价值观，而是一个开始具有宗教意义的理想目标了。如此一来，普鲁塔克和司马迁的传记史学的价值观就产生很大的不同点。

如上所述，司马迁在《史记》中也讴歌赞美人的价值和美德，致力于彰显道德价值的崇高性，以及道德崇高与历史进程的不同性；但是，司马迁在《史记》中也深刻地认识到，在众多的历史人物的人生历程中，他们的命运和结果不只与自身所具有的道德价值有着重要的关系，而且由于他们处于真实的历史发展变化的进程之中，受制于所处的时代环境，这些历史名人的目标和理想能否实现与社会历史进程紧密相关，而不仅是由其道德水平决定其人生结果的。因此，在《史记》中，司马迁真实再现了一些道德高尚的人却屡遭不幸的事例，如伯夷、叔齐有让国美德，却最终"饿死于首阳山。"[①] 等；而一些"恶人"却在历史中实现了其人生目标，"盗跖日杀不辜，肝人之肉，暴戾恣睢，聚党数千人横行天下，竟以寿终。是遵何德哉？"[②] 是啊，这是一个多么现实而让人不得不深入思考的问题啊！在如此残酷的现实背景下，司马迁着意引导人们在了解历史名人高尚的情操的同时，还要进一步去探讨历史名人所经历的历史变动过程，揭示了外在于人的客观历史进程的易变性、内在必然性及难以把握的特点，突出了"通变"的重要性；也正是在此认识基础上，司马迁在强调了道德崇高的同时，又将道德性置于历史的进程中，并在与历史进程相矛盾、相抗争的过程中，最终又统一于客观历史进程中，较为充分地显示了道德价值观与历史发展进程之间的张力关系。

对此，若与普鲁塔克的传记史学观念相比较的话，就可以明显地看到这一差别。《名人传》里面的主要人物现存有50个，每个人的历史都由大量的精心选择的轶闻趣事编织而成，当然也和一些重大事件产生一些联系，这些由普鲁塔克精心选择的轶闻趣事和某些历史事件都集中反映了普鲁塔克的道德主义史学观念。即普鲁塔克是在人物的性格与德性中来探讨历史进程的变化，使历史适应传记人物的性格和心理，是以道德作为衡量历史人物和判断历史进程的标

[①] 《史记》卷六十一《伯夷列传》，北京：中华书局，1959年标点本，第2124页。
[②] 《史记》卷六十一《伯夷列传》，北京：中华书局，1959年标点本，第2125页。

第六章 司马迁与普鲁塔克传记史学价值观的异同——求真与求善的冲突与统一

准。由于道德失去了丰富多彩和真实生动的历史基础，其最终必然成为无源之水，无本之木，因而在传记中，反映的只能是不同传主同一的性格趋向或相同的道德观念，由此，复杂多变的漫长历史进程一下子变成了仅仅是好人与坏人之间、善与恶之间斗争的德性的简单发展过程。其结果，在传记中必然显现出了明显的伦理主义的倾向，也最终使传记史学走上了从心理学的角度来解释历史的"训诲史学"的道路。众所周知，这一方法论被现代历史哲学家称之为"实用主义"的历史学（Pragmatic History）。意大利的现代历史哲学家克罗齐是这样评价实用主义史学的："古代史学被人称为'实用主义'的；在这个词的古代的和近代的双层意义上，它都是这样的：当它使自己局限于事情的世俗方面尤其是政治方面时（波里比阿的'实用主义'），当它用反省和忠告装点它们时（同一历史家兼理论家的'必然如此'），它就是这样。"①

显然，历史人物的性格和道德品格在历史上的作用问题实际上所反映的是如何理解历史发展的内在原因这一深层次的理论问题。换言之，是历史的进程决定历史本身，还是历史中的人的道德品格决定历史走向问题，长期以来形成了两种判断模式，前一种是因果判断，他们所重视的"辨别事实和原因，并在原因中去辨别原因与诱因，如同修昔底德所作的一样，或者去辨别开端、原因与诱因，象波里比阿一样"②；后一种是价值判断或道德判断。如何处理历史研究中的因果判断与价值判断的关系问题，在西方历史上是一个长期存在的大的根本性问题，对于这一问题，不但在古希腊罗马时期无法真正解决，甚至直到近代西方伦理学还摇摆于二者之间，近代以来的西方史学也因此分裂为客观实证主义和主观主义或相对主义两大流派。其共同点是将历史研究中的事实判断与价值判断对立起来，要么要求历史学家在价值上严守中立，像兰克所说的"如实地叙述"历史事实，将历史研究归结为趣味轶闻的收集和编纂，使历史的研究丧失了目的和意义；要么只强调历史研究中有其不可离弃的价值体系的存在，而否认历史事实的客观存在性，认为历史事实是历史学家的"创造"，从而怀疑对历史进行客观的、科学的研究的可能性。但从康德开始，西方的哲学发

---

① （意）贝奈戴托·克罗齐：《历史学的理论与实际》，傅任敢译，北京：商务印书馆，1982年，第156页。

② （意）贝奈戴托·克罗齐：《历史学的理论与实际》，傅任敢译，北京：商务印书馆，1982年，第152页。

生重大转型，对道德大师康德来讲，在这种历史与道德的矛盾中，道德处于优先的地位，因为在康德看来，人类由野蛮到文明的真正的第一步在于，"连续不断的启蒙就开始奠定一种思想方式，这种思想方式可对把粗糙的辨别道德的自然禀赋随着时间的推移而转化为确切的实践原则，从而把那种病态的被迫组成了社会的一致性终于转化为一个道德的整体。"① 但由于他的道德观把具有一切客观内容的幸福排斥在外，其道德价值遂成为纯形式的宗教概念，历史从属于道德律令。黑格尔在批判康德的形式主义道德观的基础上，创立了自己的道德价值学说，将道德从属于历史，但黑格尔的历史并不具有真实的历史内容，归根结底只不过是其"绝对观念"的外化形式。因此，历史的因果判断与价值判断的关系问题至今仍是困扰着西方历史学家的一个基本问题。

从现代哲学伦理学来看，因果判断和价值判断之间的矛盾关系构成了哲学伦理学的中心课题。从客体上看，人的一切活动都必须属于因果范畴，都有其逻辑必然性，所以人们热衷于寻求其真正的本质性的原因；从主体方面来看，人对自己所选择的任何行为都可以用因果关系做出事件的预测和事后的声明，但同样重要的是，主体的人在行为和行为的选择时是有意识有目的的，有决定或选择某种因果的自由，是道德自律的，并为此负有道德的责任，因此，在这一过程中，对人们的道德动机的考察成为重点。因而，因果范畴不仅是客体，同时又是主体，道德价值同样不仅是主体，同时也是客体。所以二者是互相联系的，是一种对立统一的关系，其实质是一种真实的人生哲学，表现为思想动机和现实行为之间的真实关系，这种关系只有通过实践这一关系或范畴才可以真正理解，而不是偏居一隅，互相排斥。因此，这种实践关系是将因果判断和道德判断两者真正结合起来的基础和前提，这一实践关系在传记史学中的具体表现则是应该将传记的历史人物真正置于真实而发展变化的历史进程中，并在同这一历史进程发展的矛盾运动来把握和探讨德性、品性和道德价值在不断发展的历史中所表现的独立的真实作用，从而真正体现人的德性的价值和作用。以此来看司马迁的因果判断与价值判断这一史学观念，显然，司马迁的史学观念较之于希腊罗马史学更具有人文主义色彩，更接近历史本质，也符合中西方历史哲学发展的趋向。

---

① （德）康德：《历史理性批判文集》，何兆武译，北京：商务印书馆，1990年，第7页。

第六章　司马迁与普鲁塔克传记史学价值观的异同——求真与求善的冲突与统一

再就西方近现代史学发展的趋向来看,尽管他们对道德价值体系的内涵、特征、方法争论不已,但就其趋向而言,还是认为史学家在分析、判断历史事实的过程中,必须将人与事、真与善、价值判断同历史进程结合起来,如当代英国著名历史理论家卡尔所言:"所谓历史乃史家与史实间不断地互动,永无止境地今古对话。"① 这种今古对话从诠释学的角度而言,是一种主体对主体的交流,是一种理解,这种理解不可避免地带有价值色彩。正如学者们指出的,历史学与自然科学在认识理论上的不同之处在于前者除了真-伪轴线外,还具善-恶这一价值轴线。历史的客观性恰恰存在于这两个轴线的交叉点上,即托波尔斯基所说历史学家必须"每时每刻在两种极端中寻找一条中间路线"②。因而将人们的道德价值同社会历史相结合,并在这一结合中来构建道德价值体系也是西方近现代史学发展的趋向。如果以此来看司马迁的这一史学观念的话,它不仅同现代西方史学思想发展的内在趋向相一致,而且对我们现代史学理论的探讨也有重要的借鉴意义,更重要的是对于指导我们沿着正确的思想道路进行方兴未艾的传记史学的研究和创作具有重要的现实意义。

3. 对道德价值观与人物真实历史的联系问题看法不同

普鲁塔克的道德价值观较之于司马迁而言主要停留在历史人物精神世界的表层,同历史的关联度、在反映历史的深度方面有明显的不同。对于普鲁塔克来说,由于其深受斯多葛派思想观念的影响,"在斯多葛派看来,善与恶之间不存在居间者……正如一根棍子要么直要么曲一样,一个人必然要么公正,要么不公正。"③ "哲人是绝对正确的,不可能犯错误,他们从不招致怨恨,因为他们从不伤害别人也不伤害自己,"④ "按照他们的观点,有智慧的人是没有激情的,因为他不易坠入这样的薄弱之处。"⑤ 对此,用亚里士多德的观点来看普鲁塔克的道德观,其缺陷是显而易见的。在亚氏看来,人是有愿望是有目的,"某些人的愿望是真正的善,某些人所愿望的只是些显得为善的东西。那些说他们的愿望是真正善的人,如若不正确选择,可能事与愿违……那些说他们是以显得善的东西为内容的人,而不是以事物的本性为对象,而是以个别人所显现的为对

---

① Edward Carr, What Is History?, New York: Knopf, 1964, p. 35.
② (波)托波尔斯基:《历史学方法论》,张家哲等译,北京:华夏出版社,1990年,第647页。
③ 苗力田主编:《古希腊哲学》,北京:中国人民大学出版社,1989年,第613页。
④ 苗力田主编:《古希腊哲学》,北京:中国人民大学出版社,1989年,第612页。
⑤ 苗力田主编:《古希腊哲学》,北京:中国人民大学出版社,1989年,第610页。

象，所以也就因人而异了。"① 普鲁塔克的道德观点并不是以真实的善为研究对象，而是以显得为善的东西为研究对象的，因此他的研究成果"在这种情况下，也就是对立的"②，当然是与现实的道德相对立的。

普鲁塔克在其不变的人性思想的影响下，由于强烈的个人同情与偏见，运用了过多的道德说教，因此在《名人传》中，作者主要通过轶事来表现人物的理想品格，并以破坏历史的真实性为代价，从而使得真与善对立起来。尽管《名人传》所选择的传主都是一些叱咤风云的政治军事人物，但普鲁塔克更重视这些人物的近乎中庸之道的品行。中庸之道一直被认为是西方伦理道德的中心内容。在《名人传》中，普鲁塔克所选择、所挖掘、所表现的轶闻趣事都是一些使人感到温暖、感动人心的品格和言行，即使是在惨烈的人事或剧变的场景中，普鲁塔克也要在其中用一些趣事或逸闻加以稀释，以突出人的一些值得称道的德行，但这些可称道的伦理品行往往注重于表现琐碎的生活细节，而缺乏具体而有意义的真实社会内容。真实人物人生历程中的一些人性的冲动、勃发的情景，真实征战中的激烈、残酷的场景，真正处于逆境中的人们对命运的抗争、愤怒和悲壮而辛酸的心理感受等，在《名人传》那里是难以找到的。正如普鲁塔克在《梭伦传》第七章中所说的，"人们对付一切不幸的应当是理性，人们应当使自己的生活受理性的节制，""就是失却了品德高尚的儿子，也不应该悲伤失态。"③ 因此，在普鲁塔克的传记价值观念中，人们从《名人传》中所应学会的就是用理性来控制自己的情感，以他们的好的品格和经历作为自己学习的榜样，以提升自己的道德水准，而不是像他们中的一些人那样去犯一些人们所容易犯的错误，甚至是罪恶。

这样看来，普鲁塔克在《名人传》中的浓厚道德叙事特征，表现在史学上其实就是史学史上被人们称之为"训诲史学"的方法论。当然，我们不能苛求普鲁塔克，毕竟在历史思维从神本主义过渡到人本主义，从神意（providence）过渡到人的意志的这一历史科学草创的时期，就古代世界的整个思想文化水平

---

① （古希腊）亚里士多德：《尼各马科伦理学》，苗力田主编：《亚里士多德全集》第8卷，北京：中国人民大学出版社，1994年，第52页。

② （古希腊）亚里士多德：《尼各马科伦理学》，苗力田主编：《亚里士多德全集》第8卷，北京：中国人民大学出版社，1994年，第52—53页。

③ Plutarch, Plutarch' lives, Trans. Bernadotte Perrin, Cambridge, London: Harvard University Press, Vol.1, 1921, p.421.

第六章 司马迁与普鲁塔克传记史学价值观的异同——求真与求善的冲突与统一

而言,所能做到的只能是心理的,或者主要是心理的历史解释这一历史思想是古代世界的通例,是合理的人道主义史学发展的结果。汤普森认为:"实用主义的历史把注意力集中在事件中所表现的动机、宗旨和目标,把事件看作特定意图产生的结果,把这些事件大部分可以追溯到人的愿望和情欲,追溯到纯粹的心理状态。其目的不是仅仅知道发生了什么事情,而且要设法了解事情是怎样发生的,是因为什么道理、出自什么目的发生的。"① 托波尔斯基也认为具有实用性倾向的历史学家"一直把探寻事件的原因,实际上也就是人类活动的原因当作自己的任务",② 而不是历史事件的原因。当然,历史学家之所以着意于研究历史活动的行为动机、目的和意图,是因为他们认为人的心理原因是最重要的具有普遍意义的原因,对此,伽达默尔指出:"把历史学建立在某种心理学上,正如狄尔泰所想到的,就是把历史学家置于那种与其对象的理想的同时性之中。"③ 在这一方面,由苏格拉底开拓,而又以亚里士多德集其大成,并为其突出代表的古希腊和罗马的关于灵魂的理论,即关于人的道德哲学理论,为人们进行精神世界和品格的研究提供了最有力的论证。如修昔底德就认为"人性总是人性"④,正是在这种人性不变论的预先假设(presupposition)下,历史就自然而然地发挥其"训诲"的作用,即劝善惩恶的作用。克罗齐认为:"在任何情况下,历史都应该有某种目的,而真正的目的既没有被发现,教育的目的几乎就履行了一种真理的比喻的作用,因为比喻在一定程度上最接近于真理。"⑤ 无怪乎古罗马史学家西塞罗有此名言"历史是生活的教师"(Historia Magcstra Vitae),孔子则说"我欲载之空言,不如见之于行事之深切著明也。"

普鲁塔克通过历史人物进行道德训诫的这一著史特点完全可以用其上述的苏拉性格同司马迁《史记》中对刘邦品性的叙述相比较。因限于篇幅,本文在此只想强调,司马迁笔下的刘邦其出身与苏拉相类似,出身社会下层,其所处的时代也与苏拉相仿佛,是一个社会进程快速发展而且变化巨大的历史时代,他们的性格也颇相似,复杂多变,善于应付各种不同的场景,都有远大的政治

---

① (美)J. W. 汤普森:《历史著作史》,谢德风译,北京:商务印书馆,1996年,第41页。
② (波)托波尔斯基:《历史学方法论》,张家哲等译,北京:华夏出版社,1990年,第66页。
③ (德)伽达默尔:《真理与方法》,洪汉鼎译,上海:上海译文出版社,2004年,第301页。
④ (古希腊)修昔底德:《伯罗奔尼撒战争史》,谢德风译,北京:商务印书馆,1985年,第18页。
⑤ (意)贝奈戴托·克罗齐:《历史学的理论与实际》,傅任敢译,北京:商务印书馆,1982年,第157页。

目标，并最终都达到了个人的目的，都实现了个人的政治野心。但刘邦与苏拉的最主要的不同之处却在于，刘邦在多变的性格之下，一直有一个主线的性格贯穿其中，即强烈的成就帝王的野心在支配着刘邦，使刘邦采取了一个又一个方略和计策，在楚汉大战中历经艰难，无所不用其极，终于险胜，又在稳定汉朝江山的过程中痛下杀手，削平群雄，刘邦性格的每一个方面都同其所处的真实的社会历史现实紧密结合在一起。这样的结果，刘邦的性格的变易中又有常态，而常态又被多变的复杂性格所表现，使两者的矛盾交织于急剧发展的社会动态中，具有强烈的震撼人心的历史感，使其道德性表现得非常富有个性，又极具历史感，仿佛其真人、真心就显现在人们面前一样。其结果，大大突破了刘邦个性表现出来的复杂的表面现象，而从表象深入到其心灵内部，又将其心灵内部的变化同激荡变迁的社会历史进程结合起来了，自然也给人以真实且深刻的人性与历史的教育。如果仅仅从道德伦理的角度来看的话，司马迁的叙事风格可以更好地发挥从历史名人那里获得历史和人生借鉴的作用，以促进人们的道德水平的提升并进而促进人们的事业成功。如果以此来与《名人传》中的苏拉相比较的话，作为一个重大变革时代的政治巨人，苏拉的人物形象明显缺乏历史的厚重感，人们从中所得到的关于苏拉的信息都是朦胧、轻柔的一些内容，其所作所为也与其真实的历史地位和作用差距较远，从而使人难以理解处于罗马共和国晚期的苏拉具有怎样的品质和性情，更无法理解社会历史变化的真正的原因及其影响。

总之，从希腊罗马时期开始，西方长期存在的两大史学流派——自然主义史学和伦理主义史学虽然各有侧重，但其总特征仍不外乎为实质主义历史方法的具体表现。两大流派在历史研究中各有千秋，但其突出的弱点则在于其各执一端，割裂了内容多样的历史整体性和统一性。从价值判断流派的发展趋势而言，由于缺乏现实的历史进程基础，人的道德性成为无源之水，无本之木，最终不能以人自身为依据，而只能是由人之外的东西所主宰，而不能自律。当然从伦理学来看，从自然引出的人性只能是人的动物性或物性，而从上帝那里引出的人性只能是神性。历史学是关于人类活动的一门科学，但由于希腊罗马史学道德性的外在性和条件性，道德性失去了自由、失去了人的尊严和价值，而不能认识到人的本质，使得历史只能他律而无法自律，既不能从根本上了解历史的因果联系，也不能真正了解道德价值在历史过程中的地位和作用，最终使

第六章　司马迁与普鲁塔克传记史学价值观的异同——求真与求善的冲突与统一

道德价值无立足之地。

在克罗齐看来，由于他们无法理解历史，历史也就反而采取一种邪恶的形式来"支配"、"威胁"他们。因而希腊罗马的历史学家"对于历史的心理态度应当说是悲观的。他们看到了许多丰功伟绩的消歇，但他们从没有发觉那些永不消歇和消歇之后更为伟大的丰功伟绩。由于这个缘故，一种辛酸的洪流泛滥于他们的历史中，幸福、美好的人生在他们看来永远是曾经有过而已不再存在的，如果当时还存在，它也很快会失去"①。甚至于道德史学家塔西佗也被克罗齐认为是"最辛酸的人"。② 因而希腊罗马的众多史家，不管是自然主义的，还是道德主义的，他们要么从认识人的道德价值要么从历史事件的因果关系出发，其目的都是想真正认识世界和人类本身，但由于他们在历史研究中无法理解因果和价值两者之间的关系，自然也就不能真正认识历史的意义、目的和真谛，归根到底也就无法了解历史人物的真实的道德价值观念内容及其作用。

小　结

对于传记史学而言，人物在历史中的作用和地位是这一史学体裁的主要内容和表现对象。但对人的认识却一直以来都是一个复杂而重要的问题。

一方面，人之所以能够成为人，是因为人有其历史意识，所谓历史意识，用德罗伊森的话来讲就是："历史是人类对自己认识的觉醒，以及人类对自己的意识。"但另一方面，人之所以成为人，还是因为人具有道德意识，再用德罗伊森的话表达就是："人类不断自我提升的一切活动，我们总称之为道德界。历史一词，最确切的所指就是道德界。"③

因而，历史的突出特点和人对自身历史的认识都是在历史的不断发展的进程中进行的，在这一过程中不仅有人的才能的表现，而且还有人的道德品质的表现和作用。在这一重要的历史舞台上，常常会有令人不解的现象，道德品质的高尚并不意味一个人必然会事业成功，道德品质的低劣并不意味着人一定会

---

① （意）贝奈戴托·克罗齐：《历史学理论与实际》，傅任敢译，北京：商务印书馆，1982年，第153页。
② （意）贝奈戴托·克罗齐：《历史学理论与实际》，傅任敢译，北京：商务印书馆，1982年，第154页。
③ （德）德罗伊森：《历史知识理论》，胡昌智译，北京：北京大学出版社，2006年，第86页。

在历史中默默无闻。因此，历史发展中存在着一个常常被西方学界称之为两律背反的现象：往往品德高尚的人在现实中的处境未必就好，其事业和美好的愿望未必能成功，而品德低劣的人常常却能在社会中达到自己的目的。人类社会就是这样一个神奇的充满矛盾的统一有机体，虽然艰难但却是不断地前进着。因此探究其中的根本性原因，历来是学界讨论的热点问题。从历史唯物主义观点来看这一问题的话，最基本的原因乃在于历史是人类群体合力的运动结果，而不仅仅是某一个人毕生奋斗结果。换句话说，人类自身所具有道德性，是在不断克服人类所存在的一些不好的品性中成长和表现出来的。这个道德性不一定会在某个人身上表现出道德成果以及与道德成果相适应的社会成效上，但总体而言，人的道德性最终会在人类、人群中其他人身上，在其他时间或以不同的形式表现出来，从而在总体上促使人们不断克服人类、人群和个人心目中的一些不好的品性，逐渐走向文明。人类的历史就是人性的善在克服人性的恶中不断前进的。所以"历史发展有其必然性，历史发展是自由的，如果认为这两者中间必有一个是正确的，那就错了。自由的反面是受迫于人、心灰意懒、自我迷失；自由是意愿的伸张，是伦理活动的表现。"[①] 但传记史学同伦理学的不同之处在于，人类的善克服人类的一些恶的过程不是通过说教获得的，而是表现在人们具体、复杂而且真实的历史进程中，而且这一以善制恶的过程往往伴随着残酷的历史斗争过程，具有极其重要且明显的现实利害，正是在这一过程中，人的道德性才显得高贵，正因为人的道德性在现实历史进程中有其真实的内容，且难以真正实现，才会被人讴歌和赞颂。如果以此来看待并分析司马迁和普鲁塔克两人的传记价值观的话，无疑会对两人的道德尊严观念产生敬意，无疑会加深对两人道德观念的认识，无疑会将历史人物的道德感置身于人们的历史进程中加以辩证的探讨，通过道德性与历史真实性两者在历史进程中的对立，来显示双方各自的独立性和尊严性，又同时将两者统一于历史进程中，来显示历史的必然性和趋向性，以体现出传记人物的真实品性，并在这一品性中体现出历史的真实，最终彰显传记史学的特性和优势，从而对我们现代的传记史学以启示和帮助。这恐怕才是两人传记史学观念深远意义之所在，也是我们研究两人传记史学价值观的最终目的之所在。

---

① （德）德罗伊森：《历史知识理论》，胡昌智译，北京：北京大学出版社，2006年，第8页。

第六章 司马迁与普鲁塔克传记史学价值观的异同——求真与求善的冲突与统一

普列汉诺夫曾经指出,"恺撒企图在罗马搞独裁,这是他的个人目的,而独裁者在当时是历史的必然;因此,恺撒在实现个人目的的同时也就服务于世界精神,在这个意义上可以说,历史活动家同整个民族一样是精神的盲目的工具。精神迫使这些活动家为自己工作,它在他们面前放上他们的私人目的作为诱饵,再用热情作为马刺驱使他们,没有热情,历史上任何伟大事业都不会成功。"① 对于这一问题,其实黑格尔在其《历史哲学》中已表达了这样的内容,强调了个人的道德价值观与历史发展趋向二者之间的矛盾,历史往往是以丑恶作为自己的开路先锋,来达到自己的目的。因此,历史现象与道德二者之间既有各自的特定内容作为自身存在的依据,又有其历史的联系性及各自的真实内容,这一切都必须统一于不是以个人的意志而是以合理作为依据,因而人们一时还无法真正感知到历史发展进程。因此,在对历史人物评价的时候,必须以历史发展的趋向和内在性作为自己评价的客观标准,又要使道德与历史进程二者之间的矛盾中统一起来。只有这样,才能对历史上的许多疑难问题得到某些合理的解释。例如,刘邦诛杀功臣彭越、英布和韩信,如果从春秋至战国再到秦统一这一发展的历史趋向来看,刘邦与这些功臣之间的矛盾就上升到中央王权与诸侯王之间的实际矛盾,这本身就是关乎国家的统一与分裂的这一国家根本利益的大问题。如果从这一层面加以考虑的话,刘邦的这些行为就超越了个人之间的恩怨道德情操,而是上升到事关国家根本大计的重大政治问题层面了。西楚霸王的前车之覆,给了刘邦以历史性的借鉴,结论只能是,如果想维护统一的汉帝国,就必须除掉这些诸侯王,这是一个攸关政权存亡的问题,中间没有调和的余地,在当时的条件下,刘邦所能采用的办法极其有限,也只能采取这种残酷的手段。除此之外,在当时的历史背景下,他还有什么其他选择呢?

显然,从历史的角度来看待道德的内容和情操的问题,不但会增加道德的真实内容,而且还会给予道德更为全面而且更为合理的理解和评价。这就是我们在此的结论,如果以此结论来认真思考司马迁与普鲁塔克的价值观念的同与异的话,其中所蕴含的意义和对我们的启示是不言而喻的了。

---

① (俄)普列汉诺夫著:《论个人在历史上的作用问题》,王荫庭译,北京:商务印书馆,2010年,第58页。

第七章　司马迁与普鲁塔克的历史地位及其影响

　　以上我们用了六章的篇幅来对司马迁与普鲁塔克的传记史学观念进行了较为全面的探讨，其主要方法和思路是将两者的传记史学观念置于中西漫长的历史发展进程及其突出的文化成果——文化结构的基础上以探讨中西两大著名的传记史学家的传记史学观念，进而运用中西史学比较的理论和方法对两者传记史学思想和观念的异同点进行了探讨，并将两者的比较研究置于中西古代文化的"古典时代"这一基础上，以体现中西两大传记史学家及其史学成就的历史性和文化发展的因果关系。同时，根据史学比较的基本原理，还对产生两者异同的诸多历史原因进行了较为深入的分析，其重要目的在于着力揭示以司马迁和普鲁塔克为代表的中西传记史学各具特色的丰富而发达的历史和文化内容。

　　现在我们将以上述各章的叙述为依据，首先，从中西传记产生和发展的历史原因、文化结构和历史主体性三个维度，进一步提炼、归纳司马迁和普鲁塔克传记史学观念赖以产生和发展的客观原因和主观原因，揭示司马迁和普鲁塔克传记史学观念的逻辑性和核心内容；之后，我们将把司马迁和普鲁塔克的传记史学观念置于古今历史与文化发展的长河中，概要阐明二人的传记史学成就在中西的传记史学、史学和文化上占有的独特而重要的历史地位，以及在现代中西乃至世界的传记史学史上所产生的深远影响，从而体现传记史学的研究价值。

一、司马迁与普鲁塔克传记史学的历史逻辑和突出特征

　　现代历史学发展的一个核心成果就表现在，它将历史本身作为一个有机的

第七章 司马迁与普鲁塔克的历史地位及其影响

内在发展过程来加以研究，并在其所表现的历史进程中来发现其存在的本质原因——历史逻辑，并不断地将历史的逻辑与历史进程辩证地统一起来。这是历史进程的辩证法，也是中西传记史学发展的辩证法，更是我们把握司马迁与普鲁塔克传记史学本质观念和其逻辑性的根本方法。

（一）两大传记史学观念是中西文化史发展的成果，是中西文化结构的重要表现

司马迁和普鲁塔克传记史学成就首先是建立在中西文化史发展的史学硕果之上的，并集中体现了中西有机的文化结构的主要内容和显著特征。

（1）中西都经历了由野蛮向文明转变的重要而漫长的历史时期，中西文化和其中的传记史学的一些重要内容和趋向都与这一过程存在着相当紧密的联系。中国文化是在自然崇拜、祖先崇拜与英雄崇拜的矛盾运动中，将英雄崇拜与祖先崇拜两者结合起来。具体来讲，是将英雄崇拜统一于祖先崇拜之中，从而在与自然崇拜相并存的文化结构中，居于主导地位。而希腊文化则是在三者崇拜的进程中，将祖先崇拜统一于英雄崇拜之中，在与自然崇拜相并存的结构中，两者处于对立并存、此消彼长的关系。

（2）二者的原始文化结构及其向理性化发展的方式和成果也有所不同。中国是以祖先崇拜为基础突出了祖先、英雄的作用和地位，其中贯穿了一条历时性的血缘性的发展变化关系，在这一独特的历史文化环境中，逐渐产生了发达的历史观念，并为其后的将叙事史学统一于传记史学的发展模式埋下了文化的伏笔；而希腊罗马则是在对其自然崇拜、祖先崇拜和英雄崇拜的理性化进程中，突出了英雄崇拜观念，但英雄崇拜缺乏人际之间的多种联系，所彰显的是具有个体性的作用和效果，其中所体现的更多是一种共时性的相互了解的逻辑关系，彰显了事物发展的内在自主性和独立性，也为其后希腊罗马史学发展的道路——叙事史学和传记史学的分头发展提供了文化前提。

（3）在此基础上以司马迁和普鲁塔克传记史学为代表的中西史学和传记史学包含了三方面的重要内容：其一，它是对中西历史和文化发展进程的历史叙述，因为它是通过历史人物的生平事迹体现了中西历史进程的不同特点。其二，它也是对中西历史和文化结构中人物发展进程的一种历史记录，在其中体现了中西历史和文化的不同人文观念、精神世界的内容。其三，更彰显了中西两大

传记史学家的具有不同个性的历史思维特点，因为在两部传记史学著作中，深深打上了两位传记史学家个人的历史意识和价值观念，同时作为时代的代表人物，两位传记史学家身上也体现了古典时代中西两大文化系统各自的鲜明特色。

（二）突出的社会责任感和浓郁的人文关怀

司马迁和普鲁塔克传记史学观念的成就具有明显的现代史意义，它是基于当时各自的社会现实有感而发，借助于历史来表达史家自己的社会历史观念。

（1）从社会政治层面而言，罗马由原先的共和国城邦进入了跨有欧亚非三大洲的帝国时期，公元1到2世纪正是罗马的繁荣时期。在这一历史阶段，帝国的专制统治成为当时的社会政治制度，在专制政治的统治下，罗马帝国的文化进入了一个新的整合时期。这时期的希腊早已经成为罗马的一个行省，进入了以希腊罗马文化相融合为重要特点的新时期；对于当时的中国而言，在政治上，大一统的专制帝国统治代替了长达数百年的列国争雄的战乱时期，经过秦的短暂而重要的大一统的尝试后，其后的刘汉政权将大一统由理想变为现实，与此政治局面相适应的是，帝国文化的建构则是当务之急。

（2）从社会文化的发展趋向而言，中西两大帝国当时都处于社会大变革时代，两大帝国都在收获政治上的繁荣之时，文化的发展方面也同样进入了一个重要的社会转型期：古老的社会文化架构和思想的范式都在经历着现实社会发展的巨大冲击；城邦、列国的共和体系面临着瓦解。如何面对这一重要的社会变革，如何反映当时社会的剧变和人们内心的复杂情感，以促进社会历史的进步，则是当时饱学之士和思想精英的重要使命。当时的汉帝国的文化进入到了一个同样重要的新时代，即经历了春秋战国时期的"百家争鸣"之后，文化上也开始融会贯通，以适应并促进现实历史的发展进程；而罗马帝国正经历着公元1到2世纪的繁荣时代，而帝国繁荣的原因及其进一步发展的趋向则是人们普遍关心的重大问题。

（3）中西各自社会历史的剧变导致其文化的动态发展。在罗马文化的发展进程中，帝制观念代替了传统的共和观念，城邦的民主共和传统被专制和集权所取代，人们由过去对城邦和国家事务的热诚转而关心自身生活的幸福、内心的宁静、对命运顺从，以追求有限的个性、自由为突出特征，人们有限的智慧和哲学已经不能解释这一重要的社会变革的事实，无奈之中，将希冀的目光逐

第七章 司马迁与普鲁塔克的历史地位及其影响

渐由尘世转向了天国世界,出现了被人们称之为伦理学和宗教取向的学术发展态势;与罗马学术发展趋向相类似的是,中国学术界也产生了以董仲舒为代表的思想家,竭力将封建专制王权神化;但同时,中国的学术界还有另外一股重要的学术观念,即努力从古老的历史文化传统中寻找基于人事的社会现状存在的历史合理性,来体现人自身具有的改朝换代的能力。在这一学术流派中,司马迁无疑是一个突出的代表人物。

因此,两大传记史学家的史学观念是建立在对社会现实的强烈关注的基础上。因此,他们丰富多彩的传记史学内容在体现与真实的社会进程所产生的密切联系的同时,也充分展示了两位传记史学家深沉而厚重的社会责任感和浓郁的人文关怀。

(三)突出的主体性思维

历史研究中是否充分体现了史学家的主体性思维,这是判断史学家历史研究成果的一个非常重要的指标,也是现代史学理论研究的重要成果。这一成果就称之为元史学。因此,从元史学的角度来判断两位传记史学家的史学研究观念和成果无疑是一个好的途径。

具体而言,所谓历史元理论主要包括历史哲学和世界观,它表现于所有的历史著作中,但它最主要地集中于历史学家的历史观念中。这种理论观念固然是在历史学家的生活经历和历史研究中形成并得到不断完善的,但还得承认,这种理论的一个重要组成部分是先于历史研究而存在的。法国历史哲学家雷蒙·阿隆指出:"这种理论,部分地可以由探讨本身引发出来,但部分地也是先于探讨而且是指导这种探讨的。"①朱本源先生在《历史学理论与方法》一书中指出,德国历史学家柏林提出的"元历史"的本意即德语里的"世界观",它"泛指一个人关于包括外界和自身在一起的一种日常的宏观通识。……这种通识也可以自觉地或不自觉地成为人们行动的指南、思维的前提或自我认识的依据。"②而其中"价值判断更是关系到古今中外史学中都存在的历史评价问题。"③ 显然,

---

① (法)雷蒙·阿隆:《历史哲学》,田汝康、金重远选编:《现代西方史学流派文选》,上海:上海人民出版社,1982年,第102页。
② 朱本源:《历史学理论与方法》修订本,北京:人民出版社,2012年,第152页。
③ 朱本源:《历史学理论与方法》修订本,北京:人民出版社,2012年,第153页。

价值判断集中体现了历史学家的价值观和世界观,历史研究中的价值判断构成了元史学的核心观念。自觉地在中西传记史学的比较研究中,运用价值判断,对于揭示司马迁和普鲁塔克两位传记史学家的深层次的思想观念,并进一步深入了解两部传记史著所蕴含的深刻的思想观念无疑具有重要的指导意义。

(1) 无论是从司马迁和普鲁塔克所处的变革时代,或者是从当时文化整合的学术背景而言,都对历史学,特别是传记史学提出了具有时代性的新要求。它不仅要直面人们外在的所作所为,而且还要直接叙述人们行动背后的思想和情感方面的表现和原因。显然,中西方的历史学已经进入了一个新的阶段,即进入了历史学本身的深层次的领域,即史学研究的触角已经深入到人的精神的心灵世界——传记史学领域,人们已经普遍意识到人的思想观念对人的行为所具有的重要指导作用。

(2) 二人研究历史的观念既有对传统文化的继承,又有各自的发展与创造。对于罗马史学而言,其观念与时俱进,传记史学进入了大放光彩的新时代,出现了众多的传记史学家。而其中普鲁塔克集希腊罗马传记史学之大成,他从罗马共和传统的角度出发,从其理性的传统文化出发,更多的是从实践理性的观念出发,通过对希腊和罗马和其他地区的历史名人的生平事迹来为大一统的罗马帝国的统治贡献其政治智慧和热情,在其中表达了其深沉而具有实际意义的史学观念、政治思想和人生观念;而司马迁则以"究天人之际,通古今之变"为其指导思想,用历史事实和自己的价值观念叙述并讴歌社会变革中的著名人物,为社会变革的合理性提供历史的借鉴。

(3) 二人展现了各具特色的历史思维方式和价值判断。具体而言,司马迁侧重发现社会变革的合理性,并从历史发展的角度来阐述它发生的根本性原因,以顺应这一社会变革大潮,但又承认了道德与历史变革之间的矛盾的合理性,鞭挞不择手段以达到目的的卑劣行径,讴歌了历史进程的主体——人所具有的高尚品格与尊严。因此,在《史记》中,众多传主总是在与权贵、命运、习俗和伦理抗争,在激越昂扬的人生搏击中来攀登自己的人生顶峰。但司马迁最终将历史与伦礼之间的矛盾性统一于历史进程之中,以体现历史的本质逻辑性,显示了他的历史思维的深刻性和合理性,最终实现了他的"成一家之言"的思想和学术目标。与司马迁元史学理论观念不同的是,普鲁塔克则在传记史学领域中,在承袭理性不变这一根本前提下,承认社会变革现实的不可抗拒性,并

第七章 司马迁与普鲁塔克的历史地位及其影响

以此为基础来探讨人们应该如何使自己适应它,人们应该以什么样的伦理观和人生态度来生活于这个现实世界,从而减少社会矛盾,减轻个人的内心焦虑,排除一些无谓的痛苦,并以传记中的众多名人豁达而顺乎理性的生活经历对其思想加以说明。如雅斯贝尔斯所说的:"当罗马把整个古代世界拖入它的帝国时,它完成了自亚历山大以来一直前进的消除差别的工作。民族习惯的联系削弱了,地方的历史传统不再支持具有自发活力的自豪的生活……个人最终的智慧是自己脱离这个邪恶的世界。"① 两人的历史思维和价值选择在两人的传记史学成果中得到了充分表现。总之,司马迁和普鲁塔克的传记史学观念是建立在各自文化发展的漫长的进程中,既有迹可循,也有其内在的规定性内容。因此,解析历史和文化的逻辑结构是我们理解司马迁和普鲁塔克传记史学观念成就的一个重要方法。

那么,我们应该如何去探讨、评价司马迁和普鲁塔克两人在中西古今历史上的重要成就及其影响呢?

二、司马迁与普鲁塔历史成就的原因及其深远的影响

司马迁和普鲁塔克作为东西古典时代著名的传记史学家和思想家,为后人留下了宝贵的精神财富,因而在中西历史的发展长河中自然受到人们的长期关注。首先,就他们自身而言,他们终生致力于传记史学事业,为了展现传主丰富多彩和全面翔实的社会生活不遗余力,而在描绘传主活灵活现的心灵世界方面,他们更是呕心沥血。正是他们杰出的史学才干和伟大的献身精神,为后人留下了比较完整而珍贵的传记史学宝库。其次,就著作成果而言,他们的代表作《史记》和《名人传》不仅仅是杰出的史学传记著作,而且还包藏着极其丰富而发达的超越时空的思想观念,对东西方的文化思想、历史观念、传记史学都产生了深远的影响。比如,对于《史记》而言,中国历代学者都对其历史地位和影响做出了充分的肯定和赞赏,而到了现代,随着中外之间的交往越来越密切,《史记》的历史地位也越来越被外国人所看重,如韩兆琦先生指出:"当代的美国汉学家蒲安迪把《史记》称作中国古代的'史诗',说它对中国后代文学

---

① (德)雅斯贝斯:《历史的起源与目标》,魏楚雄、俞新天译,北京:华夏出版社,1989年,第246页。

的影响就如古代希腊的《伊利亚特》《奥德赛》之影响后代欧洲文化一样。"① 而对于《名人传》,蒙田的评价具有代表性。他说:"如果没有这本书将我们从卑微中解救出来,我们这群傻瓜早就迷失方向了。有了它的庇护,我们现在才能说能写,它是我们的祈祷书。"② 因此,深入研究司马迁和普鲁塔克史学思想产生的历史原因,对于我们正确把握现代中西史学发展的趋势,特别是传记史学发展的趋向,具有重要的现实意义。

对于司马迁而言,他之所以能够创立传记体史书,成为我国古代最伟大的历史学家,主要在于以下几个方面的原因。

(1)他的卓越的传记史学成就首先是建立在悠久的中华文化发展的传统之中,建立在中国丰厚而肥沃的历史思想的土壤上。刘家和先生指出:"在古代世界史上,只有中国和希腊的史学得到了充分的发展。在古希腊,史学是在实质主义的或反历史的思想环境中成长起来的;由于与总的思想环境的矛盾,希腊史学的发展不能不受到深刻的影响与限制。而在中国,史学是人文主义与反实质主义相结合的最适当的环境里发展起来的;由于没有古希腊人所面临的那种矛盾,所以史学得以日益发扬光大起来。"③ 这是刘家和先生对中西史学深入研究后所得出的真知灼见,事实上,司马迁的传记史学观念就是植根于中国文化这一肥沃的历史土壤之中所取得的丰硕成果。

(2)司马迁顺应了历史潮流,伴随着时代的发展的强烈需求,乘大汉统一恢弘豪迈之气势,借文化整合之时机,谨遵父命,恪守史职,以继"《春秋》"为己任,集百家之长,而避其短,兼容并包,"成一家之言",成就了自己,也获得了中国历史上最杰出的历史学家的美誉。如梁启超所言:"史界太祖,端推司马迁。迁之年代,后左丘约四百年。此四百年之中国社会,譬之于水,其犹经百川竞流波澜壮阔以后,乃汇为湖泊,恬波不扬。民族则由分展而趋统一;政治则革阀族而归独裁;学术则倦贡新而思竺旧。而迁之《史记》,则作于其间。"④

(3)司马迁有着绝识卓见的史学造诣和史无前例的史家使命感,特别是他

---

① 韩兆琦:《史记讲座》,桂林:广西师范大学出版社,2008年,第208页。
② (美)罗伯特·宾厄姆·唐斯:《塑造文明和心灵的巨人及其思想》,王宏方等译,北京:华夏出版社,2006年,第153页。
③ 刘家和:《史学、经学与思想》,北京:北京师范大学出版社,2005年,第88—89页。
④ 梁启超:《中国历史研究法》外二种,石家庄:河北教育出版社,2000年,第23页。

第七章 司马迁与普鲁塔克的历史地位及其影响

自己对历史所拥有的神圣的责任感,正如司马迁在《太史公自序》中所说的:"先人有言:'自周公卒五百岁而有孔子。孔子卒后至于今五百岁,有能绍明世,正易传,继春秋,本诗书礼乐之际?'意在斯乎!意在斯乎!小子何敢让焉。"除此之外,司马迁所遭遇的令其痛心疾首的人生经历促使他将历史的本质、人的本质,汇入《史记》的人物之中,讴歌真善美,发自肺腑,痛斥假丑恶发自真情,真实叙述了时代和人物心灵的复杂多变的进程,揭示了历史前进的趋向,昭示了人们进步的方向和学习的榜样。

对于普鲁塔克来说,他被著名的近代英格兰传记作家詹姆斯·鲍斯威尔(James Boswell)美誉为"古代传记作家之王",为后世的传记史学留下了丰厚的精神遗产。但普鲁塔克的传记成就的产生原因也不例外,其传记史学观念和成就仍深深植根于古希腊和罗马文化发展的历史进程中,建立在希腊罗马已有的重要的传记史学观念的成就之上,也与他个人的经历和思想理念有着重要的关联。

1. 在罗马帝国多种文化元素同时存在的大背景下,有强烈的再现希腊文化辉煌的主观动机

从普鲁塔克所处的社会政治的角度来看,虽然罗马用武力早已征服了希腊,但希腊却在文化上征服了罗马。罗马帝国长期多种文化元素的共同存在及相互作用,希腊罗马文化的强烈反差及其承继关系,一直都是学者关注和研究的热点,这自然也为普鲁塔克进行人物和文化比较提供了前提和丰富的内容。同时,还要看到普鲁塔克撰写名人传的强烈的主观动机。

毫无疑问,普鲁塔克是一个具有理性思维的罗马臣民,他充分意识到罗马的强大和罗马政治、文化的有效性和实用性;同时他也是一个衷心热爱希腊政治和文化的希腊人。希腊早在公元前2世纪就已被罗马征服,一度高傲的世界文明的中心沦落为低贱的被征服的国家,到了普鲁塔克时代,希腊人口锐减,商业衰落,民族心态可想而知。因而,普鲁塔克"担忧他的同胞(和其他人)在噩运中再也看不到希腊人从前的辉煌。他相信,只有那些逝去的伟人会让世界记住古希腊在历史上最优秀时刻的伟大事迹、英雄的勇气和慷慨。"[①] 可见,他撰述《名人传》具有明显的写作动机及和主观目的。而在其目的和动机中,

---

① (美)罗伯特·宾厄姆·唐斯:《塑造文明和心灵的巨人及其思想》,王宏方等译,北京:华夏出版社,2006年,第150页。

都包含有明显的政治和文化观念。因此,重振昔日希腊的崇高社会文化的地位,则是普鲁塔克撰写传记的最根本的心理动机,也许正是基于此种强烈的民族自尊和文化自信,使得普鲁塔克赋予《名人传》以其鲜明的个人理念的色彩。

2. 时代剧变引起人们认识方式和思想观念的变化,史学也随之发展变化,传记史学因其体裁的特殊性而开始大行其道

在整个20世纪学术史上,在希腊罗马传记史学研究领域影响最大的应该是意大利的古典学者莫米利亚诺(Arnaldo Momigliano)。他认为传记所叙述传主的历史背景与历史上传主的一切活动及影响都存在着明显的关联,这一关联也与修昔底德式的纯粹地叙述政治军事事件的历史撰写方式在西方学术发展史上已走向下坡路有着重要关系,而这种变化归根结蒂是因为希腊化时代的出现,人们的视野开阔了,对外界的了解增多了,因而也就要求对人自身有更多的了解。因为从认识论角度来讲,人们也只有通过对自身的认识来进行和丰富对外部世界的了解。在这一背景下,以人为中心的内容重新成为史学的主题——这一内容包括两个方面:一是政治军事人物已不再是人们生活中唯一感兴趣的主题;第二则是,历史上的重大事件也不再是人们关注的唯一话题。究其原因,主要在于激荡人心的重大的政治军事事件过去之后,日常生活依然在人们的生活中占据主要地位,因此它最终会成为人们想要关注并进一步了解的重要议题。正因为如此,在这一时期出现了许多新的学术研究领域和热点研究问题,其重要代表就是古希腊亚里士多德的伦理学,以及与此相关的斯多葛派思想观念的流行,人们的思想已经由狭小的城邦观念开始进入一个空前广阔的世界之中。人们所接触的人已不再单是希腊人和罗马人,而是地中海世界的众多不同种族、不同国家的人,因此所谓的世界主义观念日益传播。那么,这些扑面而来的众多而不同的人的个性是什么?其共性是什么?这些问题自然成为人们试图加以把握的时代主题,当然也是史学发展中所必须面对并加以回答的重要学术任务。

显然,这时候人们的兴趣已由对外部的重大事件的关注转而进入对于人的细腻而多样的思想和心灵的探讨中来。在莫米利亚诺看来,当时人们对于哲学的兴趣的"最重要的结果之一是'Bios',即'生活'这个概念,这个概念既可以用于个人,也可以用于整个国家。"① 对此,汤普森则说得更清楚:"在古代,

---

① (意)莫米利亚诺:《现代史学的古典基础》,冯洁音译,上海:华东师范大学出版社,2009年,第85页。

第七章　司马迁与普鲁塔克的历史地位及其影响

个人传记则是和国家、政府或文化密切联系起来的。"① 正是在这一时代的学术背景下，史学也在努力探讨能够适应这一重要变化的新的学术形式，使这个新形式的史学体裁既可以叙述个人的生活，又可以叙述国家的生活，并将两者包容其中。这样一来，一种古老的文化形式又开始登上了历史舞台，这就是讲故事。当然，这个讲故事的人和故事的主人公，已和《荷马史诗》的口耳相传的神话形式和内容不一样了，那时是盲人荷马在讲故事，主人公是人间的英雄和天上的神灵，而现在讲故事的人是人间的学者，主角却是历史上的真人，而讲的故事也是历史上真实发生过的事情。虽然两者有明显的不同性，但其目的和效果却是相通的。这样，人物传记也就逐渐被人们重视，当然在希腊化时代，其成果倍增，"几乎毫无疑问，逍遥派对这种发展起到了很大作用，他们对于不同的类型感兴趣，而且归根结底，对于他们来讲，传记研究也是一种人的类型研究，他们以传记的形式来研究暴君、艺术家、诗人和哲学家。"② 当然，这时人们将传记的重点置于文化领域中的人物上，以示和传统的军事历史相区别。

显然，这时对人的研究和了解也有了新的理论指导和新的形式，并与讲故事有着重要的关联，色诺芬叙写《阿格西劳斯传》这一方式不但大大强化了人们对传主的认知，更重要的是它强化了传记所特有的道德提升和教育人的效用，这一切都为其后罗马传记史学的进一步发展提供了重要的前提。

3. 希腊罗马的实用主义史学观念对普鲁塔克传记史学观念产生了重要的影响

当然，罗马的传记史学观念和成果的产生、发展一方面固然与其积极地学习、继承希腊的史学成果有着重要关系，另一方面也与罗马自身的一些重要的文化特点有着深刻的关联。在这一点上，最主要地表现在罗马自身文化系统中的"实用主义"哲学观念一直对罗马文化和历史观念的发展发挥着重要作用，这种作用具体体现在它不仅强烈地影响了希腊和罗马的史学，比如波里比阿就提出了"实用主义"这个重要史学问题，由此这一观念赋予了罗马的史学，特别是传记史学以重要的伦理和提升公民道德品格的作用，而且他还具体地认为，应将历史作为反映现实的一面镜子，从历史中获得借鉴作用。这应该是罗马史学较之于早期希腊史学的一个重要进步，也是传记史学在罗马特别发达的一个

---

① （美）J. W. 汤普森：《历史著作史》，谢德风译，北京：商务印书馆，1996年，第157页。
② （意）莫米利亚诺：《现代史学的古典基础》，冯洁音译，上海：华东师范大学出版社，2009年，第86页。

重要原因。这也是普鲁塔克及其他众多传记史学家对这一体例所寄予的深切希望。换言之，罗马学术界的众多传记史学家，一致认为这一体例相较于传统的叙事历史学，其最突出的优势就在于其所具有的真实的社会教育功能。因此，普鲁塔克的这一真实用意不仅长期被其后古代和近代的传记家所看重，也被现代的学者所重视。英国著名文学家多佛（K.J.Dover）就认为："我们心照不宣地所设想的古典时期的主要人物及其生平的观念，也由《平行列传》所铸造，对于普鲁塔克而言，传记与史学著作的差异在于，传记专注于品格。"①

显然，司马迁和普鲁塔克两人的传记史学成就不仅应该归之于其个人所具有的突出的才、学、识，更重要的原因在于，两人的传记史学的成就还深深地植根于两人所处的时代这一最为深厚的社会土壤之中，归根结蒂是伟大的时代所造就的文化硕果。

歌德在谈到民族文化对作家的作用时也认为："……如一个有才能的人想迅速地幸运地发展起来，就需要有一种很昌盛的精神文明和健康的教养在他那个民族里得到普及。"② 而且歌德还进一步用希腊悲剧来论证他的观点："我们都惊赞古希腊的悲剧，不过用正确的观点来看，我们更应惊赞的是使它可能产生的那个时代和那个民族，而不是一些个别的作家。因为这些悲剧作品彼此之间尽管有些小差别，这些作家之中尽管某一个显得比其他人更伟大、更完美一点，但是总的看来，他们都有始终一贯的独特的性格。这就是宏伟、妥帖健康人的完美、崇高的思想方式、纯真而有力的观照以及人们还可举出的其他特质。但是，如果这些特质不仅显现在流传下来的悲剧里，而且也显现在史诗和抒情诗里，乃至在哲学、辞章和历史之类著作里；此外，在流传下来的造型艺术作品里这些特质也以同样的高度显现出来，那么我们由此就应得出这样的结论：上述那些特质不是专属于某些个别人特有的，而是属于流行于那整个时代和整个民族的。"③ 卡尔曾精辟地指出："我希望打消的一种观点是：把伟人置于历史之外，认为这些伟人是依据他们的伟大使自身影响着历史，就像'玩具盒里的玩偶，奇迹般地从不为人所知的地方跳了出来，打断历史发展的真实序列'。即使

---

① （英）多佛等：《古希腊文学常谈》，陈国强译，北京：华夏出版社，2012年，第195页。
② （德）歌德：《歌德谈话录》，转引自（古希腊）埃斯库罗斯等：《古希腊悲剧经典》下册，罗念生译，北京：作家出版社，1998年，第440—441页。
③ （德）歌德：《歌德谈话录》，转引自（古希腊）埃斯库罗斯等：《古希腊悲剧经典》下册，罗念生译，北京：作家出版社，1998年，第441页。

第七章 司马迁与普鲁塔克的历史地位及其影响

在今天，我还不知道我们有谁可以超越黑格尔的经典描述：'时代的伟人是能把这个时代意志表达出来的人，告诉这个时代什么是这个时代的意志，并实现这个意志。他所做的一切是这个时代的核心与本质；他把这个时代现实化了。'"① 同时，卡尔还指出："我们也不应该忘记这些伟人：他们的言行远远地超越了他那个时代，只是后人才认识他们的伟大。就我而言，重要的似乎是要认识伟人是一个杰出的个人，他既是历史进程的产物，也是历史进程的推动者，他既是社会力量的代表，也是社会力量的创造者，这些社会力量改变了世界的面貌，也改变了人类的思想。"②

总之，由以上观点来看，司马迁与普鲁塔克传记所叙述的人物都与其文化传统和身处的具体的历史时代的要求和学术趋向息息相关，也与两人的人生经历和内心的思想观念有着直接的关联。更重要的是，两人的传记史学观念恰当而准确地将以上三个重要的文化要素有机地汇聚于两人的传记成果之中，并由此成为中西传记史学和文化的宝藏。因此，《史记》和《名人传》不仅是中西传记史学的杰作，也是中西文化史的杰作，更是中西历史时代的历史画卷，成为不断推动中西传记史学及人类文化向前迈进的火炬和重要的精神力量。

三、结语——文化人类学理论与中西早期文化研究的旨趣

作为一个新兴而富有生命力的学科，文化人类学的突出特点之一就在于强调了文化的整体性和有机性，从而能够在复杂而广泛的早期文化内容中，发现它们之间相互对立但又相辅相成的内在复杂关系，从而有利于在同历史学结合的基础上，以说明历史学产生的一些较为深远的原因及其途径。因此，用文化人类学的观点和成果来研究中西史学的起源是一个值得关注的方法。基于这一基本的学术观点，本书在运用文化人类学的方法，在众多前贤研究成果的基础上，将中西史学起源这一问题置于更为久远的原始宗教的文化环境中，从学术界所认可的自然崇拜、祖先崇拜和英雄崇拜之间相互作用、相互制约关系的视角，来对司马迁和普鲁塔克的中西史学、中西传记史学观念的文化、思想来源加以探讨。在此探讨的成果背景下，理清中西传记史学观念产生的远因、近因、

---

① （英）E. H. 卡尔：《历史是什么》，陈恒译，北京：商务印书馆，2007 年，第 145 页。
② （英）E. H. 卡尔：《历史是什么》，陈恒译，北京：商务印书馆，2007 年，第 145—146 页。

演变过程及其内在的文化机制,以期对以司马迁和普鲁塔克为代表的中西古典时代,其传记史学萌生的相同和相异的历史文化背景和史学观念,有一个更为深刻的体会,从而增加对两者史学特点的认识和把握。

从文化人类学的研究成果来看,人猿相揖别后,人类经历了漫长的早期猿人和晚期猿人时代,在大约距今10万—20万年前,人类进入了一个新的历史阶段——"智人"阶段。之所以称这一阶段的原始居民为"智人",是因为在这一阶段,原始居民的心智已经有了较大的提高,这种提高的表现当然多种多样的,但其基本特征是他们已经拥有相当高的智慧。其实,这种较高智慧的根本的表现就是人类开始具有认识自我的能力,从而开始将自身和自然相分离,由此,被学术界称之为"智人"。这些"智人"从一开始,即在所谓的"早期智人"阶段,就运用他们经历了约280万年的艰难而豪迈的进化,才拥有的这种世间最为宝贵的精神财富——智慧,对自身和自然现象进行了直观的观察和朴素的思考,以探讨世界的本源和人生过程中的种种关系。由于他们还处于人类智慧的初期阶段,当时还不具备对自身及与他们相关的世界作出科学解释的能力,因此,这种稚嫩的智慧和初期的思考结果,便直接导致了人类最早的文化现象——原始宗教的产生。

显然,原始宗教是人类早期普遍存在的文化现象,内容复杂多样,对其价值判断长期以来是一个难以取得共识的问题,但不管怎样讲,其中肯定包含了原始人当时所能创造的最高的文化成就这一重要内容。原始人就是以这种他们所创造的原始宗教文化来规范、指导他们的人生的各项活动,持续而缓慢地向文明迈进。因此,对原始宗教的探讨不仅对于我们了解原始文化的内容和特征具有重要意义,同时也成为我们进一步研究原始文化与文明社会二者间关联的重要途径。

现在学术界公认,原始宗教作为原始民族的精神表达形式,相较于所谓文明社会的宗教,其最突出的不同点乃在于它不具备文明社会宗教所拥有的完整的以文字为媒介的经典阐述系统,因此对它的研究并不能像对文明社会的宗教一样,直接通过对其宗教原典进行解读分析,或者通过亲身体验其宗教生活这两种途径,以达到对其精神和文化的深入理解。因此,从现在学术的发展趋向来看,学界较为认可的研究方式是借助于文化人类学、考古学和其它跨学科的研究方法和成果来尽可能达到对原始宗教本身的科学理解,以恢复其所具有的

第七章 司马迁与普鲁塔克的历史地位及其影响

人类最早的文化本义。

事实上,从西方的近现代"人类学之父"——英国的文化人类学家爱德华·泰勒(Edward B. Tylor)的《原始文化》开始,直到今天美国最著名的文化人类学家克利福德·格尔茨(Clifford Geertz)的《文化的解释》,西方的人类学经过长期的艰难探索,最终开拓出了一条排斥神学、崇尚科学的原始宗教研究之路,其要旨在于对原始宗教及其生活实际做出社会和文化范畴的科学解释。与此宗旨相适应的是,他们所运用的重要的方法论之一,就是通过对流传后世的种种神话加以解析,探讨原始文化的诸种构成要素及其内在结构,并进而在与原始初民所生存的尽可能真实的文化历史状态的结合过程中,来把握原始宗教体系所具有的丰富文化内涵及其鲜明的原始文化特征。

什么是神话,为什么必须通过神话来了解原始的宗教文化呢?对于这一问题,我国现代著名人类学家林惠祥先生是这样回答的:"人类为要探究宇宙万物的奥妙,便由离奇的思想形成了所谓神话,所以神话便是由实在的事实而生之幻想的故事。"① 之所以通过它来研究原始宗教文化,是因为神话与原始宗教二者之间所具有的特殊的文化关联,在林惠祥先生看来,"神话的内容虽不全具宗教性质,但却有大部分同宗教混合,因为神话是原始心理的表现,而原始神话又极富于宗教观念,神话和仪式同是宗教的工具或辅助品,神话能替各种信仰寻出解释的理由来,并构成一个系统以满足人类求知的愿望。"② 由此出发,林惠祥先生认为,"神话便是原始的神学,它能将由超自然主义而生的各种观念组成系统并促其发展。"③ 卡西尔(Ernst Cassirer)说:人类发展到一定阶段,"为了理解世界——物理的世界和社会的世界——他不得不把它反映在神话时代的往事上。"④ 当然,之所以学者们普遍通过神话来研究原始宗教的另外一个重要原因,是因为在人文传统中,在长期流传的过程中,绝大多神话已被人们用文字记载下来,遂成为一个具有确定内涵和相对稳定的文本,便于人们对它进行解读,从中获得某些原始的文化观念。

---

① 林惠祥:《文化人类学》,北京:商务印书馆,1991年,第267页。
② 林惠祥:《文化人类学》,北京:商务印书馆,1991年,第267页。
③ 林惠祥:《文化人类学》,北京:商务印书馆,1991年,第296页。
④ (德)恩斯特·卡西尔:《人论》,甘阳译,上海:上海译文出版社,2004年,第239页。

对于神话而言,其表现形式多种多样,瑰丽多彩,其内容无所不包,复杂而凌乱。自古以来,中西双方的人们都对其进行了多种多样的资料整理和内容研究。比如,中国的《淮南子》,古希腊的《神谱》,等等神话典籍的出现,都是中西神话研究成果的重要标志,但其局限性在于仍停留在神话的内部,有从神话出发再去了解神话的局限。但从近代以来,对于原始神话的研究,西方的研究思路经历了一个由其生成起源的历时性研究转向探讨其内在结构和特征的共时性研究的过程。具体而言,19世纪是历史主义在各个学科取得统治的时代,在这一时期,古典的进化论者基本是从原始宗教的起源入手来探讨其文化内容,并取得了巨大的成果。比如,泰勒就在其名著《原始文化》中,将复杂多样的原始的宗教统统归入"原始文化"(primitive culture)的范畴之中,用其"万物有灵论"的观点揭示了原始宗教产生的普遍性,以探讨原始宗教产生的原因、内容及其突出特征,获得了突破性的进展。其后,在原始宗教和文化研究领域内,学术成果累累,学术名人辈出,自近代西方宗教学的奠基人麦克斯·缪勒(Friedrich Max Muller)提出人类对自然物的崇拜是宗教神灵的起源之后,不少西方宗教学者也紧随其后,从不同的角度提出并论证了人类最初的崇拜对象应是自然现象,宗教起源于人的自然崇拜。但19世纪的英国社会学家斯宾塞(Herbert Spencer)认为,祖先崇拜是一切宗教形式的开端。而英国的人类学家詹姆斯.G.弗雷泽(James George Frazer)等学者认为图腾崇拜为最早的原始宗教,并进而在西方形成了巫术、宗教与科学的人类文化发展公式,在人类文化研究中得到广泛应用,在西方学界影响很大。

尽管西方学界对原始宗教的文化内容进行了激烈的争论,并取得了许多进展,但仍有许多问题并未解决。比如,学界所关心的最重要的问题之一———人类最早的宗教崇拜形式是什么,直到现在仍是文化人类学中的疑难问题。因此,进入20世纪后,西方学界出于对历时性的神话研究方式的困惑,转而采取逻辑归纳的共时性的研究方式来探讨其主要特征:法国当代最著名的人类学家列维·斯特劳斯(Claude Lévi-Strauss)也是以此途径认识原始宗教的重要代表人物。他认为其所创立的"结构的人类学"实质是"社会的和文化的人类学",通过探讨原始宗教的形成、发展和发生作用的内在文化机制,以便于全面而完整地把握原始宗教本身。而美国的文化人类学家格尔茨(Clifford Geertz)则把他的人类学称为"解释的人类学"(interpretive anthropology),而解释的重点则是"文化的解释"(interpretation of cultures),其目的在于挖掘原始宗教所蕴涵的众多而重要的文化意义,以满足人们对其作用的知识性了解的要求,等等。显然,西方的文化人类学家的研究成果各有千秋,但其共性在于他们都在原始宗教学术领域里,致力于剥去其神秘而怪诞的宗教外衣,以显示出其内在的人类所特有的复杂而多变的文化品格,并对这一文化品格进行确定性的知识分类,以便继续而深入地把握其文化的内在逻辑结构,并探讨原始宗教文化同其所赖以生存的原始社会、历史之间的真实联系。而且在这一研究进程中,还进一步将原始宗教文化同文明社会人们的思想观念联系起来,使古今成为一体,以探讨建立在种种文化品格基础之上的人类文化共性和个性,最终达到准确把握原始宗教内在文化本质的这一目的。

显然,上述的中西文化结构及其特征的问题与原始宗教的理性化这一重要问题相关联,而在这一原始文化的理性化进程中,自然也存在着重要的学术争论和需要加以深入探讨的重要问题。

按照现代文化人类学的研究成果,与世界其他文明发展的历史一样,中西在蒙昧初开的远古时代,中国原始先民的文化处于混沌未分的状态,马林诺夫斯基称其为"巫术文化"。伴随人类文明的历史演进发展,"巫术文化"逐渐走向衰落,终于被有文字和礼仪的宗教系统所代替,史书所说的"周公制礼作乐",就是对这一历史进程的一种记述。当然之后人类就进入了科学的发展阶段。

对此问题的探讨我们不能不涉及学界对于中西传统文化结构的讨论和争鸣了。在此学界争鸣中,李泽厚先生提出了颇有创建的"巫史传统说",并由此引发学界的广泛关注和热烈讨论、争论。在李泽厚先生看来,中国的"巫史传统"为"中国上古思想史的最大秘密":"巫的特质在中国大传统中,以理性化的形式坚固保存、延续下来,成为了解中国思想和文化的钥匙所在。"① "巫史传统"是中国文化深层结构重要概念,这一钥匙表现在中国上古时期,"中国的'巫史传统'使中国文化中的情感与理性、宗教与科学,分割得不是很清楚。在中国,不管是孔子、孟子,还是汉代的天人合一,或是宋明理学的心性修养,既是一种信仰,是情感性的,同时又是理性的推理、论证。"② 在李泽厚先生看来,在

---

① 李泽厚:《说巫史传统》,北京:中国电影出版社,1999年,第40页。
② 李泽厚、刘绪源:《该中国哲学登场了》,上海:上海译文出版社,2011年,第6页。

中国早期的文化结构中，信仰、情感和理性思辨是融为一体的，因而难以分割清楚。

显而易见，李泽厚先生的"巫史传统说"着力表现了一般文化结构本身的稳定性和持久性，但文化结构本身还存在着另一重要特点，即它的变动性，用当代最有影响的美国科学哲学家托马斯·库恩（Thomas Kuhn）在其名著《科学革命的结构》一书中的说法就是文化范型的转换问题。

托马斯·库恩提出了著名的"范型"（Paradigm）理论。他认为，科学的发展在一定时期内总会成为学界所公认的包括理论与方法的研究途径，以规范和制约着科学的发展，这个具有模式意义的研究成果，就是"范式"。范式的出现是学科成熟的标志，库恩认为，在科学史上"许多著名的科学经典就起着这一类似的功能，如亚里士多德的《物理学》、托勒密的《天文学大全》、牛顿的《原理》"等名著，都为后继者的研究"规定了一个研究领域的合理问题和方法"。① 所以，科学的发展进步最终表现为科学研究范式的建立。但库恩的范式学说又会不断地变革，以建立新的范式。

显然，托马斯·库恩的"范型"说不仅在科学史界有其指导意义，就是在人文学界也有着普遍的方法论意义。这样一来，对中西早期文化结构的探析并不仅仅是对其传记史学观念的一种探讨，同时也需要对这一文化结构进行价值评判和创新，其结果，对中西文化结构的深入比较和探讨就不仅仅是一个关乎中国古代文化史的问题，在面对现代性的挑战，对传统进行怎样的价值评判并进而创新，就成为重要的时代议题。正是在这一背景下，对西方早期文化结构的了解并与之参照和比较就是势所必然的了。相对而言，西方早期文化结构的内部突出地表现为新与旧的对立、冲突和革命，呈现出不断以决绝的态度清扫旧传统的文化发展态势。尤其是在现代进步主义历史观的影响下，西方文明极度崇信历史前行进步的巨大威力，这种建立在历史对抗基础上所获得的进步，人们在欢呼的同时，也由于在这一进程中所付出的灾难性代价，也引起人们的反思。因此，如何面对或评价中西文化结构的内容及其历史地位，如何使中西文化结构与现代化进程有机地融合在一起，以适应新时代的变化与需要，具体于本研究专题而言，如何在中西传记史学观念的比较中，以取精用弘的态度来

---

① （美）托马斯·库恩：《科学革命的结构》，金吾伦、胡新和译，北京：北京大学出版社，2003年，第9页。

第七章　司马迁与普鲁塔克的历史地位及其影响

汲取对方所长，用以丰富和发展自身的传记史学观念，而不是简单肯定或否定对方或自身的文化传统，其目的是以古今相通的通史目光来促进传记史学观念的不断深化，以适应现代中国快速发展的人文需要，这恐怕也是我们研究这一课题的最深刻而重要的意义之所在。

参考文献

一、中文资料

(一) 中国历史古籍及其文化研究

白寿彝：《司马迁和史记》，北京：北京出版社，1987年。

白寿彝：《中国史学史教本》，北京：北京师范大学出版社，2000年。

白寿彝：《中国史学史论集》，北京：中华书局，1999年。

(汉) 班固：《汉书》，北京：中华书局，1962年。

晁福林：《夏商西周的社会变迁》，北京：北京师范大学出版社，1996年。

杜维运：《中西古代史学比较研究》，台北：东大图书公司，1988年。

(晋) 杜预：《春秋经传集解》，上海：上海古籍出版社，1997年。

(清) 高士奇：《左传记事本末》，北京：中华书局，1979年。

顾颉刚：《古史辩》，上海：上海古籍出版社，1982年。

梁启超：《中国历史研究法》外二种，石家庄：河北教育出版社，2002年。

廖申白：《亚里士多德友爱论研究》，郑州：河南人民出版社，2000年。

刘家和、廖学盛主编：《世界古代文明史研究导论》，北京：高等教育出版社，2001年。

刘家和：《古代中国与世界——一个古史研究者的思考》，武汉：武汉出版社，1995年。

刘家和：《史学、经学与思想》，北京：北京师范大学出版社，2005年。

(清) 刘熙载：《艺概》，上海：上海古籍出版社，1978年。

(汉) 刘向：《战国策》，上海：上海古籍出版社，1985年。

(梁) 刘勰撰、周振甫译：《文心雕龙今译》，北京：中华书局，1986年。

(唐) 刘知几撰、(清) 浦起龙释：《史通通释》，上海：上海古籍出版社，1978年。

（日）泷川资言：《史记会注考证》，上海：上海古籍出版社，1986年。

钱穆：《国史大纲》，北京：商务印书馆，1996年。

钱穆：《中国历史研究法》，北京：生活·读书·新知三联书店，2001年。

钱锺书：《管锥编》，北京：中华书局，1979年。

（清）阮元等撰集：《经籍籑诂》，北京：中华书局，1982年。

（清）阮元校刻：《十三经注疏》，北京：中华书局，1980年。

（清）阮元校刻：《十三经注疏》，上海：上海古籍出版社，1997年。

（清）阮元校刻：《十三经注疏》附校勘记，北京：中华书局，1980年。

（汉）司马迁：《史记》，北京：中华书局，1959年。

（美）汪荣祖：《史传通说——中西史学之比较》，北京：中华书局，1989年。

（吴）韦昭：《国语集解》，上海：上海古籍出版社，1988年。

（梁）萧统编、（唐）李善注：《文选》，北京：中华书局，2002年。

杨伯峻：《春秋左传注》，北京：中华书局，1981年。

杨向奎：《宗周社会与礼乐文明》修订本，北京：人民出版社，1997年。

张世英：《天人之际：中西哲学的困惑与选择》，北京：人民出版社，1995年。

（清）章学诚著、叶瑛校注：《文史通义校注》，北京：中华书局，1985年。

（清）赵翼著、王树民校正：《廿二史札记》，北京：中华书局，1984年。

（日）中村元：《比较思想论》，吴震译，杭州：浙江人民出版社，1987年。

（二）希腊罗马古典著作及其历史研究

（古罗马）阿庇安：《罗马史》，谢德风译，北京：商务印书馆，1985年。

（英）爱德华·吉本：《罗马帝国衰亡史》，黄宜思、黄雨石译，北京：商务印书馆，1997年。

（古希腊）柏拉图：《柏拉图全集》第二卷，王晓朝译，北京：人民出版社，2003年。

（古希腊）柏拉图：《柏拉图全集》第三卷，王晓朝译，北京：人民出版社，2003年。

（古希腊）柏拉图：《柏拉图全集》第四卷，王晓朝译，北京：人民出版社，2003年。

（古希腊）柏拉图：《柏拉图全集》第一卷，王晓朝译，北京：人民出版社，2002年。

（古希腊）柏拉图：《理想国》，郭斌和、张竹明译，北京：商务印书馆，1986年。

（古希腊）柏拉图：《文艺对话集》，朱光潜译，北京：人民文学出版社，1963年。

（古希腊）赫西俄德：《工作与时日、神谱》，张竹明、蒋平译，北京：商务印书馆，1991年。

（英）基托：《希腊人》，徐卫翔、黄韬译，上海：上海人民出版社，1998年。

（美）罗伯特·宾厄姆·唐斯：《塑造文明的心灵的巨人及其思想》，王宏方等译，北京：

华夏出版社，2006年。

（古罗马）苏维托尼乌斯：《罗马十二帝王传》，张竹明、王乃新等译，北京：商务印书馆，1995年。

（古罗马）塔西佗：《编年史》，王以铸译，北京：商务印书馆，1997年。

（法）韦尔南·让-皮埃尔：《希腊思想的起源》，秦海鹰译，北京：生活·读书·新知三联书店，1996年。

（古希腊）希罗多德：《历史》，王以铸译，北京：中国社会科学出版社，1999年。

（古希腊）修昔底德：《伯罗奔尼撒战争史》，谢德风译，北京：商务印书馆，1960年。

（古希腊）亚里士多德：《尼各马科伦理学》，苗力田译，北京：中国社会科学出版社，1999年。

（古希腊）亚里士多德：《修辞学》，罗念生译，北京：生活·读书·新知三联书店，1991年。

（古希腊）亚里士多德：《政治学》，吴寿彭译，北京：商务印书馆，1965年。

（三）西方史学理论著作及其研究

（美）J.W.汤普森：《历史著作史》，谢德风译，北京：商务印书馆，1994年。

（苏）巴尔格：《历史学的范畴与方法》，莫润先、陈桂荣译，北京：华夏出版社，1989年。

恩格斯：《费尔巴哈与德国古典哲学的终结》，《马克思恩格斯选集》第三卷，北京：人民出版社，1995年。

恩格斯：《家庭、私有制和国家的起源》，《马克思恩格斯选集》第四卷，北京：人民出版社，1995。

傅斯年：《史学方法论导论》，北京：中国人民大学出版社，2004年。

（英）古奇：《19世纪的历史学与历史学家》，耿淡如译，北京：商务印书馆，1997年。

郭小凌：《西方史学史》。北京：北京师范大学出版社，1995年。

何兆武、陈启能主编：《当代西方史学理论》，北京：中国社会科学出版社，1996年。

（德）黑格尔：《历史哲学》，王造时译，上海：上海书店出版社，1999年。

（德）黑格尔：《美学》，朱光潜译，北京：商务印书馆，1979年。

（美）胡克：《历史中的英雄》，王清彬等译，上海：上海人民出版社，2006年。

（美）怀特：《后现代历史叙事学》，陈永国等译，北京：中国社会科学出版社，2003年。

（英）杰弗里·巴勒克拉夫：《当代史学的主要思潮》，杨豫译，上海：上海译文出版社，1987年。

（德）康德：《历史理性批判》，何兆武译，北京：商务印书馆，1990年。

（德）康德：《实践理性批判》，何兆武译，北京：商务印书馆，1997年。

（英）柯林武德：《历史的观念》，何兆武、张文杰译，北京：中国社会科学出版社，1984年。

（意）克罗齐：《历史的理论与实际》，傅任敢译，北京：商务印书馆，1982年。

（美）库恩：《科学革命的结构》，金吾伦、胡新和译，北京：北京大学出版社，2003年。

（法）马克·布洛赫：《历史家的技艺》，张和声、程郁译，上海：上海社会科学院出版社，1992年。

（英）马克·柯里：《后现代叙事理论》，宁一中译，北京：北京大学出版社，2003年。

（俄）普列汉诺夫：《论个人在历史上的作用问题》，北京：生活·读书·新知三联书店，1961年。

（美）汤普森：《历史著作史》，谢德风译，北京：商务印书馆，1996年。

（英）汤因比：《历史研究》，曹未风译，上海：上海人民出版社，1966年。

（波）托波尔斯基：《历史学方法论》，张天杰等译，北京：华夏出版社，1990年。

（英）托马斯·卡莱尔：《论英雄、英雄崇拜和历史上的英雄业绩》，周祖达译，北京：商务印书馆，2005年。

（德）韦尔海姆·狄尔泰：《人文科学导论》，赵稀方译，北京：华夏出版社，2004年。

（意）维科：《新科学》，朱光潜译，北京：商务印书馆，1989年。

（德）雅斯贝斯：《历史的起源与目标》，魏楚雄、俞新天译，北京：华夏出版社，1989年。

杨豫、胡成：《历史学的思想和方法》，南京：南京大学出版社，1999年。

朱本源：《历史学理论与方法》，北京：人民出版社，2006年。

（四）文化人类学著作

（美）E.R.塞维斯：《文化进化论》，黄宝玮等译，北京：华夏出版社，1991年。

（法）埃米尔·迪尔凯姆：《宗教生活的低级形式》，林宗锦译，北京：中央民族大学出版社，1999年。

（英）布朗：《原始社会的功能》，潘蛟等译，北京：中央民族大学出版社，1999年。

车文博主编：《弗罗伊德文集》，长春：长春出版社，1998年。

（英）弗雷泽：《金枝》，徐育新等译，北京：中国民间文艺出版社，1987年。

（美）格尔兹：《文化的解释》，纳日碧力戈等译，上海：上海人民出版社，1999年。

（英）拉德克里·布朗：《社会人类学方法》，夏建中译，北京：华夏出版社，2002年。

（英）拉德克里夫·布朗：《社会人类学方法》，夏建中译，华夏出版社，2002年。

（英）雷蒙德·弗斯：《人文类型》，费孝通译，北京：华夏出版社，2002年。

林惠祥：《文化人类学》，北京：商务印书馆，1991年。

（英）马凌诺夫斯基：《文化论》，费孝通译，北京：华夏出版社，2002年。

（美）摩尔根：《古代社会》，杨东莼等译，北京：商务印书馆，1977年。

（法）斯特劳斯：《结构人类学》第二卷，俞宣孟等译，上海：上海译文出版社，1999年。

（英）泰勒：《人类学及其文化研究》，连树声译，桂林：广西师范大学出版社，2004年。

（英）泰勒：《原始文化》，连树声译，上海：上海文艺出版社，1992年。

（五）文学思想及司马迁研究

陈其泰：《史学与民族精神》，北京：学苑出版社，1999年。

陈桐生：《中国史官文化与〈史记〉》，汕头：汕头大学出版社，1993年。

邹华：《中国美学原点解析》，台北：中华书局，2004年。

郭双成：《史记人物传记论稿》，郑州：中州古籍出版社，1985年。

韩兆琦：《中国传记艺术》，呼和浩特：内蒙古教育出版社，1998年。

李泽厚：《批判哲学的批判》，天津：天津社会科学出版社，2003年。

李泽厚：《中国古代思想史论》，北京：人民出版社，1986年。

李长之：《司马迁人格与风格》，天津：天津人民出版社，2007年。

鲁迅：《汉文学史纲要》，北京：人民文学出版社，1973年。

罗钢：《叙事学导论》，昆明：云南人民出版社，1994年。

瞿林东：《中国史学史纲》，北京：北京出版社，2000年。

盛宁：《人文困惑与反思》，北京：生活·读书·新知三联书店，1997年。

宋嗣廉：《史记艺术美研究》，长春：东北师范大学出版社，1985年。

王博：《老子思想的史官特色》，台北：文津出版社，1993年。

（美）韦勒克．沃伦：《文学理论》，刘象愚等译，北京：生活·读书·新知三联书店，1984年。

徐兴海：《司马迁的创造思维》，西安：陕西人民教育出版社，1995年。

许苏民：《历史的悲剧意识》，上海：上海人民出版社，1992年。

杨树增：《史记艺术研究》，北京：学苑出版社，2004年。

杨燕起等编：《历代名家评史记》，北京：北京师范大学出版社，1986年。

张大可：《史记研究》，兰州：甘肃人民出版社，1985年。

张大可：《司马迁评传》，南京：南京大学出版社，1997年。

赵白生：《传记文学理论》，北京：北京大学出版社，2003年。

周谷城：《史学与美学》，上海：上海人民出版社，1980年。

二、外文部分（论著和论文）

Diana Bowder, Who was Who in the Greek World: 776 B. C. - 30 B. C., Oxford: Phaidon Press, 1982.

diana Bowder, Who was Who in the Roman World, New York: Pocket Books, 1980.

Garzetti, Albino, From Tiberius to Antonines, a History of the Roman Empire AD 14 - 192., London: Methuen, 1974.

Gwynne Thomas, A political history of the Roman Empire, London: University Press of America, 1984.

H. H. Scullard, From the Gracchi to Nero: A History of Rome 133 BC to AD 68, London, New York: Routledge, 1982.

J. H. Hexter, On Historians: eappraisals of Some of the Makers of Modern History, Cambridge: Harvard University Press, 1979.

J. P. Mahaffy, Greek life and thought from the age of Alexander to Roman Conqust, New York: Kessinger Publishing, 1976.

Jacques Brunschwig and Geoffrey monograph, Greek thought: a guide to classical knowledge, Cambridge, Mass. : Harvard University Press, 2000.

Jo-Ann Shelton, As the Romans Did: A Source Book in Roman Social History, Oxford: Oxford University Press, 1987.

Judith Mossman, Plutarch and his intellectural world: essays on plutarch, London : Duckworth, 1997.

L. Friendlander, Roman Life and Manners under the Early Empire. New York: G. P., Putnam's Sons, 1978.

M. I. Finley, Politics in the Ancient World, Cambridge: Cambridge University Press, 1983.

M. Cary and H. H. Schllard, A History of Rome: Down to the Reign of Constantine, New York: St. Martin's Press, 1975.

Michael Grant, Greek and Latin Authors: 800B. C.-A. D. 1000, New York: The H. W. Wilson Company, 1980.

Mikhail Rostovtsev, The Social and Economic History of the Roman Empire, New York: Oxford University Press, 1957.

Naphtali Lewisand Meyer Reinhold, Roman Civilizations, Selected Readings. New York:

Columbia University Press, Vol. 2, 1955.

P. E. Eastering and J. V. Muir, Greek Religion and Sciety, Cambridge: Cambridge University Press, 1985.

Peter Garnseyand Richard Saller, The Roman Empire: Economy, Society and Culture, London: Duckworth, 1987.

Philip A. Stadter, Plutarch and the historical tradition, New York: Routledge, 1992.

Plutarch, Plutarch's Moralia , trans. Frank Cole Babbitt, New York: Kessinger Publishingvol. 14, 2010.

Plutarch, Plutarch's Morals : ethical essays, trans. Arthur Richar , monograph, 1908.

Plutarch, from the histories of Julius Caesar and Brutus in North's Plutarch, Trans. Julius Caesar, Shanghai : Chung Hwa Book Co. , Ltd, 1933.

Plutarch, Plutarch's lives, tr. from the original Greek, with notes critical and historical, and a New Life of Plutarch, Charleston: Nabu Press, 1816.

Plutarch, Plutarch's Moralia, trans. Harold Cherniss, and William C. Helmbol, Cambridge, Mass. : Harvard University Press, 1957.

Polybius , The Histories, trans. F. W. Paton, The Loeb Classical library, London: Loeb Classical Library, 1922.

R. Haper, Historians at Work, New York: Harper & Row, 1972.

Ronald Mellor, The Roman Historians , London: Routledge, 1999。

Scramuzza Vincent Mary, The Emperor Claudius, Cambridge: Harvard University Press, 1940.

Sven-Tage Teodorsson, A commentary on Plutarch's table talks, Berlings: Acta University Gothoburgensis, 1989.

T. J. B. Spencer, Shakespeare's Plutarch: the lives of Julius Caesar, Brutus, Marcus Antonius and coriolanus, Trans. Thomas North, Baltimore: Penguin Books, 1964.

W. Smith, A Classical Dictionary of Greek and Roman Biograph, Mythologyand Geography, London: J. Murray, 1925.

Weigall Arthur, Nero, Emperor of Rome, London : Thornton Butterworth Ltd, 1930.

William Shakespeare, The tragedy of Antony and Cleopatra , Monograph, 1921.

William V. Harris, War and Imperialism in Republic Rome 372 – 70 BC, Oxford: Oxford University Press, 1979.

后　记

本书是《司马迁与普鲁塔克传记史学观念之比较》这项国家社科项目结项稿的主要内容。现在就要正式出版了。在这一时刻，内心激动不安，想了许多，有一吐为快之感。

从拿到这一研究课题算起的话，已经历了好几年了，从研究的过程来讲，思想经历了许多反思和再反思的过程。总的来讲，自己感受较深的是，这一项目的难度确实较大，但通过这一较长时间的研究，自己对这一项目的认识也越来越清楚，学术水平也提升了，收获也很多。

首先，这是一个有很大难度的项目。应该说，其中的许多问题在开始进行博士论文研究时就碰到了。比如说，怎样进行中西传记史学比较研究，这里面就隐藏着许多重大且难于说清楚的理论问题（这个问题下面将会具体涉及和解释）。当时就有朋友告诉我，说我是钻进是非窝了。人常说，是非之地不可久留，但我当时就横下心来，坚持进行这一问题的研究，现在算起来，已经整整十三年了。

本研究项目是以博士论文为基础进行申报的。在研究的进程中，逐渐发现了原先研究的问题都比较具体，主要的都是一些司马迁与普鲁塔克传记史学观念的异同的问题，而要把这一问题搞得比较清楚的话，就必须深入到中西两大传记史学发展系统中进行比较；如果要对两大传记史学发展系统进行比较研究的话，就又必须深入到中西两大史学发展的整个系统和脉络中加以考察；如果再进一步探讨两者史学传统的产生和发展的话，就必须将其置于中西两大文化系统中加以进行；而要对中西两大文化系统进行系统而深入的比较的话，就又必须深入到中西源远流长的历史发展进程中，从目前来看，就是要深入到从新石器农业革命时期的历史进程中加以讨论，因为在这一阶段，中西已开始萌发出不同的生产方式。本课题的研究过程就是沿着这一思路进行研究的，但在撰写自己研究成果的时候，则是按照叙述的规则，首先从中西两大文明历史发展和文化结构的建立来探讨两者与历史学的关联，历史学的产生及其传记史学的萌生，传记史学的特点等重要内容。

其次，从研究的进程来看，也有一个反复深入的过程，同时也是一个不断反思和进步的过程。司马迁和普鲁塔克的传记史学观念的比较研究，同中西史学比较的概念一样，从一开始就是充满了争议。这主要表现在，传记史学方面本身就是一个众说纷纭的研究领域，传记史学与叙事史、传记文学的区别是什么，学界现在还在继续研究之中；再就是普鲁塔克自己就不承认他是一个历史学家，他只承认他写的是传记而不是历史，这也是传记史学和史学史研究中让人难堪的问题；还有就是比较史学也是一个争议不休的问题，从马克·布洛赫创立比较史学以来，还不到百年，其中的成就和一些失误至今仍被人们津津乐道，其中最让人难以回答的是，在比较中，历史的理论性加强了，而历史的个性和特殊性如何体现呢？再说中西史学比较在国内还是争议很大的，人们常常会问的第一个问题就是，中西两大块进行比较，需要中西两方面的扎实功底，一般人能具备吗？还有本项目是传记史学研究领域的问题，其实质是对人的研究，但对人的研究相较于对历史事件的研究而言，要复杂得多，因为人是一个多重要素的复合体。以司马迁为例，他既是中国历史上最杰出的历史学家，也是中国历史上杰出的文学家，还是中国历史上杰出的传记史学家，如果从中国思想史的角度去研究的话，司马迁也是一个重要的思想家，如果从现代文化人类学的理论和方法的角度加以探讨的话，应该说他还是中国的"文化人类学之父"，他是行万里路，著万卷书的，相当于文化人类学的田野考察。再以普鲁塔克为例，他既是一个著名的包容了多种哲学思想的罗马帝国时期的哲学家，也是一个知名的社会活动家，还是一个众所周知的有重大历史影响的传记史家，同时也是一个重要的传记文学家。当然，从研究的角度而言，就是要分析，只有分析才有深度；但只分析没有综合的话，那么他们的思想的宽度和厚度又如何体现呢？而比较研究最突出的特征就是既重视分析又重视综合，既重视实证又重视理论概括。这样看来，要将此两人进行比较研究，特别是进行传记史学比较，其难度可想而知。

后 记

  在研究的过程中，我的思路是这样的，不能光看历史人物说什么，还要看他是怎样做的；不光要仔细地分析他当时所说所做的历史背景和历史成果，还要从现代历史和历史理论的角度对其进行评价；不能只从古代人的眼光去看古代人的思想，但也不能只从现代人的思想去看古代人的观念，而是要将古今结合起来。真正的历史是古今相通，古今一体的，古今是辩证地统一的。所以研究这一问题的最重要的方法论应该是历史的、逻辑的辩证统一。

  对于现代学者个人是否具备进行中西史学比较的能力这个问题，或者换句话来讲，中西史学比较何以可能这个问题，我是这样想的：不言而喻，这是一个难度非常之大、需要长时间潜心深入研究才有可能较好完成的重大课题，从这一方面来看，本课题的研究无论从水平和精力的投入方面来讲确有自不量力之嫌，这也是本人最为惶恐不安的地方。但从另一方面来看，人们对问题的认识总是有一个不断深化的过程，这一过程必然包括成熟的观点和不成熟的观点，也只有在这种不断的深化中，才能达到我们原先所预想的比较理想的学术目标。而且，对于本论题而言，前人的学术研究已经为自己的继续研究建立了坚实的学术基础，揭示了司马迁传记史学观念所具有的极其深刻的史学内涵，加深了对司马迁传记史学观念的理解，为自己的进一步研究做了极其必要的铺垫。

  由此出发，自己有责任为这一研究领域的新进展作出努力，即使作引玉之砖之谈也未尝不可。这正是我选择研究司马迁与普鲁塔克传记史学思想观念的异同，并努力通过这一比较方式来了解中西古典史学的特点这一重要课题的深层次原因和最终的目的之所在。

  其三，自己在结项和修订的过程中收获很大。在结项稿交给陕西省规划办后，省规划办本着认真、负责的精神，将专家的一些重要意见和观点反馈给我。通过对这些专家所提意见的整理和归纳，再针对自己结项稿的内容，进行了有针对性的修订和认真的反思。这一反思不仅使自己的研究思路和视域打开了许多，也有利于自己以后对本课题的继续而深入的研究。

  最后，在项目即将上报之时，内心在感到一些轻松的同时，我还想表达一下自己内心的感激之情。

  首先我要感谢我的博士生导师，北京师范大学资深教授刘家和先生。先生即将88岁高龄，仍然在中西史学比较的一线攻关，自我承担这一比较项目后，老先生一直就很关心这一研究的进展，并一直指导和鼓励我坚持做好这一研究工作，要我一定对这项研究工作善始善终。每念及此，在心存感恩的同时，内心也总有一股愧疚之情。

真诚感谢中国社会科学院世界史所于沛先生。于先生总是以中国世界史发展的全局目光来看待历史研究，对我的研究一直寄予期望，同时也指导我进行具体的中西传记史学的比较研究。

衷心感谢陕西省社会科学联合会主席赵世超先生对我长期以来的支持和帮助。赵先生总是从中国历史研究发展的趋向来鼓励我进行中西历史比较，他独到的历史观念使我获益良多；真诚感谢江南大学徐兴海教授，长期以来，徐先生总是关注我的研究进展，并最大限度地为我提供他所能及的帮助和支持。

衷心感谢我的老师白建才教授。白先生一直从学校、学院世界史学科的发展目标鞭策我的学术研究，正是在他的督促和扶持下，才使得这一研究项目不断深入。

衷心感谢北师大历史学院院长杨共乐教授、清华大学梅雪芹教授多年来对我的大力帮助，感谢同出一门的北京师范大学易宁教授、蒋重跃教授多年来对我的关心和提携，我能在北京师范大学读博并取得一些学术成绩实与他们的帮助密不可分。

真诚感谢萧正洪教授和贾二强教授，二位老师在职期间曾对我的研究给予了极大的支持。衷心感谢省社科规划办安海胜处长和洪博同志。他们的耐心和细致，对项目高度负责的认真态度，对于保障本项目的最终完成具有重要的意义。

还要感谢陕西师范大学社科处处长马瑞映教授对本项研究所付出的关怀之情，感谢史红庆同志的大力帮助和来回奔波。

真诚感谢历史文化学院院长何志龙教授，祝愿历史文化学院与时俱进，不断攀登新的发展高峰。感谢李秉忠副院长、曹伟副院长、董春生主任和刘晓东博士对本书出版的大力支持，还要感谢许多学生为本书进行不同程度的校对和修订等工作，如，何谦、高延玲、李伟芳、刘星星、卢昕、梁晨晨、李壮壮等同学。在其中，特别要感谢何谦同志和高延玲博士。何谦同志多年对我不懈的关怀，每念及此，内心总有一股感动；高延玲博士对本书做出了特殊的努力，她对全文进行了通读，以她细腻而扎实的优良风格对文稿做了大量的修订工作，为本书增光添彩。

对以上恩师、诸君、同仁和学生们所付出的辛勤劳动和工作再次表示衷心的感谢！

王成军

2015 年 11 月 25 日